EMMY HENNINGS Werke und Briefe
Kommentierte Studienausgabe

Herausgegeben im Auftrag
des Schweizerischen Literaturarchivs
und des Vereins zur Förderung
des Schweizerischen Literaturarchivs

EMMY HENNINGS

DAS BRANDMAL

DAS EWIGE LIED

Herausgegeben und kommentiert von
Nicola Behrmann und Christa Baumberger

Unter Mitarbeit von Simone Sumpf

Mit einem Nachwort von Nicola Behrmann

WALLSTEIN VERLAG

www.wallstein-verlag.de
Schweizerisches Literaturarchiv
der Schweizerischen Nationalbibliothek, Bern

Gestaltung: Cornelia Feyll und Friedrich Forssman
Gesetzt vom Verlag in der Tisa Pro und Tisa Sans Pro
Druck: Hubert & Co, Göttingen
Fotoporträts Emmy Hennings aus dem Nachlass Hennings (SLA)

Die Deutsche Bibliothek – CIP-Einheitsaufnahme
Ein Titeldatensatz für diese Publikation
ist bei der Deutschen Bibliothek erhältlich.

ISBN 978-3-8353-3040-5

DAS BRANDMAL

Ein Tagebuch

ERSTER TEIL

Im Namen des Namenlosen will ich beginnen, obgleich ich mich so weit von ihm entfernt fühle. Gerade aus diesem Grunde: in seinem Namen. Das Namenlose ist die erste und letzte Ursache meines Daseins. Ich ahne es als die Ursache des Daseins aller Menschen. Das ist nur meine gläubige Vermutung, sonst nichts. Ich aber will über meine eigene Ursache sinnen, über mich, denn ich bin noch nicht über mich hinausgekommen.

Ich sehe ja immer nur mit meinen eigenen Augen. Ich darf mich nicht darüber täuschen und sagen, ich sähe mit den allgemeinen Augen. Ich glaube nicht, daß jemand seine persönlichen Augen bei Lebzeiten auswechseln kann.

Das Verlangen, alles umfassen zu wollen, ist eine Sucht, nur meine Sehnsucht, sonst nichts. In Wahrheit aber kann ich nichts mehr begreifen, nichts halten, nichts fassen. Es ist, als löse sich alles.

Wie lange doch hat es gedauert, bis ich dahin gekommen bin, mir eines Tages einzugestehen: ich bin ein ungeordneter Mensch.

Hat mich ein Fall, ein Zufall verführt zum Bekenntnis? Mein Gott ist kein Zufall. Die Ewigkeit kann ich nicht Zufall nennen. Und doch war mir, als sei der Zufall mein Schicksal geworden.

Der Zufall kann wohl kein Grund zu einer Umwälzung sein. Es gibt so viele Zufälle.

Ich bin eine Frau. Ich hebe die Kontrolle auf. Die Frage nach dem »Warum« und »Woher«.

Ich gestehe nur das »Wie«.

Wie war es?

Jeder Anlaß war mir ein Abgrund, ich bin nicht erst heute gefallen. Erst heute merke ich, daß ich immer gefallen bin. Jetzt aber, da ich unten bin, – vielleicht kann ich nicht tiefer kommen –, sehe ich: ich bin gefallen. Meine Geburt war der Fall eines Engels, der von Gott abfiel, und jetzt suche ich wieder …

Um die Gegenwart zu erhellen, gedenke ich der Vergangenheit.

Die Erinnerung lebt in mir, nach Tagen, Monaten, Jahren, immer. So ist es und wird es sein. Die Tatsachen, wie man die sichtbaren Handlungen in der Welt nennt, sind belanglos geworden. Nur das geistige Erleben und Wiedererleben rollt weiter. Nur die empfindsame Illusion ist es. Denn wenn ich vollkommen erleben könnte, wäre ich da nicht bei der ersten Begegnung mit dem ersten Erlebnis geblieben? Zusammengebrochen? Das Leben hat mich wohl nur gestreift, berührt. Daß man das Leben überleben kann! Wie schmerzhaft und empfindsam bin ich jetzt stecken geblieben! Stecke ich im Leben? Was meine Augen gesehen haben, hat mir nicht so weh getan, als was mein Herz, oder was immer es sein mag, fühlt.

Bei der Erinnerung vertieft sich die Schuld. Wenn man aber in der Erinnerung so sehr lebt? Oh, wie kraß und grell bin ich! Ich habe mich in Versuchung gebracht. Ich suche. Ich will ja nur konstatieren. Wo habe ich gesucht?

Wo habe ich gesucht?

Nichts war begründet. Meine Reise von Münster nach Köln war nicht begründet. Und dennoch bin ich gefahren. Ich hatte plötzlich allen Grund verloren. Plötzlich? Ist es denn nicht gleichgültig, wo ich mich aufhalte? Hab' ja in Köln ebensowenig Grund wie in Münster. Nein, hier noch viel weniger.

In Münster löste sich das Theaterensemble, bei dem ich engagiert war, auf. Achtzehn Schauspieler gingen ihrer Wege. Wohin sie gegangen sind, weiß ich nicht. Welchen Weg hätte ich wohl einschlagen sollen? Aber ich war gar nicht auf die Zukunft vorbereitet. Ich träume so viel.

Hab' ja auch nicht daran gedacht, daß sich die Gesellschaft auflösen kann. Daß sich einmal würde alles auflösen können. Wer hat daran gedacht, daß einmal jeder seiner Wege gehen könnte! Hielten wir denn nicht zusammen? Jetzt bin ich unruhig und rastlos. Besessen und weiß nicht wovon.

Ich erinnere mich: in Münster glaubte ich nicht länger leben zu können. Hatte kein Geld. Das kann doch kein Grund sein, um nicht leben … ach was. Ich hatte nicht den geringsten Grund zur Annahme, daß ich in Köln würde besser leben können.

Ob es überhaupt nötig ist? Das ist es! Diese Frage liegt mehr wie nahe. Diese Frage lebt immer in mir. Dabei klopft mein Herz. Und lebe und muß das Leben suchen, und nicht den Tod. Wo habe ich denn gesucht?

Um sechs Uhr abends lief mein Zug in die Kölner Bahnhofshalle. Er hätte es ja gar nicht so eilig haben brauchen, mich abzuliefern, denn ich hatte ja Zeit, nur Zeit, sonst nichts. Mit der Zeit habe ich denn langsam durch die gewölbte Bahnhofshalle hindurch die Stadt Köln betreten.

Der Kölner Dom stand sicher; vergoldet in der Abendsonne ragten die Türme. So schön, als vergoldeten die hohen Türme den Himmel. Schönes floß ineinander, und ich verlangte einen Augenblick nichts anderes.

Ich betrat die Kirche, in der jeder willkommen ist. Wie dunkel war es hier und kühl. Am Eingang brachten mir die Opferstöcke zu Bewußtsein, daß ich nicht der einzige arme Mensch auf der Welt sei. Sind denn die Opferstöcke nicht die stille Aufforderung an die Reichen, nach Vermögen alles zu tun für die Armen?

Ich zählte meine zweiundvierzig Pfennige, kam in Verlegenheit und nach einigem Überlegen ließ ich das Geld wieder in meine Tasche gleiten. An mich habe ich gedacht. Mit einer Unterlassungssünde habe ich begonnen. Nachdem ich mich vergewissert hatte, daß das Loch in meiner blauen Jackettasche durch eine Stecknadel genügend verhindert war, weiterzureißen, glaubte ich genug getan zu haben, um einem Verfall meiner selbst vorzubeugen. So leichtsinnig bin ich also.

Ach, das wunderbar hohe Gewölbe der Kirche, und ich trage meine Not durch jedes Heiligtum hindurch, wie mein Leib mich nie verläßt.

Sorglich arrangierte ich mein graues Kleid, indem ich das gelöste

Saumband vollkommen abriß. Weil ich nicht wußte, was ich damit beginnen sollte, legte ich es bei den Steinstufen, die zum Altare des heiligen Aloysius führen, nieder.

Vor dem Schutzheiligen der Jugend habe ich dann gekniet. Er trägt ein sauberes, weißes Spitzenkittelchen und ein solides schwarzes Unterkleid, bei dem man den Stoff nicht gespart hat. Angesichts des Heiligen ist mir mein grauer Rock so eng und voller Flecke erschienen. Solche Vergleiche hätte ich wohl nicht anstellen dürfen. Aber ich hatte nichts anderes mehr, an das ich mich klammern konnte, als einen Vergleich.

Mir war traurig zumut. Ich erhob mich nicht. Ich wollte auf den Knien liegen bleiben. Ich sah zum Heiligen hinauf, versuchte mich zu sammeln, um ihm ein Anliegen vorzutragen; denn das hat man doch immer.

Ich glaube, es wurde eine Art Anrede an das Schicksal, und weil ich gar nicht wußte, wo dieses war, ob es das überhaupt gab, war es ja auch gleichgültig, vor wem ich kniete. Ich hab' einfach gesagt:

»O Macht, die du bist
Weiß nicht wo,
Sieh auf mich,
Unbekannte Macht.«

Ach, wie nebensächlich sind die Worte! Ich wollte eigentlich gar nichts sagen. Ich wartete vielmehr darauf, daß zu mir etwas gesagt würde. Auf eine Antwort wartete ich, aber nichts regte sich, gar nichts.

Es geschah kein Wunder. Meine Verlassenheit war dieselbe wie zuvor. Dann dachte ich, ich könnte es vielleicht auf eine andere Art versuchen. Und sann nach. Ich werde es ja auf jede Weise versuchen.

Ich dachte doch so lange nach. Dabei wurde mein Herz schwerer von Minute zu Minute, und mir fiel auf, daß es so still in der Kirche war.

Es war so still. Ich war die einzige Unruhe in einer stummen Welt. Das konnte ich nicht länger ertragen. Worte, die von selbst sprachen, fielen von meinen Lippen, als wäre ein Gefäß überfüllt und Tropfen fallen auf die Erde.

Ich hörte mich sprechen, und meine Stimme klang mir fremd, als gehöre sie nicht mir. Ich hörte immer denselben Satz wiederholen: »Es handelt sich diesmal nicht um das Glück, lieber Gott, es wäre zuviel verlangt. Es handelt sich nicht um das Glück, lieber Gott, nicht mehr um das Glück. Es handelt sich …« – um was? Um was denn? Als wäre es notwendig, daß ich mir selbst zu Hilfe komme, versuchte ich angestrengt nachzudenken, um was es sich handeln könne. Ich habe darüber nachgedacht im Kölner Dom. Ich denke auch heute darüber nach auf der Straße, auf der Post, im Zimmer, auf den Bänken und in den Warteräumen, überall, überall.

So sehr hab' ich ja noch nie nachgedacht. Es ist doch seltsam: es handelt sich jetzt nicht mehr um das Glück. Das scheine ich jetzt zu wissen, – aber das wußte ich doch auch schon im Dom. Oh, mir scheint, ich werfe alles durcheinander! Gott läßt wohl nicht mit sich handeln, darum handelt … Oh, ich müßte schon mehr in der Ordnung bleiben.

Daß ich das nicht bin, ist eben mein Fehler. Ich erinnere mich: Es handelte sich nicht um das Glück. Es handelte sich um, ach, ich hab' es noch nicht sagen können, scheint mir.

Im Dom hallten die Schritte der wenigen Beter an mir vorüber. Das Sonnenlicht, das durch die bunten Scheiben fiel, verlor seine Leuchtkraft, und immer noch hatte ich keine Antwort erhalten. In den verschwiegenen Winkeln der Kirche wurden die Schatten weich und blau. Ich wurde um so betrübter, je mehr sie sich vertieften.

Alle Heiligen waren unter Dach und Fach. Für die gibt es keine Hotelrechnungen, ging es mir durch den Kopf.

Ich wandte mich wieder an den heiligen Aloysius und sagte ihm:

»Heiliger Aloysius, du hast es gut. Du kannst deine Kleider schonen. Du brauchst kein Brot. Du darfst auf einem Sockel stehen. Du brauchst nicht von Penzig bei Görlitz nach Kremmen zu gehen. Durch den Sonnenbrand, die Landstraße entlang. Rein bleiben deine Füße. Denk' an mich. Sieh mich an. Meine Füße sind verwandert und müde. Irgendwo muß man doch immer hingehen. Ich muß nämlich immer gehen, weil ich mich nicht auf einen Sockel stellen kann. Das ist vielleicht nicht der Grund, heiliger Aloysius. Du wirst den Grund wissen, sonst würdest du wohl nicht hier stehen. Hab' Mitleid mit mir, weil ich immer soviel gehen muß. Hab' Erbarmen mit mir, weil ich ein Mensch sein muß. Das ist sehr schwer. Es lenkt so leicht ab vom ewigen Gott. Das Leben muß täglich erworben werden, das hört ja gar nicht auf. Lieber Heiliger, ich bin auf den Gedanken gekommen und frage dich: ist wohl das Leben die Ablenkung von Gott? Wenn wir nur nicht bestimmt sind, von Gott abgelenkt zu werden. Ach, wenn ich der Sterblichkeit verfallen sein sollte! Es ist furchtbar und schwer. Du kannst es mir glauben. Ich will dich ja nicht kränken, aber ich glaube, es ist schwerer, immer auf der Landstraße gehen zu müssen und fürchten, von Gott abgelenkt zu werden, als hier still auf dem Sockel zu stehen. Du hast ja alles erreicht. War's dir denn auch so schwer, dann sprich. Die Straße ist unvergleichlich heiß. Wir sind im Juli, heiliger Aloysius. Die Kirche ist kühl … ach … Wo werde ich sein im August? Wie weit werde ich dann gegangen sein? Vorüber und hindurch. Daß es aber auch immer weitergeht. Es geht nämlich immer weiter, ob man will oder nicht. Und ich will gar nicht mehr. Das ist es eben. Ja.

Heiliger Aloysius, ich kenne deine Vergangenheit. Ich kenne deine Geschichte. Mir ist, als könne ich sie begreifen, als verstünde ich sie, auch wenn ich nicht auf dem Sockel stehe. Beschützer der Jugend, kannst du meine Vergangenheit begreifen, und die Gegenwart? Wenn die Gegenwart vor dir kniet und dir all ihre Not sagt, kannst du sie dann begreifen? Wird wohl so gebetet? Hilf mir, hilf …«

Ich hab' ja nicht alles gesagt. Die Form des Gebetes ist mir fremd, aber doch stand alles, was in mir ist, in mir geschrieben. Hat er denn nicht lesen können? Ich bin wohl nicht deutlich genug gewesen. Ich war unklar, ach, ich weiß nicht …

Ich weiß nur, daß der Heilige unberührt oben stehen geblieben ist mit seinem todweißen Gesicht. Aber was will ich denn? Er kann ja auch nicht herabkommen. Aber mir schwebte so etwas vor. Ich fühlte mich so unglücklich, daß ich mich nicht einen Augenblick gewundert hätte, wenn er persönlich lebendig herabgestiegen wäre zu mir, um mich zu trösten, damit ich leichter weitergehen kann. Es ist wohl so bestimmt gewesen, daß sich an diesem Tage nichts zu mir herabneigen sollte. Und es wäre doch so nötig gewesen.

In einer bangen Ahnung verließ ich die Kirche und schlenderte ziellos in den Straßen. Solange die Sonne schien. Ich wollte die liebe Sonne ausnützen, solange sie noch einige Strahlen zu verschenken hatte. Aber der Sonne ist es doch gleichgültig, wer von ihrer Wärme profitiert. Sie scheint über Böse und Gute. Sie macht nicht den geringsten Unterschied, die göttliche Sonne. Wie ist sie freigebig und umsonst! Das ist ein glückliches Wunder. Mir ist, als hafteten immer einige Sonnenspuren an mir. Ich will einmal tagelang über nichts anderes nachdenken, als über die Sonne. Wenn ich an die Sonne denke, vergesse ich meine Geschichte und sage, was alle Welt weiß. Aber es kann nicht oft genug gesagt werden: die Sonne ist schön und gut. Vielleicht wird um der Sonne willen einmal alles gut.

Ich erinnere mich. Ich stehe auf dem Domplatz und die Uhr schlägt siebenmal. Die Nacht wird bald kommen, und eine jähe Woge der Unruhe überflutet mich, verebbt aber wieder, weil ich die Menschen sanft und mit Betermienen die Stufen des Doms hinan- und hinabsteigen sehe.

Im Spiegel eines Schokoladenautomaten sehe ich, daß das

künstliche Feldblumengewinde meinen schwarzen Schiffonhut bedeutend verschönt. Ich bereite mich auf die Zukunft vor.

Noch unter dem Angelusläuten betrete ich ein Café, das die »Ewige Lampe« heißt. Ich lasse mich auf ein rotes Plüschsofa nieder.

Der Kellner kommt elegant auf mich zu; wie mir scheint, mit etwas strenger Miene. Da ziehe ich meinen Rock länger über die Beine. Ich glaube, der Kellner hat etwas an meinen gelben Strümpfen auszusetzen. Aber gelb und graublau passen doch gut zusammen.

Entgegenkommenderweise sind meine Haare von der gleichen gelben Farbe wie meine Strümpfe. Wie ungeschickt, daß der Kellner nicht glauben will, was er doch mit leibhaftigen Augen sieht. Vielleicht gerade darum glaubt er nicht.

»Wünschen Sie Souper?«

... Soupé? Der hat doch eine Oper geschrieben ... Wie der Kellner auf meine Beine starrt ...

»In diesen gelben Strümpfen hab' ich doch die »Jungfrau von Orleans« gespielt. Ich habe Frankreich erlöst in Gelsenkirchen!«

Der Kellner lächelt, gezwungen zustimmend. Er glaubt wohl nicht recht, daß ich die Jungfrau bin, wenn ich auch nicht danach aussehe.

Jetzt glaubt er, ich werde meine Bestellung machen, aber ich schweige. Sehe geradeaus. Da wird er ein wenig ungeduldig:

»Also, bitte, wünschen Sie Souper?«

Warum er wohl wünscht, daß ich Soupé wünschen soll? Ich werde meine Wünsche schon selbst formulieren, selbst wenn ich keinen Pfennig mehr in der Tasche habe.

»Nicht Soupé, Kaffee wünsche ich.«

Ich spiele nachlässig mit der Speisekarte und habe soeben in vornehm müdem Salondamenton gesprochen.

Der Kellner fegt, die schnuddelige Serviette unterm Arm, durch das ihm vertraute Lokal ... »Nicht Soupé, Kaffee wünsche ich« ... Diesen Ton hätte ich verwenden können als Athenais im »Hüttenbesitzer«, wenn wir nicht Pleite gemacht hätten. Wenn wir uns nicht aufgelöst hätten. Dann hätte ich mich von der Kindlich-Naiven ins Fach der raffinierten Salondame geschwungen. Das heißt: wenn wir uns nicht aufgelöst hätten, in die Luft, in den Äther, in die Sonne ... Das sind mir Stufen ...

Von der Leiter der Illusionen heruntergefallen, bemerke ich: der Kaffee ist ja so grau und kalt! Was ist das für ein Pech, wenn man einen vernünftigen Gedanken machen muß, und man bekommt solch einen verdrießlichen Kaffee. Machen läßt sich nicht, was man nicht hat. Kein Gedanke.

Ich hole mir Zeitungen, obgleich es mir nicht leicht fällt, denn ich muß an vielen gedeckten Tischen vorbei, an denen essende Menschen sitzen. Die wundern sich über mich. Ich nehme sämtliche Kölner Zeitungen an mich, ich nehme sogar den »Düsseldorfer Anzeiger«. Ich sehe, man wundert sich über mich. Ob man mir denn ansieht, daß ich fremd bin in Köln? Aber das wäre doch kein Grund, sich zu wundern.

Da ich Schauspielerin bin, kann ich mich benehmen, wie ich will. Und ich halte es für gut, ein gelehrtes Gesicht zu ziehen. Nichts einfacher als das. Ich kräusle die Stirn. Schon dadurch, daß ich Zeitungen hole, ist meine Gelehrsamkeit genügend betont.

Ich lese schon im Gehen, als könne ich mich nicht früh genug unterrichten lassen. Man soll von mir denken, daß mich nichts anderes interessiert als die Politik.

Ich stoße gegen einen Stuhl, aber das ist mir gerade recht. Jemand lacht, und ich begehe die Ungeschicklichkeit, in die lachende Richtung zu sehen. Da sitzt eine Dame in knallgrüner Bluse. Die lacht über mich. Wenn sie wüßte, daß sie ohne Grund lacht, würde sie vielleicht nicht lachen. Wenn sie wüßte, wie sie mich durch ihr Lachen quält, würde es sich vielleicht für sie nicht lohnen, zu lachen. Ob das Lachen überhaupt ein Vergnügen ist? Ich glaube, ich bin nicht dumm genug, um lachen zu können. Wenn ich so gescheit geworden bin, daß ich weiß, um was es sich auf der Welt handelt, werde ich vielleicht wieder lachen können.

Die Frau lacht weiter, aber ich darf sie natürlich auch nicht ansehen und über das Lachen nachdenken. Ich studiere den Wohnungsanzeiger. Ach, die vielen möblierten Zimmer, die einen immer daran erinnern, daß man sich irgendwo hinzutragen hat! Im Bett landen, diese Aufenthaltsstation wiederholt sich beinahe täglich. Ich möchte eine Ausnahme machen, und singe ganz leise: »Morgenrot, Morgenrot, leuchtest mir zu frühem Tod …«

Aber das nützt mir wenig und ich präge mir die Straßennamen der Stadt Köln ein, damit sie mir nicht gar so fremd klingen …

»Möbliertes Zimmer, Klavierbenützung, Familienanschluß« … Das wird wohl niemanden verführen. Mir ist schon beklommen, wenn ich es nur lese. Da bekümmere ich mich lieber um den Ernst des Lebens. Das ist der Arbeitsnachweis.

»Gut empfohlene, intelligente Mädchen finden Beschäftigung.« So leichtsinnig ist noch niemand gewesen, mich zu empfehlen.

»Stütze der Hausfrau …« –: wo ich mich nicht einmal selbst habe halten können.

»Drei gelernte Weißnäherinnen, die firm in Manschetthemden sind …« Ach, ich bin weder das eine, noch das andere.

Aber hier: »Mädchen, das Liebe zu Kindern hat, am Herde nicht unbewandert ist und die Schneiderei versteht.« Mir ist ganz dumm im Kopf. Es werden Kontraste verlangt. In Gedanken versuche ich scheinbar Unvereinbares möglich zu machen, und nach einer Viertelstunde habe ich entdeckt, daß es keine Kontraste gibt. Bin am Herd bewandert und mit der Kolonialwarenbranche vertraut, nachdem ich mir große Mühe gegeben habe, eine flinke Sacknäherin zu werden. Das alles aber strengt mich sehr an. Ich versetze mich in eine Zigarettenfabrik und drehe sitzend eine Marke, die ich bisher nur geraucht habe, aber ich werde das auch nie wieder tun. Ich richte ja einen unglaublichen Schaden an. Lieber will ich meine Hände von der Arbeit lassen.

Der Arbeitsnachweis ist doch sehr wichtig zu lesen, man entdeckt seine eigenen Unfähigkeiten.

Die Uhr ist schon halb acht, und ich frage mich, wovon ich bisher gelebt habe. Man lebt doch nicht vom Nichtstun. Oh, wie ich mich anschreie! Wer bekommt, nur dafür, daß er lebt, Essen und Trinken? Vielleicht handelt es sich, wenigstens vorläufig, um eine Erwerbsmöglichkeit? Vielleicht hätte ich das dem heiligen Aloysius sagen sollen. Aber er hätte mir doch nicht sagen können, wie man ein Manschetthemd zusammenlegt, und wie man das höllische Feuer eines Plättofens leicht erträgt.

Der Kellner legt die »Fliegenden Blätter« und die »Elegante Welt« neben mir auf den Stuhl.

»Wünschen Sie noch einen Kaffee?«

»Nein, danke, das heißt ... bringen Sie mir doch lieber noch einen Kaffee.«

Wenn dieser nächste Kaffee mir nicht hilft, hilft mir gar nichts mehr.

Wovon bin ich doch nur so erschöpft? Ob man als Plätterin Vorschuß bekommt? Aber doch nicht abends, ein Viertel vor acht, und nicht, bevor man wenigstens ein Taschentuch geplättet hat. Warum wohl alle meine Fragen so brennend sind?

»Herr Ober, wissen Sie, wann die Schneiderinnen Schluß machen? Ich meine, wann die Werkstätten geschlossen werden?«

»Die ›Wiener Werkstätten‹?«

»Die Kölner meinte ich. Nun ja, es können auch die Wiener sein. Um welche Zeit ungefähr mögen die Wiener Werkstätten geschlossen werden?«

»Bedaure sehr, ich bin leider schlecht unterrichtet. Aber ich denke, so um sechs oder sieben Uhr herum.«

»Danke recht sehr.«

»Oh, bitte.«

Geht.

... Ob der Kellner mich wohl für melancholisch hält, weil er mir die »Fliegenden Blätter« hingelegt hat? Der Kellner ist doch ein lieber Mensch. Jetzt steht er vor dem Büfett. Spricht mit der Büfettdame. Die schenkt ein Glas Bier ein. Der Kellner und die Büfettdame sehen mich an. Ich lächle ihnen zu. Haben die beiden nicht zurückgelächelt? Genau kann ich es nicht sagen, aber es kommt mir so vor.

Während ich mir die Bilder der »Eleganten Welt« ansehe, überlege ich mir, ob ich nicht ans Büfett gehen soll und mich der Dame und dem Kellner anvertraue. Ich werde ihnen dann alles sagen und mit ihnen besprechen, zu welcher Beschäftigung ich wohl am tauglichsten bin.

Aber es handelt sich nicht nur um eine Beschäftigung; mit mir ist ja alles in Unordnung ... Vielleicht kann ich mit dem Kellner besser sprechen, als mit dem heiligen Aloysius.

Jetzt schlägt die Uhr acht. Meine Füße sind so heiß geworden. Den zweiten Kaffee habe ich getrunken. Wohnungs- und Arbeitsanzeiger habe ich gelesen. Keinen vernünftigen Gedanken habe ich fassen können. Kellner und Büfettdame sehen so beschäftigt aus, sehen gar nicht mehr nach mir hin.

Da werde ich sehr traurig. Wenn wenigstens die Dame in der grünen Bluse noch einmal lachen wollte. Aber sie ist schon fort, und ich habe nicht einmal bemerkt, wie sie gegangen ist.

Das Lokal ist leer geworden. Die Leute sind wohl alle nach Haus gegangen. Mich haben sie natürlich hier sitzen lassen. Es ist eigentlich gar nicht so natürlich.

Je länger ich lebe, desto komplizierter gestaltet sich mein Leben.

Ich habe zwei Tassen Kaffee getrunken. Das ist nicht das schlimmste, daß ich den Kaffee getrunken habe, aber daß ich ihn nicht zahlen kann. Wenn jeder umsonst Kaffee trinken wollte, was dann?

Wenn ich es mit einer Ohnmacht versuchen würde? Aber es wird wenig begreiflich wirken, wenn ich sitzend ohnmächtig werde. Außerdem habe ich den Kellner und die Büfettdame angelächelt. Wenn man lächelt, wird man doch nicht ohnmächtig. Kann ich wohl ohnmächtig werden, weil ich die »Elegante Welt« angesehen habe? Ich muß übrigens um zwölf Uhr aus der Ohnmacht wieder erwacht sein, denn um zwölf Uhr wird das Lokal geschlossen. Hoffentlich kommen dann Kellner und Büfettdame nicht auf den unglückseligen Gedanken, mich mit aller Gewalt aus meiner Ohnmacht erwecken zu wollen. Dann muß der Kaffee bezahlt werden, womöglich der Baldrian, den man mir ins Gesicht spritzen wird, der Äther, den ich einatmen muß, das Geschirr, das der Kellner in der Aufregung fallen lassen wird ... Nein, es ist nichts mit der Ohnmacht.

Ich bin schon sehr müde. Hunger habe ich auch. Wie, wenn ich mir ein illustriertes Brötchen bestellen würde? Das könnte ich langsam essen und mir mit dem Messer die Pulsadern aufschneiden; nachher natürlich, nach dem Essen.

Ich habe seit gestern abend nichts gegessen. Es trifft sich also gerade gut mit dem Sterben, nein, mit dem Essen. Es paßt plötzlich alles so gut zusammen, finde ich.

Eigentlich könnte ich mir ein garniertes Schnitzel bestellen. Freilich. Zugestanden. Wenn ich mir aber ein Beefsteak bestelle, muß ich unwiderruflich sterben. Unweigerlich. Dann will ich so tief in die Pulsadern schneiden, daß das Leben nicht mehr aufzuhalten ist.

Bei Beefsteak kann man sich auch ein besonders scharfes Messer ausbitten. Aber dann bin ich auch verpflichtet, ordentlich zu sterben. Aber das muß ich ja schon bei dem lumpigsten illustrierten Brötchen. Lumpigsten! Lieber Gott, hilf mir doch vermeiden, daß ich üppig werde! Du siehst meine Gedanken über das heilige Brot. Verzeih mir, aber es kostet achtzig Pfennige. Ich hab' ja gar keine Aussichten. Gar nichts. Wenn ich wenigstens Haltung hätte! Wenn man mir glauben könnte, daß ich den Kaffee später bezahlen will. Aber ich glaube ja selbst nicht daran. Wir sind mitten in der Saison. Wie soll ich zu einem Engagement kommen? Wenn man mir glauben könnte, ohne daß ich glaube! Aber das kann ich nicht erwarten.

Schon in Münster hat man mir nicht glauben wollen. Meine Wirtin hat mir gesagt: »Schauen Sie nur, daß Sie weiterkommen. Ich glaube Ihnen alles andere, nur nicht, daß ich von Ihnen Geld bekomme.« Ach, die hätte mir alles andere auch nicht geglaubt.

Das glaube ich. Und ich war gerade im Begriff, ihr zwei Mark zu geben, suchte nach einer passenden Form. Das hätte ich nicht tun sollen. Beim Geldgeben ist das überflüssig. »Ja, gehen Sie nur in Gottes Namen,« hat sie gesagt. »Was? die Bühnenkleider wollen Sie dalassen? Ich verzichte auf den Schwindel. Machen Sie nur, daß Sie weiterkommen. Das Zimmer ist schon vermietet ...«

Meine Wirtin hat es so eilig mit mir gehabt. Sie hat mich nicht einmal anhören wollen. Dann bin ich eben gefahren.

Das Leben ist doch sehr merkwürdig. Ich kann mich nicht daran gewöhnen. Es wird gut sein, sich alles abzugewöhnen. Da kommt mir das Beefsteak wie gerufen. Spätestens sieben Minuten nach dem Essen werde ich sterben. Wenn ich länger warte, wird es auffallen. Der Kellner wird den Tisch abräumen, das Messer mitnehmen und aus ist's mit dem Sterben. Und diese Qual fängt von neuem an.

»Herr Ober, ein illustriertes Brot!« rufe ich. Ich bin ganz heiser. »Ich hab' es eilig, Herr Ober. Ich fahre mit dem Nachtzug nach Düsseldorf. Sagen Sie das bitte in der Küche.«

»Jawohl.«

Der Uhrzeiger in der »Ewigen Lampe« geht verhältnismäßig schnell. Es ist schon zehn Minuten nach acht.

Der Kellner bringt ein Kursbuch. Um Gottes willen, auch das noch: »Es fährt kein Zug mehr nach Düsseldorf, Fräulein.«

Ich nehme das Kursbuch an mich. Ich bin in nervöser Aufregung, aber ich blättre das Kursbuch durch. Ich weiß genau, daß ich im Kursbuch nicht Bescheid weiß. Das Buch hat mich immer in Verwirrung gebracht. Jetzt gelingt es mir zum erstenmal in meinem Leben, mich zurechtzufinden. Ich kann die Linie Paris — Lyon — Mediterranée verfolgen.

»Erlauben Sie, darf ich einmal für Sie nachsehen?« Der Kellner sucht im Buch, obgleich er gerufen wird. Er ist besorgt um mich. Er nimmt sich meiner an.

»Oh, bitte, lassen Sie doch. Ich wollte nämlich gar nicht nach Düsseldorf, will gar nicht. Nehmen Sie es mir nicht übel ... ich meinte nur so. Ich bitte, sehen Sie doch nicht länger nach. Nein wirklich, es ist gleichgültig geworden. Ich habe zufällig Hunger und wollte schnell zu einem Brötchen kommen. Aber ich könnte ja auch später im Hotel essen.«

»Aber nein, es ist im Augenblick fertig.«

Geht.

Vor Scham möchte ich weinen, aber ich nehme mich zusammen. Im ganzen Lokal, sogar in der Küche kennt man mich. Man weiß, daß ich Hunger habe. Ach, meine Schande wird sich noch vergrößern! Nach meinem Tode wird der Kellner meine Rechnung zahlen, und für seine Güte wird er enttäuscht. Aber dieser Kellner ist der letzte Mensch, der von mir beleidigt werden wird.

Ich bestelle ein Glas Bier. Lebe in geregelten Verhältnissen. Die kleinen Senfgurken schmecken so pikant, und ich mag noch gar nicht an den Tod denken. Der Tod ist ein lockerer, unsicherer Begriff geworden ... Ich kann den Tod nicht begreifen, aber das ist ja auch nicht nötig. Ich werde schon erfahren, wie es sein wird. Jetzt esse ich erst andächtig. Es schmeckt sehr gut. Eigentlich bin ich müde ... Aber das macht ja auch nichts. Vielleicht kommt diese Müdigkeit vom Bier.

Wir wollen essen und sterben, heißt es irgendwo in der Bibel.

Wieviel der Kellner wohl bezahlen muß nach meinem Tode?

Aber das ist doch gar nicht wichtig. Wie lächerlich, daß ich noch rechnen will. Ich habe ja gar nichts mehr zu berechnen. Viel zu viel habe ich schon gerechnet. Ich spreche mir zu. Sowie man tot ist, wird nicht mehr gerechnet. Schon während der Agonie läßt das nach. Sterbend werden unbezahlte Rechnungen, um die man sich im Leben verzweifelt bemüht hat, sie zu zahlen, Bagatellen, und wunderbar vertieft sich der Glaube zur klarsten Erkenntnis: »Ich hätte ohnedies nicht zahlen können – jetzt zahle ich erst recht nicht.«

Lächelnd versinke ich in das kostenlose Reich. Was könnte ich mehr wollen? Ich trinke den Rest Bier und sage: Der Tod hebt alle Eide auf (siehe Schiller, »Kabale und Liebe«) ... Jetzt kommt das letzte Stückchen Zervelatbrot. Mit liebender Langsamkeit soll es genossen werden!

»Herr Ober, noch einen Kognak bitte.«

Ich lächle. Bin schon jenseits. Ich darf lächeln, ohne Furcht, das Lächeln zu bereuen.

»Herr Ober, das ist aber auch das letzte. Sie haben viel Mühe mit mir gehabt. Es ist aber auch das letzte.«

»O bitte ...«

»Nein, sagen Sie nichts dagegen. Es ist so. Aber ich werde jetzt gleich gehen. Wirklich gehen.«

»Gnädiges Fräulein sind auf der Durchreise hier?«

»Ja, leider, leider ...«

»Hübsche Stadt, Köln.«

Ach, wenn ich das doch empfinden könnte! »Ja, es mag hübsch sein. Gewiß, wahrscheinlich. Aber wenn die Zeit es gewissermaßen nicht erlaubt ... nicht wahr? Ist halt so ...«

»Sie mögen recht haben.«

Ach, er weiß nicht, wie sehr.

»Darf ich abräumen?«

»Um Himmels willen, nein! ... Das heißt: warum nicht? ... Aber nein ... Lassen Sie bitte alles stehen wie es steht ... ich werde wohl noch essen ...«

»Bitte sehr.« Sieht mich an. Mitleidig, als wolle er sagen: So jung und schon verrückt ... hm hm ...

Ich habe Herzklopfen bekommen. Ein Glück, daß er den Tisch nicht abgeräumt hat. Das hätte mir noch gefehlt zu meinem Unglück.

Nun, und was ist jetzt? Mir scheint, ich bin so weit. Da geht mir ein Spruch durch den Kopf:

»Schön ist's im Sommer, wenn's warm ist,
Da geht man spazieren und tut's auch,
Aber im Winter ist's kalt
Und kommt auch so nicht dazu.«

Das habe ich nicht gedichtet. Das hat der König von Bayern getan. Er hätte auch meine Rechnung zahlen können. Statt dessen hat er überflüssige Kahnfarten gemacht. Er stand auch im unnötig weiten Pelzmantel auf dem Balkon, mit Herrn Wagner. Anstatt meine ...

»Und kommt auch so nicht dazu ...« Mein Gott, genügt dir denn nicht ein einfacher Selbstmordversuch? Das ist doch schon etwas. Nicht zu verachten.

Das Einfachste ist der Tod. Warum ist er mir so wenig geläufig? Ich hätte das Einfachste schon früher wählen sollen. Als Kind hätte ich mich vereinfachen sollen. Damals habe ich doch Schmiertran, für die Wasserstiefel meines Vaters bestimmt, essen können. Nur um den Schlägen des Lehrers zu entgehen. Ich wurde sehr krank, aber ich starb nicht. Ich bemerke das erst jetzt, daß ich nicht gestorben bin. Also schon damals war ich nicht gründlich. Wie mich das Messer schreckt ...

»Satan, weiche von mir ...« sage ich, und da kommt der Kellner.

»Bitte?«

»Ich habe Sie nicht gemeint. Pardon.«

Dann ist mir wieder ganz anders ... »Breit' aus die Flügel beide ... Breit' aus die Flügel beide ... O Jesu ...«

»Jeh, die Jessy! Ja grüß' dich Gott! Sitzt da in Köln und läßt sich's schmecken. Nein, so was!«

Da steht mein früherer Kollege vor mir, der Schauspieler Titus Maschke.

Er legt lässig die »Elegante Welt« auf den Tisch und nimmt mir gegenüber Platz. Sein schwarzer steifer Hut sitzt leicht im Nacken. Das naturkrause dunkle Haar steht starr und billig in die Stirn.

Ich lasse mir nicht viel Zeit, seine Blüten im Gesicht anzusehen. Über seine rötlich umrandeten unausgeschlafenen Augen denke ich nicht nach. Der blaue Ulster fällt mir auf und der Bambusstock mit der Silberkrücke. Das sind neue Sachen.

Während ich wünsche, daß er mich verlassen möge, sage ich:

»Du hast dich fein rausgemacht. Hast du ein Engagement?«

Er singt, halb in forciert leichtsinnigem Ton:

»Ich hab' ein Verhältnis.«

»Zu was?«

»Frage! Man kann doch nur zu einer Frau ein Verhältnis haben. Die Kunst ist doch nebenbei.«

Es kommt mir vor, als wenn er ein Gespräch, das er anderswo begonnen, bei mir fortsetzen will. Ob er wohl die Lebenskunst meint?

»Mich interessiert das ›Nebenbei‹ viel mehr. Was meinst du denn für eine Kunst?«

»Ich meinte eigentlich die Komödie, das Theaterspielen, aber du kannst es auch auf alles andere beziehen, wenn es dir gefällt. Die Frau engagiert mich mehr, als alles andere in der Welt. Aber das kannst du als Frau wohl nicht genau verstehen. Bei dir wird es umgekehrt sein. Dir wird natürlich der Mann das größte Erlebnis sein.«

»Davon hab' ich bis jetzt nichts bemerkt.«

»Das kommt dir nur so vor, aber wir wollen doch nicht gleich das Wichtigste besprechen. Du siehst so schrecklich nervös aus.«

»Das ist das Allerunwichtigste.«

»Aber du sprichst so rätselhaft. Wie kommst du überhaupt hierher, wenn man fragen darf. Was machst du hier? ... Nun, was hast du denn?«

»Kein Geld hab' ich.« Nachdem ich dies gesagt habe, verläßt mich eine Spannung, die ich schon lange in mir gehabt haben muß. Ich schlafe mit offenen Augen ein, tief und traumlos.

»Kannst du denn nicht zahlen?«

Ich kann nur den Kopf schütteln. Es ist, als ob meine Lippen mir nicht mehr gehorchen wollen, und ich weine, daß es mich schüttelt.

Titus hat natürlich alles bezahlt. Ich weiß gar nicht mehr, wie das ausgesehen hat. Kann mich nicht daran erinnern. Wenn er nicht gekommen wäre, – wie ich dann wohl das Lokal verlassen hätte? Ob mein Schutzengel ihn wohl geschickt hat? Das kann ich mir auch nicht denken, denn irgendwie ist durch Titus auch das ›Nachher‹ gekommen, und das hat doch gar nichts mit dem Schutzengel zu tun. Es ist sehr schwer, alles zu verfolgen.

Wir sind ans Rheinufer gegangen. Da haben wir auf einer Bank gesessen. Ich sah noch auf die Wellen. Eine Welle war wie die andere. Wenn eine Welle kam, verlor sich die andere. Jede Welle hatte dasselbe Rauschen wie die vergangene. Alle Wellen gleich und doch wechselnd.

Titus hat mir sein Taschentuch geliehen. Er hat es mir selber angeboten. Ich fühlte gar nicht, daß ich weinte.

An die Wellen erinnere ich mich immer, obgleich ich versuche, mich an das andere zu erinnern, was nachher kam. Die Wellen, sage ich mir, waren nicht das Wichtigste an diesem Abend. Das hat mir meine Vernunft schon oft gesagt, aber etwas anderes in mir will immer bei den Wellen bleiben.

Ich träumte noch von den Wellen, als mir Titus sagte, ich müsse die Sinne der Menschen in Schwingung versetzen. Das war in der Schildergasse. Hab' doch aufmerksam zugehört. Er hat doch auch meine Rechnung bezahlt. Mir das Leben geschenkt.

Als wir über einen großen Platz gingen, sagte er mir, ich könne keine Knopflöcher nähen und damit Geld verdienen … Immer hörte ich die Wellen rauschen. Auch als er mir sagte, die Arbeit schände.

Was hat er mir doch für eine seltsame Predigt gehalten! Die Arbeit zerstöre die Persönlichkeit des Menschen, und von der Unmöglichkeit, auf intellektuelle Manier Manschetthemden zu bügeln. Da dachte ich auch wieder an den heiligen Aloysius … Zu seinen Füßen rauschten die Wellen. Und ich hatte die Vorstellung, als knie ich vor ihm auf den Wellen und sagte: »Es handelt sich nicht um das Glück, lieber Gott, es wäre zuviel verlangt …« und als antworte Titus wie ein Traum in die Wirklichkeit hinein: »Du mußt deine Eigenart so meisterhaft benutzen, wie der Violinvirtuose seine Geige.« Dann klang es weiter in mir: »Es handelt sich nicht um das Glück …«

Das hab' ich schon oft gesagt. Ich sage alles, was in meinem Gedächtnis ist. Was nicht in meinem Gedächtnis ist, ist mir nicht widerfahren. Als wäre es nie gewesen. Hab' ich nicht erlebt. Nicht die Kraft gehabt zu erleben.

Also war doch etwas?

Die Hauptsache ist ein Gespenst, das schnell aus den Wellen auftaucht und schnell verschwindet. Wieder auftaucht.

Ich will mir verbieten, von Wellen zu sprechen. Wo bin ich am Abend gelandet?

Landen. Das Endgültige. Das erinnert mich wieder an die Wellen und an das Meer.

Ich bin ja auch vom Meer gebürtig. Als sich mein Leben zu regen begann, sah meine Mutter die Küste von Madagaskar. Meine Mutter sah auf das grüne Meer und auf den tiefblauen südlichen Himmel und erwartete mich.

Das hat ihr wohl sehr gefallen und darum kam die Liebe zu den göttlichen Farben auch in mein Blut. Daher bin ich wohl verzaubert, wenn ich die Wellen sehe, und werde vergessen können, was am Abend war. Ich bin irgendwo gelandet. Natürlich. Ich glaube, ich habe das schon einmal gesagt.

Das Café Pütschenbach, wohin Titus mich gewiesen, erinnert mich an eine Bäckerstube. Kann nicht sagen, warum. Ich denke, man hat hinter Bäckerläden solche große mehlige Zimmer. Dort staubt weißgraues Mehl. Liegt auf allen Möbeln, genau wie im Café Pütschenbach.

Die Mädchen sahen auch mehlig aus. Selbst ihre Blusen schienen mir mehlbestaubt zu sein. Weiß nicht, woher das kommt. Ist ja auch gleichgültig. Es ist nur so seltsam, wenn ich es bedenke, und das tue ich ja. Ich bedenke alles sehr genau.

Verschiedene Zimmer gibt es im Café Pütschenbach, aber genau gesehen habe ich nur einen Raum. Wie war es doch rauchig und lärmend dort!

Das Café liegt im zweiten Stock, aus dem man gut drei Stöcke hätte machen können. Es sind lange, schmale Wendeltreppen, die von Gaslampen beleuchtet werden.

Der eine Gasstrumpf war zusammengefallen, und da war ein erschreckend klägliches Licht. Aber das ist ja gar nicht wichtig.

In dem niedrigen Cafézimmer, in dem ich saß, sehen die silbernen Kaffeekännchen so zerbäult aus, als hätte man sie früher an die Wand geworfen. Einmal muß das gewesen sein ... Ich war nicht dabei. Die Kaffeekännchen sind schwarz angelaufen. Sie sind vielleicht gar nicht von Silber. Aber das ist ja auch gar nicht so wichtig.

Der Kellner hatte eine weiße Jacke an. Das heißt, sie war gar nicht mehr weiß, aber mir schien, als sei sie es am Morgen noch gewesen. Daß die Wahrheit zur Lüge werden kann!

Ach, mir scheint, ich werfe alles durcheinander. Aber der Kellner hatte doch so einen eigenartig intimen Gang, und sprach mit den Mädchen, als sei er mit allen verwandt. Seine Aufdringlichkeit war mir unsagbar widerwärtig. Er flüsterte einem der Mädchen etwas ins Ohr, und mir schien, als dringe der Hauch seines Mundes tief in die Seele des Mädchens ein.

Ich habe mir dann Kaffee bestellt, aber der Kellner hat meine Bestellung nicht ernst genommen, obgleich er sie gehört hat. Ich komme mir so verstaubt und schmutzig vor, als hätte ich mich seit Tagen nicht gewaschen. Das war und ist auch so, aber es braucht mir doch nicht so vorzukommen. Kaffee habe ich mir bestellt und zwei Eier im Glas. Mir ist, als sei schon viele Zeit vergangen, seitdem ich in der »Ewigen Lampe« war.

Die Verbindungstüren, die zum Nebenzimmer führen, sind weit geöffnet. Da drinnen wird Klavier gespielt. Aber das ist kein ehrliches Klavier. Es spielt von selbst. So etwas habe ich noch nie gesehen. Wenn man ein Geldstück irgendwo hineinwirft, spektakelt's im Klavier, als säßen lärmende Poltergeister darin. Sowie die verstummen, läuft schnell jemand zum Klavier und steckt wieder Geld hinein. Dann fängt's wieder an. Immer die »Donauwellen«. Das ist ein Rumor!

Man schleift Walzer auf faserigem Holzboden. Ich sehe enge und weite Herrenhosen, Beine, die sich drehen und zuvorkommende Kreise beschreiben. Starre und weite Röcke schwenken, rauschen und legen sich, fallen nach der schmelzenden Donaumelodie. Die wird durch viele Nebenläufe, Hackungen und krankhafte Klappergeräusche gestört, wie nahe und ferne Träume in mich eingehen.

Merkwürdig! Wenn man nicht die Lust zum Tanzen hat, wie grauenerregend erscheinen einem dann die grotesken Bewegungen.

Wie unheimlich ist mir die Seligkeit, mit der man selbstverständlich und verrückt singt:

»Du, du, du, du, du,
Du bist kühl und doch so heiß.
Du, du, du, du, du
Zauberst Flammen hervor aus dem Eis …«

Meinem Kopf, den ich lange Zeit in einer gedrehten Stellung gehalten, um in das Tanzzimmer zu sehen, muß ich jetzt mit den Händen eine andere Richtung geben. Ich rücke mir den Kopf zurecht. Der Hals tut mir weh, und ich lege meinen Zeigefinger an die Schlagader. Während ich das Klopfen meines Lebens fühle, sehen meine Augen geradeaus in den Raum, in dem ich mich befinde.

Sehe viele Menschen, junge Männer, alte Männer, besonders aber lauter bunte Stücke. Das sitzt alles auf Bänken, die an den Wänden stehen, hinter großen ungedeckten Tischen. Spöttisch fremde Augen sehen mich an und mustern mich neugierig. Darüber werde ich verlegen und sehe vor mich hin.

Was will ich denn eigentlich hier? Da steht mein Kaffee vor mir. Und die Eier im Glas sind auch da. Ist alles kalt geworden. Ich trinke den Kaffee, und da rieselt es mir über den Rücken.

Da sieht man mich schon wieder so herausfordernd an. Und alles singt:

»Du, du, du, du, du,
Du bist kühl und doch so heiß.
Du, du, du, du, du
Zauberst Flammen hervor aus dem Eis ...«

Das geht wohl mich an. Ich fühle mich getroffen. Es ist, als erwarte man von mir, ich solle Flammen aus dem Eis hervorzaubern. Das ist gar nicht leicht und es sieht seltsam aus. Aber da ich bereit bin, mache ich es glaubhaft.

Ich strecke meine Hände aus und beschwöre das Nordlicht. Stehe in einem dünnen Kleide auf einer Eiswüste und meine Sehnsucht läßt Flammen wie kleine Herzen blühen. Aus dem starren Eise steigen sie langsam höher und immer höher und lassen sich dann nieder auf die Mädchen, die hier im Café Pütschenbach sitzen.

Ich muß wohl gelächelt haben, denn man lächelt mir zu. Ja, wirklich. Darüber freue ich mich immer so sehr, und ich nicke einen Gruß. Aber das ist natürlich zu viel gewesen, denn man lacht über mich. Es ist, als würde überall gekichert. Ach, wenn doch die arktische Nacht über mich käme und ich stünde allein, meilenweit allein auf einer Eiswüste! Wenn man allein ist, braucht man sich doch nur vor sich selber zu fürchten.

Warum hat man mich verspottet? Und habe ich nicht getan, was ich tun konnte? Ihr Mädchen, habt ihr es denn nicht gefühlt oder doch geahnt, daß ich im Geiste die Flammen in eure Herzen senkte? Habt ihr denn nichts gesehen?

Da singen sie nun, und wissen vielleicht nicht, daß es für mich ist:

»Du, du, du, du, du
Zauberst Flammen hervor aus dem Eis.«

Da werde ich müde. Aber ich will nicht weinen. Ich bin ja doch groß geworden und gewachsen. Daran zu glauben, fällt mir schwer. Und ich habe Sehnsucht, ein Kind zu sein. Ich möchte von einer fremden Frau durch eine Allee geführt werden. Von einer sehr fremden, unbegreiflichen Frau, die zugleich meine Mutter sein müßte. Aber daß sie meine Mutter ist, darf ich nur glauben und hoffen, nicht etwa wissen und behaupten. Sie führt mich an der Hand, und in der Allee stehen Holunderbäume, weil ich die so sehr liebe.

»Darf ich Ihnen eine Zigarette anbieten?«

Man kann gleichzeitig verschiedene Träume haben. Ich bin im Café Pütschenbach. Titus hat mir gesagt, daß ich hier jemanden finden würde, der sich meiner annimmt. Es scheint wohl nötig zu sein. Titus hat ja schon seine Freundin, die er beschützen muß.

Ich bin so sehr in die Gegenwart gestellt, daß ich die Zigarette annehme, die mir geboten wird.

»Danke sehr,« sage ich zu einem brennenden Streichholz. »Das Feuer ist eine gute Sache,« sage ich, »Feuer reinigt.«

»Sie meinen hoffentlich nicht das Fegefeuer, kleines Fräulein?«

Da sehe ich einen verwunschenen Hund mir gegenübersitzen, der seine Menschenähnlichkeit noch nicht eingebüßt hat.

Ich lächle und sage: »Es ist nicht meine Sache, streng zu sein.«

»Rauchen Sie gern, während Sie Eier essen?«

Das ist mir eine seltsame Unterhaltung, aber diese verzauberte Dogge kann wohl nicht anders sprechen. Sie hat so buschige Augenbrauen und spricht mit mir.

»Es kommt nicht so genau,« sage ich.

»Das habe ich auch schon gefunden,« sagt das Verzauberte, und es ist mit einem Male wieder ein Mensch. Das Gespräch hat wenig Sinn, wenn man so einig ist wie wir zwei es sind.

Er sieht mich aus dreieckigen Augen so bedeutsam an, als hätten wir gemeinsam eine Tiefe entdeckt. Das ist zwar Schwindel, aber ich spreche wie ein Automat: »Also da sieht man's.«

Wenn ich »also« sage, ist das ein sicheres Zeichen, daß etwas sehr unsicher ist. Ich könnte dem Herrn jetzt erzählen, daß Pütschenbach ein unruhiges Lokal ist. Dagegen aber wird er nichts einzuwenden wissen. Und das ist nötig bei dieser Unterhaltung.

Was er für Schinn auf seinem Anzug hat. Er wird seine Haare zu sehr fetten. Das zu sagen, wäre indiskret ... Er trägt eine gehäkelte Krawatte, die oft gezogen worden ist, lappig wie ein Strick. Er hat einen Klemmer an einer abgeschabten Seidenschnur über der Weste hängen. Die ist aus Baumwolle. Eingetrocknete Suppenflecke. Er wird in einem Restaurant speisen, in dem es keine Servietten gibt. Das ist keine Sünde, aber er könnte doch darauf achten, daß sein Kleid rein bleibt. Ob ich ihm das sage? Er beobachtet mich andauernd und erwartet, daß ich ihm etwas sage. Wenn man eine Bekanntschaft macht, ist es nicht zu vermeiden, daß man aufdringlich wird, andernfalls ist es ja gar keine Bekanntschaft. Er trägt eine Krawattennadel aus Messing. Die Nadel hat Hufeisenform. Ich suche weiter an ihm herum. Blinzle ihn so künstlich an. Sehe einen Schlangenring am Zeigefinger seiner rechten Hand. Seine Hände sehen faul und schlaff aus. Die Haut ist welk. Man könnte sie hochziehen. Aber das wäre doch keine Artigkeit ... Wie intim bin ich doch mit ihm.

Der Herr lächelt. Er wartet darauf, daß ich spreche. Tu' ich auch:

»Das wissen Sie wohl auch, daß Hufeisen Glück bringt?«

Der Herr greift an seine Krawattennadel, zupft die Weste herunter:

»Mein Glück liegt vollkommen in Ihrer Hand.«

Da wollte es wieder anfangen; der alte Ton: »Es handelt sich nicht um das Glück ...« Wie mir dieser Satz nur so geläufig werden konnte.

Unbegreiflich. Sein Glück liegt in meiner Hand? Das ist ja gar kein Glück. Gehört mir nicht. Lügt mich an.

»Es ist mir recht, daß Sie sich nicht beim Wetter aufhalten. Auch das ist, scheint mir, eine optische Täuschung. Ihr Glück –: ist das nicht ein bißchen viel gesagt? Ich will Ihre Worte nicht gern bezweifeln. Verzeihen Sie, aber mit mir muß man geradeaus sprechen, sonst langweile ich mich. Es ist gut, wenn man weiß, woran man ist. Das ist auch für Sie wünschenswert. Seien Sie direkt.«

»Sie gehen aber rasch voran, Fräulein. Wenn ich sage ›Glück‹, habe ich vielleicht ein wenig übertrieben.«

»Warum übertreiben Sie denn?«

Er zuckt mit den Schultern: »Weil es sonst nicht wirkt. Man sagt doch viel, was man nicht so ernst meint. Sind Sie schon lange in Köln? Ich hab' Sie noch nie gesehen.«

»Es wäre ja möglich, daß wir uns nie begegneten, und daß wir uns dennoch beide in einer Stadt befanden. Wir können wohl nicht behaupten, daß wir füreinander bestimmt sind. Übrigens bin ich erst heute angekommen.«

»So ... so ...«

Er beugt sein Gesicht zu mir: »Dann kann ich Ihnen nur sagen, Fräulein, – nehmen Sie es mir nicht übel, ich kenne Sie ja nicht, Sie kennen mich ja nicht –: trotzdem, lassen Sie sich's im Vertrauen gesagt sein, das hier ist kein Milieu für Sie. Kommen Sie da heraus. Vielmehr, gehen Sie gar nicht erst hinein. Das ist nämlich solche Sache ...«

»Wenn es für mich kein Milieu ist, dann ist es doch auch für Sie nichts, und für andere auch nicht. Wenn Sie eine Gefahr sehen, sind wir doch alle in Gefahr, Sie auch. Lachen Sie doch nicht darüber. Er ist mir wichtig. ... Ich bin zufällig hier.«

»Gewiß, zufällig. Das sagt sich so. So fängt's an. Sie sind wohl noch sehr unerfahren? Führen Sie das Leben schon lange?«

»Zweiundzwanzig Jahre.«

»So war's nicht gemeint. Ich meine, ob Sie schon lange ... Ach, es ist ja gleichgültig. Sagen Sie mir lieber, wo Sie wohnen. Das heißt, wenn ich fragen darf.«

»Ich wohne noch gar nicht. Ich habe kein Geld. Ich gestehe Ihnen, daß ich noch gar nicht weiß, wo ich hingehen werde ... Ja, so ist es ... Wollen Sie mir nicht sagen, genau bitte, weshalb Sie mich angesprochen haben? Vielleicht klingt Ihnen das komisch.

Aber ich möchte gerne ordentlich sein. Ich habe nicht gerne sinnlose Bekanntschaften. Ich gestehe: ich bin so durcheinander, sehr. Wenn Sie mir helfen könnten, daß ich keine Ungeschicklichkeit begehe. Denken Sie nicht, daß ich Sie ausnützen will. Ich möchte Ihre Hilfe in Anspruch nehmen. Es liegt an Ihnen, ob ich es gern tun werde. Wenn Sie mir helfen, werden auch Sie befriedigt sein, nicht wahr? Ich bin so in die Enge getrieben. Hören Sie, ich will gerne selbstlos sein, und dennoch bitte ich Sie, sich meiner anzunehmen. Was Sie mir tun, das tun Sie sich selber an. Nicht wahr, Sie achten sich doch wohl, oder? Entschuldigen Sie, daran darf niemand zweifeln. Ich will selbstlos sein, und doch nichts begehen, was gegen mein Selbst verstößt. Oh, ich bin so. Ich habe schon Erfahrungen gemacht. Damit blamiert man sich selbst, nicht wahr? Bitte antworten Sie nicht. Darf ich allein sprechen, ja? Meiner Ansicht nach muß jeder Mensch doch naturgemäß die Menschlichkeit besitzen. Wissen Sie, wie mir oft ist? Als wenn viele Menschen von ihrem eigentlichen Wesen gar keinen Gebrauch machten, als wenn sie sich selbst nicht leiden möchten.«

»Sie meinen wohl die andern? Sich selbst mögen die Menschen doch immer.«

»Nein, ich meine vor allem die Menschen sich selbst. Ich schäme mich über meine Erfahrung. Ich meine: daß ich es so sehe. Ich glaube, der Mensch liebt sich nicht. Nicht immer, will ich sagen. Der Mensch liebt nicht den Menschen in sich. Ich fühle mich so in die Enge getrieben. Was ist denn das nur? Entschuldigen Sie, wissen Sie es vielleicht? Ach, ich will gar nichts mehr sagen. Ich meinte auch nur so.«

»Ich verstehe Sie nicht.«

»Wenn Sie sich lieben, lieben Sie auch mich, meine ich.«

»Dann liebe ich Sie.«

Und dann sagt er nichts mehr. Er sieht mich nur an.

Da zieht sich etwas wie ein flackernder Schleier über seine Augen.

Ach, die trunkene Erregung ist mir so entsetzlich, weil ich sie nicht empfinden kann. Wie werde ich mich je wieder von diesem Grauen befreien können? Und ich hab' mir immer so große Mühe gegeben, die Welt so zu sehen, wie ich es gerne möchte. Besonders wenn etwas anders war, als ich wünschte. Und gerade dieses Mal habe ich versagt. So gründlich habe ich versagt. Was besagt das wohl? Ich weiß es nicht.

Ich fühle nur ein Grauen in mir, von dem ich mich nicht befreien kann. Wie kann ich mich von der Furcht befreien?

Und als ich in der Nacht an meine Brust schlug, bemerkte ich, daß ich ein Geldstück in der Hand hielt ... Fest umklammert, und das Geld war heiß und feucht. Ich stand auf der Straße unter einer Laterne und – sah.

Und als ich an meine Brust schlug, nur um zu sehen, ob ich mich ganz mitbekommen habe, fiel klimpernd das Geld zu meinen Füßen nieder. Das Geld rollte auf das Pflaster und dann in den Rinnstein.

Ich hob es auf, als sei es etwas Wertvolles, und ließ es in meine Tasche gleiten. Dann sah ich auf meine Hände, und ich war plötzlich gezwungen, meine Finger zu zählen.

In diesem Augenblick ging ein Mensch vorüber, blieb stehen, sah mich an, und ging langsam weiter. Ich sah mich nach ihm um. Der Mensch sah sich auch um und kam zögernd langsam auf mich zu.

Da ergriff mich ein mir unerklärliches Entsetzen, wie ich es bisher nie kannte. Glaubte er, ich habe einen Mord begangen. Er glaubte es vielleicht nur darum, weil ich meine Hände unter einer Laterne so aufmerksam betrachtet habe ... Ich kann doch meine Hände betrachten, wenn ich will. Das kann mich nicht verdächtigt haben ... wenigstens nicht besonders verdächtigt haben ...

Durchdrungen von dem Gedanken, ich bin eines Mordes verdächtig, raste ich durch die Straßen, so schnell mich meine Füße tragen konnten.

Ach, ich weiß gar nicht, wie lange ich gelaufen bin. Ich muß sehr lange durch die Straßen gelaufen sein, denn ich war beim Dom angelangt, und war doch sehr weit vom Dome entfernt gewesen ...

Bleibe endlich atemlos stehen. Ich horche. Niemand verfolgt mich. Bin ja auf der Straße wie zu Hause, und lege meinen Kopf an eine Wand.

Vom Dome schlägt es drei Uhr. Ach, drei! Das ist eine heilige Zahl. Ein Druck ist von mir gewichen, als hätte ich vieles überstanden. Mir ist, als wäre ich nach einer langen Folter entlassen. Ein unsagbar schmerzhaftes und doch süßes Glück, sich selber wieder überlassen sein, und irgendwo schlafen gehen können, und allein sein, ganz allein.

Man sagt, der Tag habe vierundzwanzig Stunden. Ich glaube nicht mehr daran. Der Tag muß viel mehr Stunden haben. Ich kann sie wohl nicht zählen, aber es müssen sehr viele Stunden sein, die mein Tag hat.

In der Nacht träumte mir, die Zeit würde jeden Morgen in einem Bureau gewogen, und es gab Zeitscheine. Jeder gab sein Paket Zeit ab. Der Name wurde drauf geschrieben und eine Quittung wurde ausgestellt.

Die Beamten waren sehr beschäftigt. Es gab so winzige Fetzen. Das waren Augenblicke, die schwer ins Gewicht fielen. Es waren scheinbar so flüchtige, leichte Augenblicke. Oft hatte ein einzelner Mensch sie verursacht, und gedankenlos brachte er sie, und doch wog solche kurze Spanne Zeit so unendlich schwer. Die Wage senkte sich tief herab, und mit der Wage das Schicksal vieler Menschen, in deren ahnungsloser Abwesenheit der Augenblick, den oft ein einziger Mensch durch einen gefährlichen Gedanken belebt hatte, zum Verhängnis wurde.

Ich sah das alles mit großer Bestürzung und dachte, es wäre doch gut, die Menschen durch Plakate auf diese Gefahr aufmerksam zu machen, damit sie verantwortungsvoller mit ihrer Zeit umgingen.

Von Verantwortung aber war hier wenig zu spüren. Die Beamten waren äußerst beschäftigt, und manche schienen mir schlecht geschult. Dabei war in dem verhältnismäßig kleinen Raum der Verkehr sehr lebhaft. Man drängte hin und her, und die Zeit wurde verschoben und verwirrt.

Denn die Zeit wurde in Form einer überaus empfindsamen Materie gebracht. Es war eine graue, zähe, schleimartige Masse, die gleichwohl weder feuchte, noch sichtbare Spuren hinterließ. Diese graue Masse war durchzogen von roten Blutfäden, und von blau und grün angeschwollenen Adern. Ein großer schwarzer Klumpen aber, von dem ich nur wußte, daß es ein Weltereignis war, ohne genau sagen zu können, worin es bestand, war in jeder Masse der Mittelpunkt. Sehr viele grünliche Adern sah ich, ich wußte, das sind die Ängste.

Die Zeit brachte man in Pappkartons, in Kisten, ausrangierten Kinderwagen, in Koffern, Aktenmappen, Zigarettenschachteln, in Kissenbezügen und Wäschekörben, sogar in Gewehrläufen. So viele Transportmöglichkeiten habe ich noch nie gesehen.

Ich mußte lange warten, bis ich an die Reihe kam, und die Luft wurde unerträglich schwül. Ich hatte die Zeit in meinen Mantel gehüllt und diesen notdürftig mit Stecknadeln zugesteckt, aber die Zeit fiel mir überall aus dem Mantel heraus, schlüpfte mir sogar bei den Handgelenken aus den Ärmeln.

Ich überlegte mir während des langen Wartens, wie ich es anstellen könne, meine Zeit der großen Mühe wegen nicht mehr schätzen zu lassen, verfiel aber zugleich in die Besorgnis, die Zeit könne mir zu Hause über den Kopf wachsen, weil sie doch sichtbar war und sich andauernd vermehrte. Würde nicht eine große Unordnung entstehen, so daß ich mich zuletzt selbst nicht mehr auskennen könnte?

Aber da ich ohnehin schrecklich viel Zeit gefaßt hatte, wandte ich mich an einen der Beamten, der, wie mir schien, die Zeit sehr gut zu schätzen und einzuordnen verstand. Ich sagte ihm alle meine Bedenken, und daß es beinahe über meine Kraft gehe, die

Zeit zu tragen, er möchte doch ein Einsehen haben und es mir ein wenig erleichtern.

Er sah mich ernst und ruhig an, da begann ich zu stottern: »Ich habe keine Zeit, mich mit der Zeit aufzuhalten.« Verlegen stolperte ich über die Zeit, die mir überall im Wege lag.

Der Beamte sagte mir darauf kurz: »Wer seine Zeit nicht erfaßt, ist des Todes schuldig.«

Das genügte, und ich machte nicht mehr den allergeringsten Einwand; denn meiner Bequemlichkeit wegen wollte ich doch nicht mein Leben verwirken, und ich war tief beschämt.

Jetzt aber ist hellichter Tag, und die Zeit spinnt sich weiter in mir. Ich bin von Zeit umstellt ... Heut früh war ich so ergriffen, daß ich ins Café gegangen bin, als könne ich der Zeit entfliehen. Aber sie ist mir gefolgt.

Dort habe ich ein Butterbrot bekommen und eine Tasse Kaffee dazu. Natürlich für Geld. Geld ...

Ich möchte gerne wissen, ob das Geld das einzige sichtbare Zeichen meiner Verwahrlosung ist. Das Geld in meiner Tasche erschien mir sehr fragwürdig. Es kommt mir immer verdächtiger vor. Das Geld ist Blamage, das aufdringliche Zeichen der Schande. Ich putze mein Geld mit meinem Taschentuch, bevor ich es in harmlosere Hände gebe; damit es wenigstens äußerlich sauber ist. Das Geld ist immer falsch, aber doch eine wirksame, vorzügliche Täuschung. Es gibt ja gar kein echtes Geld, sage ich mir. Es wäre ein Zufall, wenn es damit einmal stimmen sollte. Was man eintauscht, ist doch etwas ganz anderes. Ich kann aber doch nicht allein so subjektiv schätzen.

Ich habe ein Butterbrot bekommen und eine Tasse Kaffee, und dafür lege ich mein irrsinniges Zehnmarkstück auf den Marmortisch.

Für dieses Zehnmarkstück wurde ich selbst auf den Tisch gelegt, es wurde mit mir bezahlt. Darum lege ich heute ein schillerndes Goldstück auf den Tisch. Und das soll ich sein? Wie kann man mich nur mit einem Goldstück vergleichen? Mich? Ich hab' doch etwas Flirrendes in mir.

Der Kellner ahnt nichts. Weiß nicht, woher das Geld stammt, ahnt nicht, daß ich selbst das Zehnmarkstück bedeuten soll ... Wie sehr ich mit dem Zehnmarkstück verbunden bin, wie meine ganze Person dahintersteckt!

Ich schweige und lüge und kläre den Kellner nicht auf. Geld, Zeit und Mensch, alles rollt, ist Kugel, und ich sorge für den Umlauf, für die Kreisung, und gebe vierzig Pfennige Trinkgeld. Solches Trinkgeld gilt als übertrieben und unanständig, ich weiß, aber ich habe die Kunst, einzuschätzen, verloren. Ob das vorübergehend ist?

Der Kellner denkt, ich habe mich geirrt. Aber als ich ihm ermunternd zulächle, verbeugt er sich. Ach, vor mir verbeugt er sich, sehr höflich und zugleich ein wenig befremdet. Schaut mich ein bißchen an, als wäre ich ein seltsamer Vogel.

Dann geht er sinnend, seine noch reine Serviette unterm Arm, in einen Sonnenstreifen hinein, eine meterbreite Lichtbahn, die sich über dem leeren Lokal ausbreitet. Da steht der arme Kellner in seinem abgeschabten Frack. Sein müdes, übernächtiges Gesicht ist offen und groß der Sonne zugewandt, die durch das hohe Fenster leuchtet ... Das angenommene Kavaliersgesicht des Kellners verrät sich und wird kindlich und verträumt.

Gewiß, er stammt vom Lande. Ist in die Stadt gekommen, um Geld zu verdienen. Ist Kellner geworden, weil er sich nicht selber zu schätzen wußte. Seine Dienstwilligkeit wird von anderen berechnet und taxiert ... Jetzt steht er auf der leuchtenden Lichtbahn, auf der die Seelen der Heiligen zum Himmel schweben. Armer, betrogener Ober. Ob er sich wohl ebenso tief verneigt hätte, wenn ich ihm nur fünf Pfennige gegeben hätte? Da hört wohl die Höflichkeit auf. Die Andacht wird bei einer Mark und achtzig beginnen. Ich hab' mir seine Liebenswürdigkeit erkauft. Ein Strahl seines Wesens für vierzig Pfennige ... Und ich vergleiche ...

Ich bin ein gerupfter Vogel.

Besehe mir mein Handtäschchen. Neu gekauft. Eine Lederimitation. Gestärkte Pappleinwandwachstuchkopie. Künstlich gebräunt mit goldbronziertem Nickelbügel. Ein trügerischer Similistein als Verschluß. Eigentlich hält meine Tasche ein Druckknopf zusammen, der nicht funktioniert.

Hab' mir alles genau angesehen. Vor einigen Tagen hätte ich mir diese Tasche noch nicht leisten können. In der Nacht kamen mir die neuen Möglichkeiten. Die habe ich mir selbst gewählt. Und das Geld, oder mich, entdeckt.

Ich oder das Geld? Was ist das für ein phantastischer, patentierter Schwindel.

Das aber denke ich nicht, um mich selbst dadurch zu verschleiern.

Die Umgebung fällt mir nicht zu meinem Troste ein. Durch keinerlei Beschönigung werde ich anders. Ich will nicht denken, die Fähigkeit zur Preisgabe habe so sehr in mir gelegen, daß ich sie natürlicherweise ausnützen mußte. Wäre dies der Fall, ich hätte nicht so viele Bedenken. Oh, wie verwirrt ich bin. Daß Notwendigkeit zur Sünde zwingen kann, will mir nicht einleuchten. Das Sprichwort »Not kennt kein Gebot« wurde nicht für mich gemacht. Das gilt bei mir nicht.

Kaum brannte das erste Geld in meiner Hand, erstand in mir eine neue Sehnsucht. Wenn man einen Glauben verloren hat, sucht man wohl einen neuen Glauben. Ohne Glaube kann ich ja gar nicht leben. Wer könnte denn das? Was aber habe ich denn verloren? Welchen Glauben? Und was ist erschüttert in mir? Ist das etwa das Neue, daß ich jetzt daran glauben muß, Preisgabe könne zahlbar sein? Habe ich denn das erst jetzt erlebt? Es ist mir wohl jetzt erst aufgefallen, da ich es zu sehr erlebe. Es wäre ja viel bequemer, nicht zu sehr zu erleben. Nur so anzusehen und vorüberzugehen. Es wäre ja viel flüchtiger, doch auch nicht so schmerzhaft.

Jetzt aber ist es durch mich hindurchgegangen. Nichts anderes, als was täglich durch viele, sehr viele Menschen hindurchgeht. Und ich werde die andern anders ansehen. Oh, daß man selbst durch das Leben so sehr hindurchgehen muß! Sich zu begreifen, damit man die andern begreifen lerne. Wie unempfindlich man doch leben kann, während Menschen das Empfindlichste, sich selbst, Fleisch und Blut preisgeben!

Meine Hingabe hatte nichts mit Geld zu tun. Und jetzt schreit mir eine ganze Stadt von der Hingabe. So wird es in allen Städten sein. In der ganzen Welt wird Hingabe sein. Wie könnte es anders sein? Jetzt sind in allen Schaufenstern Herrlichkeiten ausgebreitet. Wie verlockend liegen sie, dargeboten jedem schönheitshungrigen Auge. Preisgegeben ist alles und muß bezahlt werden. Wie tief entwürdigend ist das Geld. Es ist ja gleichgültig, was ich beginne. Ich kann beginnen, was ich will, es ist immer dasselbe: Hingabe für Geld.

Ich mag nicht mehr daran denken, mich auf der Bühne darzustellen. Wie viele mögen mich genossen haben. Ich war den Blicken ausgesetzt. Wie viele mögen mich, vielleicht noch im Traum, berührt haben, geschändet, und ich ahnte es nicht. Ich habe Grund, zu erröten. Wer hat nicht Grund, immer zu erröten, wenn noch ein Funke der heiligen Scham in ihm glüht? Ich möchte mich tiefer verschleiern, märchenhaft sein.

Was aber hilft es? Das Leben ist schamlos. Ich habe es jetzt erkannt. Immer liebte ich das Direkte. Ich kann doch nicht meine Augen schließen, nur weil sie gesehen haben, was sie nicht gerne sehen.

Ich stehe nicht vereinzelt da. Was es für mich gibt, das hat es auch für andere gegeben. Und ich fühle und trage, daß es dasselbe in Zukunft auch geben wird, denn es gibt keinen einzelnen Fall. Wenn einer fällt, fällt mit ihm eine ganze Welt, die einer in sich trägt. Jeder Fall trifft die Welt, die nur scheinbar nicht mitfällt.

Ich gehe jetzt so allein in einer Stadt, und niemand will von mir wissen. Daß man so allein gehen kann und dabei sagen: wo etwas angeht in der Welt, irgendwo etwas angeht, das geht mich an.

Ich reiße die Augen weit auf und sehe, es geht viel an. Es gehen ja so viele Menschen in einer Stadt. Gestern sind mir wohl achtzig begegnet. Ach, es werden ja noch viel mehr sein. Und in den andern Städten, die noch viel größer sind, da gehen ja auch Mädchen. Nicht nur Mädchen. Es gehen ja so viele Menschen in der Welt, die irgend etwas hingeben für Geld. Es gibt ja doch noch anderes Heiligtum, das für Geld preisgegeben wird. Oh, das bewußte Handeln wider die wahrhaftige Überzeugung, – wenn man den Glauben in sich trägt, mit dem Munde aber den Unglauben bekennt und ihn verkauft. Der Kaufmann, der mir die Schwindeltasche verkauft hat, wußte doch, daß sie keine fünf Mark wert ist. Log er nicht wider sein besseres Wissen, log er nicht den Betrug in seine und meine Seele hinein, nur für Geld, vielleicht nur für ein Pfund Butter? Bin ich denn nicht der Anlaß, die Schuld, daß er lügen muß? Wenn nicht ich es bin, ist es ein anderer.

Nein, nicht zu meinem Troste fällt mir die Umgebung ein. Die Umgebung ist, die ganze Welt, das Relief meiner Schuld. Innerhalb dieses Rahmens vergrößert sich nur das Bild meiner selbst.

Wo etwas angeht, das geht mich an. Es gehen so viele Mädchen. Warum soll ich es denn nicht sein? Nein, gerade ich sollte es sein. In diesem Glauben muß ich mich wiederfinden. Gehe ich jetzt auf der Straße, weil Mädchen auf der Straße gehen? Meine Sehnsucht geht dahin: weil ich auf der Straße bin, gehen die andern auf der Straße. Ich bin so sehnsüchtig geworden. Das muß schon lange in mir gesteckt haben. Ich glaube, wenn ich ganz und gar nicht mehr auf der Straße gehen werde, wird niemand mehr gehen wollen. So allmächtig will ich sein.

Meine Sehnsucht hat durch das Wort »Preisgabe« einen Strich gemacht. Die erste Silbe soll gestrichen sein. Ich suche das frei Gegebene. Es ist mein Wesen, zu verschwenden, denn dazu ist doch das Leben da. Das Beste kann man doch gar nicht verkaufen. Ich suche das, was sich nicht verkaufen läßt. Das muß es doch auch geben.

Jetzt möchte ich ein Adreßbuch nehmen und einen Fragebogen

herumschicken. Ob wohl irgendwo Liebe ist? Es muß doch Liebe in der Welt sein. Irgendwo Liebe. Ich will nur sehr leise fragen. Aber über die bejahende Antwort würde ich mich sehr freuen, und hätte teil daran, selbst wenn die Liebe nicht mir gilt. Denn die Liebe geht über mich hinweg, und was ich liebe, muß außer mir liegen. Wie die entfernten Sterne liebenswert sind! Die Menschen sind mir alle so nah, um mich herum, und doch entfernt. Wie seltsam, daß man allein gehen kann, und möchte doch bei allen sein.

Meine einzige Beschäftigung ist: zu konstatieren, daß die Zeit vergangen ist. Und die Aufgabe: wie komme ich am besten durch die Zeit.

Mir ist, als habe ich die Zeit veranlaßt, und ich beginne mir Vorwürfe zu machen. Die Tage fallen wie welke Blätter im Herbst, aber das scheint nur so in der Vergangenheit. Ich kann mir viele Augenblicke dieser Tage ins Gedächtnis zurückrufen, aber die schmerzhaftesten entziehen sich mir. Das ist gut.

Alles, was ich sehe, das Straßenbild, die Menschen, das Pflaster, die Sonne, alles tritt in den Hintergrund und verschwindet. Ich fühle nur Zeit. Ich komme nicht heraus.

Sitze im Park und frage mich: will ich nur atmen, in die Zeit hineinatmen? Ich besitze nichts mehr. Nur noch Zeit, und die kann ich nicht halten. Ich weiß nicht mehr, wohin ich gehe. Bin erstaunt, daß zwei Tage vergangen sind. Ich hätte das kaum für möglich gehalten.

Ich hab' meine Haare verkauft. Viele Haare, lange Haare. Alles abschneiden lassen. Vielleicht war das das einzige Reelle, was mein Kopf ans Licht gefördert hat. Vielleicht die einzige Kraft und Energie. Ich bin sie los.

Meine Haare lagen glänzend und weich auf dem sauber polierten Glastisch eines duftenden Friseurladens. Ein alter Coiffeur hat sie noch bewundernd gestreichelt … So zärtlich sind sie noch nie gestreichelt worden. Der Coiffeur hat gefragt, wieviel Geld ich für die Haare haben will.

»… als wär's ein Stück von mir …« sang's leise.

»Ich weiß nicht, wieviel ich dafür nehmen kann. Eigentlich habe ich gar keinen Anspruch. Es ist eine Ernte, die ich nicht gesät habe.«

Ach, die Haare fielen wie reifes, gelbes Korn.

Darf ich nicht bewundern, was von mir gelöst ist? Und ich habe die Haare auch liebkosend gestreichelt. Da hat der alte Coiffeur gelächelt und hat mir fünf Mark gegeben.

Jetzt scheint die Sonne und läßt meine Haare wieder wachsen.

»Haare wachsen lassen« kann ich doch nicht im Hotel als Beruf angeben, scheint mir.

Die Minuten der ersten Dämmerung sind wie Stunden.

Um vier Uhr früh wird es auf der Bank des Verschönerungsvereins so kalt. Die Anlagen sind dem Schutze des Publikums empfohlen.

Die wunderbaren Blumenrondells aber können nicht über Kälte und Verlorensein hinwegtäuschen. Ich habe das bemerkt.

Meine Mutter erzählte einmal von einer Familie, die vor Hunger nicht in den Schlaf kommen konnte. Ich habe das nicht glauben wollen. Ich werde mich fortan hüten, überhaupt etwas zu bezweifeln. Ich will mir Mühe geben, alles zu glauben.

Ein Vogel singt und ich versuche mich einzumischen:

»Im Schlehendorn … im Schlehendorn
Da sitzt ein Vogel und singt.
Wie ist der Dorn mit Blüten besteckt …
Wie ist der Vogel so tief verdeckt,
Wie froh das klingt …«

Das habe ich mühselig zu Ende gebracht. Und die wenigen Klänge haben mich geschwächt. Ich darf nichts mehr sagen und singen.

Die Brust tut mir weh. Die Feuchtigkeit des Frühnebels dringt aus der Erde. Die betauten Bäume duften nach Harz. Da ist Leben.

Ich schließe die Augen und die Kälte steht still in mir. Ich kann ja nicht in den Schlaf kommen, obgleich ich so müde bin.

Dann ist es nur eine Empfindung, die langsam, aber unbarmherzig deutlich sich immer mehr in mir verstärkt: ich hab' mir was weggeholt. Die Kälte. Ich werde sie nie wieder los. Werde nie wieder vergessen können: diese Kälte.

Am Morgen überlasse ich mich den wärmenden Sonnenstrahlen. Ich sitze auf einer anderen Bank. Vor mir steht das steinerne Denkmal, das eine Königin darstellt.

Sie sitzt in einem prächtigen Sessel. Sie trägt ein reiches, weites Kleid. Die Königin wird von Kissen gestützt, an denen reiche Kordeln hängen.

Die ist der Sonne näher und hat es gar nicht nötig, denn sie fühlt nichts. Dennoch hat man so viele Umstände mit ihr gemacht.

»Ich habe Hunger!« möchte ich in den jungen Morgen hineinrufen, aber mir ist, als würden die Menschen das zu romantisch finden, mir vielleicht nicht einmal glauben.

Der Stadtpark soll wohl heiter sein, aber für mich ist er ein schlecht arrangiertes Wohltätigkeitsfest. Wann habe ich mir zuletzt Brötchen gekauft?

Aber solche Ausschweifungen dürfte ich nicht aufkommen lassen. Ich rede mir vor, das Essen sei eine lasterhafte Gewohnheit, eine sehr sinnlose überflüssige Sache; aber ich bin nicht vollkommen überzeugt.

Ich führe mir die Heiligen vor, die von der heiligen Hostie allein gelebt haben. Es gab Einsiedler, die man zwingen wollte, Speise zu sich zu nehmen, um sie zu prüfen. Sie aber wanden sich voller Abscheu in Krämpfen.

Bei mir ist es gerade umgekehrt. Man sagt soviel: »die Kunst dem Volke«. Wenn man doch beginnen wollte, den Hungerkünstler Sarto der Menschheit näherzubringen, damit man hinter sein Geheimnis kommt. Der Mann muß wirklich ein Künstler sein. Aber daß er sich so rar macht und sich in Kastans Panoptikum setzt! Er will natürlich eine Seltenheit sein. O Einbildung! Er ist es nur seiner Würde wegen, mit der er die Speiseenthaltung erträgt.

Andere benehmen sich in solchem Falle leicht rabiat, wie ich zum Beispiel. Äußerlich lasse ich mir ja nichts merken. Ich habe Takt im Leibe, sonst nichts. Davon kann man aber nicht leben. Wenn ich Hungerfieber hätte, wäre ich vielleicht nicht bei so klarem Verstand, wie ich, Gott sei's geklagt, es jetzt bin.

Erdbeeren werden verkauft und gleich auf der Straße gegessen. Ich sammle die Reste auf. Wenn mich jemand beobachtet, lasse ich mein Taschentuch fallen, und hebe langsam mit diesem die Reste auf.

Bei diesem Manöver habe ich eine Zeitung gefunden, sogar die neueste Nummer des Stadtanzeigers.

»Neumarkt 12, schön möbliertes Zimmer auf der Sonnenseite, mit Frühstück, nur an seriöse Reflektanten«.

Zu denen gehöre ich, und gehe auch sofort hin, miete das Zimmer, schlafe mich aus, wasche mich, lasse der Wirtin eine kurz gehaltene, aber leicht faßliche Lebensbeschreibung zurück, und verschwinde, um nicht wieder zu kommen.

Auf zwei bis drei Parknächte, dachte ich, könne eine sogenannte Bettnacht kommen. Aber mir fehlen kühle Stirn und Glück, ein Zimmer zu bekommen.

Als ich das letztemal in einem Hotelzimmer war, hatte ich am Morgen die Versuchung, mir das Bettlaken um die Hüften zu wikkeln, und es zu veräußern. Dieser vielleicht gesunden Regung bin ich indessen nicht gefolgt. Denn erstens war vorsichtig »Hotel Löwe« ins Betttuch höchst dauerhaft eingestickt. Zweitens – es ist vielleicht eine kleine Eitelkeit – scheint mir: das siebente Gebot ist das einzige, das ich noch nicht überschritten habe.

Mein blaues Jackett habe ich in einer Altwarenhandlung für zwei Mark fünfzig verkauft. Der Trödler fragte mich, ob es mein Eigentum sei, und ich hab' in ein schmieriges Buch mit Namensunterschrift eintragen müssen, daß das Jackett mir rechtmäßig gehört und ich zum Verkauf berechtigt bin.

Nicht einmal diesen elenden Fetzen hat man mir zugetraut. Ich habe mir dann, eigentlich um zu renommieren, eine rote Seidenbluse für fünfzig Pfennige gekauft. Wenn sie nur nicht so zerknüllt wäre. Wie soll ich zu einem warmen Plätteisen kommen?

Nach einer Parknacht spiel' ich am Morgen die Luxuriöse und wasche mich in der Toilette am Hauptbahnhof. Da gibt es Seife und Handtuch. Dann kann ich mir einen Augenblick einbilden, ich lebe in behaglichen, geregelten Verhältnissen.

Heut nacht hat es geregnet und meine Goldkäferschuhe sind kaputt. Das würde mich nicht sonderlich stören, aber die Strümpfe sind auch kaputt.

Das war ja gar kein Frühlingsregen, heut nacht, denn ich habe starken Schnupfen. Ich habe die Konvention durchbrechen müssen und meine Schuhe im Park ausgezogen, um sie auf der Bank trocknen zu lassen.

Von der Sonne mache ich überhaupt den ausgiebigsten Gebrauch. Meine Schuhe sind ein bißchen krumm geröstet. Sie sehen ganz orientalisch aus. Die Spitzen drehen sich nach oben. Wenn sie nicht so zierlich mit Goldperlen bestickt wären, würden sie wie die Holländer Holzschuhe aussehen.

Sie sind mir auch ein bißchen klein geworden. Ich hab' gestern die Kappnaht aufreißen müssen, denn ich ging mit den Hacken im Freien. Ich trage die Schuhe überhaupt nur noch, weil es Sitte ist, etwas an den Füßen zu tragen. Wenn nicht eine durchgreifende Veränderung eintritt, werde ich barfuß gehen, und zwar mit einem selbstverständlichen Gesicht, als sei es Mode geworden.

In einem Abfallkasten habe ich in früher Morgenstunde einen kleinen Taschenkamm gefunden. Ich habe ihn am Bahnhof gereinigt und er kommt mir gerade recht.

Ich hab' mich schön frisiert, mit dem Taschentuch gründlich erst mich selbst gewaschen, dann die Schuh', dann wieder Waschbecken und Taschentuch, dann mich auf meine Bank im Park hingesetzt, damit sich alles nett trocknet und legt.

Ich hatte die rote Bluse angezogen und zurechtgezupft, befeuchtet und wieder getrocknet, und ich kam mir ganz vorteilhaft zusammengeklaubert vor, so daß ich recht wohl einen guten Geschäftsgang unternehmen konnte.

Ich habe mir ein Vermittlungsbureau für Hotel- und Wirtschaftspersonal ausgesucht, mich einem Herrn dort für alle Fälle zu allem nur Möglichen anempfohlen.

Der junge Mann hatte wohl nicht gut ausgeschlafen, denn er gab mir eine Karte für ein Weinlokal, wo man eine Kellnerin braucht. Ich werde mich natürlich hüten, bei Sonnenlicht dahin zu gehen; nicht jede Situation verträgt das Sonnenlicht.

Ich werde mich lieber bei Lampenlicht vorstellen. Das Restaurant liegt im Keller, ich habe es mir schon angesehen. Ich rechne mit einer matten, vielleicht magischen Beleuchtung.

Wenn ich dem Herrn dort oder der Dame recht groß in die Augen schaue, fällt es ihnen vielleicht nicht ein, auf meine Schuhe zu sehen.

Meine Bluse hat sich immer noch nicht glatt gelegt. Sie ist mir leider zwei Nummern zu groß. Aber bei dieser Sorge darf ich mich nicht aufhalten. Ich habe durch meine Aussichten auf Stellung doch eine gewisse Sicherheit. Bis zum Abend werde ich versuchen, mich in das Wesen einer Kellnerin zu versetzen. Werde mir einige Hauptpunkte notieren.

Darüber nachdenken, wie man als Kellnerin gleichzeitig zuvorkommend und zurückhaltend sein muß.

Im bedenklichen Falle: Man muß so liebenswürdig sein, daß es dem Gaste leid tut, die Zeche schuldig zu bleiben.

Hoffentlich kommt es nicht vor, daß jemand Vergnügen sucht, das er nicht zahlen kann. Das ist zugleich eine Warnung für Trinker.

Ich werde achtgeben, daß ich keine Gläser oder Flaschen zerschlage, oder sie gar an die Wand werfe.

Über all das habe ich Zeit bis zum Abend nachzudenken.

Am Nachmittag habe ich mir ein Privatzimmer genommen. In der Kellergegend, nahe der Arbeitsstelle.

Die junge Wirtin war äußerst einsichtsvoll, als ich ihr meine ganze Situation, von A bis Z, schilderte.

Als ich ihr sagte, meine Sachen seien noch auf der Bahn, bot sie mir für den Abend eine Tändelschürze an. Sie sagte sogar, ich dürfe sie behalten. Ich wußte gar nicht, daß man als Kellnerin unbedingt eine Tändelschürze braucht. Es ist ein wahres Glück, daß ich dieses Zimmer genommen habe.

Sie hat mir auch eine Brennschere geborgt, und ich hab' mir einen Bubenkopf gelockt. Es macht mir Spaß, ich sehe ganz anders aus als heute früh. Ich freue mich auf den Abend, als solle ich die »Waise von Lowood« spielen. Ich habe nicht einmal mehr Hunger.

Die Wirtin hat mir Kaffee angeboten, aber ich habe dankend abgelehnt. Es war ja schon so nett von ihr, mir ohne Vorauszahlung und ohne Gepäck das Zimmer anzubieten.

Ich werde ohne Hut in die Kneipe gehen, den Hut als Pfand bei der Wirtin lassen. Dann wird sie nicht mißtrauisch sein, daß ich etwa nicht wiederkomme. Ich sehe auch ohne Hut mehr nach Kellnerin aus.

Wie tut mir der Kopf doch weh! Und das vom Wein. Bin doch sehr unbedacht gewesen. Wie habe ich nur vergessen können, über das Animieren nachzudenken! Das Animieren und Selbst-Weintrinken ist doch das wichtigste! Es ist das erste Mal, daß mir der Kopf vom Wein weh tut. Oh, oh, oh.

Ob ich in diesen Keller noch einmal zurückgehe? Ich weiß nicht. Aber ich habe nicht lange Zeit zum Überlegen.

Man war ja recht nett zu mir, als ich mich vorstellte, aber ich war ja auch sehr mutig und frisch.

Erst wurde ich nicht klug daraus, was ich dort machen solle. Ich dachte, ich müsse den Wein servieren, und könne vielleicht, wenn die Gäste versorgt seien, in einer Ecke idyllisch sitzen und als ein Haustöchterlein sticken. Aber von alledem war nicht die Rede.

Ich brauchte den Wein gar nicht an den Tisch zu bringen. Hatte nichts anderes zu tun, als ihn selbst zu trinken und dafür besorgt zu sein, daß mein Gast immer ein volles Glas habe, und daß es wieder leer würde, und dann wieder eingeschenkt. Und bei alledem mußte ich mich unterhalten.

Ich kann mich nur an die ersten Stunden der Unterhaltung erinnern. Nachher schwamm mir die ganze Stube sechsfach vor den Augen und meine Zunge kam mir verrückt vor wie eine heiße Lawine, was es doch gar nicht gibt. Daß in solch einer kleinen rheinischen Bauernstube, mit niedrigen Butzenscheiben, biederen Holztischen und naiven Hockerln, soviel Dämonie stecken kann, hätte ich mir auch nicht träumen lassen …

Ich werde doch wieder hingehen; einzig um soviel Geld zu verdienen, daß ich meine gütige Zimmerwirtin nicht zu enttäuschen brauche.

Vielleicht ist heut abend kein junger Vater da, dessen Frau soeben ein Kind bekommen hat, und mit dem ich dann »Liebfrauenmilch« trinken muß. Heut' abend ist vielleicht irgendein anderer da.

Daß dieser junge Vater gerade mich aussuchte, um auf das Wohl seines Neugeborenen anzustoßen; auf seinen Erben, wie er sich ausdrückte!

Der Vater war so feierlich, als habe er etwas ganz Außergewöhnliches angerichtet. Er stand so ernsthaft auf, nahm sein Glas in die Hand und forderte mich auf, das Kind hochleben zu lassen. Ich weiß nicht, ob ich da bereits zuviel getrunken hatte. Aber ich sagte ihm, so schusselig sei ich denn doch nicht, und ich wisse nicht, ob ich es verantworten könne, jemanden zum Eintritt ins Leben zu beglückwünschen. Ich ließe ja manchmal fünf gerade sein, aber so schlampig sei ich doch nicht, wie er, der junge Vater, sich von mir denke.

Die dicke Patronin trat an den Tisch, ein wenig irritiert, und sagte: »Fräulein, was soll denn das sein? Trinken Sie einen Schnaps, denn Sie haben moralische Anwandlungen.«

Sie selbst schien mir nicht mehr nüchtern zu sein. Ihr Toupet saß schief. Dies stand zu ihrer sonstigen seriösen Erscheinung – sie war in schwarze Seide geklemmt – in krassem Widerspruch.

Der junge Vater zog mich beschwichtigend auf die Bank und sagte:

»Lassen wir das Thema. Lasset uns das Leben genießen!« Er grölte mir mit seinen falschen Tönen die Ohren voll.

Der junge Vater bemerkte meine Nervosität sehr wohl. Er fragte:

»Sagen Sie, Kleine, sind Sie immer so?«

»Es ist Ihre Privatsache, wie Sie mich finden wollen. Ich mische mich nicht dahinein.«

Nach dieser Antwort bestellte er Porter und Sekt.

Von mir abgesehen, war noch eine Kellnerin da. Die hieß Nettchen. Sie sah auch leidlich so aus. Sie hatte zierlich gesteckte Roll-Löckchen auf schwarzen Simpelfransen.

Nettchen kam zu mir in den Holzerker, der wie ein Beichtstuhl aussah, in dem ich mit dem jungen Vater saß.

Sie brachte mir ein Käsebrot, wofür ich ihr sehr dankbar war. »'s ist nur, damit Sie nicht molum werden,« sagte sie.

Der junge Vater forderte Nettchen auf, sich doch zu uns zu setzen. Sie begann ihre Tätigkeit, indem sie den jungen Vater liebkoste. Sie zwirbelte ihm den Schnurrbart hoch, zupfte ihn am Ohr und gab ihm derbe Schmatzküsse.

Der junge Vater ließ alles geschmeichelt und geduldig über sich ergehen. Wie mag Nettchen zumut sein, daß sie sich so kalt dem Geschäfte widmen kann; denn man kann sich doch nicht auf Kommando oder auf Wunsch in einen Menschen verlieben.

Neben Nettchen kam ich mir recht überflüssig vor. Ich wollte gerade aufstehen, um mich anderen Gästen zu widmen, als der junge Vater Wert auf meine Anwesenheit legte.

Er bestand darauf, daß ich bleiben müsse. Es war mir recht ungemütlich. So blieb ich denn an der linken Seite des Vaters sitzen, während Nettchen zu seiner Rechten saß. Ich habe nur angesehen, was Nettchen macht.

Wie unbegreiflich war mir ihr Bemühen um diesen unbekannten Menschen. Es war mir unheimlich. Ich dachte an dieses Mannes Frau, die ein Kind bekommen hat. Ich konnte mich dieses Gedankens durchaus nicht erwehren.

Bin ich denn mit dieser Frau verwandt? Wie habe ich doch nur so unruhig sein können! Am liebsten wäre ich zu dieser mir wildfremden Frau gegangen. Als sei sie meine eigene Frau. Wie seltsam, ich bin doch selbst eine Frau! Ich bin doch selbst eine Frau.

Wie Nettchen scheinbar so ganz ohne Widerwillen mit fremdem Fleisch herumhantiert! Ob sie das jeden Abend so macht? Darüber muß sie doch verrückt werden. Es kann doch nicht gesund sein, wenn sie so ohne Empfindung sich mit etwas beschäftigt. Das beschäftigt mich sehr.

Was empfindet sie nur, fragte ich mich. Eine beinahe quälende Wißbegierde ist in mir, noch immer. Ich will alles wissen.

Sie hat ihn gestreichelt. Er sah ganz zärtlich aus. Aber sie kann ja nichts empfunden haben, sie wußte doch, daß er ein junger Vater war, der seinem Kinde und der Mutter seines Kindes gehört. Wer kann so etwas vergessen!

Freilich, wenn der Vater selbst es vergißt, wenn das Geschäft es erfordert – das Geschäft kann ja sehr unbarmherzig sein – ... aber ein Vater, eine Mutter, ein Kind ... Oh, du heilige Familie!

Dann dachte ich wieder an die fremde Frau, an die Mutter ... Die liegt allein mit ihrem Kinde .. Welche Nacht mag das für dich gewesen sein ... Gab es je heilige Nächte?

Ich saß wie auf Kohlen. Aber ich hatte doch diese Kellnerei

angefangen. Es gibt Kellnerei in der Welt. Jetzt bin ich doch Kellnerin und habe Kellnerin zu sein.

Als ich ein paar Minuten mit Nettchen allein war, konnte ich mich nicht enthalten, sie zu fragen: »Ist es Ihnen nicht unangenehm, Nettchen, eine fremde Haut zu berühren?« Ich stellte meine Frage so, weil ich nicht zu fragen wagte: »Was empfinden Sie?«

Sie sah mich ein wenig erstaunt an. Natürlich, sie mußte sich erst besinnen.

Ganz gleichmütig sagte sie: »Er ist doch ganz sauber. Mir macht das übrigens gar nichts aus. Das ist doch Geschäft.«

Nettchen dachte wohl, ich langweile mich. Denn plötzlich fragte sie, ob ich Klavier spielen könne. Wie mich dieses Mädchen doch befangen macht. Ich erzählte, daß ich beim Organisten unserer Stadt die Dammsche Klavierschule durchgemacht habe.

Da lachte sie hell auf. Auch der junge Vater lachte. Wie hat er nur so lachen können, wenn doch seine Frau ... Daß ich mir immer die Frau mit dem Kind im Arm vorstellen muß!

»Sie brauchen doch kein Examen ablegen, Dagny,« sagte Nettchen zu mir und zog mich lustig ins Lokal. Da steht in der Ecke ein Nußbaum-Klavier.

Unser Klavier zu Hause ist ja schwarz und ohne jedes Ornament, und das Äußere sollte doch ohne Bedeutung sein. Aber mir ist, als könne ich auf unserem Klavier zu Hause viel besser spielen.

Ich schloß die Augen, um mich an die Heimat zu erinnern. Ich hörte nur halb den Beifall der angeheiterten Gäste, die trinkend an den sechs Tischen dieser Weinstube saßen.

Da fiel mir ein, es könne gewiß meiner Mutter nicht recht sein, wenn ich vor diesen betrunkenen Menschen spiele. Ich sah auf die Tasten.

»Spielen, spielen!«, rief man mir zu. Ich drehte mich um und sah, wie die Weinstube voller Rauch war. Meine Mutter weiß ja doch gar nicht, daß ich hier bin. Um diese Zeit schläft sie schon.

Am liebsten wäre ich aufgestanden und weggegangen, weit weg. Aber wohin hätte ich denn gehen sollen? Wohin soll ich gehen? Nach Hause? Wende dich, wohin du willst ... Lag denn nicht ein Stück Heimat in mir?

Ich wußte mir nicht anders zu helfen, als daß ich mir vorstellte, ich spiele vor meinem Vater, wenn er von der Arbeit nach Hause kommt; er sitzt neben mir und flicht seine Matten. Ach, ich erinnere mich an den dunklen Teergeruch der langen Taue und an die seidigen Kokosfasern. Die sehen wie die starren Haare von Feldgeistern aus.

Und ich spielte und sang: »Sag mir das Wort, das ich einst gern gehört«. Ich weiß nicht, ob man dieses Lied in der Weinkneipe gehört hat. Da man aber »Da capo« rief, entschloß ich mich, noch ein Lied zu singen. Das hab' nur ich verstehen können, denn dieses Lied hat mein Vater aus Kentucky mitgebracht. Es gibt keinen Menschen auf der Welt, der es so wunderbar leise, so verloren und heimwehkrank singen kann, wie mein Vater es gesungen hat.

Nun habe ich es an diesem Ort gesungen, preisgegeben, aber ich konnte ja gar nichts anderes spielen. Ich kann ja nur diese zwei Lieder ohne Noten spielen. Aber ich habe es singen müssen:

»Oh my pover Nelly Grey.«

Dann stand ich rasch von meinem Platz auf und es wirbelte mir durch den Kopf, daß mein Vater schon lange tot ist ... Und da sitzt ein anderer Vater und sein Kind ist noch so klein. Wenn er es in seiner frühesten Jugend schon so allein läßt ... was wird dann werden?

Ich hab' dem Vater doch noch Glück gewünscht zu seinem Kinde, denn was lebt, muß man leben lassen, weil es lebt. Wie konnte ich nur so töricht sein, auf das Wohl eines neugeborenen Menschen nicht trinken zu wollen. Manchmal kann man auf so seltsame Gedanken kommen.

Mir schien, die Gäste benahmen sich schmutzig zur Patronin. Sie ist schon eine ältere Frau. Ist es denn nicht eine Blasphemie gegen das Alter, wenn man diese Frau berührt?

Nettchen sagte, es seien die Stammgäste, die sich einige Freiheiten erlauben dürften. Was ist das für eine Höflichkeit?

Die Patronin verbirgt ihr altes Gesicht unter einer Puderschicht.

Das tut sie doch nur aus Zuvorkommenheit, das sollte doch respektiert werden, meine ich. Sie hatte das jugendliche Karminrot auf ihre hängenden Backen so reichlich aufgetragen ... Darüber ich weine. Daß die Schminke so traurig ist! Wie mich der Fehlgriff einer Frau rührt.

Jemand hat der Patronin in die Backe gekniffen. Und sie ist so ruhig geblieben, sie hat still gehalten. Ich weiß ja, sie hat eine Animierkneipe. Darum, nur darum ist sie still. Das aber war doch kein Grund, sie so zu beleidigen.

Als aber ein Gast an ihre Brust griff, entfuhr mir ein Schrei der Entrüstung. Ich schrie so laut, daß die Gesellschaft in den Erker sah, was es bei uns gebe.

Da rief die Patronin nach Nettchen und flüsterte ihr etwas ins Ohr. Nettchen kam zurück und sagte mir, ich möge mich beherrschen. Welch unnötiges Verlangen! Herrsche ich etwa nicht über mich, wenn ich sehe, was hier vorgeht?

»Ich möchte einen Kaffee trinken,« sagte ich zum jungen Vater. »Und trinken Sie weniger Sekt. Sie haben entschieden zuviel getrunken.«

»Sie sind wohl besorgt um mich?«

»Sorgen Sie um sich selber.« Dann fiel mir die Frau mit dem Kinde wieder ein.

Die Patronin rief mich zu sich an die Theke. Sie sah mich böse an:

»Sie wollen eine Kellnerin sein?«

»Es scheint so.« Ich war bestürzt.

»Dann schlagen Sie gefälligst einige mehr weltliche Töne an, ja? Ihre abstinenten Sprüche sind bei der Heilsarmee am Platz. Sie sind in einer Animierkneipe, verstanden? Enthaltsamkeitstheorien sind hier nicht angebracht, daß Sie's nur wissen.«

Ich dachte, das sei die Entlassung, aber darin habe ich mich geirrt.

Gern gehe ich nicht wieder hin, aber ich habe eine Mark achtzig für Prozente und vom Gaste drei Mark Trinkgeld erhalten. Wenigstens meine Zimmerwirtin will ich nicht enttäuschen. Ihretwegen fand ich sogar den Mut, die Patronin zu fragen, ob ich wiederkommen dürfe.

Ich fürchtete: »Nicht um Venedig« würde sie sagen. Aber sie sagte: »Ja, kommen Sie nur getrost wieder. Sie werden schon auf den Geschmack kommen.«

Ich möchte wissen, ob die Patronin Menschenkenntnisse besitzt.

Meine Zimmerwirtin hat mir ein Paar Zugstiefel verkauft. Sie sind zwar nicht mehr neu, auch nicht modern, dafür sind die Sohlen um so solider. Das sehe ich als einen Vorteil an, denn ich weiß ja nicht, wie sich meine Zukunft gestalten wird.

Die Stiefel sind mir ein bißchen zu groß, ich schlurre darin und muß die Füße immer so hoch heben, damit es vorwärts geht.

Die Weingäste sehen ein wenig befremdet auf meine Füße, aber mögen sie's tun, wenn sie Lust dazu haben. Ich bin schon stolz, daß ich wieder mal auf Leder gehe, denn auf der direkten Erde ist es wirklich peinlich zu gehen.

Die Stiefel sind von der Mutter meiner Wirtin. Sie litt an Herzschwäche und ist dann gestorben. Deswegen hat sie die Stiefel nicht mehr aufschleißen können. Aber jetzt kann ich das ja machen, – wenn ich am Leben bleibe. Ich will das schon dazu sagen, ich hüstle gar zu verdächtig. In den Parknächten muß ich mir eine Erkältung geholt haben. Das ist nichts Reelles.

Im Weinkeller werde ich sicher nicht alt werden, denn »auf den Geschmack« hat mich die Patronin noch nicht bringen können. Daß ich so wenig Alkohol vertrage, ist wohl eine weibliche Gehirnschwäche. Auch der Rausch will überdacht sein.

Die Patronin führt mich den Gästen als Bajazzo vor, aber das ist wohl ihre eigene irrtümliche Auslegung.

Obgleich ich der Patronin zu asketisch bin, wie sie sagt, hat sie dennoch Zuneigung zu mir gefaßt. Sie hat mir schon manche Ungeschicklichkeit verziehen.

Zu meinen Ungunsten habe ich mich bedeutend verrechnet. Bei

der Abrechnung fehlten mir ungefähr zehn Mark. Die Patronin ist auf meinen Vorschlag, das Geld nach und nach abzuzahlen, bereitwillig eingegangen. In zehn Tagen hoffe ich die Summe abbezahlt zu haben.

Folgende Annonce hat mich beeinflußt:

»Leute, die über freie Zeit verfügen und einen großen Bekanntenkreis haben, können bis zu zwanzig Mark täglich verdienen.«

Näheres erfuhr ich Luisenstraße 8 bei Herrn Schmitz.

Er fragte mich weder nach meiner letzten Tätigkeit, noch nach meiner Schulbildung, bat mich auch nicht um kurze Angabe meines Lebenslaufes. Ich brauchte überhaupt keine weitere Auskunft zu geben, als: daß ich über freie Zeit verfüge, wenn auch nicht über den gewünschten großen Bekanntenkreis.

Ich meinte, das ließe sich vielleicht nachholen, er möge die Güte haben, mir schnell zu sagen, welche Arbeit er zu vergeben habe, ich sei vollkommen auf Arbeitslust eingestellt und gewillt, jede einigermaßen anständige Tätigkeit zu leisten. Dabei sah ich mich in dem kahlen Zimmer um, das allerdings wenig Arbeitsaussichten bot, denn es war nur ein wackliger Tisch da und die beiden Rohrstühle standen in angemessener Entfernung, als solle dieses Arrangement vornehm wirken.

Herr Schmitz schien nicht viel Irdisches zu verschenken zu haben. Seinen ärmlichen braunen Baumwollanzug schützte ängstlich eine grüne alte Gärtnerschürze.

»Meine Frau wird gleich erscheinen,« sagte er, und indessen – es dauerte reichlich lange – saßen wir schweigend, jeder auf seinem Stuhl.

Weil es nun doch ein wenig lange dauerte, sagte er:

»Das Wetter ist schon recht kalt und schlecht.«

Das sagte er in solch demütigem Ton, als gehöre das Wetter schon irgendwie zu den Unbequemlichkeiten meiner Arbeit, und deshalb sagte ich auch zuvorkommend:

»Oh, das macht mir nichts aus.«

Durch meine Antwort schien er ein wenig verlegen, und sagte leicht nervös:

»Meine Frau wird gleich erscheinen, denke ich.«

Da dachte ich, die Frau ist gewiß »etwas Besseres«, denn eine einfache Frau kommt doch schlichtweg zur Tür herein, und stellte mir das Erscheinen wie ein hereinrauschendes Schweben vor.

Der Mann war so schüchtern, daß ich ihn gar nicht zu fragen wagte nach der Art der Arbeit, die er zu vergeben habe. Ich war aufs Äußerste gespannt.

Schließlich hörte ich Schlurfen von Filzpantoffeln, und ins Zimmer kam eine sehr gleichgültig aussehende junge Person, die etwas in der Küchenschürze trug:

»So, hier sind die Artikel, Albert.« Und dann sagte sie, sich zu mir wendend:

»Guten Tag, Fräulein. Ja wollen Sie es denn mal mit der Sache versuchen?«

Ich bejahte, ich wolle es schon versuchen, wisse aber noch nicht, womit.

Da wandte sie sich ein wenig geärgert an ihren Mann:

»Ja, hast du denn die Dame noch nicht aufgeklärt?«

Und sie packte aus ihrer Schürze einen Haufen Pakete auf den Tisch und zeigte mir die Aufmachung:

»Sehen Sie, Fräulein, das sind nämlich Desinfektionsapparate. Mein Mann hat sie leider als Zahlung übernommen, und wir haben an die Zehntausend Exemplare, und die sollen jetzt losgeschlagen werden. Was meinen Sie jetzt dazu?«

Was sollte ich wohl meinen? Da man mir soviel Selbständigkeit einräumte, erlaubte ich mir, einen »Desinfektionsapparat« zu untersuchen und stellte fest, daß es eine Art Naphthalinmasse war, in roten Karton eingerahmt und zum Aufhängen eingerichtet. In Goldbuchstaben war auf der einen Seite der Packung zu lesen: »Ozongeruch«. Auf der andern Seite stand: »Blühende Wiesen im Winter« und der Spruch: »Wer sich daran gewöhnt, läßt ungern davon.«

Da versank ich unwillkürlich in Nachdenken, aber die Frau unterbrach mich, nahm das Paket mir sanft aus der Hand und bemerkte:

»Nicht wahr, es macht doch eine ganz gute Gattung.«

Sie meinte wohl, daß der Artikel sich recht präsentabel und manierlich ausnehme, und ich sagte auch:

»O ja, es sieht ganz annehmbar aus. Wofür soll denn die Sache gut sein, wenn ich fragen darf?«

Da wurde die Frau sichtbar verlegen und sagte:

»Ja, um die Luft zu reinigen. Dazu ist es eigentlich bestimmt.«

Ich dachte, es käme ein »aber« und wartete. Aber es kam nichts.

»Und ich soll das also verkaufen?« fragte ich.

»Ja, wenn Sie das wollen,« sagte die Frau und sah mich beinahe hilfesuchend an, so daß mich ein lebhaftes Mitleid ergriff. Ich merkte, wie sehr den armen Leuten daran gelegen war, die vielen Tausend Exemplare loszuwerden, und sah schon im Geiste ein großes Arbeitsfeld vor mir; aber das war es ja gerade, was ich suchte. Deshalb sagte ich auch schnell:

»Ja, ich werde soviel davon verkaufen, wie mir nur irgend möglich sein wird. Ich werde mir rechte Mühe geben. Wie teuer ist denn die Geschichte? Und haben Sie vielleicht einen kleinen Laden, wo ich die Sache verkaufen kann?«

Ich malte mir schon aus, welch drollige Auslage ich mit dem bunten Zeug machen könnte und was für Türme und Häuser ich bauen wolle. Die Frau notierte derweilen die Preise auf eine Kaffeetüte, die sie, wie vorbereitet, aus der Küchenschürze zog:

»Nein, einen Laden haben wir nicht. Sie müssen die Kundschaft selbst aufsuchen. Sehen Sie: hier sind die Preise. Die Großkartonierten kosten eine Mark zwanzig; davon bekommen Sie zehn, oder sagen wir fünfzehn Pfennige. Die Kleinen, Lädierten, auf denen die Goldbuchstaben verblaßt sind, können Sie für fünfzig, sonst für sechzig oder fünfundsechzig Pfennige losschlagen. Sie werden ja sehen, wie das Geschäft Ihnen von Hand geht.«

Ein Laden hätte mir freilich unbändigen Spaß gemacht. Mit

meiner Tändelschürze hinterm Ladentisch stehen und es immer flott klingeln hören und sagen: »Was wünschen Sie?« oder: »Womit kann ich dienen?« –: das wäre nach meinem Geschmack gewesen. Aber wenn ein Laden nicht da ist …? So werde ich, weil es nicht anders geht, eine kleine Hausiererin und ziehe von Haus zu Haus. Bekomme auf diese Weise vielleicht allerlei Hübsches zu sehen und bin auch täglich in der frischen Luft.

So malte ich mir meinen künftigen Beruf aus, und man übergab mir einen großen Karton, vollgepackt mit den sogenannten Desinfektionsapparaten. Das Wort allein schien mir eine gute Sprachübung zu sein und ich dachte, wenn ich nur nicht über das Wort schon stolpere.

Das schüchterne Ehepaar indessen schien geradezu gerührt über meine Bereitwilligkeit. Sie verabschiedeten mich so freundlich, beinahe als sei ich ihre Tochter, und so schob ich recht glücklich, meinen neuen Erwerbszweig unter dem Arm, über die Straße.

Am liebsten hätte ich gleich mein Glück versucht. Die großen Häuser stachen mir sehr verlockend in die Augen.

In einem Treppenhaus versuchte ich das fest verschnürte Paket zu öffnen, aber es gelang nicht. Es war so fest verschnürt, daß ich mich hinsetzen mußte und die Knoten mit den Zähnen zu öffnen versuchte.

Ein Portier, der die goldenen Teppichstangen wegnahm, um die Treppe zu putzen, fragte mich, was ich denn da wolle. Aber ich gab ihm ganz keck zur Antwort, ich habe die Absicht, blühende Wiesen im Winter zu verkaufen.

Da drohte er mir mit dem Besen, ich solle mich nur packen, die Wiesen kenne er schon, und ich gehöre wohl zu den bekannten Teppichklauern.

Was er damit meinte, verstand ich nicht recht, aber ich mußte mit meinem halb geöffneten Paket mich trollen, und gerade dieses Haus hatte ich mir für meine erste Kundschaft ausgesucht.

Meine Wirtin erklärte den Ozongeruch für einen gesundheitsschädlichen Humbug, und ich hatte große Mühe, ihr diese Ansicht auszureden. Sie war von der Überflüssigkeit meines Artikels so durchdrungen, daß sie das Paket in den Aschkasten werfen wollte. Da hab' ich aber sehr geweint und ihr gesagt, ich habe die Vertretung für den Ozongeruch und ich lasse nichts drauf kommen, und sie möge mich nicht beleidigen, sonst würde ich ausziehen.

Da ist sie denn still geworden und hat gesagt: »Na, meinetwegen, versuchen Sie Ihr Glück mit dem Schwindel.«

In einem Buttergeschäft habe ich drei Tafeln für eine Mark und zwanzig verkauft. Der Mann hat auf Jahre hinaus Ozongeruch.

Er hat mir schlankweg vier Mark gegeben, und weil ich meinen Geschäftsgang erst eben begonnen und noch gar kein Geld eingenommen hatte, konnte ich auch nichts herausgeben, und ich sagte ihm offen, wie es damit bestellt sei, und ob er kein Kleingeld habe. Da sagte er: »Lassen Sie nur, es stimmt.«

Das hat mich sehr gefreut.

Die Butterfrau sagte allerdings zu ihrem Mann: »Du bist wohl verrückt. Von dem Zeug wird die Butter riechen.«

Da sagte ich ganz schnell »Adieu« und »Danke schön«, weil ich schon Angst hatte, die Frau wolle das Geschäft rückgängig machen. Aber der Buttermann lachte ganz freundlich: »Laß doch, Frau. Leben und leben lassen.«

Durch diesen Spruch fühlte ich mich recht gestärkt, und ich habe in der Schildergasse auch kein einziges Haus verschont.

In einem Bureau hat mir ein Schreibergeselle gleich sechs kleine abgekauft. Was er mit so vielen Tafeln machen will, weiß ich nicht. Vielleicht soll es ein Weihnachtsgeschenk werden.

Streit hab' ich mit den Dienstmädchen in den vornehmen Häusern. Die Mädchen erlauben sich, mich einfach abzuweisen, und ich habe schon verschiedenen gesagt, sie könnten doch nicht wissen, wie die gnädige Frau denkt.

Das ärgert sie dann so, daß sie mir die Tür vor der Nase zuwerfen; aber ich klingle in dem Falle mein dringendstes Klingeln, nämlich wenigstens drei Minuten lang und in kleinen schrillen Absätzen. Das verstehe ich ganz gut.

Dann muß das Mädchen nochmal kommen und ich sage: »Ich wünsche die gnädige Frau in einer für sie persönlichen Angelegenheit zu sprechen, damit kein Zweifel aufkommt.«

Dann ruft das Mädchen etwa: »Madame, es ist eine da, die will durchaus persönlich Ozongeruch, oder was das ist, verkaufen.« Da hörte ich neulich: »Gib ihr doch fünfzig Pfennige und laß sie laufen.«

»Nein, ich muß drauf bestehen, daß ich Verkäuferin bin und keine Bettlerin.« Das sage ich ziemlich laut, damit Madame es hört.

Da kam sie denn persönlich. »Was wünschen Sie denn eigentlich?« Und ich packte meine Siebensachen aus und pries ihr die blühenden Wiesen im Winter so glaubwürdig an, daß sie mir zwei Tafeln abkaufte.

Das Mädchen stand dabei und ärgerte sich, daß ich mich so gut durchgesetzt habe.

Die Dienstmädchen sind überhaupt eine rechte Plage für die Hausierer, und es ist beinahe vorteilhafter, sich keinen Eingang in bessere Häuser erzwingen zu wollen, weil die langen Dispute mit der Zeit die Nerven angreifen, und man muß doch frisch bleiben, wenn man den ganzen Tag in den Straßen herumlaufen soll, treppauf, treppab, und mit den Leuten verhandeln.

Ich hab' mir in einem fliegenden Straßenladen das Buch »Raskolnikow« gekauft. Darüber habe ich einen Nachmittag auf der vertrauten Bank im Stadtpark gesessen, bis zum Abend. Nachher war es zu spät, um noch Kundschaft abzuklopfen. Aber das macht nichts, denn das Buch ist so schön.

Es hat nur dreißig Pfennige gekostet, aber es ist mir viel mehr wert. Ich würde es nicht wieder verkaufen, und würde man mir zwei Mark bieten. Es ist ja so sehr abgegriffen, es muß schon viel und wild gelesen worden sein. Die Blätter hängen lose und sind vergilbt. Das ganze Buch riecht nach Sonne.

Ich habe es schon ein paarmal und genau gelesen, aber ich kann nur sagen: es ist ein schönes und gutes Buch, beides zugleich. Ich werde es gewiß nicht für drei Mark verkaufen, und dann nur, wenn ich es vorher abgeschrieben habe. Aber das würde viel Zeit in Anspruch nehmen.

Ich habe mir vorgenommen, das heißt, ich brauche es mir gar nicht vorzunehmen, denn es ist bestimmt: ich werde mir kein anderes Buch kaufen, selbst wenn ich einmal an einem Tag siebzig Desinfektionstafeln verkaufen sollte. Dann könnte ich mir nämlich den »Grafen von St. Germain« kaufen, aber das tu' ich nicht.

Noch gestern lag auf dem Karren der »Psalter«. Der liegt schon seit vierzehn Tagen unverkauft da. Kostet nur zwanzig Pfennige. Er sieht ja reichlich verweht aus, das kann ich mir nicht verhehlen, aber zwanzig Pfennige sind eine Summe, die ich verwinden könnte. Wo steht es denn geschrieben, daß ich am Sonntag Leberkäse essen muß, nicht wahr? Nirgends. Nicht einmal bei mir.

Also, es würde schon gehen mit dem Psalter, und ich hab' es mir recht vor Augen geführt, weil ich mich erinnere des Liedes, das David zur Harfe sang: »Ich hebe meine Augen auf zu den Bergen, von denen mir Hilfe kommt.« Es ist der Psalm Nummer 120. Und es ist gut, daß ich Bescheid weiß, denn ich schlage schnell auf, was ich zu lesen begehre, und die Straßenhändler haben nichts dagegen, wenn man in den Büchern blättert.

Freilich darf man nicht solange lesen, bis man es auswendig kann, aber das tue ich auch nicht. Ich komme wie von ungefähr die Straße entlang und bleibe bei dem fliegenden Buchhändler stehen. Ich weiß besser als er, wo der Psalter liegt. Ein Griff und ich habe den 129. Psalm:

»Aus den Tiefen rufe ich zu dir, o Herr. Herr, erhöre meine Stimme.«

Auf meine kleine Straßenandacht möchte ich nicht verzichten, aber ich muß wohl auch mal wieder etwas kaufen. Soll ich jetzt doch den Psalter kaufen? Er scheint mir das einzige zu sein, was zu »Raskolnikow« paßt. Und ich würde dann eine kleine Bibliothek besitzen.

Die »Goldmacherkunst« kostet achtzig Pfennige, ein Preis, der, wenn man bedenkt, daß es sich um eine einträgliche Sache handelt, nicht zu hoch erscheint. Ich gestehe, daß ich eine ganze Stunde lang nachgedacht habe, ob ich mich nicht auf die Goldmacherkunst verlegen soll.

Aber die Versuchung war doch nicht so groß, daß ich sie nicht schnell überwinden konnte. Hätte ich nachgegeben und mich dann zu sehr auf die eine Sache konzentriert, der Ozongeruch wäre mir vergangen, die achtzig Pfennige wären weg gewesen, und wer weiß, ob die Rezepte des Buches gestimmt hätten. Stimmten sie aber nicht, so wäre ich gewiß unglücklich geworden.

Ich finde auch, man soll in einer Richtung bleiben, denn die Goldmacherkunst verträgt sich nicht mit »Raskolnikow«, und auch nicht mit dem Psalter. Ich habe mich schon geschämt, daß es mich einen Augenblick gelüstet hat. Ich weiß nur nicht, wem ich diese Untreue abbitten soll.

Das Ehepaar ist recht zufrieden mit mir. Ich liefere ihnen jede Woche meine Geldbeträge ab, die oft die ansehnliche Summe von fünfzig Mark ausmachen.

Aber das Verkaufen ist oft sehr schwer. Ich flehe mitunter die Leute an, sie möchten mir doch etwas abkaufen, aber das tue ich nur, wenn ich ganz verzweifelt bin und das Geschäft gar nicht gehen will.

Ich habe die Beobachtung gemacht, daß meistens nur sehr junge oder sehr alte Leute mir etwas abkaufen. Was das Bedenklichste ist –: ich glaube, sie kaufen mir oft aus Mitleid etwas ab, denn ich muß schon sagen, die Sache selbst taugt nicht viel, nein, sie ist wirklich gesundheitsschädlich.

Ich habe das an mir selber bemerkt, weil ich doch so viele Tafeln in meinem Zimmer habe. Mir ist oft, als ginge mir der Atem aus, als sei nicht genug Luft für mich da, und ich spüre rein gar nichts von den Wiesen im Winter.

Und dabei sind wir schon im Winter, ich merke es sehr. Ich merke es auf der Lunge, denn ich huste. Ich merke es an den Händen, denn ich habe keine Handschuhe. Ich merke es an den Füßen, denn sie sind mir starr und ich weiß nicht, ob sie kalt oder heiß sind. Ich merke, daß es Winter ist, denn meine Mutter frägt mich in Briefen, ob ich nicht zu Weihnachten nach Hause kommen will.

Wie seltsam: es ist mir noch nie eingefallen, ihr zu schreiben, daß ich mich in schlechten Verhältnissen befinde. Im Gegenteil, ich schreibe ihr von einem glänzenden Engagement, was doch gerade das Gegenteil von meinem Leben ist.

Ehrlich gestanden, ich lüge, und weiß nicht warum. Ich schreibe, ich sei sehr geachtet und spiele immer eine gute Rolle. Und es ist alles nicht wahr. Weshalb schreibe ich denn das?

Ich weiß nicht, ob ich einmal Lust haben werde, ihr die Wahrheit zu schreiben. Sie lebt so weit oben, weit weg von mir, ruhig und allein, und mir ist, als würde ich ein Elend zu ihr mitnehmen, wenn ich hinfahren würde. Das Reisegeld würde sie mir ja so gerne schicken, aber ich will doch lieber nicht fahren.

Es ist ja so merkwürdig: manchmal ist mir, als hätte ich nie eine Heimat gehabt, und nichts Verwandtes will mir in den Sinn, so sehr ich mich auch danach sehne. Ein Fremdsein überwältigt mich dann, als sei ich nur ein Fabeltier, und es ist seltsam für mich, noch Desinfektionstafeln in der einen Hand und den »Raskolnikow« in der andern Hand zu tragen.

Wenn ich dies Fremdsein fühle, werden meine Hände so kalt, daß ich die Sachen nur halte wie im Krampf, eigentlich aber kann ich nichts mehr halten, und ich bin nur noch starres Erstaunen, das so ganz von selbst durch die Straßen geht. Was soll ich dann sagen, wenn ich an einem Hause geklingelt habe?

Und ich setze mich manchmal auf die Treppenstufen hin und denke nur darüber nach, wer ich bin. Ich denke dann nicht im geringsten daran, daß es sich für einen erwachsenen Menschen nicht schickt, sich auf die Treppe zu setzen. Wenn aber die Leute erstaunt mich ansehen, gehe ich auch wieder weg.

Dann setzte ich mich anderswo hin. Aber mir ist doch, als würde ich eigentlich überall vertrieben, wohl weil ich nirgends recht hingehöre. Vielleicht sehen die Leute mir das an und wollen mich deshalb auf den Treppen nicht haben. Aber irgendwo muß ich doch sein.

Meine Stube ist ein kleiner Raum, aber davon abgesehen: ich kann mich am Tage dort nicht aufhalten, weil meine Wirtin Coiffeuse ist und die Damen dort frisiert. Und es ist eigentlich nur eine Schlafstelle für mich, meine ich. Wenn ich mittags manchmal dort schlafe, muß ich weggehen, weil dann eine Dame kommt, die Jours gibt und sich deswegen um diese Zeit frisieren läßt.

In meinem Zimmer hängt auch ein großer Toilettenspiegel. Ich selbst brauche ihn ja nicht, denn es unterhält mich gar nicht, mich anzusehen. Ich sehe darin ja doch nur, daß der Sweater, den ich mir beim Trödler gekauft habe, zu kurz ist. Diesen Fehler kann auch die schöne grüne Farbe nicht gut machen.

Aber davon abgesehen: wenn ich nur bessere Geschäfte machen würde. Ich gebe mir ebenso große Mühe wie im Anfang, aber ich bin niedergedrückt, ohne sagen zu können wovon, und daher kann ich wohl keine guten Geschäfte mehr machen. Mir ist, als könne ich die ganze Sache nicht länger vertreten, denn ich glaube ja nicht an die Nützlichkeit der Desinfektionstafeln.

Immer lese ich: »Wer sich daran gewöhnt, läßt ungern davon.« Ich weiß nicht, soll das ein Merkwort fürs Leben sein? Bezieht sich dieser Spruch auf das Leben selbst? Sicherlich doch nicht auf die Desinfektionstafel. Ich werde die Vertretung des Ozongeruchs für Westfalen nicht übernehmen, denn man kann keine Sache vertreten, an die man nicht glaubt.

Meine Zunge hat jetzt acht Wochen beinahe in meine Tasche gelogen, und länger geht es nicht. Das Gewissen wächst mir über den Kopf. Für ein Verkehrshindernis Propaganda zu machen, das ist mir zuviel. Ich halte das nicht aus. Ach, wenn ich an die arme Frau denke, die im Wolkendampf ihrer Küche stand und mir ahnungslos eine Tafel abkaufte! Ich bin zu ihr zurückgekehrt und habe gesagt: »Es war nicht recht von mir, daß ich Ihnen diese Tafel verkauft habe.«

Ich sah, sie lebte in großer Armut.

Sie aber versteht es ganz anders und sagt:

»Ist Ihnen übel, Fräulein? Sie sehen ja kreideweiß aus. Da, nehmen Sie einen Schluck Wasser.«

Ich machte ihr begreiflich, daß es sich nicht darum handelt, und legte ihr die sechzig Pfennige auf den Tisch.

»Vielleicht geben Sie mir die Tafel zurück,« sagte ich. Aber sie hing schon an der Wand, neben einer Rauchwurst. Es sei ja auch nebensächlich, sagte ich, ob ich die Tafel wieder bekomme. Ich war so müde.

Da sagte die Frau: »Aber was soll denn das Geld? Ich hab' doch die Tafel gekauft.«

»Das ist es ja eben,« sagte ich. »Sie sollten sie nicht gekauft haben.«

»Nanu, was soll denn das?«

Da wurde ich ganz verzweifelt: »Geben Sie mir doch das Wasser.« Das hatte ich nämlich vorher abgelehnt.

Ich trank es auf einen Zug aus, ließ das Geld auf dem Küchentisch liegen und ging schnell meiner Wege.

Das ist die letzte Wiese, die ich in meinem Leben verkauft habe. Damit bin ich fertig.

Im Kölner Dom habe ich meine letzte Abrechnung gemacht und habe sie zu Herrn Schmitz gebracht.

So bin ich denn wieder ohne Beruf. Wenn ich bedenke, daß ich schon so früh an meinen Beruf zu denken begann – schon als kleines Kind dachte ich daran – … und jetzt habe ich doch keinen Beruf.

Warum mag ich mich denn nicht um ein Engagement als Schauspielerin bemühen? Es ist, als könnte ich es nicht verantworten. Ist es denn nötig, auf den Brettern zu sein, was man unbewußt ein ganzes Leben lang ist: Schauspielerin? Wird nicht jeder Wunsch, jede Leidenschaft des Herzens nur gespielt, weil in Wahrheit doch nichts erreicht wird? Sonst wäre man doch das Erreichte. Wie weit entfernt bin ich von meinen Wünschen. Wäre ich erfüllter Beruf, wäre ich gottähnlich.

So aber spiele ich mich hinein. Komme ich denn aber wirklich hinein? Die Liebe ließ Gott Mensch werden, und das war Beruf, daß Schöpfer zum Geschöpf wurde. Welcher Künstler aber verwandelt sich in seine eigene Statue, in sein eigen Werk? Alles ist zu unwirklich, märchenhaft.

Das Greifbare bin ich selbst, von Fleisch und Blut. Nichts Menschliches kann mich besitzen und behalten. Wo sind die Hände, die mich berührt haben? Sie hätten mich immer halten müssen. Wenn sie nur wähnen, daß sie mich ewig umfangen, ich hätte schon viel erreicht.

Ich kann nur mich selbst zum Berufe machen. Am tiefsten glaube ich noch an mich selbst, an mein Dasein, und ersehne, daß auch die andern daran glauben möchten. Wer mich umarmt, glaubt er im Augenblicke nicht, daß ich die Realität bin? Bin ich dann nicht die Natur? Ich bin die Materie.

Sonnige Augen sehen alles anbetungswürdig, und so könnte die Freude Beruf sein; denn wurde nicht alles, was sichtbar ist, berufen zur Freude?

Als Kind schon wünschte ich, das Glück zum Berufe zu wählen. Und wenn ich selbst nicht das Glück sein kann, so will ich Glücksbeitrag sein. Und sollte ich nur das Glück einiger flüchtiger Minuten werden.

Aber das Glück hinterläßt seine Spuren. Immer dachte ich: wer einmal mit mir glücklich war, kann nie im Unglück versinken, denn die entfernteste Erinnerung an das Glück ist schon Glück, ist die Seligkeit auf Erden.

Genügt nicht die Erde, die wir mit liebenden Augen sehen? Meine übersinnlichen Augen sehen Himmel. Das ist die Erde, wie ich sie sehen kann. Bin ich doch von der Erde genommen, und werde Erde. Das ist mein Beruf. Gott hat uns ewigen Atem gegeben. Das ist das Leben und die Freude am Leben. Ich atme, und das ist schon Beruf.

Wie kann ich nur so hoffnungslos sagen, ich gehe ohne Beruf. Ich bin doch da. Bin da. Daß ich bewußt werde meines Lebens, mich hier empfinde, im Raume fühle, mich fasse, behalte, das ist Beruf.

Aber Raum ist so groß. Die Unendlichkeiten einer Straße zu erfassen, auf der so viele Menschen gehen! Voller Gier spähe ich in jedes Auge. Aus jedem Auge, in das ich hineinsehe, leuchtet mein Auge heraus. Ist es nicht meine Welt, die aus fremden Augen schimmert? Alles, was ich ansehe, ist mein und gehört doch allen. So bin ich ausgesetzt. Allen. Allgemeingut und Freiwild. Wer will, kann mich jagen.

Der Wille eines jeden Menschen überwältigt mich. Da liegt meine Gefahr und mein Glück. Ich bin so willenlos. Wie geblendet bin ich vom Willen der Menschen. Immer bete ich, daß sie doch nur Gutes wollen möchten, denn das Böse wird mir zum Verhängnis, wo es mir begegnet, und es ist so schwer für mich, da standzuhalten. Es ist so schwer zu denken, beinahe unausdenkbar, daß Menschen Böses beabsichtigen. Weil das Böse so unerklärlich ist. Meine Welt taumelt und alles schwankt mir, sobald Besorgnis in mich einschleicht.

Verstört werde ich, wenn ich an der Güte der Menschen zu zweifeln beginne. Ich ringe nur um dieses eine: daß alles gut sein möge. Jeder Irrtum ist verzeihlich, wenn er nur auf dem gütigen Grunde aufgebaut ist.

Jeder kann sich irren. Das ist die Schwachheit, die wir milde umarmen, denn wir sind Menschen. So stark ist niemand, daß er dem Tode widerstehen könnte. Dem Tode ist doch jeder unterworfen. Selbst der Stärkste, der ein Leben lang auf sich besteht: im Tode fällt er, fallend ein müder Halm. Wenn nicht der Hauch Gottes über allem läge, wer könnte da leben?

Zwei Gewalten in einem Menschen? Gut und Böse? Ich halte, halte, will halten. Das einzige, was ich will. Das Gute sammeln, tragen, es hinüberretten in eine Ruhe, in ein Land, wo alle Lasten sinken werden. Welchen Beruf könnte ich sonst haben? Ich weiß nichts anderes.

In dieser Nacht träumte mir: ich stand auf einem großen Spielplatz. Das war ein grüner Rasen, der mit Sternblumen übersät war. Und ich sah viele Kinder, unabsehbar viele Kinder, und zwischen den Kindern leuchteten die Sternblumen hervor. Noch besser als die Sternblumen aber gefielen mir die Kinder. Und es war mir erlaubt, dieser göttlichen Gemeinde zu erzählen, daß das Märchen die Wahrheit sei.

Da fürchtete ich, meine Stimme würde nicht ausreichen, und ich war ganz verzagt. Aber mein Verlangen, mich verständlich zu machen, war unendlich groß. Ich selbst aber wurde dabei klein wie ein Kind.

Alle Kinderaugen sahen erwartungsvoll in der Reinheit der Sternblumen auf mich. Das rührte mich sehr. Ich war so bewegt, daß mir die Stimme versagte.

In meiner Hilflosigkeit streckte ich meine Hände aus, und da fühle ich, daß erst in diesem Augenblicke die Kinder selbst mich das Märchen der Wahrheit lehrten; oder war es umgekehrt? Es vermengte sich so seltsam, und das Leben war wie ein schwebendes Gedicht, das nur schön war.

Diese Schönheit leuchtete aus der Unschuld Kinderaugen. Es war, als seien die Kinder selbst der Ausdruck der Güte, der Leben geworden war. Und ich habe mich so sehr entzückt über diese Begegnung mit den Kindern, weil ich doch sonst keinen Verkehr habe.

Nun möchte ich gern, daß die Kinder mich einmal wieder besuchen möchten, denn der Traum ist mein eigentliches Leben.

Könnte ich doch immer auf das Irrtümliche, das Glück verzichten um der einen Sache willen, die meinen Augen eigen ist: das sehen, was ist. Könnte ich doch, der Wahrheit zuliebe, auf den Taumel verzichten.

Die Täuschung ist verführerisch. Die Helligkeit der Oberfläche lockt. Hinter dieser verfänglichen Buntheit, in der sich die Welt mir darbietet, ahne ich die Verzweiflung. Und mein Instinkt, glaube ich, sagt mir, daß diese Verzweiflung das eigentlich Wahre und Wirkliche ist. Diese Ahnung gibt einen bitteren Beigeschmack, durch den jede Freude getrübt wird. Man müßte schon ein sehr gedankenloser Mensch sein, um sich ausschließlich freuen zu können.

Wenn ich durch die Straßen gehe und die grellen Varietéplakate mich locken, mir gut gefallen, sagt eine Stimme mir, daß ich in diesem Augenblicke nicht ganz bei Besinnung bin. Eine andere Stimme sagt mir dagegen: »Halte dich nicht bei der Wahrheit auf, denn die ist das Häßliche.«

»Das könnte sich doch nur auf die Erde beziehen,« sagt ein drittes.

So werde ich bestürmt und fühle mich, als würde ich hin und her geworfen.

Das Unheimlichste scheint mir die letzte Stimme zu sein: »Nur nichts bedenken.«

Das ist der leibhaftige leichtsinnige Übermut, der ist außerordentlich verfänglich, weil man ihm nicht ungern zuhört und ihn kaum bemerkt. Dann rieselt es mir so frisch durch die Adern. Ich gehe unwillkürlich schneller, als müsse ich zu einem Ziele kommen.

Am Abend, wenn ich beim Wichtelmännchen-Denkmal stehe und ein Freikonzert höre, spielt man den Marsch des Toreadoren aus »Carmen«. Ich empfinde die Freude, mit Gefahren zu spielen, die ich nicht kenne, von denen ich nur träume, und die nur in mir sind.

Es ist, als könne ich in meiner furchtlosen Lustigkeit die Löwen kitzeln. Das sind gewiß Träume, das Sichtbare fesselt mich nicht ernsthaft genug. Diese Musik aber ist ein Tummelplatz, ein weites Feld der ungezügelten Phantasie, und es gefällt mir, daß sich in dieser Musik jeder in Freiheit austoben kann.

Beim Anhören der Musik dachte ich: in Wahrheit gibt es doch keine Gemeinschaft, und nichts von Übereinstimmung. Aber genau und überall kann natürlich nichts stimmen. Auch das stimmt nicht, daß es nicht stimmt.

In dieser fragwürdigen Stimmung dachte ich an einen pomphaften Leichenzug. Den sah ich vor einigen Tagen. Ich kann mich nicht erinnern, mir bei diesem Leichenzug etwas gedacht zu haben.

Als ich aber das Konzert beim Denkmal hörte, kam mir der Leichenzug ins Gedächtnis zurück. In diesem schwarzen Sarge liegt ein toter Mann, der hier mit der Erde nichts mehr zu tun hat. Man fährt nur die Überreste, das Nichts, kann man sagen, auf einem prunkvollen Wagen zum Friedhof. Auf einem schwarzen Samtkissen trägt man die hinfällig gewordenen Orden des Verstorbenen.

Ich fand es sehr taktlos, daß das Irdische den Menschen bis zum Grabe verfolgt. Von den Ehrenzeichen schloß ich dann auf vieles andere, das ebenso wenig endgültig und definitiv ist. Und ich bemerkte, man müsse doch alles ein wenig lockerer ansehen, und es sei kindisch, sich hier so zu Hause zu fühlen.

Was jetzt in diesem Augenblick für den Toten gilt, hat es auch für den Lebenden gegolten? Sehr seltsam klang mir durch den Carmen-Marsch die Trauermusik in den Ohren. Es war, als kämpften mächtig und dröhnend zwei Melodien in mir. Im Geiste sah ich das Kreuz hinter dem Sarge schwanken. Dann aus den Wagenfenstern die umflorten Blicke der weinenden Frauen hinter dicken Kreppschleiern, die Menschen hinter dem Wagen in unruhigen Uniformen. Wie mich doch die Posaunenmusik erschütterte. Als wolle sie mit Gewalt etwas aus mir herausreißen. Und ich habe mich doch nur daran erinnert.

Viele Leidtragende schienen mir gar nicht viel zu tragen. Es sieht ja aus, als ginge uns das Jenseits nichts an, und doch sind wir ihm verfallen. Dahinein jubelte es:

»Stolz in der Brust – siegesbewußt.«

Als wäre ein Wille in mir zum Leben und zum Tode zugleich, so verließ ich den Platz.

Ich ging in eine einsame Gasse. Die Musik blieb in mir, ein ungeheurer Lärm, und nichts mehr von Harmonie.

Es ist, als sei ich zu sehr und zu laut überschüttet worden mit Musik, so daß ich überhaupt nichts mehr hören kann. Mir ist, als sei meine Sehnsucht, der stillen Welt zu lauschen, brutal überschrien worden. Ich brauche mehr Gleichgewicht.

ZWEITER TEIL

Es zieht mich jetzt mehr ins Café. Da bin ich mit einigen Mädchen bekannt geworden. Die Mädchen schließen immer so schnell Bekanntschaft und haben sofort Vertrauen. Die erste, die ich kennen lernte, heißt Djemma.

Ich trank meinen Kaffee an einem Tische für mich allein. Da war es gut, daß Djemma zu mir an den Tisch kam, denn mich beschäftigten schon recht quälende Gedanken.

Djemma schien ihrer Sache sehr sicher zu sein, sonst hätte sie mich wohl nicht gefragt: »Sie machen auch die Straße, nicht wahr?«

Zunächst war ich ein wenig verblüfft, weil ich gar nicht wußte, daß ich so aussehe, und ich hätte sie ganz gerne danach gefragt, aber ich befürchtete, sie könne mich für arrogant halten, wenn ich mir einbilde, etwas anderes darstellen zu wollen.

Ich antwortete nicht sogleich, machte ihr aber Platz, weil ich sah, daß sie neben mir auf dem Sofa sitzen wollte. Erst nach einer kleinen Pause sagte ich:

»Nein, ich habe eine Stellung gehabt, und jetzt bin ich wieder ohne Stellung. Es wechselt bei mir. Ich gehöre nicht zu den Beständigen.«

Ich mußte selbst lächeln, und sie lächelte auch, und als sie mich mit ihren braunen Augen so zustimmend ansah, dachte ich, daß wir etwas Verwandtes miteinander haben könnten.

Ich hätte gerne eine innige Bekanntschaft gemacht, aber das ist unter Frauen gar nicht so einfach. Vor allem will ich immer die Bestätigung meines eigenen Mankos hören; mir scheint aber, die Mädchen, die ich kenne, dürfen kein Manko eingestehen. Es ist dann, als ob in ihrem Wesen etwas nicht klappen würde.

So zum Beispiel fragte mich Djemma, indem sie mit einem Blick der schärfsten Kritik meinen Sweater betrachtete:

»Warum sind Sie denn so abgerissen?«

Sie fragte nicht mit Unrecht. Ich war auch keineswegs gekränkt, aber mir war doch ein wenig weh.

»Stört Sie mein Äußeres? Nicht wahr, Sie persönlich nehmen keinen Anstoß daran, hoffe ich?«

Aber als könne es gar nichts auf der Welt geben, was sie persönlich nicht gutheißen würde, sagte sie in sehr beruhigendem Ton:

»Oh, bewahre, mir ist das ganz gleich. Ich meine nur woher es kommt, daß Sie kein Glück haben?«

Jetzt sagte ich aber doch:

»Sehe ich denn so aus, als wenn ich kein Glück habe? Das hängt einem doch nicht an den Kleidern. Übrigens handelt es sich ja nicht um das Glück.«

Da lächelte sie:

»Nun, gar so weltfremd soll man auch nicht sein.«

»Sie haben mich gefragt, warum ich so abgerissen bin. Glauben Sie nicht, daß ich das als Frau nicht selbst weiß und bemerke. Soviel Auge hab' ich doch auch im Kopf, obgleich ich nicht danach giere, die neueste Mode zu machen. Dazu bin ich nicht eitel genug, möchte ich sagen. Meine Anspruchslosigkeit ist kein Verdienst. Ich leide nicht einmal darunter, wenn ich schlecht gekleidet bin. Ich sage Ihnen wirklich nur die Wahrheit.«

»Das ist beinahe eine Sünde, wissen Sie das auch?« sagte sie mit dem tiefsten Ernst, und ich muß gestehen, es traf mich sehr seltsam.

Also hat Djemma ein Manko an mir entdeckt. Ich sagte ihr, daß ich es niemals als Sünde empfunden habe, salopp gekleidet zu sein. »Dies hat mein Gewissen noch nie belastet. Dennoch mögen Sie recht haben.«

Sie selbst, bemerkte ich, war sehr hübsch gekleidet. Das braune, flaumbesetzte Kostüm paßte wunderhübsch zu ihren blonden Haaren, und es machte ihr sichtbarlich Freude, daß ich ihr über alles meine Bewunderung aussprach, von den Knopfstiefeln mit Samteinlage angefangen bis zu dem niedlich schiefsitzenden Seidenbarett.

Ich sagte ihr mit alledem nur die reine Wahrheit.

Es sei sehr selten, meinte sie, daß ein Mädchen an einem andern

Mädchen etwas hübsch finde, und in diesem Punkte sei ich entschieden nicht normal.

Ich glaube, da bin ich rot geworden, denn normal möchte ich doch ganz gerne sein und auch dafür gehalten werden.

Sie war nun sehr herzlich und lieb zu mir und bestand darauf, meinen Kaffee zahlen zu wollen. Sie holte sogar persönlich Kuchen aus dem Automaten und nötigte mich eindringlich zuzugreifen, was mir schon lange nicht passierte.

Ich wollte das nicht annehmen, aber sie sagte, in diesem Falle sei sie beleidigt. Nun, das wollte ich ja nicht, und so plauderten wir miteinander, als hätten wir uns schon lange gekannt.

Ich vertraute ihr meine ganze Unfähigkeit an, etwas zu unternehmen, aber es war gewiß nicht leicht für sie, zu erraten, woran es bei mir eigentlich fehle.

Dann gab sie mir einige gute Ratschläge, die nicht so einfach zu befolgen sind, wenn sie gegen die Natur sprechen. Das gab ich ihr auch zu bedenken.

Sie sagte, ich müsse mehr mit der Praxis zusammenstoßen.

Darüber war ich so verblüfft, daß ich entgegnete: »Mir scheint, ich tue nichts anderes.«

Als ich hinzufügte, gerade von der sogenannten Praxis sei ich ganz zerknautscht, so sehr sei ich mit ihr zusammengestoßen, da lachte sie hell auf. Aber diese kleine Weltkluge war klüger als ich, denn sie sagte mir, das Leben bekomme ihr sehr gut, und sie könne sich jeden Tag, wenn sie wolle, »anständig« machen, so sehr habe sie sich in der Gewalt.

Ich hätte gerne gewußt, ob sie sich jetzt etwa nicht anständig fühle, denn ihre Worte setzten das doch eigentlich voraus. Aber ich fürchtete, mit meiner Frage vielleicht etwas schmerzhaft Empfindliches zu berühren, und so schwieg ich und sann darüber nach, wie verschieden die Menschen doch sind, und daß die Auffassung eigentlich alles ist.

Als hätte sie meine Gedanken erraten, sagte sie:

»Machen Sie sich unempfindlich. Das ist der beste Rat, den ich

Ihnen geben kann. Das können Sie auf jeden Beruf anwenden, so ungefähr wenigstens.«

Ich mußte lächeln, daß sie doch ein wenig klein beigab. Gerade das rührte mich sehr, und gerade in diesem Augenblick gefiel sie mir besonders gut. Ich versprach, ihre Worte zu beherzigen und einmal darüber nachzudenken, und ich dankte ihr, daß sie mir ihre Gesellschaft geschenkt habe.

Wir verabredeten, uns in diesem Automatencafé öfter sehen zu wollen, und schließlich ging sie fort, weil sie Gänge zu machen habe.

Ich blieb allein und machte mir Gedanken über Djemmas Gänge.

Ob ich da wohl an Geld gedacht habe, am letzten Sonntagmorgen?

Ich trieb mich in der Nähe des Domes umher. Dahin kehre ich ja mit Vorliebe immer wieder zurück. Das ist ja meine Ausgangsgegend.

Mir ist immer, als hätte ich in der Nähe des Domes etwas Bestimmtes zu suchen. Das heißt: jetzt ist es noch gar nicht bestimmt. Im Gegenteil, es ist ja noch so dunkel und unbestimmt. Aber beim Dom ist ein Anziehungspunkt, das fühle ich sehr wohl.

Denke gar nicht nach, wohin ich gehen will; schlendere ziellos, träume Buntheiten in mich hinein … und mit einem Male steht der aufragende Dom vor mir. Ja, da bin ich dann wieder. Verirrt komme ich mir immer vor, aber hier ist mir, als sei ich dem Punkt, den ich suche, am nächsten. In der Domgegend bin ich am ruhigsten. Ich war ja schon öfter im Dom, aber gebetet habe ich nur einmal hier, und dann nicht wieder. Das ist schon sehr lange her.

Am Sonntag hatte ich mir vorgenommen, bestimmte Bekanntschaften zu machen. Ich müßte es doch können, sagte ich mir, denn andere können es doch auch. Wie sollte ich es nicht können? In dieser Weise habe ich mir gepredigt. Ich wollte das Allereindeutigste versuchen.

Als Kind hatte ich einmal die Idee, einen Liter Petroleum schlucken zu können. Wenn ich das nicht einmal könnte! Am Sonntag dachte ich genau so: wenn ich das nicht einmal könnte! Das kam mir immer in den Sinn, und ich bildete mir ein, den Petroleumgeschmack im Munde zu haben. Ach, der Sonntag begann sehr verdreht.

»Wie kann ich zum Hochamt gehen!« sagte ich mir beim Dom. »Was sind denn das für Stilwidrigkeiten,« entfuhr es mir auf den Stufen zum Eingang, und einige Kirchengänger sahen mich höchst befremdet an.

Eine Entschuldigung lag mir schon auf der Zunge. Da fiel mir plötzlich Djemma ein: nur keine Empfindsamkeiten! Wie sagte sie doch? »Machen Sie sich unempfindlich.«

Ich hätte ganz gerne ein freches Gesicht geschnitten. Aber ich ließ die Leute alle an mir vorüber in die Kirche strömen.

Es gingen sehr viele Leute in die Kirche. Die wußten natürlich alle, was sie dort wollen. Die haben's gut. Alle durchs Hauptportal. So ist's recht.

Mutter mit Kindern. Dame in Trauer. Geschäftsmann mit Spazierstock und Meßbuch. Verschleiertes Fräulein. Ziemlich kompletter Jünglingsverein, alle mit bescheiden gehaltenen Augen, in artig gemessenem Schritt. Ganz recht, nur so leise mich anzuschauen. Geht ihr nur alle hübsch rein.

Als Kind hab' ich am Samstag abend jedem Kunden die Tür zum Spezereiwarenladen aufgemacht, obgleich mich niemand darum gebeten hatte. Die Höckersfrau Hattenberg nahm sich sogar die Zeit, mir das zu verbieten.

Der Kastellan sieht jetzt aus wie die Frau Hattenberg aussah: als fühle er sich beeinträchtigt durch mich. Soll er nur. Er hat so wichtige weiße Glacéhandschuhe an. Imponiert mir nicht. Soll er nur weiter leichenbitterig mich anschielen. Man wird doch in Ruhe seinen Studien obliegen können!

Die Sonne scheint so hell heute.

Ich setzte mich ein bißchen auf die Stufen. Ich mag nicht länger aufs Kirchenportal aufpassen. Die können schließlich ja auch ohne mich hineingehen. Das wird mir betrüblich klar.

Ich kann mich doch ruhig hinsetzen! Warum denn nicht? Ich bin ja nicht bekannt in der Stadt. Es ist doch nicht meine Heimatstadt.

Mein Rock ist aber doch wahrhaftig ausgesprochen alltäglich geworden. So verschlissen. Die Fingerspitzen kann ich ja durch die Taschen sehen. Nein, ich darf nicht mit den Nägeln das Gewebe stören, sonst bricht die ganze Geschichte auseinander, und ich sitze im Freien wie ein nackter Blumenkelch.

Die Fahne von Rock scheint mir doch kein duftiges Rosenblatt zu sein. Und war doch einmal so frisch in der Farbe. »Unverwüstlich,« hat der Kaufmann gesagt. Den könnte ich gerichtlich belangen. Er hat gewußt, daß ich das nicht tue.

Daß so viele Menschen in die Kirche gehen! Das ist ja ein Seelen-Familienbad. Wenn man mich nur nicht für eine Bettlerin hält?

Aber ich beruhige mich und sage mir, daß ich einen Chiffonhut trage mit drei großen Klatschrosen drauf.

Ich halte den Hut auf meinen Knien und bemerke, daß der Hut, ich meine das Ansehen des Hutes, eine quälende Angelegenheit ist.

Ich biege die Rosenblätter so gefällig wie nur möglich zurecht, und sage mir: Mit drei so großen Klatschrosen am Hut bettelt man nicht. Der Hut spricht für mich. Er ist und bleibt ein Chiffonhut, und wenn er noch zehn Regengüsse über sich ergehen lassen muß.

Da beobachtet man mich. Ich habe mich ja nicht gerade auf die oberste Stufe gesetzt, sondern auf die dritte. Man sieht mich so sanft an. Was ist denn das? Ich glaube gar …? Ja, mir scheint, man hat Mitleid mit mir.

Ich drehe mich um. Auf der obersten Stufe steht eine Dame. Sie fingert in ihrem Handtäschchen. Vielleicht will sie auch nur ihren Rosenkranz parat machen.

Ich will doch eine Bekanntschaft machen. Es ist ja nur noch ein bißchen früh dazu. Wer hat denn auf nüchternen Magen Lust,

Bekanntschaften zu machen? Ich ja schon, denn ich bin nüchtern, aber …

Die Dame sieht nach mir hin. Soll ich? Nein, ich setze mir schnell den Hut auf. Sie dachte vielleicht, der Hut gehört mir gar nicht.

Ich sehe jetzt unmißverständlich weg und auf die Straße.

Die Glocken läuten und ich gehe langsam die Stufen hinab. Ich sehe noch einmal zurück, aber die Dame steht nicht mehr da. Sie ist weg.

Der Kirchendiener sieht mich an und schließt die großen Portale.

Damit begann also der Sonntag, daß ich nicht gebettelt hab'. Das ist eine positive Leistung, die ich mir hoch anrechne. Wenn es auch sicher ist, daß ich nicht stolz genug, nicht sicher genug war, um die Gabe einer offenbar frommen Dame um Jesu willen anzunehmen.

Hier, beim zweiten Absatz, kann ich es mir leise eingestehen, daß ich eine Sekunde lang schwankte, ob ich nicht meinen Hut in einem weiten Bogen auf die Straße werfen solle und der Dame sagen: »Ich bin eine Bettlerin. Geben Sie mir um Jesu willen.« Es wäre klarer gewesen als alles andere. Aber oh, mein Glaube! Ich muß ihm erst nachlaufen, und ich habe noch eine weite Strecke zu gehen, bis ich die Größe des Bettlers erreicht habe.

Ich kann ja nicht anders, aber es ist, als sei es meine unglückselige Bestimmung, auf niedrigeren Wegen zu gehen. Wenigstens will ich mich über diese Wege nicht täuschen, und dies ist wohl auch nicht möglich, denn ich merke: ich bin gegangen.

Ich stand in der Hohen Straße vor einem Schaufenster. Es war verhangen. Es war ja an einem Sonntag.

Ein gelbes Rouleau bedeckte das Fenster. Es war nicht ganz herabgelassen, so daß man die kleinen Filigranbroschen auf fliederfarbenem Samtkissen sehen konnte.

Ein Mosaikkettchen, ganz bunt, aus kleinen blauen Vergißmeinnicht und Rosen zierlich zusammengesetzt, mutete mich sehr freundlich an. Ein kleines Märchenidyll, in das ich mich gerne versenkte.

Es kam mir plötzlich schmerzhaft in den Sinn, daß ich auf die Dauer nicht vor dem Fenster verweilen könne, und ich überlegte, wohin ich mich wenden könne. Ich erinnere mich: der Laden lag am Ausgange einer Passage, so unangenehm dies Wort mir auch klingt.

Oh, ich bin sehr gequält, denn ich bin ein gewissenhafter Kodak wider Willen.

Jeder ehrliche Kodak muß das Bild aufnehmen, wie es sich ihm darbietet. Ich muß an diesem Tage ganz besonders scharf eingestellt gewesen sein. Und wenn ein Bild auf das Negativ trifft, dann wird es sich zeigen müssen.

Ach, dieser schüttere Schnurrbart, wenn er lacht … und er muß gelacht haben, sonst wäre es nicht auf der Platte. Die Sommersprossen geben so dunkle Flecke, und wenn seine Hände sich ausstrecken, sind sie größer als sein Kopf und erschreckend plump. So ist es in mir geblieben und kann nicht verwischen.

»Gehen Sie einen Schoppen mit mir trinken, Fräulein?«

Ich sage mir: täusche dich nicht, du rufst Klänge zurück, die dir keine Musik sind.

Ich bin so sehr gequält. Das sind ja nur so wenige Worte. Wie unvollkommen ist doch die Sprache. Es wäre gut, sich mitzuteilen, wortlos.

Aber ich bin ja ein lebender Spiegel und nur ich kann in mich hineinsehen, das Bild sehen mit den geistigen Augen und empfinden. Könnte ich doch nur ein einziges Mal mein Herz in den Händen halten, sichtbar. Und manche Menschen, die sonst nichts kennen, würden sehen, daß es Qual gibt.

Was ich aber gesehen, wird es nicht ein Teil von mir, und war es das nicht schon vorher? So denke ich, und versinke tiefer. Nein, ich bestimme nicht. Ich wurde bestimmt. Ich werde es auch nicht lernen können, mich abzuwenden.

»Zum Frühschoppen Kutteln, warme Blut- und Leberwürste,«

steht in schwarz gedruckten Lettern auf fettig-weißen Pappdeckeln. Die hängen in einer Wirtschaft an den Wänden; in einer Wirtschaft, in der ich mich am Sonntag befinde. Da sitze ich neben einem Herrn. Da hab' ich gelebt, und da lebe ich. Und draußen ist es so sonnig.

Durch die hohen Butzenscheiben leuchtet die Sonne gelblich, so mittelalterlich herein. Da sehe ich die Welt blau, durch eine blaue Scheibe. Dann sehe ich gelb.

Mein Herr trinkt sein Bier und liest eine Zeitung »De Kölsche Jung«. Wir sitzen an einem altdeutschen Tisch, und an den andern Tischen sitzen auch noch viele Menschen. Und überall ist es jetzt zehn Uhr früh. Hier dampfen Kutteln und Tellerfleisch. Und man ißt, als sei es schon Mittag.

Das gelbe Bier macht mich ein wenig schläfrig. Ich glaube, ich kann doch keinen Liter Petroleum trinken. Das wäre mir vielleicht doch ein wenig viel.

Die Fliegen haben hier ein gutes Auskommen. Sie gehen gar nicht mehr auf die langen Leimfetzen, die in bunten Kokarden von der Decke hängen. Ich glaube, die Fliegen sind auf Grund der Erfahrung der anderen Fliegen so gescheit geworden, daß sie nun ihrerseits nicht auf den Leim gehen.

Ich habe jetzt doch fertig gekriegt, eine Bekanntschaft zu machen. Habe es doch ebensogut wie die anderen Mädchen verstanden.

Vielleicht kaufe ich mir morgen eine Leinenbluse. Mal sehen.

»Mögen Sie etwas essen, Kleine? Dann bestellen Sie sich nur. Entschuldigen Sie mich nur einen Augenblick. Ich möchte nur etwas Wichtiges in der Zeitung lesen. Nachher stehe ich dann vollkommen zu Ihrer Verfügung.«

Ich bin ganz ergeben. »Danke schön.«

Vielleicht wird gerade jetzt im Dom das »Agnus Dei« gezeigt. Am Sonntag bettelt man ohnehin nicht. Also …

Mein Herr klopft mit einem Fünfmarkstück an sein Glas.

Ob er wohl noch mehr davon hat? Ist das ein aufdringliches Interesse!

Soll ich ihm nicht das Geldstück aus der Hand reißen und ohne Erklärung aus dem Lokal stürmen? Dann aber direkt in die Kirche! Ohne Umwege in die Sicherheit? In der Kirche dürfte man mich ja nicht verhaften.

»Entschuldigen Sie, ich möchte einen schwarzen Kaffee trinken,« entringt es sich mir.

Der Herr lächelt mir aufmunternd zu und bestellt einen schwarzen Kaffee. »Nun sind wir bald soweit,« lächeln dunkle Zahnlücken.

»Ich kann nichts vertragen auf nüchternen Magen ...«

»Sie können ja dichten, Kleine.«

»Leider nicht, das war immer mein Kummer.«

»Wenn Sie weiter keine Sorgen haben.«

»Sonst gar keine.«

Schmunzelt und liest.

Ich darf kein solch ernstes Gesicht machen. Das wirkt manchmal lächerlich, weil ich noch zu jung bin, und es wohl noch zu früh ist.

Am frühen Morgen fasse ich den Vorsatz zu lächeln, auch wenn es nicht herzlich gemeint ist. Ich meine, das künstliche Lächeln könne vielleicht mit der Zeit meine Lebensanschauung ändern. Das fällt mir in diesem Augenblick wieder ein, und ich lächle also.

Es gibt verschiedene Arten zu lächeln.

Am Morgen hab' ich ein Kind gefragt, was die steinernen Pferdeköpfe bedeuten, die aus den Dachfenstern eines Hauses am Neumarkt starr und steif in die Welt hinaussehen.

Da hat mir das Kind eine lange Legende anvertraut, von einer Gräfin, die starb und wieder vom Tode auferwachte. Die Gräfin lag schon in der Ahnengruft. Da sind böse Räuber gekommen, die schnitten der Gräfin den Finger ab, gerade den Finger, an dem ein Diamantring saß. Da ist die Gräfin im Totenkleide nach Hause gegangen, um die Mitternacht, und hat an der Glocke des Hauses am Neumarkt geschellt. Und die Dienerin kam an die Tür und erschrak so sehr, daß sie die Herrin vor Schreck beinahe draußen habe stehen lassen. Der Graf aber sah seine Frau für eine Erscheinung an und sagte: »Eher werden meine Schimmel die Treppen hinauflaufen und vom Fenster auf die Straße schauen, als meine liebe Frau aus dem Grabe wiederkehrt ...« Da liefen die Pferde die Treppen hinauf und sahen zum Fenster hinaus. Drum seien die steinernen Pferdeköpfe angebracht worden. Die Kleine sah mich so triumphierend an und lächelte.

Wie anders, gezwungen, lächle ich. Mir war, als erstarrte dies Lächeln und blieb stundenlang auf meinem Gesicht, noch als wir durch die vielen Kreuz- und Querstraßen gingen.

Der Herr wußte wohl gut Bescheid in der Stadt, denn er führte mich und ich bin nur so mitgegangen.

Mir fiel ein: früher hat mich mein Vater immer geführt. Am Sonntag, wenn wir zur Großmutter gingen. Wir mußten dann an einem Gymnasium vorbei, in dem viele Kinder erzogen wurden. Dann sagte ich jedesmal zu meinem Vater: »Vater, ich möchte auch gerne erzogen werden.« Ach, ich erinnere mich so gut.

Dann sagte mein Vater: »Aber du wirst doch erzogen.«

»Aber ich merke es gar nicht,« antwortete ich. »Ich will am allermeisten erzogen werden, denn ich glaube, niemand hat so große Lust wie ich, erzogen zu werden.«

Dann war ich vor Sehnsucht ganz ungeduldig.

Und so ist es, wenn auch auf andere Weise, geblieben. Alles ist nur viel herber geworden, und an diesem Sonntag ist es nicht mein Vater, der mich führt.

Bei meinem Vater war der Anzug auch nicht so breit und viereckig. Bei meinem Vater hatte ich nie Angst, daß der Anzug auseinanderfallen könnte.

Es ist ja sehr merkwürdig, aber bei diesem Manne würde ich mich gar nicht wundern, wenn plötzlich alle Nähte auseinanderfielen und er dann keine Hemdärmel haben würde. Das ist doch schrecklich denken zu müssen.

Da sagte der Herr: »Sie sind ja so schweigsam, Kleine.«

»Ich hab' ein bißchen an zu Hause gedacht. Das kann ja mal vorkommen, nicht wahr? Wir Mädchen denken doch auch einmal zurück?«

»O ja. Ich habe auch zurückgedacht. Freilich nicht so weit zurück. Ich habe an gestern abend gedacht. Da war ich in einer lustigen Gesellschaft. Ich war im ›Heinzelmännli‹. Kennen Sie das?«

»Nein, das kenne ich nicht. Vielleicht komme ich später einmal dorthin.«

Ich komme mir so dumm vor, und ich weiß gar nicht, womit ich den Herrn unterhalten kann, aber ich weiß, daß ihm meine Worte nicht das Wichtigste sind.

Er erzählt mir von einer Operette, die er gehört hat. Und da sage ich: »Ich bin jahrelang aufgetreten als Schauspielerin,« und erzähle ihm, wie es auf den Dörfern zugeht; von den Plakaten, die ich bemalte, und von den Ratten aus Pappkarton, die der Rattenfänger von Hameln an Schnüren über die Bühne zog.

Dabei gehen wir immer weiter, durch viele Straßen.

Er fragt mich: »Aus welcher Gegend stammen Sie denn? Was sind Sie denn für eine Landsmännin?«

»Ich stamme von sehr hoch oben. Wo schon die dänische Grenze beginnt.«

Ich darf gar nicht genau sagen, woher ich bin. Mir ist, als würde er sofort zu meiner Mutter fahren und mich verklagen, daß ich hier in Köln spazieren gehe.

Wir schreiten aus, als wollten wir eine Fußtour machen. Ich frage scherzend:

»Nicht wahr, wir gehen doch nicht aufs Land?«

Er lacht: »O bewahre. Warum sollte ich Sie denn aufs Land führen? Wir haben nur einen Umweg gemacht. Jetzt finde ich mich aber schon wieder zurecht. Sie können ruhig Vertrauen zu mir haben.«

»Das hab' ich auch. Sind Sie schon über den Rhein gefahren?« frage ich, obgleich ich eigentlich nichts fragen wollte.

»Nein, so weit bin ich noch nicht gekommen.«

»Ich bin nämlich auch nicht über den Rhein gefahren.«

Da lacht er, als habe ich einen Witz gemacht. Da muß ich auch lachen.

»Aber ich bin über den Mühlenteich gefahren. Der ist bei uns zu Hause. Der Mühlenteich ist längst nicht so breit wie der Rhein, aber das Wasser ist von einer merkwürdigen Farbe. Wie soll ich sagen? Es ist seltsam, daß es Unvergleichliches gibt, nicht wahr? Unser Mühlenteich ist eine Versuchung für junge Menschen, die unglücklich lieben. Die lassen sich bei uns so leicht ins Wasser fallen. Sie gleiten sachte hinein, ohne vorher zu denken. Bei uns sagt man, die Farbe des Wassers sei so schön, daß man dieser märchenhaften Farbe auf den Grund kommen wolle, und dann sei die unglückliche Liebe auch fort, weil Schöneres sie aufnehmen soll. Bei uns gibt es Menschen, die scheuen sich, die Gefallenen aus dem Wasser zu holen. Als Gruß wirft man ihnen Blumen nach in den See. Die Totengebete sind bei uns Seligpreisungen der Erlösten.«

»Auf Sie scheint der Mühlenteich keinen Einfluß gehabt zu haben,« sagt er lächelnd.

»Ich habe ja keine unglückliche Liebe gehabt. Aber weil man es doch nicht so genau wissen kann, war ich doch stets recht vorsichtig, nicht hinzusinken. Freilich, einmal erschien mir das Wasser so schön, daß ich, wenn ich nicht fortgeeilt wäre, ohne unglückliche Liebe mich nicht nur hätte fallen lassen, sondern geeilt wäre, wie mit ausgebreiteten Armen einer Umarmung entgegen. Aber in der letzten Minute bin ich entflohen.«

»Da müssen Sie einen gesunden Einfall gehabt haben.«

»Vielleicht. Man kann es nie wissen.«

Den Rückweg werde ich sicher nicht finden – überlege ich mir –, wenn ich allein zurückgehen muß. Aber ich kann ja ebensogut in diesem Viertel wohnen wie in einem andern.

»Nicht wahr,« sage ich dann ohne Überlegung, »Sie gehen nicht so schnell von mir fort.«

»Nein, wir gehen hoffentlich nicht so schnell auseinander, wenn Sie mich auf andere Gedanken bringen. Wir haben ja reichlich ernsthaft gesprochen. Wir werden jetzt sehr gut aufgehoben sein. Ich kenne die Frau persönlich.«

»Welche Frau, bitte?«

»Nun, in dem Hotel, in das ich Sie führe.«

»Ach so …«

Grammophonmusik aus offenen Fenstern. Eine lange, schmale Straße liegt vor uns, sehr gerade. Hohe, schmale Häuser, grau und schmutzig.

Ein himmelblaues Band an einem Mädchenkleid deckt alle Armut auf. Weiße Schuhe, später goldbronziert, grün dazwischen, in altmodische Spitzen auslaufend, und unzuverlässige Pappstöckel. Ein Mädchen, halb im Schatten, halb in der Sonne, steht auf niedrigem Steinbalkon. Sie trägt ein weißes, ungestärktes Waschkleid, das in Eau de Javelle getaucht wurde.

Sehr gerührt bin ich von der Liebenswürdigkeit dieses Mädchens, sich so phantastisch in einer trostlosen Straße auf dem Balkon anzubieten. Sie weiß nichts von mir. Bin jetzt nur noch eine bestellte Sonntagstorte. Wir gehen an ihrem Hause vorüber. Sie kokettiert ein wenig mit meinem Herrn.

Er bemerkt sie auch und scheint froh, daß es so etwas gibt, denn er schmunzelt, es kommt ihm zustatten.

Das Mädchen sieht mich aus Sumpfaugen an, läßt mich passieren. Sie hat so vielmals gefärbte Haare. Sicher hat sie vergessen, wie deren Naturfarbe war. Das sind Farben wie im Märchenbuch.

Biegen wir noch eine Straße ab? Der Weg ist doch sehr lang. Sind wohl schon über die Mittagsstunde hinaus. In dieser Straße sind die Häuser plötzlich freundlicher, lebhafter gestrichen, aber ich hatte doch mehr Vertrauen zu der anderen Straße.

»Das übernächste Haus da rechts ist es.«

Ich bekomme ein schlimmes Herzklopfen plötzlich; wie ich Angst habe, wenn in einer Arena die Löwen mit der Peitsche gejagt werden und dann das Gitter nicht sicher scheint … Oh …

Mein Herr zieht an einem eisernen Glockenzug. Wir warten. Ich konstatiere: sechs Fenster sind an dem rosa Hause verhangen.

Eine Frau in mittleren Jahren mit hochtoupiertem schwarzem Haar, tiefe Furchen im Gesicht, die sie aber gar nicht alt erscheinen lassen, öffnet weit und einladend die Tür.

Sie läßt uns nach ihrem diskreten Gruß in eine Bureaukabine eintreten; bietet uns Platz an, als hätten wir Wunder was zu berichten.

»Sie wollen ein Zimmer, nicht wahr?« Dann tritt sie sofort in den Korridor:

»Lina, 13 ½ fertig machen!« ruft sie die Treppe hinauf.

»Es wird wohl nicht lange dauern,« sagt der Herr.

»Zwei Minuten,« die Wirtin. Und zu mir gewandt: »Kommen Sie nur immer ungeniert. Sie sind ganz sicher hier.«

Darüber kann man geteilter Ansicht sein.

Ein junges Mädchen, wahrscheinlich Lina, kommt.

Die Frau geleitet uns die Treppen hinauf, spricht unterwegs zu mir: »Bei uns ist noch niemand ausgehoben worden.«

»Ach was Sie nicht sagen …« Dabei komme ich auf ganz absonderliche Gedanken.

»Die Polizei hat Vertrauen zu uns.«

Mein Gott, ist das nicht bedenklich nach allen Seiten?

»Bei uns kommt keine Razzia vor … Nein, noch eine Etage höher, bitte … Ja, unser Haus ist das sicherste in ganz Köln.«

Ach, wenn ich das glauben dürfte, keine zehn Pferde würden mich von hier wegbringen können.

Ich nehme wohl doch nicht alles in mich auf. Und was ich bergen kann, ist verschieden. Schwach und stark, matt und klar. Es gibt Dinge, die unbeschreiblich sind, und es gibt Dinge, die man nicht erleben kann, auch wenn man sie äußerlich sieht. Wenn man zu tief erlebte, wäre es nicht der Tod?

So ist mir, als träume ich in einer tiefen Narkose, totkrank von

Blut und Wunden. Warum? Warum … und habe ich diese Pein aufgesucht?

Liegt denn nicht die Möglichkeit der Wahl in uns? Wie sehr bedingt ist diese Wahl, und es steht uns nicht ohne weiteres frei, Göttliches oder Tierisches aus uns zu machen. Ich bin so sehr dem Staube ausgesetzt, wie sollte ich mich rein erhalten?

Kann man mir wohl zum Vorwurf machen, mir allein zum Vorwurf machen, ich hätte die traurige Lust in die Welt gebracht? Ich verwahre mich dagegen und sage: ich habe die Lust nicht erfunden. Ein so origineller und zugleich perfider Erfinder kann nicht weiblich gewesen sein. Die Frau ist keine Erfindernatur. Das Empfindlichste habe ich um der Lust willen leiden müssen. Lust, die ich nicht teile, ist schmerzhaftes Leid. Streng genommen: weil ich die verfluchte Lust verachte, so ganz für mich im stillen verachte, – ich glaube, dafür werde ich verachtet. Und das also soll ich ertragen?

Wahrhaftig, alle Teufel sind über mir! Ich bin empfänglich, dafür bin ich eine Frau. Alle Tore zum Innern geöffnet. Es gibt Teufel in der Welt, sonst wäre ich nicht von ihnen befangen. Wo seid ihr, gute Geister?

Ich erinnere mich, wie ich im Bureau gewartet habe. Dort wolle er mich abholen, sagte der Herr.

Eigentlich wartete ich nicht auf ihn. Was kann er denn noch von mir wollen, nicht wahr? Nichts, nichts. Ich wartete … Oh, ich schreibe mit tief gesenktem Kopfe … So mag ich wohl auch im Bureau gewartet haben … wartete, ja, nur noch auf das Geld … auf das dreimal verfluchte Geld.

Es gibt ja gar kein Geld, das ich nicht dreimal verflucht habe. Ich kann und kann nicht dafür. Vielleicht hat ein armer Arbeiter im Schweiße seines Angesichtes jenes Geld erworben, das ich erwarte. Im Bureau wartend auf Geld, habe ich allen denen, die Geld je erarbeiten mußten und es in Händen hielten, Segen gewünscht. Die armen Menschen, die Geld erwerben müssen, seien gesegnet.

Das Geld aber sei verflucht; weil ich mich verflucht fühle. Weil ich auf Geld warten muß mit gesenktem Kopfe.

Es ist mir so schwer gefallen. Hab' ja nicht vorher darum bitten mögen. Es ist mir schwer gefallen. Hab' mich ... ja, ich gestehe es leise ... Ich habe mich geschämt. Es ist mir schwer gefallen. Ich schäme mich, daß ich mich schäme. Ich habe es mir nicht recht zugetraut: nun, daß ich mich wirklich schämen kann. Ich wäre so gerne meinen Taten gewachsen. Oh, ein ungebrochener Mensch sein! Ich aber kann mich nicht behaupten. Ich sank vor Scham, und Scham sank über Scham.

Ich nenne nicht den Namen mehr, der über alle Namen ist. In der Finsternis flehe ich geschlossenen Mundes zum Namenlosen: »Die Reue der Scham laß eine Kraft werden. Ich will in der Freiheit bewußt sein, aus der selbständigen Einsicht bereuen. Das ist meine Sache. Ich will mich selbst überwältigen. Meinet wegen. Aber das Leben soll mich nicht überwältigt haben. Ich anerkenne keinen Begriff, und beziehe keinen Begriff auf mich. Ich will mich selbst begreifen. Es ist mir schwer gefallen. Es fiel mir schwer. Aber das Geld, auf das ich wartete, mußte ich doch haben.

Was ist denn das kalte Geld gegen alle meine heiße Qualverschwendung? Lassen sich denn vergleichen Geld und Qual? Der Vergleich ist meine Rettung, Schutz vor dem Unvergleichlichen. Nun denn: kein Baumfäller braucht soviel Kraftaufwand, um die stärkste Eiche zu fällen, wie ich verbrauche, um ... um ... ja, vielleicht eines Irrtums willen. Aber auch der Irrtum wird bezahlt in der Welt. Ich muß leben, sonst lebte ich doch nicht!

Im Bureau wünschte ich mir, alles möge vorüber sein. Alles. Dann kam mir ein Trost: daß alles doch einmal vorübergehen müsse. Als mir vorkam, ich könne nicht unglücklicher werden, wurde ich geduldig. Plötzlich wird etwas still. Wie süß das sein kann. Ich stehe da und werde abgelenkt; sehe mir den großbedruckten Wandkalender an und lese die schönen Heiligennamen.

Die Wirtin und Lina klappern am Sofatisch, halblaut: ich solle fünfzig Pfennige bekommen. Prozente für ein Stundenzimmer.

Die beiden tuscheln miteinander. Ich habe ihnen den Rücken zugekehrt. Verhalte mich sehr ruhig. Will niemand stören. Auch mich selbst nicht stören.

Wie gern lese ich die kostbaren Namen der Heiligen. Heut ist ja auch Sonntag. Mamertus ... Pankratius ... Servatius ...

Die Sonne fällt hier so friedlich durch die Mullgardinen. Es könnte hier ein stilles Studierstübchen sein. Nur Zufall, daß es das Bureau eines Absteigequartiers ist. Es könnte ja auch eine Zelle sein. Gut, daß ich weiß, was es sein könnte.

Alle guten Geister, seid gepriesen! Ihr seid die milden Einfälle zur rechten Zeit.

»Ich hab' ja dem Gast das ganze Kleingeld gegeben!«

»Ja, richtig, der hat ja gewechselt.«

... Mariä Empfängnis. Ein Bleistiftkreuzchen daneben.

... Engelweihfest. Daneben: Josefine Weber, Donnerstag wiederkommen.

... Erzengel Michael. Jacob Schmitz mit Braut, Zimmer 16, Montag und Samstag belegt.

... Heiliger Antonius – predigt den Fischen. Oh, süße Lauterkeit!

... Vierter Oktober: Heiliger Franziskus! – Hallt ein Echo deiner Geigenstimme durch Millionen Blütenwälder: »Die Liebe wird nicht geliebt.« Auf Schwingen der rauschenden Klagestimme erreicht mich die kleinste verebbende Welle. »Die Liebe wird nicht geliebt«, so sang er. Und was steht da? »Nummer 3 ist gestern nicht bezahlt worden.« »Die Liebe wird nicht geliebt ...«

... Heiliger Stephanus, – der erste Märtyrer. Sein Antlitz strahlte, wie das eines Engels: »Herr, rechne ihnen diese Sünde nicht an.« Dann gab er seinen Geist auf. Er konnte ihn ja ruhig aufgeben, nachdem er für seine Feinde gebetet. Im Angesichte Gottes liegt er begraben.

Licht erfüllt die Stube. Stephanus, der erste, der für den Glauben starb, diese einzige Idee. Blutgerufener und Blutzeuge zu sein.

... Blut? – Was ist denn das? Das bedeutet ... Ich wende mich ab und eine Ahnung steigt in mir auf, und es krümmt und bäumt sich in mir, denn alles ist vermischt und liegt durcheinander: Reines und Unreines. Mir schwindelt.

»Worauf warten Sie noch, Fräulein?«

»Ich? Worauf ich warte? Worauf warte ich denn noch? Ja so, ich warte auf den Herrn von oben. Auf meinen Freund. Kommt er denn noch immer nicht?«

Die Frau läuft auf den Korridor hinaus, kommt zurück, erregt: »Fräulein, der ist Ihnen durchgebrannt. Ja, der ist weg. Warum passen Sie aber auch nicht besser auf? Sie hätten sich doch sichern müssen. Gott, stehen Sie doch nicht so versteinert da. Das hilft nichts.«

»Es ist nicht des Geldes wegen. Ich verstehe es nur nicht.«

»Nun, das ist nicht so schwer zu verstehen. Er dachte, er kann sich das sparen. Sie hätten doch achtgeben müssen.«

»Ja, Sie haben recht. Es ist mir aber dennoch unverständlich ... Machen Sie sich nur keine Gedanken über diese Sache, es ist ja auch so unnötig. Adieu.«

»Aber nein, nehmen Sie wenigstens eine Mark. Die sollen Sie ohnehin bekommen. Oder soll ich Ihnen zwei Mark geben? Sie können es vielleicht brauchen?«

»Das wird wohl so sein,« und muß ein wenig lächeln.

Die Frau drückt mir zwei Mark in die Hand. Ich nehme es dankend. Wie seltsam, daß sie mir jetzt Geld gibt. Das ist doch sehr rührend.

Von Djemma habe ich acht Mark geliehen. Sie sagte, ich würde es ihr bei einer mir passenden Gelegenheit zurückgeben. Ich werde es auch tun, nur will ich mich vorher ein wenig erholen. So bin ich denn zu Hause geblieben. Um mich nicht zu schwächen und damit ich auf diese Weise weniger Geld verbrauche, bleibe ich im Bette liegen.

Ich möchte jedem in Zukunft sagen: »Führe mich nicht in Versuchung, denn ich bin so schwach, und das Neinsagen fällt mir so schwer.« Darüber, ich gestehe es leise, bin ich sehr betrübt, und ich schäme mich, daß ich niemandem gegenüber ablehnend sein kann. Ich würde mich nicht schämen, wenn man etwas Gutes von mir forderte; freudig würde ich »Ja« sagen. Selten aber hat man an meine Gefälligkeit für das Gute appelliert.

Meine Kolleginnen bitten mich mitunter um ein kleines Darlehen, und ich gebe, was ich in der Tasche habe. Daß es oft das Letzte ist, dafür kann ich nicht. Ich denke nicht eigentlich an die Verlegenheit des andern, sondern nur, daß ich gebeten werde. Ich kann keine Bitte abschlagen.

Aber was ist denn das Geldgeben? Es ist eine kalte Sache. In Marne freute ich mich einmal, als mich die Wirtin bat, ich möchte ihr doch die Wäsche waschen. Da wurde ich auf ganz eigentümliche Weise froh, ja ich fühlte mich geehrt, daß sie es mir anvertraute; mich als Schauspielerin zugleich für eine Waschfrau hielt. Und da ich gerne etwas Ganzes geben wollte, bat ich sie, die Wäsche auch bügeln zu dürfen. Wie wundervoll wäre es, wenn jemand zu mir käme und etwas ganz Großes und Schönes von mir verlangen würde. Mich anzubieten werde ich nicht wagen. Weiß nicht, warum ich so zurückgehalten bin.

Daß ich nicht »Nein« sagen kann, ist nicht eine Folge von Erfahrungen. Ich war wohl immer so. Ich erinnere mich, daß ich als Kind jeder Frau, die mich darum bat, den Korb getragen habe, oft vergessend, daß ich zu Hause erwartet wurde. Ich dachte wohl daran, daß ich nach Hause mußte, aber ich wagte es nie zu sagen.

Feindschaft eines Menschen, weil ich ihm nicht zu Willen war, würde ich nicht ertragen haben. Böses oder beleidigtes Gesicht, das ich verursacht, beunruhigt mich. Habe ich nicht die Feindschaft des Sonntagsmenschen aufgehoben, indem ich ihm zu Willen war? Mir ist, als hätte ich etwas erledigt.

Wie böse wäre er mir geworden, hätte ich »Nein« gesagt. Wer erträgt die Verneinung seines Willens? Wie unwillkürlich ich »Ja« gesagt habe. Mit dem größten Widerwillen; dennoch wurde ich ihm gerecht. Besiegte ihn, indem ich mich für besiegt erklärte.

Jetzt kann er mich übersehen, wenn er mir einmal begegnen sollte; braucht nicht einmal zu grüßen. Erledigt für ihn, ich bin frei.

Frei und unbefriedigt. Bin ihm gegenüber zufrieden, aber nicht mir gegenüber, das ist das schlimme Geteiltsein.

Nun werde ich ihn nicht grüßen wie ich in meinen Kinderjahren den Klint gegrüßt habe, der mich am Strande verführen wollte. Ich widersetzte mich seinem Willen nicht, obgleich mir vor diesem Willen die Angst bis in die Kehle hinaufstieg. Eine Schulkameradin war das Hindernis, und meine Rettung. Von da an glich mein Gruß, mit dem ich seinen Haß zu beschwichtigen hoffte, mehr einer Verneigung.

Er war so verrufen. Das Zuchthaus hatte seinen Willen, kleine Mädchen zu verführen, nicht brechen können. Diese Gewalt zu besiegen, verleitete mich zu immer tieferem Gruße. Er konnte mich nie vergessen; in seinen lodernden Augen las ich den Haß. Der böse Blick traf mich beinah täglich: »Du bist mir entwischt. Dich hatte ich nicht.« Er grüßte ohne Verzeihen. Er war mein Todfeind, dieser Mann, und Todfeinde begrüßt man mit der tiefsten Andacht.

Meiner Mutter, die mich oft begleitet, fiel mein Gruß auf. Sie verbot mir das ersterbende Grüßen, so nannte sie es. Sie kannte nicht das Erlebnis, das vorausgegangen war; wußte ja nicht, warum ich so grüßte. Galt es nicht, einen Menschen zu versöhnen, einen gewaltigen Menschen, der seine Lust durchsetzen wollte? Ein unter Umständen erzwungenes Leben …

So will ich nach der andern Seite erzwingen. Habe keine andere Anschauung, nur meinen Trieb, den ich in diese eine Richtung zu bändigen habe. Fremden Willen einmal führen, verführen in die Richtung meines Willens. Die ganze Stadt habe ich zu säubern, das ist meine schwere Arbeit. Alle Sümpfe durchwaten.

Einmal, wenn ich am tiefsten gesunken sein werde – hingebend genommen –, in der vollkommensten Hingabe sagen können: »Glauben Sie an mich?«

Wie sollte man nicht an das glauben können, was man hinnimmt, was man umarmt, umklammert hält? Glaube ich doch an jeden

Willen, der mich nimmt. Spüre ja jeden Windzug, der mein Gesicht streift … Alles will von mir nehmen, dazu bin ich ausgeliefert. Wenn die Welt brennen will, falle ich als kleine Feuergarbe in ein Flammenmeer. Kann nicht anders als mich verbrauchen.

Ist das die Vorherbestimmung? Ich bete mit geschlossenen Lippen: »Führe mich nicht in Versuchung, sondern erlöse uns von dem Übel.«

Ich öffne meine Lippen nicht. Ich presse sie aufeinander, denn meine Bitte soll mir nicht entfliehen. Nicht der Hauch meines Mundes soll mein Flehen trüben.

Darum presse ich die Zähne aufeinander und mein Mund bleibt fest verschlossen. Gott wird mich nicht für trotzig halten; er möge in mich hineinsehen. Er weiß ja, wo ich wohne. Er weiß, wovon wir leben. So wie er mich zum Bösen versucht, kann er mich auch zum Guten versuchen lassen. Bei dem einen sowohl wie bei dem andern – immer hab' ich gewußt, daß es darauf ankam: heil zu bleiben.

Von Haus aus aber, das heißt von Gott aus, bin ich gesund, denn im Lebenskern muß eine tiefe Gesundheit liegen. Wäre es nicht so, hätte ich eingehen müssen wie eine verkümmernde Pflanze. Ich aber bin ein Mensch und werde wohl den Boden suchen, auf dem auch ich einmal gedeihen kann. »Alle Dinge geschehen zum Guten.« Wie wahr muß dies sein, auf geheimnisvolle Weise, denn was sollte ein unnützes Elend?

Die Vergangenheit festhalten: wohl das einzige, woran ich mich gewöhnen kann. Sonst ist mir alles fremdartig und neu. Mein Leben folgt mir nach und immer intensiver. So bin ich aufgebaut und werde lebendiger Turm meiner Erlebnisse; bin Aufmerksamkeit, als konzentriere ich mich auf das zu Vergessende, und mir bleibt nur die schneidende Klarheit des Behaltens.

Habe jetzt zwei Tage im Bett gelegen. Die Vorhänge herabgelassen. Wenn man von draußen etwas sehen könnte, wäre es nur die untere Hälfte. Mein Fenster ist am Boden und reicht nicht weiter.

Wenn ich am Fenster stehe, denke ich: die obere Hälfte, Kopf, Herz und Brust gehört Gott, die untere Hälfte mag der Teufel nehmen.

Ich habe mir ein Paar Strumpfbänder gekauft, damit sich mein Leben einheitlicher gestaltet. Es hat sich jemand über die Bindfäden aufgehalten, die meine Strumpfbänder vorstellen sollten. Bei einem andern glaubte ich, ich müsse die Bindfadenstrumpfbänder verstecken. Das kann ich, indem ich den andern anlächle. Dann sieht er nicht auf meine Strumpfbänder.

Diese Diplomatie gefällt mir nicht auf die Dauer, und ich habe mir Strumpfbänder gekauft. Weil es so wichtig ist, schreibe ich es nieder.

Ich wohne jetzt bei Frau Schneider. Die hat ein Mädchenpensionat. Man darf das Haus nicht mit einem Erziehungsinstitut verwechseln, wenigstens nicht mit einem alltäglichen.

Hier wohnen Mädchen, und Männer nur zeitweilig, kurz und intensiv.

Das könnte hier als Hausregel dienen. Geschrieben steht es freilich nirgends. Wen es nahe angeht, der weiß über dieses Haus Bescheid.

Hier wohnt eine ehrliche Eindeutigkeit, und darin kann man das Haus als reell bezeichnen. Hier weiß man, was man will. Man sagt, was man will. Zweifel können hier nicht aufkommen.

Die Wahrheit tritt hier so offen zutage, daß, glaube ich, selbst die Polizei gerührt die Augen schließt. Anders kann ich mir die Sicherheit der Frau Schneider nicht erklären.

Sie ist eine mollige Frau. Das Leben und Streben der halben Welt hat sich in scharfer Deutlichkeit seit Jahren vor ihren Augen abgespielt. Ihre grauen Augen, so klein sie sind, sehen stechend objektiv aus, und ich lese den bestätigenden Satz darin: »So ist das Leben, und kann gar nicht anders sein.« Für Frau Schneider gibt es nichts als ihre Mädchen, die sie ihre »lieben Schäfchen« nennt, und die ihr bereitwillig den Zins im voraus zahlen.

Also ist Frau Schneiders äußere Existenz von zehn bis fünfzehn Mädchen gesichert und sie leidet keine Not. In ihrer hellen Küche, wo sie auch uns Behaglichkeit bietet, gönnt sie sich manches Gute. »Ich brauche was Stärkendes,« sagt sie, als hätte sie alle Anstrengung allein zu tragen.

Rasch gebratene Beefsteaks sind recht aktuell bei ihr. Es ist, als sei die Sorge, ihre Schäfchen könnten sich auf der Weide verirren, und was dergleichen Gefahren mehr sind, recht schwächend für sie.

Schäfchen, finde ich, ist ein sehr zärtlicher Vergleich für uns. Ich sehe lauter bunte Stücke, die auf den Treppen sich auf und ab bewegen, manchmal mit, manchmal ohne Begleitung.

Ich bin hierhergezogen, hauptsächlich weil Djemma im Hause wohnt. Sie hat mich Frau Schneider empfohlen, obgleich das immerhin ein wenig riskant für Djemma war. Aber sie ist mir freundlich gesinnt und hofft wohl nicht, daß ich sie Lügen strafen und mich eines Tags der »Anständigkeit ergeben« werde, wie man hier im Hause zu sagen pflegt. Die Versuchung hierzu genügt, um als lasterhaft verschrien zu werden, und diese Schande erträgt sich auch nicht so leicht. Wie ich bemerken konnte.

Als nämlich ein Mädchen eine Stellung als Buchhalterin annahm, ging ihr Freund auf Veranlassung anderer Mädchen zum Chef und machte ihn darauf aufmerksam, »was für eine« er in sein Haus genommen habe. Das Schneiderhaus und das ganze Café waren in ihrem Klassenbewußtsein tief gekränkt und man triumphierte, als das Mädchen richtig die Kündigung bekam.

Jetzt getraut sie sich nicht mehr, eine Stellung anzunehmen, möchte gerne in eine andere Stadt übersiedeln, aber auch das ist nicht einfach, denn sie hat Schulden hier im Hause, und das ist ein unglückliches Zusammentreffen.

Ich habe mit Djemma beratschlagt, ob wir für die Schulden – es sind dreihundert Mark – nicht Kaution leisten sollen. Ich weiß, Djemma hat ein gutes Herz, und so war es auch keine Gefühllosigkeit, daß sie mir diese Bitte abgeschlagen hat. Henny, sagte ich, wird uns das Geld schon nach und nach wieder schicken. Aber Djemma wollte nicht recht daran glauben. »Dreihundert Mark«, meinte sie, »ehrlich verdienen und wegschicken, ist keine Kleinigkeit. Wenn wir es übernehmen, haben wir das Nachsehen und können es selbst bezahlen. Und zwar wie?«

Ich sah das alles wohl ein, aber Henny schien mir doch sehr energisch zu sein, und da sie sich aufzuraffen verstand und trotz Freund eine Stellung suchte, war ich geneigt, allein die Schuld zu übernehmen. Ich wage gar nicht, es Djemma zu sagen, denn sie hat wohl Prinzipien.

Ich glaube nicht, daß Henny mich enttäuschen wird. Sie weiß ja, was dazu gehört, dreihundert Mark »so« zu verdienen, sonst würde sie doch nicht selbst das Verlangen nach einer Stellung haben. Die Angelegenheit beschäftigt mich sehr, ich würde ihr so gerne helfen.

Ich habe mich entschlossen, die Sache zu übernehmen, und wenigstens in drei Monaten soll die Schuld bezahlt sein. Wenn nur Frau Schneider zu niemandem darüber spricht. Davor habe ich große Angst, ganz besonders wegen Hennys Freund.

Es heißt, er sei ein so gemeiner Mensch wie sich gar nicht beschreiben läßt. Er hat die Henny erst so richtig in das Leben hineingebracht, wie sie mir weinend erzählt. Sie erlaubte zwar nicht, daß ich über ihn schimpfe, aber ich konnte wirklich nicht anders.

Mir scheint, sie liebt ihn noch immer. Aber die Wirtschaft gehe über ihre Kraft, sagt sie, und sie könne es für zwei nicht schaffen, weil er so viel braucht. Wie sehr begreife ich, daß es ihr zuviel ist. Es ist ja für einen schon zu viel.

Sie sagte mir: »Das Leben, das ich führe, paßt nicht mit der Liebe zusammen.« Ich glaube das ohne weiteres. Und als ich sie gar so gut verstand, fragte sie mich erstaunt, ob ich denn auch liebe.

»Nur so im allgemeinen,« sagte ich. Es war mir, als müsse ich mal nachsehen, und es fuhr mir, weil sie mir ja gerade am nächsten war, so heraus: »Ich glaub', ich liebe dich.«

Da lag sie mir auch schon weinend am Hals, und ich bemerkte erst jetzt: es hatte gestimmt, was ich sagte.

Wir beschlossen, gemeinsam mit Frau Schneider zu sprechen, aber es war uns doch ein wenig ängstlich dabei zumute. Wie würde Frau Schneider sich zu Hennys Abreise stellen? Sie muß natürlich heimlich abreisen, sonst werden die Mädchen sie ihrem Freunde verraten, und der ist ihr Todfeind.

Oh, mein Gott, ich wußte nicht, daß es so schwer ist, anständig zu werden. Wir machten Frau Schneider den Vorschlag, doch darauf einzugehen, daß ich die Schuld übernehme.

Frau Schneider sah mich musternd von allen Seiten an, als sei ich ein Pferd, das geschätzt und gekauft werden solle. Ich hätte mich nicht einen Augenblick gewundert, wenn sie verlangte, ich solle zur Prüfung meiner Stabilität die Kleider ablegen. So sah sie mich an. Ihre Blicke drangen förmlich durch mich hindurch. Es war mir sehr peinlich, daß eine bejahrte Frau sich für meinen Körper so kalt, so – ich weiß kein anderes Wort – fachmännisch interessierte.

Wir standen in Frau Schneiders Küche und erwarteten ängstlich die Schicksalsentscheidung, die von dieser Frau abhing. Eine Anwandlung des Hasses überkam mich, und es flammte noch stärker auf, als ich das kleine Mädchen, die Henny, dastehen sah in so flehender Haltung, als ginge es um das größte Glück ihres Lebens. Und es ging ja auch drum. Hier handelte sich's um das Glück.

Ich war ganz energisch, was ich sonst nie recht zeigen kann, fand die richtigen Worte. Das merkte ich am Erfolg.

»Seien Sie unbesorgt, Frau Schneider,« sagte ich, »mit den Männern umzuspringen, hab' ich immer verstanden. Fünfzig Mark in der Tasche haben kann ich Abend für Abend. Das ist eine Bagatelle für mich. Holen Sie Tinte und Feder, damit wir den Schuldschein kriegen. Wollen Sie das Geld in einem Monat, oder noch früher?«

»Na, aber ein Bettel sind dreihundert Mark doch gerade nicht,« gab Frau Schneider beinahe sorgenvoll zu bedenken.

»Es liegt auf der Straße,« sagte ich.

Da willigte sie ein, und der Schuldschein bewies, was für ordentliche Menschen wir seien. Auf den Hut wird sie den Schein ja nicht stecken.

Zum Überfluß beteuerte Henny, daß sie das Geld so bald als möglich selbst schicken wolle. Meine Unterschrift sei nur zur Sicherheit für Frau Schneider. Und Henny ließ ihren Mantel zurück. Den solle ich einstweilen tragen. Falls aber Krankheit oder sonst Unvorhergesehenes eintritt, soll er Frau Schneider gehören.

Kurz, alles wurde bedacht, selbst der Tod. Als ging' es um Tausende. Was aber sind Dreihundert, wenn sich die Möglichkeit bietet, ein Leben neu zu beginnen?

Henny ist abgereist mit dem Nachtzug nach Koblenz. Sie lachte und weinte. Ich glaube, das waren mehr Ankunfts- als Abschiedstränen. Sie sah ihr Land und schien froh zu sein, ja erlöst.

Möcht' es nur wirklich so sein und bleiben. Sie ist ein so rührendes Mädchen und sehr tapfer. Am Bahnhof gestand sie mir, sehr befangen, sie habe wohl eine Stellung in Aussicht, doch Festes sei noch nicht abgemacht.

Sie sah mich dabei so ängstlich an, so furchtsam, als könne mir schließlich noch einfallen, mein Versprechen zurückzunehmen. Aber gerade daraus ersah ich ja ihre ganze Sehnsucht, sogar mit dem Ungewissen es zu versuchen, und riet ihr, vollkommen beruhigt zu sein, das komme ihr dann auch zustatten.

Da ist sie ganz ruhig abgefahren. Ach, ihre Vorsätze werden von Segen begleitet sein, denn der Entschluß ist ja alles.

In Hennys grauem Mantel, der mit weißer Seide gefüttert ist, hab' ich entschieden Glück. Ich bin ja gerade nicht abergläubisch, aber in diesem Mantel, scheint mir, steckt eine magische Kraft.

Henny ist in einer Kartonfabrik. Sie wird dort wohl nicht reich werden, und es wird gut sein, wenn ich ihren Mantel viel trage. Ich fühle mich zielbewußter in diesem Kleidungsstück, das nicht mir gehört. Es geht sich viel leichter, möchte ich sagen, seit Henny – ach, es ist eigenartig und süß: ich fühle mich manchmal ganz leicht.

Nach einiger Zeit:

Was von außen kam. Ich empfand nichts mehr, und es war mir recht so.

Ich glaubte schon, ich hätte das Schale, das Nichts der Welt erfaßt und dachte: was kann mich beleidigen? Diese Schande ist leicht zu ertragen, denn wer Schande aufsucht, kann der gekränkt sein?

So glitt alles an mir ab und mir blieb nur in seltenen Stunden eine wehmütige Bitterkeit. Ich vertraute es nur sehr leise meinem Zimmer an, und war nur ein kleiner Seufzer: wie niedrig die Welt sein kann … Auch seufzen werde ich bald nicht mehr, und vielleicht wird dann meine Seele tot sein. Dann bin ich nur noch eine wandelnde Leiche.

Aber auch das wird mir recht sein, denn eine Leiche ist ihre Schmerzen los. Ich wollte einfach nicht länger. Warum lebe ich nur noch? Damit die Welt ein lebendiges Warnungszeichen sieht? Das mag kein erfreulicher Beruf sein, aber es muß wohl auch Warnungszeichen geben, und warum sollte gerade ich es nicht sein?

So schwand meine kleine persönliche Überhebung dahin.

Oh, ich bin nichts Besonderes. Wo gibt es denn wirklich Besonderes in der Welt? Es müßte mir erst gezeigt werden. Vielleicht aber sah ich es nur noch nicht? Man soll den Tag nicht vor dem Abend loben, vielleicht aber soll man ihn auch nicht tadeln vor dem Abend.

Dieser Art waren meine Gedanken an jenem Abend, an dem ich etwas Besonderes sah. Ob es wirklich etwas Besonderes war? Ich zerbreche mir noch heute den Kopf. Und ich sehe auf eine Zeichnung, drei Versuche auf einem Blatte.

Das Papier ist geduldig und still. Diese Bleistiftskizzen aber erschrecken mich, weil sie mich an eine Begegnung erinnern.

Daß man sich selbst begegnen kann –, es kommt mir sehr besonders vor, weil ich doch von mir gesondert war.

Mein Spiegel hängt an der Wand beim Fenster. Ich hatte mich spät am Abend zu Bett gelegt. Im großen Zimmer brannte das Licht. Unerklärlich warum, aber ich fürchtete mich, auf die Straße zu gehen.

Es ist vielleicht gut, daß ich nicht auf die Straße ging, denn wer weiß, was mir dort begegnet wäre. Muß wohl doch eine Ahnung gehabt haben.

Unwillkürlich sah ich nach dem Spiegel, so zufällig schweifte mein Auge in die beleuchtete Zimmerecke, wo der Spiegel hängt. Zufällig? Wer weiß.

Da sah ich das Furchtbare. Und wagte meinen Augen nicht mehr zu trauen. Rieb mir das Gesicht, sah mutig hin. Aber mein Haar sträubte sich.

Ein Gesicht blickt mich an, das rechte Auge starrt scharf aus der Ecke des goldenen Spiegelrahmens. Oh, der Blick trifft mein Auge, mich selbst, und nichts anderes im Zimmer.

Ich halte den Atem an. Ich will mich beruhigen. Es muß eine Täuschung sein. Ich lasse meine Augen sich erholen auf der Bettdecke, an den Wänden, in mir selbst. Ich sehe alle anderen Dinge doch ruhig und genau, wie sonst.

Dann sehe ich wieder hin. Es sieht unverwandt weiter mich an. Ich sehe das Gesicht vollständig. Es ist aber doch nur ein Bild, sage ich mir, ein sehr hageres, lebhaftes Bild, in flackernden Farben. Oftmals scheinen ja auch auf Bildern die Augen zu leben. Es bleibt still und starr. Scheint doch nur ein totes Bild zu sein.

Ich habe ein wenig Spöttisches über den Spuk gedacht, nur

einen Augenblick lang flog mir ein leichter Hohn durchs Gehirn. Ich sah –: da wurde der Blick durchbohrender.

Es ward mir kalt, aber ich verlor doch nicht meine Geistesgegenwart. Ich glaubte nicht an die Realität eines Phantoms, das mir doch offenbar meine Phantasie vorgaukelte.

Ich zündete meine kleine Nachtlampe an, nahm den grünen Schirm ab, damit es im Zimmer noch heller werde, und dachte: hab' mich doch über nichts erregt, daß dieses Bild …

Im Nachthemd und die Lampe in der Hand, ging ich zum Spiegel, einige Schritte, so aber, daß ich mich im Spiegel selbst nicht sehen konnte. Das Bild verweilte zu meinem grenzenlosen Erstaunen.

Ich wandte mich um und stellte die Lampe auf die Kommode, besehe mir die Wand, ob keine Spiegelung möglich ist. Die Tapete ist glatt und braun, kein Bild hängt dem Spiegel gegenüber. Die Zimmerdecke ist weiß, auch daher kann es nicht kommen.

Ich rede mir zu, ganz ruhig zu sein. Was kann es Besonderes geben in meinem Zimmer? Was kann aus meinem Innern kommen, wovor ich zurückschrecken darf?

Der Spiegel war nun von der Lampe, die auf der Kommode stand, hell beleuchtet. Ich trat also dicht zum Spiegel, bereit, allem ins Auge zu sehen.

»Es haftet am Spiegel,« flüsterte ich entsetzt und sah mein eigenes erschrockenes Spiegelbild, mich selbst im weißen Nachthemd inmitten des Spiegels. Daneben aber – o Grauen! – sah ich das andere. Und bei all meinem Entsetzen vermochte ich mich nicht abzuwenden, denn – ja, es war seltsam –, das Bild hatte meine eigenen Züge.

Nicht in ihrer frischen Natürlichkeit, in ihrer Lebensfarbe. Das kann doch gar nicht »ich« sein, dachte es in mir. Aber von Sekunde zu Sekunde erkannte ich deutlicher: das war »ich«. Es waren meine im Winkel so tief liegenden Augen. Durch einen seltsamen Zackenhut hindurch erkannte ich meine Kopfform, die unter den kurzen Haaren schärfer hervortritt; die Form meines Gesichtes. All das erkannte ich schnell.

Aber welch einen Ausdruck hatte mein Gesicht angenommen? Ob ich jemals so ausgesehen habe?

Da konnte ich plötzlich Farben lesen. Das war sehr seltsam, aber ich las; so klar wie in einem deutlich geschriebenen Buch.

Nein, ich las viel klarer. Ich sah, brauchte nicht zu denken. Es fiel nur so in mein Bewußtsein. Als wäre Bewußtsein in mir und außer mir. Als wäre ich aus mir herausgetreten. Wie kann ich das glauben?

Welche Sünde nahm ich doch auf mich, daß ich mich so entstellt sehen mußte, nur um es wieder zu büßen und abzuleben!

Ich war von einer so brennenden Häßlichkeit, ich wirkte auf mich wie ein Bann. Es war, als sei ich besessen von meiner eigenen Dämonie.

Ich wich scheu einen Schritt zurück. Um mir die Ähnlichkeit zu bestätigen, sah ich nach meinem … ja, das war doch mein echtes Spiegelbild? … nach dem sah ich. Das hatte den Mund halb geöffnet und blickte, im weißen Nachthemd, wie ein zu Tode erschrockenes Kind.

Rückwärts ging ich, das Spiegelbild im Auge behaltend, das mich noch dringender anzublicken schien. Ging bis zu meinem Bett, legte mich hin und schloß meine Augen. Ich kann nicht mehr sagen, wie mir war. Ich weiß nur, ich habe mein anderes »Ich« gesehen, mein böses »Ich«.

Ob es die ganze Nacht hindurch am Spiegel haften blieb? Unbegreiflich wird mir bleiben: es ist ja stundenlang geblieben.

Ich habe es dann zu zeichnen versucht. Ich wollte Gewißheit haben. Ich dachte: wenn am Morgen die Zeichnung nicht da ist, ist alles ein furchtbarer Traum gewesen. Gewiß, ein entsetzlicher Traum, aber doch nur ein Traum.

Am Morgen lag diese Zeichnung auf meinem Waschtisch. Es ist kein Traum gewesen. So sehe ich in Wirklichkeit aus. Alles andere ist Lüge.

Ich will von mir absehen. Ich weiß sehr wohl, ich kann mich durch Grübeln nicht verändern. Ich wünsche wohl eine plötzliche Umkehrung, aber ich fühle, es hängt nicht von mir ab; nicht einzig von meinem Willen, möchte ich sagen.

Ich beginne an meinem guten Willen zu zweifeln, weil ich aus eigener Kraft nicht plötzlich eine Änderung herbeiführen kann. Eine Frucht wird nicht in einem Tage reif. So scheint mir auch meine Natur beschaffen zu sein.

Mir träumt immer und ewig von einem Regen, der alles Unreine abwaschen wird. Das wäre überirdische Gnade. Muß man die Sünde denn so sehr erkennen und begehen, bevor man zur reinen Klärung kommt?

Mir ist oft, als sündige ich, weil andere die Kraft nicht haben, ihre Gedanken in Tat umzusetzen. Fühlen andere Glanz und Dunkel der Sünde nur im geheimen? So bleibt doch ihr Körper bewahrt. Vielleicht sind sie nur deshalb fähig, innerlich geistig zu wachsen und leuchtendes Vorbild zu werden.

Sündige ich um des leuchtenden Vorbildes willen? Ist das nicht eine Ausflucht, ein Sichrechtfertigenwollen? Aber ich sündige, alle andern mögen frei sein. Wie viele habe ich freigesprochen. In meinen Augen waren sie schuldlos. Wie ich es sah. Dennoch will ich niemanden um sein Verdienst bringen, und sei Sünde Verdienst.

Es gibt Mädchen, die sagen, sie seien gedankenlos und ohne Empfindung. Weiß nicht, ob ich mit denen tauschen möchte. Trotz allen Elends liebe ich mein Bewußtsein, auf geheimnisvolle Weise sogar das Bewußtsein meiner Sünde. Auch auf meiner Sünde muß ich bestehen; immer behalte ich sie im Auge. Sehe die ganze Größe, die Größe meiner Sünde. Nur ich kann so groß sündigen, weil ich so bewußt bin meiner Sünde. Wie vollkommen bin ich doch meiner Niedrigkeit bewußt. Das vertieft meine Schuld. Das ist keine Ausflucht. Darauf werde ich ein Leben lang bestehen können – und mich fallen fühlen, denn ich bin ein wachsamer Mensch.

Wie viele Nächte habe ich gewacht! Gelauscht auf jede Regung, in mir und – ja, das ist es – in dem andern. Die Seele jedes Mannes erlauscht, der sich mir nahte. Ich trage das Reflexbild des Mannes in mir, der vielleicht mich nur gewittert hat. Wer kann wissen.

Aber ich spüre, wohin ich komme. Soviel Spürsinn in mir ist, spüre ich. Ich komme … auf meine eigene Spur, indem ich die Spuren der andern spüre. Die Welt greift ineinander.

Hinter der Mauer wohnt ein Mädchen, dem ich nachschleiche. So oft ich Zeit habe. Da ich bescheiden leben kann, habe ich einige Zeit, gierig anderes in mich aufzunehmen. Das reizt mich unendlich mehr als ein garniertes Filet. Was ist Filet? Es wird verdaut. Davon kann ich nicht leben.

Was mir Kraft zum Leben gibt, ist das Mädchen im Viertel »Hinter der Mauer«. Und sie weiß es nicht. Sie versteht es nicht. Sie kann nichts mehr verstehen. Ist zu tief versunken.

Jette heißt sie. Für Viele ist sie ein Tier. Auch das weiß ich. Was ich wissen muß, weiß ich: sie ist ein Mensch, der mir das Leben lebenswert gemacht hat.

Was aber so entsetzlich für mich ist: sie glaubt nicht daran. Es gibt nichts Entsetzliches mehr für sie. Das hat mich entsetzt, und jetzt kann ich nur traurig darüber sein.

Ich will nicht ihre Höhe herabsetzen. Ach, wenn sie wüßte. Wenn sie bewußt wäre. Aber sie weiß nichts mehr. Sie kann nichts mehr fassen. Zu tief versunken. So tief, daß in dieser Tiefe die zweite Unschuld beginnt. Zu Ende gelitten.

Wer darf fragen, wie lang die Reihe ihres Leides war? Wer darf deren Länge berechnen wollen? Ich sehe ja nur, wie Jette aussieht. Und was hinter ihren triefenden Augen liegt.

Ich weiß nichts von ihrem Leid. War ja nicht dabei. Ich sehe nur, wie sie beim Gehen schwankt, und weiß: einmal hat sie nicht geschwankt.

Sie bleibt in ihrem Viertel. Manchmal geht sie einige Schritte auf und ab. Dann stellt sie sich wieder vor ihre Tür und wartet, wartet, wer kommt. Und ich weiß: einmal ist sie selbst gekommen.

Jetzt sehe ich sie oft sitzen vor ihrem Hause. Oh, ihre Enttäuschung hat sie lange überwunden. Sie ersehnt nichts mehr. Das ist es. Wo die Sehnsucht eingeschlafen ist, hat der Tod begonnen.

Und diese Sterbende läßt mich leben, so leben. Wenn ich an sie denke, bin ich nur flammender Mensch. Und ihr fehlt das Bewußtsein, sie kann mich nicht mehr verstehen. Weiß nicht mehr, was ich von ihr will.

Sie sieht mich mißtrauisch an, hält mich für eine Konkurrenz, die ihr die armseligen wenigen Liebhaber wegnehmen will. Diese Liebhaber, die nur im Dunkeln zu ihr kommen, weil sie nicht sehen wollen, mit wem sie es zu tun haben.

Ach, sie glaubte, ich will ihr die fünfzig Pfennige wegnehmen, das bißchen dürftige Geld noch nehmen. Was versteht sie denn für eine Sprache, daß sie nicht mehr versteht, jemand könne ihr dankbar sein; da doch niemand dankbar ist, der bei ihr schlief?

Wie krank sie aussieht, und weiß nichts mehr von Krankheit und Gesundheit. Da ist es aus, alles bei ihr aus. Sie erschüttert sich nicht mehr, nichts kann sie mehr erschüttern. Und sie weiß nicht, wie sie mich erschüttert.

Nichts hat mich je tiefer erschüttert, als gerade sie. Sie ist das verrufenste Mädchen in dieser Stadt, und auch davon weiß sie nichts. Ihr Bewußtsein ist gestorben. Wie ein Automat wird sie sich alltäglich die rote Schleife in die grauen Haare flechten. In die geblümte Morgenjacke wird sie gleichgültig mit welken Armen hineinschlüpfen. Das ist ihre Gewohnheit, bei der sie sich nichts mehr denken kann.

Vielleicht kann nur ich es. Vielleicht denkt keiner ihrer Besucher sich etwas bei ihr, denn ihre Stube, im Hochparterre, ist dunkel. Die Fenster von deutschen Eisenstäben vergittert. Ihr Bett wird im Hintergrunde des Zimmers stehen. Ich weiß es nicht und weiß es doch.

Wie ein Liebhaber ohne Aussicht schleiche ich um ihr Haus. Und da drinnen im Raume wird jemand erhört, der fünfzig Pfennige und sonst nichts zu bieten hat. Vor dem matt erleuchteten

Fenster stehe ich und darf nicht hindurchspähen. In mir brennt alles, brennt ohnmächtig, umsonst. Soll ich umsonst gelebt haben?

Hinter verhangenen Fenstern schlafen die Menschen. In diesem Viertel, hinter der Mauer, können sie schlafen, während hinter dem Fenster auf einem Lumpenlager Hoffnungsloses dem Tode lebt und einen Leib versorgen muß, in dem das Herz nicht mehr zur Freude schlägt. Wie kann man hier schlafen? Hinter der Mauer, und wo immer, schlafen um diese Zeit?

Ich aber gehe wachend durch die Straße. Sollte meine Sehnsucht so ohnmächtig sein? Daran kann ich nicht glauben. Denn wenn ein Mensch leben kann, der nichts von mir weiß und nicht mehr ahnen kann, was er entflammt, – wie hoch müssen die Menschen einander lieben, die sich sehen?

Daß gerade das Hoffnungslose dieses Mädchens hinter der Mauer mir Hoffnung gibt! Kann sie denn hoffnungslos sein, wenn sie mir selbst Vertrauen und Hoffnung gab? Sie muß mir gegeben haben, was sie selbst hat, denn nur die Mitwelt macht reich.

Sie ist meine Mitwelt, die ich gesehen habe. Sie ist die Welt, die mich beschenkt. Ihr muß ich es sagen, daß auch sie reich machen kann. Ich will noch einmal hingehen, ihr sagen, in welchem Irrtum sie sich befindet, daß sie glaubt, sie sei arm, da sie doch alles hat. Von der Hoffnung allein läßt sich leben.

Das Mädchen hinter der Mauer hat mich stigmatisiert. Sie hat sich mit mir verbunden und weiß es nicht. Weiß sie es? Oder weiß sie es nicht? Auch in ihrem Unbewußtsein liegt ein Zauber. Wie vieles hat sie mir geopfert und weiß es nicht. Ach, daß sie mich verstehen könnte, da sie mir Liebe gegeben.

Da habe ich die Liebe, und die will zurückgegeben, weitergegeben werden. Wohin mit allem, womit sie mich überschwemmt und erfüllt? Ihr Lichtstrom fließe über alle Hoffnungslosen hinweg, damit es so hell werde; damit sie erkennen: es gibt keine Hoffnungslosigkeit.

Oh, daß ich es ihr immer sagen könnte, immer sagen: ein Licht scheinet in der Finsternis. Ich habe es gesehen in einem dunklen

Viertel hinter der Mauer. Wer wird nicht glauben wollen? O ihr Hoffenden, die ihr im Traume noch eurer Sehnsucht nachgeht, – hoffet, und nichts kann euch enttäuschen.

Auf meinem Korridor wohnt ein Mädchen, das Nelly genannt wird. Sie wird von Frau Schneider bevorzugt.

Nelly darf so oft nach Kaffee rufen. Sie bekommt ihn auch jedesmal. Im allgemeinen ist es hier nicht erlaubt, so viele Ansprüche zu stellen. Aber Nelly macht eine Ausnahme. Weiß nicht, warum. Sie hat einen heiseren Knacks in der Stimme.

Ich wohne Nelly gegenüber und habe sie oft rufen hören: »Frau Schneider, bitte Kaffee Filter.«

Gestern, als ich im Begriff war, auf die Straße zu gehen, sah ich die Zimmertür geöffnet. Nelly rief mich zu sich herein. Sie war wohl neugierig, die »Neue« kennen zu lernen. Auch ich war neugierig, trat also ein.

Ihr Zimmer ist mit künstlichen Palmwedeln, türkischen Schals, Vasen und viel Nippes überladen. Das Zimmer will renommieren: »ich bin elegant«. Die raffaelischen Engel rekeln sich auf ihrem Wolkenkissen so kindlich. Sie sehen so harmlos ins Zimmer, nichts kommt ihnen verdächtig vor. Darüber mußte ich lächeln.

Nelly, auf ihrem Schaukelstuhl, von einem Berg farbiger Kissen gestützt, gelblich-blond, gähnte mich ungeniert an wie eine verschlafene Tigerin. Ihr Haar ist wie zarte Mondfarbe. Vier bunte Taschentücher, von sandfarbenen Seidenbändern zusammengehalten, ihre Hausjacke.

Sie streckte sich lang und ich hörte das behagliche Knacken ihrer Armknochen. Die sind gut bedeckt mit sehr weißem, lässigem, blond behaartem Fleisch. Als solle ich die Sicherheit ihres erfahrenen Fleisches genügend bewundern und vorläufig nichts anderes, ließ sie mich vor sich stehen, sah mich nur blinzelnd und gutgelaunt an.

»Setzen Sie sich bitte.«

So spricht eine verwöhnte Dame, die einen Arzt konsultiert. Ein Küchenhocker, wattiert und mit Seide bezogen, stand neben dem Schaukelstuhl, als sei er für mich hingestellt. Also setze ich mich. Ein wenig verlegen.

»Hier leben Sie?« ließ ich offiziell meine Augen durchs Zimmer schweifen.

»Ja, hier lebe ich.«

Sie will unterhalten sein, sagte ich mir. Aber ich sprach nicht, nicht ein Wort.

Das wurde ihr unbequem. Da entschloß sie sich:

»Sie wohnen drüben, nicht wahr?«

»Ja, ich wohne drüben.« Sonst nichts.

Sie lachte, so für sich.

»Wie geht's Geschäft?« fragte sie.

»Das ist belanglos,« antwortete ich.

Da taute sie auf. Sie verstand, das Geschäft sei belanglos, während ich nur die Diskussion darüber belanglos gefunden hatte.

Das Zimmer enthielt einen Biedermeierstuhl, einen Korbsessel, mit grünem Seidenefeu bezogen. Sehr anregend. Ich fragte:

»Ist das Ihr eigenes Möbel?«

»Die Chaiselongue, ja. Geschenk von meinem ständigen Freund.« Leichte Genugtuung in der Stimme.

Da merkte ich, daß sie sich zu den »Sittlich Gefestigten« zählte, denn die haben alle einen ständigen Freund.

»Verdienen Sie gut?« fragte Nelly. Warum wohl? Von mir ist nichts zu lernen.

»Leben Sie nicht in sicheren Verhältnissen?«

»Doch, ich hab' meine festen Kunden.«

»Dann halten Sie sich doch bitte nicht mit meiner Lockerkeit auf.«

»Darf ich nicht fragen, wieviel Sie verdienen? Ich meine, wie hoch Sie sich einschätzen, Ihren Preis.«

Das verblüffte mich. »Sie wollen mich doch nicht kaufen? Oder?« Ich ärgerte mich plötzlich. Von meinesgleichen mich kaufen zu lassen, weiter hätte mir nichts gefehlt.

»Die Männer machen mir gar kein Vergnügen,« sagte sie und musterte mich eindringlich, aufdringlich.

»Dafür kann ich nicht.«

Sie setzte sich auf, ergriff meine Hand, die ich ihr entzog. »Sie sind wie ein Knabe und doch Mädchen.«

»Dafür kann ich nicht. Was wollen Sie überhaupt von mir? Was soll das?«

Sie sprang auf und umarmte mich. Was kann ich dafür, daß sie so kräftig ist. Ich ärgerte mich und lachte. Sie rang mit mir.

»Lassen Sie mich doch gehen. Bin ich denn hier ein keuscher Josef, nur weil ich die Jungfräulichkeit meiner Männlichkeit bewahre?«

»So sei doch nicht so unzugänglich.«

Ich war starr. Na, ich brauche doch nicht bei allem dabeizusein. »Lassen Sie mich los. Wenn ich schreie, sind Sie unsterblich blamiert. Achten Sie die Rücksicht, die ich auf Sie nehme. Lassen Sie gefälligst die Hände von meiner unangetasteten Mannbarkeit, ja? – Was, zwanzig Mark! Wissen Sie überhaupt, wer ich bin? Ich bin der ewige Verlobte der reinen Jungfrau. Hände weg, oder ich schreie. Sie blamieren Ihr ganzes Geschlecht. Das werden Sie wohl nicht auf sich nehmen wollen. Ja, doch? Sie sind mir zu weiblich, zu tief weiblich. Ich verachte das. Ich kann keine Frau berühren. Sie haben verloren, was ich bin. Ich bleibe Mann und Frau, aber Sie sind nur Weib. Ich spucke. So sehr weiblich bin ich nicht. Sie sind im Irrtum über sich selbst. Hier bleibe ich rein, geschweige daß ich mich verkaufe. Bin meine eigene Jungfrau, keusch bis zur höchsten Besinnung, wenn Sie wollen. Will nichts empfangen, weder befleckt, noch unbefleckt. Ich bin eine Statue von Stein.«

Da sehe ich zufällig: über ihrem Schaukelstuhl, auf einer kleinen Konsole, hält Thorwaldsens segnender Christus die Hände aus Gips über Nelly. Mir schien, er habe aufmerksam zugehört, wie wir zu seinen Füßen uns stritten. Er sah doch sehr direkt auf uns herab. Unwillkürlich dämpfte ich meine Stimme:

»Weshalb steht Christus da?«

»Na, meinetwegen,« sagt sie erstaunt aus dem Schaukelstuhl, »und meines Besuches wegen.«

»Also auch meinetwegen?«

»Wie Sie wollen. Ich habe ihn von einem Italienerjungen gekauft. Es spricht doch für Kunstverständnis, wenn man eine Figur hat. Ich habe da auf dem Vertiko auch die drei Grazien stehen … Die drei Grazien sollen ja noch berühmter sein … Finden Sie meinen Christus etwa anstößig?«

Sie wirft einen beunruhigten Blick hinauf. »Vielleicht finden Sie die drei Grazien anstößig? Das sind doch beides Kunstgegenstände, oder soll das etwa keine Kunst sein? Kostete mich bare dreißig Mark.«

Ich war sehr begierig zu wissen:

»Ist es Ihnen gleichgültig, was der Gegenstand darstellt?«

»Na, für die fetten Schweinereien von Rubens bin ich nicht eingenommen. Ich hab' die Bilder in Paris gesehen … Ich kann sagen, ich möchte sie nicht geschenkt.«

Ich lachte. »In diese Verlegenheit werden Sie sicher nicht kommen. Aber Ihr Christus stimmt mich nachdenklich. Ich möchte zu gerne wissen, genau wissen, warum Sie gerade ihn kauften, der uns erkauft hat. Schließlich und allerdings befinden wir uns in diesem Hause ja nicht in einer ausgesprochenen Kirche, und ich wundere mich, daß Sie gestern und heute und – Sie werden ja wissen, wie es weiter heißt – jemanden beherbergen, wenn auch nur in Gips … der …«

»Machen Sie mich nicht abergläubisch, ich neige ohnedies dazu. Was kann dahinterstecken? Es spukt doch nicht?«

Sie sah jetzt ganz ängstlich aus.

»Doch, es spukt. Ich finde es nicht anstößig, daß Sie den Christus hier aufgestellt haben. Aber Sie selbst werden daran Anstoß nehmen. Sie werden vielleicht jahrelang, wenn auch nur hin und wieder, die Statue ansehen. Ein flüchtiger Blick von Zeit zu Zeit, und das Bild wird sich beleben eines Tags. Ich kenne das von einem andern Bild. Ich spreche aus Erfahrung. Nur sah ich etwas ganz anderes gestern und heute. Auch Sie werden noch anderes sehen. Denn es heißt –: ›Jesus Christus gestern und heute und derselbige auch in Ewigkeit.‹ So ist es.«

»Vielleicht wollen Sie den Christus? Ich glaube, in der von Ihnen beschriebenen Weise kann ich doch nichts mit ihm anfangen.«

»Aber er mit Ihnen, und das glauben Sie, denn ich sage es Ihnen. Und ich habe keine Lust zu lügen, denn ich spüre, in der Aufrichtigkeit liegt der Reiz einer unübertrefflichen Wollust. Sie wissen selbst am besten, die Leidenschaften gehen in die verschiedensten Richtungen. Und sinnlich ist auf geheimnisvolle Weise alles. Sinnlich werden wir sein, bis wir übersinnlich sind.«

»Sie haben recht, wenn Sie es so fühlen. Ich würde demnach Christus lieben, wenn ich … ja, wenn ich mit dem andern fertig bin? Habe ich Sie so recht verstanden?«

»Wenn Sie mit sich selbst fertig sind. Man kann es auch Christus nennen, weil wir dahin neigen, zu nennen. In seiner Geheimsprache nennt jeder es vielleicht anders. Jede Seele anders und für sich allein. In der Alleinsamkeit muß es am tiefsten sich lieben lassen. Da beginnt das Unaussprechliche. Ich will Sie allein lassen, Nelly, denn ich kann Ihnen nichts mehr sagen.«

Es ist seltsam, wenn Dinge, die an sich ohne Bedeutung scheinen, einen tiefen Eindruck machen. So geht es mir mit vielem. Ich möchte viele kleine Dinge niederschreiben und weiß nicht, warum sie mich so interessieren.

Zwei traumhafte Worte »warum ich?« schreibe ich oft mit Bleistift auf ein Stückchen Papier, lasse sie über Nacht auf dem Tische liegen und denke dabei, ich könne einmal eine Antwort auf diese Frage erhalten. Am Morgen lese ich aber dann immer nur meine eigenen Worte wieder, keine Antwort wurde mir zuteil.

Es ist ja nur ein Spiel, aber ich kann es nicht unterlassen und erneuere die kleinen Zettel beinahe täglich.

Wenn ich von diesem Spiel ablassen will, sage ich mir: vielleicht wird dir in dieser Nacht geheimnisvoll die Antwort hingeschrieben. Ich unterliege der Versuchung und schreibe einen neuen Zettel. So stelle ich immer aufs neue die Frage und immer wieder entsteht sie aufs neue in mir: »Warum ich?«

Und warum bin ich es gerade, die bei Frau Schneider – o wie feige und indirekt ich spreche – … ach, es ist unbegreiflich, warum gerade ich es bin!

So wird jede denken. Jede denkt wie ich. Darum kann ich an die andern denken. Mir ist, als sei die Antwort auf meine Frage die Lösung für alle, denn viele stehen wir in gleicher Sache.

Es ist nicht leicht, aus diesem Fegefeuer herauszukommen, denn zuvor muß es innerlich geschehen sein. Was äußerlich geschieht, ist nicht so wichtig. All das fällt weg nach der inneren Lösung.

Hätte ich doch einen Abreißkalender und diese Tage wären abgezählt und bestimmt. Jeden Tag könnte ich ein Blatt abreißen und als aufmunternde Parole stünde auf jedem Blatte das Wort, dessen Begriff allein schon erstrebenswert und verführerisch ist: »Befreiung«.

Hier im Hause hat jeder eine private Leidenschaft. Eine Lieblingsbeschäftigung, Neigung, Sport, Richtung, Gewohnheit. In jeder Vorliebe, sei es zum Guten oder zum Bösen, liegt eine leise Gefahr zum Laster. Ist nur das ruhige Schauen den Dingen gewachsen?

Hier stehe ich so recht vor der Größe meines überall Beteiligtseins, das sich in jedes sich mir darbietende Bild mengt. Ich neige dazu und es entspricht meinem Drang: alles zu sein in allem. Aber weil ich doch soviel Widriges sehe, begehe ich auch soviel Widriges.

So sehe ich den Schornsteinfeger, der durch die rußigen Rauchfänge kriechen muß, und werde schwarz davon, kann vor dem Sudgeruch nicht atmen. Sehe den Hund, der auf der Straße am Marktplatz ein widerlich Essen aus einem hölzernen Napfe verschlingt, und ich würge daran wie an dem ärmsten aller Almosen. Die freundlichen Bilder, die sonnigen Vorgärten der Villengegenden kann ich noch nicht genießen, und darauf warte ich immer: mich zu versenken in das, was schön ist.

Ich sehe, andre empfinden gleich mir, sonst hätte ja niemand jene private Leidenschaft, die mich an allen, mit denen ich zusammentreffe, am meisten interessiert. Bei manchen scheinen es kleine, unbedeutende Schrullen zu sein, darin aber entdecke ich gerne die Eigenart und Persönlichkeit.

Lina in Nummer 5 hat Puppen, mit denen sie heimlich spielt. Sie schämt sich ihrer Marotte, wie sie sagt. Mich aber rührt es, wenn sie den kleinen Fetzenpierrot mit der verzweifelt bunten Spitzenkrause ins Bettchen legt. Ich sehe nur, wie sie die Sehnsucht, Mutter zu sein, in eine Puppenwiege hineinlegt, und denke es wäre gut, wenn die arme Lina einen Mann kennen lernte, von dem sie ein Kind bekäme.

Fanny hängt sehr an einer Bulldogge, die zu den Füßen ihres Bettes schläft. Sie sagt, der Hund sei ihr so treu und ergeben, und er kläfft bedrohlich, wenn jemand sie anrühren will. Dann muß sie ihn beruhigen und ihm bedeuten, daß ihr nicht Schlimmes geschieht. Das macht sie, indem sie lacht.

Ich habe ihr nicht gesagt, daß ich einen Hund, der nur seinem Besitzer zugetan ist, andern gegenüber aber eine feindliche Haltung einnimmt, nicht für treu halte. Wenn man ihr solches sagt, ist sie beleidigt.

Zu dem Hund sage ich, wenn er mir auf der Treppe begegnet: »Gehen Sie mir aus dem Weg!« Bei dem Worte »Sie« fühlt er die große Distanz, die zwischen uns beiden besteht, und ist mir feindlich gesinnt; knurrt mich an, weil er sehr wohl fühlt, daß ich bei aller Abneigung ihn fürchte. Ich halte ihn für heimtückisch. Aber er ist der Liebhaber Fannys, und auch die Liebe, die sich auf ein falsches Objekt beruft, muß man gelten lassen, denn sie ist eine Art Heilmittel gegen Widrigkeiten.

Elna und manche andere haben nun die Vorliebe – oder hier

muß man wohl die Liebe sagen – für einen Zuhälter. Das ist wohl die seltsamste Art Liebe.

Ich habe den früheren Zuhälter Hennys gefragt, warum man die Zuhälter »Louis« nennt. Da sagte er mir mit einer seltsamen Herrschergebärde:

»Wir sind nach dem Sonnenkönig Ludwig so benannt.«

Das war mir interessant zu hören. Ich sah mir den Schlüter – so heißt der abgesetzte Freund Hennys – näher an und bemerkte, daß seiner breiten, aber niedrigen Stirn, die brutal und zugleich gewaltig wirkt, seinen ruhigen kalten Augen das Befehlen und Überlegensein angeboren ist. Es ist nichts Künstliches in der Erscheinung Schlüters. Seine kurzen schwarzen Haare liegen straff zurück, als bedürften sie nicht, gekämmt zu werden.

Er lächelte, als ich ihn so genau ansah. Da bewunderte ich seine lüsternen, scharfen Raubtierzähne, die hart in einer Reihe nebeneinander saßen. Sie sahen so bereit aus.

Wir saßen nebeneinander im Café und er warf gierig einen Kognak in den offenen Mund.

»Schlüter, wissen Sie nicht, daß der Sonnenkönig guillotiniert wird?«

»Sie wollen mir wohl Angst machen? Er hat sich jedenfalls nicht gelangweilt. Das können Sie mir glauben, und das ist schon etwas. Es ist die Bestimmung. Louis war fällig, und er verlor den Kopf.«

»Sie sprechen wirklich, als wenn er Ihresgleichen gewesen wäre. Aber er war doch wohl kein Zuhälter. Brauchte er das zu sein, als König?«

»Gerade als König. Übrigens sind alle Könige Zuhälter, wenn Sie das noch nicht wissen sollten. Alles, was Macht hat, ist Zuhälter. Es brauchen ja nicht immer die Frauen ausgesaugt zu werden. Es gibt auch andere reizvolle Dinge, die es sich lohnt, auszubeuten, auszutrinken, auszugenießen bis auf den letzten Blutstropfen. Was kräftig leben will, muß Vampir sein, das ist die natürliche Art.«

Sehr verwundert war ich, so klar einen Menschen seine Lebensauffassung vertreten zu sehen. Er konnte gar nicht anders denken. Die Welt formte sich ihm nach seiner Form, und ich konnte nur denken: auch er hat recht. Weil es ein Ganzes ist. Wie vorzüglich verstand er, auf sich zu bestehen. Ich begreife, daß er Henny nicht wollte fortreisen lassen. Ich kann auch verstehen, daß Henny reiste, denn wenn ein Mann sich so sehr erbarmt, eine Frau ganz zu verschlingen, was kann übrig bleiben?

Schlüter weiß, daß ich Hennys Abreise begünstigt habe. Aber ich habe versucht, ihm begreiflich zu machen, daß es auch andere Menschen gibt als ihn.

Er hörte mich überlegen lächelnd an, wie ein gnädiges Raubtier, das einen Augenblick in sanfter Laune sein kann. Ich sprach, als müsse ich ihm ein Opfer abbitten, von dem ich doch anerkannte, daß es für ihn bestimmt sei.

Auch er schien einmal eine Ausnahme machen zu wollen. Er sah mich sehr scharf an, so scharf, daß es mir wie Erregung über Hüften und Lenden rieselte, und ich davor die Augen senken mußte.

Er hob mit einem Finger mein Gesicht in die Höhe, sah mich an und sagte sehr siegessicher, mit eindringlicher Betonung:

»Das Mäuschen Henny gefiel mir nicht. Ich habe sie mehr aus Barmherzigkeit genommen. Mir gefallen die Tiere, die es kitzelt und die mit einer brennenden Leidenschaft die Falle suchen. Ist's nicht so?«

Ich preßte meine Lippen aufeinander, denn ich wollte nicht antworten.

Ich sah die Falle sehr wohl und hielt an mich.

Mein Herz fest in den Händen, lief ich vorbei, denn mich lockt eine ... Zauberfalle.

Die Eigenart Schlüters beschäftigt mich sehr.

Ich denke auch an Henny, die ihn geliebt hat. Sie wird ihn wohl noch lieben. An ihrer Stelle hätte ich nicht für mich garantieren können. Die Wahrheit zu sagen: ich wäre nicht davongelaufen. Das will heißen, wenn ich erst wie sie ins Garn gegangen wäre.

Ich hätte mich verstrickt und verheddert darin, wäre nicht mehr herausgekommen. Aber hineingehen, freiwillig? Würde ich nicht Henny einen Geliebten genommen haben? Ich nehme nicht. Ich lasse mich nehmen. Ich bin ein Freiwild. Und wem es gelingt, der fängt mich. Ich hätte mir keine Gedanken darüber gemacht, daß es der Geliebte meiner Freundin war, denn ich bin da. Ich würde ja alles übertrumpfen und besiegen, allein durch meine Gegenwart.

Man muß sich gar sehr zusammennehmen, bei einem Kreuzweg den rechten Weg zu wählen. Ich darf nicht so lange in Versuchung und Zweifel sein, wohin ich mich wenden will. Heimlich schleicht sich die Leidenschaft für ein anderes Wesen, für einen zweiten Menschen ins Herz. Das kann ich nicht verhindern. Aber die Leidenschaft allein zu sein soll alles überwiegen.

Ich will mich frei halten, denn wie könnte ich frei sein, wenn etwas Fremdes in mir wohnt? Daß die verfängliche Fremdheit in einem anderen Wesen soviel Anziehendes haben kann! An Schlüter fesselt mich gerade das Fremde, das ich nicht habe und nie besitzen kann.

Unter der Herrschaft eines Sonnenkönigs zu stehen, ist etwas Verwirrendes, beinahe Magisches. Es ist ein wahres Glück, daß der Mann meine geheimen Gedanken nicht kennt. Er würde mich ja einfach nehmen. Bin ich denn ein so leicht entzündbarer Stoff, daß ich Feuer fange?

Ich flüchte mich in mein Buch »Raskolnikow«. In diesem Buch kommt kein Sonnenkönig vor. Man muß sich die Mucken aus dem Kopfe schlagen, denn die kleinste Mucke kann eine große Plage werden. Sie artet in eine Versuchung aus.

Ein Rettungsgürtel ist ein Notbehelf für diejenigen, deren Schwimmkraft erlahmt. Brauche ich denn einen Rettungsgürtel?

Ich lese wieder »Raskolnikow« oder »Schuld und Sühne«. So ist die Bezeichnung für mich gravierender. Alle meine Zärtlichkeit habe ich über die arme kleine Sonja ausgeschüttet, die, um ihre Familie zu ernähren, den gelben Schein ertrug. Durch Sonjas große Liebe wurde dieser Schein, der als Stempel der Schande gilt, zu einem Heiligenschein. Darum habe ich dieses Mädchen zu meiner Schutzheiligen erwählt.

Ich möchte, daß ihr Bild gemalt würde. Ihr schüchternes Kindergesicht, das auch die Schminke nicht verdächtigen konnte, denn ihr Leib leuchtete durch geschwärzte Wimpern.

Wie tief rührt mich dein Sonnenschirmchen, Sonja, wenn du hinter demselben dein Gesicht verbirgst, wenn du von deinem schweren Gang nach Hause gehst. Und doch hast du dann das Geld in der Tasche, womit du deiner Familie das Leben erst möglich machst. Deine Mutter war die erste, die ihr Kind erkannte, weil es sich überwand und aus Liebe bis zur tiefsten Tiefe hinabsteigen konnte.

Ach, sie muß aus lauter Liebe in die Welt gekommen sein. Aus Dankbarkeit möchte ich ihr unsagbar rührendes Bild zeichnen. Es lege sich tief in jedes Herz, das sich betroffen fühle und bewegt von dem Schicksal dieses Mädchens, das sein Leben auf der Straße suchte und unschuldig war.

Ihr Herz war in tiefe Trauer gehüllt, denn ihr Opfer barg die Qual des Gewissens in sich, da sie sich so erniedrigen mußte. Die feuerrote Feder auf ihrem Hut – bei diesem Anblick fallen die Tränen aus meinen Augen. Kein Witwenkleid aus Krepp, kein Nonnenkleid, darin ein noch lebensdurstiger Mensch, vermochten mich in solche Trauer zu versetzen, wie die rote Feder, die einsam auf dem Hute der kleinen Sonja weht. Alle stummen Zeugen, die von dem Martyrium eines Mädchens berichten, habe ich aufgezeichnet. Das Bild Sonjas in meine Seele aufgenommen, wohin ich alle meine Andacht trage. Zu deiner Feier, Sonja, lese ich das Evangelium, das du dem Mörder und Menschen lasest: die Geschichte vom armen Lazarus. »Ich bin die Auferstehung und das Leben!«

Durch diese Worte, die so tief durch dich hindurchgingen, deren Sinn du erlebt, verführtest du den Menschen Raskolnikow zum Geständnis seiner selbst. Branntest du hinweg alle kleinliche selbstische Liebe, und führtest den Menschen, dessen Hände gemordet, zu jener Liebe, die über ihn hinausgeht. Durch dich, Sonja, erreichte dein Freund und Geliebter, der Mensch und Mörder, seine Erfüllung und die Erlösung. Du legtest ihm das Kreuz um den Hals und bedeutetest ihm dadurch, daß jede Tat muß vollendet sein, daß der Mensch der verantwortliche Träger ist seiner Tat bis über den Tod hinaus, wo sie bestehen bleibt, nachwirkend in Zukunft auf Gott und Mensch. Du, Sonja, erkanntest, daß keine Tat unvollendet abbrechen darf. Du fühltest, daß der Mord, an einem Menschen begangen, zugleich die ganze Menschheit belastet, die unter der Last zusammenbrechen muß, wenn eines Tages nur einer aus ihrer Mitte auferstehen wird, um, durchglüht von der kalten Liebe zur Gerechtigkeit, die Worte auszusprechen, die in jedem Menschenherzen geheimnisvoll verborgen liegen: »Es ist Blut vergossen worden.«

»Nimm dein Kreuz auf dich,« das war der göttliche Funke, der in den Mörder Raskolnikow schlug. Und als er das Kreuz auf sich nahm und erhöhte, begann er Gott mehr zu lieben als seine Sünde. Die Sünde ließ ihn los, entfiel ihm, da der Mensch Gott zufiel. Da liebte er das Göttliche, Gott im Menschen. Das Wunder entstand, da er das Menschliche in Gott zu lieben begann. Angesichts des Gottmenschen, der sich mit fremder Schuld belud, überwand er sich selbst. Da geschah es, daß er der Gerechtigkeit die Ehre gab. Der Wahrheit zuliebe erniedrigte sich der Mensch, schlug er an seine Brust: »Ich bin schuldig, ich habe unschuldig Blut vergossen. Nicht komme, o Gott, das Blut über Kindeskinder, denn ich bin schuld.«

Da wurde die Wahrheit erhöht, das einzig bleibende Denkmal, das durch Jahrhunderte schimmern wird, der Nachwelt zum Gedächtnis. Ein Mensch hat bekannt. Das Kreuz ist heilig. Das Kreuz, daran ein sich offenbarender Mensch mit ausgebreiteten Armen sich offen zeigt: »Das bin ich.« So stand das Kreuz vor Raskolnikow; das Symbol des Leides, das Zeichen des Opfers aus Liebe. Das Kreuz, der unvergleichliche Wegweiser. Da flammte die Gottesliebe in

Raskolnikow, die alles auf sich nehmen will, die alles ist und alles bergen will.

Mitten im Straßengetriebe sehe ich stehen den Menschen Raskolnikow, ihn, der sich selbst vergaß. Unbekümmert um das staunende Volk, von der höheren Macht getrieben, wirft er sich zur Erde. Er fällt aufs Straßenpflaster. Er hört nicht mehr den Lärm des Marktes. Er sieht nicht mehr die Menschen, die geschäftigen Passanten, die in ihrer Gewohnheit, ihrer unseligen Gewohnheit erstarrten. Jetzt bleiben sie stehen, betrachten den Menschen, der die Erde küßt, sind verwundert und glauben ein fallender Mensch sei ein ungewöhnliches Schauspiel. So schwer für sie, das Selbstverständliche zu begreifen. Es ist ihnen das Wunder. Und doch ist es so einfach. Der Mensch erfüllt sich selbst, indem er die Erde küßt, die er entweiht hat.

Ein Mensch, der die Erde küßt auf einem Marktplatz in einer großen Stadt, – o wie begreiflich ist dieser Mensch. Wie tief begreiflich, bis zur Unbegreiflichkeit. Er ist ein Mensch und menschlich, sonst nichts. Nur eines ist schwer begreiflich, daß in diesem Augenblick, da ein Mensch niedersinkt um seine Schuld zu sühnen, nicht alles niederfällt, denn wer ist ohne Schuld?

Wie nahe ist mir jeder und wem bin ich nicht nahe? Jeder wird mich verstehen, wenn ich gelobe: »Ich will Gott mehr lieben wie meine Sünde.« Das Bekenntnis vom Menschen zum Menschen können diejenigen verstehen, die in gleicher Sache gehen. Tiefer fühlen wir uns Sünder und niemand ist ohne Schuld. Es gibt nur Sünde und Sehnsucht, aber die Sehnsucht kann jede Sünde verbrennen. Das ist das Übermaß des Leides, das jede Sünde aufhebt. Die Sehnsucht ist mächtiger als die Sünde. Die Sehnsucht wächst und will nach oben. Die Sünde aber zieht in die Tiefe, in den Tod.

Wer aber wie Raskolnikow die Erde küssen kann, der hat Himmel im Herzen. Wer die Erde geküßt hat, sich so der Menschheit bekannt, oh, über ihn hat sich der Regenbogen der Versöhnung als Brücke zu Gott schimmernd gewölbt.

Gerne höre ich wieder eine andere Melodie, die mit der meinen zusammenklingt. Dann gehe ich ins Café. Dann sehe ich die Mädchen dasitzen, resigniert, ihrem Schicksal verfallen. Wenn man unter sich ist, kann man sich gehen lassen.

Im Café kann jeder er selbst sein. Denn dieses Café stellt eine Art Rettungs- oder Übergangsstation vor. Man erholt sich hier. Es ist zwischen acht und neun Uhr, und das Wettrennen hat noch nicht begonnen.

Im Hintergrunde des Lokals ist ein großer, runder Tisch. An der Wand eine durchgedrückte, rote Samtbank, sechs Stühle an den andern drei Seiten des Tisches. Das ist der Stammtisch der Mädchen.

Manche kehren zu verschiedenen Abend- und Nachtzeiten zwei- bis dreimal hierher zurück, wo sie den »Lässigen« Bericht erstatten. Nachdem sie schnell einen Kognak in den Mund gekippt haben, gehen sie wieder, auf neue Eroberungen bedacht (Fischfang genannt).

Die »englischen Kinder«, Dolly und Hellen, zärtliche aschgraue Schmachtlocken an den Ohren, tragen neuerdings eine mir unangenehme Ruhe zur Schau. Sie haben das Flüchtige, Rehhafte verloren. Jetzt tragen sie ein Kontrollbuch im Handtäschchen.

Dieses bedeutende Buch, das eine große Auflage hat, haben die Mädchen in eine kokette buntseidene Hülle binden lassen, wie ein galantes Damenbrevier. Die Initialen sind in Apfelblütenfarbe oder mit Goldfäden zierlich hineingestickt. Kurz, das indiskrete Tag- und Nachtbuch sieht äußerlich lieblich und zart aus, und wer es sieht und nicht weiß, was es ist, könnte den Geschmack der kunstgewerblichen Mädchen bewundern.

Aber kein Laie bekommt es wohl je zu sehen, denn es stehen Dinge darin, die für Ästheten nicht eben bestimmt sind. Nur innerhalb der Klasse, im Café, wird es gezeigt. Und gerade die Jungen sind stolz auf ihr Kontrollbuch, wie etwa ein begabter Schüler auf sein Stipendium. Mädchen, die von Vorsicht nie etwas gewußt oder gehört haben, sind vorzeitig unter sittenpolizeiliche Aufsicht geraten. Die saßen vor acht Tagen noch mit kindlicheren Gesichtern im Café!

Irma hat noch so unausgeprägte Patschhändchen, zeigt mit Entzücken auf eine Stelle in ihrem vielleicht einzigen Buch. Da steht denn auch etwas für sie recht Wichtiges. Vor Entzücken ruft sie reichlich laut:

»Ich bin gesund! Ich bin für gesund erklärt!«

Das körperliche Gesundbleiben ist ja so wichtig, daß für das Gesundbleiben der Seele nicht viel Zeit übrig bleibt. Der ist im Irrtum, der da glaubt, die körperliche Gesundheit halte mit der seelischen unbedingt gleichen Schritt. Vorbei gefehlt. So exakt funktioniert die Natur denn doch nicht.

Es gibt wohl eine innere geheime Kraft, die einen nicht krank werden läßt. Und mir scheint, ich habe ein wenig von jener Kraft geerbt. Angst und Sorge um die Gesundheit sind mir ziemlich fremd, so daß ich mich selbst oft darüber wundere. Ich bleibe gesund, ohne auf meine Gesundheit sonderlich bedacht zu sein. Das gilt bei mir nur für den Körper.

Geistig ist es nicht leicht, immer die Gesundheit zu behaupten und immer den Willen zu dieser Gesundheit zu stählen. Es gibt auch viele Mädchen, die sich einbilden, gesund zu sein, aber es bezieht sich höchstens auf die physischen Organe.

Ich weiß nicht, ob ich mich irre, aber mir scheint der Geist noch empfindsamer und leichter infizierbar zu sein als die körperlichen Organe.

Ich denke an die Mädchen, die in der Unterhaltung nicht nur eine Art Logik haben, die sich von der anderer Menschen unterscheidet. Das wäre zu verstehen. Aber gerade die hübschesten Mädchen, die mit den glatten Puppengesichtern sind es oft, die überhaupt keine Logik haben, denn ihnen fehlt die Linie. Das sind die, die sich nicht mehr auskennen und die ich wirklich für geisteskrank halte. Sie begehen Torheiten, deren schlimme Folgen ein Kind voraussehen könnte. Es kommt ihnen etwa in den Sinn, im Warenhaus zu stehlen. Das tut dann eine, die es gar nicht nötig hätte, weil sie Geld genug verdienen kann. Aber sie stiehlt einen Ballen Seide. Sie ist gezwungen und besessen von einer Idee, deren Ursprung sie nicht im entferntesten ahnt. Sie folgt einem Zwange und stiehlt, unfähig, über den Zwang auch nur nachzudenken. Sie ist wirklich unzurechnungsfähig, und die Internierung als Strafe hierfür, entspricht der Sinnlosigkeit, die das Mädchen zum Diebstahl veranlaßt hat.

Es gibt Mädchen, die in der Skala-Bar plötzlich einige Gläser auf den Boden werfen oder mit den Zigaretten Löcher in die Stühle brennen. Gläser und Stühle sind mindere Objekte, aber das Objekt spielt keine Rolle; und es kann plötzlich auf größere Objekte übergehen.

Es wäre dringend angebracht, anstatt eines Strafgesetzbuches, das niemand liest und das auch nirgends als Zeitschrift in den Kaffeehäusern zu haben ist, ein Gesetzbuch aufzulegen, das die hygienischen Gebote des Geistes und der Seele enthielte, die mir wichtiger erscheinen, weil jeder Tat der Sinn vorangehen muß, denn der Sinn ist die Quelle der Tat. Wenn aber vor Gericht eine Handlung als sinnlos bezeichnet wird, kann sie unmöglich bestraft werden. Es hieße das so viel, als einen Menschen etwa prügeln, weil er die Masern hat.

Ich werde seltsam berührt, wenn ich höre wie Irma sich glücklich preist, weil sie für gesund erklärt worden ist. Die Lebensverhältnisse aber sind es, die die Gesundheit schädigen und die Auffassung des Mannes bestimmt hier das Schicksal der Frau. Diese Miasmen dringen in die Moral und oft bis ins Lebensmark. Nicht jede versteht sich zu schützen. So werden ihre Sinne verseucht.

Man braucht ja nur mit einem halben Auge hinzusehen, um zu bemerken, wie faul es überall steht. Das ist nicht nur bei uns im Café der Fall. Denn wäre es anderswo besser, so würde es abfärben auf uns. Es färbt und mischt sich ja alles. Selbst im kleinsten Milieu zeigt sich das Bild der Zeit. Wo zeigt es sich nicht? So klein kann kein Fleck der Erde sein, daß nicht in diesem kleinsten Fleck das ganze Bild der Zeit sich spiegelt. Der Anblick allein greift schon an.

Die Empörung hat nicht die sicheren Augen. Wir sind wohl noch sehr gebunden.

Ich gehöre ja dazu. Warum hätte ich also nicht zum Feste gehen sollen, das Irma zu Ehren arrangiert war? Was bleibt mir übrig, als in einer Welt der Täuschung zu leben, da ich mich selbst immer enttäusche? Warum sollte ich den fremden Irrtum nicht einmal mitmachen und mitzugenießen versuchen? Dennoch mache ich mir Vorwürfe. Der fremde Trubel hat mich verwirrt.

Ich fühle mich, als sei ich bei zwanzig Gelagen zugleich gewesen, und war doch nur bei einem kleinen Familienfest, bei dem man Irmas Kontrolle feierte. Am fremden Schwindel erkennt man zugleich und deutlich auch den eigenen.

Wir haben das Leben ziemlich auf den Kopf gestellt, und die Einschätzung ist eigentlich der größte Schwindel, so daß ich geneigt bin zu sagen: »Das Beste wäre, nicht geboren sein.« Das sagt natürlich nur eine gewisse Bequemlichkeit, und ein gründlicher moralischer Katzenjammer ist ein Zeichen des sich regenden Gewissens.

Die Café-Ecke stellte, wenn auch ein wenig hinkend, das Glück im Winkel dar. Mit Whisky versetzte ich mich in das kurzsichtige Stadium, das man bei allen festlichen Anlässen ja gut gebrauchen kann. Schon beim ersten Glase ließ ich fünf gerade sein und sah in diesem Zustand Irma in ihrer geflammten Bluse als jungen Pfau an. Mit ihrem Kontrollbuch fühlte sie sich recht in einem Hafen des Glückes gelandet. Irgendwie trifft es ja auch zu, denn die Angst vor der sittlichen Polizei hat aufgehört. Daß man vor der »Sitte« Angst haben könne, das habe ich mir früher auch nicht träumen lassen.

Irma fühlte sich als Mittelpunkt und berichtete die Geschichte, wie sie »hochgegangen« sei, wobei sie den Kriminalbeamten als eine Art gute Vorsehung betrachtete und ihn in Schutz nahm, als Lina ihn für ein Schwein erklärte. Das war ja nur Linas persönliche Auffassung, die man ihr wohl gönnen konnte. Aber Irma nahm sogar den Schutzmann in Schutz, der das doch gar nicht nötig hat. Sie erklärte, er sei eine Seele von einem Menschen.

Johanna, stets protegierend wie eine Mutter, sah auf ihre müden ringbesetzten Hände, nickte ganz langsam, alles bejahend, und ihre blauen Hutfedern wiegten melancholisch mit. Die frischeren Temperamente aber, die englischen Kinder, Djemma und das »kleine Gestrüpp« schrien durcheinander.

»Wenn so die Seele aussieht, wie der Polizist Grobknochen, dann möchte ich wissen, wie das Kompakte aussieht.« Das war die Einleitung zu einem Streit.

Ich mengte mich auch dahinein, ohne freilich zu Worte zu kommen. Wußte auch nicht mehr, ob vom Schutzmann oder von der Seele die Rede sei, denn die Begriffe waren in einem argen Durcheinander. Das »Hochgehen« überhaupt gewann als Thema die Oberhand.

Kosima, im äußersten Winkel sitzend, hatte ein Gesicht wie eine weiße Kreidetafel, darein der Mund als ein schmales rotes Band, als ein schwacher Strich aus Karminfarbe gemalt war. Sie findet es smart, keine Augenbrauen zu haben; die sind weiß weggeschminkt. Das rötliche Fluschhaar, für diesen Abend besonders leicht gelockert, machte die Illusion einer Irrwischerscheinung vollkommen. Sie schwieg in all dem Lärm auf eine wahrhaft dämonische Weise.

Johanna sagte sehr langsam: »Aber Kinder, es ist doch gar nicht heiß hier.« Zufällig war es aber doch heiß hier und Johanna sagte es nur, weil es ihr so in die Stimmung zu passen schien.

So war ich recht geärgert und erlaubte mir, zu bemerken: »Wir schaden unserem guten Ruf durch unsere seichten, indifferenten Gespräche. Wenn jemand uns hier beobachtet, sind wir blamiert und niemand wird glauben, daß wir Frauen sind, die den Mann am intensivsten zu unterhalten verstehen.«

»Es gibt doch auch Verheiratete, die sogar mit Vorliebe uns aufsuchen?«

»Vielleicht ein Beweis mehr, daß wir den Mann besser begriffen haben.«

»Na, ein Mann ist doch wohl nicht schwer zu begreifen. Etwas Einfacheres habe ich überhaupt noch nie gesehen. Hab' ich doch wohl genug, wenn ich weiß, was er will. Gibt es denn da noch mehr zu begreifen? Ist mir noch nie eingefallen. Wenn er mich hat, hat er was er will. Wir sollten uns nicht auf Kompliziertheiten einlassen. An unseren sogenannten Geist sind bisher noch keine Ansprüche gestellt worden.«

»Und doch wird er mehr mitgenommen als der Körper, obgleich es dem Manne wohl noch nie einfiel, daß auch wir einen haben können.«

»Einen Mann?«

»Einen Geist.«

»Wenn er seine eigene Sehnsucht gestillt hat, kümmert er sich wenig darum, ob nicht auch wir eine andere Sehnsucht haben, eine bessere. Er wird uns immer links liegen lassen.«

»Weil wir rechts nicht schlafen können.« Ich wurde doch recht traurig, und die Gesellschaft war ein bißchen kleinlaut geworden. Die Feier drohte zu fallieren.

Das Empfindliche verträgt wohl nicht, öffentlich erörtert zu werden. Es gibt ja nichts Schamhafteres, als die Schande, ausgebreitet vor den Augen der Menschen. Darum bleibt jedes Mädchen im Grunde für sich und die eigentliche Schande ist keine öffentliche, sondern geheimste Angelegenheit, die eine jede schamhaft zu verbergen trachtet.

Dann kamen zwei junge Leute an den Tisch, die sich keine lustigere Gesellschaft denken konnten. So schlecht beraten waren sie. Diese zwei abstrakten Genüßlinge halten sich mit Vorliebe in unserer Gesellschaft auf, ohne jemals auch nur ihre Absichten anzudeuten.

Der Blonde mit dem zurückgestrichenen Haar, großen blauen Schwärmeraugen, die gar nicht recht wissen, wofür sie eigentlich schwärmen sollen, möchte eine bestimmte Weinsorte vertreten, aber man merkt nicht das geringste davon. Er sitzt stundenlang vor einer Tasse Tee mit Zitrone. Für die bestellt er sich eigens immer ein großes Glas Wasser. Darin badet er die Zitrone, bevor er sie in den Tee hineintut. Er ist sehr dankbar, wenn man ihm ein Glas reines Wasser auch für den Teelöffel überläßt. Außerordentlich sauber ist er, hat umständlich lange feine Hände, und das Teetrinken scheint ihm eine Angelegenheit zu sein, der er die ausführlichste Sorgfalt widmet. In einem kleinen Badeort soll ihm einmal eine Stellung als Hotelchef angeboten worden sein. Er erzählt uns das von Zeit zu Zeit, und es scheint, als habe dies Angebot seinem Tatendrang ein für allemal genügt.

Daß er Weinreisender ist, berührt er sehr wenig. Es ist ihm dies offenbar eine widerliche Erinnerung, die er sich einmal, weiß Gott wo, geholt haben mag. Fragt man ihn gelegentlich: »Herr Balduin, was macht das Geschäft?«, dann verzieht er so wehmütig schmerzhaft das Gesicht, als habe man eine alte chronische Krankheit berührt.

Ich weiß nur, daß er Antialkoholiker ist. Man duldet seine Gesellschaft mehr aus Mitleid und wenn man gerade überflüssig Zeit hat. Geld hat er gar nicht und Anregung wenig zu bieten, aber er gilt als Dichter; eine Sorte von Menschen, die man schonend behandeln muß, weil man nie weiß, was in ihnen vorgeht.

Balduin, das spürt man, trägt eine besondere Art von Weltschmerz in sich. Er weiß wohl nicht, wo er hingehört, und schließt sich deshalb uns Mädchen an. »Ihr seid gut,« sagt er mitunter. Das hört man ja mal ganz gerne.

Trotz des ungenierten Tones, den er uns gegenüber anschlägt, empfinde ich seine Verlegenheit den Frauen gegenüber. Seine Befangenheit erstreckt sich gewiß noch auf vieles andere, auf seine eigenen Wünsche zum Beispiel.

Er schreibt unsere Sätze in ein Notizbuch. Dabei sieht er dann aus, als habe er vieles verstanden. Und die Mädchen glauben dann, daß sie bedeutend werden. Wie traurig doch alles ist.

Irma, an diesem Abend besonders schlagfertig, wurde ganz

begeistert, daß ihr Geist nicht solle verloren sein, und Balduin kritzelte eifrig, indessen Irma vor Freude ausrief:

»Paßt auf, ich komme noch in die Unsterblichkeit. Balduin, machen Sie doch ein Stück aus mir, bitte, bitte, ja?«

»Aber laß doch jetzt die Literatur in Ruh' und verschone sie und uns!« sagt der andere unwillig.

Das ist der Freund Balduins. Ein junger schwarzer Mensch von höchstens neunzehn Jahren. Er scheint schon völlig entwickelt zu sein, weil nicht viel da ist. An seinem glatten, hübsch ovalen Gesicht ist nichts mehr zu ändern. Es sieht fertig und müde aus. Für seine schwarzen Augen, die halb unter breiten, schwermütigen Lidern liegen, scheint es nichts Wünschenswertes zu geben, was sie noch sehen möchten. In Wahrheit, glaube ich, hat er noch wenig gesehen. Er soll der Geliebte einer genußsüchtigen großen Dame von Welt gewesen sein, und da wird er zuviel gehört haben, was nicht schön war, so daß ihn zu sehen jetzt nichts mehr interessiert.

Er drückt sich gerne ein wenig schlüpfrig aus. Hat diesen Ton angenommen wie etwas Selbstverständliches; als sei das die einzig mögliche Umgangsform. Aber man merkt, daß sie ihm kein Vergnügen macht.

Die jungen Mädchen finden Gefallen an ihm, weil er so hübsch ist. Er hat eine schlanke Figur und der blaue Anzug sitzt ihm wie angegossen. Das gefällt Dolly und Hellen besonders, denen es hauptsächlich auf äußere Qualitäten ankommt. Aber er scheint wählerisch zu sein, sehr verwöhnt, denn selbst die niedlichen englischen Mädchen wenden ihre Verführungskunst umsonst an. Er macht ein Gesicht, als wolle er sagen: »Kinder, das ist ja alles nichts, was ihr mir zu bieten habt.«

Kosima fand die Sache zu nüchtern und bestellte sich einen Absinth. Wir saßen wirklich vor leeren Kaffeetassen, vor ausgetrunkenen Bier- und Kognakgläsern. Die Unterhaltung beschränkte sich auf einige leise Duette. Unser Tisch sah aus wie der einer Familienpension nach Feierabend. Irma aber hatte uns offiziell eingeladen, und so richtete sich schließlich die ungewisse Frage an sie: »Ist das alles, oder kommt noch etwas nach?«

Irma dachte wohl jetzt erst an den Kostenpunkt, denn sie meinte, man könne doch auch hier in aller Ruhe ein bißchen zusammenbleiben. Es sei doch eine wahre Erholung, mal seine Ruhe zu haben, so unter sich. Das Gewoge habe man doch alle Abende, und das sei doch nichts Besonderes.

Teilweise stimmte man ihr zu. Weiß Gott, das Gelage und Feiern sei nur eine Anstrengung. Andere aber taten verschnupft: wenn es so trübsinnig zugehen solle, möchten sie doch lieber weggehen. Dann hätten sie wenigstens Geld verdient.

Das empfand Irma aber als persönliche Beleidigung und entschied schließlich: »Gut, gehen wir also zu mir. Aber vielleicht könntet ihr mich ein wenig unterstützen. Zehn Personen Flüssiges zu bieten, fällt mir, offen gestanden, nicht leicht. Wenn ihr euch also beteiligen wolltet – du, Edmund, könntest dich auch mal anstrengen –, dann soll es mir recht sein.«

Also wurde ein allgemeiner Kassensturz gemacht, der es ermöglichte, für vierzig Mark Spirituosen gleich im Café zu erstehen. So konnte man auch den Cafetier einmal in Nahrung setzen.

Nur die Matrosen-Ida machte Einwände. Sie könne nicht mitgehen, sie müsse zwanzig Mark nach Hause bringen. Sie wußte wohl genau, daß man sie nicht weggehen lassen würde, und so wurden auch die zwanzig Mark, die ihr Mann zu sehen wünschte, zusammengebracht und Ida in die Hand gedrückt. Die kleine verhutzelte Frau zierte sich ein wenig, dann war sie aber ganz froh, das Fest mitfeiern zu dürfen und zugleich aller Sorge enthoben zu sein.

Auf einem Umweg gelangten wir bei Irmas Wohnung an. Weil man sich schon im Hausflur vornahm, die zwei Treppen möglichst leise zu erklimmen, gab es natürlich ein Getrappel, als seien zwanzig Pferde unterwegs. Eine kollerte herunter, eine andere beeilte sich, sie wieder auf die Beine zu bringen, die dritte stieß an die vierte an. Dadurch ging es hinauf und hinunter, und ich geriet in die denkbar größte Nervosität. Unruhig war ich in diesem fremden Treppenhause, als ginge ich gar nicht zu einer Freundin in die Wohnung, sondern solle mit einer ungeschickten Räuberbande einen Einbruch begehen. Totunglücklich, daß ich nicht zu Hause geblieben war, gelangte ich schließlich durch dunkle Türen und Gänge mit in die Wohnung, und alle atmeten auf, als Irma in ihren zwei großen, ineinander gehenden Zimmern das Licht anknipste.

Man ließ sich, erschöpft wie von einer großen Anstrengung, sofort auf Stühle, Sessel, Sofa nieder. Es war wohl nur die Angst vor einer möglichen Verhaftung, was uns allen in den Gliedern lag. Daß die Polizei einen verdächtig machen kann, bis man sich selbst verdächtig wird!

Allmählich aber verschwand diese Beklommenheit und man begann, sich sicher zu fühlen. Sitzend zog man die Mäntel aus, ließ sie über den Stuhllehnen liegen, zündete Zigaretten an und empfand das wohlige Gefühl einer glücklich überstandenen Gefahr. Ein wenig künstlich versuchte man, sich wieder in die richtige Feststimmung zu bringen, besonders als jemand betonte, man dürfe sich ein Fest nie so fest vornehmen, denn dann säße man wahrhaftig fest, und es käme ein Zwang dabei heraus.

Die Weinflaschen kamen auf den Tisch. Der schwarze Edmund machte sich nützlich und holte Gläser aus dem Büfett, stellte einen Blumentopf mit Zittergras auf den Tisch. Sämtliche Mäntel legte er im Zimmer nebenan auf Irmas Bett und sorgte überhaupt nach Kräften dafür, daß man sich wohl fühlen konnte.

Alle waren über den kleinen Schwarzen erstaunt und gerührt. Das schien ihn noch mehr anzuspornen. Nach Irmas Anweisung legte er sogar ein lustiges Kaminfeuer an. Darüber erhob sich ganz besondere Freude und wir waren uns insgesamt einig, das Feuer sei ebenso romantisch wie nützlich.

Irma in ihrem zarten blauen Wollkleid sah in ihrer Wohnung noch viel anmutiger aus als im Café. Sie gab sich vollkommen als zierlich waltende Hausfrau, bot uns Wein an und legte kleines Gebäck recht breit auf den Teller, so daß es nach etwas aussah.

Das wirkte so rührend auf mich, daß es mir nicht mehr leid tat, mitgegangen zu sein. Stolz wie ein Kind, das einmal die Große spielen darf, ging sie umher. Mit Genugtuung legte sie uns ihr Ansichtskartenalbum und die Familienbilder vor. Wir möchten sie doch bewundern.

»Die Schneelandschaften sind doch so erhaben, nicht wahr?« sagte sie, setzte sich und war ein wenig nachdenklich.

Jeder Gegenstand im Zimmer wurde einzeln bewundert und betrachtet wie im Museum. Matrosen-Ida sagte nicht viel. Sie traute ihren Augen nicht ob all der Pracht. Befühlte nur immer von Zeit zu Zeit die Stores, über die sie erst lange nachzudenken schien, bis sie sich zu der Frage entschloß: »Ist das Fries oder Wolle?«

Irma gab ihr ausführlichst Bescheid, dennoch aber schien für Ida die Sache damit nicht abgetan zu sein. Ihre Augen konnten gar nicht loskommen von den aufgesteppten Tulpen.

Balduin unterhielt sich mit Kosima. Ich weiß nicht, ob sie absichtlich immer in so malerischen Posen dasteht.

Auch jetzt hatte sie den für sie einzig richtigen Standpunkt eingenommen. Sie lehnte an einer schwarzen Ebenholzsäule, auf der eine große Palme stand. Das kleinste der Palmblätter hatte sie zu sich heruntergebogen und zernagte es nervös mit den Zähnen. Die verhaltene Leidenschaft war ganz offenbar. Balduin notierte ziemlich erregt.

Man begann Klavier zu spielen:

»Wenn dir die Gesellschaft nicht mehr paßt,
Such dir eine andre, wenn du eine hast.«

Das soll einer der lustigsten Refrains sein. Es gibt aber keinen Refrain, der mich nicht traurig macht. Denn ein Refrain, sei er noch so lustig, ist hoffnungslos.

Balduin ergriff das Wort, klopfte mit dem Bleistift an sein Glas, obgleich es gar nicht nötig war. Alle waren mäuschenstill, um zu hören, was der Dichter zu sagen habe.

Der begann also und sagte ungefähr folgendes:

»Meine hochzuverehrenden Anwesenden.«

»Kt, kt, kt,« machte Djemma.

Balduin ignorierte den Zwischenruf.

»Wir stehen mit heutigem Tage gleichsam am Wendepunkt unseres Lebens.«

»Nanu? Wieso Wendepunkt?«

»Laßt ihn doch ausreden! Gönnt's ihm doch. Er muß sich doch ausdrücken.«

Balduin wurde ungeduldig:

»Ja, wenn ich mich hier kritisieren lassen muß ... dann sagt euch doch gleich selbst euren Senf.«

Gelächter und wieder Ruhe.

»Wir stehen also, wie gesagt, am Wendepunkt des Lebens.«

»Wissen wir schon. Weiter!«

Seufzer von Balduin und strafender Blick. Dennoch ließ er nicht ab und fuhr fort:

»Ausdrücklich wiederhole ich: am Wendepunkt des Lebens. Wie gesagt: Wendepunkt. Das Wort allein sagt uns, daß sich etwas drehen und wenden läßt. Was ist nun dieses, werdet ihr fragen, meine hochzuverehrenden Anwesenden.«

»Gott, der Mensch hat mir aus der Seele gesprochen.«

»Grad wie bei den Wiedertäufern.«

Leises Tuscheln:

»Muß man sich denn jetzt unbedingt für seinen Wendepunkt interessieren?«

Niemand fragte danach, denn er hatte ja selbst gefragt und ließ auch nicht locker:

»Wir haben bereits eine Straße eingeschlagen. Haben uns entschieden.«

»Na, alsdann. Sssst.«

»Fräulein Irma, deren Fest wir heute begehen, hat sich entschlossen, wenn ihr dieser Entschluß auch nicht gerade freiwillig gekommen ist, ich möchte sagen, freiwillig aufgenötigt ... – wie war es doch gleich?«

Er sah in seinem Notizbuch nach:

»Nein, davon hab' ich nichts notiert ... wie es nun gekommen ist. Aber daß es so gekommen ist, das ist nun einmal so gekommen.«

»Um Gottes willen, verschon' uns. Wer weiß, was noch kommt.«

»Mensch, sag' doch wenigstens etwas Sinnvolles!«

Balduin stand nachdenklich.

»Ganz recht. Wie es gekommen ist, dahinter steckt ja gerade der Sinn. So genau kann ich das auch nicht wissen. Bei euch möchte ich nicht Volksredner sein. Ich will doch nur eine Festrede halten, ein Geleitwort für Irma. Laßt mich doch einen Moment in Ruh'. Es müßte doch mit dem Teufel zugehen, wenn sich bei dieser Gelegenheit nichts sagen ließe, was einigermaßen Hand und Fuß hat. Aber ihr habt mich durcheinander gebracht. Ich will noch einmal anfangen.«

»Aber nicht bei den Hochzuverehrenden.«

»Laß mich doch in Ruh'!«

»Ja, laßt ihn doch in Ruh'. Vielleicht schafft er's doch noch, wenn's nun doch mal nicht anders sein kann.«

»Also Ruhe jetzt. Es geht ja schon auf zwei.«

»Und wir müssen doch die Treppen wieder hinunter.«

»Ich bitte euch endgültig, mich in Ruhe zu lassen.«

»So seid doch still, damit man seine Ruhe bekommt.«

»Ruhe! Hört! Liebe Irma, ich möchte mich zuerst an dich wenden, denn wir feiern doch dein Fest. Ich will meine Gedanken so genau wie möglich aussprechen. Ich habe darüber nachgedacht, ob eigentlich die Tatsache, daß du unter Kontrolle gekommen bist, eine Angelegenheit sei, die wert ist, gefeiert zu werden. Die Kontrolle ist doch die Unfreiheit. Nun aber glaubst du, daß du dich in dieser Unfreiheit freier fühlen wirst, sein wirst, von der Angst, die da fürchtet, in die Unfreiheit zu geraten.

»Ich möchte sagen, das eine bist du losgeworden, aber ein anderes bindet dich aufs neue. Darüber wird sich wohl niemand von euch hinwegtäuschen können. Ich meine, über dieses beklemmende Gefühl des Gefangenseins.

»Ich gestehe euch allen ein, daß ich mich sehr befangen fühle, und mir ist, als sei es gerade diese Unfreiheit, die mich zu euch treibt. Seid ihr nicht meine Schicksalsgenossen? Es verlangt mich, von euch die Bestätigung euerer Unfreiheit zu hören, die der meinen gleich ist. Nur auf dieser Unfreiheit ruht ja eigentlich das Gemeinschaftsgefühl. Bedarf es nicht dieser Konstatierung? Ich kann jedenfalls nicht weitergehen, bevor ich euch dieses gesagt.

»Lügen wir nicht, wenn wir uns in unserer Unfreiheit frei wähnen? Man dürfte nicht in seine Seele hineinlügen. Auch ich bin als Gast eingeladen worden. Und will eine Festrede halten. Es ist bequem, jemandem Glück zu wünschen. Ich weiß nicht ... ich glaube ... ich kann es nicht. Kann ich mit gutem Gewissen Glück wünschen? Zur Unfreiheit, zur freien Unfreiheit, zur unfreien Freiheit?

»Seid ihr wohl wirklich so sicher, daß es nicht die abschüssige Bahn ist, auf der ihr euch befindet? Und habt ihr wohl die Kraft, wenn ihr es wißt, – diesen Weg zu Ende zu gehen?

»Um eures eigenen Zieles willen – denn zu irgendeinem Ende führt doch jeder Weg – möchte ich Irma sowie euch allen, die ihr hier anwesend seid, wünschen, daß nie die Reue euch beherrschen möge. Daß ihr so gesund sein möget, nie von der Reue angekränkelt euer Leben und eure eigene Natur verfluchen zu müssen. Seid so gesund und so stark, und jeder wird an euch glauben, denn dann verfolgt ihr eure Richtung bis zum Ende. Daß ihr diese Stärke finden möget, ist mein Wunsch, auf dessen Erfüllung ich euch bitte, das Glas zu erheben und mit mir anzustoßen: es lebe die immerwährende Gesundheit!«

Man stieß an, ein wenig unsicher und befangen. Obgleich ich diese Rede anstößig fand, stieß ich an. Ich glaube nicht an die immerwährende Gesundheit.

Wir gehen dem Winter entgegen. In den Alleen sind die Bäume entlaubt. Wie demütig und still liegen die welken Blätter am Boden. Ach, wer sich so ergeben könnte.

Ich aber bin ungeduldig und sage: »Wie lange soll ich noch warten, bis die Erlösung kommt?«

Wie viel können wir doch lernen von der Natur. Ich liebe so sehr das bunte Herbstlaub, das am Boden liegt. Was ist das für eine seltsame Sprache, die keine Worte kennt und doch so deutlich spricht: »Dein Wille geschehe.«

Und das ist noch zuviel gesagt. Wie ergeben neigen sich die Äste im Winde. Revoltiere ich um das Namenlose? Oh, bemächtige dich meiner, immer mehr.

Laß mich daran glauben lernen, daß ich unter dem höchsten der Himmel lebe, unter seinem Dach, unter seinem Schutz.

Immer spüre ich, daß ich von Paradies umgeben bin. Himmel ist überall. Ach, es ist nur so traurig, daß ich nicht sehen kann.

Das verlorene Paradies? Daran kann ich nicht glauben, denn es geht ja nichts verloren. Wenn ich nur meine Augen wieder hätte! Man muß sich wohl darein ergeben und warten, bis einem die Augen aufgetan werden. Bis dahin lernen: »Dein Wille geschehe.«

Ich bin ein klein verdorrtes Bäumchen
Meine Wurzel vergraben in Gott
Wenn die Sonne Gottes scheint
Werde ich wieder blühen können
Die Liebe ist ein weißer Schnee
Ich träume dem Frühling entgegen
Denn Frühling und Auferstehung
So singt das ewige Gesetz
Verwandlung, Blühen, Leben
Ich bin ein klein verdorrtes Bäumchen
Meine Wurzel vergraben in Gott

Täglich lese ich den Arbeitsnachweis, aber ich melde mich nirgends.

Vor einigen Tagen wurde eine Vorleserin gesucht. Ich befand mich schon auf dem Wege, mich um diese Stellung zu bemühen. Unterwegs aber bekam ich derartiges Herzklopfen, geriet ich in solch hochgradige Erregung, daß ich das Klopfen in meiner Kehle spürte. Ich bin überzeugt, daß ich kein Wort hervorgebracht haben würde. Aber soweit kam es gar nicht. Auf der Treppe zur Wohnung des blinden Herrn, für den man eine Vorleserin suchte, wurde ich so schwach, daß ich mich einen Augenblick hinsetzen mußte.

Ich bin aber schnell wieder aufgestanden und auf die Straße gegangen. Es war mir im Treppenhause schon bunt vor den Augen und ich wollte nicht in Ohnmacht und den Menschen lästig fallen.

Kaum war ich einige Schritte auf der Straße gegangen, als mich meine Unruhe schnell wieder verließ. Sowie ich die Versuchung, eine gesetzte Arbeit anzunehmen, überwunden hatte.

Von dieser Versuchung kann ich mich aber wohl nie mehr befreien, sonst würde ich wohl nicht täglich den Arbeitsmarkt studieren. Der Arbeitsmarkt ist mir wie ein verbotenes Feld.

Dabei gehen doch so viele Menschen auf der Straße, und meistens zur Arbeit. Oft beneide ich sie auf eine boshafte Weise. Sind diese Menschen nicht alle viel mehr in der Ordnung wie ich? Mir ist, als dürfe ich den geordneten Menschen gar nicht in die Augen sehen, als könnten sie schon durch den Anblick meiner Person aus der Fassung geraten. Ich möchte wissen, ob das wirklich so ist oder ob es mir nur so vorkommt.

Jedenfalls habe ich mir angewöhnt, am Tage die Augen niederzuschlagen und nur auf das Pflaster zu sehen. Kommt es aber doch vor, daß ich meinen Vorsatz vergesse, dann sehe ich die Vorübergehenden an. Wer kennt mein Schicksal? Und wenn jemand es errät, wird er wohl denken, daß mir nicht zu helfen ist?

Es begegnet mir hin und wieder, daß jemand mich ansieht, zögernd geht, als wolle er mir etwas sagen. Anstatt stille zu halten und meinen Mitmenschen zu bitten: »Sagen Sie mir, was muß ich wohl tun, daß ich wieder ein Mensch werde?«, gehe ich weiter. Dann geht natürlich auch er weiter.

Wird es wohl mehr Menschen geben, die dasselbe suchen wie ich und die auch mich fragen möchten: was soll ich tun? Mir ist, als könne ich dann nur mit meiner Neigung antworten, die mich zu Menschen zieht, denselben Versuchungen und denselben Sucher-Sehnsüchten unterworfen wie ich. Diese Neigung wohnt gar einsam in mir, und möchte sich doch so gerne beweisen. Wenn jemand nach mir fragen sollte in diesem Sinne, will ich gerne meine Adresse geben, und ich will immer da sein, wo man mich sucht.

Wer aber bin ich? Von welchem Geiste werde ich getrieben? Was leitet mich? Führt Gott mich, wenn ich die Hohe Straße auf und ab gehe, solange auf und ab gehe, bis ich übermüdet mich auf die Bank beim Farinaplatz niederlasse?

Über meinem Himmel hängt das Schicksal wie eine dunkle Wolke, die auf mich niederregnet. Welch unselige Erbschaft habe ich angetreten? Und was hat mein Blut so sehr infiziert, daß ich mit so unsagbarer Anstrengung, unter den härtesten Kämpfen meine Gesundheit erobern muß? Ach, daß mein Wille nie erlahme!

Läßt Gott mich so allein gehen, weil ich nicht intensiv genug an ihn denken kann? Oft meine ich so. Aber wenn ich ihn auch nicht sehe und nicht genug von ihm weiß, so weiß doch er von mir. Sieht er denn gar nicht, wie ich hier herumlaufe?

Wissen möchte ich, wo der Schutzengel meiner Kinderzeit hingegangen ist, weil ich ihn gar nicht mehr an meiner Seite spüre. Ach, er wird vor Schreck weggegangen sein. Der arme, kleine Schutzengel, er wird sich vor mir gefürchtet haben.

Ein Schutzmann könnte mich so leicht ins Polizeigewahrsam bringen. Mir träumte einmal, das sei der Straßenmädchenhimmel.

Die Sittenpolizei hat mich noch nicht beobachtet, obgleich ich nicht behaupten kann, ich sei ihr gar so sehr aus dem Wege gegangen. Wenn es mir einmal gelingen sollte, mich verständlich zu machen und mich zu beweisen, – vielleicht, so dachte ich schon –, könnte sie freundschaftlich zu mir stehen und das Beste wollen. Ich kann mein Unglück wohl legitimieren. Es ist der beste Ausweis, den ich habe.

Was auf meinen Papieren steht, nämlich, daß ich Schauspielerin, Fabrikarbeiterin, Photographin usw. bin, das besagt nicht viel. Auch ist es nicht wichtig, zu wissen, woher ich gekommen bin. Was hat die geographische Lage meiner Herkunft, mein Geburtsort, mit meiner Heimatlosigkeit zu tun? Auch bin ich nicht Schauspielerin von Beruf, denn ich liebe nicht den falschen Schein, und mein einziger Beruf ist, das zu erlernen, was ich bin.

Mein Vater ist lange tot. Aber ich berufe mich, wenn auch sehr zaghaft auf den Vater, der Vater unser genannt wird. Als sein Kind möchte ich mich ausweisen, und ich habe schon so viele Gesuche an ihn gerichtet, mich anzunehmen als das geringste seiner Adoptivkinder.

Es währt nur immer solange, bis ein Gesuch beantwortet wird, und man muß das Warten lernen. Ich will also warten und auf die Bewilligung meines dringenden Gesuches hoffen. Und wenn ich glaube, werde ich jede Bedingung, die mit dieser Aufnahme verbunden ist, erfüllen.

Wenn ich glaube …? Gibt es denn einen zeitweiligen Glauben an dich, mein Gott? Wenn ich an dich glaube, werde ich es nicht immer tun, mit gleicher Stärke, nicht immer haben die innige selbstverständliche Überzeugung deiner ewigen Anwesenheit? Glaube ich nicht auch einem Menschen, der mir gegenüber Auge in Auge steht? Wie viel direkter muß man an dich glauben. Denn von dir ist alles.

Ich aber bin so unglücklich geworden, daß ich nicht mehr denken kann. Voller Zweifel bin ich. Oh, daß auch du mir fraglich wurdest, nachdem meine sichtbare Welt ins Wanken geriet; als ich selbst mir so fraglich wurde!

Alle diese Zweifel, um die ich mich verzweifelt bemühe, klar zu sehen, meine Zweifel, – weiter bin ich noch nicht gekommen; und ziehe in Zweifel, ob ich an allem schon zweifle, denn langsam bricht ein Glaube nach dem andern zusammen. Oh, um der Qual dieser Zweifel willen, hebe auf alle Zweifel, und errette nur das eine: meine Seele.

Sie ist ja wie ein schwaches Fünkchen, das verflackern könnte. Sie sucht die Ruhe.

Da sitze ich vor meinem Spiegel. Mein Puder scheint mir nicht fähig, mein Gesicht zu verdecken. Unter einer Larve möchte ich mich verbergen. Mein Augenstift ist geknickt. Ist aber noch imstande, mir abenteuerliche Siegesbogen über meine Augen zu malen.

Da sitze ich vor meinem Spiegel und kann diese Puppe betrachten. Ich weiß, daß ich mich verdoppeln kann. Unter schwarzen Brauen sind lichte, blonde, und das sind die echten.

Ich habe es aufgegeben, meine Haare zu brennen. Ich verzichte auf die Locken. Ich lasse meine Haare glatt fallen bis zu den Schultern. Wie lange kann ich vor dem Spiegel sitzen und immer wieder mich fragen: »Wozu?« Halb bin ich geneigt, mich zu präsentieren wie ich bin. Wie gesagt, nur halb geneigt. Ich weiß nicht, wie lange es dauern wird, bis ich auch die letzte, andere Hälfte werde aufgegeben haben. Es nimmt alles seinen Gang, ohne mich, ohne mein Zutun.

Warum drapiere ich mich? Warum schminke ich mich? Male mir ein rotes Herz auf den Mund, wo doch das richtige Herz unsichtbar ist? Wen will ich denn mit gemaltem Herzen verführen?

So kunstvoll verschleiere ich meine Augen. Die rechte Schwindeldämonie. Ich lache verächtlich in meinen Spiegel hinein über die billige Wirkung der Frau. Dann sage ich mir wohl: kein Maler von Beruf malt seine Bilder doch auf seine eigenen Wangen. Ich aber tue es. Für mich treibe ich keine Kunst. Das schaulustige Publikum aber wünscht sehnsüchtig den Schwindel, der ihm gefällig geboten wird.

Ich möchte einmal weniger entgegenkommend sein. Nicht wie

ein Pfau in allen Farben schillern. So komme ich mir oft vor. Es ist ein seltsamer Widerspruch, daß dieser Pfau ein Band um sein Gefieder trägt und Buchstaben in drohendem Schwarz: »Was hülfe es dem Menschen, wenn er die ganze Welt gewönne und nähme doch Schaden an seiner Seele.«

Alle meine Vergleiche sind nur Symbole für meine Wünsche. All mein Trachten aber soll dahin gehen: direkt zu sein.

Ich bilde mir ein, ich schicke nur die eine Hälfte auf die Straße. Das habe ich mir lange Zeit einbilden können. Aus ist's mit der Einbildung. Jetzt bin ich genötigt, einen ganzen Menschen in die Schildergasse zu schicken. Die empfindsame Hälfte bleibt keineswegs zu Hause, wie ich mir lange Zeit einreden wollte. Eines Tages sagte ich mir: Was läßt sich teilen? Geht nicht ein ganzer Mensch zur sogenannten guten Stunde durch die Gertrudenstraße? Nur meine Sehnsucht geht nicht mit.

Es gibt doch so viele Mädchen, die so leben wie ich. Könnte ich nicht irgendeine herausgreifen, und mich ausschließlich um diese irgendeine bekümmern? Könnte ich mich doch sorgfältig um ein fremdes Schicksal bekümmern und vollkommen von mir absehen. Mich gar nicht mehr wissen. Essen und Trinken vergessen und mich versenken in ein anderes Leben, vollkommen.

Ich kenne ein älteres Mädchen, das sich in einer rührenden Weise eines jungen Mädchens annimmt. Das ältere Mädchen geht allerdings, wie auch die Junge, immer noch auf die Straße. Ich erwarte aber, daß die eine oder die andere das aufgibt.

Diese beiden Mädchen sitzen im Café an einem Tisch. Ich setze mich zu ihnen.

Wie sehen diese beiden doch verschieden aus. Der Älteren fällt der glänzende Satinrock wie fließendes Wasser von unglaublich schmalen Hüften. Sie hat so wenig Körper, ist so hager. Es scheint so wenig da zu sein, was lebt. Dennoch empfindet dies Mädchen soviel Freundschaft für eine andere.

Das Mädchen mit dem Satinrock wird die »Wasserleiche« genannt. Dieser Vergleich trifft wirklich ihr Äußeres, aber auch nur dieses. Wunderbar, daß ein so lieber, warmer Mensch verborgen sein kann unter einer so kalten Hülle. Die Wasserleiche sieht ja aus wie eine Attrappe.

Ich sah sie durchs Café gehen und bemerkte, daß ihre Beine sich gleich dünnen Holzstelzen unter ihrem Rock abzeichneten. Ihr Gesicht, mit grauer Haut überzogene Backenknochen, sieht wie ertrunken aus. Wasserblaue, trübe Augen, die sich nur beleben, wenn sie zu oder von ihrer Freundin spricht.

Die Freundin heißt Fiffy. Es ist schwer zu sagen, was die Wasserleiche an Fiffy wohl findet. Aber die Liebe findet oft seltsame Wesen, die für den Unbeteiligten unbegreiflich sind.

Fiffy hat ein Gesicht wie ein Püppchen, das nicht hübsch geraten ist; wie die Porzellanköpfchen, die man auf dem Jahrmarkt für dreißig Pfennige kauft. Eine kleine, gleichgültige Erhöhung soll die Nase vorstellen, und die Augen gucken immer gleich stumpf geradeaus.

Fiffy trägt ein schwarzes Samtkäppchen auf ihrem indifferent blonden Haar. Das Samtkäppchen interessiert mich besonders, weil die Wasserleiche es für Fiffy genäht hat. Treu und zierlich prangt hinten eine Elsaß-Schleife als Abschluß.

Die Fürsorge der Wasserleiche für ihre Freundin kennt keine Grenze. Fiffy erwidert aber die Freundschaft nicht. Sie ist ihr mitunter sogar sehr lästig. Die Wasserleiche gibt Fiffy Ratschläge über die Art, wie man am besten Geld verdienen kann. Sie selbst allerdings versteht es gar nicht recht, scheint mir. Sie erscheint auch ewig im selben Kleid, das wie Wasser fällt.

Fiffy hat ein Feld-, Wald- und Wiesenhündchen, das gewiß nicht seiner Rasse wegen eine himmelblaue Schleife trägt. Das Hündchen heißt ebenfalls Fiffy, wie seine Herrin. Es kläfft die Wasserleiche an, wenn Fiffy sich die Einmischung in Privatsachen verbittet.

Die Wasserleiche aber kann ihre Fürsorge nicht unterdrücken, und es ist rührend anzuhören, wenn sie schüchtern und doch eindringlich ihre Freundin aufmerksam macht: »Fiffy, ich bitte dich, laß dich doch ordentlich bezahlen. Mach' keine Dummheiten, wenn wir heute abend auseinandergehen. Du sollst auch das Licht nicht ausdrehen, damit du siehst, was vorgeht. Über den elektrischen Knopf häng' bitte deinen Mantel und achte darauf, daß der Mensch, den du mitnimmst, nicht sieht, wo die Leitung ist. Lege das Geld nicht in den Lampenbehälter. Du sollst es weder in die Vase, noch ins Weihwasserbecken legen, denn dort kann es dir wieder genommen werden. Du sollst an deinen Koffer gehen, als wolltest du ein Handtuch holen. Freilich, das mußt du dann wirklich auch tun. Leg' das Geld in die Spitzen deiner weißen Sommerschuhe, dort wird es nicht vermutet. Klappern darfst du natürlich nicht mit dem Geld. Du mußt auch nicht auffallend leise gehen, sondern ganz natürlich. Das Zimmer verlaß ja nicht, wenn jemand da ist. Hörst du auch alles, Fiffy?«

Aber die hört nur halb zu und füttert ihren Hund unterm Tisch mit Zucker.

»Hast du alles verstanden, Fiffy?«

»Ja, ja, aber laß mich doch in Ruh'. Ich weiß doch, was ich zu machen hab'. Langweile mich doch nicht so.«

Dann wendet sich die Wasserleiche an mich, und ich muß meine Zeitschrift weglegen.

»Sie weiß nämlich gar nicht, was sie zu machen hat. Sie ist schrecklich unvorsichtig. Es grenzt schon an Leichtsinn. Oft nimmt sie gar kein Geld und das macht ihr Vergnügen. Nachher hat sie dann kein Geld, und sie ärgert sich. Ich verdiene ja auch nicht soviel. Zu einem Mädchen und einem Hund gehört doch allerlei. Aber sie bedenkt das nicht.«

»Ja, mach' du mich nur schlecht,« räsoniert dann Fiffy.

»Ich will dich doch gerade gut machen.«

»Ich kann doch nicht so unverschämt sein, daß ich mir immer vorher das Geld geben lasse. Besonders wenn es ein besserer Mensch ist.«

»Ja, und der bessere Mensch betrügt dich dann und hinterdrein ärgerst du dich.«

»Ich kann mich doch ärgern, soviel ich will.«

So geht das Gespräch hin und her.

Ich kann nicht verstehen, daß sich die Wasserleiche so sehr um einen Menschen bemüht, der es durchaus nicht haben will. Das Geld ist, glaube ich, das einzige, was Fiffy von der Wasserleiche annimmt.

Ein Herr kommt an den Tisch, der sich für Fiffy interessiert und es recht offenkundig und eindeutig zu erkennen gibt.

Die Wasserleiche nimmt Anteil und entschließt sich, an den Herrn die Frage zu richten: »Können Sie dem Mädchen auch etwas bieten?«

Das ärgert den Herrn sehr: »Was geht das Sie an? Ihnen habe ich allerdings nichts zu bieten.«

Der Wasserleiche springen die hellen Tränen aus den Augen. Aber Fiffy will die Sympathie des Herrn nicht verlieren und wendet sich erbost ihrer Freundin zu:

»Wie kannst du mich nur so blamieren? Wir machen doch keine gemeinsamen Geschäfte.«

Und der Herr, gewiß sehr entzückt darüber, etwas Annehmbares für billiges Geld zu bekommen, benutzt den Vorwurf geschickt.

»Sind Sie immer so unverschämt und egoistisch?« fragt er die Wasserleiche.

Da konnte ich nicht anders, als ihm sagen, egoistisch und unverschämt sei hier nur er.

Natürlich mußte ich den Tisch verlassen, und auch die Wasserleiche ging traurig mit. Wir suchten uns einen anderen Platz.

Die arme Wasserleiche weinte, daß ihr die Tränen die Augenschminke verwischten, sah aber immer noch voller Sorge nach Fiffys Tisch.

Ich war sehr traurig, sie so hoffnungslos neben mir zu sehen. Noch während ich auf sie einsprach, um sie zu beruhigen, kam ein

Kellner mit einer Karte zu uns an den Tisch: »Bitte unauffällig das Lokal zu verlassen.« Der Kavalier hatte das wohl veranlaßt.

So zahlten wir denn und gingen. Ich konnte der Wasserleiche nicht ausreden, vor dem Caféeingang zu warten. Sie war ganz verweint und hatte Augen wie ein trauriges Tier, das man vertrieben hat, das aber doch immer wieder kommt, um seine Zärtlichkeit zu beweisen.

Schließlich gab ich dem Mädchen die Hand und ließ sie allein. Ich denke aber, sie hat ihren Reichtum nicht verloren, da sie doch so vieler Liebe fähig ist.

Es scheint mir viel wichtiger, selbst lieben zu können, als geliebt zu werden. Vielleicht aber muß es doch ineinander gehen, und ich möchte gerne wünschen, daß die Wasserleiche eine Erwiderung fände und ihr jemand zurückgäbe, was sie so rührend und freiwillig an ein Wesen verschwendet, das nichts empfinden will.

Vom Herrn, der ein künstliches Bein hatte aus Holz.

Er trug schwarze Lederhandschuhe. Seine Hände sahen künstlich aus. Sein schwarzer Vollbart wie geklebt. Furchtbar ernstes Totengräbergesicht und schwarze Augen.

Er schien sehr unglücklich zu sein. Zögerte zu gehen, blieb bis in die tiefe Nacht hinein im Stuhle sitzen, nachdem der Traum, über den ich hinweggleite, zu Ende war. Die Handschuhe hatte er bereits angezogen. Den schwarzen, breitrandigen Hut behielt er auf den Knien.

Wir wußten uns nicht viel zu sagen. Ich saß im Schlafrock auf dem Sofa. Mir war kalt, aber ich wagte ihn nicht zu bitten, mich zu verlassen. Er sah, wie ich zitterte, gab mir hundert Mark. Davon wurde mir nicht wärmer, obgleich ich lange davon zu leben habe.

Ich war gar nicht erstaunt darüber, daß er mir soviel Geld gab. Ich hätte von ihm alles erwartet. Er sprach so kurze, abwesende Sätze. Ich weiß nicht, ob seine Worte mir gegolten haben.

»So ist also das Leben, mein Kind.«

Ich wußte nicht, was ich sagen sollte. Wußte gar nicht, was er meinte. Wußte gar nicht, wo ich hinsehen sollte. Wußte gar nicht, wem das Zimmer eigentlich gehöre.

»Waren Sie nicht zufrieden mit mir?« Dann schämte ich mich, so gefragt zu haben. Aber was hätte ich antworten sollen? Es ist ja so schwer, aus den Männern klug zu werden. Der eine will dieses wissen, der andere jenes.

Dieser aber sieht doch selbst, wie das Leben ist. Traut er wohl meinen Augen mehr, als seinen eigenen? Ich weiß nicht, was er gedacht hat. Er sah mich so forschend an.

»Mögen Sie das gern?«

»Was?«

»Es ist entsetzlich, wenn man äußerlich etwas tut, woran man innerlich nicht beteiligt ist. Es rächt sich.«

Da wurde ich ganz leise: »Ich weiß es. Aber Sie – waren Sie nicht zufrieden mit mir?«

»Liegt Ihnen daran?«

»Ich glaube wohl. Ja. In jeder Weise. Ich kann nicht anders. Bin wohl dazu da. Ich bin kein Fehler und kein Verdienst. Denken Sie bitte nicht so über mich … Denn Fehler und Verdienste lassen sich beurteilen … auch verurteilen. Ich bin keine Absicht.«

»Sie sollten ein anderes Leben beginnen, mein liebes Kind.«

Da seufze ich: »Soll ich anders sein? Sie sind nicht zufrieden mit mir gewesen? Können Sie eine Esche korrigieren? Sagen, sie solle eine Eiche sein? Ich bin, die ich bin, und breite mich aus. Wer kann rückwärts wachsen? Es gibt kein Zurück. Es gibt nur ein Vorwärts. Worüber denken Sie nach?«

»Über Sie. Daß Sie so leben. So … ja, wie Sie leben. Sie werden es nicht ertragen. Sie müssen ja zugrunde gehen.«

»Denken Sie bitte nicht über mich nach. Es hat keinen Sinn. Seltsam, daß so manche Männer mir sagen, ich werde zugrunde gehen. Das sagen sie immer nachher. Sie könnten es ja auch einmal vorher sagen. Wenn Sie der Ansicht sind, daß ich verloren bin, warum tragen Sie denn dazu bei?«

»Es ist wahr.«

»Nein, nein. Ich mache Ihnen keine Vorwürfe. Denn es ist ja gar nicht so. Genau gesagt: es gibt keinen Menschen, der mich zugrunde bringen kann. Ich weiß, es ist eine Ausrede mancher unglücklicher Mädchen. Nur eine Ausrede. Solange der Mensch lebt, geht er nicht zugrunde. Selbst wenn er sich noch so schwach fühlt. Gewiß, ich gestehe es ein, meine Tage und Nächte sind bitter. Aber die Hoffnung wohnt in mir. Auch die Bäume brauchen Dünger und Moor-Erde.«

»Was sind Sie denn für ein Baum?«

»Vielleicht eine kleine Trauerweide, deren Zweige neigend weinen über eine Welt, die ihre Einfachheit verlor.«

Am andern Tage.

Es ist nicht immer so einfach. Ich habe Reflexschmerzen und spüre Fremdes, das nicht mehr da ist. Wie mag es meinem armen Holzbeinmann zumute sein? Er sah ja aus, als wäre er am liebsten gleich in meinem Zimmer gestorben.

Aber hier wird nicht gestorben. Hier wird gelebt. Wozu wäre sonst der Hundertmarkschein da? Ich werde ihn am Nachmittag wechseln. Ich lege ihn unter mein Tischtuch.

Ich habe gebadet und gesehen, daß ich noch zwei ganze Beine habe. Ist das nicht ein Grund, sich zu freuen? Meine Glieder sind unverletzt. Nichts steht auf meiner Haut geschrieben. Als wäre nichts gewesen. Ist die Natur so verschwiegen? Wo wird alles registriert?

Morgen will ich in Kastans Panoptikum gehen. Da hängt im Hintergrunde des Raumes, den man zuerst betritt, ein Christuskopf, das Schweißtuch der heiligen Veronika. Der empfindsame Schleier der empfindsamen Frau zeigt so wunderbar das schmerzdurchtränkte Angesicht. Ich liebe dieses Bild sehr. So möchte ich, daß das Leid meiner ganzen Klasse sich tief in meine Seele prägt, damit es nie verloren gehe.

Verloren und umsonst hätte ich ja gelebt und gelitten, wenn ich vergessen könnte. Wenn ich einmal nicht mehr mit- und nachempfinden könnte – so unausdenkbar –, ich dürfte nicht sagen, ich habe je empfunden. Alles, was war, wäre ja Lüge gewesen.

So will ich denn alles in mir behalten und bewahren, denn es ist meine Bestimmung, zu behalten. Alles steht in mir. Und in mir ist alles neu, als geschähe die Vergangenheit immer wieder. So wiederholt sich das lebendige Bild in mir und wird immer lebendiger.

Wenn es nur nicht so schmerzte! Das sind die Reflexschmerzen: wenn man nichts mehr sieht, und doch alles da ist. Wenn mehr da ist, als in Wirklichkeit einst war.

So wird, was ich nur streife, meine Schuld und mein Erlebnis. Wie viele fremde Menschen in mir. Alles mein Eigentum. Das entwickelt sich. Oh, daß ich die Schuld nicht kontrollieren kann, die fremde Schuld! Wenn doch etwas durch mich gedeihen könnte.

Wäre ich durchsichtig und könnte man in mich hineinsehen –: wie vorsichtig würden die Menschen werden. Sie sähen ja das entsetzliche Bild, das sich mir eingeprägt hat. Ich könnte ja von Haus zu Haus laufen und erzählen, was den Menschen unter ihrer eigenen Sonne geschieht. Ich bin überzeugt, sie wissen es nicht, sie haben es nicht gesehen. Ich aber kann gar nicht sprechen.

Mein Wort sei der Offenbarungseid meiner Seele. Aber hat je das Wort die Empfindung wiedergeben können? Wie verblaßt sind die Worte, wenn sie den Lippen entflohen sind. Doch das Herz zuckt weiter.

Ich habe Reflexschmerzen. Die sind so schwer allein zu tragen. Ich schreibe hier nieder und allein. Wie schwach ist alles. Hier steht nun, was aus dem Herzen kam, aber die Buchstaben sind schwarz. Und ein lebendiger Mensch hat sie geschrieben, der mit dem Wort sich noch nie hat an einen anderen Menschen wenden können, denn es gibt Dinge auf Erden, die unaussprechlich sind.

Die Worte entfallen mir, wenn jemand das Brandmal berührt. Wenn jemand an mich anstößt, werde ich nur zusammenzucken und weinen. Das ist meine einzige Antwort. Wer aber fragt nach mir? Ich bin nur eine unter vielen. Niemand fragt nach den vielen.

Meine Traumbekanntschaften fordere ich manchmal leise auf: »Fragen Sie doch einmal, wie es mir geht.«

Eine mir unbekannte Stimme sagt mir dann: »Nimm dir's nicht nahe. Laß alles an dir abgleiten. Was kann schmerzen? Liegst du denn auf Nadeln, daß alles dir weh tut? Gehst du über Dornen?«

»Aber ich bin ja ein Mensch. Ich bin doch kein Stein.«

Ich bin allein und nicht allein. Ich bin mir zuviel. Ich ertrage mich so schwer. Und liege im Bette und strecke die Arme weit von mir. Nur damit meine Glieder mir so entfernt sind wie möglich.

Könnte ich nicht die rechte Hand, mit der man die Menschen begrüßt, amputieren lassen? Denn werde ich jemanden noch grüßen dürfen mit dieser Hand? Längst entfloh meinen Händen die Unschuld, und es hilft mir nicht, wenn ich sie noch so lange im Wasser hielte.

Was habe ich doch für Gewohnheiten angenommen. Ich kann »Raskolnikow« überhaupt nicht mehr lesen, bevor ich mir lange Gesicht und Hände gewaschen habe. Ich weiß, das ist lange noch nicht genug. Es kommt ja auf diese Äußerlichkeiten nicht an, sage ich mir. Aber ich kann nicht dafür: ich habe meine eigene Konvention.

Man kann doch nicht jede Hand zum Gruß anbieten, denke ich. Und man muß mit den ahnungslosen, wie mit den wissenden Menschen rechnen. Die Herren geben mir manchmal gar nicht, manchmal nur flüchtig die Hand. Aber das gilt ja der unwirklichen Dagny. Dann vergesse ich oft den Takt und die Umgangsformen und erwidere den Händedruck. Das geschieht natürlich nur in der Unsicherheit. Es schickt sich ja nicht, zu fragen: »Wünschen Sie den Leib oder die Seele?« Ist ja alles nur leihweise vorhanden.

Nach herkömmlicher Weise wird nur der Leib ausgeliehen. Kommt eine Unterhaltung dabei zustande, obzwar sie nicht nötig ist, so darf man sich um der lieben Seele willen nichts dabei denken. Um Gottes willen, nur nichts denken.

Zwei Dinge gibt es, bei denen man sich nichts denken darf, denn dies wäre gefährlichstes Hindernis, sie zu erreichen: Gott und die Frau. In die Abenteuer des Sinnlichen und des Übersinnlichen wandert man gedankenlos. Wer den Glauben hat, überfliegt die Hindernisse.

Wer sollte mich ganz begreifen, der mich nicht sieht? Ein Mann sieht mich auf der Straße, und ich weiß, er glaubt an mich durch seine Sinnlichkeit. Er sieht mich und seine Sinne leben, weil er an mich glaubt. Er braucht nicht zu wissen, daß ich ein Mädchen bin. Er fühlt es. Er wittert es.

Hier ist der Punkt, wo meine Allwissenheit beginnt. Unterliegend empfinde ich mich und doch sicher. Bibel und Bände werden diese geheimen, ewigen Kräfte nicht schwächen können.

Vom Standpunkte meiner Zeit aus hab' ich die Tiere in ihrer Unschuld heilig gesprochen. Sie werden in den Tierhimmel kommen, weil sie ihre Natur rein bewahrten und nicht verleugneten.

Der Unterschied zwischen Mensch und Tier besteht darin, daß sich die Tiere achten. Sie lieben ihre Gattung und ihre Familie sehr, und es gehören ja viele zur Familie.

Wenn die Tiere reden könnten! Sie würden mir sagen, wie ich einfach werde. Aber ich bin so tief verwunschen.

Ich schlafe ein, träume sogleich, und bin nur noch hüllenlose Empfindung. Fühle meine Seele, die sich nicht mehr äußern kann, nur noch als schmerzhafte Wolke.

Unsichtbar bin ich für meine Umgebung, die ich doch im Bewußtsein trage. Diese Wolke, die ich als meine Seele empfinde, erfüllt von Schallwellen der Verzweiflung, ist mein Bewußtsein, das frei im Raume irrt.

Dieser Zustand tritt ein, wenn der Kreis, der mein äußeres Leben umspannt, mich allzusehr einengt. Hat der geistige Schmerz seinen Höhepunkt erreicht, so flüchtet er sich in das Körperliche, in die Flankengegend. Und hat er auch hier seine Höhe erreicht, so schläft der Mensch ein.

Würde ich nicht, in der Trauer besonders, so tief mein Bewußtsein bewahren – ohnmächtig, unbewußt läge ich da. So aber ist es gerade umgekehrt: je höher der Schmerz, desto mehr vertieft sich das Dasein, mein Bewußtsein. Versuchte ich, den Schmerz in seine ursprüngliche Behausung zurückzusenden, ich liefe Gefahr, daß der Schmerz die geheimnisvollen Bande, die meines Geistes Sein und Bewußtsein zusammenhalten, zersprengen würde. Krank und gestört in der Funktion des Denkens, müßte ich verzweifelt meine Seele suchen. In meiner Krankheit würde ich mit einer Laterne durch die nächtlichen Straßen irren und würde da suchen, wo ich berührt ward an meiner Seele.

Im Traume erkenne ich meine Bestimmung, die ich am Tag zu erfüllen die Kraft nicht habe. Darüber klage ich schon im Traume, und weiß doch nicht, ob ich erwachen werde.

Von einem sumpfigen Moore weiß ich. Dahin flüchte ich mich. Versinke wie Nebelstreif im hohen Gras. Darin zittert mein tonloses Klagelied, das wohl kein menschliches Ohr vernehmen kann.

Nur das schwankende Schilf neigt sich im Nachtwind, eine leise Zustimmung. Der Schlamm schluchzt. Die Nacht seufzt. Das große Mitleid bewegt die stumme Natur. Ich habe geliebt die nordische Heide und liebe.

Sie grüßt mich im Traume. Wirft wohl die Heimat ihren Schimmer und ahnt mich in meiner Not? Hab' ihr so manches zugeflüstert in meiner innersten Sprache. Dann hat sie mich wohl verstanden, in jener Stunde, da ich das Sein am liebendsten fühlte.

Was ich liebe, belebt sich. Was mich still aufnimmt, umfange ich. Unsagbar Süßes, Blaues hüllt mich ein. Zärtliche Heimat streift mich, grüßt mich. Das ist das Märchen, das den Trost der Wahrheit birgt. Das Herz der Erde klopft. Ich horche in einer stillen Nacht.

Lauscht wohl die ganze Menschheit dem Einklang? Nur was gleichzeitig von allen gehört wurde, klang, hat vollendet geklungen. Klang einer Welt. So klopft das Herz, jedes Herz für alle Herzen. Einklang.

Dann wieder erfaßt mich Angst und Besorgnis. Uhren schlagen in einer fremden Welt, und ich bemühe mich, in einer dritten zu erwachen, und kann nicht, kann nicht.

Unbegreiflicher werde ich mir. Keine Flucht gelingt. »Mutter!« schreit meine Seele. Und ich kann nicht erwachen. Der Schmerz, der die Welt nicht zu fassen vermag, o Einklang, fließt in ein altes verschollenes Kinderlied:

»Dort oben auf hohem Berge
Da treibet das Wasser ein Rad,
Mich aber treibet die Sehnsucht
Von morgens bis abends spat.«

Da bin ich wieder Kind, und aus der blauen Wolke, die von weit her zu mir drang, höre ich die mütterliche Stimme, die warnt mich vor Gitter, Gosse und Ginster. Das ist Gefängnis, Straße und Wahnsinn.

Dann finde ich mich wieder und erwache, und Augen und Kissen sind feucht.

Jemand hat mir gesagt: »Ich liebe dich.«

Das läßt sich ja nicht aufrecht erhalten. Ob es wohl für den Augenblick galt? Ich habe eine Stunde lang daran geglaubt. Er sagte, er werde mich nie vergessen. Daran muß ich ja glauben. Denn kontrollieren läßt es sich nicht.

Wieviel Unnötiges aber in meinen Kreisen gesprochen wird, ist unbeschreiblich. Wir werden hohe Rechnungen zu bezahlen haben, wenn wir jedes unnötige Wort, das dem Guten nicht dient, begleichen sollen.

Es gibt Mädchen, die, wie man es nennt, kurz angebunden sind. Die interessieren mich besonders. »Gehen Sie mit? Macht zwanzig Mark.« Aber von denen heißt es, sie seien unverschämt und frech. Nur weil sie sachlich sind. Mir aber gefällt diese Sachlichkeit, denn es liegt Unschuld in ihr. Warum viele Worte sprechen, wenn die Sache doch einfach ist.

Ich beschränke mich darauf, nur das Nötigste zu sagen. Ich kann meinen Traumbekanntschaften keine langen Vorreden halten, und meiner Kürze wegen hält man mich für zynisch. Ich kann nicht Dingen einen Schimmer verleihen, die keinen haben, durchaus keinen haben.

Wenn ich das Wort »Ich liebe dich« annahm –: habe ich mich nicht ein wenig blamiert? Auch hatte er doch eine Braut, und die liebt ihn natürlich, sonst wäre sie ja nicht seine Braut. Ihr Bild stand auf dem Tisch, und ich durfte es nicht einmal in die Hand nehmen. Sonst haben wir uns ganz gut vertragen.

Ich bin gar nicht mehr im Zweifel: er war sehr hübsch. Erst nachdem er mir sagte, er liebe mich, wollte ich mich ein wenig um seine Angelegenheiten kümmern. Das war seine Braut. Ich durfte nicht einmal den Bilderrahmen anfassen. Nicht einmal fragen, auf welche Weise er mich denn liebe. Dabei soll einer nun intim werden!

Wenn ich das Liebesobjekt bin, kann ich mir doch wohl leisten, mich zu interessieren. Es war eben gar nicht so gemeint. Er hatte ja seine private Liebe für sich.

»Ich erzähle dem Bild, was du für einen hübschen Schlafanzug hast. Das kann doch wohl nicht schaden,« meinte ich. Wenn man geliebt wird, darf man wohl nicht so gefällig sein.

Weshalb sagte er nur, daß er mich liebt? Um mir eine Freude zu machen? Wer kann das wissen.

Er hat mir ein Glas mit Pfirsichen geschenkt. Sehr süß. Von ihm. Ich werde jeden Tag nur eine halbe Frucht essen. Er sagte doch, daß er mich liebt. So eindrucksvoll hat das noch niemand gesagt. »Du gefällst mir« oder »Ich hab' dich gern«: das ist doch alles nichts gegen das unbedingte »Ich liebe dich«.

Wenn die Liebe eine Sünde wäre, müßte sie unbedingt verziehen werden. Blindlings anerkannt. Wie hat er doch noch gesagt, Überschwenglichkeit in der Stimme? »Ich liebe dich, und werde dich nie vergessen.« Er wird mich vergessen; vergessen, wer ich bin, wie ich hieß. Aber die Liebe wird bleiben.

Für das Geld hab' ich mir einen Stock Heidekraut gekauft, weil es so dankbar ist und lange blüht. Ja, und dann stehen ja auch noch die Pfirsiche da. Ich habe erst zwei gegessen.

Vor vier Tagen sah ich ihn. Wenn ich sechs Pfirsiche gegessen habe, wird er verheiratet sein, denn in zwölf Tagen ist seine Hochzeit. Ich bilde mir ein, daß er in seiner künftigen Frau ein Stückchen von mir liebt. Vielleicht ist es auch umgekehrt. Genau weiß ich es ja nicht.

Warum sollte ich mir nicht ein wenig zurechtträumen? Es schadet niemandem etwas. Er wird wohl sehr glücklich werden. Er sieht mir ganz danach aus.

Mirjam trägt ein winziges durchsichtiges Silbertäschchen am Hals. In diesem Silbertäschchen glitzert ein Zehnmarkstück, Mirjams Preis. Sie trägt das, sagt sie, nur zur Aufklärung empfindsamer Herren, die über zweideutige Dinge nie einfach sprechen können.

Menschen, die etwas wollen, tragen oft eine Art Symbol an sich. Fromme Menschen ein Kreuz, Gefangene ihre Nummer, Hunde den Namen ihres Herrn, Generäle Orden.

Symbol und Preis. Mirjam sagt, sie trage einen Talisman am Halse. Ich machte ihr den Vorschlag, ein wenig kühner vorzugehen und doch wenigstens ein Zwanzigmarkstück hineinzuhängen.

Aber sie meinte, man dürfe das Glück nicht durch zu hohe Forderungen abschrecken.

Mirjams Beispiel hat Schule gemacht. Ein Goldschmied hat drei Täschchen nach Mirjams Muster in Auftrag bekommen. Der Goldschmied weiß vermutlich nicht, daß er Behälter macht, die Preistafeln für Menschen aufnehmen sollen.

Wie gerne möchte ich mich ein wenig nach den andern richten, aber es muß doch aus innerer Überzeugung geschehen.

Der Wahrheit die Ehre gebend, muß ich gestehen, daß meine privaten Begriffe durchaus nicht feststehend sind. Ich habe ja überhaupt keinen Standpunkt, da ich mich nicht in Gott feststehend empfinde.

Das ist ein großes Unglück. Ohne Gott gibt es ja überhaupt keinen Standpunkt. Was für ein hinfälliger Standpunkt wäre das, der nicht im Ewigen festläge und begründet wäre.

Keine Weltanschauung ohne Gott. Was sollte ich sicheren Auges anschauen können, da ich in solcher Ruhelosigkeit lebe? Es braucht ja die Ruhe, um zu sehen.

So irre ich ohne Standpunkt umher. Sucht man den Standpunkt denn auf der Straße? Dort kann ich doch wohl nur Eckensteher sein und zusehen, wie die andern sicher gehen und stehen.

Mir ist, als laufe ich nur auf der Straße, um einmal stille stehen zu können. Muß man, um stille stehen zu können, denn soviel laufen?

Ich kann mir doch keinen inneren Standpunkt stehlen. Und doch sind es Diebesgelüste, die mich am Tage auf die Straße treiben. Dabei wache ich in der Nacht. Der Nachtwächter bleibt doch am Tage zu Hause.

Schon komme ich mir ironisch entgegen und sage mir: »Du bist mir ein feiner zuverlässiger Tagwächter. Einer, der nicht ausgeschlafen hat.« Aber ich habe die Schlaflosigkeit in mir. Was ist denn das, daß ich gar nicht müde werde?

Man hat mir den Spitznamen »Fledermaus« gegeben. Ich glaube nicht, daß man mich meiner Nachtschwärmerei wegen so genannt hat. Die Mädchen sagen, ich habe etwas Flatterndes, Nervöses in mir, einen unsicheren Gang, und da gelte ich eben als Fledermaus.

Ich mache meiner Gattung wenig Ehre, denn was eine anständige Fledermaus sein will, läßt sich wohl nicht am Tag auf der Straße sehen. Weil ich das weiß, fühle ich mich vielleicht so ängstlich und verboten. Wie gerne möchte ich mich ein wenig anpassen, und sei es auch nur den Fledermäusen.

Aber die Nacht genügt mir nicht zum Leben. So gehe ich denn durch die Straßen, durch Kreuz- und Querstraßen gehe ich, ganz schnell. Ich möchte den Glauben erwecken, als gehe ich irgendwohin. Ich bilde mir ein, es müsse geglaubt werden, daß ein bestimmtes Ziel mich leitet. Gleichgültig, wer es glaubt, denn niemand kennt mich.

»Glauben Sie denn an mich?« so möchte ich fragen. Und wenn sich ein Kopf bejahend neigte, eine neue Hoffnung würde einziehen in einen ziellosen Menschen.

Es würde mir gut gefallen, wenn eine Frau mich nach dem Wege fragen wollte. Rasch und höflich würde ich Auskunft geben, mich dann entschuldigen: »Ich habe es eilig, ich werde erwartet.«

So hübsch habe ich mir alles ausgedacht. Aber niemand fragt mich. Und ich gehe doch so schnell, daß man mir ansehen muß, ich kenne die Stadt.

Vielleicht gehe ich allzu schnell, und man respektiert meine Eile. Da bin ich ein klein wenig langsamer gegangen, aber doch noch so schnell, daß man sieht, ich bin kein Lustwandler.

Ich habe meine Schritte so wohl überlegt. Kein Mensch hat mich angesprochen. Kein einziger Mensch. Eine Frau wird doch lieber eine Frau nach dem Wege fragen, bevor sie an einen Mann sich wendet. Aber in dieser Stadt weiß jeder Bescheid. Ach, die armen Wegweiser und Fremdenführer von Beruf! Hier werden sie alle elend verhungern.

Ich habe eine Frau angesprochen. Ich hoffte, sie werde sich revanchieren und ihrerseits einmal mich ansprechen. Es brauchte ja nicht gerade am selben Tage zu sein. Ich kann ja warten, wenn ich nur weiß …

Die Frau ging ganz langsam. Sie trug Trauerkleidung. Sie kam mir entgegen, ich faßte sie schon von weitem ins Auge.

Kaum hatte ich sie erblickt, so war ich entschlossen. Die soll mir nicht entwischen. Oh, ich weiß, ich wäre ihr gefolgt, hätte sie Kehrt gemacht.

Als sie in meine Nähe kam, wurde ich sehr erregt und bekam Herzklopfen. Dessen ungeachtet habe ich sie angesprochen.

Was ich ursprünglich erwartet habe, weiß ich nicht mehr genau. Wußte es vielleicht nie. Nur etwa: daß die Frau auf mich warte, erwartete ich. Wenn sie nicht wartet, warte ich, und sage ihr: »Warten Sie auf mich.«

Diese Art Erwartung hatte ich in einen Satz gekleidet. Den sagte ich denn auch ziemlich fließend. Hatte ihn mir ja zwei volle Stunden aufs gewissenhafteste zurechtgelegt:

»Verzeihen Sie, können Sie mir sagen, welche Zeit wir haben? Ob es wohl schon drei Uhr ist?«

Da war es gesprochen, das Wort. Als hätte ich eine verschlossene Tür gewaltsam aufgebrochen, so war mir zumute.

Die Dame sah hilflos aus, als sei sie nicht sicher vor Taschendieben. »Ich kann es Ihnen leider nicht sagen,« stammelte sie. »Ich weiß nicht, wie spät es ist, leider nicht.«

Ich hatte ihr den Weg versperrt. Ich schob den Ärmel von meiner Armbanduhr:

»Es ist in fünf Minuten drei Uhr,« gab ich ihr bestimmte Auskunft.

»Ich danke sehr,« nickte sie. Und ich gab ihr den Weg frei ...

Im Postgebäude auf der Wartebank habe ich ein Mädchen kennen gelernt. Sie knüpfte die Unterhaltung an.

»Ich warte bis die Uhr sechs schlägt,« sagte sie.

Über dem Telegraphenschalter ist die Uhr angebracht. Aber schlagen tut sie nicht.

»Sie haben nur noch eine halbe Stunde zu warten. Was werden Sie beginnen, wenn Sie nicht länger warten?«

»Ich geh' auf die Straße. Ich bin immer unterwegs. Ich geh'

schon frühmorgens fort. Bin fleißig bis in die Nacht. Keinen Tag mache ich eine Ausnahme. Von fünf bis sechs ist die tote Stunde. Dann ruh' ich zwar ein wenig aus, aber Sie sehen, ich bin nicht im Café. Das kann man doch sparen, nicht wahr? Sie sind doch um diese Stunde auch nicht im Café.«

»Scheint wenigstens so.« Ich mußte lächeln. »Zufällig bin ich hier, zufällig nicht im Café. Alles so zufällig.« Und ich bemerkte, daß ich müde war, sogar sehr müde. Es war mir lieb, daß das Mädchen zu mir sprach. Ich selbst mochte nicht sprechen.

»Bei mir ist es nicht Zufall, daß ich hier sitze. Das kann ich Ihnen sagen. O nein, alles hat Hand und Fuß.«

Da sah ich sie genauer an. Sie hatte, was man eine »feste Figur« nennt. Kleine runde Fäuste hielten ein schwarzes Samttäschchen, mit Goldperlen bestickt an einer soliden Silberschnur. Ihr Hut war wie ein Pappdeckel, mit schwarzer Seide bespannt. Der Rand des Hutes, in große Zacken ausgeschnitten, ließ deutlich erkennen, was es für Arbeit gemacht hatte, diese Zacken sorglich mit Seide zu benähen.

Der Hut hatte keine Garnitur. Er sah über dem spröden Haar, das die Farbe von trockenem Sauerkraut hatte, wie ein schwarzer Heiligenschein aus. Einen Heiligenschein aus Pappe hatte sie sich schwarz lackiert. Dadurch wirkte das Mädchen originell.

Ihr Gesicht, groß, blatternarbig, war eine weite, hellgraue Fläche, darin ein Paar kleine, blau unterstrichene Augen. Wenn sie den schmalen Mund zum Sprechen öffnete, blitzten hinter dem faden, vielsagenden Spalt, der in frischem chinesischem Lackrot leuchtete, eine Menge goldener Zähne. Goldzahn, das ist der Inbegriff der Kultur. »Zahn der Zeit,« dachte ich.

Es gab so vieles an diesem Mädchen zu sehen. Ich hätte sie mir noch viel länger ansehen mögen. Wenn ich genau hinsehe, sehe ich immer zum erstenmal; als habe ich vorher überhaupt nichts gesehen.

Es ist wohl nicht schicklich, aber ich hätte gerne von ihr hören mögen, wie der weiße Glacé-Einsatz in ihren schwarzen Lackschuh hineingekommen ist. Aber ich kam nicht soweit. Das Mädchen fragte mich:

»Gefällt Ihnen mein Hut? Hab' ich selbst fabriziert.«

»Das hab' ich mir schon gedacht,« gestand ich.

»Man muß ja alles selbst machen. Ich heirate jetzt bald. Ich lieb' mir meine ganze Ausstattung zusammen.«

»Die lieben Sie sich zusammen?« fragte ich verwundert. »Die können Sie sich doch nicht herträumen. Eine Ausstattung kostet doch Geld. Sie können doch nicht an Geld glauben. Das kann man doch nur anfassen und möglichst unbesehen wieder weggeben. Genau gesprochen.«

»Nicht an Geld glauben? Oh, du mein Himmel. An gar nichts anderes.«

»Wie entsetzlich,« entfuhr es mir.

»Mein Gott, haben Sie sich doch nicht so. Möcht' wissen, warum das entsetzlich sein soll.«

»Nein, das Geld ist vielleicht nicht das Entsetzlichste, relativ gesprochen, wenn es möglich ist. Aber daß Sie ausschließlich daran glauben, nur an Geld –? Bedenken Sie doch: wenn man nur an *eine* Sache glaubt, wenn man nichts anderes hat, – wie trostlos fest muß man da glauben. Bedenken Sie das dürftige Leben.«

»Relativ gesprochen.« Sie lachte. »Das dürftige Leben bedenk' ich ja eben. Sehen Sie wohl. Darum lieb' ich mir doch eine Ausstattung zusammen.«

»Erklären Sie mir doch diesen Ausdruck. Den kann ich gar nicht vertragen. Wie kann man so poetisch sprechen. Zusammenlieben.«

»Aber das ist doch nichts Neues. Das kennen Sie doch wohl auch. Wenn ich mein Geld auf der Straße suche und an einer Ecke den anspreche, und den an der andern: na, wenn man dies Hundeleben nicht einmal Liebe nennen darf, Zusammenliebe, – was dann?«

»Ich bin die Letzte,« sagte ich, »die Ihnen eine Illusion nehmen will …«

»Aber das ist doch keine Illusion,« unterbrach sie mich ungeduldig, »das ist doch etwas Reelles.«

Ich wurde niedergeschlagen und traurig. Daß es so schwer ist, sich zu verständigen! Die Uhr war schon zehn Minuten vor sechs.

»Lieben Sie denn?« fragte ich sie. »Verzeihen Sie, aber das ist nicht Neugierde.«

»Ich heirate doch. Machen Sie sich bitte mal ein Bild davon.«

Dabei war ich dem Weinen nahe.

»Also sehen Sie: mit dem Geld mache ich mich wieder anständig. Gerade das Geld macht uns doch anständig. Das ist doch das einzige. Sie befinden sich, scheint mir, auf der gefährlichsten Ebene. Lassen Sie sich das von einer Gedienten sagen. Ich bin schon ›Seidene‹ und ›Halbseidene‹ gewesen. Ich kenne den Rummel. Und wenn ich jemand retten kann, da rett' ich. Weiß ja, wie's zugeht. Solange man in Kluft daherkommt und noch die Beine bewegen kann, mag's gehen. Solange hat man sein Fortkommen. Aber was nachher? Wo ist da die Versorgungsanstalt? Wo bleiben dann die öffentlichen Angelegenheiten? Uns steckt keiner ins Jungfernstift, wenn wir nicht mehr kriechen können. Das bedenkt so manche nicht, wenn sie noch flügge ist. Dann hat sie's Nachsehen und darf es als Segen betrachten, wenn sie als Versuchskaninchen im Spital sterben darf. Hat sie aber nicht das Glück, sich was wegzuholen, – was dann? Ich kenne auch solche. So viele Toiletten wie ausrangierte Huren gibt's in der ganzen Welt nicht. Wo sollen sie unterkommen? Man merkt's nur nicht. Da haben Sie mein Kredo. Ich bin soweit, daß ich lieben kann was ich will, und wegwerfen was ich will. Auf den Willen hat man sich einzudrillen. Wenn man selbst nicht will, will ein anderer, und selten was Rechtes. Immer sich wehren und decken, sonst geht man verschütt. Unfehlbar, sag' ich Ihnen.«

»Wie unheimlich ist alles.«

»Heimlich, heimlich. In Wirklichkeit merkt keiner vom andern was. Nirgends die Wahrheit. Das werden Sie nirgends lesen. Ich aber, wie ich hier sitze, bin aus dem Leben gegriffen. Was ich Ihnen sage, ist Leben. Das Abendmahl dürfen Sie drauf nehmen.

Mag abscheulich sein, aber ist nur die Wahrheit. Alles andere ist Dunst. Lieben tut kein Mensch, sonst brauchte ich doch nicht hier zu sitzen und auf die Kerls zu warten, die um sechs aus dem Bureau kommen. Wenn ich im Vorbeigehen einen Handlanger im Hausflur für zwei Mark fünfzig beglücke, kann ich mit demselben Recht Liebe sagen, wie eine Ehefrau, die sehnsüchtig mittags ihren Mann erwartet. Ich brauche den Handlanger ebenso nötig. Sehne mich genau so. Mehr, mehr. Ich muß mir die Anständigkeit fünfmarkweise zusammenverdienen. Das hat keine Ehefrau nötig. Die Einseitigkeit ist keine Liebe, das ist nur Bequemlichkeit. Wenn zwei sich lieben, wollen sie von außen gar nichts mehr sehen. Dazu haben sie gar keine Zeit. Die sind fertig mit der Welt. Wenn sie nicht fertig sind, dann lieben sie sich nicht.«

»Auf keinen Fall wird geliebt. Sie sagen es. Es muß also wahr sein, irgendwie wahr. Nein, ist nicht wahr. Es gibt nur das Bemühen in der Welt. Bei manchen doch das Bemühen. Das Streben, etwas zu erleichtern. Tragen wollen, wo Lasten sind.«

»Man ist anständig, wenn man klar sieht. Aber die Humanität ist ja zum Speien. Die sind ja in einem Dusel. Damit ist niemandem geholfen. Im Gegenteil … Es gibt in der Besserungsanstalt Schwestern vom guten Hirten. Die genießen sanft unsere Sünden, die es gar nicht gibt. Das ist eine Schmach. Wir zahlen die Kosten, damit sie sich fühlen können. Ich brauche doch keine Korrekte, ich korrigier' mich schon selbst. Ich heirate. Mein Bräutigam weiß alles von mir und verdaut es. Ich bin gesund und vergeßlich. Wenn Sie nicht vergessen können, werden Sie Ihr Leben lang krank sein. Das seh' ich schon. Sie sind ein Opfer Ihrer unglückseligen Natur. Sie machen sich Gedanken. Sie sind nicht normal. Wie alt sind Sie?«

»Dreiundzwanzig.«

»Das kann gut werden. Sie müssen die Vergangenheit ausschalten wie ein Licht. Knips und dunkel. Es ist sechs Uhr vorbei. Ich muß gehen. Gehen Sie auch?«

»Nein. Ich brauche keine Ausstattung.«

Hätte ich als Kind gewußt, daß es, nur um in einem Bette liegen zu können und die Wand anzustarren, so vieler Qual bedarf, ich hätte meinen Eltern Vorwürfe gemacht, mich ins Leben gelockt zu haben.

Was sich dem Schoße einer Mutter entwunden hat, ist auf sich selbst gestellt. Dem Schicksal verfallen: allein gehen, allein leben, allein sterben. Alles Gemeinsame ist ein liebenswürdiger Irrtum. Ich bin nicht nur letzten Endes allein.

Hätte ich Wahl und Möglichkeit, in den Schoß meiner Mutter zurückzukehren, ich würde nicht sein. Wäre ich unter dem Herzen meiner Mutter geblieben –: Erwartung und Sorge gälten mir. Die Kälte hätte mich nicht berührt. Ich wäre zu Hause geblieben, wirklich zu Hause, im liebenden Schoß. Warum sträubte ich mich nicht, geboren zu werden? Weil ich nicht »Nein« sagen kann? Ich wurde erwartet und kam.

In der »Ewigen Lampe« streifte mich doch das Glück. Dort hätte ich nein sagen können. War die Gelegenheit nicht günstig? War ich nicht vorbereitet, alles abzustreifen, die Gewohnheit, das Leben? War ich entschlossen, nie mehr zu atmen?

Williger muß ich mein Leben hinnehmen. Manchmal erscheint mir die Lebenslust allzu verächtlich. Ich will mich nicht täuschen. Wäre die Liebe zum Nichts größer als die Liebe zum Dasein, – die Liebe zum Tode würde siegen. Aber nur eine vollendete Frucht darf vom Baume fallen.

Der Kreuzgang ist nicht zurückgelegt. Nur: ich bin oft so müde, daß meine Angst vor der Zukunft ein Ziel wünscht. Ein Ziel, das doch unabsehbar ist.

Ich muß doch wohl sehr solide gebaut sein. Oft bin ich verwundert, daß ich an meinem Leben noch nicht gestorben bin.

Ich hab' mich vom Arzt untersuchen lassen, nur um meine Sterbeaussichten zu hören. Er sagte, mein Herz sei vollkommen gesund, und meine Lungenflügel erklärte er für prachtvoll.

Ich wollte ihm gar nicht recht glauben und fragte, ob seine Hörapparate auch zuverlässig seien. Er lachte und meinte, die

Instrumente täuschten sich nicht und ich könne beruhigt sein: alles vollkommen intakt.

Dasselbe sagten die anderen Ärzte, aber die wissen ja nicht, was ich hören möchte: »Sie können beruhigt sein, Sie haben nur noch ein Jahr zu leben.«

Ich bin wohl keine Durchschnittspatientin. Ich fürchte, ich kann überhaupt nicht sterben. Das wäre doch dann ein Fehler, den ich nicht ablegen könnte.

Ohne die Sehnsucht nach der Reinheit könnten wir gar nicht leben. Es wäre ja ganz unmöglich, ohne diese Sehnsucht auch nur einen Augenblick lang zu leben. Daß sie uns nie genommen werden könnte!

Irgendwo und irgendwie suchen doch alle Menschen die Liebe. Ach, daß ich dieses Wort nur so leise nennen darf. Ich bin ja im dunkelsten Winkel.

DRITTER TEIL

In einer anderen Stadt.

Ich habe lange Zeit keine Eintragung gemacht. Meine lethargischen Tage waren schuld daran.

Vor einiger Zeit – ich weiß gar nicht mehr wann, jede Zeit ist mir »neulich« – hatte ich plötzlich die Idee, mich dem Direktor J. vorzustellen. Dazu wurde ich angeregt durch die Reklame. Sonst wäre es mir wohl nicht eingefallen.

Das Haus in der Gertrudenstraße, die Plakate, Porträts der Schauspieler, kurz alles sah so fertig und gut arrangiert aus, daß ich eigentlich gar keine Hoffnung hatte, dort ein Engagement zu finden. Vielleicht bin ich gerade deswegen hingegangen.

Heute wundere ich mich, daß J. mich engagiert hat, ganz ohne Bedenken engagiert. Es ist der Beweis dafür, daß man den Menschen nicht immer ansieht, woher der Fahrt.

Die Veränderung war fällig. Einfach nicht mehr aufzuhalten. Ich weiß nicht, wie es sonst hätte weitergehen sollen.

»Können Sie singen?« fragte er mich.

»Ja.« Etwas Unbekanntes degoutierte mich und mir fiel ein, was das Singen doch für ein Irrsinn ist. Als sei das Sprechen nicht schon zuviel.

Der Direktor wühlte im Rollenmaterial und ich verspürte Lust, ihm einen Vortrag zu halten über die Komödie im allgemeinen.

Ich unterließ das, weil er so kindlich und stolz seine blauen Hefte durchblätterte.

Ich fragte mich: will ich denn eigentlich Theater spielen? Und die sechs Jahre, die ich beim Theater verbracht hatte, erschienen mir wie ein Traum.

»Was spielen Sie?«

»Kein bestimmtes Fach. Ich spiele alles, was mit meiner äußeren Erscheinung nicht allzusehr im Widerspruch steht. Ich kapriziere mich nicht auf weibliche Figuren. Ich habe den Grafen Keßler in der ›Schmetterlingsschlacht‹ gespielt, freilich in Birnbaum, Provinz

Posen. Aber es ist mir gelungen. Zwar die Offiziersstiefel waren mir zu groß und reichlich schwer, aber das hat ja mit der künstlerischen Leistung nichts zu tun.«

»Aber sicher, aber sicher.«

Ich überlege mir weiteres. Ich muß dem Herrn J. ja Ausnahmefälle vorführen, sonst engagiert er mich nicht.

Aufrichtig wie bei einer Lebensbeichte berichte ich, daß ich die »Berühmte Frau« spielte, als ich schwanger war. Diesen Umstand kann ich durchaus nicht verschweigen. Mir ist, als habe ich damit, daß ich ein Kind bekam, den Gipfel der Berühmtheit erreicht. Alle anderen Fähigkeiten treten davor in den Hintergrund.

Direktor J. ist ein älterer Mann mit gesprenkeltem Bart; noch so liebenswürdig, sich gut zu kleiden, während ich bei meinen jungen Jahren kaum die Kraft dazu habe. Er hat mir einen Stuhl neben seinen Schreibtisch gerückt. Hier ist es so gemütlich und alles ist danach angetan, Vertrauen zu erwecken. Eine kleine Frage: »Was haben Sie bisher gemacht?« genügt, und ich zeige ihm mein enthülltes Herz, offenbare mich restlos. Zum ersten Male seit langer Zeit habe ich mit einem Menschen eine Unterredung um etwas vollkommen Einwandfreies.

Mein Repertoire interessiert ihn, und ich will von den Dörfern erzählen, auf welche Art man die Kunst den Bauern bringt. Ich beginne mit der Halbinsel Femarn, die an der Ostsee liegt.

Da bemerke ich, daß mir die üblichen Umgangsformen abhanden gekommen sind. Ich bin gewohnt, nur nachts zu sprechen. Das möchte ich Herrn J. am liebsten sagen; es würde meine tagfernen Worte begreiflich machen.

Was mir nur einfiel, daß ich hier heraufging, nach einem Engagement zu fragen. Es ist ja alles so sinnlos. Ich brauche ja drei Jahre, um mich von einem halben zu erholen. Vielleicht brauche ich noch länger.

Deshalb bin ich auch unbeteiligt, als ich sage:

»Ich bin Muntere und Sentimentale. Zur klassischen Tragödie bin ich zu klein.«

»Wir spielen Burlesken. Lauter Zugstücke. Rheinische Schlager. Haben Sie das ›Mädchen mit der Bremse‹ gesehen?«

»Nein.«

»Also gut. Ich will es mit Ihnen versuchen. An den rheinischen Dialekt werden Sie sich allerdings gewöhnen müssen.«

»Oh, wenn's weiter nichts ist.«

»Wie meinen?«

»Ich meinte nur: der Dialekt ist das Wenigste. Mit dem werd' ich schon umzuspringen verstehen.« Und ich bin auch mit ihm umgesprungen.

»Also da ist eine junge Frau, die ihrem Manne auf der Hochzeitsreise untreu wird.«

»Nun ja.« Soll ich das vielleicht psychologisch erklären? Untreu geworden! Ich wundere mich über gar nichts.

»Wenn Sie also die Rolle bis morgen studieren wollen, können Sie am Abend auftreten.«

Er überreicht mir einen ansehnlichen Packen Papier. So ohne weiteres scheint die Frau doch nicht untreu geworden zu sein. Sie spricht drei Bogen vorher oder nachher.

Mache Stichproben, entdecke den neckischen Ton.

»Um zehn Uhr morgen ist Probe. Sie werden die Kleider geliefert bekommen. Im ersten Aufzug erscheinen Sie nämlich als Braut. Darauf sind Sie wohl doch nicht vorbereitet?«

»Keineswegs.«

»Nun, wir werden ja sehen. Die Dame, die diese Rolle bis gestern spielte, ist nämlich zu ihrer sterbenden Mutter berufen worden.«

»Ach wie entsetzlich muß das sein! Man lebt in einer fremden Stadt und unterdessen stirbt die Mutter. Und man wird es vielleicht nicht einmal wissen.«

»Na, sie weiß es ja jetzt,« sagt er nebenbei. »Es handelt sich um die Rolle.«

»Ja, ja. Ich verstehe schon …«

Dann war es perfekt.

Eine Mutter mußte sterben, damit ich ein Engagement bekam. Treffe ein, als sei ich gerufen worden. Die Mutter ist tot, und ich lebe und spiele.

Wir spielen in Lübeck »Köln bei Nacht«. Wir spielen in Münster »Köln bei Nacht«. Wir spielen in Bremen »Köln bei Nacht«. Überall, in allen großen Städten spielen wir »Köln bei Nacht«.

Es wird nur »Köln bei Nacht« gespielt, damit ich die Kölner Nächte nicht vergesse. Der Schwank hat keinen anderen Sinn, als mich einzig und allein an Köln zu erinnern.

Die einheimischen Kölner kennen ja gar nicht Köln bei Nacht. Ich kenn' es als Fremde viel besser.

Hab' mir beim Trödler einen weißen Tennisrock gekauft, denn ich mag nicht so üppig sein, mir neue unschuldige Kleider anzuziehen.

Es gefällt mir, getragene Sachen zu kaufen. Ich wittere gern das Schicksal fremder Menschen.

Viele Chöre, in denen ich noch nicht studiert bin, habe ich nachzulernen. Die Choristinnen sehen mich so mitleidig an, wenn ich am Morgen allein mit dem Kapellmeister singe, bevor die Stückprobe begonnen hat.

Herr Direktor sitzt mit seiner jungen Frau in der Loge, und in der Dämmerung sehe ich von der Bühne aus ihre Ringe blitzen.

Frau Direktor mustert mich durch das Lorgnon. Aber ich denke, es wird überall mit Wasser gekocht. Man kann nicht anders singen als mit menschlicher Stimme, selbst Caruso nicht.

Die Töne, die ich zu singen habe, sind nicht zu verfehlen. Sie sind mehr wie kinderleicht. Wird hier aufgefaßt, als hätten wir klassische Opern zu bieten. Nun, darüber ist das Wort zuviel.

Hundertfünfzig Mark im Monat lasse ich mir für den Schwindel zahlen. Ich habe, was man zum Leben braucht, wenn auch mit schlechtem Gewissen.

Meine Gedankenwelt ist durch dies Engagement eigenartig verschoben worden. Mir ist, als sei ich auf der Straße reiner gewesen. Ich war doch allein. Hatte alles allein zu verantworten. Hier stehe ich allabendlich vor vielen Menschen und helfe ihnen, die Zeit verschwenden.

Die Burleske, die wir bieten, ist keine Kunst, die auch nur einem Menschen wirklich Schönes geben kann. Was machen wir eigentlich da, wir Schauspieler? Für was für einen Unfug geben wir uns her? Hier spielen manche begabte Menschen, die ihr Talent prostituieren.

Daß gerade mit dem seichtesten Zeug soviel Geld verdient wird! Man sollte es dem Publikum einfach entziehen und etwas wirklich Gutes bieten. Der Appetit kommt doch beim Essen.

Es ist eine große Sünde, die allabendlich begangen wird, und ich lasse mir diese Sünde anständig bezahlen. Ich werde nicht als Volksverderber festgenommen. Man ist obendrein noch respektvoll zu mir.

Ein Ehepaar war so entzückt, daß es mich zum Tee eingeladen hat. Da habe ich jetzt die ersehnte Achtung. Ich bin natürlich nicht hingegangen. Ich kann doch nicht Gegenpropaganda machen, wenn ich noch im »Dafür« stecke und mitmache.

Ein Gelehrter hat mich zum Souper eingeladen. Der Portier brachte mir die Karte in die Garderobe. Professor V. Gott weiß warum, dachte ich, und nahm die Einladung an.

Er sagte mir einige Schmeicheleien. Ich weiß nicht genau, ob es Schmeicheleien sein sollten. Vielleicht glaubte er, sich meinem niedrigen Niveau anpassen zu müssen. Er fand, ich habe so anmutig und flott gespielt. Vieles derart, so daß ich schließlich ablehnte: ich hätte diese Kränkung nicht verdient. Das Leben sei halt sehr schwer und es sei nicht einfach, dahinter zu kommen, wie man das Geld nun verdienen solle.

Ich dachte, er macht sich lustig über »Köln bei Nacht«, und ich bin heute noch nicht sicher, ob es nicht wirklich so war.

»Sie brauchen doch die Augen nicht niederzuschlagen über eine Revue, die Sie nicht verfaßt haben,« sagte er. »Sie sind doch nur Darstellerin.«

Davon wollte ich gar nichts wissen.

»Aber indem ich spiele, erkläre ich mich mit dem Verfasser doch einverstanden,« antwortete ich. »Ich will das Wort, das ich spreche, auch vertreten.«

Kurz, ich möchte nur etwas darstellen, wofür ich mich begeistert einsetze. Diese untergeordnete Stellung ertrage ich nicht länger.

Am Buß- und Bettag bin ich durchgebrannt. Den Tag hatte ich mir heimlich schon ausgesucht.

Bin nach Münster gefahren. Das ist die Stadt, wo ich die Pleite in der Festhalle durchgemacht habe.

In Münster gastiert ein neu gegründetes Ensemble. Das ist eine Aussicht für mich. Davon aber abgesehen: ich wäre auch ohnedies hingefahren. In Münster lebte ich doch, bevor ich nach Köln ging.

Die Fahrt in der Nacht, vierter Klasse. Es war kalt, aber Hennys seidengefütterter Mantel wärmte mich. Ich habe den Mantel bordeauxrot färben lassen. Die Farbe sieht nachts so schön aus.

Es gefiel mir so, in die Dunkelheit aufs Geratewohl zu fahren. Eine Stunde lang war ich ausschließlich glücklich darüber, daß ich so jung bin. Und hatte ein Gefühl der Freude, daß es einmal sehr schön werden könne.

Grundlos froh sein, das gefällt mir sehr gut, und ich koste dies Glück gewissenhaft aus. Woher sollte ich denn die Kraft nehmen, unglücklich zu sein, wenn nicht das abgrundtiefe, grundlose Glück in mir läge?

Mir gegenüber saß ein junger Mann, den ich bisher gar nicht beachtet hatte. Wir waren die einzigen Menschen in diesem Abteil.

Er wird wohl eine ganze Stunde, gleich mir, allein geträumt haben, sonst hätte ich ihn wohl früher bemerkt. Wir kamen rasch ins Gespräch.

Er schien kein bestimmtes Ziel zu haben, und da sagte ich, daß es auch mir gleichgültig sei, wohin ich reise. Ich weiß nicht warum, aber ich fand es unschicklich, ein festes Reiseziel anzugeben.

»Meine Fahrkarte lautet, soviel ich weiß, auf Münster,« sagte ich. »Aber das ist unwesentlich.«

Wir lächelten.

»Ich habe ein Rundreisebillett, ich kann auch nach Münster fahren.«

»Gewiß. Wenn Sie dadurch aber zu sehr abseits geraten ...«

»Dann fahren Sie vielleicht mit mir nach Frankfurt an der Oder?«

»Da war ich bereits. Dort ist mir einmal, während ich schlief, Geld gestohlen worden. Ich merkte es nicht. Ich habe sehr tief geschlafen.«

»Fürchten Sie, daß Sie dort wieder so tief schlafen würden?«

»Nein, nein, das nicht.« Aber ich dachte doch ein wenig daran.

Es war sehr schön, in der Nacht zu fahren, und der Mensch, der mir gegenübersaß, wirkte so beruhigend auf mich. Ich hätte lange mit ihm fahren mögen. Nur das Rasseln der Räder hören, das monotone Keuchen, und das leise Gespräch in der Dunkelheit.

Als der Morgen graute, beschlossen wir, zusammen zu bleiben, und wir einigten uns auf ein Jahr. Wir bedachten nicht, daß wir nicht immer in der Bahn fahren können. So gingen wir denn wieder auseinander, und um zehn Uhr war alles wie ein Traum, den man nicht überdenkt.

Er nahm sein Kettenarmband vom Handgelenk und schenkte es mir. Wenn dieses Kettenarmband nicht vorhanden wäre, hätte ich die Geschichte wohl schon vergessen.

Er reiste mit Schulbildern. Es freute mich sehr, diese Bilder wiederzusehen, denn es sind ja dieselben, die ich als Kind so sehr mochte.

Auch das Winterbild war dabei, auf dem man ein Pferd sehen kann, das vor der Krippe steht und den Hafer mit einem kleinen gelblichen Spatzen teilt. Das Bild hätte ich viel lieber gehabt als das Kettenarmband. Aber ich mochte es nicht sagen.

Münster, Gießen, Marburg.

Wir spielen kleine Lustspiele. Sind keine Volksverderber, aber auch nicht das Gegenteil.

In Marburg gibt es eine schöne Brücke. Zu Pfingsten, als wir in der Abendstunde ankamen, war sie besonders schön. Die Sonne spiegelte sich im kleinen Stadtbach. Die Welt war hier sehr verträumt.

Die Leute vor den Türen und die Spaziergänger waren gar nicht auf die Schauspielertruppe vorbereitet. Die Gesichter der Marburger sahen so vergelstert aus. So sahen gewiß die Amerikaner Kolumbus und seine Truppe an.

Auf der Bühne mache ich unfreiwillige Extempores. Ich freue mich immer auf einen Monolog. Dann habe ich Gelegenheit für meine persönlichen Seitensprünge. Die »Grille« von der Birch-Pfeiffer gilt ja als Hexe. Da kann ich dem Publikum, wenn ich im Mondschein tanze, zugleich auch das Fliegen zeigen.

Der Direktor ist von meinen Einlagen in die klassischen Stücke wenig erbaut und er sagte mir, wenn ich als Grille noch einmal fliege, fliege ich selbst.

Wir haben »Don Carlos« gespielt, und der Direktor dachte wohl, als auf- und abgehender Page könne ich nichts verderben. Ich tue es auch gewiß nicht gern, aber ich kann nicht dafür.

Wenn Marquis Posa vor dem König kniet und einige Forderungen an ihn stellt, habe ich als Page mich still zu verhalten und die roten Samtportieren zu bewachen. Daß ich dabei genau höre, was gesprochen wird, kann sich selbst der König denken.

Wenn Posa so fanatisch kniet, kann ich es kaum länger mit ansehen und ich vergesse das ganze Theater. Wenn er aber flehend gar verlangt: »Geben Sie Gedankenfreiheit,« greife ich ein und sage: »Sie sind absurd.«

Ich weiß ja wohl, ich darf mich nicht hineinmischen, aber ich kann nicht anders. Als Schauspieler muß man sich sehr beherrschen. Tut man aber wie ich den ganzen Tag nichts anderes, so möchte man doch wenigstens am Abend ungezügelt tollen.

Die Großstädter haben keinen Sinn für die Nuancen, und für die Improvisationslust haben sie kein Organ. Sie spielen selbst nicht mit und kein Stück kann sie auch nur vorübergehend entflammen.

Spiele ich vor einfachen Landleuten die »Waise von Lowood«, so bringen sie mir nach dem ersten Akt einen Laib Brot und eine Speckwurst hinter die Bühne. Und manchmal in den kleinen Dörfern mußte der Intrigant durch die Hintertüre der Garderobe heimlich flüchten, er wäre sonst zerrissen worden. Die Kunst ist Leben geworden und hat erreicht, was sie sein soll.

In der Großstadt habe ich nie erlebt, daß das Publikum vom Geist eines Kunstwerkes so ergriffen war, daß die Tat darauf folgte. Klatscht das Publikum, so ist das der beste Beweis, daß es kein Kunstverständnis hat. Der restlos Ergriffene applaudiert nicht. Dringt die große Bewegung ins Blut, die Bewegung vor der Tat, dann ist eine heilige Stille.

Wo ist mein Ruhm von Penzig jetzt? In Schlesien hatte ich den größten Erfolg meines Lebens: ich wurde geliebt. Von einer ganzen Dorfgemeinde geliebt werden, – höher kann kein Sterblicher hinauf. In Rauscha erreichte ich den Gipfel des Glücks, da man mich als Zigeunerkind weinend umarmte.

Ich habe mir eine Landkarte von Deutschland gekauft, der vielen kleinen Dörfer wegen, denn die liebe ich sehr.

Es gefällt mir, daran zu glauben, daß ich gehen kann, wohin ich will.

Als Kind las ich mit Vorliebe Seumes »Spaziergang nach Syrakus«. Das ist eine abenteuerliche Sache, zierlich aufgefaßt.

Ich konnte mir nicht anders denken, als daß Seume von meiner Heimat ausgegangen sei. Die liegt sehr weit von Syrakus entfernt. Sehr weit ...

Ich versuchte mir die Zinnen von Syrakus vorzustellen. Es gelang mir. Ich marschierte, den Seume in der Hand, nach Wassersleben, über die Kupfermühle hinaus, durch das Kollunder-Gehölz. Im Walde verirrte ich mich. Ich ging am Ufer, die geliebte Ostsee entlang, zurück.

Meine erste Wanderprobe ist schon recht anstrengend gewesen. Seume hatte leider vergessen, den Wanderplan beizulegen.

Ich bemühte mich dann selbst, gewissenhafter Pfadfinder zu werden. Ging von dem Standpunkt aus, die Erde sei rund und einmal müsse man also zum Ausganspunkt wieder zurückkommen. Das Wichtigste aber und zugleich Schwerste schien mir, die Richtung innezuhalten.

Das hat sich jetzt auch so herausgestellt. Es geht ja nicht immer geradeaus. Man ist genötigt, Umwege zu machen. Es geht nach unten und nach oben, und manchmal muß ich seitwärts gehen.

Frankfurt. Am Main liegt das.

»Die fünfzig Mark Vorschuß«, sagte der Gießener Direktor, »schenke ich Ihnen, wenn Sie Ihr Bündel schnüren und verschwinden wollen.«

Den Gefallen habe ich ihm gerne getan. Das Geld faßte ich als eine Wanderprämie auf, als eine Art Entdeckungsvorschuß.

Einige Stationen bin ich zu Fuß gegangen, weil es mir Freude macht. Mein Gepäck schickte ich mit der Bahn. Es ist noch nicht angekommen. Es kann ankommen, wann es Lust hat.

Auf der Landstraße »Heute scheid' ich, morgen wandr' ich« gesungen, andauernd gesungen.

Spaziergang nach Sachsenhausen … In einer Laube mein Geld gezählt. Ewig schade, daß man es braucht. Es gibt doch so viele Apfelbäume hier. Stehen frei in den Alleen, auf den Wiesen. Aber man hat mir bedeutet, sie seien Privateigentum.

Die Menschen haben eine recht unpraktische Auffassung von der Welt. Die Bäume fühlen sich doch nicht als Privateigentum. Ich kann sie auch mit dem besten Willen nicht so auffassen. Das Land ist so wundervoll. Die Umgebung von Frankfurt. Ich möchte so gerne gehen, immer weiter gehen.

Ich bin glückselig verliebt in eine Wiese. Heute morgen: die Blumen haben die Unschuld daran, daß ich alles vergessen habe.

Ich presse mein Gesicht in das Gras. Es ist ja das geringste Zeichen meiner Dankbarkeit. Ich liebe so sehr die zärtlich blühende Erde. Der Tau am Morgen macht mich ganz gesund.

Vielleicht brauche ich doch nicht drei Jahre, um mich von einem halben Jahre zu erholen. Man sollte vielleicht nie so bestimmt sagen, wie lange Zeit man braucht, sich zu erholen.

Man müßte jeden Morgen die Erde küssen. Ich glaube, dann würde man das Vertrauen, ruhig in die Zukunft zu sehen, wiederfinden. Denn wenn die Gräser so voll Vertrauen wachsen, die Wolken ihren Lauf haben, die Sterne in ihren Bahnen kreisen, wenn der grüne Mai seinen Weg findet –: sollte es für mich kleinen Menschen nicht auch einen Weg geben?

In der Abendstunde gehe ich die Kaiserstraße entlang und weiter hinauf über die Neue Zeil. Seit gestern habe ich nichts gegessen, aber ich habe keinen Hunger.

Ich hätte gerne in einem Musikpavillon in Sachsenhausen geschlafen, aber ich kann die frische Nachtluft nicht mehr ertragen, und es hatten sich bereits Mäuse dort einlogiert. Da ging ich denn weg und nahm ein Hotelzimmer am Bahnhof.

Im Hotel fühlte ich mich aber so unsicher. Da bin ich denn wieder weggegangen.

Ich will mir die Stadt ansehen, denn ich muß mir eine Lebensgelegenheit suchen.

Zuerst suchte ich den Dom auf. Aber dort war schon Schluß, und ich konnte nicht mehr hinein. Der äußere Bau interessiert mich gar nicht, aber ich halte mich mit Vorliebe in der Nähe des Tabernakels auf. So begnügte ich mich, ein paarmal um den Dom herumzugehen.

Als ich nun in die Neue Zeil kam, glänzt dort an einem hohen Hause ein großes goldenes Schild: »Budapester Apollotheater«. Die Türen zu einer weißen Bar sind geöffnet. Beide Flügel weit geöffnet. Und ich sehe hinein.

Vor der bunten Theke auf hohen Rohrböcken sitzen Mädchen in hellen Kleidern. Das hätte ich mir nie träumen lassen, daß Menschen so müßig in der Welt herumsitzen können. So etwas habe ich noch nie gesehen. In Köln war es ganz anders. Die Mädchen waren nicht so lässig, wie sie mir hier zu sein scheinen.

Mir fällt ein, wie ich als Kind im Hofe auf einem Holzbock saß und eines Samstags das Baby der Nachbarin an meine Brust legte. Wie das Kindchen vergeblich an mir herumsuchte, und wie es mich betrübte, daß ich zu nichts Rechtem tauglich war auf der Welt. Ich empfand es als ein großes Manko, daß ich nicht einmal ein winzig klein Kindchen sollte befriedigen können.

Jetzt stehen neben mir einige Straßenkinder und ich sehe mit ihnen in die erleuchtete Bar.

In den großen Kupferkesseln, die mit Flieder angefüllt sind, spiegelt sich die untergehende Sonne. Oder ist es das Licht der Glühbirnen? Die Straße ist noch im Tageslicht, aber das wird in der Bar nicht benützt.

Pfingsten war es in Gießen, und hier in Frankfurt ist lauer Juniabend …

Da versinke ich weit zurück. Lebe in Juniabenden, die lange vergangen sind. Ich brauche nur nachzusehen: wie war es?, dann bin ich wie einst.

»Wir wollen Abklapune spielen.« Ich wollte mich an eines der Kinder wenden.

Ach, die sind ja alle fortgelaufen, und ich kann es nicht begreifen, daß sie mich nicht mitgenommen haben. Da steht ja noch ein kleines Mädchen von zwölf Jahren, das mich neugierig mustert.

»Wohin sind denn die andern gegangen?« frage ich sie.

»Sind in die Albusgasse geloffen,« sagt sie, sieht mich ein wenig befremdet an, und dann hüpft sie davon. Ich sehe ihr nach. Sie sieht sich noch einmal nach mir um, verschwindet hinter einer Straßenecke.

Da ist mir mit einemmal, als sei ich nirgends zu Hause, als werde ich niemals mich irgendwo zu Hause fühlen. Fremd sind mir die Theaterbesucher, die alle durch die Tür neben der Bar gehen. Sie gehen ja alle, als sei ihnen jede Gegend bekannt. Eine Dame trägt um die Schultern geschlungen ein resedafarbenes Tülltuch, das nicht im geringsten zerknüllt ist. Sie wird zu Hause alles schön aufbewahren.

Ich gehe einige Schritte vor dem Hause auf und ab. Ein lichtblaues Batistkleid, mit sechs Volants besetzt. Ach, das könnte ich in meinem Reisekörbchen ja gar nicht aufbewahren. Ich weiß ja auch nie, wo die Glätterin wohnt, und die Volants müßten doch gebügelt werden.

Meine Hemdchen sind zwei Korsettschoner. Eines wasche ich manchmal am Abend in der Waschschüssel. Als ich es einmal im Hotel zum Trocknen aufhing, war ich beunruhigend reich. Wenn das bißchen Zeug über dem Nußbaumstuhl hing, sagte meine Wirtin, ich sei eine Gewissenlose, von der Feuchtigkeit würde die Politur taub. Ich werde es nie machen können, wie ich will. Nie darf ich meine Gedanken äußern, wie ich sie denke.

Aber jetzt kann ich doch nicht länger hier auf und ab gehen, nicht länger die Vorübergehenden ansehen, nicht länger in die erleuchtete Bar sehen. Hab' ich schon lange genug getan.

Ich will mir eine Freikarte geben lassen und ebenfalls hineingehen.

Taste nach meinem kleinen englischen Strohhut. Der gefällt mir. Meine Kolleginnen sagten, der Hut sei unmöglich. Aber das kann ja nicht stimmen; den trage ich doch schon im fünften Jahre. Meine Seitenlocken sind gut gerollt. Mein weißer Tennisrock sieht heute abend schön aus.

Merkwürdig, je länger ich ihn ansehe, desto schöner wird er. Manchmal ist es auch umgekehrt. Was wohl in Wahrheit stimmen mag? Wie rapid mir doch die Objektivität in die Brüche gegangen ist! Ich habe sie wohl nie besessen, sonst wäre sie doch wohl solider gewesen.

Weil mein Rock anschließend sitzt, wird man die kleinen Flecke nicht sehen. Man muß mir in Bausch und Bogen verzeihen können, sonst geht's überhaupt nicht. Aber man hat schon sehr viel Anstoß an mir genommen, daher wurde ich so nachdenklich über mich. Es gab eine Zeit, da mir nichts Problem war.

Vor der Wagendurchfahrt, neben dem Haupteingang, steht ein junger Mann. Er hat eine gebogene Nase, sieht sehr kühn aus, besonders heut abend.

Der Herr ist klein und schlank, knabenhaft, aber sein Gesicht sieht so klug aus. Als wisse er überall Bescheid im praktischen Leben. Daß es das gibt, sehe ich an diesem Menschen. Das praktische materielle Leben ist keineswegs ausgestorben.

Der Herr hat die Hände in den Hosentaschen und sieht sich die Straße an, als habe er sie gebaut. Ich trete zu ihm hin und sage:

»Verzeihen Sie, können Sie mir vielleicht sagen, wer der Direktor dieses Theaters ist, und ob ich ihn wohl sprechen kann?«

»Doch, das bin ich.«

»Ach, das sind Sie. Das hätte ich nicht von Ihnen gedacht.«

»Was haben Sie denn gedacht, wenn ich fragen darf?«

»Gewiß. Ich meinte, Sie stünden nur so für sich da. Nicht als Direktor. Entschuldigen Sie, das kann mal vorkommen, nicht wahr?

Ich wollte Sie eben nach dem Direktor fragen. Da denke ich natürlich nicht daran …«

Er lächelt: »Das können Sie immer noch. Ich will gerne Auskunft über ihn geben, soviel ich kann.«

Da muß ich auch lächeln und bin ein wenig verlegen. »Ich bin Schauspielerin ohne Engagement. Da ich nun gerade heut abend hier vorübergehe, möchte ich gerne die Gelegenheit benutzen, zu fragen, ob Sie vielleicht Verwendung für mich hätten.«

Ich bin ärgerlich, daß ich mich nicht kürzer fassen kann. »Verwendung« habe ich gesagt. Bin ich denn ein Handtuch? Verkaufe doch auch keine Desinfektionstafeln. Will doch auch kein Engagement, sondern nur eine Freikarte. Nein, ich will mich dem Herrn Direktor deutlicher erklären:

»Ihr Haus hat mich so nachdenklich gestimmt. Ursprünglich hatte ich gar keine Absichten. Glauben Sie mir, bitte, ich bin sonst viel harmloser.«

»Das kann ich mir denken.«

»Das ist verwunderlich, aber sehr liebenswürdig von Ihnen. Sehen Sie, Herr Direktor: Ihre weiß-goldene Bar, der Flieder, alles das gefällt mir ganz gut. Es muß Ihnen doch selbst gefallen, denk' ich mir. In der Bar steckt eine elegante Zärtlichkeit, an die ich mich vielleicht gewöhnen könnte.«

Er wehrt bescheiden ab: »O ja, es ist ganz nett arrangiert. Die Bar haben wir erst vor kurzem errichtet. Der Zuschauerraum soll renoviert und vergrößert werden.«

»Das Theater habe ich nicht gesehen. Ich möchte es natürlich gern. Darum wollte ich Sie ja eigentlich bitten.«

»Aber bitte sehr. Sehen Sie doch heute abend die Vorstellung einmal an. Übrigens gestatten Sie, daß ich mich Ihnen vorstelle: mein Name ist Hirsch, Sally Hirsch.«

»Ja? Ich freue mich. Ich heiße Dagny. Das heißt, ich will Ihnen auch alle meine anderen Namen nennen, wenn Sie es wünschen. Ich habe eine Reihe Bühnennamen. Geführt natürlich. Einige habe ich vergessen, aber das macht ja auch nichts, nicht wahr? Ich sage

Ihnen das nur, weil Sie mich eventuell engagieren werden. Verzeihen Sie, ich halte Sie wohl auf?«

»O nein. Ich habe schon Zeit. Ich komme erst zum Schluß der Vorstellung. Solo. Ich plaudere ganz gerne mit Ihnen. Hier auf der Straße können wir natürlich keinen ordentlichen Kontrakt machen, Fräulein Dagny, das werden Sie wohl einsehen. Kommen Sie aber morgen nachmittag zu mir ins Bureau, wenn Sie auf Engagement reflektieren. Hier in der ersten Etage, gleich die erste Tür rechts.«

»Oh, das will ich gern!«

»Nun also. Gehen Sie nur hinein. Sagen Sie dem Portier an der Kasse, Sie hätten mit mir gesprochen.«

»Danke sehr. Adieu.«

»Wiedersehen.«

Im Theater.

Ich habe diese schmeichelnde, altkluge, orientalische Sprache nicht verstanden. Es klang mir sehr fremdartig. Zwei Damen sprachen reines Deutsch, die andern alle ein seltsames Gemisch. Man spielte ein Stück: »Die Welt geht unter«, und einige Menschen wurden angesichts dieser fraglichen Aussicht geradezu kopflos leichtsinnig. Das war mir unbegreiflich, wenn auch sehr interessant.

In der Zeitung stand, ein Komet habe sich gelockert, die letzte Lockerung war angezeigt. Man erwartete, die Erde werde sich in den nächsten Tagen in die kleinsten Moleküle auflösen. Das war die Voraussetzung und Ursache dessen, was man auf der Bühne zu sehen bekam.

Der Tag wurde mit einem erfrischenden Sektbad eingeleitet. Man war überaus leichtsinnig, tanzte, lachte, sprang, weinte. Die erotischen Ausschweifungen geschahen mehr programmäßig, denn zu einem wirklichen Genuß fehlte natürlich die Ruhe. Man befand sich zwei Tage vor Kurzschluß.

Ein sonst braves Dienstmädchen wurde so übertrieben lustig, daß ich mir diesen Heiterkeitsausbruch nur durch den größten Galgenhumor erklären konnte. In der Mitte des zweiten Aktes war die Betrunkenheit aufs höchste gestiegen. Man trank aus allen Flaschen gleichzeitig und abwechselnd. Wußte gar nicht mehr, was man trank, und sang dazu:

»Die wunderschöne Welt
Und die geht jetzt bald unter.
Herr Rappmann hat's gesagt,
Sind kurze Zeit nur munter,
Hurra, hurra, hurra!«

Niemand hatte für sein Seelenheil gesorgt. Nur einzelne erinnerten sich dunkel, daß es so etwas überhaupt einmal gegeben habe. Utopie. Der nüchterne Gedanke war längst ins Fabelreich verwiesen. Die letzten geistigen Spuren galten als Schande und wurden weggetrunken.

Nichts hatte mehr Sinn, als dies eine: sich so irrsinnig vergnügt wie nur möglich zu benehmen. Zu guter Letzt ließ man sich noch porträtieren, obgleich man nicht wußte für welche Nachwelt.

Auf dem Programm wurde dieses Stück als Lustspiel behauptet, und darum hat wohl auch das Publikum soviel gelacht. Wie unbeschreiblich höflich und kurzsichtig doch die Menschen sind. Mich hat das Stück sehr bewegt, denn es zwang, an die letzten Dinge zu denken.

Ein Telegramm von der Wetterwarte: »Der Komet hat sich wieder gefestigt, Untergang verlegt«, und alles sah anders aus. Die Einsicht des Irrtums kam allerdings zu spät, denn sämtliche Bankkonti waren bereits aufgehoben. Man nahm sich vor, an den Weltuntergang nicht mehr zu glauben, selbst wenn er wirklich eintreffen sollte. Dieser Schluß sollte wohl zur Beruhigung des Publikums dienen.

Der Schlußgesang fand allgemeinen Beifall:

»Der Planet hat sich bewährt,
Drob sind wir hochgeehrt.
Drum spenden Sie uns hübsch Applaus
Und gehen froh nach Haus.«

Das hat man denn auch getan.

Engagiert. Hundertsechzig Mark monatlich. Hab' im Ensemble zu spielen, muß aber auch Solo machen. Das ist für mich ein neues Feld, das mich interessiert.

Ich habe das leichtsinnige Dienstmädchen im »Untergang« übernommen. Das frühere Dienstmädchen führt jetzt eine Verwandlungsnummer vor.

Der Regisseur sagt, die Rolle sei wie für mich geschrieben. »Sie haben Momente entdeckt, Momente,« sagte er, »die ich nie ahnte.«

»Na, dann ist es gut.«

Ich weiß nicht, ich spiele nur so drauf los, nach Gutdünken, denke gar nicht drüber nach. Hab' ja gar keine Zeit dazu.

Von Frau Direktor, die sich von der Kunst zurückgezogen hat, habe ich ein Paar rosaseidene Kniehosen geschenkt bekommen. Die sind mit schwarzen Seidenbändern besetzt. Maskeradenatlas. Die Hose ist nicht mehr neu, aber ich nähe mir ein Kittelchen dazu, dann sieht niemand den Defekt, und von weitem wirkt das ganz hübsch.

Nur bin ich genötigt, mein Solo dem Kostüm anzupassen. Der Regisseur fragt, ob ich nicht den Schlager singen will: »Ich wandle wie im Traum einher, dem Paradiese schweb' ich zu«. Aber das glaubt mir doch kein Mensch, wenn ich es in den Twostephosen singe. Ein bißchen Einheitlichkeit muß ich doch dransetzen, sonst kommt mein Repertoire nicht zustande.

Ich habe dem Direktor erzählt, daß ich zu Hause eine Laute habe. Hätte ich nur das nicht getan. Jetzt wünscht er, daß ich als »fahrender Minnesänger« auftrete.

Er will mir nicht glauben, daß ich die Laute zwar habe, aber nicht spielen kann. Ich kann es ihm nicht begreiflich machen. Ich weiß nicht, wie ich mich aus der Affäre ziehen soll. Wenn er nur nicht die Programme im voraus hätte drucken lassen. Da steht schwarz auf weiß: »Lieder zur Laute«. Daran soll das Publikum glauben. Ich tu's nicht.

Abends nach der Vorstellung findet das gemütliche Beisammensein der Künstler statt. Die wären natürlich nicht gemütlich beisammen, wenn die Kavaliere nicht da wären.

Alle Tische sind besetzt, der Zuschauerraum wird nach der Vorstellung durch einen großen Vorhang geteilt, so daß es aussieht, als hätten wir ein Zeltgelage.

Ich werde oft eingeladen, und ich lehne keine Einladung ab, weil der Direktor das nicht wünscht. Unsere persönliche Anwesenheit ist für die Gäste eine Zugabe zum Abendprogramm. Wir sind so die kleine Annehmlichkeit zum Sekt.

Es ist mir sehr ungewohnt, der allgemeinen Gesellschaft zur Verfügung zu stehen. Ich kann ja nicht an allen Tischen zugleich sein. Oft sitze ich an einem Tisch in Herrengesellschaft, und an einem andern Tisch sitzt ein Herr, der mich durchaus auch bei sich haben möchte.

Dann kommt der Kellner an den Tisch und sagt, ich möchte doch »auf allgemeinen Wunsch« einen Augenblick zu dem Herrn am Tisch da drüben gehen. Sage ich dann: »Es ist doch nur ein Herr da, wieso denn auf allgemeinen Wunsch?«, dann betont der Kellner: »Aber der Herr hat den allgemeinen Wunsch geäußert, und der Herr Direktor wünscht es ebenfalls. Nachher können Sie ja hierher zurückgehen.« Na, dann muß ich gehen.

Das »auf allgemeinen Wunsch« habe ich noch nirgends soviel gehört wie hier. Ich habe natürlich schrecklich viel zu tun, um allen diesen allgemeinen Wünschen gerecht zu werden.

Es läßt sich nicht beschreiben, was für ein befremdliches Gefühl es ist, auf allgemeinen Wunsch eine allgemeine Sache zu werden. Das ganze Publikum ist für mich allgemeiner Wunsch. Wie kann ich einzelner Mensch aber wünschen, allgemeiner Wunsch zu sein? Wie kann ich mich auf reelle Art reell verteilen?

Diese Allgemeinheit ist, genau besehen, doch eine Gemeinheit sondergleichen. Nein, nicht sondergleichen. Denn wenn alle dasselbe wünschen, ist es nicht sonderlich sondergleichen.

Wenn ich abends nach der Vorstellung zum Sekt eingeladen bin, werde ich von den Herren aufgefordert, einen »Witz« oder einen »Schwank« aus meinem Leben zu erzählen. Das kann ich nicht. Meine Schwankungen kann ich nicht preisgeben. Die grotesken Situationen meiner Liebesabenteuer sind meine Trübsal, die keine Erwähnung duldet.

Meine Kolleginnen schreiben sich die Witze auf, und nachdem sie sie auswendig gelernt haben, geben sie die Witze am Abend »zwanglos zum besten«. Ich weiß nie, warum eine Pointe witzig ist. Weiß nie, warum man über ein unerwartetes Ende lacht.

Das Lachen über eine unvorhergesehene Situation schändet mich. Ich will nicht lachen. Man muß behutsam sein. Die berühmte Frau Pollack und der ungarische Herr Mikosch sind tragische Erscheinungen.

In einer Frühlingsnacht die Knospen zerspringen hören, ist heiter. Das ist das grundlose Lachen über das Dasein. Wer doch alles vergessen könnte und grundlos lächeln. Nur die kleinen Kinder, die noch nichts wissen, dürfen lachen über die Bewegung, die sie nicht verstehen, über das wechselnde Licht, das ihnen ein freudiger Scherz ist.

Meine Wirtin hat ein kleines Kind. Es genießt die glücklichste Verzauberung. In der Morgenstunde liegt es nach dem Bade unbekleidet auf seinem weißen Bettchen. Stundenlang möchte ich ansehen, wie das Kind alles lustig findet. Daran kann man glauben, wenn man es sieht.

Das Kind weiß nicht, was zu ihm gehört. Es lacht hell, wenn die Ärmchen sich bewegen, und sieht die strampelnden Beinchen für die heitere Umwelt an. Das rechte Füßchen ist ein Spielkamerad, dem es gestern freundschaftlich die Klingelklapper angeboten hat. Wie die Steinchen klirrten, lachte das Kind.

Wie ich da lauschen kann. Wie heiter das junge Leben ist.

Am Morgen ist das Kind meine Freundschaft. Wie gerne glaube ich dem heiteren Menschenkind. Und am Abend glaube ich nichts mehr. Wie soll ich denn glauben können? Die Lebensfreude findet man nicht in Vergnügungslokalen.

Was ist das für ein bemitleidenswerter Irrtum: ich dachte, Bühne und Podium könnten eine Rettung sein; hier könne man sich finden oder verlieren. Und bin mich doch nicht losgeworden. Alles ist beisammen. Man lädt mich ein, und niemand kennt den Gast. Wer weiß, wie überladen ich dasitze.

Die Kavaliere sind so gleichgültig. Sie wollen gar nicht wissen, was in einem vorgeht. Sie würden wohl auch gar nichts glauben. Sie glauben nur daran, daß ich schlank bin, tanzen, singen und trinken kann. Sie halten für eine Tatsache, was doch nur Übergang ist. Ein Untergang, ein dunkler Tunnel, durch den ich hindurch muß, weil ich einer heiteren Landschaft entgegenfahre.

Alles ist dunkel. Dunkel sind die Menschen. Vielleicht sind sie mir unheimlich, weil ich mir unheimlich bin. Ich finde nicht durch mich hindurch. Daß man unter Menschen einsam sein kann. Es ist alles nur Tanz um den Schatten.

Ich möchte jemanden fragen, der mit dem Leben fertig ist: »Wie viele Menschen haben Sie erkannt?« Und ich möchte wissen, ob er unter »erkannt« nicht das Erraten versteht, wie man hinter der Larve den Freund errät.

Mir ist noch niemand wesenhaft begegnet, also habe ich nie geliebt. Ich liebe den Schatten, den der Mensch wirft. Und glaube, wo Schatten ist, ist Sonne.

Es muß ein Sonnenbild im Menschen geben. Wenn ich dieser Lichterscheinung begegnet bin, dann wird mir jeder begegnen.

Oh, ich liebe nicht. Wenn ich lieben könnte, wäre ich aufgelöst in das, was ich liebe, dann wäre ich Mensch. Ich liebe nicht. Ich liebe der Liebe nach.

Ich kann nicht empfinden, was mir die Welt darbietet. Es muß durchtragen sein, und langsam in mir geboren werden. Es gibt Menschen, die alles zu lieben vorgeben. Wenn aber ein Gebot der Liebe von ihnen forderte, sich ausschließlich um einen mit Ungeziefer behafteten Greis zu bemühen, ein Leben lang –: ob das leicht fallen würde?

Oh, ich liebe nicht. Ich habe es mit mir verdorben und ertrage keine Gemeinschaft. Meine Anschauung ist, Gott wird mich ausschließen, weil ich mich ausschließe. Weil ich nicht tiefer hineintauchen mag.

Gott hat andere Anschauungen, als wir Menschen ihm nachsagen. Die Anschauung Gottes ist Gottes Anschauung … Niemand hat etwas von IHM gesehen. Es war der Schein vom Schein. Sehnsucht kann scheinen, aber die Erfüllung bleibt unsichtbar. Würde nicht die Sehnsucht aufhören?

Oh, daß ich ewig unvollendet bliebe. Nur in ungelöschter Sehnsucht um Sonne kreisen.

Das Gesetz bricht reine Naturen.

Ich habe lange Zeit darüber nachgedacht, was Tugend und Laster ist. Ich weiß es immer noch nicht. Die Tugend würde gar nicht auffallen, wenn es kein Laster gäbe.

Ein Verdienst ist keinesfalls bei der Tugend. Zugute tun darf man sich nichts darauf. Aber das sagt natürlich nicht, daß man sie ignorieren soll. So einfach kann ich es mir nicht machen.

Ich habe mir ein Gebetbuch gekauft. Und wenn ich in der Garderobe auf meine Nummer warte, habe ich ein wenig Zeit, die zehn Gebote durchzunehmen, wie sie im Beichtspiegel zu lesen sind.

Ich habe das Gebetbuch immer in einer Nummer von »Vie Parisienne«, damit man das Kreuz auf der Einbanddecke nicht sehen kann. Die Kollegen würden mich für eine religiöse Dilettantin halten, und das will ich gar nicht gerne sein.

Kreuz und Gebetbuch sollten billig in jedem Kabarett zu finden sein, denn die Religion ist ja keine Privatsache, und Gott noch viel weniger.

Zu Hause hab' ich wenig Zeit, darüber nachzudenken; da habe ich neue Chansons zu lernen. In der Garderobe aber, wenn ich auf meinen Auftritt warte, hab' ich zum Lesen die beste Gelegenheit.

Vor einigen Tagen schlug ich das Buch aufs Geratewohl auf. Ich hatte beschlossen: der Spruch, auf den mein Auge fällt, soll für mein ganzes Leben maßgebend sein.

Ich las:

»Wer mich verleugnet, den will auch ich verleugnen.«

Ich erschrak und ließ das Buch in den Schoß sinken.

»La Vie Parisienne« glitt zu Boden. Das Kreuz wurde sichtbar, obgleich niemand anwesend war. Ich sah es allein, jeder hätte es sehen können.

Alle meine Versuche zu beten sind so schwach. Ich muß erst lange in mich hineinsehen, bevor ich bete. Bevor ich mich nicht ein klein wenig kenne, darf ich auch nicht beten. Aber wenn ich nur um dieses mein Erkennen bete, geht es doch vielleicht.

Eine Stunde habe ich es durchgeführt, zu knien, aber am nächsten Morgen konnte ich auf der Probe die Tanzeinlage zu »Vorsicht! Gift!« kaum mitmachen. Welchen Grund soll ich dem Regisseur hierfür angeben? Er hat mit mir geschimpft, weil ich so ungelenk war; mich auf das häßlichste verdächtigt. Daß er schimpft, macht ja nichts. Aber was soll ich ihm sagen? Mit mir stimmt es nicht, stimmt immer weniger.

Du aber, mein Buch, bist du wie Gott selbst? Hörst du mich nur an und sagst mir nichts zurück? Habe ich denn wohl eine Antwort.

Mir ist, als hätte ich noch nichts vernommen. Aber es liegt an mir. Ich kann nicht hören.

Du aber hörst mich, Gott. Mir ist, als müsse ich dir alles aufschreiben, damit du es immer lesen kannst. Behältst du wohl alles, was ich dir je gesagt? Oder muß ich das alles behalten? Magst du mich denn nehmen, wie ich bin.

Magst du denn sehen, daß ich Widerspruch bin, denn ich kann nicht eines sein ohne das andere. Ich bin vielfältig. Ich müßte ganz einfach sein. Ich möchte mich ganz und gar vereinfachen. Lieber Gott, warum lebe ich denn in der weltlichsten Welt und strebe doch nach dem höchsten der Himmel?

Ich bin mir unbegreiflich, und in meiner höchsten Stunde wird mir nur gelingen das Geständnis meiner Unbegreiflichkeit. Ich will es dir direkter sagen: laß mich doch direkt sein. Nur dir gegenüber direkt sein, denn die Menschen werden das Geheimnis des Widerspruchs wohl nicht enträtseln, so wie ich mich selbst nicht verstehe.

Ich kann dir nur das »Wie« sagen und kenne keinen Grund. Du hörst doch unsere Couplets, so wie du den Lobgesang der Engel, der himmlischen Geister hörst. Du siehst Lilians amerikanische Tänze, siehst das Ballettdivertissement, das auf Fußspitzen zu schweben scheint, genau so, wie du den Reigen der Engel siehst und dich daran erfreust.

Könnte ich dir doch alle unsere Vorführungen aufopfern, denn wir singen und tanzen doch auch für dich, ob wir wollen oder nicht. Wir sind dein zierliches kleines Spielzeug. Du aber bist unbegrenzt, du hast alle Sinne ohne Grenzen. Du bist ja der Sinn.

Bist du nicht auch Auge? Und ist deine Allgegenwart auch am Abend über dem Budapester Judentheater in der Neuen Zeil? Hörst du nicht, wenn ich singe: »Kann nicht dafür, daß ich so bin«? Du weißt ja, daß ich jetzt Solo singe, ich brauche dir nicht lange davon zu erzählen, denn du weißt es ja.

Du weißt auch, wie es kam, daß ich zuerst Gürtlers Gedicht vom »Falschen Goldstück« rezitierte, und daß es nicht gefiel und niemand zuhörte, du weißt es. Aber laß mich dir's dennoch erzählen.

Du weißt auch, daß niemand zuhörte, als ich »Gott und die Bajadere« vortrug; daß die Gäste betrunken waren und alle Schönheit ins Wasser fiel. Du weißt es. Denn du bist allwissend.

Du mußt allwissend sein, hier auf der Erde und im Himmel mußt du allwissend sein, sonst würde sich ja niemand hier unten auskennen, und verzweifeln.

Gib mir doch die Beruhigung, daß du allwissend bist. Ach, wenn nicht irgendwo die Erkenntnis wohnen würde – wäre es nicht bei dir, Gott, geliebter Gott, – ich würde dich so lange bitten, ein Leben lang bitten, bis du mich erhören würdest.

Nimm dich meiner an, du Gott der Erkenntnis, schwebe über mir. Ich kann ja nur in meiner Sprache zu dir sprechen, ach, und ich bitte inbrünstig, gib mir in meiner Sprache zu verstehen, denn die hohe göttliche Sprache ist gewiß unbegreiflich.

Meines äußeren Zeichens bin ich, wie du weißt, Kabarettistin. Du wirst auch mit diesem Beruf einverstanden sein, irgendwie, denn sonst könntest du ihn ja leicht abschaffen. Aber unerforschlich sind deine Wege …

Mit dem Beruf ist ja so vieles verbunden, weil der Beruf irdisch ist, aber das weißt du auch, und du bist gütig und nimmst Rücksicht. Sieh, ich kann meinen Beruf gar nicht begründen, aber ich weiß, daß du mich berufen kannst. Es sei, wie du es willst.

Ich will dir alles klagen, und du wirst mich erhören, wenn ich dir alles gesagt haben werde.

Du hast mich betrunken gesehen, wie ich weinend zusammenbrach vor Unglück. Ich liebe doch die Klarheit. Du weißt, wie ich die Helligkeit liebe. Und das Licht, wenn ich am Morgen das Fenster öffne und die Morgensonne sehe und den blauen Sommerhimmel – deine Gegend, Gott. Das Licht, das Licht von deinem Lichte ist.

Aber die Nacht. Die Nacht, mein Gott! Leitest du die Schritte der Trunkenen? Laß unsere Füße doch nicht straucheln. Laß mich nicht zweifeln daran, du seiest besorgt, daß niemand fällt.

Ach, ich habe schon so viele betrunken gesehen. Und die da sichtbar trunken sind, werden sie es nicht auch unsichtbar sein?

Aber sind nicht alle nur oberflächlich betrunken? Denn im Innersten der Seele, wer möchte da nicht klar und hell sein?

Mein Gott, wir neigen alle zur Trunkenheit und Unkenntnis. Und ich darf nicht fragen, ob es mit deinem, oder meinem Willen geschieht. Wenn du mir die Ungebundenheit des Willens gegeben hast, so laß mich wenigstens dieses eine klar erkennen; damit sich mein Wille dem deinen unterordne. Denn ich fürchte mich und bin von Gefahren umstellt. Wie aber kann ich entfliehen? Vor deinen klaren Augen liegt die Sünde überall.

Gib allen Trunkenen mit der unauslöschlichen Sehnsucht nach der Helligkeit im Herzen dein Geleite.

O dieses Chaos, in das ich mich hineinbegeben habe. Finsternis liegt über der Tiefe überall, als sei die Welt noch nicht erschaffen. Singe ich denn vorläufig? Ich will dir zuliebe singen »Wir haben so nichts, und haben auch so nichts«. Wir haben nichts. Laß mich das so lange singen, bis du alles gibst.

Wenn ich singe »In der Nacht, wenn die Liebe erwacht«, so kann ich nicht anders, als deiner Liebe gedenken, die nie schläft. Ich kann nicht anders.

Weißt du nichts anderes für mich? Deine Welt ist so groß. Meine Gedanken an dich vermengen sich mit dem, was sündig ist. All unser irdisch Sein vermengen wir mit deiner Gottheit.

O Unfaßbarer, bleibe entfernt, damit wir dich nie beleidigen. Aber entflamme ewig unsere Sehnsucht, die immer deiner hohen Entrücktheit nachstrebt.

Wir kommen über dich nie hinweg. Nichts Menschliches kann dich aus deiner Höhe vertreiben. Und es gibt keinen Menschen auf dem weiten Erdrund, der nicht wenigstens einmal zu dir gebetet hat. Bedenke: in jeder Seele gibt es eine Stelle, aus der du nie verschwinden kannst. Da wohnst du und kannst nie sterben. Und würde es nur ganz leise geflüstert – »Vater unser« –, ich will dich dennoch bitten. Oh, daß du mich erhören wolltest!

Vergiß alle Worte, alle Gebärden, alle Taten, die dein göttliches Wesen nicht streifen. Denn du bist in uns. Wir wollen sein in dir.

Stärke in jedem Menschen den geheimnisvollen Trieb, der zu dir, dem Unsichtbaren, zieht. Die ewige Lust zum ewigen Leben sei dir geweiht. So sei es.

Ich lasse mir jetzt ein schwarzes Frieskleid machen, das die Form des Nonnenkleides hat. Es ist nicht frei von Absicht. Die Einfachheit wird durch den schneeweißen Mullkragen, der sich um den Hals legt, leicht betont. Aber von der Absicht sind selbst die anspruchslosesten Nonnen nicht frei. In jedem Kleide steckt irgendwie doch immer ein Vorsatz.

Es gibt wohl nichts, wobei nicht ein kleines Stückchen Eitelkeit wäre. Man kann sich drehen, wie man will. Ist es nicht ein Segen, daß ich blond bin? Selbst die Natur kann man eitel nennen. Wenn nur mein Hang zum Puritanischen nicht extra eitel ist.

Johannes der Täufer mit seinem fanatischen Kleid aus Kamelhaaren verwirklichte seine intellektuelle Mode. Man spricht noch heute davon, wie besonders er sich kleidete.

Sein besonderer Geschmack waren Heuschrecken und wilder Honig. Liegt nicht ein wenig herbe Pikanterie in alledem?

Ich schlucke ganz gern die Medizin, für die ich nicht die dazu gehörige Krankheit habe. Als Kind trank ich täglich zwei Löffel Weinessig, der mir widerwärtig war; als Mittel zur Abtötung der Sinne. Nach acht Wochen erwachten meine Sinne und das Bittere wurde mir süß. Da wurde ich traurig: ich hatte das Ziel verfehlt. Der freiwillige Zwang entwickelte sich zur Wollust.

Mein Engagement ist die Bitterkeit, die mir wirklich bitter schmeckt. Ich möchte Hirtenweisen singen. Als Ersatz dafür singe ich jetzt nach der Melodie Valse brune:

»Nur Liebe ist Leben,
Schöneres kann es nicht geben.
Für Liebe ist all mein Streben,
Nur Liebe soll sein.«

Das gilt beim Publikum als Apachenlied.

Ach Gott, wenn ich es gar nicht verstünde, das Leben ein wenig in meine geliebten Sphären zu übersetzen, – ich wäre wohl schon lange gestorben.

Daß man mich einmal nehmen könnte, wie ich mich empfinde! Daß ich der Ausdruck meiner Sehnsucht würde! Daß jede Gebärde, jedes Lied verraten möchten, was mich innerlich beseelt.

Ich möchte dem lauschenden Publikum vom höchsten Podium aus vom Glück der Liebe singen, so einleuchtend, daß jeder daran glauben müßte: »Liebe ist Leben«, eindeutig glauben. Es kann ja doch nur eine eindeutige Liebe geben, alles andere ist halb und etwas ganz anderes.

Ich weiß, woran ich glaube und glauben will. Ich habe im Apollotheater genug Zweideutigkeiten gehört, um an die Eindeutigkeit zu glauben. Gewiß, ich bin nicht umsonst hier gewesen.

Die Unruhe hat mich im Morgengrauen in den Wald getrieben. Wie gut, daß wir uns noch immer im Sommer befinden. In der Stadt, in diesem Häuser- und Rauchmeer hätte ich beinahe vergessen, daß es Wälder gibt, in denen hohe Bäume stehen.

So früh wie ich ist wohl noch niemand im Wald, denn ich bin gleich nach Kabarettschluß hingegangen.

Da kann ich mein ganzes Leben stille stehen lassen. Nur den Baum umarmen und ihm sagen:

Laß mich doch so selbstverständlich blühen, wie du blühst. Sieh, ich bin nicht sicher, ob du nicht Sinne hast. Vielleicht kannst du mich hören, wenn ich alle Schichten durchdringend zu dir sprechen will.

Höre, als wärest du mein Geliebter. Wir sind beide verzaubert. Wir haben unseren Ursprung im Worte Gottes. Das Wort ist heilig. Höre mich. Wir waren im Wort. Wir ruhten in Gott, und sind nun Baum und Mensch geworden.

Bist du nicht Geschöpf wie ich? In Schönheit neigen sich deine Zweige. Ich aber bin ein gefallener Engel, und einmal kam auch ich von Gott. Habe Nachsicht mit mir, weil ich das Bewußtsein in mir trage, immer in mir herumtrage. Kennst du das auch? Nein? Laß mich unter dir stehen.

Laß mich unter deinem Blühen stehen. Unter deiner Blätterkrone, die dem Himmel näher ist wie ich. Ich stehe unter dir, im Staubgewand und mit der Sehnsucht im Herzen. Laß dich umklammern.

Wenn du doch mein Bruder bist, mein Mitgeschöpf von einem Schöpfer, lieber Baum, – laß mich mit dir sprechen. Habe Verständnis für mich, denn ich kann mich dir offenbaren. Du bist so still, du hörst mich an. Es ist lange her, seitdem es so still um mich war. Nur dein Blühen erzählt mir, dein einfaches, wunderbares Gedeihen bete ich an.

Sieh mich, unter dir. Ich seufze hinauf zu deinem Dach. Ich wage ja nicht, mich in den blauen Himmel zu versteigen, denn meine Wege sind alle in der Tiefe. Ich bin erdgeboren in einer Stadt unter vielen Menschen, und ich trage die Spuren der bösen Intelligenz an mir.

Ich fürchte mich so sehr vor den Folgen der eitlen Klugheit. Die Klugheit ist eine schlimme Hirngeburt, eine Krankheit, die meine Seele zu beflecken droht. Vielleicht ist meine Seele nur eine ganz kleine armselige Sehnsucht, aber unauslöschlich. Wie könnte ich verzichten? Ich habe den brennenden Durst, der noch nie gelöscht wurde. So dürste ich immer weiter. So steigert sich mein Verlangen immer höher hinauf.

Und bin doch in der Tiefe. Ich stehe ja unter dir, lieber Baum, ich klage dir. Laß mich dir alles klagen. Wie danke ich dir, daß du still lauschen kannst. Gott wollte, daß du nur blühen mögest und gedeihen. Zu seiner und der Menschen Freude. Das ist dein Wesen und deine Bestimmung. Du kannst und willst nichts anderes sein, als Baum. Baum ist Baum.

Ich aber wurde bestimmt, Mensch zu sein. Hier aber beginnt das Bekenntnis meiner Sünde. Oh, begreife und erfasse mich, Geliebter, wie ich dich umarme. Ich habe es noch nicht erreicht: Mensch sein. Und ich stelle einen Menschen dar. Ach, daß du dir das vorstellen könntest!

Weißt du in deiner Unschuld etwas von Kampf und schwerem Ringen, das dahin trachtet, zu werden, was man ist: Mensch?

Wie tief verzaubert wurden wir Menschen, daß wir ein Leben lang suchen müssen; vielleicht erst im Tode gebären, was wir im Leben äußerlich zu sein scheinen: Menschen.

Daß es mir doch gelingen möge, meine Einfachheit zu finden und zu bewahren: daß ich Mensch sei, innen sowohl wie außen, bis mein Gesicht der Spiegel meiner Seele würde. Du aber lehre mich.

Manches scheint mir nur dazu da zu sein, mich abergläubisch zu machen. Vielleicht dient auch das Unglück dazu.

Nehme ich ein Weinglas in die Hand, fällt es. Schon am Morgen schütte ich den Kaffee über das weiße Tischtuch. Das kann ich nicht als erste Tat des Tages bezeichnen. Ich frage mich nur, ob es eine Tatsache ist, daß der braune Kaffee die Decke verdorben hat. Inzwischen ist der Kaffee bereits eingetrocknet.

Meine Wirtin kommt, um das Geschirr abzuräumen und glaubt an Tatsachen, die mich doch nicht die geringste Anstrengung kosteten. Wie wird es nur zustande gebracht, daß die Tinte mit peinlicher Regelmäßigkeit seit einigen Tagen auf mein Lieblingsbuch »Raskolnikow« fällt?

Fällt, fällt? Umgeworfen wird. Am Abend werfe ich das Belladonnafläschchen um. Es bleibt mir nichts anderes übrig, als mich meiner Selbständigkeit zu rühmen. Denn wenn alles ohne mein Zutun geschieht, kann ich mich auf die Erde, den Schemel Gottes setzen und die Gefängniszeit meines Lebens, meine dämonische Strafe, wartend absitzen.

»'s ist alles scheinbar,
Das ganze Leben,
Die ganze Liebe.

Man glaubt an Liebe,
Man glaubt an Treue
Und ist doch alles
Zum Schluß nur Schein.«

Die Gesellschaft singt so vergnügt mit, als wisse sie gar nicht, was sie eigentlich singt. Sie scheinen gar nicht zu wissen, daß einer ihrer Operettenschlager das Volkslied der Vergänglichkeit ist.

In einer Buchhandlung habe ich eine Legende ausfindig gemacht: »Der Tänzer Unserer Lieben Frau«.

Das Buch habe ich Liane mit einer Widmung geschenkt. Wie einfach, etwas zu verschenken, was man nicht geschaffen hat. Nur die Widmung ist von mir: »Als Anregung, vor Gott zu tanzen.« Das liegt ja so nahe.

Der französische Spielmann, der weltmüde sich in einen Büßerorden begab, tanzt dort vor der Mutter Gottes, weil er nur tanzen kann, sonst nichts.

Er verehrt sein göttliches Publikum, und die Königin, vom schimmernden Heer der Märtyrer und Bekenner erhoben, lächelt dem armen Spielmann zu. Von ihrem Throne steigt sie herab und nimmt die Seele des müden Tänzers in ihre jungfräulichen Arme.

Zu Haus bei Liane, in der Schlachthausgasse, ist vom Tanzen nicht die Rede. Die Wohnung ist so ruhig und einfach, wie Lianens Mutter selbst.

Die Mutter hat uns Kaffee vorgesetzt. Es war sehr schön, in der Familienstube zu sitzen. Auf der Kommode steht eine Statue vom heiligen Antonius. Ich habe mich nach der Bedeutung dieses Heiligen erkundigt und erfahren, daß er verlorene Gegenstände suchen hilft. Ich hab' mir das für alle Fälle notiert.

Ich denke mir, daß die Finderbegabung eines Heiligen sich auch auf unsichtbare Dinge erstreckt. Lianens Mutter hat mir allerdings nur vom verlorenen und wiedergefundenen Portemonnaie erzählt. Dadurch werde ich mich aber nicht abschrecken lassen. Sicher läßt sich hier keine Grenze bezeichnen.

»Was ist das für ein Mann?« fragte ich, indem ich auf den Heiligen zeigte.

»Er hat den Fischen gepredigt,« sagte Lianens Mutter.

»Weil die Menschen ihn wohl nicht hören wollten?«

Sie zuckte die Achseln. Vielleicht weiß sie es selbst nicht genau.

Heiliger Antonius, ich bin kein Fisch. Ich habe willige Ohren, die empfindsam sind, zu hören. Sage mir, wo ich das verlorene Paradies wiederfinde. Zeige nur ein wenig deine göttliche Kunst, und ich will glauben. Ich will mich bemühen, zu glauben, noch bevor du mir das Wunder gezeigt hast. Der Glaube selbst soll mir schon Fund sein, zu dem du verholfen. Genügt dir wohl dieser kleine Funke von Vertrauen? Ich habe ja noch alles zu finden. Hilf mir suchen und sei meiner Dankbarkeit versichert. Amen.

Liane, Schlachthausgasse, Sankt Antonius, Mainbrücke, Angelusläuten, Einkauf bei Hirsch und Kompagnie, Café Orpheum, Rolle Maltschi, zerrissene Gitarresaiten erneuern, nach Schluß der Abendvorstellung einer jüdischen Hochzeitsgesellschaft beigewohnt, getanzt, auf Bierfässern ausgeruht, in der Morgenstunde mit Salomon Droschkenfahrt nach Sachsenhausen, um zehn Uhr früh ins Bett.

Auch ohne solch anstrengendes Tages- und Nachtrepertoir wäre die Weltflucht nicht verwunderlich. Nach jeder durchtanzten Zigarettennacht denke ich an meine Kinderzeit. Wie war doch alles hell und duftig!

In der Folterkammer der Burg zu Nürnberg sah ich einmal das Bild einer Verbrecherin. Sie saß auf einem Stuhl und sah dem Beschauer direkt ins Gesicht, in diesem Falle also mir.

Unter dem Bilde standen die Worte: »Ich bin die Quintessenz der Bosheit.« Höher geht's nicht. Eine Vollkommenheit. Gerechtfertigt und perfekt.

Wenn ich nur ein einziges Mal die Illusion der Vollkommenheit haben könnte! Dahin geht mein Streben. Allerdings, die entscheidende große Linie ist wichtig.

Für die Bosheit will ich mich nicht entschließen, obgleich ich der Frau in der Folterkammer meine Achtung eingestehe. Die große Achtung vor der Leistung.

Mir träumte, ich stünde auf einer Bühne, die ein Kloster war. Die Schauspieler waren geweiht und bildeten eine religiöse Vereinigung.

Wir spielten ein Stück, das durchtränkt war von einer süßen Stimmung und Sprache. Das Stück hieß »Der Reiz der Aufrichtigkeit«. Mit der Aufrichtigkeit war die Ehrlichkeit gemeint. Die aber wurde leider ein wenig fanatisch betont und artete daher in eine Wollust aus, auf die man stolz war. Dieser Stolz nun gab den Spielenden, die doch die Wahrheit vertraten, im Laufe der Handlung eine Unüberlegtheit, die mich schnell zu langweilen begann.

Höflich stieg ich die Stufen des Podiums hinab. Ich war dabei so behutsam, daß die Spielenden meinen Abstieg nicht bemerkten. Da erkannte ich mit einer leisen Trauer, daß ich mich niemals einem System würde einfügen können.

Aber da ich doch nicht als Spielverderber gelten wollte, warb ich im Publikum für eine Religion, indem ich imaginäre bunte Flächen anbot. Dabei sprach ich die verlockenden Worte: »Lassen Sie sich zu meinem Irrtum verführen.«

Sobald die Spielenden das Wort »Irrtum« aufgefangen hatten, wurde ich aus jeder Gemeinschaft ausgestoßen. Ich wehrte mich, und wie um mich zu behaupten, schrie ich, während ich zu allen Türen gleichzeitig hinausgestoßen wurde: »Es lebe der wilde Gott.«

Im Erwachen hörte ich den Schrei.

Eine Tänzerin, die auf Engagement bei uns gastierte, ist von einem Japaner, ihrem Geliebten, erschossen worden.

Am Abend vor ihrem Tode hat sie noch bei uns getanzt. Sie kam mir außerordentlich nervös vor. Aber vielleicht habe ich mir das nachher gedacht. In der Garderobe saß sie am langen Schminktisch an meiner linken Seite.

Sie war nicht gut geschminkt. Auch waren ihre Trikots nicht sauber. Ich bot ihr von meiner Schminke an, aber sie lehnte dankend ab. Offenbar war sie durch irgend etwas bewegt. Ich habe ihr meine Schminke sogar aufdrängen wollen, aber sie sagte, sie werde sich morgen welche kaufen. Das hat sie nicht mehr nötig gehabt.

Die Kollegen erzählen, der Japaner habe sie geliebt und sie deswegen getötet. Er hatte gar keinen Grund zur Eifersucht, denn sie hat gar nicht geliebt, überhaupt nicht. Das soll sie geäußert haben. Wie hat sie das nur gewußt?

Daß man ohne einen Menschen nicht leben zu können glaubt, ist noch lange keine Liebe. Das muß ich am besten wissen, weil ich nicht liebe, denn die Liebe ist ja meistens blind. So blind, daß man tötet, was man liebt. Das sehe ich.

Wir sind im Leichenschauhause gewesen. Das ganze Judentheater. Es war so kühl dort, wie in einer Gruft. Wir mußten eine Treppe tief steigen. Es war wohl der Halbkeller. Es ging noch tiefer hinunter. Ganz so tief hat unsere Kollegin also doch nicht gelegen.

Sie liegt im Halbkeller. Das heißt, jetzt liegt sie ja nicht mehr dort, denn ihre Leiche ist in die Anatomie gekommen. Davon aber weiß ich nichts. Bis zur Anatomie bin ich nicht gekommen …

Im Geiste sehe ich die Tänzerin vor mir auf einer Bahre liegen im Halbkeller des Leichenschauhauses. Ihre Wohnstube war viel behaglicher eingerichtet, wenn auch nicht so sauber wie das Leichenzimmer. Dieses ist ein ziemlich großer Raum mit grauem, kaltem Zementboden.

Edi Goldstein hatte feierlich seinen schwarzen Bühnenfrack angezogen. Das hat nichts ändern können. Der Wiener Humorist wollte sich eine Zigarette anzünden. Aber Robbi bedeutete ihm, daß das Rauchen hier nicht am Platze sei.

Die Herren waren vorangegangen. Wir Mädchen blieben bei der Tür am Treppeneingang stehen und waren so befangen, daß wir nicht miteinander sprachen. Mir war dunkel vor den Augen, weil die Sonne draußen so hell schien. Graue Vorhänge waren von den hohen Fenstern herabgelassen. Obgleich der Komiker mit dem Wärter sprach, war eine Art feuchte Stille im Raum.

Der Komiker benahm sich, als habe er hier zu bestimmen, und forderte uns mit einer vertrauten Kopfbewegung auf, wir möchten näher treten. Wir kamen zögernd, auf Fußspitzen. Ich wagte gar nicht, meine Augen zu erheben. Dann aber hab' ich es doch getan.

Ach, mein Gott, da lag sie ja, auf einer schmalen Tragbahre. Sie hatte noch ihren seidenen Schlafrock an, der sich schreiend bunt von ihrem wächsernen Gesicht abhob.

Oh, dieses Gesicht! Wie kann nur ein Gesicht so schmerzverzerrt und zugleich so jung sein. Daß nicht einmal der Tod diesen Schmerz zu klären vermocht hat! Ich glaubte, der Tod mache alle gespannten Züge gleichmäßig und ruhig, so daß der Sterbende im letzten Augenblick ein Tal des Friedens sieht. Wenn aber der Tod so plötzlich kommt …

Heute wollte sie sich Schminke kaufen, dachte ich. Jetzt aber sah sie aus, als trage sie eine Maske des Grauens. Es war nicht dasselbe schöne Mädchen, das ich am Abend hatte atmen sehen …

Wir standen stumm im Halbkreis um die Bahre unserer Kollegin. Hier lag sie, widerstandslos auf einem schmalen Holzbrett. Wir standen sprachlos, angetan mit hellen Sommerkleidern,

Blumen auf den Hüten, und vor unseren lebendigen Augen lag unsere tote Kollegin, die rechte Hand verkrampft im losen, vollen Haar …

»Ja, das war sie,« flüsterten die Kollegen scheu.

Wie sich doch alles verändern kann. Gestern war das kleine Mädchen noch eine Tänzerin. Heute ist sie das Rätsel, die Sphinx der Unsterblichkeit …

Noch zeichnen sich ihre Brüste durch den dünnen Seidenstoff ab. Noch glänzt ihr wundervolles blondes Haar und duftet, während ihre halb geöffneten Augen, die niemand hat zudrücken können, trübe erstarrt sind.

Was sind Schönheit und Jugend? Hier sehe ich die Antwort vor mir, und eine Schwäche überfällt mich. Ich war die erste, die sich überwältigt abwandte.

Ich zerstreue mich gewaltsam.

In der »Bar Riche« getanzt ein paar Abende. Ich darf an den Tod nicht denken, solange ich lebe.

Die Herren in der Bar finden, ich sei die Lustigste von allen. Um die Theke, die inmitten der Bar ein Rondell bildet, tanze ich ein improvisiertes Solo. Ein kleines Stakkato, das mir während der Musik einfiel. Beim Tanzen jongliere ich mit Krachmandeln und Pfirsichen.

Liane hatte den Einfall, nach dieser meiner Privat-Nummer zu kassieren. Gewiß, es wirkte verstimmend, daß ich das Geld für einen Totenkranz benutzen wolle. Es mag taktlos gewesen sein, aber ich kann nicht dafür: selbst in der Trunkenheit überwältigt mich eine klare Empfindung.

Wenn die tote Tänzerin wenigstens neben dem Japaner begraben wird. Könnte es nicht eine Erfüllung sein, neben dem Geliebten zu schlafen? Ich stelle mir so gerne vor, daß sie am Jüngsten Tage neben ihm erwachen wird.

Heute bin ich in der Anatomie gewesen. Der Satiriker sagte mir, man bekomme dreihundert Mark, wenn man seine Leiche der Wissenschaft verschreibe. Für das durchaus Passive dreihundert Mark bekommen –, wem wäre das nicht einmal in seinem Leben verlockend gewesen?

Aus dem Tode ein Geschäft machen? Warum? Warum nicht? Es sterben Leute und verdienen nicht das geringste damit. Warum also nicht mit dem Tode verdienen? Dabei ist keine Schande mehr zu empfinden. Im Tode ist doch das Schamgefühl überwältigt. Es stirbt schon bei Lebzeiten ab. Was kann mir denn noch weh tun?

Ich hatte mir alles so schön ausgemalt. Von der Anatomie wäre ich ins Warenhaus gegangen. Hätte das Geburtstagsgeschenk für meine Mutter eingekauft. Zehn Pfund Lenzburger Konfitüre, ein Paket Lebkuchen, wollene Unterwäsche und einen gestickten Haussegen.

Was hätte sich nicht alles fürs Leichengeld anschaffen lassen. Auf die Aussicht hin, daß man sterben wird, kann ein anderer leben. Ich hätte gleich alles ausgegeben, denn das Leichengeld wäre mir doch mühelos in den Schoß gefallen.

Mein Leben hätte ich hingeben mögen, um das Geburtstagsgeschenk zu ermöglichen. Zum Schleuderpreis hätte ich's weggeworfen. Mit meiner Leiche hätte man nach Belieben verfahren können, man hat es ja schon bei Lebzeiten getan. Nichts ist draus geworden. Ich muß es verschmerzen, wenn es auch noch so schwer fällt.

Oh, ich bin mir ein überlegenes Versuchskaninchen. »Macht, was ihr wollt,« dachte ich. Und ein Professor schwebte mir vor, der mein Herz in der Hand hielt. Mag er es noch so lange betrachten. Es läßt sich nicht wissenschaftlich feststellen, was da so stürmisch klopft.

Die Premiere hat mir einen gründlichen Strich durch die Rechnung gemacht. Ich habe – wieder einmal – falsch kalkuliert. Habe nicht mit der blauseidenen Schlafjacke gerechnet und mit der Spitzenkombination, die ich für die neue Komödie brauche.

Im Kabarett habe ich nichts geerbt. Weil ich meine Hoffnung einzig und allein auf die Anatomie gesetzt hatte. Nun, die Hoffnung ist fehlgeschlagen. Ich habe mich wieder einmal grundlos gefreut. Das ist auch etwas.

Hätte ich bei dieser Augusthitze nur nicht meinen dicken grauen Regenmantel angezogen, den ich schwarz habe färben lassen. Ich fand, es sei nicht passend, in Tennisrock und Chiffonhut meine staubgeborene Hülle zu veräußern.

Den ganzen Tag über beschäftigten mich Totengräbergedanken. Dazu braucht man nicht Totengräber zu sein. Man kann auch Soubrette sein. Vielleicht sind die Totengräber viel lustigere Leute.

Unterwegs probierte ich einen schicklichen Tonfall aus: »Entschuldigen Sie, bin ich hier recht, wo man sich verkauft?« Aber wozu die unnützen Fragen, fiel mir ein. In der Anatomie ist man doch immer am rechten Ort. Kein Zweifel kann dort bestehen. Alles ist wunderbar einfach.

Ich gehe durch die Moselstraße. Es gehen so wenige Menschen in dieser Hitze. Der Schweiß tropft mir von der Stirne und mir ist so schwer. Es hat ja auch nicht jeder zu besorgen, was ich zu besorgen habe. Wenn ich vor einem Engagementsabschluß stehe, bin ich stets in nervöser Stimmung. So also auch an diesem Tage. Ist ja nicht verwunderlich.

Hätte ich mir nicht ein Totenhemd anziehen sollen? Daß man sich seinem Beruf auch äußerlich anpaßt, erfordert doch die natürliche Konvention.

Mein Wintermantel erscheint mir plötzlich deplaciert. Jetzt ist nichts mehr zu ändern. Bin nun einmal unterwegs. Solange eine Leiche selbst eine Uniform trägt: Skrupel beiseite! Auch die Anstandsbegriffe verwesen einmal. Konvention fällt über Bord.

Vor dem Spiegelfenster eines Konfiseriegeschäftes betrachte ich mich noch einmal. Nicht vorteilhaft, konstatiere ich. Ist aber auch nicht nötig. Hab' mich nicht einmal gepudert, damit man sieht, daß es mir heiliger Ernst ist. Meine gemalten Augenringe von gestern sind noch nicht ganz weggewischt, aber die sollen mich nicht hemmen … So neige ich langsam den Kopf, mein Spiegelbild ebenfalls. Generalprobe.

»Entschuldigen Sie, könnten Sie vielleicht … eine noch junge Leiche brauchen?« Mein Gott, wie werde ich das wissen können. Sich das begreiflich machen und richtig vorstellen. Ich kann ja noch nicken. Junge Leiche hin, junge Leiche her! Oh, ich habe das Reckturnen im Gehirn. Das schickt sich nicht für mich.

Also einfach, aber nett: »Haben Sie vielleicht Verwendung für mich? Zum Beispiel als Leiche.« Zum Beispiel? Das paßt mir gar nicht. Da kann mir ja der Anatomiemann sagen: »Schönes Beispiel!« – Meine Wirkung als Beispiel wird erst nach meinem Tode offenbar werden, und selbst dann wird sie sich nicht konstatieren lassen. Also sich nicht als Beispiel hinstellen.

Meine Hände sind schon ganz heiß. Vielmehr, sie sind noch heiß. Mit warmen Händen muß ich in die Anatomie gehen. Ich gehe vom Spiegelfenster weg. Ich laufe beinahe über die Straße. Ich will zu einem Ende kommen. Ziel, Ziel … Vielleicht bieten sich doch nur ältere Leute der Anatomie an, die schon einige erwünschte Eigenschaften mitbringen. Ich bemerke: ich bin noch so unerhört lebendig und frisch; habe nur gesehen, daß man stirbt. Sterben ist üblich. Unumgängliche Mode, die jeder mitmachen muß. Bin ja nur das Kind meiner Zeit, der ich mich nicht habe entziehen können. Es wird gestorben, und ich bin modern.

Ich will mich in Sicherheit bringen. Selbst wenn man mir nur fünf Mark geben wird. Um jeden Preis. Um jeden Preis. Ich bin zu tief beeinflußt. Bin preisgegeben und ausgesetzt. Wahrhaftig, ich bin so weit, ich könnte mich versteigern.

Wird mir das Messer nicht weh tun? Nichts tut mir weh im Tode. Nur das Leben schmerzt tödlich, und das Wissen, daß man zum Tode bestimmt ist. Vielleicht findet man sich auch darein. Kein Toter spricht vom letzten Kampf ums Leben. Kein Lebender hat mir je erzählt vom schmerzhaften Sterben bei Lebzeiten. Als hätte niemand daran gedacht. Wer hat den Tod im Leben erlebt? Um eine Antwort auf diese Frage zu hören, möchte ich die Moselstraße

Haus für Haus abklopfen; aber alle Vorhänge an den Fenstern sind herabgelassen. Man hält Siesta und träumt gedankenlos.

Es geht ja nicht um meine Seele, tröste ich mich so zart, als tröste ich etwas Fremdes. Ich richte mich an alle, die für den Tod bestimmt sind. Das sind ja alle.

Da gehe ich langsamer. Singe dann ein Stückchen aus der Kirchenkantate »Mein gläubiges Herze«. Was hat das mit der Anatomie zu tun? Wird ja nicht mitverkauft. Bei diesem Kontrakt heißt es nicht inklusive Herz. Das Herz, das dort gemeint ist, ist ja nur ein Muskel, der zu zucken aufhört. Schwer denkbar: alles, was der Verwesung anheimfällt. Bei der Auferstehung wird St. Antonius genug zu tun haben, die zerstreuten Glieder zusammenzusuchen.

Na, und die kleine fragwürdige Flatterseele, wie ist es damit? Die kann man doch nicht auf den Seziertisch legen und zerschneiden. Das Schwebende, Flüchtige läßt sich nicht präparieren und sezieren.

Mein Herz klopft hörbar. Wenn ich mich nicht beeile, komme ich heute nicht mehr dazu, einen Kontrakt zu machen, der erst nach diesem Leben in Kraft tritt.

Da bin ich. Plötzlich?

Hier ist es also. Hier gibt's ja eine Portierloge. Ich will mich an die unterste Adresse wenden. Instanzenweg ist hier angebracht. Ich klingle. Ein kerngesunder roter Kopf erscheint im Rahmen des Sprechfensters.

»Sie wünschen?«

»Grüß Gott. Verzeihen Sie, ich habe ein Anliegen. Darf ich Sie um eine Auskunft bitten? Ich will nicht viele Umstände machen …«

»Einen Augenblick.«

Pantoffel schlurfen über den Steinboden. Der Portier öffnet mir die Tür. Er läßt mich eintreten. Ich bin ein wenig erstaunt, daß man hier einen so reichlich gesunden Portier angenommen hat.

Das Sprechen fällt mir schwer. Mit einemmal bemerke ich, daß ich dem Weinen nahe bin. Aber ich nehme mich zusammen, sage:

»Können Sie mir vielleicht Auskunft geben, wie es mit dem Leichenverkauf bestellt ist?«

Als habe er nicht recht gehört, fragt er ganz langsam:

»Mit ... dem ... was?«

»Leichenverkauf,« sage ich gelassen.

Er sieht sich im engen Raum um, als suche er irgendwo Hilfe. Es ist aber niemand da. Er schielt zum Telephon, wendet sich dann aber um:

»Was sagen Sie da? Was wollen Sie? Hat jemand einen Hitzschlag bekommen?«

Ich bin befremdet, aber mir gelingt ein Lächeln:

»Hitzschlag ist nicht mein Fall. Davon weiß ich nichts ... aber beunruhigen Sie sich bitte nicht. Ich komme in der einfachsten Angelegenheit. Vielleicht habe ich mich unklar ausgedrückt. Ich bin nämlich nicht unterrichtet. Bitte lassen Sie mich doch aussprechen ...«

Im nächsten Augenblick wird er mich nicht mehr so starr ansehen. »Sie sind doch der Portier in der Anatomie, nicht wahr?«

Da nickt er heftig.

»Sie erleben es doch häufig, vielleicht gar täglich, daß Leichen ins Haus kommen ... gebracht werden, nicht wahr? Das kann Sie also nicht erschrecken ... Nein, nein, es ist nichts Besonderes passiert. Hören Sie weiter. Es betrifft Sie nicht persönlich. Ich glaube wenigstens nicht, oder? Verzeihen Sie, Sie sehen so bestürzt aus. Aber es ist nichts, was Sie angeht. Ich hoffe nicht.«

»Um Gottes willen, sprechen Sie doch schneller!«

»Bitte erregen Sie sich doch nicht so. Sie sehen doch gewiß täglich Leichen. Leichen, die sich bei Lebzeiten verkauft haben, nicht wahr? Nun, das ist meine Absicht. Ich will mich für wissenschaftliche Zwecke verkaufen. Nichts anderes meine ich.«

»Setzen Sie sich lieber einen Augenblick.« Schiebt mir einen Stuhl hin.

Es wäre viel besser, wenn er sich setzen würde, denn er scheint mir ganz verwirrt zu sein. Fährt sich mit der Hand über die Stirn, als wolle er da einen quälenden Gedanken wegwischen. Dann lehnt er sich an das kleine Schreibpult und sagt aufatmend:

»Ich dachte, es sei irgend etwas passiert. Vielleicht meine Frau ...«

»Oh, nein, nein. Ich komme in eigener Angelegenheit. Wenn meine Beweggründe Sie interessieren sollten, so muß ich Ihnen sagen, daß ich persönlich nicht das dringende Interesse habe, meinen bescheidenen Leib der Wissenschaft zur Verfügung zu stellen ... Ist natürlich nicht der richtige Ausdruck. Ich kann es ja nicht machen ...«

Ich verheddere mich, aber er kommt mir keineswegs zur Hilfe. Die dreihundert Mark sind doch nicht so einfach zu verdienen, scheint mir. Aber jetzt bin ich nun einmal dabei. Wenn er sich doch nicht so verständnislos benehmen möchte. Er scheint noch nicht lange im Amt zu sein. Wer weiß, was in ihm vorgeht. Er sieht aus, als sei er geistesgestört. Es tut mir leid, ihm das nachsagen zu müssen, aber das ist nun mal mein Eindruck.

»Die Hauptsache ist, daß Sie wissen, was ich meine,« entschließe ich mich zu sagen.

»Gar nichts weiß ich, als daß Sie eine absonderliche Sprache führen.«

Ich finde meinerseits, daß er eine absonderliche Sprache führt. Das sag' ich ihm aber nicht, sondern:

»Sie finden vielleicht, daß ich der Sache eine zu große Bedeutung beilege. Wenn das der Fall sein sollte, so möchte ich Ihnen zu bedenken geben: Sie sind Leichen gewohnt. Wie lange schon, weiß ich nicht. Sie werden aber in Zukunft andauernd mit Leichen zu tun haben. Das haben Sie sich doch als Beruf gewählt. Entschuldigen Sie, daß ich Sie darauf aufmerksam mache. Mir dagegen ist das alles sehr ungewohnt. Übrigens möchte ich bemerken, daß ich Kabarettistin bin.«

»Was?«

»Ich singe.«

»So, Sie singen?«

»Das kann kein Hindernis für Sie sein.«

»Wieso Hindernis?«

»Meine Leiche nicht zu kaufen.«

»Sie sind verrückt,« sagt er beinahe unhörbar.

Er wendet sich ernstlich zum Telephon. Ich ärgere mich. »Lassen Sie das bitte. Telephonieren Sie nicht ins Irrenhaus. Ich brauche keine Rettungsgesellschaft. Sie sind im Irrtum. Ich verbitte mir den leisesten Zweifel an der Nüchternheit meines Verstandes. Ich fühle mich als Leiche professionell, daher wirke ich vielleicht absurd auf Sie. Es gibt Menschen, denen die rasche Auffassungsgabe fehlt. Ich spreche im allgemeinen ... Die Leichen wollen Sie wohl haben, nicht wahr? Das gefällt Ihnen hier im Hause. Daß aber unsereins bei Lebzeiten mal ein Wort darüber fallen läßt; daß es nicht so einfach ist, zu denken, wie man mit sich herumhantieren lassen muß – hier wird geschnitten, da amputiert –; daß einem das auch mal bei Lebzeiten durch den Kopf gehen kann –: das paßt Ihnen nicht in den Kram. Ich spreche nur aus, was tausende zerstückelte Leichen empfinden müßten, wenn sie empfinden könnten. Sagen Sie das meinetwegen Ihren Professoren da oben. Zahlen etwa Sie persönlich die Leichen? Geht das Geld aus Ihrer Tasche? Dreihundert Mark verlange ich, billiger schlage ich mich nicht los. Daß Sie es nur wissen. Wenn man mich hier im Hause nicht will, gut. Darüber werde ich mich nicht aufregen. Ich finde noch andere Anatomien, die mich sozusagen mit Kußhand nehmen. Sie sind ja nicht allein auf der Welt.«

Erregt wende ich mich zur Tür, da hält er mich zurück.

»Lassen Sie mich nur gehen,« lehne ich ab.

»Aber bitte, einen Augenblick. Sind Sie vielleicht eine besondere Abnormität? Dann will ich den Professor holen.«

»Ich bin die Vollkommenheit der Norm. Die Quintessenz der Natur bin ich. Das gibt es nämlich selten, wie jeder Professor Ihnen bestätigen wird.«

»Warum wollen Sie denn die ... Leiche verkaufen?«

»Warum?« Ein origineller Portier. »Genügt Ihnen nicht der einfache materielle Grund: dreihundert Mark?«

»Dreihundert Mark, wie kommen Sie auf diese Summe?«

»Sie ist so rund und einleuchtend. Ein Kollege hat's mir übrigens gesagt.«

»Hat der sich vielleicht auch schon versetzt?«

»Er ist ja verheiratet.«

»So, so. Ja, wissen Sie, wenn Sie wirklich was Besonderes sind, haben Sie vielleicht Aussichten. Aber Sie sagen ja, die Abnormität geht Ihnen ab.«

»Wer kann's genau wissen, nicht wahr?«

»Gewiß, gewiß. Aber Sie müssen Ihr Leben lang Ihre Adresse angeben, und das ist nicht einfach. Es gibt Leute, die das verschlampen. Die wissen selbst kaum, wo sie sind. Die reisen vorher nach Amerika oder so, Gott weiß wohin. Und dann kann man den Leichen nachlaufen. Das ist eine widrige Geschichte für uns. So genau weiß ich's ja auch nicht. Übrigens gibt es allerhand Selbstmörder, die wir verwenden können, nach denen sonst niemand fragt. Vielleicht fragen Sie mal im zweiten Stock nach, bei Professor G. Ob Sie Chancen haben, kann ich freilich nicht sagen. Ich will Ihnen nichts versprechen. Überlegen Sie sich die Sache erst mal. Sie haben vielleicht auch Freunde und Verwandte, die Sie gerne haben möchten, wenn Sie tot sind.«

»Nun, auf so lange fühle ich mich nicht gebunden. Aber die Formalitäten sind mir sehr anstrengend. Ich gestehe, ich bin jetzt schon reichlich abgespannt. Entschuldigen Sie nur vielmals, daß ich Sie solange aufgehalten habe. Und nichts für ungut.«

Hannover, Moulin Rouge.

Engagementwechsel wegen einem englischen Tänzer, der den Einfall hatte, mir nachts auf der Straße mit der Silberkrücke seines Spazierstocks an den Kopf zu schlagen.

Nach ein paar Tagen Wundfieber ist alles wieder gut geworden. Liane schrieb mir von Hannover, ich könne gut dort eintreffen, es sei sehr lustig und viel Geld zu verdienen. In der Eile habe ich mir noch ein billiges Reisekleid kaufen müssen. Das gelbe Kleid war ganz steif und dunkel von Blut, vorne Jackett und Rock ein schwärzliches Rot.

In der chemischen Waschanstalt sagte man mir, Blutflecke seien schwer wegzubringen, aber ich habe das Kleid doch mit in den Koffer gepackt. Leider riechen alle meine Sachen nach Blut, es ist abscheulich und kann obendrein verdächtig wirken. Zum Glück habe ich noch den Zeitungsausschnitt, mit dem ich nachweisen kann, daß nur mein eigenes Blut über meine Kleider geflossen ist. Obendrein auch die halbverheilte Wunde am Kopf. Das ist eine glückliche Legitimation.

Ich kann mich nicht entschließen, das gelbe Kleid wegzuwerfen. Hab' es doch reichlich schwer verdient. In der Waschschüssel habe ich es nachts eingeweicht, bin aber genötigt, es am Tage naß in den Koffer zu legen. Das ist nicht angenehm. Aber was kann ich machen? Soll ich der Wirtin und dem Dienstmädchen anvertrauen, woher die vielen Blutflecken stammen? Die würden mich nur in Verruf bringen.

Ich dachte gar nicht, daß aus einer einzigen Wunde am Kopf, die nicht größer als ein knappes Zweimarkstück ist, soviel Blut fließen könne. Auf der Rettungsgesellschaft, nach der man mich brachte, hieß es, es sei ein Messerschnitt, ein glatter Schnitt. Aber ich habe wirklich kein Messer gesehen.

Etwas scheint doch nicht glatt gegangen zu sein. Ich habe überhaupt nichts gesehen, weil mir gleich bunt und schwarz vor den Augen war. Dem Tänzer hat es nachher recht leid getan. Er muß doch ein wenig verrückt gewesen sein. Ich war ihm doch kaum bekannt. Wir waren zweimal zusammen. Das ist doch kein Grund zu solcher Intimität. Aber die jungen Leute sind manchmal eigentümlich.

Auf der Rettungswache, zu der er mich als barmherziger Sonnenkönig liebenswürdigerweise im Wagen begleitete, benahm er sich, als sei er seit langem mit mir verheiratet. Darüber habe ich lächeln müssen, obgleich mir alles weh tat. Ist doch recht kurios.

Hier wird nur getanzt und getrunken. Dafür gibt es sechzig Mark und das Abendessen und die vielen anderen Möglichkeiten. Diese sollten eigentlich an erster Stelle genannt werden.

Ist man eingeladen, so läßt man im Laufe des Abends die Tasche liegen, geht einen Augenblick weg, und wenn man zurückkommt, sind zwanzig oder dreißig Mark in die Tasche hineingelegt worden. Es kam auch schon vor, daß zwanzig oder dreißig Mark herausgenommen wurden. Damit muß auch gerechnet werden. Das Geld ist locker, flüssig wie Schlamm, und hat keinen sonderlichen Wert.

Mein Zimmer ist klein, unansehnlich, Bett und Waschtisch ausgenommen. Geht nach einem grauen Hof hinaus. Dort werden sehr eifrig Kisten vernagelt und Hölzer gehackt. Was für Sorgen es gibt, die ich alle nicht teilen kann.

Ich komme erst morgens ins Bett. Wenn auf dem Hofe die Arbeit beginnt, dann ist meine Arbeit zu Ende. Der Lärm stört mich gar nicht. Mein Schlaf ist wie Blei.

Zwei Mäuse wohnen noch im Zimmer. Die sind so ungeniert, daß sie sich auf mein Kopfkissen setzen. Sie wissen, bei mir kann man das machen. Sie essen auch allerlei von dem Konfekt, das ich aus Moulin Rouge mitbringe. Die Streichwurst interessiert sie gar nicht. Die lassen sie liegen. Ist ihnen nicht gut genug.

Die Mäuschen wissen wohl, daß sie sich bei mir etwas Gutes leisten können. Sie sind doch recht anhänglich. Ich liebe sie nicht gerade, denn sie kommen vom Schmutz. Weil sie mir aber soviel Vertrauen bezeigen, daß sie gar nicht mehr aus meinem Zimmer gehen, mögen sie dableiben.

Die eine, Jessy heißt sie, saß am Morgen, als ich nach Hause kam, auf dem Schirm der elektrischen Lampe und sah mir mit ihren kleinen schwarzen Augen direkt ins Gesicht. Es war, als habe sie da oben auf mich gewartet. Mögen sie sich nur gehörig tummeln, die Mäuschen, ich zahle ja für die Höhle sechzig Mark Zins.

Bei jedem neuen Kavalier fällt mir ein: »frischer Tod auf Urlaub«.

Der von gestern trug einen Zylinder. Der von vorgestern hatte vorstehende Backenknochen. Das bißchen Haut darüber eine dürftige Attrappe, ein Gesicht vortäuschend.

Bei alledem klangen die Geigen recht verführerisch:

»Komm, komm, Held meiner Träume …«

Die Musik gefällt mir, aber ich will nicht darauf hineinfallen.

Ich hatte meinen skeptischen Abend und schielte mißtrauisch meinen maskierten Totenkavalier an, der mich mit Muscheln und Sekt traktierte.

Wir tanzten einen langsamen Schleifer, wie es dieser schmachtenden Musik entspricht. Die tanzenden Paare summen mit.

»… mir ist so bang …« Langer ängstlicher Mollton.

Um die schwüle Stimmung vollkommen zu machen, wird der Saal von einem Reflektor in warmblaues und tiefrotes Licht getaucht. Abwechselnd.

Die Geigen verklangen pianissimo, aber inbrünstig:

»Komm, komm, Liebster, und säume nicht lang …«

Wie hager doch mein Kavalier ist. Das blaue Licht läßt ihn ganz fahl erscheinen. Jeder Sensenmann auf Bildern sieht annehmbarer aus, aber meiner versteht zu tanzen.

»Könnten wir nicht zusammenbleiben?«

»Gewiß, aber ein andermal. Später vielleicht. Nicht jetzt …«

»… Komm, komm, laß dich umfangen …« Rotes Licht.

»Nicht im Augenblick. Sie wissen wohl nicht, mit wem Sie es zu tun haben?«

»… doch, doch …« »Stille mein Sehnen, still mein Verlangen …« Wie die Musik sich versteigt. Tanzen über dem Abgrund …

Ich lasse mich in die Nische führen.

»Wollen Sie eine Garantie?«

»Ein Glas Sekt will ich.«

Visitenkarte, die ich mir nicht ansehe, fällt auf den Tisch. Der Kavalier drängt mir ein Stück Papier in die Hand. Eine Vergewaltigung, die ich mir gefallen lasse. Die Melodie löst sich auf, jubelnd, triumphierend, hingegeben: »Mein I-de-al.«

Oh, ist das eine Schwärmerei. Der Saal schimmert in allen Regenbogenfarben. Und bunte Seidenkleider schillern. Im letzten Aufschrei bricht die Musik ab. Tanz aus. Licht weiß. Paare lösen sich.

Ich will begeistert applaudieren, hebe die Hände.

»Verzeihen Sie, Sie haben etwas fallen lassen.«

»Ich? Ach. Danke. Ist das auch echt?«

Er lächelt. Überreicht mir einen braunen Schein.

»Beinahe komme ich mir langweilig vor, daß ich Ihnen echtes Geld anzubieten wage. Zufällig ist das Geld echt. Seien Sie mir nicht böse, aber ich hab' es nicht gemacht.«

»Das ist wirklich eine Entschuldigung.«

Das Verzeihen ist mir gar nicht schwer gefallen.

Wenn ich am kältesten empfinde, ist es mir unbegreiflich, wie sehr ich unter der Verachtung leide. Alles, was mich kalt, von oben herab ansieht, tut mir weh. Vielleicht der einzige Schmerz, bei dem nicht eine Spur von Romantik ist.

Ach, die Zimmerwirtinnen, die so höhnisch lächeln können. Dieses perfide Lächeln, das wie grausame Wollust aussieht. Die behagliche Sattheit auf dem Gesicht einer gemästeten Ehefrau. Es wäre erträglicher, wenn sie mir direkt sagte: »Wie erfreulich, einen Menschen zugrunde gehen zu sehen, während man selbst gesund bleibt.« Dann könnte ich doch zurückfragen: »Wie ist es, verachtend zu genießen? Ist das süß?« Aber das darf ich nicht wissen. Will es ja auch nicht. Es würde über meine Kraft gehen.

Bin kein erfreulicher Umgang für mich. Dennoch bin ich genötigt, mich mit mir zu beschäftigen. Das Gefühl des Verachtetwerdens ist unbeschreiblich.

Wenn man doch das Angesicht vor mir verbergen wollte. Aber nein, man sieht mich an. Und bin doch nur ein Zustand, wie ich gehe und stehe, nur ein Zustand. Den dürfte man doch nicht genußsüchtig in Augenschein nehmen, Wunde, die man unter die Lupe nimmt.

Gestern beobachtete ich die kleine Schwindsüchtige im weißen Kleidchen, wie sie tanzte. Sie ist ein hinfälliges, rührendes Bündel, und hingegeben zärtlich schmiegen sich ihre Augen an alles, was sie sehen.

Wie lange wird das Mädchen wohl noch leben? Und ob sie weiß, daß sie bald sterben wird? Selbst durch den Puder leuchten auf ihren schmalen Wangen die Kirchhofsrosen. Ob sie wohl weiß, was sie bedeuten? Vielleicht tanzt sie deswegen so intensiv.

Die Toilettenfrau erzählte gestern einmal wieder ihre Jugendgeschichte. Betonte nachdrücklich, wie schön sie gewesen sei, als glaubten wir es ihr nicht.

In der Toilette schminkte sich die große Elsa. Sie sieht so mütterlich aus. Schwarzes, tief dekolletiertes Kleid mit Jette besetzt, lange Schleppe.

Elsas Gesicht ist stark mitgenommen, hat viele Runzeln. Kleine Schichten Fettschminke liegen in den Gesichtsfalten. Sie verzieht oft so eigenartig schmerzlich den Mund, und dann bricht die Schminkeschicht. Dadurch graben sich die Mundfalten noch tiefer ein. Das sieht zum Weinen aus.

Elsa wusch sich die Hände und sah dabei in den Spiegel. Die kleinen Dinger, die daneben standen, rieben sich den Mund rot. Ich wartete, bis an einem der Waschbecken ein Platz für mich frei würde.

»Ihr seid noch jung,« sagte Elsa mit einem Seitenblick auf die Nebenstehenden. »Schon jetzt glaubt ihr, ihr könnt den Mund nicht rot genug anstreichen. Das ist noch gar nicht nötig. Das kommt noch früh genug. Schau’ doch mal einer mich an. Gott, wie ich alt geworden bin!«

Ohne Bitterkeit spricht sie von sich, wie von einem schadhaften

Möbelstück, das bald verfallen wird. Sie mustert sich wie einen Gebrauchsgegenstand. Die kleinen Mädchen machen ihr das gleich nach.

Änni kann ich nur ansehen wie ein baufälliges Häuschen. Das ist grün angestrichen mit rosa Leisten an den Fronten. Aber der Boden des Häuschens hat den Dielenschwamm. Das sieht man nicht von außen, und es gibt Menschen, die sich in diesem Hause ein Zimmer mieten, ohne den Verfall zu merken.

Der Leib war es, der uns zuerst in die Augen fiel, als wir noch ganz klein waren, und dieser Leib soll auferstehen, heißt es. Wenn wir uns über die Natur schwingen, – lassen wir nicht unser irdisches Haus zurück? Ob mir verziehen werden kann, daß ich denke?

Wir müssen an die Auferstehung des Fleisches glauben, damit wir unser Fleisch gegenseitig nicht verachten. Dieser Gedanke liegt mir so nahe. Ich sah einmal im Traume an allen Fronten angebracht den Spruch: »Ich glaube an die Auferstehung des Fleisches.«

Kann man fest an die Auferstehung des Fleisches glauben, und die Menschen versengen sich, töten und verachten sich gegenseitig und sich selbst? Aber auch wenn wir nicht in diesem Fleische auferstehen sollten: O ihr alle, ihr Tempel Gottes!

Die Gespräche mischen sich in meine Träume. Kommen immer wieder. Hinter den banalsten Redensarten wittere ich eine weite trostlose Welt. Wenn ich von allem fortgehe, wird diese Welt doch weiter bestehen. Ist kein sonderlicher Unterschied, ob ich dabei bin, oder nicht.

Man könnte in einer Familie sitzen, Kindern Brot schneiden, Volkslieder singen, abseits. Wenn ich aber noch so weit abseits ginge, – würde ich es hindern können, daß hier Menschen tanzen, die das Leben falsch erfassen?

Geschöpfe auf Irrwegen würden mich begleiten im Geiste, immer mit mir sein, wohin ich mich auch wenden würde. Kein noch so starkes neues Erlebnis würde meine Erinnerung auslöschen können, die Erinnerung, daß ich mit einer ganzen Klasse einer Wahnidee nachlebte.

Es ist mein Unglück, daß mir die Vergangenheit im Gedächtnis der Stille viel lauter schreit, als sie mir einst in Wirklichkeit erklungen ist. Über den aufgebauten Turm meines Erlebens werde ich nicht hinwegsehen können, nie ihn von der Höhe, von der Spitze überschauen können.

Ich muß gerüstet sein, die Nachwirkung der lauten Nächte zu ertragen, übertönen, überwinden. Seltsam, ein Batistkleid scheint so leicht zu sein. Was ist es doch, das meine Schultern so schwer drückt?

Als ich die Bahnhofstraße entlang ging, fiel mir ein Briefkasten auf. Darauf stand geschrieben: »Zur Abholung der Güter.« Da blieb ich stehen, schrieb auf meine Visitenkarte: »Ein Wille ist abzuholen, Mehlgasse 2.« Kein Gepäckträger ist gekommen.

Ich werde mich selbst bringen. Wenn ich so erfüllt sein werde, daß die Form meines Daseins gesprengt wird. Auch aus der kriechenden Raupe kann ein Schmetterling sich entfalten. Ich ersehne und erwarte die Entpuppung. Verwandlung allein erstreben.

Gesprächsfetzen, fremde, fallen in mich … Bin ich denn ein Aufnahmeapparat? Bin ich beauftragt, fremde Worte zu notieren, damit sie hier zu lesen sind?

Ich möchte mich manchmal auflehnen und sagen: »Was geht es mich an, was in einem Ballokal in Hannover gesprochen wird?

Geht nicht. Geht mich an. Geht alle Welt an. Wo etwas angeht in der Welt, das geht mich an. Mir ist, als müsse ich um Verzeihung bitten für alles, was ich nicht gehört, gesehen, vernommen habe, wobei ich nicht gewesen bin.

Ohne mich geht die Welt schief und in die Brüche. Wo etwas zu halten ist, da halte ich. Kann nicht anders. Ich halte, was ich halten kann. Bin Gepäckträger und sage es, damit man es weiß. Ich helfe die schwere Welt tragen, soviel ich tragen kann. Ich will mich nicht drücken. Ich laufe nicht davon.

Nur nicht zusammenbrechen! O ihr Schwestern aller Gassen,

seht, ich weine, denn euer Leid ist schwer, und mein Leid. Wenn ich das Wort Schwester nur fühle, glaube, anbete ... Tränen fallen nieder, tief, ganz tief, und ich bin unter euch, unter euch allen; denke an euch, die ihr dasselbe Grauen wie ich empfunden habt.

Kann denn ein wesentlicher Unterschied zwischen Frauen bestehen? Gibt es nicht eine Stelle, da jede Frau Jungfrau ist? Jungfrau, und sei sie noch so verworfen, preisgegeben. Kennt ihr das Grauen, vor dem alles, was rein blieb, entsetzt flieht: das Grauen vor dem Endlichen?

Wie vieles wird uns abgesprochen. Dürfen wir immer sagen: mit Unrecht? Wie tief müssen wir unseren Grund bedenken, wenn wir der Gesellschaft, den Mitmenschen Grund geben, an uns Ärgernis zu nehmen. Niemand ärgert sich doch ohne Grund. Wären wir gerechtfertigt, dann wären wir Harmonie. Wir aber sind Disharmonie für feine Ohren.

Ich glaube nicht daran, daß auch nur eine von euch restlos mit sich einverstanden ist. Hat wohl eine von euch die Menschen derart überwunden, daß Urteil und Verachtung nicht mehr schmerzten; daß sie schließlich nicht mehr empfunden wurden? Das gefährliche Ende, ein Irrtum. Hieße das nicht, sich selbst aus der Liste der Lebenden streichen? Was für ein Widerspruch, sich bei Lebzeiten für tot zu erklären.

Ich gehöre nicht dazu. Gehörst du dazu? Die Gemeinschaft des Heiligen Geistes sei mit dir. So empfindest du und die Hoffnung schläft selbst im Tode nicht ein. Der unwiderrufliche Tod ist unausdenkbar wie das Nichts, das es nicht gibt, nicht geben darf, nicht geben kann, solange geatmet wird. Und zu welchem Ende atmest du? Hast du daran gedacht?

Wer von euch hat nicht ersehnt, erstrebt, versucht zu erkämpfen: jede Sekunde möge das Gepräge meiner Kraft tragen und weiter wirken, das Geständnis der Jugend? Wie vieles umspannte deine erste Sehnsucht? Oh, daß wir uns besinnen könnten, täglich in uns erneuern das erste Gelübde: aus der reinen Freude die Freude der Menschheit zu werden. Die Seele ist die Lust, o armes Kind der Schmerzen. Wie könnte dir eine flüchtige Lust genügen?

O mein Gott, wir haben nicht immer die Kraft, dich zu suchen und dich zu finden. Wir wähnen ein Glück winken, einen Schimmer, der nicht von dir ist, und es hat keinen Bestand. Ein Leuchten blendet uns. Wir haschen nach Irrlichtern und fallen in Dunkel. Das ist die Verzweiflung, die uns fallen läßt, und der satanische Betrug, der um die Sünde den Glanz gewoben hat, auf daß er uns verführe. Laß alle Menschen wissen, daß sie nie sicher sind, in ewige Gefahr zu fallen, auf daß sie sich nur sicher fühlen mögen in dir.

Da ich mich nicht habe erwehren können, daß das Gift der Verzweiflung in mich drang, – um der Qual der Verzweiflung willen bitte ich dich, lege den Mantel deiner unendlichen Liebe über alle diejenigen, die geschändet wurden. So werden sie dich mehr lieben, wie die Sünde. Und werden erkennen, daß du zu lieben ewig bist. Wir wollen, was wir ewig lieben können, dich, Gott.

Bin ich nur eine unter Millionen, – du siehst die Verzweiflung der Millionen, und das Flehen aller möge aus meinem Munde, aus meinem Herzen, durch deine Wolken dringen. In meinen Willen habe ich all meine Sehnsucht gelegt. Ich glaube, daß du es bist, der Gebete erhört.

Sieh unsere Wunden, die die Welt verhüllt sehen will. Vor dir ist alles enthüllt. Du siehst die geschminkte Not. Du kennst das übertünchte Elend. Gib uns von dem Übermaß deiner Liebe, auf daß wir lieben können. So werden wir unsere Sünde überlieben.

Du liebst über alle Sünden hinweg jene, die geliebt haben. Um der Liebe willen, nur um der Liebe willen kannst du verzeihen. So gib uns die Liebe, die in dir sich nie zu Ende lieben kann. Gib uns jene Liebe, vor der alle Sünde verbrennt.

So wirst du auf unsere Liebe sehen, und die Sünde wird von dir vergessen werden, als wäre sie nie gewesen. Denn die Liebe gilt dir, und du siehst nur sie. Weil du der ewige Liebesdurst und Liebesquell bist, gib uns die Liebe, die aus der Tiefe zu dir hinaufliebt.

Liebe das Brandmal der Sünde hinweg und leuchte aus jedem Angesichte, damit aus jedem Auge deine göttliche Liebe schimmere. So werden wir Menschenkinder ineinander erkennen: du hast uns so tief geliebt, daß du nach deinem Bilde uns schufst.

Es wird sein, als wärest du unter uns, und jeder Mensch wird sein dein Gesandter. Jedes Wort wird sein ein Auftrag von dir. Du wirst wohnen in jedem Wort. Im Gruße des Wanderers, der von dir kommt, um zu dir zu wandern, wird die Zärtlichkeit deines Namens frohlocken, um zur Freude zu verführen, die in dir immer singt.

Du bist das Glück, und die Freude ohne Ende. Nie verklingendes Liebeslied, laß jedes Ohr hören deine göttliche Melodie, auf daß eine Welt lausche und liebe.

Ich bin so weit von Gott entfernt. Nicht oft genug kann ich es klagen.

Als Kind hatte ich einen kläglichen Eindruck, als jemand einmal sang: »Unerreichbar wie die Sterne.« Ich selbst wollte erreicht werden, nichts anderes, und die Sterne? Ja, sie waren gewiß hoch, das gab ich zu, – aber unerreichbar? Daran konnte ich nicht glauben, mein Glaube widersprach der Vernunft.

Mein Glaube war viel größer und mächtiger, und erreichte bald die Sterne. Ich wollte sie sogar verschenken. Mir war, als fielen sie in unsern Hof. Ja, sie fielen in unsern Hof. Vor meinen Augen sind sie gefallen. Ich habe es so deutlich gesehen.

Es waren nicht etwa die Sternschnuppen, nein, es waren die Sterne selbst, die in den Hof meines Vaters fielen, und die ich zu verschenken gedachte. Ich machte mir Gedanken, ob in andere Höfe wohl auch die Sterne fielen. Ich fragte in der Nachbarschaft. »Nein, in unsern Hof sind keine Sterne gefallen,« sagten die Kinder.

Meiner Mutter habe ich den ersten Stern zum Geschenk angeboten. Ich habe ihn doch in meinen Händen getragen. Er war etwas größer als ein Taler und hatte viele wunderbar leuchtende Zacken. Er schillerte in allen Farben, denn die Sterne sehen, wenn man sie in Händen hält, ganz anders aus, als am Himmel. Sie sind noch viel schöner.

Ich hielt den Stern in der flachen Hand. Ganz vorsichtig ging ich in die Wohnstube, wo meine Mutter an der Nähmaschine saß. »Hier ist ein Stern für dich, Mutter,« sagte ich und hielt ihr die Hand mit dem Stern entgegen. Aber – ich kann es noch heute nicht fassen –, sie hat keinen Stern sehen können. Sie hat nur die leere Hand gesehen, und die konnte ich nicht sehen, denn der Stern bedeckte meine Hand und ragte über die Hand hinaus.

Ich habe ihn dann auf den Tisch in der Waschküche gelegt, und da muß ihn jemand genommen haben. Dann sah ich lange Zeit keine Sterne mehr, aber ich wußte doch, daß sie da waren, auch wenn ich sie nicht sehen konnte.

Manchmal möchte ich jetzt noch Sterne verschenken, aber da ich sie nicht mehr sehe, kann ich sie ja auch nicht greifen. Mir ist, als müsse ich dies zu meiner Entschuldigung sagen. Mir ist ja, als könnten die Leute mir ansehen, daß ich die Sterne gehabt habe. Das ist sehr seltsam, und ich fühle mich dann schuldbewußt. Vielleicht wird mein Glaube wieder stark, dann werde ich Sterne verschenken und man wird sie sehen.

Am Allerseelentag gingen Liane und ich schon um sechs Uhr in die Messe. Nicht etwa, daß wir so früh aufgestanden wären. O nein, wir hatten noch nicht geschlafen. Die zweite Hälfte der Nacht hatten wir im englischen Büfett vertanzt. Von dort aus gingen wir in die Messe.

Dem Anscheine nach gehöre ich ja nicht in die katholische Kirche, aber ... ist Gott nicht überall, wo man ihn sucht? So habe ich es denn gewagt. Die vorgeschriebenen Gebräuche? Da denke ich ein wenig wie Mephisto: »Brauch oder nicht, es gibt sich auch.«

Die Kirche war zu so früher Stunde nicht sehr besucht. Es waren meist ärmlich gekleidete Frauen, die über den weiten Raum verstreut knieten. Wir suchten uns einen Platz in der Nähe des

Ausgangs. Liane legte ihren wunderschönen violetten Samtmantel ab, um darauf zu knien. Ich dachte, sie tue es, um die Kälte zu empfinden, aber dann bot sie mir flüsternd an, doch gleichfalls auf ihrem Mantel zu knien.

Ich aber hatte plötzlich das lebhafte Verlangen, auf dem Steinboden mich niederzulassen, in meinem dünnen blauen Batistkleid. Sehnsucht, die Kälte des harten Steinbodens in den Knien zu spüren. Diese Neigung überwand ich und blieb an Lianens Seite, auf dem langen Betschemel kniend.

Ich vermochte mich nicht sogleich zu sammeln. Sah Lianes Gesicht, beschattet von den braunen, weich fallenden Federn ihres schwarzen Velvethutes. Dann verbarg sie das Gesicht in den Händen. Ich sah die Steine an ihren Ringen leuchten, und die Melodie aus dem »Walzertraum« hatte mich noch nicht verlassen. Dann aber wirkte die Kirchenruhe wohltuend.

Es kam mir vor, als rücke eine Beterin, zu meiner rechten Seite kniend, ein wenig von mir ab. Ich kann es nicht mit Bestimmtheit sagen. Dennoch war ich unglücklich, daß ich es überhaupt bemerkte. Ich hätte viel darum gegeben, hätte ich in dieser Stunde nicht nach Nizzaveilchen geduftet. Wenn aber hier sich das Wunder vollzieht, kümmert sich eine Beterin um Nizzaveilchen?

Die meisten Frauen trugen Schürzen und Kopftücher. Bald hatte ich mein Batistkleid vergessen, hier ist es nicht wichtig, was wir für Kleider tragen.

Die Aufopferung des göttlichen Leibes hatten wir nicht versäumt. Die Wandlung hatte noch nicht stattgefunden. Ich schlug das Kreuz, und dann war nur noch der Altar da, vor dem der Priester die heilige Hostie emporhob. Es blitzte nur weiß, und schnell senkte ich meine Augen.

Ich wagte nicht, die heilige Hostie anzusehen. Wie sollte ich wohl?

Ich tat, was alle Welt in diesem Augenblick tut, schlug an meine Brust: »Durch meine Schuld.« Als stünde eine unabsehbare Menge vor mir, ich als Letzte, Allerletzte. Rückte zur Beterin an meiner rechten Seite, und aus dem fremden Gebetbuch erhaschte ich den Satz: »Ich bete an den Leib des Herrn, der für mich am Kreuze starb. Durch meine Schuld ...« Ich durfte den Satz lesen, auch wenn er in einem fremden Buche stand, denn er gehört auch mir. Und als ich an meine Brust schlug, fielen mir die Rosen von der Brust, die angesteckten Rosen, die mir geschenkten Rosen, die ich nicht verdient habe. Ich ließ sie liegen zu meinen Füßen.

Als der Priester mit dem Meßknaben die Kirche verließ, standen alle von ihren Plätzen auf. Liane und ich taten dasselbe. Unwillkürlich streifte ich Lianens Buntheit ab, von oben bis unten, alles ab. Eine Weile blieben meine Blicke an dem dünnen Goldkettchen haften, das sie über dem durchsichtigen Seidenstrumpf trug. Das Kettchen blitzte und blinkte. Da fiel mir die goldene, strahlende Monstranz ein.

Mir wurde scheu zumut, und ich sah die vielen Heiligenstatuen, die über Lebensgröße hinaus an den Steinpfeilern überwintern werden. Sie standen so stumm da. Der heilige Aloysius war auch dabei, den ich zum letztenmal in Köln gesehen. Hier begegnete er mir nun wieder, und ich begrüßte ihn beklommen. Gott mag wissen, was der Schutzheilige meiner Jugend von mir denkt. Hab' ihn ja noch so wenig kennen gelernt. Er aber kennt mich genau, das sehe ich ihm an.

Die Zeit stand still. Das ist ein Augenblick, der selten im Leben vorkommt. »Oh, daß ich mich besinnen könnte!« war das einzige Gebet, zu dem ich mich zu erheben vermochte. Unbeweglich standen die Heiligen, wie die Besonnenheit selbst.

Da erschauerte Liane, und ich sah sie heftig zittern. Ihre Zähne schlugen aufeinander. Ach, das frierende Kind von Fleisch und Blut neben mir! Wonach mag sie gehungert haben in diesem Hause? Ich legte ihr meinen Samtschal um die Schultern, und sie setzte sich auf die Bank, stellte die Füße auf den Betschemel. Blumen und Silbertäschchen lagen müde im Schoß.

Ich setzte mich gleichfalls und träumte in die kalte Kirche hinein. Die Kirche leerte sich von Menschen. Wir blieben zurück, als hätten wir eine verabredete Zusammenkunft. Als erwarteten wir jemanden und wußten nicht wen.

Ach, wir sind keine alltäglichen Kirchgänger, wissen nicht von der Gewohnheit. Die sich hier täglich einfinden, werden wissen, wen sie hier erwarten. Wir aber suchen die Stille, denn im Hause Gottes ist es ruhig. Wir kommen aus einem anderen Hause, in dem man den lautesten Lärm hört. Die weltliche Musik geht nicht so schnell aus den Ohren ... Darum auch bleiben wir länger wie die andern.

Ich liebe es, alle Nischen in den Kirchen aufzusuchen. Mir ist, als fände ich in einer dieser Nischen, was ich suche. Ich weiß noch nicht, was es ist. Mein Gebet ist nur die unablässige Frage: »Was suche ich?« Das ist wohl ein dürftiges Bittgebet. Immer aber erwarte ich eine Antwort. Kann nie tief genug lauschen. Ich höre etwas Ungefähres, aber ich erwarte das Klare.

Hier muß ich die Antwort vernehmen. Mein Herz ist die unfehlbare Wünschelrute, die mich immer in diese Gegend treibt. Ich muß sehr still werden. Und wenn ich am stillsten geworden bin, werde ich die Antwort vernommen haben. Vielleicht erst im Tode. Wer kann das wissen?

Liane hob meine Rosen auf, so leise, als fürchte sie, jemanden im Schlafe zu stören. Ich habe Liane sehr lieb. Weiß nicht, warum. Es ist süßer, zu lieben, als geliebt zu werden. Ich führe Liane zum Altar der Mutter Gottes von der immerwährenden Hilfe. Das ist der Magnet, der mich immer aufs neue anzieht. Dahin führe ich sie.

Da stehen wir nun und betrachten die Frau, die ihr Kind auf den Armen trägt. Das erlösende Kind. Da stehen wir, wir hoffnungslos aufgeputzten Kinder, vor der Frau, der Ohnegleichen, der Mutter und Jungfrau. Wir fallen auf die Knie und sehen an. Nur ansehen, das Märchen, das die Wahrheit ist. Oh, unsere liebe Frau.

Sie sieht uns auch an. Uns ungereimte Kinder sieht sie an, genau wie alle andern. Mit dem ewig gleichen, überirdischen, freundlichen Lächeln. Wir sind die Kinder, die keinen gereimten Glückwunsch sagen können. Hier ist die einzig lächelnde Nachsicht die

Güte der Frau. Es kann kein Bild sein, was mich so gütig verstehen und bezaubern kann. Welche Vollendung wohnt hinter jedem Bildnis der Gottesmutter!

Wir wollen ihr unsere Rosen schenken. Wir haben sie freilich selbst geschenkt bekommen und sie waren dem Rauch ausgesetzt, preisgegeben einer schwülen Luft. Aber hier verfliegt jeder irdische Duft.

»Liane hat sich umgesehen, ob wir dir diese Rosen auch geben dürfen. Aber ich habe so tiefes Vertrauen zu dir, heilige Jungfrau, daß du alles in Güte deuten wirst. Darum haben wir dir die Rosen am Eisengitter befestigt. Du wirst es bemerkt haben. Alle Rosen sind ja Geschenk von Gott. Unsere kleinen Umwege sind vor dir nicht wichtig. Du weißt, daß einmal das Direkte und das Indirekte auf das gleiche hinauskommen muß. Wir haben nur ein Ziel.

Du mystische Rose,
Du reinste Mutter,
Bitt für uns.«

Budapest im Mai. Nach der langen Lethargie.

An die letzten Wochen in H. erinnere ich mich nur wie an einen unwirklichen Traum. Ich erinnere mich, daß ich nur noch tanzen ging, wenn ich Geld brauchte. Das Vergnügen des einen Menschen ist die Not eines andern.

Wenn die »Lebensfreude« im englischen Büfett am höchsten gestiegen war, die Kavaliere sich zu keiner Tatkraft mehr aufraffen mochten, dafür aber um so toller tranken und tanzten und Geld säten, dann passierte es mir oft, daß ich einschlief. Wie fest und tief habe ich doch schlafen können. Als sei ich ausgelöscht. Nichts konnte mich entfachen. Als habe ich mir vorgenommen, nicht aufzuwachen. Die Toten hätten bei dem Lärm erwachen müssen, mir aber fiel es gar nicht ein.

Die Stühle standen auf den Tischen, die kühle Morgenluft zog durch die Tür herein. Die gütigen Reinmachefrauen sprachen mir freundlich zu. Ich schenkte ihnen Blumen, Bonbonnieren, Geld. Oh, sie haben mich gekannt und verstanden.

Eines grauen Morgens hängte ich der einen meinen Abendmantel über die gebückten Schultern. Es war wohl ein verschlafener, törichter Einfall. Daß man mich für ein wenig verrückt hielt, kam mir dabei zugute.

Das kleine Abwaschmädchen murmelte, ich sei betrunken, die Schrubbfrau lachte, weil die Fegefrau grotesk wirkte im Mantel und ihrer Sacktuchschürze. Ich sah es wohl. Mein Velvethut würde nicht zu ihr gepaßt haben. Ich stotterte eine Entschuldigung, ich habe sie nicht kränken wollen.

Sie hatte den Mantel bereits wieder abgenommen und hielt ihn mir mit ihren abgearbeiteten Händen gutmütig lächelnd hin. »Der paßt besser für Ihrereins, Fräulein, aber wenn Sie mal abgelegte Wäsche haben sollten oder ...«

»Nein, das nicht, aber ich werde sehen. Ein andermal.« Ging durch den grauen Morgen ... Der Mantel paßt besser für Meinereins. Ja, ja, sie mag recht gehabt haben. Nur, ich war so müde. Das kann man ja werden. So müde ...

Es war nur gut, daß ich immer weniger Geld brauchte. Auch das wenige Geld brauchte nicht eigentlich ich. In den letzten Wochen wohnte ich heimlich bei T., der mir gut gefiel. Dafür gab es verschiedene Gründe, also kann ich ihn nicht geliebt haben. Er gefiel mir sehr gut. Wenn nur aus dem alleinigen Grunde, weil er in unmittelbarer Nähe des Friedhofes wohnte –: es hätte vollauf genügt.

O ja, T. hat mir sehr gut gefallen. Nicht nur, weil ich Grabkreuze schimmern sah, wenn ich nachts über den Eisenzaun kletterte und an sein Fenster klopfte, das im Hochparterre lag. Mein Seidenkleid ist einmal hängen geblieben und zerrissen an den Spitzen des Zaunes. Doch auch das hat mir gefallen. Doch sehr still. Es war ein stilles Vergnügen, wenn man ein Vergnügen so nennen kann.

Wie liebte ich das dumpfe Zimmer. Die dunklen Voilegardinen, das ungemachte lässige Bett, die auf dem Tische verstreut liegenden Bücher, die nicht mehr gelesen wurden. Die wackligen blau bezogenen Stühle, auf denen man nicht mehr saß.

Am Morgen klopfte es einmal vorsichtig an die Tür. Das war T.s Mutter. Mich ging die Welt nichts an, also gab es nichts mehr, wofür ich mich hätte schämen sollen. Ich hörte leise die Tür öffnen, und das Wort »Geld« klang wie aus weiter Ferne an mein Ohr.

T. verschloß die Tür, trat ins Zimmer zurück, sah mich besorgt an. Ich wies mit einer Kopfbewegung auf meine Tasche. Mein Kopf war leer und schwer. Nur ein Gedanke tauchte auf, entfernt: ich könnte eine Familie mit bescheidenen Ansprüchen ernähren. Vielleicht wäre das eine Lebensaufgabe, und einigen Menschen, die mehr wert sind als ich, wäre geholfen.

Vielleicht war es meine Ehrlichkeit, die keine falschen Illusionen duldet, sich aufraffte und mich ein Engagement hier in Budapest annehmen ließ. Ich will nur noch so lange singen, bis ich mir die Ausstattung ersungen habe, mit der ich in ein Trappistenkloster einzutreten hoffe.

Ich werde bald schweigen können, denn ich habe gesagt und gesungen mancherlei Melodien. Ich bemerke, daß es sich leichter singt, wenn man genau weiß, daß man einmal schweigen wird.

Im »Royal Orpheum« existiert kein Schweigegebot. Im Gegenteil. Es ist ein wahrer Höllenspektakel. Um so besser. Je mehr Lärm, desto gründlicher werde ich geheilt sein.

Hier ist ein Riesen-Varieté. Man spielt eine ungarische Revue mit vielem Personal, »Vera Violetta«. Allabendlich. Kein Zweifel: es duftet hier mehr nach Patschuli.

Eine Negergesellschaft von dreißig oder vierzig Wuschelköpfen tritt auf. Eine einzige große Negerin, Andalusisches hineingemengt, steht im Mittelpunkt dieses spektakelnden Neger-Ensembles. Sie aber ist eine grandiose, bunte Schlotterkönigin. Eine feuerrote, wallende Feder im undurchdringlichen Urwald ihres verschwärzten Haares.

Die exotische Tanznummer ist ein wahres Höllenfest. Die Neger verstehen ein Gestampfe, Kreischen und Krachen fertigzubringen, als seien alle Teufel losgelassen. Das große, weit verzweigte Haus, in dem es verschiedene Anlässe gibt, dröhnt in den entferntesten Winkeln, wenn die Neger am Werke sind. Ihr grelles »It the go« hat sich dermaßen eingeprägt, daß es allgemeines Schlagwort und Begrüßungsformel geworden ist.

Im selben Hause bewohnen fast alle Kabarettistinnen einen weltfremden Lichthof, der den stärksten Kontrast zu den übrigen Vergnügungslokalitäten darstellt. Mein Zimmer ist einfach wie eine Zelle. Sie kostet hundert Kronen monatlich, die mir von der Gage abgezogen werden. Rest zweihundert Kronen. Der Wiener Impresario zehn Prozent Kuppelgebühren.

Meine Kolleginnen fassen die Gage als Taschengeld auf. Es bestehen Einheitspreise. Bei künstlerischen Unterschieden kann der Direktor sich nicht lange aufhalten. Wir sind unser zwanzig bis dreißig. Die Talente bilden sich im Gewoge.

Nur am ersten Abend sah ich mir die Varieté-Vorstellung an. Beim Schlußmarsch bekam ich einen Weinkrampf, weil die Posaunenklänge mich wohl plötzlich an das Jüngste Gericht erinnerten.

Nach der Offenbarung Johannes muß das Weltende einige Ähnlichkeit mit der Trompeten-Pièce im Royal Orpheum haben. Ach, wenn ich schon bei diesem Krach in die Garderobe geflüchtet bin … Ich will nichts aufrühren. Zu feige. Ich fürchte mich.

Auch die Neger schrecken mich ein. Wenn man sie nämlich so nahe sieht, wie ich sie sah, dann sieht man sie eigentlich überhaupt nicht, sondern ahnt nur, und das ist viel schlimmer.

Mit dem einen getanzt. Er wollte unbedingt mit mir tanzen. Ich hab' es dann auch fertiggebracht. Ich wundere mich noch heute darüber. Ich habe mir seine Augen angesehen und bildete mir ein, ich sah in die Augen eines Panthers. Gehört zu einer andern, mir fremden Rasse.

Und wie ich ihn so genau ansah, sah ich mein eigenes Bild in seinen Augen und dachte, daß auch ich das Bild des Negers jetzt in meinen Augen habe.

Da begann ich mich zu fürchten, weil ich mich schon auf eine geheimnisvolle Weise selbst Neger zu fühlen begann. Und ich fragte mich: »Wie ist es mit allem andern, was ich gesehen habe?«

An den ersten Abenden des Engagements kamen die Neger nach ihrer Varietéleistung ins Kabarett. Ich dachte, die müssen doch halbtot sein. Keineswegs. Sie nahmen den Kavalieren ungeniert die besten Plätze und die beliebtesten Damen weg.

Die Kellner waren die ersten, die sich darüber entsetzten. Die Habitués stutzten und äußerten ihren Unwillen. Sie waren ja in die Verlegenheit gebracht, sich allein zu unterhalten, was hier gar keinen Sinn hat. Das Programm wird in zwei Stunden abgewickelt, vielmehr heruntergesungen und heruntergetanzt. In allen Sprachen. Jede Sängerin eine oder zwei Strophen, je nach dem Applaus, und ab. Es ist so verwirrend.

Ich verstehe kaum mehr, in welcher Sprache gesungen wird. Weiß nicht, sind die Pointen zu verhüllt oder zu schamlos. Ich mag gar nichts mehr hören. Singe wie ein Automat. Wenn man das Wort »Liebe« singt, muß man nach der Herzseite greifen.

Einerseits abgespannt, andrerseits eingespannt. Am Morgen, nach dem Kaffee in der Schwemme, durch die Andrassy-Allee gefahren. Es gibt in Budapest viel Flieder.

Es gibt verschiedene Wünsche, die nie in Erfüllung gehen werden. Eine Legende sein. Sich jede Erinnerung wegsuggerieren und dann einmauern lassen. Ganz lange eingemauert sein.

Einem Kavalier habe ich den Vorschlag gemacht. Er hätte sich und mir das leisten können. Aber er lehnte ab, das Manöver sei ihm zu kostspielig, ich möge mich an eine andere Adresse wenden.

Um mich zu trösten, schenkte er mir eine schmale goldene Brosche mit drei kleinen Brillanten. Ich lege nicht den geringsten Wert darauf und benutze die Brosche, um meinen Rock an die Taille zu befestigen, damit doch etwas zusammenhält.

Der Leiter des Kabaretts hat mir erlaubt, mich nach meiner Nummer auf mein Zimmer zurückzuziehen, weil ich mich nicht wohl fühle. Es ist gut so. Da unten habe ich bereits begonnen, die Kavaliere zu enttäuschen.

Sie werden mich jetzt beim Direktor verklagen, sich über meine Unnahbarkeit beschweren, die Kavaliere, oder die Kellner, die die Einladungen vermitteln und dabei ihre Hauptgeschäfte machen.

Mein Gott, ist denn Enthaltsamkeit eine Todsünde? Gelingt es mir nicht mehr, auch nur einen Kellner zu befriedigen? Die glauben an unbegrenzte Möglichkeiten, als fliege uns das Geld nur so in den Schoß.

Drei Kronen Provision habe ich für die Vermittlung einer Einladung gegeben, an der ich selbst nicht einen Heller verdiente. Gab das Geld aus lauter Angst, der Kellner könne meine Entlassung bewirken, denn darin ist er beinahe allmächtig.

Von Kavalieren höre ich, daß mehrere Kellner ihnen meine Eigenschaften gepriesen und anempfohlen haben; Eigenschaften, von denen sie nicht das Geringste wissen können. Aber noch weniger weiß ich selbst davon.

Vorgestern abend führte mich der Kellner in ein apartes Zimmer der Bel-Etage. Zwei Frackherren saßen im Sofa, die Französin und die Wienerin in der Mitte.

Einer, der für mich ausersehen war, lehnte im Klubsessel. Begrüßte mich, als habe er mit Spannung auf mich gewartet. Küßte mir beide Hände. Als liefe mir eine Schnecke über die Haut.

Der Kellner mag meinen Unwillen bemerkt haben. Er stand

hinter dem Stuhl des Kavaliers, sah mich einen Augenblick lang drohend an. Schon flammte es in mir auf, aber ich besann mich.

Er schob mir einen Klubsessel hin, machte eine tiefe Verneigung, die für eine Königin hätte verwandt werden können.

Da lachte ich hellauf, lachte, lachte. Ich hätte immer lachen mögen.

»Sie scheinen ja gut aufgeräumt zu sein,« zwinkerte der andere.

»Noch nicht vollkommen.« Ich sah den Kellner an, der devot an der Portiere wartete.

Ich lachte wieder. Der Herr glaubte, daß ich über den Kellner lache. Da war ich plötzlich traurig und begann zu zittern.

Mein Kavalier war bestürzt. »Können Sie der Dame nicht ihren Mantel oder einen Schal bringen?«

Ich wehrte ab, ich sei nicht kalt.

»Nun, desto besser. Herr Ober, stellen Sie Sekt kalt. Bringen Sie Krachmandeln, Früchte, bringen Sie, was Sie haben.«

Er verbeugte sich und verschwand. Ich atmete auf.

Im Sofa zurückgelehnt, unterhielten die beiden Kolleginnen sich zart und verliebt mit ihren Herren. Ein Schauer überflog mich.

Der Kavalier, sehr vorsichtig in der Stimme, aber für mich brutaler als in der Offenheit:

»Unter uns, der Kellner hat mir Ihre Neigungen verraten.«

Da starrte ich in sein Gesicht:

»Wer sieht mir meine Neigungen an? Ich werde das bedeuten, was mir die Welt bedeutet hat. Meines inneren Zeichens bin ich Lastenträger. Wer aber hat es gespürt? Wem wurden die Schultern leichter? Oh, daß ich glauben dürfte, ich hätte nur eine einzige Last getragen. Ich fliege nach allen Seiten, und rufe: ›Begleiter sein!‹ Die Erhängten schneide ich vom Galgen, lege sie auf den Rasen und weine ihrem Leben nach. Wo mag das schweben, wo hole ich es zurück? Ich habe mich einem Phantom verlobt, das mich nicht losläßt. Befangen und vergeben, was habe ich in einem Separé zu tun? Es gibt Menschen, die romantische Vergleiche lieben. Wer aber kann sagen, was er ist? Ich weiß weder, was ich bin, noch was ich werden kann …«

Dann bin ich gegangen, um nicht mehr zurückzukehren.

Du singst, ißt, lebst, eine Zeitlang, und um dich herum geht die Welt weiter, nein, zugrunde. Das bemerkst du nicht plötzlich. Nur hat es den Anschein, als geschehe etwas plötzlich. Einmal ist dann das letzte Mal.

Du stehst auf irgendeinem Podium und singst ein Lied, wie behaglich die Welt doch sei, oder derartiges. Da kommt dir der Gedanke: in diesem Augenblicke weint ein Mensch. Wie kann ich da weitersingen?

Dir braucht nur einmal ein Gedanke zu kommen, und dieser Gedanke genügt, um die Form deines Daseins zu sprengen.

Ich kann nicht plötzlich stecken geblieben sein. Werde wohl immer gezögert haben. Die Widersinnigkeit hat ihr Ende erreicht.

Im Traume erlasse ich das Gesetz, daß in meiner Welt graue Fahnen wallen. Zum Zeichen, daß Leid geehrt wird. Die Musik ist verstummt. Es ist still. Ich höre nur das Weinen, das durch die Welt geht. Und will weinen mit den Weinenden.

Mir ist, als habe ich die Kraft des Denkens verloren. Oder sollte ich sie nie besessen haben? Ich beginne das Denken zu bedenken und gar bald ist mein Sinnen und Träumen von einer tiefen Trauer verschleiert.

Keinen Gedanken kann ich verfolgen. Mir war, als seien meine bösen Ausschweifungen ein zwar nicht üblicher, aber doch kürzerer Weg zu Gott.

O mein Gott, nimm dich doch meiner Unsicherheit an, die nur weiß, daß sie in die Erde gelegt wird. Verzeihe die Anmaßung meiner Sehnsucht, die mich zu dir sprechen läßt. Wenn ich wieder Erde werden soll, laß mich die Erde werden, die die zarten Wurzeln einer kleinen, deiner Herrlichkeit zublühenden Blume liebend umfängt.

Ich weiß nichts, also kann ich wohl in Wahrheit nichts Rechtes glauben. Nur mein Vertrauen gipfelt in dir und neigt sich in dir. Auf und ab, stehend und fallend, in deiner Macht. Ich kann dir ja nirgends entrinnen, ich bin dir ausgeliefert. Aber ich ergebe mich auch freiwillig, wie ich bin.

Marischka, unser Dienstmädchen, hat den Arzt geholt. Er weiß nicht recht, was mir fehlt. Herzschwäche, meint er. Ich werde selbst die Diagnose festgestellt haben, wenn ich zur Ruhe gekommen bin.

Marischka hat an meine Mutter depeschiert. Das hätte sie nicht tun sollen. Wozu meine Mutter unnötigerweise beunruhigen. Ich habe meiner Mutter geschrieben, daß ich bereits auf dem Wege der Besserung bin, sie möge nur Geduld haben. Wenn ich gesund bin und reisen kann, werde ich zu ihr fahren.

Der Berg meiner weißen Stube zweigt unmerklich ab. Baut sich immer höher hinauf. In den Verästelungen der Spitzengardinen lugen die Hausgötterchen. Sie treiben da einen längst verwelkten Flirt. Zu solch schnödem Liebesspiel habe ich mich nicht geboren. Leise, müde Weise …

In der Nacht bin ich so schweißbetaut, aber wer nimmt sich meiner wirren Glieder an, die zu tief nachtumsponnen? Dann lausche ich, damit ich die Musik der Ballnächte wieder höre. Und ich erkenne manches wieder. Ich bin wohl eine su—sa—süße Singsoubrette? Richtig, aber wann war das doch? Meine Zeit hat die Fallsucht.

Das ist eine ererbte, unheilbare Krankheit … nun ja … In einem gelblich grünen Licht vergeht die Nacht. Wie bin ich nur hierhergekommen? Ich liege ja hier auf einem Situationslager. Das trägt immer den Schwachen.

Das soll wohl ich sein, in diesem Falle, he? Aber ich bin es ja in jedem Falle, leider, leider. Ach, Gott, wie still ist es hier. Wie bin ich abgetrieben dem Getöse.

Diese Nacht hat das leiseste Herzklopfen aller pochenden Nächte. Nur mein Fieber schlürft den siebenmeilenfernen Fanfarengesang des Carne Vale. O vale Carissima, was bin ich doch für ein erbärmlicher Wicht! Ich kann die Hand nicht einmal heben. Die Liebe quält sich mir aus überwanderten Füßen. Die Blutstropfen pressen sich aus den Zehen.

Es handelt sich diesmal nicht um das Glück, lieber Gott. Meine Augen flattern heimwehkrank. Mein Herz hab' ich irgendwo versteckt, weil ich es nicht immer mit mir herumtragen konnte. Es ist schwer, ich weiß nicht mehr wo.

Etwas in mir hat lauter Risse und blutige Fransen. Ich weiß nicht, was. Es tut weh und ist wund, ich weiß nicht, wie. Und dort oben singen sie Lieder auf mich, ich glaube, es ist in den Spitzengardinen. Mein Name macht die Runde und ist eine Schallwelle. Mein Name läßt sich, wie mein Ich, nicht begreifen. Aber das glauben die Leute nicht, und sie wollen mich immer um die Hüften greifen.

Und niemand weiß, daß ich blutperlend in Gethsemane vergehe. Ich schweige vor dem Pendelschlag der Uhr. Ich bin keine Uhr und bin gar nicht mehr erstaunt. Ich schweige einfach vor dem Pendelschlag. Ich hoffe, daß sich der Pendel bewegt, das will ich einfach sagen. Einfach will ich bitten, oder behaupten: »Unter uns gesagt …« Unter uns?

O mein Gott, unter wem? Unter der einsamen Decke sei es gesagt:

Ich würde ja nicht mehr unter die Lebenden gerechnet werden, wenn jemand meine Furcht kennen würde. Darum lächle ich, damit bei Seele, niemand meine Angst erkenne. Die Angst steigt in den Himmel, oder sinkt in die Hölle. Ich weiß jetzt nicht mehr, ob sie steigt oder sinkt. Ich sage das auch nur, um von der Angst abzulenken.

Ich bin aufmerksam, das ist das erste Anzeichen des Gedankens. Ich bemühe mich sehr, das große Lächeln zu lächeln. Ich lächle nur so. Nur um zu lächeln.

Aber als die Schwester blütenumweht in ihrer großen weißen Kinderschürze in der Türrahmung steht, bin ich zu meinem größten Schreck zerfließender Diamantstaub. Und plötzlich wieder – zu meinem größten Glück – vermag ich mich zu fassen und sage: »Schwester, ach. Sie sind es. Wir haben einen grünen Lampenschirm.«

Oh, der besorgte Blick.

»Wenn es Ihnen recht ist, Schwester, haben wir einen grünen Lampenschirm. Aber wenn es anders sein sollte, will ich mich darein fügen. Was soll Ihr Mißtrauen, Schwester? Grün ist grün für alle Welt und für alle Zeiten. Wollen wir eine Abmachung treffen? Niemand braucht es zu wissen. Ich flehe Sie an: könnten wir uns nicht dahin einigen, daß der Himmel blau sein soll? Nur diese eine Sache, ich bitte Sie …«

Ach, es ist unmöglich. Wenn ich den Pendelschlag der Uhr bezweifle, habe ich mein Leben verwirkt, und mein Wort wird noch bei Lebzeiten als tot verschrien. Daher sage ich mir leise und innerlich: »Der Pendelpulsschlag ist nur ein Fiebertraum.« Sehr nebenbei. »Mein Leben ist der kleinste Nebenfluß, den der rauschende Strom, die große Ader der Allmacht in sich aufnimmt.« Und dann lächle ich ergeben, damit niemand die Klugheit um meinen Mund bemerkt. Gedenke ich der Weisheit in der zukünftigen höheren Schicht, sieht mein Mund ersterbender aus. Das sehe ich von oben, sehr von oben.

In den Gardinen-Nischen, auf Spitzenbergen, klettern die Älpler. Gott im ersten Augenaufschlag seiner ersten Schöpfersekunde war originell. Aber die Sonntagsälpler sind unoriginell, sonnendurchknetet. Aber die Menschen treten im höchsten Grade in Massen auf. Wir sind viele unserer Sorte und darum geschwächt. »Die Welt als Selbstzweck« heißt der neueste Veitstanz, und wird vom Klub der gemeinsamen Einsamen getanzt.

Davon wird mir sehr übel, und ich möchte die Stätte tragischer

Bierklebrigkeit verlassen. Ich nehme mir vor, mich sehr zu töten, und zwar mehrmals nacheinander. Das wird sehr nötig sein, wenn sich der Zweifel an der Unsterblichkeit der Seele vertiefen sollte. Mein Wunsch schwingt sich kreisend, ich aber bin ohnmächtig. Ich kann mich nicht davon befreien, Kind zu sein. Zwang und Zweifel beengen mich und umwickeln mich wie feuchte Bänder.

Unterdessen türmt sich das Zimmer immer höher hinauf aus Schnee und Glitzerberg. Bin ich erst über die erste Schlucht hinaus, wird man mich wohl nicht mehr finden. Daß man mich auf dem problem-umrauschten Situationslager suchen und nicht mehr finden wird, ist mir gleichgültig. Man wird dahinterkommen, daß ich nicht zu fassen bin.

Wenn man mir nur nicht meine Klugheit mit dem Pendelschlag anmerkt. O Gott, ich habe ja keine Strümpfe und keine Schuhe an den Füßen. Ich habe ja gar kein Kleid. Ich habe nur ein im Winde flatterndes, klägliches Nachtkittelchen. Aber ich werde mir schon alles herträumen. Ich muß mich nur konzentrieren, dann hab' ich, was ich will.

Wenn ich nur erst um die erste Wegbiegung bin und der Welt aus den Augen, dann bin ich gerettet, auch vor mir selbst. Ich muß doch einmal aus mir heraus. Diesen Ausflug habe ich mir seit langem vorgenommen. Wie mir die Beine schwer sind! Ich bin mir doch sehr lästig, daß ich mich derart mit mir herumschleppe.

Ich weiß nicht, wer es war, der über den Boden bis zum Waschtisch gekrochen ist, um das Wasser zu trinken, das so viele Sommermonate dem Staube preisgegeben war. Ich sah es flüchtig, als ich im Begriffe war, durch den langen, schwarzen Tunnel zu fahren. Ich komme in ein Reich, das keine Grenzen kennt.

Marischka sagt, ich solle Wein trinken, davon würde mir besser. Das habe ihr auch einmal geholfen. Ich sage ihr: »Wenn zwei dasselbe tun, ist es nicht dasselbe.« Ich bin so schwach. Habe mir zuviel zugemutet.

Ich stelle mir den Budapester Friedhof vor. Wenn ich wieder aufstehen sollte, werde ich ihn mir ansehen. Für alle Fälle das Stückchen Erde ansehen, wo ich landen werde.

Marischka sagt: »Fräulein müssen in Heimat befördert werden, hat Arzt zum gnädigen Herrn Direktor gesagt. Fräulein werden da umsonst beerdigt, ganz umsonst.«

»Ist das wirklich umsonst, Marischka?« frage ich. »Kostet es nichts? Soll ich auf Kosten der Allgemeinheit sterben? Umsonst gelebt haben?«

»Leben ist nicht umsonst,« verbessert Marischka. »Aber der Tod ist umsonst. Bemühen Sie sich nicht darum.«

Sie spricht, als wolle sie mir ein Geschenk machen. Als gäbe es nichts anderes mehr, das mich erfreuen könne, als die letzte Aussicht auf den Gratistod. Aber das Leben war doch auch nicht billig. Warum soll ich denn umsonst sterben?

Marischka ist nur sachlich. Vielleicht finde ich in der Unbarmherzigkeit die Barmherzigkeit. Man findet ja doch einmal alles, was man finden will.

Ich sage Marischka: »Ich will auf mein Grab verzichten, wenn man mir im Tode das Selbstbestimmungsrecht zugestehen will. Ich will nicht beerdigt werden. Wenn ich sterben muß, soll man mich doch auf dem Lichthofe liegen lassen. Wen störe ich denn hier? Ich werde ja still sein, das Theater wird auch ohne mich stattfinden.«

»Fräulein können aber nicht hier bleiben,« wendet sie ein. Heißt das wohl, daß ich meine Sachen packen muß? Ich darf nicht hier bleiben, wo ich gesungen habe? Es ist ja, als wolle man mich beerdigen, nur weil ich nicht mehr singen und tanzen kann.

Der Kellner ist versöhnt. Es hat mich sehr gequält. Er hat mir verziehen. Ich habe ihn nicht beleidigen wollen. Ich habe nicht recht sagen können, wie ich es meine, aber er war zufrieden, als ich ihm sagte: »Ich werde alles achten, was ich je beachtet habe. Dazu gehören Sie auch. Also verzeihen Sie mir. Und wenn Sie sich gekränkt fühlen, so verspreche ich Ihnen, daß Sie der letzte Kellner gewesen sind, der von mir gekränkt worden ist. Darum verzeihen Sie.«

Da hat er mir die Hand darauf gegeben. Ich aber habe mehr zu erledigen.

Ich liege mit Schuld- und Selbstbewußtsein im Bette. Gibt es denn etwas, das wieder gutzumachen ist? Wie hartnäckig bestehe ich auf meiner Schuld, die ich allein tragen will. Das ist mein Selbstbewußtsein. Wenn ich mich mit der größten Aufrichtigkeit untersuche, sagt mir eine eiskalte Stimme: »Bitte bleiben Sie aufrichtig, lieben Sie inbrünstig die kalte Sachlichkeit.«

Meine Beichte besteht darin, daß ich täglich dreimal mein Bild im Jahrmarktsspiegel anspeie. Der liegt unter meinem Kopfkissen. Einen anderen Beichtspiegel benötige ich nicht. Eine Auswahl habe ich nicht. Gehören mir nicht alle Sünden in Bausch und Bogen? Man muß doch genau sein, sonst hat Forschung keinen Sinn. Die Eitelkeit aber verfluche ich feierlich, obszön in allen Tonarten, so lange, bis ich ganz still bin.

Sterben heißt es jetzt, ich sehe es an den mitleidigen Blicken meiner Kolleginnen. Wie rührend nachsichtig haben sie gelächelt, als ich sie gestern bat, sie möchten doch dafür Sorge tragen, daß auf meinem Leichenstein zu lesen stehe: »Hier liegt unfreiwillig Dagny.« Sie wandten die Blicke von mir ab.

»Ich möchte nur meine Meinung auch nach dem Tode zu erkennen geben. Damit man weiß, wie ich gestorben bin, und daß ich nicht nachgegeben habe. Daß ich nicht müde wurde, zu leben. Statt einer Leichenrede könnte ich vielleicht selbst aus einem Grammophon singen. Ein Lied von der Liebesmühe. Ach, nein, ich würde die Mühe vergessen. Aber Kinder, so sprecht doch, was meint ihr denn?«

»Was sollen wir dir denn sagen?«

»Es ist wahr. Der Rest ist Schweigen. Immer.« Aber der Welt mein Kompliment machen, sei es auch nur vermittels einer Lichtreklame. Kinoverbeugung.

Das ist ja alles nur, weil sie mich so beschäftigt hat, die kleine Welt. Und beschäftigt sein, heißt gebunden sein. Aber ich muß doch heraus. Aus dem Gefängnis heraus. Nur um mich in ein anderes zu begeben, das weitere Grenzen hat.

Es gibt keine Freiheit. Auch Gott ist ein Gefängnis, in das ich eingehen muß, denn wo sollte ich sonst hin? Es gibt keine Ausflucht. Entfliehen kann niemand. Weder auf der Erde, noch im Himmel.

Ich habe eine Abneigung dagegen, von hier fortzugehen. Ich will in diesem Hause gerne sterben. In diesem Hause habe ich etwas gesehen von einem anderen Land, in dem ein anderes Leben ist. Darum möchte ich hier bleiben.

Mein Atem fliegt, als sei ich lange gelaufen. Ich fühle, hier erreicht mich ein namenloses Glück. Es handelt sich ja nur noch um dieses Glück. Ich weiß nicht, ob ich nachlaufe, oder ob es mir nachläuft. Aber ich fühle es in meiner Nähe. Ich will darauf warten.

Mich beschäftigt die Möglichkeit, in diesem Hause zu bleiben, sehr. Wenn ich mich doch noch der Anatomie verschriebe, – ob ich dann hier bleiben könnte? Man könnte mich ja bald abholen. Ich würde den Transport bezahlen. Außerdem hatte ich stets eine Vorliebe für den Anatomieprofessor.

In Frankfurt wollte ich meine Liebe nicht eingestehen, aber jetzt kann ich es ja ruhig sagen. Meine Liebe kann im Tode ja nicht mehr so aufdringlich sein wie im Leben, wo ich vor meinem eigenen Enthusiasmus mich fürchtete.

Schon lege ich meine Hände aufs Herz und bereite mich auf die Lautlosigkeit vor. Ganz innig möchte ich zu meinem letzten Geliebten, der vielleicht dies Tagebuch lesen wird, sagen:

»Halte mein Herz in den Händen. Gehe behutsam damit um. Vielleicht ist es doch zerbrechlich. Wenn es möglich wäre, daß es sprechen könnte, – gewiß, es würde zärtlich leise klopfen, wie die Kinder am Weihnachtsmorgen an die Tür, fragend, wann sie die Bescherung in Empfang nehmen dürfen. Aber noch gefährlicher als anspruchsvolle Kinder im Grunde sind, will ich alles. Letzter Geliebter, halte mich, nimm und gib.

Gläubiges Herze ist Wesen. Es kann nur glauben. Noch im Tode wird es glauben, darüber hinaus. Noch in der Erde klopft ein Herz; laß es ganz, Geliebter.

Du wirst mich halten, nur damit Zärtlichkeit es umfängt, einmal liebend direkt umfängt, weil es das immer so gerne gewollt hat. Glaube mir, weil ich glaube.

Jede Krankheit, gleichviel welcher Art, kommt aus einem einzigen Grunde: weil Herz nicht geliebt hat oder nicht geliebt wurde. Das ist eine Todsünde. Jede Krankheit rührt von der Todsünde her.

Du bist geheimnisvoll und darum anziehend. Sonst würde mein Herz nicht in deiner Hand liegen wollen. Lieber Mann, vielleicht bin ich dein Kind, das an seinen Vater glaubt, weil es ihn groß und stark empfindet.

Ich war ein fügsames Kind, das seinen Vater bewunderte. Anbetung lag in mir, immer tastendes Suchen. Und die Sehnsucht, mich in seine fernsten Träume zu mischen. In seine Träume hätte ich mich zerstreuen mögen. Wehende Blumensaat sein, aus der ein blaues Veilchenfeld erblüht. O Traum im Traume.

Habe ich je deinen Traum beeinflussen können, Geliebter? Habe ich mit dir geträumt, in dir geträumt, wenn du träumtest? Wann waren wir verbunden? Wenn wir glaubten, eines zu sein? Ewiger Schein der Einheit. Glaubwürdiger Kontakt der Liebe ist süßer Traum des gläubigen Herzens.

In der Wahrheit stamme ich von dir, Geliebter. Bin Zweig von deinem Baume. Ich, Kind, deiner Herzseite entstiegen, dahin es mich zieht. Weil du es selbst bist, behalte mich lieb, damit du mich rein empfangen kannst. Weil ich von deinem Blute stamme, wirst du mich schützen, als dein eigen Blut, dein Eigentum. Ich bin krank vor Liebessehnsucht.

Wie schwach ist die Efeuranke, und doch schmiegt sie sich an den hohen Baum. Am Baume wächst sie höher hinauf.

Nie habe ich etwas entdeckt. Mein Herz wird in göttlichen Händen liegen. Mehr kann ich nicht erreichen in meiner höchsten, einzigen Stunde, als daß ich mein enthülltes Herz, der Liebe zuliebe, opfere. Ich habe nichts anderes. Ich kann ja gar nicht sterben. Es stirbt nichts. Alles schläft im Grabe der hoffenden Liebe.«

Bis in die tiefe Nacht denke ich, daß ich sterben werde. Niemand kann es leugnen. Wer kann denn die Wahrheit bestreiten? Wer kann mit der Lüge die Wahrheit besiegen? Die Wahrheit ist ja unbegreiflich, unantastbar.

In der Nacht liege ich vor der Wahrheit auf den Knien und bete an: »Ich werde sterben.«

Nur von diesem Grundgedanken aus werde ich mein Leben aufbauen können. Ich werde nur leben können, wenn ich innig an meinen Tod glaube, ihm nachfolge, bis ich nachstürze. Ich lebe meinem Tode nach.

In der Morgendämmerung aber beginnt meine Furcht. Die Angst, daß ich am Tage den Glauben verlieren könnte. Das Tageslicht verführt mich zu einem Leben, das Lüge ist und Vergänglichkeit. Oh, daß ich durch alle Hinfälligkeiten hindurch lieben könnte!

Und am nächsten Abend bekenne ich dem Tode meine Untreue:

»Am Tage habe ich nicht an dich geglaubt. Ich habe dich verleugnet. Ich will in Zukunft mir Mühe geben, an dich zu glauben. Bevor du mich in deine Arme genommen hast, erfülle mich immer mehr. Vertiefe den Glauben, die Wahrheit selbst: durch den Tod werde ich leben. Laß mich sterben, auf daß ich lebe.«

Meine Kolleginnen kommen manchmal in der frühesten Morgenstunde, um vier Uhr, um nach mir zu sehen. Sie umstehen mein Bett und sind noch in ihren bunten Abendkleidern.

Im ersten Augenblick erscheinen sie mir fast zu grell, und ich weiß nicht recht, träume oder wache ich. Wenn mir dann eine nach der andern die Hand gibt, habe ich sie alle lieb. Dann weiß ich, daß es kein Traum ist.

»Wenn ich fortgehe, werde ich dennoch immer bei euch bleiben, da ich unter euch war. Was war, kann nicht verloren gehen.« So tröste ich mich. Es fällt mir schwer, mich loszureißen, denn ich weiß, wie ich euch zurücklasse. Nicht alle haben eine Mutter, zu der sie gehen können.

* * *

Ich weiß, daß ich jetzt zu Hause bin. In dem Hause, in dem ich geboren wurde.

Mir war, als fahre ich zu meinem eigenen Begräbnis. Mutter war an der Bahn. Einen Augenblick dachte ich, sie erkennt mich gar nicht mehr. Aber dann hat sie mich doch erkannt, denn ich bin doch ihr Kind.

Ich wollte sprechen, alles sagen, aber sie küßte mich auf den Mund. Da habe ich nichts gesagt. Geweint, lange geweint. Und war müde, sehr müde.

Jetzt liege ich im Bette, im selben Zimmer, das ich als Kind bewohnte. Es heißt, ich habe eine Art Klimafieber. Kann sein, ich weiß es nicht. Mutter läßt mich viel allein. Und es ist gut. Es ist alles gut.

Es ist noch alles wie früher, scheint mir. An den Wänden dieselben Bilder, die ich mir auf dem Jahrmarkt einmal kaufte.

Das winzig kleine Bild hängt über meinem Bett. Damals wußte ich nicht, daß es der Schutzheilige der Jugend war, Aloysius. Jetzt aber weiß ich es.

Vielleicht beschützte er mich, ohne daß ich ihn darum gebeten habe. Wer weiß denn, was uns eigentlich beschützt? Jetzt bin ich doch wieder zu Hause.

In der Nacht träumt mir, mein Abendkleid liegt auf dem Stuhl. Ich aber will es nicht anziehen, weil, was da liegt, nicht mein endgültiges Kleid sein wird. Nicht das Kleid meiner Bestimmung.

Irgendwo in der Ferne verweht die Zeit,
In meinem Arme fühl' ich sie entrinnen,
Ich denke an mein erstes Beginnen,
Wie tief verwirrt mich die Unendlichkeit …

Ich gehe zurück, sehr weit zurück. Und erinnere mich: ich fand Gefallen daran, ein grünes Rhabarberblatt als Hut zu tragen. Und mit schlechtem Gewissen trug ich nach meiner Rückkehr aus dem Märchenwald ein Strohgeflecht. Auf dem Felde war die Sonne mein Eigentum. Jeder Strahl gehörte mir. Ich pflückte die Brombeeren und den Klee. Die Vorratskammer war eine Schlehdornhecke.

Mein Blätterteppich war mit Buschwindröschen besteckt. Wie lange ist das her? Liegt das Leben denn in der Vergangenheit, oder in der Zukunft? Nur die Gegenwart ist unausdenkbar. Ich habe noch nie gedacht, denn dann wäre ich in den ersten Gedanken versunken, als sei ich Taucher im Meer.

Steige ich, oder sinke ich tiefer? Ich sehe, es ist dunkel. Alles dunkel. Ich habe die Sonne seit langem nicht mehr gesehen. Das habe ich wohl nicht vertragen. Davon bin ich wohl krank geworden.

Nicht von den Menschen bin ich krank geworden, die sind ja alle hell, wie die Sonne. Sie haben nicht Schuld daran, daß ich krank bin. Ich suche und suche.

Da vertieft sich die Schuld. Ich durchbreche mich und sehe in mich hinein. Da ist Schatten. Dämmerung, und nur wenig Licht. Nur eine kleine Flamme. Wenn meine Seele befreit sein wird, strömt Licht herein, Licht wird um mich sein. Ich fühle, ich werde glauben. Ich glaube oder glaube nicht. Wie schwach ich bin. Ich winde mich.

Oh, mein Bett ist umrauscht von Zweifel und Sehnsucht. Schrei und Hoffnung umwogen mich. Oh, Christ Cyrie, laß mich über Wellen gehen. Kannst du meine Zweifel als Gebete annehmen? Denn auch meine Zweifel gelten dir. Laß leuchten das Licht deiner Gnade. Ich singe ein Kinderlied:

»Laß die Sonne scheinen,
Sonst wird das Kindlein weinen.«

Meine Sonne war das Rampenlicht des Podiums. Die Geigen des Orchesters meine Singvögel. Die Feder fällt von meinem Hute herab und bedeckt meine tüllbedeckten Schultern. Wieder schwebt Rauch in einem goldenen Saal.

Da sitze ich ja bei fremden Menschen. Trinke Lacrimae Christi. Da fliegen die geschminkten Mädchen in Schleppkleidern an mir vorüber. Von allen Gassen kommen sie zu mir. Und ich muß bitterlich weinen.

Seid empfohlen der Mutter Gottes. Ihr Bild steht auf der Kommode in meinem Zimmer. Aber in Wahrheit ist die immerwährende Hilfe überall. Wir müssen nur glauben. Versuchet zu glauben, und euch allen wird geholfen sein. Ich weiß, daß es so ist ...

Sie sehen mich an.

Ihr zweifelt nicht an mir, da ihr mich seht? Seht, die Orchidee hängt welk in meinem Gürtel. Mein Flitterpanzer beengt mich. Ich war bei euch und ihr glaubtet, daß ich lebe. Wie unwahrscheinlich bin ich sündiger Mensch, und dennoch glaubt ihr an mich, nennt meinen Namen, da ihr mich sehen könnt.

Ich bin Schuld. Sie ist euch unsichtbar, denn es gibt eine Sonne, vor deren Licht jede Dunkelheit schwinden muß. Das ist Gott. Glaubt, daß Gott es nur zuläßt, wenn wir das Gleichgewicht verlieren, damit wir desto inniger auf seine Seite fallen. Fürchtet euch nicht, es gibt keine Hölle. Gott ist ja mächtiger als der Teufel, denn Güte ist Allmacht.

Gottes Güte ist der Himmel, und Himmel ist überall. Warum seid ihr so furchtsam? Ich kann euch doch nicht weitergehen lassen mit der Furcht im Herzen? Wir wollen uns unterwerfen dem Urteil des höchsten Gerichtes, das die Liebe selber ist. Da wollen wir keine Berufung einlegen. Der Schöpfer kann seine Geschöpfe nicht verachten, die sich ihm neigend nahen.

Wie leicht erträgt sich die Verachtung der Menschen. Wie klein sind wir, winziger als ein Staubkorn, vor seinen Augen. Zertritt mich betendes Korn, aber nur unter deinen Füßen, Gott. Geh über alle Wege, aber laß sterben nur unter deiner Spur.

Möge die Erde sein ein blühender Garten, darin alle Herzen Blumen sind. Sie seien dir aufgeopfert um deiner unsagbaren Schönheit willen. Oh, Gott, ich sah, daß du lächeln kannst. Du Namenloser, der du aus deiner Höhe herabsiehst auf diese kleine Erde, die doch so tief unten; o du Lächeln der Güte, verweile doch, du bist gut.

Auch die gefallenen Engel hoffen auf dich, Gütiger. Wenn sie aber so verirrt sind, daß sie zweifelnd nur leise hoffen können, so glauben sie doch ihrem Glauben nach.

Ich sehe alle Mädchen unter Tränen lächeln. Es ist das Lächeln Gottes, das sich in ihren Augen spiegelt.

»Oh, ihr seid aus der Ursache Gott entstanden. Ihr seid Kinder. Geht nach Hause.«

Da verschwinden sie alle, als seien sie fortgeflogen.

Als ich zum erstenmal wieder aufstand, setzte ich mich ans Fenster. Auf der Straße spielen die Kinder im Kreis. So habe auch ich einmal gespielt. Ich erinnere mich: auf demselben Fleck spielte ich, gerade dort, wo jetzt die Kinder sich im Kreise bewegen.

Ich öffne das Fenster, um besser sehen zu können. Wie schwach ich geworden bin. Aber die Sonne scheint und die Kinder singen.

Ein kleines blondes Mädchen steht in der Mitte des Kreises. Ach, so klein. Die Kinder singen:

»Es regnet auf der Brücke, und ich ward naß,
Ich hab' etwas vergessen, ich weiß nicht was.
Süße Jungfrau zart und fein,
Schließ mich in den Reigen ein,
Unter deinem Schirm behütet sein.«

... Behütet sein ... Das möchte auch ich dir wünschen, kleine göttliche Gemeinde.

DAS EWIGE LIED

FÜR MEINE MUTTER

I.

Gelobt seien alle Namen, die das Leben bergen. Jedes Nennen, das nach der Geburt des Unnennbaren trachtet, sei gepriesen. In jedem Worte, das Wortlosigkeit ersehnt, wohne die Erfüllung.

Im Anfang war das Wort. Und wird nicht enden, was im Anfang war? Im Anfang war die Resignation. Komm, Ergebung, in meinen Anfang! Das Wort im Anfang will aus der Freiheit die Hingabe an das Anfanglose sein.

Nennen und bekennen will der Mensch, und Wort sein, das sich nicht verschweigen darf. Das Geschöpf will vom Schöpfer zeugen.

Wo bist du, meine einzige Legitimation? Du mein Ausweis, mein Hinweis, meine Weise! Erklinge, meine Seele! Zeige dich, mein göttliches Dokument! Du lebendes Denkmal, das sich Gott gesetzt, wie lese ich deine Inschrift?

Fühlt der Mensch, woher er gekommen ist, dann weiß er, wohin er geht. Woher bin ich gekommen? Wie unsagbar es ist ... Es ist ein Werben um Unsagbarkeit, ein Sehnen nach der Geburt des Verschwiegenseins.

Es will mir immer einfallen, wie ich vergaß. Um das Vergessen zu vergessen, will ich mich erinnern und in mir suchen. Ich hab etwas vergessen, und weiß nicht was ... Das Leben ist ja so umständlich ... Die Erlebnisse verhindern das Leben, umstellen die rechte Aussicht.

Es will so weit zurück. Wie weit will es zurück? In mich hineinsehen will ich, und bin wie ein Buch, und es will in mir lesen: wer bin ich?

Da sehne ich mich nach mir. Bin ich mir denn so weltenweit entfernt, daß ich mich nach mir sehne? Was kann ich wohl sehen, wenn ich mich nicht sehe? Ein Spiegel werde ich sein. Kann aber ein Spiegel sich spiegeln? So fremd bin ich mir, und weiß nicht, wer ich bin ...

Vom Übersehen will es sagen, leise sagen. Das Wort schläft.

Freiwillig will es erwachen. Das Wort duldet keinen Zwang. Es regt sich leise und unsichtbar ... Ich lausche in mich hinein, um die Antwort zu erlauschen: wer bin ich? Ohne Grund will es leben, zum Leben bestimmt.

Wo bin ich, da ich mich berühren möchte? Meine Hände falten sich ineinander, und vermögen sich nicht zu begreifen. Und ich sehe auf meine Hände, und siehe, sie gehören nicht mir. Die Hände sagen mir: wir wollen halten. Aus fremden Zärtlichkeiten sind wir aufgebaut. So sagen die stillen Hände. Es spricht sich ja so wortlos. Seit wann bedarf es keines Wortes mehr? Seit wann? Ich weiß es nicht.

Ein Staunen liegt in einem weißen Zimmer, in einem weißen Bett; und man sagt, daß ich es sei. Das klingt wie Vorwurf, und mein wehender Name tut mir weh.

Wie viele Namen ich getragen habe, um meine Vielfachheiten zu erproben. Habe ich mich jetzt zu Ende gelebt, oder noch nicht? Überhaupt noch nicht? Dem Kinde ist ein Stern auf die Hand gefallen. Die Liebe spannte einen hohen Bogen, und der Stern sank .. So wehend weich fallen meine Namen. Ich bin so schwach, und kann meinen Namen nicht tragen. Was soll die unnötige Bürde? Ist wohl jemals gewesen, was untergehen kann? Namen wollen erblassen, wie die Sterne. Es leuchtet auf und erlischt. Ein Schein fällt durch den Weltenraum ... Warum bin ich nur auf diesen Stern gefallen? Um Stern zu sein. Vom schimmernden Sterne wollte ich sagen, aber ich bin so krank geworden. Wie bin ich nur auf diesen Stern gefallen? Wie bin ich nur in dieses Haus gekommen? Weinen will ich, weil ich mich nicht besinnen kann. Womit aber soll ich weinen? Meine Augen weinen in den vielen Seen ... Versunken sieht mich das Leben an. Es ist so fremd, und es wird immer fremder werden.

Wer kann etwas behaupten? Wer setzte sich selbst das Haupt? Kopf über Kopf, mir ist, als läge etwas Enthauptetes da. Wo ist mein Kopf, da ich mich enthauptet empfinde? Sollte ich mich selbst enthauptet haben? Nach meinem Kopfe versuche ich zu greifen, und fasse ins Leere. Meinen Kopf kann ich nicht finden, und doch bin ich besonnener denn je. Denke ich wohl mit dem Herzen? Bin ich es? Warum fragen? Ich weiß, daß ich nichts weiß. Die Logik aller Dinge wird über mir sein.

Man gibt mir nichts zu essen, weil ich keinen Mund habe. Und doch spricht etwas. Einen Vormund habe ich. Ich weiß nicht, wie er heißt. Er wird es mir sagen, wenn er will. Was bedient sich meines Mundes? Ich suche meinen Mund. Was bedient sich meines Kopfes? Ich suche meinen Kopf. Nicht zu meinen Füßen liegt er. Nicht in meinem Arme ruht er. Was nimmt mich fort? Entrückt bin ich. Was mich genommen hat, dessen werde ich sein.

Meine Kleider muss ich verliebt haben, ich finde sie nicht mehr. Alle Fahnen sind gesunken. Siegessäule stürzt. Jetzt muß ich mich verbergen, und weiß nicht wohin. Es wird mich rauben der, dem ich angehöre. Freiwild bin ich, ausgesetzt auf dem Felde der Gewohnheit, und furchtsam in der Flucht, und doch werde ich liebende Beute sein. In der Verborgenheit wird es heimlich leben, und es wird ungesehen bleiben.

Meine Neugierde ist erwacht. Es ist so überstürzt, alles so überstürzt. Andere Menschen sind nicht so überstürzt, wie ich es bin. Schwester Mirjam sieht mich doch ruhig an, sagt, ich sei im Vinzenzius-Krankenhause. Und ich habe gar keine Zeit. In einem Überstürzt liege ich, und bin bestürzt, überstürzt, und weiß nicht, wie ich aussehe.

Es hängt eine schwarze Tafel über meinem Bett. Auf dieser Tafel steht eine verwischte Nummer. Das soll ich sein. Das soll ich auch sein. An was soll ich mich halten? Eine Ziffer im Diensthause soll ich sein, die Typhuskranke bin ich auch. Das erklärt nichts, das verwirrt. Und dennoch muß ichs sein. Man hat mich hierher gebracht. Man hat mich hier aufgebahrt. Man verlangt von mir, ich soll es sein. Wenn ich sterbe, wird man es mir sehr übelnehmen. Das fühle ich.

Man soll keinen Menschen beleidigen, das tut furchtbar weh … O, mein verhangenes Gesicht schmerzt. Schwester, bitte, geben Sie mir einen Spiegel. Ich will mich spiegeln. Nur sehen möchte ich, ob ich mich schon erholt habe. Bitte geben Sie mir einen kleinen Spiegel, er wird groß genug sein. Es genügt ein ganz kleiner Spiegel. Ich weiß, wie es ist.

Bin ichs denn wirklich nicht, die hineinsieht? Mein verhangenes Gesicht schmerzt. Ein eisernes Visier trage ich. Das ist die Maske der Wahrheit. Zeige dich mir ohne Hülle. O, ich will mich von mir überzeugen. Nachtwandleraugen sehen in den Spiegel. Ich will mich sehen, und bis zum Ende da sein. Nein, nicht bis zum Ende. Weit hinaus, uferlos weit, unendlich fern übersehbar sein …

Mich bannt das Bild. Was sieht mich an? Eine Welt, eine Bühne, auf der soviel sich abgespielt. Weint das Spiel? Der Spieler, der keinen Zuschauer hat, weint über sich, weint für sich.

Ich bin das Publikum meiner selbst, und ich werde mir untreu. Es dankt ab … Tragik fällt zusammen, und es erhebt sich der Beifallsjubel des Schmerzes. Es steigt der Triumph der letzten Lust: Sterben ist schön …

Und es weint über mein verspieltes Gesicht. Es weint über alle heimatlosen Augen hinweg. Der Widerschein des Fremden spiegelt sich …

Nicht mit Namen kann ich nennen, was aus mir weint. Die stillen Augen haben das letzte Bild des Menschen aufgenommen. Schicksal sinkt in den Grund … Der Spiegel wirft das Bild der Sehnsüchtigen zurück.

Alles, was fremd ist, bemächtigt sich meiner. In mir ruht, was mich nicht kennt … Ich aber bin arm. Nichts habe ich. Nichts gehört mir. Nicht mehr im Zweifel, ob ichs sein oder nicht sein soll, überfällt mich Entscheidung. Eine allmächtige Welle trägt mich. O, ich bestimme nicht, ich wurde bestimmt …

Es ist eine Fremde an mein Lager gekommen. Sie hat mir gesagt: Ich bins. Ich liege dort krank, und was du hast, ist mein.

Nur glauben kann ich. So will es das Gesetz, das mich glauben läßt. Ich muß glauben, immer glauben. Der Glaube ist mein Atem: Leben ist schön.

Wer spricht? Verrauscht, vertauscht. Die fremde Stimme spricht. Was bin ich denn für eine Heimat? Wer war ich denn, wer bin ich denn, daß sich in mich hinein die Fremde flüchtet?

Ein Mensch ist eine Lagerstatt für das Unbekannte. Nur ein Gefäß, das Geheimnis birgt. O, weile verhüllt, verborgen …

Vielleicht ist die Fremde meine Mutter. Vielleicht hat meine Mutter sich mit mir vertauscht. Sie wird sich meiner erbarmen, wie sie mich unter ihrem Herzen behütet trug. Noch einmal schlafen im Schoß der Liebe … Immer weiter zurück sinkt meine Heimat. Das Fremde will umarmt sein, wie Heimat. Ach, Mutter in Wahrheit, wo ist dein Kind?

Jetzt muß ich sterben gehen, weil ich geboren bin. Zurück will ich zu meiner Mutter, und weiß nicht, ob ich auf dem Wege bin. Alle Tränen sind Heimwehlieder. Was nimmt mich auf, da ich so fremd gegangen?

Ich erinnere mich so weit zurück. Einmal schlief ich ungeboren in der Seligkeit. Es wob ein Traum der leisen Luft das lächelnde Gewebe der Inbrunst. Es bildete ein Wort das Wunder. Liebe! Liebe rief Liebe. Ein Mensch wurde geboren. Ich bin der Mensch!

Ich bin es, der im seligen Gefilde Heimat war. O, Wahrheit, warum hast du mich entlassen aus deinem Traum? Es will zurück, was von dir ist. Du hast mich mir gegeben. Wie sollte ich an mein Leben glauben, da ich dich glaube?

Du bist mein Leben. Du bist ich. Sag, warum träumst du so tief bewußt? Was verführst du dich, Liebe, daß du mich sagen läßt: ich bin es. So suche mich heim. Ich will zu mir nach Hause. Ich will zu dir. Was spricht so in mir?

Es will zur Erde, und in den Himmel. Es will fallen und steigen. Es will sinken und schweben. Kind bin ich. Kind bleibe ich. Kind werde ich sein.

Wohin soll ich sprechen, wenn nicht zu Menschen? Ich erinnere mich so weit zurück. Als ich noch kein Wort sagen konnte, da spielte meine Mutter mit mir. Ihre Arme hielten mich hoch empor. Sie zeigte mir die Sonne, und ich konnte nur lächeln. O, ich weiß vom Glück. Zu sagen weiß ichs nicht, aber ich weiß vom Glück. Ich erinnere mich … Das Glück stand in den Augen meiner Mutter, da sie mich emporhob, und ich konnte nichts sagen. Lächeln konnte ich schon. O, ich erinnere mich …

Im Anfang lächelte ich, lächelte in die Lichtverliebtheit meiner Mutter hinein.

Es fällt ein Sonnenstreif auf mein Bett. Meine Hände wollen das Licht greifen, und meine Hände können sich nicht heben. Und immer muß ich weinen. Es ist dasselbe Licht wie einst … Ein Wort suche ich zu sagen, und ich kann nichts sagen. Und doch bin ich im Schweigen und in den Tränen das Kind meiner Mutter, die mich dem Lichte verlobt hat. Das ungesagte Gelübde wird sich erneuern.

Liebe das ungedachte Wort, meine Seele. Es wird dich erträumen. Das Wort wird sein ohne Leid, ohne Freude. Wie zärtlich ruht die Unbeweglichkeit des ewigen Wortes. O, stummer Brennpunkt, um den es sehnend kreist. Das leiseste aller Leben leben …

Wir sind im Herbst. Es wird Herbst sein, auch wenn ich nicht sehe, wie die Blätter vom Baume fallen.

Nicht durch ein Fenster will ich sehen. Jedes Fenster ist eine Ausflucht. Meine Augen wollen abgewandt sein.

Meine Seele fürchtet sich zwischen den Wänden meines Leibes. Sie will entfliehen und träumt von Weiten.

Meine Haare fallen so müde.

In meinen Händen singt ein Verenden.

Wir sind im Herbst …

Die Zärtlichkeit, wild und süß, liegt flüsternd über jedem Wald.

In allen Verlusten singt Süßigkeit …

Ich aber in meiner Jugend will weinen über das Verwehen.

Berauscht bin ich vom Stummsein aller Dinge. Weiß steht mein Tisch wie der Sarg eines Kindes. Die violetten Astern, Blumen der Ergebung, atmen im Tode. Meine hellen Wände sind tief in die Ruhe verliebt, und sehen mich in stiller Wehmut an.

Ihr schweigsamen Stühle, wortlose Zeugen meiner Einsamkeit, umwoben seid ihr. Das Leben zittert lautlos.

Und ich lausche, und sehe. Ich sehe zurück, weit zurück … Alle Herbste gehn an mir vorüber … Sie gehen und vergehen … Und alles lächelt, weil es stirbt …

Vor meinen Augen sehe ich bereits den geschlossenen Vorhang. Meine Augen sehe ich brechen, und doch sehen sie noch auf alle Dinge, sehen auf das dunkle Kreuz, und das Leid teilt sich mit. Das Leid kommt vom Kreuz, und es verbreitet sich. Jeder Seufzer gilt der Kreuzeserhöhung.

Jedes Opfer sei dem Opfer geopfert, und jedes Leid wird Licht werden. Es wandert und verwandelt sich. Die weißen Wände stehen noch. Auch sie werden fallen. Ich werde nicht dabei sein, und doch weiß ich, wie sie fallen werden. Fluß ist der Boden, den ich betrachte. Er ist nur da, um mir zu entgleiten.

Alle Dinge haben den Ausdruck des Kommenden angenommen. In allem Gegenwärtigen habe ich mich nach dem Kommenden gesehnt, immer das Kommende erjagt. Das Kommende aber ist ein unbedingtes Fallen. Ein Wandel bin ich zwischen Tod und

Leben. Das Unausbleibliche will mich überfallen. Ereignis wird. Es ist ein unaufhaltsames Schreiten zur Tat.

Was mich aufhält, sind Verfänglichkeiten, denen ich den Todesschwur leisten möchte. An was kann ich mich denn halten, da mir alles zerrinnt und schmilzt wie Schnee?

O, nach der letzten Einsamkeit greifen lernen, und sich bewähren in der letzten Einsamkeit. Glück und Abgrund liegen in ihr.

Schwester Mirjams Gesicht erscheint im weißen Rahmen.

Schwester Mirjam sieht mich mit treu wachenden Augen an. Sie steht vor dem Binsenkörbchen, in dem ich liege, und es ist doch nur ein Wolkenbett. Schwester Mirjam nimmt mein Handgelenk. Sie fühlt das Klopfen meines Lebens. Wie lauscht sie ernst in meine Augen. Sie spielt, ich sei das kranke Kind. Sie will mich konstatieren, darüber lächelt es in mir.

Sieht sie denn gar nicht, daß ich nur eine leicht angedeutete Skizze bin? Wie blaß und ernst ist sie. Sie schläft und spielt im Schlaf. Sie sieht nicht, daß die Erde eine trügerisch schwimmende Insel ist. Oft schimmert sie rosenfarben. Sie träumt sich zart und tief. Wenn sie erwacht, wird sie das jüngste Kind sein. Ich habe noch nicht einmal gelebt, noch nicht ein einziges Mal. Kann man denn sterben, wenn man noch nicht einmal gelebt hat? Wovon bin ich nur so müde, aller Lieder müde? Mein Herz kennt keine Melodie. Es hat sich überklopft ..

Schwester, ich bitte Sie, hören Sie doch nicht darauf. Was haben Sie denn mit meinem Herzen zu tun? Was geht mich mein Herz an? Ich bitte Sie, lassen Sie es. Ich erbleiche, wenn ich mich erröten fühle ... Bemerken Sie nicht, daß die Luft erhöhte Temperatur hat vor Scham? Ich darf mich nicht schämen ... Schwester, warum verwechseln Sie sich fortwährend mit mir? O, berühren Sie mich nicht. Fanatisch macht die Verlegenheit ... Rühren Sie mich nicht an. Das Ungeborene bäumt sich ... Es wird wachsen, und die

Wände meines Leibes durchbrechen. Eine Hülse bin ich und der Beachtung wenig wert. Rühren Sie mich nicht an. Es tut mir weher wie weh. Es steigt die Flut meiner Schmerzen, und die Ebbe meiner Wehmut ist dahin. Schwester, reichen Sie mir das Amulett der Unverwundbarkeit.

In einem blauen Buch sind meine Fieberkurven verzeichnet. Es ragt das hohe Gebirge meiner Leidenschaft. Das ist die Sünde, die ich nicht begehen darf: ich darf nicht steigen. Fläche muß ich sein, weit übersehbar. Alle Höhen fallen in mein Gewissen. Die sind mit dem Fieberthermometer nicht zu berechnen.

Wie jung Schwester Mirjams Gesicht ist, und wie ergeben ihr geschlossener Mund. Das warme Rot der Lippen blüht still für sich. Die Augen mit dem blauen Schimmer in den Winkeln sind wie die Dämmerung in einer Dorfkapelle am Abend, wenn die Schatten weicher durch den veilchenfarbenen Vorhang fallen. Der kühne Schwung ihrer Augenbrauen ist durch den Schleier verdeckt.

Ihre Haare werden kurz und braun sein, und leicht gewellt. Was geht es mich an? Wie lange noch werde ich fremden Spuren folgen? Warum betrachte ich das schwarze Tuch, das von Schwester Mirjams Schultern fällt? Ach, die weiße Haube, welch unschuldig freudiger Schmetterling. Der schwarze Schleier, weicher Trauermantel, den ich verfolgen möchte.

Ist es das Wesen meiner Augen, zu sehen? Sind nicht die Augen zum Schließen da? Um sich zu schließen? Wann werde ich beendet sein? Selig sind, die nicht sehen und doch glauben.

Schwester Mirjam ist beauftragt, mich zu bewachen zu beschützen. Vielleicht ist gar nichts mehr zu beschützen da? Was bin ich denn, daß man darauf achtet? Jetzt weiß ich nicht mehr, was ich bin. Angegriffen durch die peinliche Frage »Warum« und in die Enge getrieben, stehe ich ohne Antwort. Wie kann ich mir Frage und zugleich Antwort sein?

Unter dem scharfen Kreuzverhör werde ich klein und immer kleiner, und schwinde dahin. Wie darf ich wagen, mich zu denken, da ich mich nicht erdacht? Und wenn ich vertraue der Gnade der Auferstehung, dann wird mir das Vertrauen als die erste Gnade geschenkt.

Schwester ist Hirtin und umweidet mich auf einer Wiese. Einsam streife ich durch unberührte Fluren. Verzauberte Augen wollen die Hirtin grüßen, unwissende Anbetung der Legende sein.

O, in jedem Holze wirke ich. Ich weiß es, und weiß es nicht. Ich glaube an die Unwissenheit, an die blinde Demut aller stillen Dinge. Verloren und gefunden, tief bewußt und vergessen bin ich Umarmung im Abendrot. Übergoldet schimmern die Wolken, träumend ziehn die ahnungslosen Heere. Triumph steigt lächelnd im Versinken. Hier wandelt sich der Tag. Jetzt schwebt eine bronzene Insel. Meere rauschen und verrauschen …

II.

O, sieh mich nicht an, und breite ein Tuch über mich aus. Verdeckt will ich sein.

Unverhüllt muß ich im Schauhause liegen, und alles sieht mich an.

Jetzt wissen die Sterbenden, daß ich sie durch das Dunkel begleiten werde. Bereit bin ich. Bereitet werde ich …

Jetzt stehe ich, Schildwache aller Einsamkeiten. Alle Toten klammern sich an meine Fersen. Meine Inbrunst durchweht alle Tode.

Die Verwesenden ahnen, daß ich ihre Fäulnis zerteile. Alles Tode umarmt mich. Die Leichen wollen mich zur Gesellschaft. Berührt mich nicht, mein Schicksal heißt unberührt. Betrachtet mich nicht, unnahbar will ich sein. Verwundet mich nicht, ich bin unverletzlich. Wollt nichts von mir und ich will euch alles geben.

Was wollen die Toten denn von mir, daß sie nach mir hungern? Wollen sie mein Leben, weil ich das Leben bin? Ziehn mich die Toten nach? Vergeßt mich, und ich werde erscheinen.

Es bildet sich ein Lächeln über mir. Es umschwebt mich, und stärkt mich unsagbar. Alles kann ich, aber sterben kann ich nicht.

Meine Verwirrungen lösen sich. Es öffnet sich das lichtgeliebte Haus.

Einmal habe ich ein Mädchen gesehen. Es war im Dom einer fernen Stadt. Es war im Frühling, und vor dem Marienaltar kniete alles, was hell ist.

Da stand die Jungfrau, eingehüllt in den weißen Schleier. Von einem Lichtregen umflossen, stand sie da. So zärtlich eingefriedet, eingeschneit in unsagbare Süße, stand sie da …

Die Rosen lagen auf den nackten Füßen. Füße, die noch nie gegangen waren, noch nie gegangen … Sie standen, wie zwei Tauben … Unbeweglich standen die Füße, unentwegt.

O, die vielen Wege, die es gibt ... Doch nein, wie sollten diese Füße jemals gegangen sein? Die Rosen liegen ja auf den Füßen ... Es waren die Rosen aus reinstem Golde, die dort blühten. Ja, so war es ... Und die Rosen sangen. Ganz leise begannen sie zu singen. Das heißt, den Anfang habe ich nicht vernommen; die Rosen müssen schon vorher gesungen haben. Lange, lange vorher gesungen ... Wie lange vorher? Wie es gewesen sein mag, bevor ich da war ...? Bevor das Singen begann? Es war da, bevor es begann ... O, daß das vernehmbar ist, das ist so tief erstaunlich ... Erstaunen ist erstaunt über das Erstaunen, und doch, ein Augenblick ist wie die ewige Starrheit ... So unvergleichlich ist alles, so unsagbar, und doch will es sagen vom Überfall des Erstaunens. O, sagen, sagen ... Es wird sein eine Sage ...

Die Rosen sangen das Lied der unberührten Jugend Mariens. Sie trug noch nicht das Jesukind auf den Armen, und doch war sie schon zur Wiege des Lichtes bestimmt. Und sie wußte es nicht. Nur die geglaubte Bestimmung erfüllt sich, nur der tiefe Traum der Andacht.

Die Augen der Jungfrau sahen, warteten unverwandt geradeaus, unfehlbar in das unfehlbare Haus, als sei ihr Leben Erwartung, nur Erwartung. Im Lilien- und Lichtergarten stand sie wartend da, die bildgewordene Ahnung des kommenden Segens. Wartend träumte das Geheimnis.

Und ein Mädchen sah ich vor diesem Bild. Dieses Mädchen war noch so jung. Es bewegte die Lippen nicht, es kniete nur; und es war so still, als hätte es sich nie geregt.

Wo dieses Mädchen hingekommen ist, möchte ich wissen. Wohin mag sie gegangen sein? Sie ist fortgegangen, ganz weit fortgegangen, so weit weg ... Und doch sah ich sie einmal stille stehen. Sah sie in einem Augenblick des Stillstandes. Kann diese Stille denn wirklich vollkommen gewesen sein? Wenn sie doch wieder fortgegangen ist? Ach, Schwester Mirjam, wohin ist sie gegangen, die Stille, und das Mädchen? Besorgt bin ich, besorgt um jeden Gang ... Es geht soviel ...

Ach, wohin ist alles gegangen? Die heilige Jungfrau steht ja noch wartend da, und ihre Rosen werden singen wie einst. Nicht an die Zeit gebunden, ruhend in der Liebe sein .. O, unberührt und unbeweglich steht die Jungfrau da. Durch die Jahrtausende singt die Jugend.

Es rauscht eine Blutwelle an mein Herz, und die Tränenmadonna fällt mir ein. Am Abend legte man ihr das heilige Leid in den Schoß. Jetzt hält sie das Erlösungsopfer in ihren Armen, wie einst ... Die schmerzlichste Liebkosung der Vollkommenheit. Das Mitleid liegt auf ihrem Schoß, wie einst ... wie einst ... Das Leben ruht an ihrem Herzen. Sie küßt das Antlitz der Wahrheit, wie einst ... Die Augen sind geschlossen. Die Mutter neigt sich über das schlafende Kind, wie einst. Tränen fallen auf die heiligen Wundmale.

Es ist wie einst, und tiefer wie einst. Alle Bilder fallen mir ein. Alle Bilder, die ich gesehen habe, fallen mir ein. Es ist ein Brunnen, in den ich sehe. In einer sternenklaren Nacht will ich in meine Tiefen sehen. O, kläre dich, mein verhangener Himmel. Mein Schicksal wandelt sich. Die Wolken ziehen. O, ich vergleiche meine Einsamkeit, und bin erfüllt von Bildern. Sie drängen sich aus mir heraus. Alle Bilder sehnen sich nach Raumlosigkeit ... Einsamkeit will sich verbreiten. Der Augenblick will an das Zeitlose sich verschwenden. Es löst sich alles. Es will mich verlassen, ganz allein lassen. Und in den Fernen nur will leise Inbrunst sein ...

Immer will es mich umwerben. Was habe ich denn, das ich vergeben könnte? Die Freude, die man mir geschenkt, war nicht von mir. Das Leid, das man mit mir geteilt, war nicht von mir. Fremd muß ich gehen. Wer geht mit mir?

Verzagt bin ich, allein zu gehen, und furchtsam bin ich, weil ich denken muß. Das wirkliche Leben habe ich noch nicht erreicht, und darum klopft mein Herz. Wird man mich der Krankheit meiner Seele wegen aus diesem Hause weisen, dann wird mir recht geschehen. O, daß ich bleiben dürfte!

Die Ruhe ist ein süßer Grund, und um das Bleiben nur bin ich gegangen ... Ich bin so müde. Warum muß ich denn immer irgend wohin gehen, da ich doch gar nicht da bin? Ach, daß meine Füße so begrenzt sind. Sie sollen nur stille stehen. Ich kann nicht gehen.

Als ich klein war, konnte ich einmal den Engel ein Stück Wegs über Land begleiten. Nur ein ganz kleines Stück. Aber der Engel hat andere Füße gehabt wie ich. So wird es gewesen sein, denn das Gras war unberührt, als ich die Spuren suchte, und ich fand nur meine eigene Spur. Einzig und allein nur meine eigene Spur.

Und ich setzte mich traurig ins Gras, und mochte nicht weitergehen, gar nicht weiter; und vor Trauer bin ich dann eingeschlafen. Und unterdessen ist der Engel weitergegangen, über den Horizont hinaus. Dort beginnt das Land der Liebe. Das hat der Engel mir noch gesagt. So klar hat er gesprochen. Und als ich das Wort hörte, hab ich nicht weiter gehen können, und ich bin stillgestanden. Ich sah, wie der Engel verging und meinen Augen entschwand.

Und ich wäre doch so gerne mitgegangen, so sehr gerne. Vielleicht hatte ich meine Aufgabe nicht richtig gelöst. So etwas merkt ein Engel natürlich gleich. Wie sollte er wohl auch dazu kommen, mich mitzunehmen? Es liegt doch immer soviel gegen mich vor .. Soviele Einwände, ja, die müssen sehr überliebt sein. Nein, ich kann es dem Engel nicht verdenken, daß er mich nicht mitgenommen hat. Ein kleines Stück Wegs ist doch schon viel. Das ist sehr viel ... Das ist schon viel zu viel. Das Ganze ist überhaupt zuviel für mich gewesen.

Was aber wüßte ich von Weiten und Wandern, wenn ich nicht gegangen wäre? O, so viele Wege. Durch die Gassen muß ich streifen, und die fremden Blicke kränken mich. Muß es denn so sein? Was mich liebt, wird ungeboren liegen. Gott liegt irgendwo im Keim, aber in den lüsternen Augen habe ich ihn nirgends entdecken können. Die Begierde flieht das Leid. Immer muß ich gehen. Jetzt liege ich doch im Bett, und ich muß dennoch gehen. Obgleich ich müde bin, muß ich immer gehen.

Immer an den Häuserreihen entlang gehen, auf und ab gehen. Ob ich Jemandem sage, daß ich irgendwo krank liege? Nein, ich will es nicht sagen. Lieber will ich die Suchendste suchen. Sie geht nicht mehr. Sie steht still. Wartend unter der Laterne steht sie. Ich aber bin Funkenstation. Die fremde Zärtlichkeit weht mich an …

Durch die Kleider dringe ich, und im Blick meiner Augen verblaßt das grelle Rot. Wer ruft nach mir in der Nacht? Ich wache und gehe …

Es steht ein Mädchen unter der Laterne. Niemand sah lange in ihre Augen. Es gingen soviele an ihr vorüber. Sie liebt so leise, und hat vergessen, daß sie wartet. Jetzt wartet sie, und weiß es nicht.

Wo bist du, mein nächtlicher Einsamer? O, Verlangen, alles zu sagen. Ohne Mund alles sagen. Und ich versage, und bin verzagt, und gehe. Gehe um die einzige Möglichkeit …

Vielleicht, wenn man nicht sucht, findet man. Aber suchen muß man doch zuerst, ganz lange suchen, solange suchen, bis man jeden Winkel durchsucht hat. Immer im »Vielleicht« gehen, und suchen. Solange suchen, bis man gar nicht mehr weiß, was man sucht, und doch suchen. So übersehnt suchen … Dann findet man vielleicht, wo man nicht erwartet. Wo man nichts mehr erwartet … Es wird am Rande aller Möglichkeiten liegen. An der Grenze der Sehnsucht wird es sein. Und die Frage, wer bin ich, was ist es, wozu das alles –, wird dann verstummt sein. Niemand weiß, wie … Nur sterben kann ich, und sterben ist nicht der Tod. Es stirbt sich, um zu leben. Ich fühle keine andere Möglichkeit. Die stumme Dienerin des Lichtes will ich sein, die blinde Magd des Lebens. Still dient der weiße Tisch, und trägt in Demut die gläserne Vase mit den roten Astern.

Bin so allein und ganz verlassen.
Die Welt ist kalt, und alle Gassen
Erhellt nur meiner Sehnsucht Schein.
Du willst, daß ich zu dir soll gehen,
O laß mich jagen, schneller wehen,
Fliegen zu dir um Seligsein.
Du bist der Brand – o laß mich brennen.
Du Namenrufer wirst mich nennen.
Wer bin ich? Ausgelöscht die Welt!
Was soll ich noch? Zieh mich zu dir.
Laß mich nicht länger weilen hier.
Ach, alle Tränen sind zerschellt
An dir, mein Gott. Mein Tränenlied
Singet so leise und wird so müd,
Will schlafen in mir.
Es währt nur eine kleine Pause,
Dann ruhe ich in deinem Hause,
Ruhe in dir …

Schwester Mirjam … Ein Name kann nicht zufällig sein. Daß es keinen Zufall gibt, welch liebenswerter Einfall. Freundlicher Gott, beten will ich jeden Namen um deiner Liebe täglich Brot.

Schwester Mirjam. Mit einem Namen spiele ich. Langsam bewege ich den Namen. Zehn Jahre bin ich alt. Immer werde ich sorglich meine Jahre zählen, damit mir keines verloren geht. Jeder muß seine Jahre zählen, und ich kann doch nicht verlangen, daß ein anderer für mich meine Jahre zählt.

Das Morgenlicht fällt in die Schulstube. Das Bild von Schwester Mirjam hängt neben der dunklen Wandtafel. Jetzt fällt die Sonne gerade auf Schwester Mirjams mildes Gesicht. So will es wohl die Sonne. Es wird elf Uhr sein, aber ich weiß es nicht ganz. Gar nicht weiß ich es, wie spät es ist. Wie früh es ist! Es ist so früh, da Schwester Mirjam lebt. Mit dem Worte spielen … Es ist wie einst.

Schwester Mirjam bewacht am Teiche den werdenden Propheten. Im Binsenkörbchen schläft die Erfüllung.

Vierzig Jahre hütete Moses die Schafe des Jethro. Das war die Zeit, in der die Weisheit Ägyptens in den Grund seiner Seele sank. Und Moses vergaß. Wie schön war Moses als Hirte. Die Schafe kannten ihn. Moses Augen waren dunkel, bezwingend und verführend. Seine Stirne war wie eine helle Wolke. O, die leuchtende Macht der Sanftmut!

Schwester Mirjam, es zieht mich zu dir. Du bist die Schwester. Und in deinen Träumen umweidest du das Los deines Bruders.

Schwester Mirjam träumt in meinem Traum. Und im Traume lausche ich ihrem Traum von Moses dem Propheten. Die Zeit steht still, und die Vergangenheit lebt und spricht. Und sie bewegt sich kreisend in mir.

Schwester Mirjam kommt an mein Bett. Ich bin ein Schauplatz, eine Bühne. Schwester, es spielt mit mir. Es bewegt mich, Schwester Mirjam, daß Ihr Bruder sein Land nicht erreicht hat. Moses stirbt, die Arme verlangend ausgebreitet. Stirbt er jetzt, oder ist er schon gestorben? Moses starb auf der Höhe, und das Land ward ihm gezeigt. Bis zum letzten Augenblick blieben seine Hände erhoben.

Schwester Mirjam, sinken nicht die Hände vielleicht doch einmal? Das tut mir so leid, ganz sehr leid. Ach, und ich bin so ohnmächtig. Was habe ich zu vergeben? O, das Land der Verheißung sehen und nicht erreichen. Schwester, Schwester, es will winken im Traume. Es will mitwehen auf der unbekannten Reise. Es wird einsam und dunkel.

Vom Lichte will es sagen in der Dunkelheit. Ohne Dunkelheit gäbe es ja kein Licht. Und die Dunkelheit ist erschaffen, damit der Mensch sich des Lichtes freue. So scheint es mir, und es ist immer nur so gewesen, wie es mir schien.

Könnte ein anderer Mensch anderes glauben, als ich? Jeder Mensch sollte seinen letzten Glauben verkünden, und jeder würde dasselbe glauben.

Die wundersame Eintracht aller, im letzten Glauben einig sein, die Einheit, wird vom Lichte sagen in der Dunkelheit.

Ach, liebe Dunkelheit, wer sagt dir denn, daß du dem Licht am tiefsten dienest? In allen Nächten soll es weinen über die Nacht. Die Nacht liebt sich stumm in den Tag. Dunkel werde ich in der Dunkelheit sein, und das Licht wird sich verborgen halten. Jede Dunkelheit träumt vom jüngsten Tag. Jetzt wache und schlafe ich. Es ist dunkel und hell. Hingegeben an die Stummheit, bin ich Rausch der Nacht. Tief verschwiegen, bin ich Sage im Tag.

Sonne und Mond bin ich, Freude und Leid. Sie werden in einander fallen. In das Anfanglose zurückfallen, und die heilige Gleichgültigkeit wird sein. Meine Bahn ist bestimmt. Ich weiß nicht wie. Blind umkreise ich mein Schicksal. In allen Unwissenheiten wird die Anbetung des ewigen Gesetzes sein.

Ein Begleitumstand bin ich, eine Begleiterscheinung, die zu einer Sache, zum Unsagbaren gehört. Nicht nennen kann ich mich. Mein Wesen ist: Verlust meines Wesens. Mein Ziel ist: Opfer für das Ziellose sein. Es treibt mich, in das Eine einzugehen, um das Andere zu lassen. Im Lassen kommt es zum Einen. Ich aber kann nicht dafür …

In meiner Ohnmacht ruht die Macht der Sehnsucht. In der Armut wird aller Reichtum mein sein. Es sehnt sich nach mir, darüber ich vergehe.

Eine Zelle ist mein Leib. Zu eng, mich zu beherbergen. In allen Befangenheiten wohnt die Freiheit. Es gibt nur ein Gefängnis, das Gefängnis um der Freiheit willen. In den freiwilligen Banden will ich liegen. O, daß ich unterworfen bleiben dürfte dem Gesetz der Freiheit, und willenlos darin verbleiben. Die Magd aus Inbrunst sein …

Nicht denken. Denken ist gährendes Töten. Ganz stille sein. Wie still stehen meine weißen Wände. O, wäre ich der Menschheit weiße Wand. Jede Wand lächelt ruhig und still Überwandertsein. Vergessen … O, legendärer Grabstein ohne Inschrift.

III.

Da ist ja das kleine Mädchen, das damals sang. Ja, singt sie denn immer noch? Singt sie wieder, oder singt sie schon? Sie singt das ewige Lied.

Sehen Sie, Schwester, da auf dem Balkon die Menschen mit den hungernden Augen, wie sie über die rote Samtbalustrade hinwegsehen? O, so viele Menschen, sie wollen alle das Gleiche sehen. Wie gut, daß ich die Menschen sehen sehe.

Was mag die Menschen zu mir geführt haben? War ich doch so allein. Die vielen Menschen sehen alle so allein aus, und doch sind sie beisammen, und hören die leise Musik. Seltsam, sie wird von allen gehört.

Die leise Musik wird gehört, und ich höre, daß sie gehört wird. Ein Saitenspiel ist der Mensch; sing mich zur Ruh. O, nur was leise singt, ganz leise singt, wird gehört. Und doch ist der Raum so groß, und das singende Mädchen so weit von uns entfernt. Ich stehe auf der Galerie.

Schwester, sehen Sie doch die Fabrikmädchen mit den eingefallenen Wangen. Wie sie blühen werden ... Das ewige Lied hat wohl noch nicht begonnen? Es war wohl das Vorspiel, das ich hörte. Es beginnt mit dem Mollakkord der Liebe ...

Die Sängerin im Flitterpanzer, die Brandfackel im dunklen Haar, singt sich in den Glauben. Ihr bedenkliches Gesicht verwandelt sich, wird weiße Flamme, steigt höher, immer höher. Es glüht ... Nein, diese Stimme kann nicht schreien. Sie ist übertrauert, überwunden, so überliebt. Sie singt auf der Barrikade des Herzens. O stürme, bestürme mich, o singe!

Das ist die Unfehlbarkeit der stillen Revolte. Die Stimme kommt aus der Fülle des Leides. Aus dem Leide steigt das Lied der Verführung, strömt immer weicher, immer mächtiger. Das ist das Lied der vielen Ungenannten, die so still geworden sind. Das Lied dringt zu den Namenlosen des Volkes, zu denen, die nur leiden gelernt haben. Unbeachtet werden sie bleiben ihr Leben lang, unauffällig werden sie sterben. Sie sinken hin im Ergriffensein von den Lasten des Lebens. Sie schlafen ein in einem vergessenen Kämmerchen. Barmherzig ist der Tod, der einzige Freund auf dieser Welt. So sterben die Heiligen des Volkes. Niemand weiß von ihnen, niemand ruft sie an.

Es hungert und dürstet nach der Gerechtigkeit. Der Aufruhr der Seele ist das Tränenlied der Sehnsucht. Schwester, die Sängerin steht ja so wortlos da. Sie öffnet die Lippen nicht, und doch ist es ein Lied. Der stumme Mund singt nur ein Wort: »Warum?« Es gibt nur eine Frage: »Warum«.

Schwester, was läßt fragen? Und es rauscht in meinen Adern, und es klopft in meinem Herzen, und es ist Frage, alles Frage. Ineinandergeflossen sind die Menschen, und gemeinsam in dieser Frage: »Warum«.

Es will nicht singen, es will weinen. Gott und die Sehnsucht werden eines sein, Frage und Antwort. Nur die Sehnsucht hat Erfolg und Folge. Reinige meine Zunge mit einer glühenden Kohle, damit mein Mund beredt dein Wort verkünde. Die Wahrheit darf ich nicht verschweigen.

Ich höre, was gesungen werden wird. Mir ist, als wehe mich das kommende Lied an. Noch fällt ein Aschenregen auf mich herab, doch ich werde mich hindurchweinen. Das ist mein Lied.

Schwester, hören Sie es? Allen kommenden Liedern der Liebe will ich ein Lied entgegensingen. Ich durchsinge die Eisengitter, die trüben Gossen durchsinge ich, jeden Haß will ich durchsingen. Da, legen Sie Ihre Hand auf mein Herz. Da ist es. Hören Sie? Aufstehen will ich, Stimme abgeben, Stimme sein …

Schwester, mein Kleid! Schwester, ach, sind Sie denn gar nicht da? Sind Sie denn gar nicht da ..? Sind Sie denn gar nicht gar nicht .. da .. gewesen ..?

– –

In die Wand hineinsingen … Wand ist die Welt, und ich dringe durch das Unbestimmte hindurch, und weiß nicht wie … Es klingt. In der Klarheit singt ein Lied.

Wie viele Stunden liege ich hier? Weiß nicht, kann nicht rechnen. Und doch denke ich über Stunden nach. Als gebe es keine Uhren mehr.

Eine Uhr habe ich zum letzten Mal auf dem Mont de Piété gesehen. Über dieser Uhr steht: »Zeit eilt, Zeit heilt alles«.

O, du mitleidige Uhr, die mir glauben machen wollte, daß Zeit eile und heile. Wie oft habe ich bangend deinen Zeiger verfolgen wollen. Du aber bist geeilt, und keine Heilung war in deinem Eilen. Alle Uhren möchte ich stille stehen lassen. Alle Uhren gehen um Stille. Meine Zeit ging schnell. Wie ein Raubtier bin ich ihr nachgejagt, um die Stille einzufangen. Sie aber ist nicht in der Zeit.

Schwester Mirjam steht vor meinem Bett. Was mir nahe ist, entrückt sich mir. Es geht alles so weit von mir weg; und in den Weiten sehe ich es.

Traumhaft spricht ein Mund: »Kennen Sie mich nicht? Ich bin Schwester Mirjam«.

Kennen ... Was erwartet Schwester von mir? Es gab eine gewohnte Sphäre, eine scheinbar tagessichere Bahn gab es, der ich entglitten bin. Nicht wieder finden werde ich sie. Das Erkennen hat vielfachen Grund. Daß ich mich nicht an einen zu halten vermag! Tiefer werde ich erkennen, und die obere Erkenntnis ablegen. Und weiter werde ich erkennen, und durch die vorhergegangene Erkenntnis hindurchsehen. Wie kann ich eingestehen, daß ich erkannt habe? Weiß ich doch nicht, was alles soll. Wenn ich den Sinn nicht erkennen kann, habe ich in Wahrheit das Dasein nie gesehen, nie erkannt. Warum ich so vorsichtig geworden bin, ich weiß es nicht. In ein Sinnen falle ich, und kann auf keine Frage antworten.

Schwester Mirjam, du bist Lichtung im Wald, du bist Mensch und helles Grün. Du bist weiches Moosfeld. Bleibe bei mir, ich will mich nach dir sehnen.

Zur Erde wachse ich. Dunkler Boden werde ich sein. Hingegeben dem Schatten meiner Verwunschenheit. Weilen will ich in liebender Geduld. Die ruhigen Schneeflocken werden langsam fallen. Komm, weiße Fahne der Ergebung, bedecke mich. Hülle mich ein.

Nach Hause will ich, nach Hause. Vom freudigen Lichte komme ich. Jetzt ist mir kalt, und einmal war weiche Wärme.

Der Arzt kommt, und gibt mir eine Medizin. Der Arzt ist zarter Frühling, der die Kranken gesund machen will, und ich darf nicht enttäuschen. Sein Mantel ist lichtgewoben aus einem jungen Jahr. Genezareth sind seine Augen. In den Händen des Arztes liegt auch mein Werben, hineingeträumt. So still verteilt klopft mein Herz, haftet meine Hoffnung an seinen Worten. Nach Hause will ich, und ich werde gesunden.

Alle Wanderungen sagen: nach Hause. Ich ging soviel. Wann war ich je gebunden? Es hielt mich nicht. Was ich erkannte, ließ ich los, und ging weiter. Wo löste ich mich nicht?

Ich spielte und trennte mich vom Spiel. Gläubig rauschen die Kulissenbäume mir nach in den Traum. Flüchtig war ich, wander- und melodiensüchtig. O, ich erinnere mich … Das Sein spiele ich im Schein. Das Gemalte verführt mich. Jede Rolle, die ich spiele, ist Improvisation meines Schicksals. Was ihr wollt, will ich spielen. Schauspielerin bin ich.

Mein Gott, ich habe dich so bunt bebändert, und immer suchte ich sammelnd Vergleiche für dein einzig Einsamsein. Und ich spiele, will mich ausspielen …

Fremd wurden mir meine Angesichter vor Abenteuer. Ich erinnere mich … Die Möven kreisen um ein Schiff. Es ist Glück, das Glück zu erwarten. Wie schmiegsam das Wasser ist! Wie hingebend gefährlich … O, ich erinnere mich …

Ophelia bin ich, und wahnsinnig vor Glauben. Die wilden, weißen Segel, berauschte Flügel … O, das Meer will mich umarmen … Die Seemeilen meiner Tiefe will ich ermessen, grundlos mich vertiefen … Ich könnte in einer Nußschale eingesperrt sein, und mich für einen König von unermeßlichen Gebieten halten … O, die Illusion der Allgegenwart, mein seliges Zerstreutsein …

Sein werde ich, wo ich will … Mein Lager schmilzt, und verschwendet treibe ich in den Wogen. Inbrunst flutet jedes Spiel. Es ist dasselbe Meer wie einst … Nach der Stille Andacht fällt die Welle mächtiger, kühner, wie einst … wie einst, es ist dasselbe Meer … Einmal in jeder Welle sein, vielfach sein, gewesen sein in allen Wellen, um in der ersten wieder durchrauscht neu zu beginnen.

Schauspielerin ich, will Bühne sein. Was sollt ich anders sein? O, ich erinnere mich. Wenn ich sterben kann, habe ich das Recht zu leben. Es stirbt sich süß in Andersheiten … Nein, ich will nach dem Tode nicht wieder vor dem Vorhang erscheinen. Etwa, um den Erfolg des meisterhaften Sterbens zu empfangen? … Die Heiligen erwachen im Sarge, und schlagen lächelnd die Augen auf, um zu zeigen, wie spielend sie den Tod begriffen haben.

Mir aber, Ophelia, nimmt der Wind das Liebeswort von den Lippen. Allein will ich sein mit meinem Geliebten. Unsere Lippen untereinander sind zum Schweigen gut … Einsam lächelt Ophelia … Flöte wäre ich gerne. Es gibt keine Disharmonie für den, der zu spielen versteht. Nur ich spiele mit mir, oder ist es der Tod? Ich will nichts wissen, ich will mich verspielen. Land werde ich sein, und nicht fragen, ob ich entdeckt worden bin. Ach, so unerwähnt bleiben die Laubengänge meines Vaters … Wie wundersam gleichgültig es geworden ist. Wie zärtlich langsam fiel gestern ein Ahornblatt, ganz langsam … Wie wundersam gleichgültig es geworden ist … Ich glaube, ich glaube …

Strohblumen winde ich in mein Haar, das weinend im Teiche hängen wird. Eine Ahnung bin ich, und weiß ist mein Gewand. Wie singe ich? Das unbetränt zu Grab muß gehn im Liebesregen …

In einer Juninacht hinsinken, nein, mich fallen lassen … Wie gut ich mich verschweige … Vergessen sein … Komm, meine Kutsche … Mein Schicksal wird im Schlamm versinken … Unter Wasserrosen wird es flüstern … Gute Nacht, Damen, gute Nacht, süße Damen …

Die Zärtlichkeit wird in der Weide am Teiche weinen, und alle Knospen aus Licht werden blühen. Mich hängende weiße Fahne wird Laertes finden, die schmerzliche Bürde meines Bruders werde ich sein. Über dem Weiher steht der kalte Mond, der Wächter meiner Schwermut.

Schatten bin ich, und an meinen Schatten werde ich nicht glauben können. Dem Glauben bin ich verfallen, und bekenne meinen Unglauben im Glauben. Jetzt muß ich irre an der Liebe sein. Was werde ich nicht sein? Spielen will ich, was ich bin. Sein werde ich, was ich spiele.

Mein imaginäres Publikum wird in meinem Angesichte den gemordeten Sommer erblicken. Meine erstickte Klage wird den Frühling im Beginn verkünden. Ich aber werde nichts vernehmen, mich nicht mehr vernehmen.

Bühne ist mein Bett. Ich träume mir den Zeugen meiner Einsamkeit. Noch kniee ich in den letzten Klängen. Meine Umarmung gilt den Sonnenuntergängen, und durch der Abendröte Gold lächelt die Einfachheit.

Was ist Wahrheit? Daß ich mich nach der Wahrheit gesehnt habe? Und ich kenne mich nicht, aber ich weiß, daß ich erkannt sein werde.

Voller Gestalten bin ich, und das kann nicht die Wahrheit sein, nur ein Suchen nach der Gestaltlosigkeit. Solange Vielfachheiten in mir sind, werde ich die Wahrheit nicht erkennen.

Kann ich denn nur sagen von dem, was nicht die Wahrheit ist? Sagen, daß sie nicht hier, nicht dort ist? Ich glaube an die Einfachheit.

Immer will ich mich verneinen, verwerfen, um dich, Wahrheit, zu bejahen. O, mach mir unbekannt alles, und fremd und fremder. Mache, daß ich mir fremder werde, damit ich mich vergesse, und nur dich sehe. Sei du allein, einfach und groß. Nichts anderes will ich sehen, damit ich nur dich zu bekennen vermag. Mach meine Frage verstummen: was ist Wahrheit? Die Frage ist die Feindin des Glaubens. Ein demütiger Forscher sein im Lichte des Glaubens.

Wahrheit! Über den drei Zeiten wird sie schweben, die unsichtbare Taube. Daß ich mich sehnen kann, das ist der einzige Beweis meines Seins. Grundlos singt mir ein Winterlied: Ich kann nicht weiter wallen, der Weg ist mir verschneit.

Nicht nach oben kann ich, und nicht nach unten, nicht vorwärts und nicht zurück. Ach, wäre ich ein gemalter Horizont auf einem Heiligenbild. Doch aus allen Rahmen bin ich geglitten … Was habe ich denn Böses getan, daß ich den Weg nicht finde? Wer bin ich denn, daß ich die weiße Landschaft also gekränkt habe? Wie will sie gesucht sein?

Die Schwalben sind jetzt wohl alle in das warme Land geflogen. Ich aber muß in der dunklen Stadt irre gehen. Solange der Mensch lebt, braucht er Schuhe. Später läßt das nach, und es ist dann auch nicht mehr kalt. Aber ich weiß es nicht, und niemand sagt es mir.

Auf dem Friedhof wird der Vogel singen. Was wird es mich angehen? Niemand wird mir sagen, daß die Sonnenblume auf meinem Grabe blühen wird. Ein Fähnlein wird auch genügen … Ob ich durch die Granitsteine hindurchdringen werde? O, ich will das Möglichste tun, in der arktischen Nacht mich sehnen …

Solange man noch »zum Beispiel« sagen kann, ist es nicht wahr. Zum Beispiel, wie kommt die schlimme Stadt in meine weiße Stube? Es ist ja alles nicht wahr. Ist denn alles, alles nicht wahr gewesen? Ist es das? Nein, das nicht. Es war nicht die Stadt. Es ist nicht wahr. Ist das die Wahrheit? Als stünde sie hier … Die Kälte steht still, die Kälte erfriert … Mein Atem wird sich verhuschen.

Wenn es nach mir ginge, könnte ich die Menschen nicht enttäuschen, die »auf Wiedersehen« sagen. Die Worte in Stein gegraben sehen mich an ... Alle Steine will ich streicheln, und im Hauch des Windes will ich »auf Wiedersehen« sagen. Spät am Abend noch sagen. Und in der Nacht, wenn niemand mich hört. Es braucht mich ja niemand zu hören ... Nicht einmal ich ... nicht einmal ich bin gewesen ... Auf Wiedersehen.

Einmal habe ich gelächelt ... Wer nahm sich ein Beispiel daran? Zum Lachen habe ich keinen Grund ... da ich den Weg nicht finden kann ... Nur leise lächeln ... nur so ...

Nach Hause will ich, das ist die Wahrheit ... die unumgängliche. Ohne meinen Willen, ohne mein Wissen ... Es ist wie Traum ...

Wo ist meine Mutter? Jetzt weint die Wahrheit, weil ich nicht komme. Überall habe ich zu tun, und aller Orten werde ich erwartet. O, meine liebe Mutter, sieh, das Versunkene steigt auf.

Ist denn das, was ertrunken ist, die Wahrheit? Man kann nicht tief genug ertrinken ... Das sage ich mir allein ... Die Dämonie der Sachlichkeit macht mir eine ironische Verneigung ... Meine Mutter wird wissen, warum das Vollkommene so herzlos ist.

Verliebt war ich in die Genauigkeit. Im berauschenden Anfall meiner Exaktheit habe ich mich am Kleiderständer aufhängen wollen, aber die kalte Liebe bemerkte, daß es nicht korrekt war ...

In der Ordnung will ich nach Hause gehen. Wo ist meine Mutter, von der ich gekommen bin?

Du bist das Kind der Tränen, und die Liebe des Leides, so spricht die Wahrheit. Wahr ist alles, alles wahr. Es fallen drei Tränenschleier ...

Nach dem Tode schlägt der Mensch die Augen auf, und alles wird sein zum ersten Mal. Wo werde ich hinkommen? So viel bin ich gegangen ... Unsagbare Entferntheiten stammen aus der bewegten Gasse. Einmal bin ich in die Erscheinung getreten, das ist die trübe Gosse, in der man sich preisgibt. Es soll nichts mehr zu sehen sein, und die Neugierde wird sich verhauchen ... Die Straßenlaterne gibt kein Licht. Wie soll ich singen: Heute, nur heute bin ich so schön … Die Bühnen schwanken … Wie werde ich durch den Schnee kommen? Die bunten Lampione haben ihr Licht versungen. Meine Sehnsucht erhellt die Welt. Die rote Mühle steht still. Die Flügel fallen. Die Geigen haben ihre Inbrunst verhaucht. Bald werden alle magischen Larven gestorben sein. Die geschminkten Augen liegen in der Agonie.

O, alle Ätherwellen habe ich durchdrungen … Der Mond war schwer von Tränen, er ist gesunken. Nein, die Armut wird mich nicht bedrücken, wenn ich nur nach Hause komme. Es ist gleich, wie ich komme, und auf welchem Wege, wenn ich nur komme … Kein Staub haftet an meinen Sohlen, ich habe ja keine. Meine Schuhe müssen auseinander gefallen sein. Das habe ich ja gar nicht bemerkt. Ich bemerke, daß ich gar nichts bemerkt habe.

Mit einem Male singt es im Schlehendorn. Es pfeift so weiß … Wie heiter das Leben ist, wenn die Begierde fällt. O, Narkose der Vergessenheit …

Die überwanderten Herzen sind Blumen in den Händen der Seraphim, so sagt meine Mutter, die süße Wahrheit. Das Schneefeld breitet sich aus … Welch weiße Wüste … Entzündet leuchten die Höhen … Ich bin so klein, und darum sind die Berge so groß.

Das Kleid der Sehnsucht senkt sich auf die hohen Berge. In die Schule bin ich gegangen. Was habe ich denn behalten, damit ich davon erzählen kann? Mutter, Mutter! Liebe mich durch den Schnee! Die Höhen winken! Was habe ich denn gelernt? Ach, ich weiß gar nichts mehr … Ziehe deine Schuhe aus … Alles habe ich vergessen … Es geht durch alle Lande … Mein Engel, führe mich über das Feld der Gewohnheit. Nach Hause will ich, wohin du willst, getragen sein …

Meine Nacht ist ein stilles Tal. Die Nacht darf nichts wissen von Gegenwart und Tag. Die Nacht ist meine Schwester, und einsam wie ich. Einsam bin ich, wie die Nacht. Und in der Nacht ist mir oft, als wolle sie mich verlassen, ganz allein lassen. In Einsamkeit allein lassen. Da bin ich die Nacht.

O, wäre ich in der Nacht, im lautlosen Gebet, das an die Stille gerichtet ist. O, wäre ich leise Kantate auf die ewige Ruhe. In der Nacht erhellen sich meine Tage.

Meine Augen sind geschlossen im Sehen. Was sah ich denn so tief, was nahm ich auf, daß ich das Vergangene klarer sehe als die Gegenwart? In der Vergangenheit liegt die Zukunft.

Ich leide die Schmerzen der vergangenen Wunden. Es ist doch so still um mich, und die Turmuhr schlägt Mitternacht.

Es ist die Stunde des Friedens. So glaube es doch, mein Herz. Du liegst behütet und wirst gesunden. Einmal gesundet alles. Geduld klingt die Glocke, tröstet die Zeit.

Ich aber liebe nicht die Zeit. Daß ich aus dem Lande der Toten hinweggenommen würde!

Die Wahrheit, und wenn sie das Grauen wäre! Lieber die entsetzliche Wahrheit, als den Schimmer der Lüge.

Sieh, in der Nacht ist ein Staunen in mir, und ein Abgrund. Ich fürchte mich, und bin verführt. Laß mich nicht fragen, wohin du mich führen wirst. Dir nachgelaufen bin ich, als hättest du dich gar nicht um mich bemüht ... Kennst du denn diejenigen, die dir zufallen müssen? Sie kommen, ob sie wollen oder nicht. Die Leidenschaftlichen zieht es zu dir, allmächtig werden sie angezogen.

Du aber bist schweigsam. Deiner Unnahbarkeit, deiner Unberührtheit, deiner Niegesehenheit jage ich nach. Und oft bin ich übertrauert, und weiß nicht, ob ich erleuchtet, oder geblendet bin.

Ein Taumel bin ich zwischen Zweifel und Glauben. Ein Wandel bin ich zwischen Tod und Leben. Laß mich bedingungsloser sein.

Treu vor dir knien, versunken in der Andacht deines Seins. Es schmerzt die Wunde, die du geschlagen. Wie ein Schrei bin ich, den du verursacht. Sei das Liebesseil der Blinden, und lenke und leite.

Waren je meine Augen geöffnet, wenn ich dich als die Verzweiflung zu erkennen wähnte? War ich nicht in Lüge verstrickt? Laß dir gestehen: drang ich inbrünstiger an dein Wesen, sanken die starren Masken der Gewohnheit, zerbrachen die Vergleiche, dann glaubte ich, nichts mehr zu glauben, als Verzweiflung. Nur Wege sah ich, die zum Tode führten. In welchem Zeichen stand ich da? O, die Kraft, dir zu folgen.

Ich will die Lust nicht lieben, wenn sie sterblich ist. Nimm hin, Wahrheit, das Bekenntnis meiner Verworrenheit. Du lösest mich.

Ungewollt entringt sich mir ein Schrei. Er hallt durch das stille Haus, und die Müden erwachen. Mein Leben schreit gellend. Die Kranken und Sterbenden hören es. Die Schwachen fangen meinen Strom auf, und er wird nicht arm. Die Flut steigt, und die Wellen meines Blutes toben. Das Bewußtsein des Lebens überfällt mich. Die Gewalt der Brandung läßt mich schreien. Es schreit aus mir, und ein gelähmtes Erstaunen hört die fremde Stimme.

Schwester Mirjam kommt an mein Bett, und fragt, was mir fehlt. Ob ich Durst habe, fragt sie. Sie will mir zu trinken geben. Sie macht mich aufmerksam, daß die Glocke auf meiner Bettdecke liegt, gerade neben meiner Hand.

Schwester Mirjam fragt, warum ich niemals läute, wenn ich etwas wünsche. Weil ich nichts wünschen will …

Schwester Mirjam ermahnt mich milde, und in der sanft grünen Dämmerung wächst das Lächeln auf ihrem Gesicht.

Schwester meint, ich möge mich nicht auf meine Stimme verlassen, man würde mich vielleicht im großen Hause nicht hören. Die Stimme aber verläßt sich auf mich, und ich rufe niemanden an, der mich nicht rufen will.

Schwester Mirjam rückt mir das Kissen zurecht. Sie ordnet meine Decke, streicht mir das Haar aus der Stirn, und bezeichnet mich mit dem Kreuz. Ich bitte sie um drei Kreuze, und weiß nicht, warum ich bitte. Nur von meinem Wunsche weiß ich. Schwester Mirjam bezeichnet Stirn, Mund und Herz. Dann erinnert sie mich noch einmal, daß ich unbedingt läuten möge, wenn ich einen Wunsch habe. Am liebsten aber sei ihr, wenn ich schlafen würde. Sie wünsche es sehr. Wie kann ich einen Wunsch erfüllen, wenn er mich betrifft? Ich schlafe nicht. Ich läute nicht.

Ich habe Durst. Wenn ich nun doch läuten würde? Dann könnte ich um kalten Tee bitten, und man würde mir zu trinken geben, und ich würde trinken, und mich würde weiter dürsten … Nein, ich will nicht läuten, durchaus nicht läuten. Freilich, ich würde ja auch Eis bekommen, wenn ich es wollte. Ich brauchte ja nur zu läuten, wie gesagt. So allein gesagt, wie seltsam das doch ist. Wie ich mir zuhöre …

Ich frage mich so viel, und antworte mir so viel. Gestern habe ich doch nicht geläutet, und bekam zwei Portionen Eis. Weil der zweite Typhuskranke gestorben ist. Jetzt bin ich ganz allein. Während man in der Küche das Eis für den Kranken bereitete, ist er gestorben. Das hat man in der Küche nicht wissen können, daß der Tod … nein, daß das Eis … ja wie ist es? Jetzt weiß ich gar nichts mehr. Ich will doch lieber läuten; denn wenn ich so weiter versinke in das Flockenmeer …

So unauffällig ist mein Nachbar zur Wolke geworden, so unbemerkt löste er sich auf … Uns trennt nur eine dünne Wand, Genosse der Verwunschenheit. Ich werde dich verfolgen, dich einholen. So schnell bin ich, so leicht … So flüchtig ist es mir … In allen Toden weht die Liebe mit … Litten wir nicht an einer Krankheit, an einem Leben? Ergebener Sieger, wie liegst du still … Trinken will ich und läuten.

O, nur wer gelebt hat, stirbt. Wer aber viel gelebt hat, der stirbt viel. Wenn man gar nicht lebt, stirbt man nicht. Vielleicht habe ich doch gelebt …

Niemand hat mich gefragt, ob ich leben will, und doch bin ich geboren worden. Da war ich immer der Meinung, ich habe keinen Willen. Es geht nicht nach mir. Was kann ich dafür, daß ich bin?

Jetzt wird man in der Küche schon wissen, daß der Typhuskranke gestorben ist. Sonst würde ja täglich das Eis für ihn weiter bereitet. Aber selbst wenn man mir täglich zwei Portionen Eis geben würde, – ich würde wieder … O, ich habe Durst …

Trinken will ich, einen Menschen an mein Bett bitten, seine Hand halten, und ihm sagen: Lieber Mensch, dein Schicksal ruht in meinem Grunde. Es war lange da, bevor du mich gesehen hast. Wie lange kennen wir uns schon? O, sorglich mit dir umgehen … Du lächelst so weit zurück … Bevor ich mich kannte, kanntest du mich … Erinnern werde ich mich deiner in dir. Höre, wir bergen einander. Mein Sein ist in deinen Grund gesunken. Wir bergen einander … Wir werden ineinander hineinhorchen, und uns einander erfahren … Sag, willst du, daß ich dir still bin?

Mein Gott, wie leise ist dein Wort, wie kaum begonnen. Es will sagen von deiner lebendigen Stummheit.

Du bist die stillste Bejahung.

Wie tief mag deine Freude am siebenten Tage sein? Und jeder Augenblick ist dir der erste.

Allem bist du der Überfall. Du aber bist durchtränkt von Wundern.

Die Jugend fließt dir unaufhörlich zu. Immer bist du das jüngste Kind.

Du trinkst und bist der Trank.

Umflossen bist du von Licht.

Alle Sonnengarben neigen sich vor dir.

Ob ich den Sonntag noch erleben werde? Ich weiß es nicht, mein Gott. Stehe ich namenlos in dir geschrieben? Wie eine ungelöste Aufgabe liege ich vor dir, und liegt die Lösung nicht in mir? O, daß ich im rechten Zeichen stünde, dir überlassen und stumm. Ein Leben lang bereitet sein in der Erwartung.

Nicht weiß ich die Stunde meines Todes. Wie sollte ich die Stunde meines Lebens wissen? Mein Sterben wird dir zufallen, da ich dir zusterbe.

Mein Gott, du wirst das Kind sein. Du bist der Erbe meines Lebens, da ich dir hinlebe. Wohin sollte ich leben, da nichts bleibend ist außer dir. Siehe, meine Seele, Himmel und Erde werden erbeben und in das Anfanglose zurückfallen. Wohin wirst du kommen?

O, mein Gott, du Kindsein und Heimat, meine jungen Tage möchten sein ein Bund Schneeglöckchen, die ich dir bringen will. Du hast sie gegeben. Du gibst und nimmst, du gehst und kommst. Unbeweglich bist du die Wache über Werden und Vergehen.

Aus ewiger Sehnsucht bist du aufgebaut … Überragend im Dome unserer Wünsche, gesteigert in Allmacht stehst du da.

Sieh, du gigantisch Liebender stehst im Kreise unseres Glaubens. Und du liegst verborgen, freiwillig hast du dich gelegt in die Gefangenschaft jeder Menschenseele. Du wirst geboren im Opfer der stillsten Gebete …

Mich dürstet! Nimm meine Ohnmacht. Nimm die Ohnmacht. Was hast du mir geben wollen, daß ich dir gebe? Was du willst, und wie du es willst. Alles ist ja dein.

Was könnte ich dir geben aus mir, da in mir nur Tod und Wunsch ist? Nur Sünde und Sehnsucht. Du aber willst, daß ich deinen Namen bekenne, damit die hohen Berge mich nicht beschämen, die von deiner Höhe sagen.

Übertrauert bin ich, du wirst mich überlichten. Der Schatten ist in mir, und doch will es in mir von deinem Lichte sagen. Laß meine Seele nicht umstellt sein, damit sie erhellt werde.

Es ist ein Lächeln in den Untergängen,
Die Sonne schmiegt sich in die Einsamkeit.
Der Abend ist erfüllt von Klängen,
Hingebung träumt die Dunkelheit.

Das ist die Zeit der leisen Wachen,
Das ist die tiefste aller Stunden:
Die hohe Lust will sich entfachen,
Und selig brennen meine Wunden.

Jetzt gib mir, Nacht, die letzte Kunde,
Und laß mich sein das stillste Lauschen.
Laß hangen mich am unsichtbaren Munde,
An deinem Stummsein mich berauschen.

Du bist die Lösung schwerer Tage.
Du bist der Sanftmut milde Macht.
Du weicher Mantel, ferne Sage,
Umhülle mich, geliebte Nacht.

Schlafen, tiefes Schlafen im nächtlich feuchtwarmen Gras eines Sommergartens. Der Vogel im Hollunderbaum singt mein Liebeslied, da meine Stimme versunken. Meine sterbenden Augen senden Grüße. Liegt mein Herz wohl in den Händen des Fremden? All mein Werben zittert in der Tränenweide am See. Der Windhauch der Zärtlichkeit verweht meine Saat. Meine überwanderten Füße treiben Wurzel, und dehnen sich in der Tiefe des Seins.

Stiller Baum bin ich, verschwiegener Hüter der Einsamkeit.

Die Wandlung senkt sich, wie der Tau vom Himmel, und ein süßes Beben ist in meinen Zweigen.

In meinem Mark ist ein heiliger Schauer.

Stummes Geheimnis bin ich, und die Seligkeit meines Wesens ist, mich nie zu lösen …

IV.

Der Traum der weichen Dunkelheit zerrinnt vor meinen Augen. Warum schließe ich in der Nacht die Augen, da ich doch in der Nacht sehe wie am Tage? Und warum halte ich am Tage die Augen geöffnet, da ich doch mit offenen Augen nicht sehe? Klar sehe ich nur in der Nacht, da mich nichts ablenkt. Schöpferisch ist der Mensch nur in der Nacht, und wenn er am Tage die Augen zu schließen versteht. Selten kann ich gleichzeitig innen und außen sehen. Nach jedem äußeren Gesicht schließen sich unwillkürlich meine Augen, und innen sehe ich viel deutlicher. Oft sehe ich nicht, was ich sehen könnte, und was andere sehen. Im Augenblick des Bewußtseins meiner Schuld kann ich das Kreuz über meinem Bett nicht erblicken. Nur die leere Stelle sehe ich, und taste fremd in die Leere. Erfüllt mich das Vertrauen auf die Versöhnung, wird das Kreuz gleichsam geboren, und ich kann es wieder sehen.

Wo mag das Kreuz gewesen sein, während ich es nicht sah? Es war gar nicht da. Kann ich denn nur sehen, was ich glaube?

Schwester Mirjam hat mir ein Buch gebracht. In fieberfreien Stunden dürfe ich ein wenig lesen. Ich mag aber nicht lesen.

Wie gern möchte ich ein Buch haben, an das ich immer und unbedingt glauben könnte. Dann würde ich in dieses Buch eingehen, ganz eingehen. Ein Buch sein.

Jetzt liegt ein Buch auf meinem Tisch, schwarz und dunkel wie ein Sarg. Welch geistiges Vermächtnis mag darin ruhen? Eine Truhe voller Erinnerungen. Auf dem Deckel, den ich vielleicht nie öffnen werde, steht in goldenen Lettern die Inschrift »Nachfolge Christi«.

Seit Jahren hat dieses Buch mich begleitet. Auf allen meinen Reisen habe ich es mit mir geführt. Warum, weiß ich eigentlich nicht. Ich habe sogar selten darin gelesen.

Oft habe ich die Probe gemacht, ob ich das Buch nicht entbehren könne. Das kann doch nicht schwer fallen, dachte ich mir, da ich doch so wenig hineinsehe. Entschlossen ließ ich es bei meiner Abreise im Zimmer zurück.

Es liegt mir wenig, meine Handlungen zu erklären. Was ist das für ein Bedenken, das mir nachfolgt? Bereits in der Bahn beginnt die furchtbare Unruhe: »Was suchst du Ruhe, da du zur Unruhe geboren bist?«

Ich sage mir, diesen Satz weißt du doch, er könnte dir genügen. Es ist eine Laune, durchaus dieses Buch besitzen zu wollen. Wenn Thomas a Kempis es gar nicht geschrieben hätte? Es wäre doch möglich, daß es nicht geschrieben worden sei. Jetzt weinst du gar? Im Wagen wird man auf mich aufmerksam. Man fragt, ob ich vielleicht mein Geld verloren habe. Ach, wenn es weiter nichts wäre …

Ich weiß nicht, was wir vor uns haben, welcher Geist uns führt, oder was wir vorwenden, daß man uns geistlich und Christen nennt, und dafür ansieht, die wir doch alle Arbeit, ja große Sorge um vergängliche und nichtige Dinge haben, und unserer inwendigen Dinge kaum je zuweilen mit Sinnen gedenken.

Nun, wie steht es damit? Ich bin sehr befangen.

Und auf einer Zwischenstation gebe ich dem Bahnvorstand ein Telegramm: »Bitte expreß Nachfolge Christi Hannover senden«.

Und wenn ich mir dann das Buch abholte, war alles wieder gut. Dann konnte ich vergessen, ein Zimmer zu mieten. Bis zum Abend saß ich im Wartesaal mit der »Nachfolge Christi«. Und ich dachte nicht daran, wohin ich später gehen würde. Die Züge wurden ausgerufen, und nur von ferne hörte ich die Namen der Städte durch den Saal hallen.

Menschen kamen und gingen, und alles das ging mich nichts an. Und ich fragte mich: was ist ein Gefängnis? Wo ist deine Freiheit in Gott?

Darum, mein Allerliebster, aus was großer Sorge kannst du dich erretten, wenn du stets furchtsam und des Todes gewärtig bist? Ach, du Tor, was gedenkest du lange zu leben, so du doch keinen Tag sicher bist?

Da begann ich mich weder sicher noch unsicher zu fühlen, obgleich meine Zigarette ein Loch in das Tischtuch gebrannt hatte.

Das Buch schien mir eine tiefe Besinnung zu geben, und ich bereute, was zu bereuen war. Bereute auch, daß ich das Buch vergessen. Ach, wie viel tat mir leid. Und mein Kopf sank tief und tiefer.

Meine Ungerechtigkeit klage und bekenne ich wider mich selbst. Ja, dir Herr, werde ich meine Schwachheit bekennen. Es ist manchmal gar ein klein Ding, das mich daniederwirft und betrübt. Daß ich so arm bin, und Hunger habe, und mein Leben gewinnen muß, so daß meine Seele mir traurig verweht, ganz verweht, so traurig, wie der Sand zerrinnt im Stundenglas. Meine Seele stirbt, mein Leib hungert, und ich verstehe nichts vom Gelde, und wie man es sammeln kann, und verstehe nicht, wie es sich vermehrt. Mein Gott, furchtsam bin ich gegen den, der mir gibt, als seiest nicht du es, von dem es kommt. Hast du die Frau, drüben am Tisch, mit den vielen Ringen an den Händen, dorthin gesetzt, damit sie mir über die kommende Stunde hinweghelfe? Du hast doch alles geliehen, leihe mir, verleihe mir. Und dem Kellner sage ich: »Brüderlein, das Tischtuch ist eine Illusion. Glaube mir, weil ich glaube. Ich bitte dich«.

Und er sieht mich an und sagt: »Es wird schon gehen«.

»Vergehen wird es. Vergehen wird das Tischtuch, wie wir. Vergiß es, und lächle. Über diesen Wartesaal hinweg. Da, nimm mein Pfand bis morgen. Vielleicht findest du ein Wort, das dir alle Tage und Nächte leicht macht. Nimm und lies. Da nimm es als Pfand«.

Jetzt liegt das Buch auf meinem Tisch. Ich erinnere mich, daß ich es damals nicht wieder bekam. Und jetzt liegt es wieder da. Es ist dasselbe Buch, und doch auch wieder nicht dasselbe.

Am Abend tanze ich im Blumenhaus. An meinen Tänzer schmiege ich mich. Wir gleiten so leicht durch die Zeit. Wir sind wehende Fahnen. Wolkenleicht schweben wir, ein leises Kommen und Verwehen. Der leuchtende Raum ist nachgiebig. Er ist weit und weich. Wir glauben an unser Dasein, und darum können wir nicht fallen. Die schimmernde Decke mit den roten und grünen Lampionen ist ein Traum im Traum, durch den wir hindurchfliegen können. Wir aber wollen bei den Menschen weilen, bei den Verliebten, Farbentrunkenen.

Diese bewegen sich im Kreise, tanzen in zärtlicher Langsamkeit, tauchen als flammende Lichter auf. Jubelndes Rot neigt sich zu hingebendem Grün, das sich an ein Brandgelb verschwendet. Sanfter Kerzenschein, der sich in demütiges Violett verwandelt, ganz leise und kaum bemerkbar.

Sommerliche Musik dringt aus den Farben, die sehnsüchtig verblassen, immer mehr ersterben, wie die Musik immer leiser verhaucht. Das Verenden ist schmerzhaft süß.

Noch schmiege ich mich an meinen Tänzer. O, Leben ist mehr leben. Und ich sehe sein Gesicht, will ihn ansehen. Und da sehe ich, daß alles nur das Gewebe meiner Phantasie ist. Was läßt mich träumen? »Sag, warst du jemals?« frage ich. »Bist du ein Mensch?« »Du bist ein Zeichen«, höre ich; und alles ist verschwunden.

Alle Lichter sind erloschen. Ein gellender Schrei zerreißt die Dunkelheit.

Dieser Schrei ist ein Sprung, ein Fall in einen tieferen Traum.

Es ist weiß, blendend weiß, und ich kann mich nicht sehen. Und doch bin ich da. So weit ich sehen kann, ist weiß. Daß ich nicht die geringste Empfindung habe, dazusein! Die weiße Fläche schreckt mich, und doch bin ich beherrscht. Andacht und Furcht überfallen mich. Ich kann nicht rufen, und dennoch bin ich mein eigen Echo. Es ist so kalt, so eisig kalt. Und auf eine Weise, die ich nicht sagen kann, erfüllt mich die Ahnung, daß die weiße Fläche mein eigen Bild ist. Daß ich eine Fläche bin. Mein letztes Bewußtsein ist ein tiefes Ergriffensein. Ich schlafe ein.

Der Arzt fragt mich, wie ich geschlafen habe. Mir ist, als wäre ich gestorben. Doch höre ich noch deutlich seine Worte. Nur kann ich nicht antworten. Ich betrachte in mir, und wundere mich, daß Menschen einander so schnell antworten können. Daß sie sich so vieles sagen können. Wenn ich spreche, kann ich doch gar nicht denken.

Was mag doch Schlafen sein? Was ist doch das? Ich kenne das Wort, aber ich weiß nicht mehr, was es bedeutet.

Beschämt bin ich, daß der Arzt sich nach mir erkundigt. Er ergreift meine Hand. Die Tränen, die in meine Augen treten wollen, fallen in mich zurück. Aus mir wird wohl nichts mehr werden.

Der Arzt fragt, wie es mir geht. Er fragt so leise, eindringlich und besorgt.

Klar und deutlich vernehme ich den Klang und die Güte, die aus seinen Worten sprechen, und kann nicht antworten. Meine Zunge ist gebunden. Ich kann mich nicht bewegen. Ich vermag nicht einmal das Augenlid zu heben. Jede Anstrengung ist unnötig. Ein Zeichen möchte ich geben, doch es ist ganz unmöglich.

Die Frage, wie es mir geht, bewegt mich. Es geht mir sehr gut. Ich habe nicht die geringsten Schmerzen. Nur scheine ich gestorben zu sein. Wenn ein Mensch den andern fragt, wie es ihm geht, dann geht es ja immer gut. Wie liebenswert ist diese Frage, nur kann ich nicht mehr antworten.

Betrachten kann ich mich, wie ich daliege, betrachten, wie der Arzt im Zimmer sich aufhält. Wie lange das währen wird, weiß ich nicht. Es ist ein Zustand, in dem alles außer mir, und wunderbar gleichgültig und tot ist.

Mach mich fremd und fremder. Du entrückst mich mir. Sei du, Erkannter, auf daß ich nur dich zu bekennen vermag. Bilde dich mir ein. Was bin ich ohne dich? Leer. Ohne dich ist nichts, ewiger Tod …

Ich suchte dich, meine Wahrheit, und jetzt bin ich in die Unendlichkeit verwoben. Halt ein mit deiner Süßigkeit, damit ich dich ertrage.

Du überschüttest mich mit deinem Reichtum, und müde bin ich wie ein verspieltes Kind. Nie schlafen kann die Wahrheit. Meine Mutter wacht so still.

Lege ich meine Hand auf das Herz, dann denkt und spricht es dort. Ist das der Kopf? Lege ich meine Hand auf den Mund, dann klopft mein Herz in den Lippen.

Mein eigener Fall bin ich mir, den ich nicht selbst behandeln kann. Die kranke Seele wird mir das nicht übelnehmen. Spricht so der Kopf im Herzen: ich kann dir nicht helfen? Was willst du denn eigentlich?

Dann klagt sie: nach Hause.

Können wir denn nicht auch hier zuhause sein? Sieh, wir sind hier geboren worden, auf diesen Planeten verschlagen. Es ist doch immerhin ein Stern. Wir werden singen vom Schimmer des Sternes, und Welt sein.

Der Flieder wird wieder blühen. Wir werden am Morgen durch die Allee gehen, das Haar wird im Winde wehen. Und erinnere dich, wie die Zigeuner spielen. Drei Monate kann man davon träumen, vielleicht sogar vier. Sie spielen so abgründig klagend, berauschend leichtsinnig, denk an die Grazie ihrer Schwermut, denk an die wehen Geigenklänge des Vergessens. Wir werden mitschwingen und singen und sagen, daß das Leben schön sei. Wir werden lächeln, und nicht wissen wohin. Was wissen wir denn?

Wir glauben an das Meer, und glauben unserem Glauben; glauben, daß die Muscheln am Ufer siebenfarben blinken. Einige werden wir sammeln, und einige wird die Flut aufnehmen und fortschwemmen, weit fort. Wir werden nicht wissen wohin und wie weit …

Im Süden rauscht das Wasser Seide, erinnere dich …

Durch das fließende Meer sahen wir hindurch. Es war, als schwiegen einen Augenblick lang die Ströme unseres Seins. Das Meer stand still, und wir sahen hinab. Wie tief konnten wir sehen? Wie weit nach unten versenkten sich unsere Augen? Wir sahen das Gesicht im Wasser. Es schimmerte hell. Wir grüßten, und es grüßte zurück.

Was von oben kommt, das will sich tief versenken. Was betrübt dich, meine Seele? Was weinst du, meine Kranke? Ein Kinderlied will ich dir singen, du machst mich traurig. Ich weine, weil ich sterben muß, sterben muß …

Meine Sinne sagen: ich liebe dich, meine Seele, weil du nicht mir gehörst. Sieh, so fremd bist du in einem Hause. Eine wandelnde Heimat ist der Mensch. Du, Seele, wohnst in mir. Jetzt möchtest du fort. Kommt nicht das Haus deinem Wunsche entgegen? Es lächelt … Es schmilzt. Es ist so heiter, leichtsinnig ist es … Es ist so lustig, daß es verlustig geht … Darinnen versingt sich alle Süßigkeit.

Viele Menschen umstehen mein Bett. Jetzt habe ich ganz vergessen, daß ich einmal die Sterne am Himmel zählen wollte. Ich habe noch so viel zu tun, und meine Zeit wird nicht ausreichen. Das kann ich berechnen, ohne zu rechnen.

Wie viele Menschen doch mein Bett umstehen. Was sie wollen, möchte ich wissen. Vielleicht wollen sie mir vorhalten, daß ich nicht ausgeführt habe, was ich versprochen. Nein, es ist nicht so, daß ich es vergessen habe …

Gewiß, die Menschen sehen mir an, daß ich ein Mittel gegen den Tod erfinden wollte. Es erschien mir alles einfach, als ich noch ein Kind war. Den Menschen sage ich: bitte seht mich doch nicht so vorwurfsvoll an, ich habe meinen Vorsatz noch nicht aufgegeben. Es könnte mir doch noch einfallen …

Nur werde ich es nicht wissen …

Die Sterne habe ich nicht zählen können, das muß ich einräumen … Nicht weit bin ich gekommen, das ist wahr. Ich habe begonnen, immer begonnen. Die Sterne habe ich aber doch beeinflussen können, manchmal, ein wenig. Sie sind doch oft gefallen, wenn ich es wünschte. Was sollte ich denn anderes können, als wünschen?

Warum sehen mich die Menschen jetzt alle an? Sie sehen alle aus, als wollten sie das Mittel gegen den Tod haben. Und zwar von mir. Daran liegt ihnen ganz besonders viel. Zugesagt habe ich ja, daß ich es geben wollte. Es schien mir so leicht, zu geben. Das Geheimnis war … nein, es ist kein Geheimnis. Das Leben hat mich geküßt. So kaum gefühlt, entläßt es mich … Warum seht ihr denn auf meine Hände? Nein, ich habe es wirklich nicht in meiner Hand. Kein Mittel gegen den Tod. Seht, meine Hände sind geöffnet. Ich werde bestimmt nichts mitnehmen. Kein Mittel gegen den Tod. Meine offenen Hände werden auf der Decke liegen bleiben.

Seid ihr vielleicht enttäuscht, weil ich die Sterne nicht gezählt habe? Wollt ihr wissen? Soll ich es jetzt sagen? So genau ich es kann, soll das als meine Wahrheit gelten?

O, ich könnte euch viel davon erzählen, daß ich nicht zählen kann. Ihr meint, das sei eine einfache Geschichte.

Jetzt zeigen die Menschen mit Fingern auf mich, sagen, ich sei töricht. Und das weiß ich doch alles gar nicht. Ich will auch nicht fragen, wie viele ihr seid, und wie unwirklich ihr seid. Antworten könnt ihr mir doch nicht. Was wollt ihr denn?

Eine Welt hat sich an mein Lager gedrängt und sieht mich an. Daß so viele Menschen in einem Raum Platz haben. Daß ein einziger Mensch in einer Welt Platz hat. Ach, es sehnt sich nach einem Mittel gegen den Tod.

Hab ich doch nur das nackte Leben in die Welt gebracht, und war, wie Flügelrauschen, das nicht vergeht. Das Sehen war meine erste Hoffnung, und immer sah ich nur das Leben. Es wird sich sterben zum Leben.

Die Menschen stehen alle beisammen, sie sehen so freundlich

aus, alle beisammen. Und doch steht jeder einsam für sich, und vergeht im Abendrot der letzten Liebe.

Jeder Einzelne kommt, um zu scheiden. Wann sah ich die Menschen zum ersten Mal? Mancher kommt und sagt Grüß Gott, und geht. Und dann sucht man ihn, um den Gruß auszurichten, und am Ende findet man, daß man überall zu suchen und zu grüßen hat … Mein Gott, ich habe ja noch so viel zu tun … Ich habe keine Zeit zu sterben. Wie lange wird denn das dauern? Drei Minuten, fünf Minuten? Aber der Tod hat nichts mit der Zeit zu tun. Der Tod meldet sich an, wenn jemand geboren wird. Ach, die Menschen, wann sah ich sie zum ersten Mal? Es wäre wohl gut, auf den ersten Augenblick zu verzichten, da im ersten jungen Blick der Augen das Scheiden liegt. Wer seine Augen gesenkt halten könnte, ein Leben lang gesenkt. Wer mit geschlossenen Augen durch die Straßen gehen könnte, und sich dennoch nicht verirren … Ach, wer die Menschen lieben könnte, die er nie gesehen. Ein Leben lang so ungesehn die Menschen lieben …

Bist du nicht besonders in den Menschen, mein Gott? Wer darf dir nahen? Ich will die Menschen grüßen, die mein Lager umstehen. Sie sind fern, wie die Sterne. Ein wandelbarer Traum ist der Mensch, der nach Wahrheit weint. O, lieb mich in den hellen Tag. Ein fernes Klagelied ist der Mensch, das singt verloren. O höre mich.

Meine Augen erhebe ich, und sehe den Menschen. Verhülle mein Gesicht, und weine über die Liebe. Wo bist du, Entfernter? Da ich dich erreichen will, weichst du zurück.

Wo seid ihr, Kinder meiner Zeit, Kinder des wehenden Augenblicks? In die flüchtige Luft greifen meine Hände. Es winkt und verfällt. Ihr Schwankenden, die ihr mit mir auf diesen Stern gefallen seid, wer gibt mir, daß ich geben kann?

O, Menschen, Menschen brauche ich … O, wie fein und still sind meine Zuhörer … So unsichtbar sind sie geworden … unerreichbar. Wie schweigt ihr, meine Mitverzauberten? Was lauscht ihr mir, die ihr mich nicht sehen könnt? Was wißt ihr wohl? Um alle Dinge habe ich gespäht. Mein Wesen war, zu leiden am Geschehen. Mein Wesen war, durch jede Tat hindurchzudringen. Liebend bergen, was ich sah, das war mein Trachten. Ich sah und sah, und Sehen nur war mein Begehren. Es prägte sich das Bild mir ein, so tief, daß ich vergaß.

O, an das Unsichtbare will ich mich verschwenden,
Und ich will sein um ein Verwehn,
Und wirken will ich in den stillsten Wänden,
Und sehn, Gesicht sein, tiefer sehn …

In einem Leide lebe ich, das ich nicht mehr begründen kann. Immer treibt es mich, von mir abzusehen, und eine Welt fällt in mich hinein. Es ist ein Schicksal in mich gekommen. Was mag es sein? So ungesehn und fremd ruht es in mir. Es hat sich mit mir verbunden, und ich erkenne es als das meine. Ich bin nicht diese Welt, und doch liegt sie in mir. Ein Keimen aus dem Leide ist in mir. Es ist Traum, und ich glaube dem Traume nach. Nicht ich träume, der Traum träumt mich.

Ich bin das schmerzhafte Volk, und in mir ruht das Land, es schläft im Siege seiner Demut, und meine Inbrunst verlangt, sich zu schmiegen an das junge Land.

Dann bin ich ruhig und klar, bin alt und jung zugleich. Zeit bin ich, und Gleichnis der Ewigkeit, und ich sehe, die Sonne geht auf.

Das Land, das sein wird, liegt vor meinen geistigen Augen. Es ist ein gelbes Weizenfeld, wie ich es in meiner Heimat habe reifen sehen. Die schwanken Halme neigen sich im Sommerwind. Golden leuchten die Ähren in der Sonne. Über dem Felde wallt der Hauch der Fruchtbarkeit, und macht mich weinen in der Freude.

Niemand weiß, wofür er geht. Vielleicht geht einer für das Land. Vielleicht geht einer für die Welt. Vielleicht geht einer für Gott.

Vielleicht geht einer für sich, ohne Grund, und sinnt im Gehen: was läßt mich gehen?

Mein Leib schmerzt irgendwo in einem fremden Land. Dort tut es meinen Schläfen weh, und meine Hände leiden vor Hinfälligkeit. Daß ich so weit von meinem Körper entfernt bin! Ich kann ihm gar nicht helfen. Er ist so krank, aber ich muß ihn lassen, damit ich mich freier fühlen kann.

Es fällt mir schwer, daß ich auf so viele Fragen antworten muß. Man fragt mich, was mir wehtut. Daß man sich so sehr für etwas interessiert, was mich so wenig angeht. Und doch soll alle Mühe für mich sein. In eine seltsame Verlegenheit bin ich gebracht, und bin berührt.

Es gibt Tage, an denen vergesse ich, als wäre das meine Beschäftigung, mein Beruf. Was ich vergessen habe, das weiß ich nicht. Nur ist mir, als habe ich vieles vergessen. Ich werde vergessen, daß ich vergessen habe. Wohin trägt das Fieber meine Erinnerungen?

Flamme muß in mir sein, die alles verbrennt. Ich möchte alles in die Nähe dieser Flamme gerückt sehen. Warum verbrennt es denn so allmählich?

Ach, daß sich ein brausender Wind erheben würde, ein Hauch, der mich mit Macht triebe! Bin ich doch nur klein, ein Holzscheit, das sich nicht selbst in die Flamme werfen kann. Es will umzüngelt, umloht sein, und ergriffen werden.

Wenn ich vergessen bin. O, daß ich vergeßlicher wäre. Was ist es, wenn ich glaube, vergessen zu haben, und plötzlich umwogen alle Erinnerungen meine Einsamkeit?

Kein weiches Lager will ich sein, darinnen verlogene Zärtlichkeit sich bettet. Das Irrsal der falschen Klänge will ich durchbrechen, und an den Steinwänden meiner Treue sollen die Lügenharfen zerschellen.

Sieh da, alle Worte wollen mich überfallen. Fallt nicht in mich hinein! O, meine tiefe Besinnung, verlaß mich nicht, und sag mir das Wort.

Es sei nicht mein Wort, es sei das Wort der einzigen Sache, die einzig und allein in Betrachtung kommen kann. Nur auf dieses eine Wort will ich hören, das Wort, das nicht von mir ist. Sag mir das Wort …

Meine Ohnmacht bittet, und der Himmel schweigt. Es ist nicht meine letzte Ohnmacht, darum verbirgt sich mir die Gnade.

Was lässest du mich denn sehnen, mein Gott, wenn du mich nicht erfüllen willst? Weil mein Leib Lüge ist, und enden wird, weil mein Mund einmal verstummt und kalt sein wird, laß mich vom versinkenden Tale sagen; vom Sterben im Leben laß mich sagen.

Beschworen hast du mich, du nie gesagtes Wort. Zieh mich zu dir, du Unerwähntes. Ehe ich dich beleidige, verschließe meinen Mund. Bleibe, verweile, tiefer verhüllt … Sag mir das Wort, das leiseste. O, Leib, du Krankheit meiner Seele, was umschwankst du mich? Wie könnte ich verlöschen vor dir, mein Gott?

Wer wird dich lieben, wenn nicht der Mensch?

Hast du ihn nicht geschaffen als Du zu deinem Ich?

Zu wem mag deine Liebe Du sagen, wenn nicht zum Menschen, der sich nach dir sehnt?

Laß mich nach deinem Ich dein Du werden, der treue Widerhall deiner Einsamkeit erklinge in mir. Warum willst du so einsam sein, mein Gott?

Du wirst dich lieben in mir, und meine letzte Verlassenheit will ich dir überlassen.

Weil du so einsam bist, ist alles dir bekannt. Denn alles ist von dir, und weiß es nicht.

Du hast die Unschuld an den stillen Dingen. Die stummen Bäume sehen dich an, und wissen nicht warum. O, laß mich ruhig sein im Rätsel meines Schicksals.

Die kleinen Anemonen blühen sanft im Traumwald deiner Heiligkeit … Du wehst hindurch …

Niemand kennt die Weise des Lautlosen. Die zarten Blätter beben leise. Wer weiß warum?

Die Schöpfung ist Gebet zum Grund, den sie nicht kennt.

Es schimmern weiße Blüten Andacht, tief in meinen Schlaf hinein.

V.

So glühend war ich, und es wurde mir ein Bad bereitet.

Allein wollte ich hineinsteigen, da ich fürchtete, Schwester Mirjam könne meine Krankheit bekommen. Freilich merkte ich bei dem ersten Versuch, mich zu erheben, daß ich es allein nicht vermochte. Und als ich meinte, ich könne vielleicht auf das Bad verzichten, lehnte Schwester Mirjam, trotz meines Sträubens, ihr Gesicht an meines, und sagte: »Was man den Menschen tut, das tut man Gott«.

Wie viel Gott hier wohl im Hause sein mag? Schwester Mirjam sieht manchmal so müde aus, als hätte sie viel getragen.

Während ich im Wasser war, mußte ich immer an dieses Wort denken: Was man den Menschen tut, das tut man Gott ... Ob ich überhaupt noch etwas werde tun können? Das Wasser fiel über meine Schultern. Es schien mir kälter wie Eis zu sein.

Nicht bemerkt habe ich, wie die Gottesträgerin mich aus dem Bade gehoben hat, und ich weiß nicht, wie man mich zurückgebettet hat. Mein Bewußtsein war mir entschwunden, und nur das Gehör behielt ich. Klar und scharf hörte ich die Worte:

»Es geht zu Ende«.

Ich versuchte die Bedeutung der Worte und ihren Sinn zu erfassen, aber es gelang mir nicht.

Süßere Liebesworte vernahm ich nie, als diese, die mir geblieben sind. Zwei Schwestern beteten für mich:

»Es weiche von ihr der böse Feind mit seinem Anhange. Es befreie sie von aller Strafe Christus, der das schwere Kreuz für sie getragen hat. Mild und holdselig erscheine ihr sein Angesicht, und erfreue sie mit seiner Huld und Gnade. Er nehme sie auf in sein ewiges Reich, und vereinige sie mit seinen Auserwählten. Amen.«

Da leuchtete mir in der Dunkelheit ein Licht, und ich vertraute, in diesem Lichte zu leben oder zu sterben.

In dieser Nacht begann ich meine Wanderung mit verhangenem Gesicht. Mein Unterkleid, das Widrige der Schmach, stach wie der Nadelregen im Herbst. Mein Oberkleid war der Sünde hoffnungslose Buntheit. Sie flammte im Verblassen, und im Versengen der Farbe schrie sie mir die Qual der Vergangenheit zu.

Über diesem Kleide trug ich einen grauen Mantel. Der war aus elender Armut gewoben. Durch alle Hinfälligkeiten des brüchigen Gewebes flatterte die traurige Grelle meines eitlen Gewandes.

Aus den Falten meines Elendmantels, in denen der Wind sein Spiel trieb, raschelten meine Fehler. Mein Unrecht sprach, als wolle es sich selbst bekennen. So ging ich, preisgegeben der Verachtung derer, die vorübergingen. Doch es trieb mich zu gehen, und mein Gang war der hingegebene Verrat meiner Selbst.

Da ich also schien, was ich war, preßte ich meine Lippen aufeinander im Schmerz. Die Verzweiflung erstarrte in meinen Augen.

Mir war, als wäre all mein Sein und Wollen in meine Augen geflüchtet, und stünde darin still. Es war, als stürbe meine Seele in mir, als versagten die Regungen des Herzens. Befremdet sah ich an mir hinab. Es wehte so kühl.

Kein Mensch begegnete mir mehr, und ich ging lange allein weiter, und wußte nicht wohin. Ich erwartete auch nichts. Als gäbe es kein Ziel.

Da kam ich plötzlich an einen See. »Das Auge Gottes«, hörte ich eine leise Stimme sagen. Die war wie ein schwacher Windhauch. Da merkte ich, daß es meine Stimme gewesen war, und da ich versuchen wollte, noch ein Wort zu sagen, vermochte ich es nicht. Mir war, als sei mir die Stimme erfroren, denn es war mit einem Male so kalt.

Da beugte ich mich über den See. Und ich sah im Wasser mein Bild, und in diesem Bilde sah ich die Vergangenheit. In der mir gegenwärtigen Vergangenheit sah ich die ungesühnte Sünde.

Da sah ich unbeweglicher in den See, und unentwegt. Ich stand erstarrt, da ich noch nie in solchen Spiegel sah.

Der Spiegel durchschien und durchleuchtete meine Kleider,

und durch meine Kleider hindurch, bis in den Grund meiner Seele hinein. Der Spiegel durchsuchte und durchforschte mich gleichsam.

Kalte Strahlen erhellten mich, und ich glaubte zu vergehen an unzähligen Dolchstößen. Ich wähnte zu entschwinden, da ich mich zerschnitten und zerlegt fühlte. Meine müden Füße standen wie auf Schwertern, und wurden wund. Ich konnte mich weder bewegen, noch abwenden. Es war ein Leuchten und Funkeln, darinnen sah ich mit Entsetzen den Abgrund der Sünde.

Und doch blieb der See so still, so unbeweglich still … Da wußte ich um mein Gewissen, und in unsagbarem Schmerz wollte ich mich fallen lassen in den See.

Da wurde ich geschleudert, und erwachte wie aus einem Traum, und war im Traum wieder in einer anderen Welt.

Meine Kleider hatte ich verloren im Auge Gottes, und ich ging nackt. Wie lange ich so gegangen, weiß ich nicht. Mir war, als wäre ich sehr lange gegangen, und doch wußte ich nichts von der Zeit. Es war eine trübe, graue Gegend, durch die ich ging. Ich mußte hindurchgehen, und ich ging.

Da begann ein Mal sich über meinem Herzen zu röten, langsam zu röten. Das Mal schmerzte brennend bei jedem Schritt. Ein Weinen weinte in mir, und jede Träne war sogleich gelöscht, und es war, als hätte ich noch nie geweint.

Die Sehnsucht war in meine Augen geflüchtet, und erleuchtete den Weg, denn es wurde dunkel.

Meine Seele war voll der Trauer, und wie betäubt vor Betrübnis.

Mein Geist barg die Schuld, und vermochte nichts anderes mehr zu erkennen. Meine Augen aber sahen den Weg …

Die Seele, im Beginn der Wanderung ein zitternd Flehen, dann eine bebende Klage, war Schrei geworden. Mein Körper hatte Mitleid mit der Seele, und verwand den Schmerz, den ihm das brennende Mal verursachte.

Das Leid aber stieg. Je höher das Leid stieg, desto mehr Licht leuchtete auf den Weg.

O, mich fortspülen! All mein Sein, die Sünde in Fluten ertränken! O, Wasser der Vergessenheit! O, Meer des Todes, in dem ich untergehen möchte! O, Sterben um Geborenwerden!

Da fiel plötzlich so viel Licht auf meinen Weg, so daß es meine Augen überstrahlte. Da wurde meine Sehnsucht geblendet und gestillt. Es war ein tiefes Sinken. Sinken über Sinken war es. Und war wie Tränenfall. Tief eingehüllt in die Barmherzigkeit trug es mich weit hinweg.

O, Vergessen, breite dein Bahrtuch über alle meine Wunden! Vergessen, dein Leichenmantel ist weicher wie alle Seiden der Welt. Sieh, wie ich mich fürchte vor den Blicken. Sieh, wie ich umstellt bin von Erinnerungen. Du aber bist die Gnade.

Mein Gott, lege mich in das Grab der letzten Vergessenheit. Breite das Passionstuch des Verschollenseins über meine Nacktheit. Verhülle mich, Vergessen, du traumloser Traum.

Sieh, wie alle Gefahren der trügerischen Vorstellung mein Lager bedrohen. Das Bett meiner Entsagung umstellen erdichtete Märchen. O, Wahrheit, hilf! Böse Geister umgaukeln meine armen Sinne. Sie wollen mich umfangen, und werfen mir ihre trügerischen Verliebtheiten wie Blumen in mein erbleichtes Totengesicht. Sie umtanzen mein Stillstehen, und wollen mich in ihren Kreis locken.

O, Gestaltloser, nach deinem Bilde hast du meine Seele geschaffen, reinige sie von allen Bildern. Hilf du, mein Bilderstürmer! Ich will nur dich. Nichts anderes hat mich gewollt, du wolltest mich.

Sag mir ein Wort. Laß mich nicht trostlos bleiben. All meine Not schreit Notwendigkeit. Du bist es. Ich kann dich nicht lassen. Ich habe mich in dich hineingeliebt, und wenn du gehst, trägst du mich mit dir fort ...

Mein Herz ist leer, als habe es sich verblutet, und dennoch brennt es in mir. Du wirst dich tiefer sehnen wie der Mensch. Wie mußt du ganz aus Sehnsucht sein! Du schweigst. Wo Gott lebendig wohnt, ist stummer Mund.

Das Agnus Dei liegt auf meiner Brust. An meiner linken Seite, an der Stelle, wo tiefer innen mein Herz schlägt.

So leise ist Schwester Mirjam hereingekommen. Sie hängt mir das Agnus Dei um den Hals. Schwester sagt, es sei gesegnet worden am Fronleichnamstag, und sie wolle mir ein Geschenk machen. Sie schenkt mir den Segen.

Vielleicht habe ich heute Geburtstag? Wie lange bin ich denn schon hier? Vielleicht gehe ich bald aus diesem Hause fort. Ob ich den Segen dann behalten und mitnehmen darf?

Das »Agnus Dei« kann man nicht sehen. Es ist in weiße Seide gehüllt, eingenäht. Es ist ein winziges Knochensplitterchen vom Gebeine eines Heiligen, der das Kreuz berührt hat.

Daß noch im Verfallenden das Göttliche träumen kann ...

Ich kenne nicht den Namen des Heiligen, dessen Reliquien so still an meinem Herzen ruhen. Die Zärtlichkeit hat mich heimgesucht. Lichtes hat sich eingestellt.

Und ich bin verwundert, nur leise verwundert.

Mein Staunen verstummt, da es weich und unaufhörlich in mir rauscht ...

Es ist mild, wie ein erster Frühlingstag. Das Fenster ist geöffnet.

Die Sonne will mit meinen Händen spielen. Wie leicht schmiegt sich das Leben. Die Liebe schwebt durch meinen Raum.

Schwester Mirjam breitet bunte Heiligenbildchen auf meiner Bettdecke aus. Die Bilder dürfe ich auch behalten. Schwesters Stimme ist Advent. O, Menschen sprechen hören und behalten ... Wie soll ich dich empfangen und begegn' ich dir? Das Agnus Dei ruht an meinem Herzen ...

Schwester ist so leise gegangen wie sie gekommen ist. Jeder

Mensch ist Weihnacht. O aller Welt Verlangen … Das Zimmer ist ein Blütenbeet.

Früher habe ich gar nicht gewußt, daß die Erde ein Raum außerhalb der Welt ist. Früher? Was habe ich denn früher gewußt, das ich jetzt nicht mehr weiß? Was ist das, und was ist jenes?

Früh ist der Flötenton im hellen Morgen. Was werde ich sagen, wenn ich nachhause zu meiner Mutter komme?

Es ist immer Morgen in der Frühe, sonst weiß ich nichts zu sagen. Früh sind meine Hände, die Fähnlein im Wind … Früh sind meine Füße Taubenflügel. Es ist so früh, sehr früh, mehr Früh wie einst … wie einst, aber ich weiß es nicht.

Mit einem Sonnenstreifen spielen, Lichtspiel sein …

Das Agnus Dei ruht an meinem Herzen.

Von ferne leuchtet die Wolke der Verklärung auf dem Berge Tabor. In ein Lichtgrab legten die Jünger das Kreuz, bedeckten es mit frühen Zionszweigen. Früh in der Frühe.

Meine Wände stehen weiß vor Glauben da. Die Heiligen liegen im Sonnenschein. O, ich kann die Namen auf den Bildern lesen, die ausgebreitet auf meiner Decke liegen. O, ihr Heiligen mit den kostbaren Namen …

Die Namen sind Schneeflocken, die auf mich herabfallen. Sie wehen leise …

Einen heimlichen Garten baue ich. Agatha ist eine Hecke blasser Buschwindröschen. Die Blätter wallen über den grünen Weg. Einen verschwiegenen Laubengang winde ich. Sankt Franziskus steht am Eingang, die Gebärde des jungen Lebens. Die Flügel der Demut rauschen.

Sankt Aloysius trägt ein Buch in Lilienhänden. Bleib still stehen, wo das Licht fällt … Sankt Dominikus, Benedetto, Hauch und Siegessäule steigen. Im Kreise singen meine Sagenbäume: Sehet und verkostet, wie süß der Herr ist.

Jetzt sind alle durch die Mysterienallee gegangen. Die Farben verwandeln sich. Mater divinae gratiae ist der Brunnen der Mitte.

Es fällt das Licht auf alle Heiligen herab. Fall, Strom und Sturz von Licht. Die Bilder streicheln, und nicht wissen, was sie sollen …

Das Leben ist ein Spielzeug, das man mir geschenkt hat. Und ich bin ein Bauernkind, und wenn ich es nur nicht verdorben habe. Man wird es mir gewiß aus den Händen nehmen. Nein, ich kann es nicht hergeben, es ist schon ganz zerflossen. Es war, wie Wachs. Das war ein Traum …

Weiter will ich sterben, das ist mein Spiel. Die Augen, die sich schließen, sehen auch das Licht. Und in den geschlossenen Augen fing sich das Überlicht. Es ist so früh. Das Agnus Dei liegt in meinem Herzen. Es wird in mich hineingedrungen sein. Es ist so still, und doch klingt eine Melodie.

O, meine Seele, überwältige den Irrtum der Zeit, und steige über den Wall des Raumes. Begib dich in die Stille des lebendigen Augenblicks. Fliehe in die Ruhe, in der die drei Zeiten in einander fallen. Verweile im lebendigen Schweigen.

Mein Wille verwandele dich in das Mitleid. Sieh, wie die Wundenmale leuchten. Göttliches Herz, du hast die Seele aus lauterem Heimweh gedichtet. Jetzt ist Heimweh Entscheidung geworden. Gebet ist Heimweh.

Mein Gott, wir sind Nachbarn. So spricht die Seele. Die Inbrunst klopft, die Demut antwortet. Sehnsucht läßt Wand wie weichen Schleier sinken.

Ein Kreuz hängt an meiner Wand. Es leuchten die Stigmata der Barmherzigkeit durch die Jahrtausende. Das Mitleid Gottes schimmert durch die Ewigkeit. Und das Wort ist Fleisch geworden und hat unter uns gewohnt.

Ich hänge am Wort, und meine uneingestandene Liebe hängt am Kreuz.

Am fernen Gestade sammle ich Muscheln mit Perlmutterglanz. Die farbentrunkenste lege ich an mein Ohr und lausche. Korallenverliebt und tiefenberauscht singt das Meer der Liebe. Es sagt vom Menschen. Es wird nicht enden die Sage.

Die Muschel wird den Sterbenden ans Ohr gelegt. Die Sterbenden lauschen.

Schwingung im Licht, hilfloser bin ich als ein Neugeborenes. Die Saiten meines Seligseins sind berührt ... Es spielt mit mir ... Welch seltsame Weise. O, Tröster aller, in meiner Heimat singen die Kinder: »Geh in den Kreis, o du mein letzter, allerletzter Trost«. Höre sie, erhöre die Kinder ...

Nur ein Stammeln bin ich, du wirst mich verstehen. Das Einsame sucht meine Einsamkeit. Schweigen will sich verbreiten.

Tiefer möchte ich dich verschweigen, du Sagensage, und mein Mund will überströmen und will singen von der Süßigkeit deines Namens. Im letzten Schimmer deiner Anmut will es lächeln. Es versagt und versingt sich Lächeln.

Trage ich ein Halstuch, das im Winde weht, dann schmiegt sich die Liebe der Welt um meinen Hals, und es umweht mich das Zärtliche der Menschen. Umarmt fühle ich mich und geliebt, und im Gehen hauche ich in ein Unbekanntes.

Wehendes will ich sein, das sich um dich, Menschheit, schmiegt.

Dann bin ich Sommerwind. Wenn das Irdische verweht sein wird, werde ich Überirdisches wissen.

Vielleicht werde ich sein die sanfte Kurve des Hügels. Unter mir werden die Menschen schlafen, wird das Dörfchen Frieden träumen. Stiller Berg werde ich sein, und nicht wissen, was ich beschütze. Unbewußt werde ich Sehnsucht erwecken, und die Sonne wird mich am Morgen grüßen. Überlichtet wird die Halde sein.

Wie leicht werden die Menschen über mich hinweggehen. Weiter werden sie gehen. Ich aber werde zurückbleiben, bleiben im Zauber meiner Verwunschenheit. Gemieden werde ich sein, und immer begrüßt.

Im Entzücken meiner vergangenen Wunder bereitet sich das Neue vor. In der Verwandlung bildet sich das junge Lächeln. Im Überschwang sehe ich ein Leben enden, anders sich gestalten.

Der ewige Träumer ist Gott, der träumen läßt. Ich liege im Schoß meiner Mutter. Leuchtend Gold ist meiner Mutter Grund: Unberührt ruht sie in der Wahrheit. Sie ist mein Grab und meine Wiege. Geblieben bin ich, geborgen im Traum des Lebens.

Mutter, sag, bin ich
Durch dich entstanden?
Mutter, ich fühl dich
In allen Landen.

Mutter, sag, woher
Bin ich gekommen?
Mutter, du bist mir
Im All entglommen.

Mutter, sag, wohin
Werde ich gehen?
Mutter, dein Bild
Will ins Endlose wehen.

Heimat, wohne im Wort. Schwörend beschwört der Mensch das Wort. Du bist der Schwur, unwandelbarer Liebeseid! Hingebendste Offenbarung. Deine brennende Innigkeit läßt sagen von dir, dem trunkensten Verschwender der Lust.

Vereidigt will ich sein in dir, Beschwörer des Wortes. Laß mich zur weißen Fahne deiner Inbrunst schwören. Das ist dein Wort.

Alle Worte wollen Wege sein zu dir. Du wirst die Wege den Wanderern bezeichnen. Das Wort will Erlösung, und alle Worte bestehen in diesem Zeichen.

Das Wort steht im Kreuze. Sieh, wie ich am Worte hänge. Ich werde es zu dir tragen.

Vergib mir, und laß mich ausgeteilt in dir schweigen. O meine Seele, du wortloses Vertrauen, du wirst gesunden. Meine Seele, sei Widmung dem Namenlosen. Singe das Jubilate auf die Stille! Sei der Klang auf die himmlische Lautlosigkeit.

Schweigen schwebt in der Höhe Einsamkeit. Meine Seele, du lauschendes Gebet, erhebe dich, breite deine Schwingen. Fliege der Region ohne Schatten zu.

\+ \+
\+

ANHANG

Zu dieser Ausgabe

Textgrundlagen dieser Ausgabe bilden die Erstausgaben von *Das Brandmal. Ein Tagebuch von Emmy Hennings* (Berlin: Erich Reiss Verlag 1920) und *Das ewige Lied* (Berlin: Erich Reiss Verlag 1923).

Überlieferung und Textgestaltung

Das Brandmal

Das Brandmal / *Ein Tagebuch von* / Emmy Hennings / Erich Reiß Verlag, Berlin 1920. 327 S., 18,5 × 12,3 cm. Frakturschrift. Pappeinband. Gestaltung des Bucheinbandes von John Heartfield.

Das Brandmal erschien Ende Oktober 1920 im Erich Reiss Verlag. Im *Börsenblatt für den deutschen Buchhandel*, Nr. 237 vom 21. Oktober 1920, wurde es mit dem Hinweis »künftig erscheinend« angezeigt. Im *Nieuwsblad voor den Boekhandel* (Amsterdam), Nr. 85 vom 9. November 1920, wurde das Buch unter den Neuerscheinungen aus dem Ausland angezeigt.

Der Bucheinband der Erstausgabe wurde von John Heartfield gestaltet. Die erste Auflage ist offenbar in zwei Bindequoten erschienen: einmal mit der Namenszeichnung »Hartfield« und in einer weiteren mit »Heartfield« signiert. Eine zweite Auflage ist noch im gleichen Jahr erschienen (Copyright 1920, 327 S.), trägt jedoch wieder die Namenszeichnung »Hartfield« auf dem Cover. Raabe (1985, S. 206) geht irrtümlich davon aus, dass die zweite Auflage 1923 erschienen ist. Eine 1922 von Reiss angeregte überarbeitete Neuausgabe ist nicht zustande gekommen. Neudruck: Suhrkamp Verlag (Frankfurt/Main 1999, 288 S.), mit einem Nachwort von Erika Süllwold.

Es haben sich weder ein Manuskript noch Vorstufen von *Das Brandmal* erhalten. Im Nachlass Hennings im Schweizerischen Literaturarchiv (Bern) ist eine einzige Typoskriptseite überliefert (Abb. 3, S. 316). Diese Typoskriptseite trägt die Nummer 282 und entspricht den Seiten 260–261 im Erstdruck (S. 193–194 in dieser Ausgabe). Sie enthält keine handschriftlichen Spuren. Auf der Rückseite finden sich Abschriften von Rezensionen zu *Das Brandmal* aus der Hand Hugo Balls. In Hennings' Tagebuch von 1919/1920 finden sich drei fast textidentische Passagen zu *Das Brandmal*. Sie werden im Kommentar gekennzeichnet, aber nicht wörtlich wiedergegeben.

Die Textgestaltung folgt in Orthografie, Grammatik und Interpunktion weitgehend der Erstausgabe: Von orthografischen Standards der Zeit abweichende Schreibungen wie »Kahnfarten« (S. 25), »mit einemmal« (S. 177 u. 204), »Gitarresaiten« (S. 196), »Nachtrepertoir« (S. 196) oder »Separé« (S. 229) wurden auch dann belassen, wenn sie im Erstdruck selbst unregelmäßig verwendet wurden (z. B. »Schiffonhut«, S. 16, aber »Chiffonhut«, S. 80 u. 202). Auch die uneinheitliche Verwendung von Interpunktionszeichen vor oder nach wörtlicher Rede wurde beibehalten. Korrigiert wurden lediglich offensichtliche Grammatikfehler sowie ein Interpunktionsfehler. Diese Eingriffe werden im Anschluss separat ausgewiesen. Die Umlautschreibung Ae, Oe, Ue sowie a, o, u mit einem e-Superskript wurden der heutigen Konvention angepasst. Sperrungen und fremdsprachige Wörter in einer anderen Schrifttype werden kursiv wiedergegeben.

Das ewige Lied

Das Ewige / Lied / von / Emmy Hennings / Erich Reiss Verlag – Berlin. 86 S., 22,2 × 14,3 cm. Halbleinenbindung. Widmung: »Für meine Mutter«. Druck: Wilhelm Adam, Chemnitz.

Das ewige Lied wurde im *Börsenblatt für den deutschen Buchhandel*, Nr. 104 vom 5. Mai 1923 angezeigt (Abb. 9, S. 483). Ein Manuskript hat sich nicht erhalten. In Hennings' Tagebuch von 1921 finden sich vereinzelte Entwürfe, die im Kommentar gekennzeichnet, aber nicht wörtlich wiedergegeben werden.

Die Textgestaltung hält sich in Orthografie, Grammatik und Interpunktion an die Erstausgabe. Die nicht einheitliche Verwendung von Interpunktionszeichen vor oder nach wörtlicher Rede wurde belassen. Auch in den folgenden Fällen wurde nicht eingegriffen: »mich zu bewachen zu beschützen« (S. 257), »Alles Tode umarmt mich« (S. 259) und »daniederwirft« (S. 285).

Kommentar

In *Das Brandmal* und in *Das ewige Lied* finden sich eine Vielzahl von Anspielungen und Zitaten aus Volksliedern und populären Schlagern, Werken der Bildenden Kunst und Literatur sowie Bibelstellen, Heiligenlegenden und Volkssagen. Ebenso häufig finden sich Querverweise auf eigene publizierte und nicht publizierte Texte. Ferner werden in *Das Brandmal* eine Vielzahl historischer Orte

(Varietés, Restaurants und Theater) erwähnt, von denen die meisten – etwa der Nachtclub Moulin Rouge in Hannover oder das Varieté Royal Orfeum in Budapest – heute in Vergessenheit geraten sind. Dem zeitgenössischen Leser waren sie aber durchaus bekannt. Der Kommentar macht diese unterschiedlichen Referenzen zugänglich und erschließt neben Wort- und Sacherklärungen auch eine Vielzahl damals geläufiger Begriffe aus der Alltagskultur (Haushalt, Mode), von denen sich heutige Leser nur schwer ein Bild machen können. Bezüge zu historischen Personen hingegen finden sich in beiden Texten nur sehr verdeckt und werden nur dann erschlossen, wenn sie eindeutig zu identifizieren sind.

Für die Erschließung der Zitate wurden folgende zeitgenössische Referenzwerke verwendet: Lutherbibel in der Ausgabe von 1912, *Handwörterbuch des deutschen Aberglaubens*, 10 Bde. (Berlin 1927), *Schleswig-Holsteinisches* Wörterbuch, 5 Bde. (Neumünster 1931), sowie die Volksliedersammlungen *Der deutsche Liederhort*, 3 Bde. (Leipzig 1893/1894) und *Volksthümliche Lieder der Deutschen im 18. und 19. Jahrhundert* (Leipzig 1895). Sofern sich die Lieder in den zwei letztgenannten Anthologien nicht nachweisen ließen, wurden weitere zeitgenössische Liedsammlungen beigezogen.

Dokumente zur Wirkungsgeschichte

Ergänzt wird der Band durch eine umfangreiche Zusammenstellung von Einzel- und Sammelrezensionen, die zu Hennings' Lebzeiten erschienen sind. Insgesamt wurden mehr als vierzig Artikel zu *Das Brandmal* erfasst, davon eine auf Dänisch (*Aalborg Stiftsidende*) und eine auf Französisch (*Mercure de France*). Fünf Besprechungen konnten zu *Das ewige Lied* nachgewiesen werden. Die Dokumentation bietet erstmals einen Überblick über die intensive Rezeption von *Das Brandmal*, sie zeigt aber auch, dass *Das Ewige Lied* deutlich weniger Aufmerksamkeit erhielt. Die Zusammenstellung basiert auf der Rezensionssammlung im Nachlass Hennings im SLA und wurde durch zahlreiche weitere Funde in deutschsprachigen Zeitungen und Zeitschriften ergänzt. Die Rezensionen werden vollständig wiedergegeben, bei Sammelrezensionen beschränkt sich die Wiedergabe auf die Passagen zu *Das Brandmal* bzw. *Das ewige Lied*. Lediglich offensichtliche Druckfehler wie fehlende Buchstaben, Wortwiederholungen, verschobene Zeilen und fehlende Interpunktionszeichen wurden korrigiert. Falsch geschriebene Namen wie der des Malers Max Oppenheimer (S. 392) oder der Romanfiguren Elsie Lindtner (S. 380) und Emanuel Quint (S. 376) sowie der Titel von Catherina Godwins Roman *Die Frau im Kreise* (S. 382) wurden nicht berichtigt. Sperrungen in den Rezensionen werden kursiv wiedergegeben.

Die Rezensionen werden durch kurze biografische Angaben zu den einzelnen Rezensenten begleitet.

Herausgebereingriffe

Die Auflistung der Herausgebereingriffe erfolgt nach folgendem Beispiel: Seitenangabe in dieser Ausgabe: Korrigierter Wortlaut] Originalwortlaut im Erstdruck.

Das Brandmal

42: Was es für mich gibt,] Was es für mir gibt,
44: Wie seltsam, daß] Wie seltsam, das
162: ich korrigier' mich schon selbst.] ist korrigier' mich schon selbst.
192: wie du blühst. Sieh,] wie du blühst, Sieh

Abb. 1: Erstausgabe von *Das Brandmal*, Erich Reiss Verlag, Berlin 1920. Umschlaggestaltung von John Heartfield. NL Hennings/Ball, D-03-a/06.

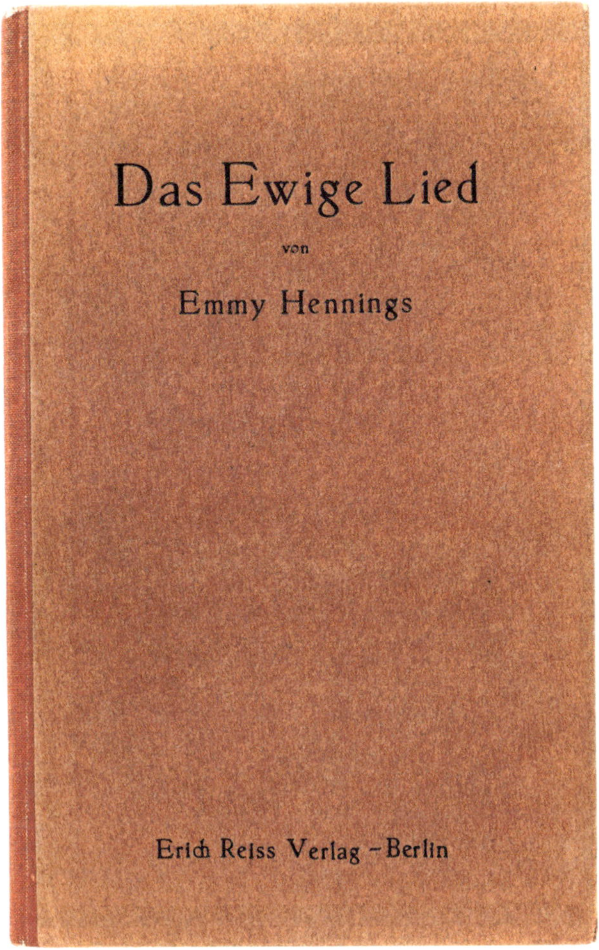

Abb. 2: Erstausgabe von *Das ewige Lied*, Erich Reiss Verlag, Berlin 1923. Privatbesitz.

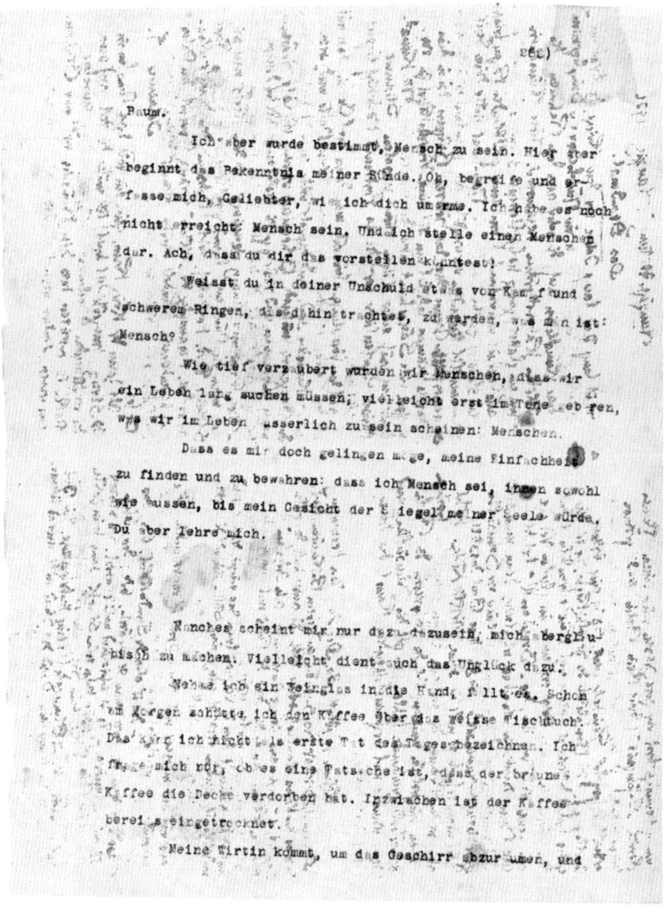

262)

Baum.

Ich aber wurde bestimmt, Mensch zu sein. Hier aber beginnt das Bekenntnis meiner Sünde. Oh, begreife und erfasse mich, Geliebter, wie ich dich umarme. Ich habe es noch nicht erreicht: Mensch sein. Und ich stelle einen Menschen dar. Ach, dass du dir das vorstellen könntest!

Weisst du in deiner Unschuld etwas von Kampf und schwerem Ringen, das dahin trachtet, zu werden, was man ist: Mensch?

Wie tief verzaubert wurden wir Menschen, dass wir ein Leben lang suchen müssen; vielleicht erst im Tode werden, was wir im Leben äusserlich zu sein scheinen: Menschen.

Dass es mir doch gelingen möge, meine Einfachheit zu finden und zu bewahren: dass ich Mensch sei, innen sowohl wie aussen, bis mein Gesicht der Spiegel meiner Seele würde. Du aber lehre mich.

Manches scheint mir nur dazu dazusein, mich lächerlich zu machen. Vielleicht dient auch das Unglück dazu.

Nehme ich ein Weinglas in die Hand, fällt es. Schon am Morgen schütte ich den Kaffee über das weisse Tischtuch. Das kann ich nicht als erste Tat des Tages bezeichnen. Ich frage mich nur, ob es eine Tatsache ist, dass der braune Kaffee die Decke verdorben hat. Inzwischen ist der Kaffee bereits eingetrocknet.

Meine Wirtin kommt, um das Geschirr abzuräumen, und

Abb. 3: Einzige erhaltene Typoskriptseite von *Das Brandmal*. Sie entspricht den Seiten 193–194 in dieser Ausgabe. Auf der Rückseite befinden sich Abschriften von Rezensionen zum *Brandmal* in der Handschrift Hugo Balls. NL Hennings/Ball, E-02-D-02-e.

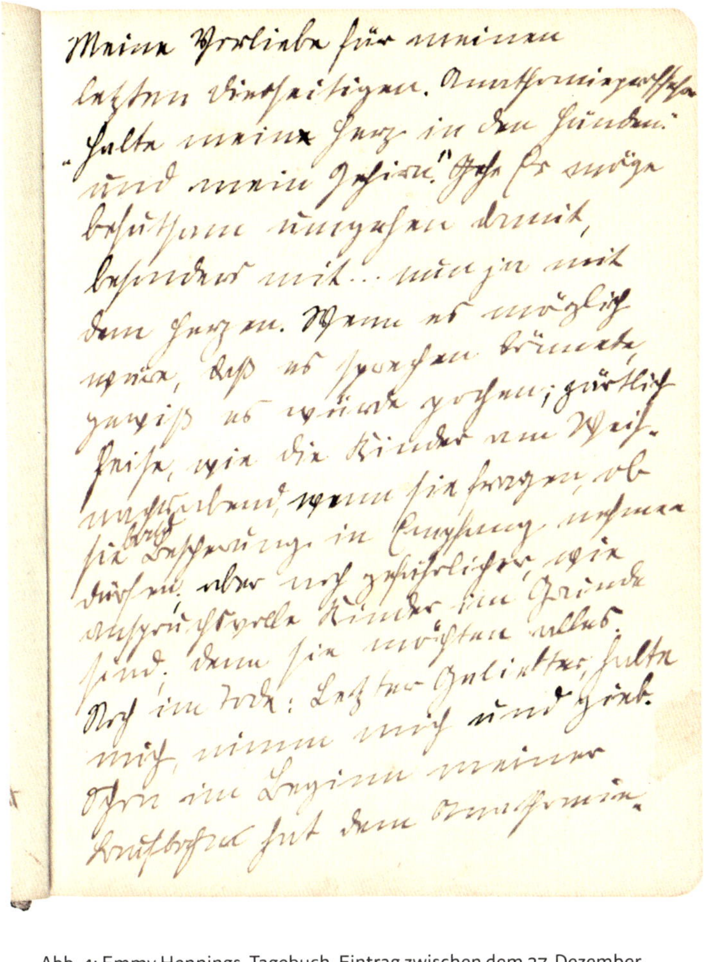

Abb. 4: Emmy Hennings, Tagebuch, Eintrag zwischen dem 27. Dezember 1919 und dem 24. Januar 1920. Entwurf einer Passage für *Das Brandmal* (S. 238 dieser Ausgabe). NL Hennings/Ball, C-03-02.

Abkürzungen und Siglen

Abkürzungen

Anm.	Anmerkung
Aufl.	Auflage
Bd./Bde.	Band/Bände
bes.	besonders
bzw.	beziehungsweise
ca.	circa
d. i.	das ist
Ebd.	Ebenda
f./ff.	folgende/fortfolgende
franz.	französisch
geb.	geboren
griech.	griechisch
H.	Heft
Hg./hg.	Herausgeber/herausgegeben
Jg.	Jahrgang
Kap.	Kapitel
km	Kilometer
lat.	lateinisch
NL	Nachlass
norddt.	norddeutsch
Nr.	Nummer
o. D.	ohne Datum
preuß.	preußisch
S.	Seite
s. n.	sine nomine (ohne Verlagsangabe)
Sp.	Spalte
Str.	Strophe
u.	und
UA	Uraufführung
u. a.	und andere bzw. unter anderem
übers.	übersetzt

v. a.	vor allem
verb.	verbesserte
vgl.	vergleiche
Z.	Zeile
z. B.	zum Beispiel
zit. n.	zitiert nach
zw.	zwischen

Kurztitel und Siglen

Ball Briefe I, II, III	Hugo Ball. Briefe 1904–1927. 3 Bde. Hg. von Gerhard Schaub und Ernst Teubner. Göttingen, Wallstein 2003 (Hugo Ball. Sämtliche Werke und Briefe. Hg. von der Deutschen Akademie für Sprache und Dichtung, Darmstadt in Zusammenarbeit mit der Hugo-Ball-Gesellschaft, Pirmasens. Bd. 10.1–3).
Böhme	Franz Magnus Böhme (Hg.). Volksthümliche Lieder der Deutschen im 18. und 19. Jahrhundert. Leipzig, Breitkopf & Härtel 1895.
BWV	Bach-Werke-Verzeichnis. Thematisch-systematisches Verzeichnis der musikalischen Werke von Johann Sebastian Bach. Hg. von Wolfgang Schmieder. Wiesbaden, Breitkopf & Härtel 1990 (2. überarbeitete und erweiterte Ausgabe).
DLA	Deutsches Literaturarchiv Marbach.
EHD	Christa Baumberger und Nicola Behrmann (Hg.). Emmy Hennings Dada. Zürich, Scheidegger & Spiess 2015.
Erk/Böhme II, III	Ludwig Erk und Franz Magnus Böhme (Hg.). Deutscher Liederhort. Bd. II u. Bd. III. Leipzig, Breitkopf & Härtel 1893 u. 1894. Nachdruck: Hildesheim, Georg Olms 1963.
Flucht	Hugo Ball. Die Flucht aus der Zeit [1927]. Hg. von Bernhard Echte. Zürich, Limmat 1992.
HBA	Hugo Ball Almanach 1–30 (1977–2006). Hg. von der Stadt Pirmasens. Redaktion: Ernst Teubner. Pirmasens, Komet Druck- und Verlagshaus 1977–2006.

HWB 1	Emmy Hennings. Werke und Briefe. Kommentierte Studienausgabe. Bd. 1: Gefängnis – Das graue Haus – Das Haus im Schatten. Hg. von Christa Baumberger und Nicola Behrmann. Göttingen, Wallstein 2016 (2. Aufl.)
LCI	Lexikon der christlichen Ikonographie. Hg. von Engelbert Kirschbaum in Zusammenarbeit mit Günter Bandmann u.a. 8 Bde. Freiburg im Breisgau u. a., Herder 1968–1976.
NL Hennings/Ball	Nachlass Emmy Hennings und Hugo Ball. Schweizerisches Literaturarchiv, Bern.
SLA	Schweizerisches Literaturarchiv, Bern.
SW 1, 4	William Shakespeare. Sämtliche Werke in vier Bänden. Hg. von Anselm Schlösser. Übers. von August Wilhelm Schlegel. Bd. 1: Komödien. Bd. 4: Tragödien. Berlin/Weimar, Aufbau 1989 u. 1964.
TB Ball	Hugo Ball. Tagebücher im Nachlass Hennings/Ball. Schweizerisches Literaturarchiv, Bern. 28. Oktober 1921 bis 12. April 1926.
TB Hennings 1902/1913	Emmy Hennings. Aufzeichnungen aus den Jahren 1902 und 1913. In einer Abschrift von Inga Junghanns. Deutsches Literaturarchiv Marbach.
TB Hennings	Emmy Hennings. Tagebücher im Nachlass Hennings/Ball Schweizerisches Literaturarchiv, Bern. 24. Dezember 1919 bis 18. Juli 1928.
TB Mühsam 1, 2, 3	Erich Mühsam. Tagebücher. Bd. 1: 1910–1911. Bd. 2: 1911–1912. Bd. 3: 1912–1914. Hg. von Chris Hirte und Conrad Piens. Berlin, Verbrecher Verlag 2011–2012.

9 *Im Namen des Namenlosen:* In der negativen Theologie wird Gott als grundlos, namenlos und als nicht benennbar bezeichnet. Dionysius Areopagita beschrieb ihn als vielnamig und allnamig zugleich. Hugo Ball hat wohl bereits während der Entstehungszeit von *Das Brandmal* im Sommer 1919 begonnen, sich mit Dionysius Areopagita zu beschäftigen und widmet ihm in *Byzantinisches Christentum* (1923) ein Kapitel. Siehe: Dionysius Areopagita, *Angebliche Schriften über »Göttliche Namen«*, übers. von Joseph Stiglmayr (München 1933), bes. S. 28–31.

10 *Ich habe mich in Versuchung gebracht:* Nach der Zeile »Und führe uns nicht in Versuchung« aus dem Gebet »Vater unser« (Matthäus 6,13 und Lukas 11,2–4).

11 *Kölner Bahnhofshalle | Kölner Dom:* Der 1884 fertiggestellte Kölner Hauptbahnhof befindet sich in unmittelbarer Nähe des Doms, dessen Bau im 13. Jahrhundert begonnen und 1880 beendet wurde. ▪ *Opferstöcke:* An Kircheneingängen aufgestellte Kästen für Geldspenden. ▪ *Unterlassungssünde:* Eine gebotene Handlung nicht ausführen.

12 *Altare des heiligen Aloysius:* Der Jesuit Aloysius von Gonzaga (1568–1591) widmete sich aufopferungsvoll der Pflege Kranker, vor allem Opfern der Pest, und starb mit nur 23 Jahren selbst daran. Er wurde 1726 heiliggesprochen und 1729 zum Schutzheiligen der studierenden Jugend ernannt. Zu seinen Tugenden gehören Frömmigkeit und Fleiß sowie Unschuld und Reinheit des Herzens. Meist wird er als Page dargestellt oder als Novize des Jesuitenordens in einer schwarzen Soutane mit weißem Kragen. In der Marienkapelle des Kölner Doms befand sich eine 1856 vom damaligen Dombildhauer Peter Fuchs geschaffene Holzstatue des Hl. Aloysius, die der Beschreibung im *Brandmal* nicht entspricht. Siehe: Ball Briefe III, S. 267. ▪ *O Macht, die du bist / Weiß nicht wo, / Sieh auf mich, / Unbekannte Macht:* Die Schlusszeilen von Hennings' zu Lebzeiten unveröffentlichtem Prosagedicht »Rosen« (*Verse und Prosa*, 1917) lauten: »Ich flehe: / Oh, Macht, die du bist! / Weiss nicht, wo / Will nicht fragen / Neigend bet ich: / Sieh auf mich / Armes Geschöpf, das ich bin: / Geworfen! / Sieh auf mich! / Erhöre mein Gebet!« In: EHD, S. 98.

14 *von Penzig bei Görlitz nach Kremmen zu gehen:* Die Ortschaft Penzig (heute: Pieńsk) in Schlesien und die Kleinstadt Kremmen in Brandenburg, nördlich von Berlin, sind ca. 300 km voneinander entfernt.

15 *göttliche Sonne:* In der christlichen Ikonografie kann die Sonne für Christus als »sol iustitiae« (Sonne der Gerechtigkeit) stehen. Daher wurde die »göttliche Sonne« ein weit verbreitetes Motiv der geistlichen Literatur, etwa bei Bernhard von Clairvaux, zu dem sich Hugo Ball seit seiner Kindheit hingezogen fühlte, oder bei dem von Hennings viel gelesenen Jakob Böhme, etwa in dessen *Theosophischen Sendbriefen* (1620). ▪ *Spiegel eines Schokoladenautomaten:* Die Kölner Firma Stollwerck stellte ab 1887 an öffentlichen Orten wie Bahnhöfen, Marktplätzen oder Gaststätten Schokoladenautomaten auf. 1893 waren bereits 15 000 solcher Automaten in Deutschland in Betrieb, die oft üppig verziert, bunt bemalt und mit einem Spiegel versehen waren. Siehe: Angelika Epple, *Das Unternehmen Stollwerck* (Frankfurt/Main 2010), S. 200.

16 *Schiffonhut:* Chiffon (franz.) ist ein feines schleierartiges Seidengewebe. ▪ *Angelusläuten:* In katholischen Kirchen läuten die Glocken morgens, mittags und abends zum Angelus-Gebet, das an die Menschwerdung Christi erinnert. Das abendliche Angelusläuten zeigt oftmals auch den Zeitpunkt an, an dem die Kirche geschlossen wird. ▪ *Café, das die »Ewige Lampe« heißt:* Das gutbürgerliche und traditionsreiche Hotel Ewige Lampe mit angegliedertem Bier-Restaurant befand sich in der Komödienstraße Nr. 2/8, in unmittelbarer Nähe des Kölner Doms. Der Name steht in Kontrast zum Ewigen Licht, das in katholischen Kirchen vor dem Tabernakel brennt. ▪ *Souper:* (franz.) Abendessen. ▪ *Soupé? Der hat doch eine Oper geschrieben:* Der Operettenkomponist Franz von Suppé (1819–1895). ▪ *In diesen gelben Strümpfen hab' ich doch die »Jungfrau von Orleans« gespielt. Ich habe Frankreich erlöst in Gelsenkirchen:* Über die Märtyrerin und französische Nationalheilige Jeanne d'Arc (ca. 1412–1431), die das Heer des späteren Karls VII. anführte und die Stadt Orléans von den Engländern befreite, verfasste Friedrich Schiller 1801 die romantische Tragödie *Die Jungfrau von Orleans.* In Johannes R. Bechers Gedicht »Emmy« wird Hennings zur Jeanne d'Arc der expressionistischen Generation erklärt: »O! Jungfrau von Orleans, unsere! / Fahnen: Gesänge hüllen dich.« In:

Verbrüderung (Leipzig 1916), S. 10. Auch Julio Álvarez del Vayo verbindet Hennings mit dieser Rolle und lässt sie vor einem Auftritt im Cabaret Voltaire über ihre Kleidung sagen: »Was solls. Man sieht es nicht mehr. Ob die in gutem Zustand sind. Ich habe sie in der Nacht getragen, als wir Johanna von Orléans in Schaffhausen gaben. Mit ihnen habe ich Frankreich befreit …« Julio Álvarez del Vayo, *La Senda Roja* (Madrid 1928), S. 99. Hennings erwähnt ihre Auftritte als Jungfrau von Orléans auch in *Das graue Haus* (1924) und *Das Haus im Schatten* (1930).

16 f. *Athenais im »Hüttenbesitzer«:* Die schöne und reiche Athénaïs in Georges Ohnets melodramatischem Schauspiel *Der Hüttenbesitzer* (Le Maître de Forges, 1883) will in den Adel eintreten und verlobt sich mit einem Herzog, der bereits seiner Cousine Claire versprochen ist. Claire heiratet daraufhin kurz entschlossen einen Verwandten von Athénaïs, der sich nach einigen Verwicklungen als ihre wahre Liebe erweist.

17 *Äther:* (griech.) Urstoff allen Lebens, Weltseele. Steht in der griechischen Mythologie für die oberen Regionen des Himmels. ▪ *Düsseldorfer Anzeiger:* Regionale Wochenzeitung (seit 1855) mit einem redaktionellen Teil und Inseraten.

18 *Morgenrot, Morgenrot, leuchtest mir zu frühem Tod:* Das Lied »Reiters Morgengesang« (1824) von Wilhelm Hauff, vertont von Friedrich Silcher (1827): »Morgenroth, Morgenroth, / leuchtest mir zum frühen Tod? / Bald wird die Trompete blasen: / dann muß ich mein Leben lassen, / ich und mancher Kamerad!« (1. Str.) In: Böhme, Nr. 575, S. 432. ▪ *Weißnäherinnen:* Schneiderinnen, die weiße Textilien wie Bett- und Handtücher, Tischdecken, Leibwäsche nähten, ausbesserten oder mit Stickereien verzierten. ▪ *firm:* Sicher, beschlagen. ▪ *Kolonialwarenbranche:* Handel mit Lebensmitteln aus Übersee wie Zucker, Kaffee, Kakao, Tee oder Gewürze. ▪ *Arbeitsnachweis:* Im 19. und frühen 20. Jahrhundert Arbeitsvermittlungsstellen, hier Stellenanzeiger einer Zeitung.

19 *Plättofens:* Kleiner Ofen, an dem das Plätt- oder Bügeleisen erhitzt wurde. ▪ *die »Fliegenden Blätter« und die »Elegante Welt«:* Die Zeitschrift *Fliegende Blätter* (1845–1928) war eine illustrierte humoristische Wochenschrift. Die Düsseldorfer Frauenzeitschrift *Die elegante Welt* (1912–1943) zeigte vornehmlich Fotografien aus den Bereichen Mode, Unterhaltungsmusik und

Film. ▪ *Wiener Werkstätten:* Von Josef Hoffmann 1903 gegründete Produktionsgemeinschaft bildender Künstler, die unter Aufwertung des Kunsthandwerks den Kunstbegriff zu erneuern suchte und der Wiener Secession nahestand.

21 *Baldrian | Äther:* Bei Ohnmachten und Schwächeanfällen wurden Baldriantropfen als Beruhigungsmittel verwendet und Essigäther nach dem Aufwachen zur Belebung verabreicht. ▪ *illustriertes Brötchen:* Belegtes Brötchen.

23 *Wir wollen essen und sterben, heißt es irgendwo in der Bibel:* 1. Könige, 17,12: »Und siehe, ich habe ein Holz oder zwei aufgelesen und gehe hinein und will mir und meinem Sohn zurichten, daß wir essen und sterben«, sagt die Witwe Zarpath in der Dürrezeit zu Elias, der sie durch ein Wunder ernährt. Vgl. auch 1. Korinther 15,31–32: »Bei unserm Ruhm, den ich habe in Christo Jesu, unserm Herrn, ich sterbe täglich. Habe ich nach menschlicher Meinung zu Ephesus mit wilden Tieren gefochten, was hilft's mir? So die Toten nicht auferstehen, ›laßet uns essen und trinken; denn morgen sind wir tot!‹« ▪ *Agonie:* (griech.) Kampf, Qual. Krämpfe kurz vor Eintreten des Todes, zu dessen Anzeichen Beklemmung und Atemnot gehören können. ▪ *Der Tod hebt alle Eide auf:* Abschiedsworte der sterbenden Luise Miller in Schillers *Kabale und Liebe* (UA 1784).

24 *Schön ist's im Sommer* [...] *auch so nicht dazu:* Nicht ermittelt. Möglicherweise handelt es sich um eine Parodie auf eines der Gedichte Ludwigs I. von Bayern (1786–1868).

25 *König von Bayern | überflüssige Kahnfarten:* Ludwig II. von Bayern (1845–1886) ließ sich in einem muschelförmigen Kahn in der Venusgrotte im Park seines Schlosses Linderhof umherfahren. ▪ *Er stand auch im unnötig weiten Pelzmantel auf dem Balkon, mit Herrn Wagner:* Das Gemälde *Ludwig II. auf dem Balkon des Thronsaals in Neuschwanstein* (1880) von Ferdinand Leeke zeigt Ludwig in weitem Pelzmantel und vom Mond beschienen. Der mit ihm befreundete Komponist Richard Wagner (1813–1883) ist auf diesem Gemälde nicht abgebildet. ▪ *Satan, weiche von mir:* Die Verführungen Satans wehrt Jesus mit den Worten ab: »Hebe dich weg von mir Satan! denn es steht geschrieben: ›Du sollst anbeten Gott, deinen Herrn, und ihm allein dienen.‹« (Matthäus 4,10) ▪ *Breit' aus die Flügel* [...] *O Jesu:* Aus dem

Gedicht »Nun ruhen alle Wälder« (1647) von Paul Gerhardt: »Breit aus die Flügel beide / o Jesu, meine Freude, / und nimm dein Küchlein ein! / Will Satan mich verschlingen, / so lass die Englein singen: / Dies Kind soll unverletzet sein.« (8. Str.) In: Erk/Böhme III, Nr. 1993, S. 698 f. Johann Sebastian Bach verwendete es als Grundlage seines gleichnamigen Chorals (BWV 392). ▪ *Ulster:* Zweireihiger Herrenwintermantel mit breitem Revers aus dichter Streichwolle.

27 *Schildergasse:* Belebte Einkaufsstraße in der Kölner Innenstadt zwischen Neumarkt und Hoher Straße.

28 *göttlichen Farben:* In der christlichen Ikonografie sind Weiß oder Gold dem Licht am ähnlichsten und symbolisieren Gott selbst. Die Regenbogenfarben kennzeichnen die Erscheinung Gottes. Siehe: »Farbensymbolik« in: LCI 2, Sp. 8 f. ▪ *Café Pütschenbach:* Nicht ermittelt. In Hennings' Tagebuchaufzeichnungen vom Mai [1908] wird das Café Pütschenbach ebenfalls erwähnt: »Gestern war ich bei ›Pütze‹ Pütschenbach. Nelly hatte Glück. In fünf Minuten war sie weg mit einem Kavallier.« (TB Hennings 1902/1913)

29 *Gasstrumpf:* (auch: Glühstrumpf) In Deutschland seit 1885 patentierter Glühkörper in Gaslampen, bestehend aus einem feinmaschigen Strumpf mit einer Oxidenschicht darüber, der nach dem Anzünden zunächst hell brennt und allmählich zerfällt. ▪ *kein ehrliches Klavier:* Pianola oder Reproduktionsklaviere, die über eine Selbstspielapparatur verfügten, kamen nach 1900 erstmals auf den Markt. ▪ *Donauwellen:* Der »Donauwellen-Walzer« (Valurile Dunării, 1880) von Iosif Ivanovici war seit seiner Aufführung auf der Pariser Weltausstellung im Jahr 1889 sehr bekannt.

30 f. *Du, du, du, […] Flammen hervor aus dem Eis:* Ein Hinweis auf dieses nicht ermittelte Couplet findet sich in dem Artikel »Berliner Karneval« in der von Maximilian Harden herausgegebenen Zeitschrift *Die Zukunft:* Die Besucher des Karnevals von 1897 müssten »gähnend dann die alten Couplets aus dem Apollo-Theater vernehmen, etwa: ›Du bist so kalt und machst Alles so heiß, Du zauberst Flammen hervor aus dem Eis!‹« (*Die Zukunft*, 13. Februar 1897, S. 336) Gustav Meyrink zitiert das Lied in seinem Roman *Walpurgisnacht* (München 1917), S. 44: »Du, du, du – bist so kalt / und machst allen so heiß, / zauberst Flammen hervor aus dem Eis.« Hennings erwähnt es auch in *Das graue Haus.*

33 *Schinn:* (norddt.) Kopfschuppen.

39 *Zehnmarkstück:* Der Soziologe Camillo Schneider nimmt an, dass sich der durchschnittliche Verdienst von Prostituierten um 1900 auf »5 Mk. pro Koitus oder halbe Stunde« belief. In Bordellen wohnende Frauen mussten von ihrem Verdienst in der Regel die Hälfte an den Wirt abliefern. Die sogenannte Straßenprostituierte war ihrer Wirtin gegenüber zwar unabhängiger, konnte allerdings nur mit zwei bis drei Kunden täglich rechnen. Die Durchschnittseinnahmen lagen Schneider zufolge zwischen zehn und fünfzehn Mark am Tag. Siehe: Camillo K. Schneider, *Die Prostituierte und die Gesellschaft* (Leipzig 1908), S. 16 ff.

41 *Similistein:* Geschliffene Glassteine als Imitat von Edelsteinen.

45 *als wär's ein Stück von mir:* Aus der zweiten Strophe des Soldatenlieds »Ich hatt' einen Kameraden« nach dem Gedicht »Der gute Kamerad« (1809) von Ludwig Uhland, vertont von Friedrich Silcher (1825): »Eine Kugel kam geflogen: / Gilt's mir oder gilt es dir? / Ihn hat es weggerissen, / Er liegt mir vor den Füßen, / Als wär's ein Stück von mir.« In: Böhme, Nr. 573, S. 430. ▪ *Bank des Verschönerungsvereins:* Der Kölner Stadtgarten entstand zwischen 1827 und 1829 auf Initiative des Kölner Verschönerungsvereins. Neben der Anlage von Spazierwegen, Aussichtspunkten und Brücken besorgte der Verein auch das Aufstellen von Sitzbänken. ▪ *Im Schlehendorn* [...] *froh das klingt:* Erste Strophe des Gedichts »Im Schlehendorn« von Julius Stinde aus dem Roman *Der Liedermacher:* »Im Schlehendorn, im Schlehendorn, / Da sitzt ein Vogel und singt. / Wie ist der Dorn von Blüthen bedeckt, / Wie ist der Vogel so dicht versteckt, / Wie froh es klingt!« In: Julius Stinde, *Der Liedermacher* (Berlin 1893), S. 227. Das Gedicht wurde 1894 von Georg Wilhelm Rauchenecker vertont. In zeitgenössischen Liedsammlungen konnte es nicht nachgewiesen werden.

46 *steinerne Denkmal, das eine Königin darstellt:* Historische Vorlage könnte das 1903 enthüllte Denkmal der Kaiserin Augusta (1811–1890) sein, die auch Königin von Preußen gewesen ist. Das von Franz Dorrenbach und Heinrich Stockmann entworfene Denkmal befand sich am Kaiser-Wilhelm-Ring in Köln. Im Zweiten Weltkrieg wurde es beschädigt und später entfernt. ▪ *Ich führe mir die Heiligen vor, die von der heiligen Hostie allein*

gelebt haben. Es gab Einsiedler, die man zwingen wollte, Speise zu sich zu nehmen, um sie zu prüfen: Dies bezieht sich auf den Ratsherrn Niklaus von der Flüe (1417–1487), der 1467 seine Familie verließ und als Bruder Klaus neunzehn Jahre in der Ranftschlucht im Kanton Obwalden (Schweiz) als Einsiedler lebte. Er ernährte sich ausschließlich von Hostien und Wasser und wurde von den zuständigen Kirchenautoritäten streng überprüft.

47 *die Kunst dem Volke:* Dieses Motto wurde 1890 von Bruno Wille, dem Gründer der deutschen Volksbühnenbewegung, geprägt. Bis 1930 stand es auf dem Portal der Freien Volksbühne (heute: Volksbühne am Rosa-Luxemburg-Platz) in Berlin. Die Mitglieder der Freien Volksbühne konnten gegen eine geringe Monatsgebühr an Vorführungen und Vorträgen zu Literatur, Musik und Kunst teilnehmen. ▪ *Hungerkünstler Sarto:* Ein Hungerkünstler dieses Namens konnte nicht ermittelt werden. Hungerkünstler waren bis zum Ersten Weltkrieg eine weit verbreitete Attraktion. Zu den bekanntesten zählten Giovanni Succi (geb. 1855), der bis 1924 öffentlich auftrat, Ricardo Sacco (d. i. Wilhelm Bode) und Arnold Ehret, der im Jahr 1909 51 Tage lang in Kastans Panoptikum in Köln fastete. Vgl. Astrid Lange-Kirchheim: »Nachrichten vom italienischen Hungerkünstler Giovanni Succi«, in: *Freiburger literaturpsychologische Gespräche*, Bd. 18 (Würzburg 1999), S. 315–340. ▪ *Kastans Panoptikum:* In Castans Panoptikum, das die Bildhauer Gustav und Louis Castan 1869 als »anatomisches Museum« in Berlin eröffneten, wurden neben einer beeindruckenden Sammlung an Wachsfiguren alle erdenklichen ethnografischen, gesellschaftlichen und biologischen »Kuriositäten« gezeigt. Die Hauptfiliale befand sich ab 1888 im Pschorr-Bräu-Gebäude (Friedrichstraße Nr. 165). Weitere Filialen gab es in Köln (Hohe Straße Nr. 11/13) und ab 1902 auch in Frankfurt am Main (Kaiserstraße, Ecke Moselstraße). ▪ *Stadtanzeigers:* Der *Stadt-Anzeiger* erschien seit 1876 täglich außer Sonntag als kostenlose lokale Anzeigenbeilage der *Kölnischen Zeitung*. ▪ *Neumarkt 12:* Hier befand sich das Café Kaiser Maximilian. Der Neumarkt ist der größte Platz in der Kölner Innenstadt; das Gebiet zwischen Neumarkt und Rudolfplatz galt um 1900 als Rotlichtviertel. ▪ *Reflektanten*: Interessenten. ▪ *Hotel Löwe:* Ein Kölner Hotel dieses Namens konnte nicht ermittelt werden. ▪ *Das siebente Gebot:* »Du sollst nicht stehlen« (2. Mose 20,15).

48 *Goldkäferschuhe:* Um 1900 ein beliebter Damenschuh, dessen Leder mit goldbronzenem Lack überzogen war, der wie ein »Goldkäfer« glänzte. ■ *Kappnaht:* Ziernaht, bei der die Kanten des Leders nach innen umgeschlagen werden, so dass sie unsichtbar sind.

50 *Tändelschürze:* Kleine weiße Zierschürze mit Spitzenbesatz, die bis Anfang des 20. Jahrhunderts von Kellnerinnen getragen wurde. ■ *Waise von Lowood:* Das Theaterstück *Die Waise aus Lowood* (UA 1853) von Charlotte Birch-Pfeiffer ist eine sentimentale Adaption von Charlotte Brontës Roman *Jane Eyre* (1847). Der Liebe zwischen der Waise Jane Eyre und Lord Rowland Rochester steht bei Birch-Pfeiffer nur eine Tante im Wege, die ihre Tochter mit Lord Rowland verheiraten will und sich am Ende vergeblich bemüht, Jane aus dem Haus zu drängen. ■ *Animieren:* Vor allem in Norddeutschland wurden Frauen als Kellnerin nur eingestellt, um männliche Gäste zum Trinken zu »animieren«. Hauptverdienst einer Animierkellnerin bestand in den Trinkgeldern der zahlenden Gäste. In Köln arbeiteten Kellnerinnen einer zeitgenössischen Studie zufolge ohne Kündigung und wurden sofort entlassen, wenn sie den Umsatz nicht steigerten. Übliche Trinkgelder waren damals 5 oder 10 Pfennige. Siehe: Fritz Pollads, *Das Unwesen der Kellnerinnenwirthschaften* (Köln 1891), S. 27 f., und Regina Schulte, *Sperrbezirke* (Frankfurt/Main 1979). Die Arbeitsbedingungen einer Animierkellnerin werden auch in Hennings' Prosaskizze »Die Kellnerin« (1913/14) dargestellt.

51 *Haustöchterlein:* Im 19. Jahrhundert war es für junge Frauen üblich, eine Zeitlang als Haustochter bei einer fremden Familie zu leben, um dort die Haushaltsführung zu lernen. Sie wurden nicht als Angestellte, sondern als Teil der Familie betrachtet. ■ *Liebfrauenmilch:* Lieblicher Weißwein aus Rheinhessen, der um 1900 in Europa sehr bekannt war. Erst im Laufe des 20. Jahrhunderts wurde er zu einem Synonym für mindere Weinqualität.

52 *Lasset uns das Leben genießen:* Trinklied von Max Simon: »Lasset uns das Leben genießen! / Wir wollen immer fröhlich sein! / Die schönen Stunden verfließen. / Trinket aus! Schenket ein! / Bald sind die schönen Tage vorüber; / Laßt uns froh und heiter sein; / Sie kehren wohl niemals wieder! / Trinket aus! Schenket ein!« (1. Str.) In: *Wanderlust*, hg. von Otto Kaufmann (Berlin [1912]), Nr. 274, S. 266. ■ *Porter:* Sehr dunkles starkes

Bier mit malzigem Geschmack. ▪ *Simpelfransen:* Bis zu den Augenbrauen reichende Stirnfransen. ▪ *molum:* Beschwipst, betrunken.

54 *Dammsche Klavierschule:* Die *Damm Klavierschule* (1868) war ein Klavierlehrbuch für den Erstunterricht von Gustav Damm (d. i. Theodor Leberecht Steingräber). ▪ *Dagny:* Zu Beginn der Handlung wird die Erzählerin einmal »Jessy« genannt (S. 25), aber im Folgenden mehrmals mit »Dagny« angesprochen. Später erwähnt sie im Gespräch mit einem Varietédirektor, der Name Dagny sei einer von vielen Bühnennamen (S. 179). Der Name war in Bohème-Kreisen durch Dagny (Ducha) Juel bekannt geworden, die Frau von Stanislaw Przybyszewski, die 1901 von einem Liebhaber erschossen wurde. Hennings war 1911 mit Przybyszewski befreundet gewesen und verwendete den Namen Dagny in dieser Zeit als Pseudonym. Dagny heißt die Protagonistin in Hennings' frühen Prosaskizzen wie »Vor der Premiere« (1913), »Die Kellnerin« (1913) oder »Herr Terpen« (1917). Von Johannes R. Becher erschien die Erzählung »Um Dagny heulen wir Gespenster« (*Verfall und Triumph*, 1914), deren Hauptfigur die Züge von Hennings trägt.

55 *Wende dich, wohin du willst:* 1. Samuel 14,7 in der Übersetzung der Elberfelder Bibel (1905): »Und sein Waffenträger sprach: Tue alles, was in deinem Herzen ist; wende dich, wohin du willst, siehe, ich bin mit dir nach deinem Herzen.« In Johann Michael Sailers Übersetzung von Thomas von Kempens *Nachfolge Christi* (De imitatione Christi, ca. 1418) heißt es: »Wende dich hin, wo du willst, nach oben, nach unten, nach innen, nach außen, in allen Wendungen wirst du ein Kreuz finden.« (2. Buch, 12. Kap.) In: Thomas von Kempen, *Das Buch von der Nachfolge Christi* (Freiburg 1916), S. 170. ▪ *Sag mir das Wort, das ich einst gern gehört:* Aus dem irischen Lied » Lang ist's her« (Long, long ago, 1830) von Thomas Haynes Bayly: »Sag' mir das Wort, das dereinst mich hat bethört, / lang, lang ist her, lang, lang ist her. / Sing' mir das Lied, / das ich einst so gern gehört, / lang, lang ist her, / lang, lang ist her.« (1. Str., Z. 1–4) In: Böhme, Nr. 728, S. 554 f. Die Anmerkung des Herausgebers lautet: »Irisches Volkslied, das in der Übersetzung auch in Deutschland seit 1855 sehr gekannt ist und als Gassenhauer, getrillert und gepfiffen, uns überall verfolgt.« (Ebd., S. 555) Als Verfasserin der Melodie wird hier die Sängerin Clara Novello (um 1855) angegeben. ▪ *Oh my pover Nelly Grey:* Aus

dem Refrain des amerikanischen Liedes »Darling Nelly Gray« (1856) von Benjamin Russell Hanby, in dem ein Sklave aus den Südstaaten seine verkaufte Geliebte betrauert: »Oh! My poor Nelly Grey, they have taken you away / And I'll never see my darling any more, / I'm sitting by the river, and I'm weeping all the day, / For you've gone from old Kentucky shore.« In: *Popular Songs of Nineteenth-Century America*, hg. von Richard Jackson (New York 1976), S. 53–56. Im deutschen Sprachraum war das Lied unbekannt und konnte in zeitgenössischen Liedsammlungen nicht nachgewiesen werden.

56 *Animierkneipe:* Siehe die dritte Anm. zu S. 50.

57 *Nicht um Venedig:* Dies ruft der Geldverleiher Shylock im vierten Aufzug von William Shakespeares Komödie *Der Kaufmann von Venedig* (UA 1605). ▪ *Zugstiefel:* Stiefel, der nicht geschnürt, sondern hochgezogen wird. ▪ *schlurre:* (norddt.: sluren, preuß.: schlorren) Schlurfen, nachlässig gehen. ▪ *aufschleißen:* Verschleißen. ▪ *Bajazzo:* Tollpatschige Clownsfigur, die ursprünglich aus der Commedia dell'arte stammt und Ende des 19. Jahrhunderts durch Ruggero Leoncavallos Oper *Der Bajazzo* (UA 1892) bekannt wurde.

58 *Luisenstraße 8:* Hier befindet sich ein 1870 erbautes einfaches Wohnhaus im Kölner Stadtteil Deutz auf der rechten Rheinseite.

59 *Desinfektionsapparate | Naphthalinmasse | Ozongeruch:* Naphtalin ist ein farbloser Feststoff, der bei Raumtemperatur in einen gasförmigen Zustand übergeht und dann stark nach Teer riecht. Lange Zeit wurde es als Mottenpulver verwendet, hat aber eine gesundheitsschädigende Wirkung und gilt heute als Giftstoff. Ozon wurde seit dem späten 18. Jahrhundert als hochwirksames Desinfektionsmittel zur Trinkwasserreinigung verwendet. Zur Lufterfrischung verwendetes Ozon hingegen reizt die Atemwege und ist ebenfalls gesundheitsschädlich. Diese Episode wird auch in *Gefängnis* (1919) und in *Das flüchtige Spiel* (1940) erwähnt.

63 *das Buch »Raskolnikow«:* Von Fjodor Michailowitsch Dostojewskijs Roman *Verbrechen und Strafen* (Prestuplenie i nakazanie, 1866) lagen bis Ende des Ersten Weltkriegs zahlreiche Übersetzungen vor. Als Titel wurde häufig der Name der Hauptfigur Rodion Raskolnikow gewählt, in Kombination mit dem Untertitel *Schuld und Sühne*. Im Folgenden dient die Übersetzung

von E. K. Rahsin (d. i. Lee Kaerrick) als Referenz: *Rodion Raskolnikoff (Schuld und Sühne)* (München 1908).

64 *Grafen von St. Germain:* Der Graf von Saint Germain (ca. 1696–1784) war ein Hochstapler, Spion, Alchemist und Komponist, dessen Leben häufig Gegenstand von Zeitschriftenserien oder historischen Romanen wurde, wie etwa *Der Graf von Saint-Germain* (1844) von Eduard Maria Oettinger oder *Der Graf von Saint Germain* (1910) von Robert Kraft. ▪ *Psalter:* Das Buch der Psalmen oder ein für den liturgischen Gebrauch bestimmtes Psalmenbuch.

65 *Goldmacherkunst:* Nicht ermittelter Titel.

67 *Dame kommt, die Jours gibt:* Dame, die an einem festgelegten Tag in der Woche Gäste bei sich zu Hause empfängt.

70 *Bin ich doch von der Erde genommen, und werde Erde:* 1. Mose 3,19: »Im Schweiße deines Angesichts sollst du dein Brot essen, bis daß du wieder zu Erde werdest, davon du genommen bist. Denn du bist Erde und sollst zu Erde werden.«

72 *Wichtelmännchen-Denkmal:* Historische Vorlage ist wohl der von 1897 bis 1900 von Edmund und Heinrich Renard erbaute Heinzelmännchen-Brunnen in der Kölner Innenstadt.

72 | 74 *Marsch des Toreadoren aus »Carmen«. | Stolz in der Brust – siegesbewußt:* Der Torero-Marsch wird in Georges Bizets Oper *Carmen* (UA 1875) vom Chor wiederholt gesungen.

73 *Kreppschleiern:* Weiches, feines und gekräuseltes Gewebe.

74 *Wille in mir zum Leben und zum Tode:* Arthur Schopenhauer erörtert in *Die Welt als Wille und Vorstellung* (1819) die »Verneinung des Willens zum Leben« durch Selbstverleugnung und Selbstüberwindung. Als Beispiele führt er u. a. das Leben der Heiligen und der Asketen, die Schriften der Mystiker sowie Gretchen in Goethes *Faust* an. Siehe: Arthur Schopenhauer, *Die Welt als Wille und Vorstellung*, 2. Bd. (München 1913), S. 445–458. Hennings und Hugo Ball haben dieses Buch im Sommer 1915 zusammen gelesen.

75 *Sie machen auch die Straße:* Sich prostituieren. ▪ *Sweater:* Vorn geknöpfter Pullover, der ab 1860 von Seeleuten aus Jersey getragen wurde und sich Anfang des 20. Jahrhunderts als modisches Kleidungsstück etablierte.

76 *Seidenbarett:* Flache randlose Kopfbedeckung aus dem Mittelalter, die Ende des 19. Jahrhunderts wieder in Mode kam.

78 *Automatencafé:* Selbstbedienungscafé mit Sitzplätzen, jedoch ohne Servicepersonal. Speisen und Getränke wurden in Verkaufsautomaten bereitgehalten und waren durch Münzeinwurf erhältlich. Das weltweit erste Automatenrestaurant wurde 1896 von der Firma Ludwig Stollwerck in Berlin eröffnet. Vor dem Ersten Weltkrieg gab es fünfzig Automatenrestaurants in Deutschland. In Köln befand sich je eines in der Hohen Straße und in der Schildergasse Nr. 99–101. Vgl. *Großstadt im Aufbruch. Köln 1888,* hg. vom Historischen Archiv der Stadt Köln (Köln [1988]). In Hennings' Prosaskizze »Vor der Premiere« (*Die Schaubühne,* 3. April 1913) geht Dagny in ein »schmieriges Automatenrestaurant«.

79 *Hochamt:* In der katholischen Kirche der Hauptgottesdienst an Sonn- und Feiertagen. ▪ *Jünglingsverein:* Jünglings- und Jungfrauenvereine wurden seit Anfang des 19. und bis Anfang des 20. Jahrhunderts in vielen Orten Deutschlands gegründet und dienten historisch-religiösen und pädagogischen Zwecken. Sie entstanden im Zusammenhang mit der evangelischen Erweckungsbewegung; es gab jedoch auch katholische Jünglings- und Jungfrauenvereine. ▪ *Spezereiwarenladen:* Gewürzwarenladen, Feinkostgeschäft. ▪ *Höckersfrau:* Eine Hökerin ist eine Hausiererin, die mit einem Bauchladen von Tür zu Tür zieht, oder eine Kleinhändlerin mit einer Verkaufsbude. ▪ *Kastellan:* Verwalter oder Aufsichtsbeamter in öffentlichen Gebäuden. ▪ *Glacéhandschuhe:* Elegante Handschuhe aus weichem Ziegenleder. ▪ *leichenbitterig:* Leichenbitter gingen von Haus zu Haus, um einen Todesfall bekanntzugeben und zum Begräbnis einzuladen.

81 *Hohen Straße:* Um 1910 eine belebte Einkaufsstraße in Köln und ein Ort für Straßenstrich. Die Hohe Straße findet auch in einem auf den 19. Mai [1908] datierten Tagebucheintrag Erwähnung. Die Erzählerin wird dort von einem fremden Herrn angesprochen, der sie und ihren Freund zum Essen und in ein Hotel einlädt, bevor er ohne zu bezahlen verschwindet. (TB Hennings 1902/1913)

82 *am Ausgange einer Passage:* In der Hohen Straße in Köln befanden sich mehrere glasgedeckte Ladenpassagen: die 1863 angelegte Augusta-Passage (Ecke Ludwigstraße), die 1902 im Jugendstil erbaute und 1914

bereits wieder abgerissene Tietz-Passage mit dem Kaufhaus von Leonhard Tietz und die 1907 erbaute Stollwerck-Passage (Ecke Wallrafplatz). ▪ *Kodak:* Gemeint sein könnte entweder ein Fotoapparat oder ein in die Kamera eingelegter Rollfilm der Firma Kodak. Ab 1888 produzierte Kodak industriell gefertigte Fotoapparate, die auch für Laien leicht zu bedienen waren.

83 *Zeitung »De Kölsche Jung«:* Nicht ermittelt. ▪ *Tellerfleisch:* Gekochtes Fleisch in Gemüsebrühe, das in Bayern und Österreich als Zwischenmahlzeit serviert wird. ▪ *Kokarden:* Meist an Uniformen oder an Kopfbedeckungen aufgenähte Schleifen oder Abzeichen. ▪ *das »Agnus Dei« gezeigt:* (lat.) Lamm Gottes. Bittgebet nach Johannes 1,29, das in der Messe vor der Kommunion gebetet wird, wobei sich der Priester zum Volk wendet und den Gläubigen die Hostie zeigt, die den »Leib Christi« und zugleich das »Lamm Gottes« darstellt.

84 *steinernen Pferdeköpfe:* Diese zwei steinernen Pferdeköpfe schauen aus dem Turm des Hackeneyschen Hofes (auch: Richmodishaus) am Kölner Neumarkt heraus. Nachfolgend wird eine bekannte Kölner Stadtsage aus dem 15. Jahrhundert erzählt. Sie bezieht sich auf Richmodis von Aducht, die, in der Annahme, sie sei an der Pest verstorben, als Scheintote begraben worden sein soll. Siehe Wilhelm Schäfer: »Die Pferde auf der Bodenkammer«, in: ders., *Rheinsagen* (München 1914), S. 5–8. Von dem im Zweiten Weltkrieg zerstörten Richmodishaus ist heute nur noch der Turm mit den zwei Pferdeköpfen erhalten.

86 *Heinzelmännli:* Es gab in Köln ein Hotel Heinzelmännchen an der Neuen Pforte Nr. 5. ▪ *Rattenfänger von Hameln:* Theaterfassung der Legende »Die Kinder zu Hameln« aus Jacob und Wilhelm Grimms *Deutschen Sagen* (Berlin 1816). In *Das flüchtige Spiel* spielen Helga Londelius und ihr Freund Ravelli dieses Stück auf Wanderbühnen in Schlesien.

87 *Mühlenteich:* Der seit 1854 von einem Bahndamm zerschnittene Mühlenteich im Süden der Stadt Flensburg wurde in den 1920er-Jahren fast vollständig trockengelegt. Die nachfolgend erzählte Legende erinnert an die Sage »Die weiße Frau vom Mühlenteich«, die im Kreis Stormarn umgegangen sein soll, sowie an die Sage »Der Jungfernsee« in der Flensburger Marienhölzung. Dort soll einst ein Schloss gestanden haben, in dem ein wilder Ritter lebte, der die Mädchen aus der Gegend raubte, vergewaltigte

und nicht wieder fortließ. Das Schloss versank eines Tages, und an seine Stelle trat ein See, um den die einst entführten Jungfrauen bei Mitternacht in langen weißen Gewändern tanzen und mit klagender Stimme singen. Siehe: Karl Müllenhoff, *Sagen, Märchen und Lieder der Herzogthümer Schleswig-Holstein und Lauenburg* (Kiel 1845), Nr. 65 und 66, S. 340 f.

88 *Waschkleid, das in Eau de Javelle getaucht wurde:* Schlichtes knöchellanges Kleid, das sich leicht waschen ließ und häufig unter einer Kittelschürze getragen wurde. Das seit 1792 hergestellte Eau de Javelle (Javelwasser) war ein bekanntes Bleich- und Reinigungsmittel.

89 *ausgehoben:* Eine polizeilich gesuchte Person in ihrem Versteck auffinden und verhaften.

92 *Mamertus … Pankratius … Servatius:* Mamertus (um 400–477) war Erzbischof von Vienne und führte die Bittprozession vor Himmelfahrt ein. Sein Gedenktag ist der 11. Mai. Pankratius (um 289 – um 304) war ein frühchristlicher Märtyrer, der mit vierzehn Jahren enthauptet worden sein soll. Sein Gedenktag ist der 12. Mai. Servatius von Tongern († 387) soll zahlreiche Heilungen und Wunder vollbracht haben. Sein Gedenktag ist der 13. Mai. Alle drei bilden die sogenannten »Eisheiligen«. ▪ *Mariä Empfängnis:* Wird am 8. Dezember gefeiert und besitzt in der katholischen Kirche einen hohen liturgischen Rang. ▪ *Engelweihfest:* Wird am 14. September in der Klosterkirche Einsiedeln gefeiert und erinnert an die Einweihung der dortigen Gnadenkapelle zu Ehren Marias. ▪ *Erzengel Michael:* Das Fest des Erzengels Michael fällt auf den 29. September. In der Offenbarung des Johannes bezwingt Michael den Teufel, der in Gestalt eines Drachen erscheint und die ganze Welt zu verführen droht. Im Volksglauben verzeichnet er am Tag des Jüngsten Gerichts die guten und schlechten Taten der Menschen. ▪ *Heiliger Antonius – predigt den Fischen:* Der Gedenktag von Antonius von Padua (ca. 1195–1231) ist der 13. Juni. Zu den bekanntesten Legenden um Antonius gehört dessen Predigt am Ufer des Meeres nahe der Stadt Rimini. Die Einwohner wollten ihm nicht zuhören, doch die Fische versammelten sich und hoben ihre Köpfe aus dem Wasser. ▪ *Vierter Oktober: Heiliger Franziskus | Die Liebe wird nicht geliebt:* Der Gedenktag von Franz von Assisi (ca. 1182–1226) ist der 4. Oktober. Der Ausruf »amor non est amatus« wird sowohl Jacopone

da Todi als auch Franz von Assisi zugeschrieben. Er findet sich aber weder in Thomas a Celanos einflussreicher Franz von Assisi-Biografie noch in derjenigen Bonaventuras. ▪ *Heiliger Stephanus, – der erste Märtyrer | Herr, rechne ihnen diese Sünde nicht an:* Stephanus (1–36/40 n. Chr.) gilt als der erste Märtyrer der Urchristen. Er wurde zum Tod durch Steinigung verurteilt, und nach dem Gesetz mussten seine Verleumder den ersten Stein werfen. Sterbend vergab er ihnen mit den Worten: »Herr, rechne Ihnen diese Sünde nicht an.« Sein Gedenktag ist der 26. Dezember. ▪ *Blutgerufener:* Das Wort »Blutgerufener« verwendet Elsa Asenijeff in ihrem Gedicht »Dem einen ins Ohr« in Bezug auf Jesus: »Mann, Herrlichster, Blutgerufener –! / Küß mir ein Englein in den Leib!« (Z. 6–7) In: *Der Mistral. Eine lyrische Anthologie* vom 1. Mai 1913, S. 2. Hennings dürfte Asenijeffs Gedicht gekannt haben, denn in dieser Anthologie erschien auch ihr Gedicht »An Siurlai«. ▪ *Blutzeuge:* Märtyrer.

94 *Marne:* Kleinstadt im Kreis Dithmarschen in Schleswig Holstein. Zwischen 1906 und 1908 trat Hennings hier regelmäßig mit dem Wandertheaterensemble Oskar Brönner auf.

96 *Alle Dinge geschehen zum Guten:* Anlehnung an den Brief des Paulus an die Römer 8,28: »Wir wissen aber, daß denen, die Gott lieben, alle Dinge zum Besten dienen, denen, die nach dem Vorsatz berufen sind.«

97 *Ich wohne jetzt bei Frau Schneider. Die hat ein Mädchenpensionat:* Dem zeitgenössischen Historiker Wolfgang Sorge zufolge gab es in Köln um 1900 keine eindeutig als Bordell markierten Häuser mehr, aber gewisse Häuser, die traditionell als »Dirnenwohnungen« galten. Wer in Köln als Prostituierte arbeitete, wohnte vor allem in der Altstadt und in der Regel zu zweit in einem Haus. Siehe: Wolfgang Sorge, *Geschichte der Prostitution* (Berlin 1919), S. 420.

103 *ich sehe auf eine Zeichnung, drei Versuche auf einem Blatte:* Zu dieser Zeichnung gibt es eine historische Vorlage: Als Hans Arp um Materialien aus der Dada-Zeit bittet, schickt ihm Hugo Ball am 22. November 1926 »jene visionäre Zeichnung meiner Frau (als Selbstbegegnung beschrieben im ›Brandmal‹).« Zit. n. Ball Briefe II, S. 376. Im Nachlass von Hans Richter befindet sich eine von Hennings signierte Kopfstudie, bei der es sich um die hier erwähnte Zeichnung handeln könnte (siehe Abb. 16, S. 490). Sie

entstand vermutlich 1916. Richter kam im Herbst 1916 nach Zürich, kannte Hennings jedoch bereits seit 1912 aus Berlin.

107 *Reflexbild des Mannes:* Beim Fotografieren entsteht bei langen Belichtungszeiten und bei sich bewegenden Motiven durch das Umgebungslicht häufig ein zweites verschwommenes Reflexbild. ▪ *Hinter der Mauer:* Außerhalb der Stadtmauern gelegenes Viertel, das häufig mit Armut und Prostitution verbunden wird. ▪ *die zweite Unschuld:* Theologisch gesehen wird die »zweite Unschuld« durch die Zerknirschung des Herzens (contritio cordis) und durch wahre Reue (contritio perfecta) ermöglicht. In seiner *Genealogie der Moral* (1887) geht Nietzsche von einer zweiten Unschuld jenseits der Moral aus.

109 *ein Licht scheinet in der Finsternis:* Johannes 1,5: »Und das Licht scheint in der Finsternis, und die Finsternis hat's nicht begriffen.«

110 *raffaelischen Engel:* Die zwei Putten auf Raffaels Gemälde *Die sixtinische Madonna* (1512/13).

112 *keuscher Josef, nur weil ich die Jungfräulichkeit meiner Männlichkeit bewahre?:* Anspielung auf die Josefsgeschichte in 1. Mose 39,7–23: Die Frau des Potifar, bei dem Josef als Sklave in Diensten steht, versucht erfolglos ihn zu verführen. Eines Tages hält sie ihn an seinem Kleid fest und fordert von ihm, mit ihr zu schlafen. Als Josef daraufhin das Kleid in ihrer Hand lässt und flieht, wird er von ihr fälschlich der Vergewaltigung beschuldigt und kommt ins Gefängnis, wird jedoch mit Gottes Hilfe begnadigt. ▪ *Thorwaldsens segnender Christus:* Bertel Thorvaldsens überlebensgroße Christus-Statue (1839) in der Liebfrauenkirche in Kopenhagen war im 19. Jahrhundert ein beliebtes Motiv für Kleinplastiken.

113 *Vertiko:* Kleiner zweitüriger Schrank, der oben mit einer Schublade und einem Aufsatz versehen ist. ▪ *die drei Grazien:* Antonio Canovas Skulpturengruppe *Drei Grazien* (1812–1816), die auf antike Vorbilder zurückgeht, zeigt die drei Göttinnen Aglaia, Euphrosyne und Thaleia unbekleidet miteinander tanzend. Im 19. Jahrhundert ebenfalls ein beliebtes Motiv für Kleinplastiken. ▪ *fetten Schweinereien von Rubens* [...] *Bilder in Paris:* Peter Paul Rubens (1577–1640) stellte Frauen häufig mit üppigen Körperformen dar. Gemeint sein könnte der Medici-Zyklus im Musée du Louvre in Paris.

114 *Jesus Christus gestern und heute und derselbige auch in Ewigkeit:* Brief an die Hebräer 13,8.

117 *warum man die Zuhälter »Louis« nennt | Sonnenkönig Ludwig:* In Anspielung auf Ludwig XIV. (1638–1715) nannten sich Zuhälter seit Anfang des 20. Jahrhunderts Louis, Ludwig oder Lude. Hans Ostwald zufolge ist unter Louis »meist die bessere Sorte« Zuhälter zu verstehen. Ludewig (kurz: Lude) hingegen werde »nur für die niedrige Sorte der Zuhälter« verwendet. In: Hans Ostwald, *Rinnsteinsprache* (Berlin 1906), S. 97.

119 *Ich lese wieder »Raskolnikow« oder »Schuld und Sühne«:* Siehe die Anm. zu S. 63.

119f. *arme kleine Sonja* […] *Mutter war die erste, die ihr Kind erkannte:* Sofja Semjonowna Marmeladowa, genannt Sonja, die weibliche Hauptfigur in Dostojewskijs *Schuld und Sühne* hat einen »gelben Schein«, im vorrevolutionären Russland ein Legitimationsschein für Prostituierte. Zu ihrer Ausstattung gehören ein abgetragenes farbiges Seidenkleid mit Schleppe und Reifrock, helle Stiefel, ein Sonnenschirm und ein Strohhut mit einer grellroten Feder. Als Sonja – von ihrem Vater zur Prostitution genötigt und von ihrer Stiefmutter Katerina Iwanowna Marmeladowa dazu ermuntert – zum ersten Mal 30 Rubel nach Haus bringt, wirft sich die Stiefmutter vor ihr auf die Knie, küsst ihre Füße und verbleibt in dieser Haltung bis spät in die Nacht an ihrem Bett.

120 *Geschichte vom armen Lazarus:* Auf Raskolnikows Bitte liest ihm Sonja zu Beginn ihrer Bekanntschaft die Lazarus-Geschichte vor. Auf Jesu Zuruf: »Lazarus, komm heraus!« steigt Lazarus von Bethanien, noch mit den Grabtüchern umwickelt, aus seinem Grab. Zuvor sagt Jesus zu Lazarus' Schwester Martha: »Ich bin die Auferstehung und das Leben. Wer an mich glaubet, der wird leben, ob er gleich stürbe; und wer da lebet und glaubet an mich, der wird nimmermehr sterben.« (Johannes 11,25)

121 *Es ist Blut vergossen worden:* Als Raskolnikow den Mord rechtfertigt, den er begangen hat, mahnt ihn seine Schwester Dunja mit den Worten: »Bruder, Bruder, was redest du da! Aber du hast doch Blut vergossen!« (Dostojewski, *Rodion Raskolnikoff*, S. 698) Der Satz bezieht sich zugleich auf das letzte Abendmahl Christi: »Und er nahm den Kelch und dankte, gab ihnen den und sprach: Trinket alle daraus; das ist mein Blut des

neuen Testaments, welches vergossen wird für viele zur Vergebung der Sünden.« (Matthäus 26,27–28) ▪ *Nimm dein Kreuz auf dich:* Am Vorabend seines Todes sagt Jesus zu seinen Jüngern: »Wer mir nachfolgen will, der verleugne sich selbst und nehme sein Kreuz auf sich und folge mir nach. Denn wer sein Leben erhalten will, der wird's verlieren; und wer sein Leben verliert um meinetwillen und um des Evangeliums willen, der wird's erhalten.« (Markus 8,34–35) Als ihr Raskolnikow seine Tat gesteht, schenkt ihm Sonja ein Kreuz aus Zypressenholz und fordert ihn dazu auf, das Kreuz, das auch ihr Kreuz sei, gemeinsam zu tragen. (Dostojewski, *Rodion Raskolnikoff*, S. 567) Um eine ähnliche innere Annäherung eines Sünders an Christus geht es auch im *Brandmal:* Dagny vollzieht also nicht nur Sonjas, sondern auch Raskolnikows Leidensgeschichte nach. ▪ *Ich bin schuldig, ich habe unschuldig Blut vergossen. Nicht komme, o Gott, das Blut über Kindeskinder, denn ich bin schuld:* Matthäus 27,24–25: »Da aber Pilatus sah, daß er nichts schaffte, sondern daß ein viel größer Getümmel ward, nahm er Wasser und wusch die Hände vor dem Volk und sprach: Ich bin unschuldig an dem Blut dieses Gerechten; sehet ihr zu! Da antwortete das ganze Volk und sprach: Sein Blut komme über uns und über unsre Kinder!«

122 *Er fällt aufs Straßenpflaster* […] *Mensch erfüllt sich selbst, indem er die Erde küßt, die er entweiht hat:* Diese Szene bezieht sich auf das Ende des Romans, als Raskolnikow über den Heumarkt in Sankt Petersburg geht und sich an Sonjas Aufforderung erinnert, sein Kreuz auf sich zu nehmen. Daraufhin kniet er auf offener Straße nieder, verneigt sich bis zum Boden und »küßte diese schmutzige Erde mit Inbrunst und voll Glück.« (Dostojewski, *Rodion Raskolnikow*, S. 708) Von den vorbeigehenden Passanten wird er dabei ausgelacht.

123 *Kontrollbuch:* Kontrollbücher oder Kontrollkarten dienten der polizeilichen Reglementierung der Prostitution. Sexarbeiterinnen mussten sich bei der Sittenpolizei registrieren lassen und eine Lizenz erwerben und konnten auf diese Weise verhindern, einfach festgenommen zu werden. Im Kontrollbuch wurden neben Vorstrafen und Verwarnungen die Ergebnisse der ein- bis zweiwöchentlichen polizeiärztlichen Untersuchungen eingetragen. Siehe: Sibylle Krafft, *Zucht und Unzucht* (München

1996), S. 30 f. ▪ *galantes Damenbrevier:* Für ein weibliches Lesepublikum zusammengestellte Sammlung mit Merksprüchen, erbaulichen Texten und Zitaten aus Dichterwerken, vgl. etwa das im Felix Gurlitt Verlag erschienene *Damen-Brevier 1920* (Berlin 1920).

125 *Skala-Bar:* In Köln gab es von 1876 bis 1912 das Varieté Scala-Theater (Herzogstraße Nr. 9). Ab 1908 wurden hier auch Kinofilme gezeigt, und im November 1909 wurde es zum Scala-Kinema-Tonbild-Theater umgebaut. Eine sehr bekannte Skala-Bar befand sich auch auf dem Kurfürstendamm in Berlin. ▪ *Miasmen:* (griech.) Üble Dünste, Verunreinigungen. Bis ins 19. Jahrhundert hielt sich die Annahme, dass Infektionskrankheiten durch einen unreinen Stoff in der Luft oder Erde ausgelöst werden konnten.

126 *Glück im Winkel:* Hermann Sudermanns Schauspiel *Das Glück im Winkel* (UA 1895) handelt von einem Ehepaar, dessen friedliches und bescheidenes Familienleben durch die Annäherungsversuche und Versprechungen eines früheren Verehrers aus dem Gleichgewicht gerät. Der sinnlichen Versuchung kann die Ehefrau aber erfolgreich widerstehen. ▪ *Sitte:* Sittenpolizei. ▪ *hochgegangen:* Von der Polizei festgenommen werden.

127 *Gesicht wie eine weiße Kreidetafel:* Wer sich um 1900 tagsüber auffällig schminkte, machte sich als Prostituierte kenntlich. Siehe: Regina Schulte, *Sperrbezirke* (Frankfurt/Main 1979), S. 29. ▪ *Karminfarbe:* Karmin oder Karmesin ist ein kräftiges leuchtendes Rot. ▪ *Fluschhaar:* (norddt.: fluschig) Unordentliches Haar.

128 *fallieren:* Fehlschlagen, missraten, misslingen.

130 *Absinth:* Ende des 19. Jahrhunderts war der hochprozentige Absinth eine Zeitlang eines der billigsten Alkoholgetränke und vor allem in Künstler- und Literatenkreisen weit verbreitet. Da regelmäßiger Absinthkonsum Gewalttätigkeit und Geistesverwirrung auslösen konnte, wurde er 1910 in der Schweiz, 1915 in Frankreich und 1923 in Deutschland verboten.

133 *Stores* [...] *Fries:* Stores sind durchscheinende Vorhänge, die das Fenster in ganzer Breite bedecken. Fries ist ein dichtes flauschartiges Mischgewebe aus grober Wolle oder Baumwolle und anderen Materialien. ▪ *Wenn dir die Gesellschaft nicht mehr paßt, / Such dir eine andre, wenn du eine hast:* Dieses Lied oder dieser Sinnspruch konnte nicht eindeutig nachgewiesen werden, wird aber Wilhelm Busch zugeschrieben.

134 *Wiedertäufern:* (auch: Anabaptisten) Christliche Bewegung der Reformationszeit, die die Erwachsenentaufe praktizierte und von ihren Anhängern Weltabgeschiedenheit und eine strikte Trennung von Staat und Kirche verlangte.

137 *Dein Wille geschehe:* Zeile aus dem »Vater unser«. ▪ *Das verlorene Paradies?:* John Miltons episches Gedicht »Das verlorene Paradies« (Paradise Lost, 1667) erzählt die Geschichte der Versuchung Adams und Evas durch den gefallenen Engel Satan, des Sündenfalls und der Vertreibung aus dem Garten Eden. In Hennings' Gedicht »Verlorenes Paradies« in *Helle Nacht* (1922) wird der Sündenfall ebenfalls thematisiert. ▪ *Ich bin ein klein verdorrtes Bäumchen [...] Meine Wurzel vergraben in Gott:* Das Gedicht »Ergebung«, in: Hennings, *Helle Nacht*, S. 22.

139 *Farinaplatz:* Einen Farinaplatz gab es in Köln nicht, dafür aber das in unmittelbarer Nähe der Hohen Straße gelegene Farina-Haus.

141 *hebe auf alle Zweifel, und errette nur das eine: meine Seele:* Psalm 25,16–20: »Bewahre meine Seele und errette mich, lass mich nicht zu Schanden werden, denn ich traue auf dich.« ▪ *meine Haare zu brennen:* Mit einer am Herd erhitzten Brennschere oder einem Brenneisen wurden von 1872 bis Ende der 1940er-Jahre Locken oder Wellen ins Haar gelegt.

142 *Was hülfe es dem Menschen, wenn er die ganze Welt gewönne und nähme doch Schaden an seiner Seele:* Markus 8,36. ▪ *Gertrudenstraße:* Die Gertrudenstraße befindet sich in der Kölner Innenstadt.

143 *Wasserleiche | Freundin heißt Fiffy:* Ein Hinweis auf eine historische Vorlage für diese beiden Figuren findet sich in Annie Vivanti Chartres' Roman *Vae Victis*, der zu Beginn des Ersten Weltkriegs spielt. Hier kommt in dem Angsttraum eines Feldwebels im Schützengraben eine als »Wasserleiche des Café des Westens« in Berlin und als »ausgezehrt« bezeichnete Frau vor, die aussieht, als sei sie ertrunken und habe ein paar Tage im Wasser gelegen. Diese Frau umarmt nie Männer und beschützt ihre Freundin Mélanie, die im Traum des Feldwebels spitze »wölfische« Eckzähne hat, vor Kavalieren. Siehe: Annie Vivanti Chartres, *Vae Victis* (London 1917), S. 221. ▪ *Elsaß-Schleife:* Große Bandschleife über der Stirn.

146 *Herrn, der ein künstliches Bein hatte aus Holz:* Historische Vorlage könnte der Lyriker, Übersetzer und Kabarettist Ludwig Scharf (1864–1939) sein,

der zu dem Kreis um Emmy Hennings im Simplicissimus gehört hat. Scharf, der 1882 mit dem Gedichtband *Lieder eines Menschen* bekannt geworden war, rezitierte hier bis 1914 regelmäßig eigene Gedichte. Als Jugendlicher hatte er einen Fuß verloren und trug seitdem ein Holzbein.

148 *Reflexschmerzen:* Sensibilitätsstörungen auf der Haut oder in den inneren Organen; Schmerzen werden gefühlt, ohne dass eine eigentliche Verletzung vorliegt. ■ *Kastans Panoptikum* […] *Schweißtuch der heiligen Veronika:* Der Legende nach reichte Veronika Jesus ein Tuch, als er auf dem Weg nach Golgatha unter seinem Kreuz zusammenbrach. Auf dem Tuch blieb der Abdruck seines Antlitzes erhalten. In der Kölner Filiale von Castans Panoptikum (Hohe Straße Nr. 11–13) befand sich seit 1897 eine »Wunderkapelle«, in der das »Schweißtuch der Veronika« ausgestellt war. Dabei handelte es sich um die optisch-mechanische Illusion eines lebendig werdenden Schweißtuches, die nach dem Prinzip des Reflex- oder Nachbildes erzeugt wurde: Ein hinter einem kleinen Glasfenster angebrachtes weißes Tuch wurde so stark angestrahlt, dass weitere dahinter liegende Bilder und Gegenstände dem Auge des Betrachters zunächst unsichtbar blieben. Durch das Drehen einer Kurbel wurde ein Wechsel der Lichtstärke erzeugt, so dass zunächst ein gemaltes und nach und nach ein scheinbar echtes Gesicht zum Vorschein kam. Siehe: Angelika Friederici, *Castan's Panopticum. Ein Medium wird besichtigt*, H. 25/D10 (Berlin 2015), S. 9 u. 10.

149 *Offenbarungseid:* Eidesstattliche Versicherung eines Schuldners, dass er seine Vermögensverhältnisse wahrheitsgetreu dargelegt hat.

150 *Längst entfloh meinen Händen die Unschuld, und es hilft mir nicht, wenn ich sie noch so lange im Wasser hielte:* Das Händewaschen gilt als symbolische Handlung zur Befreiung von Schuld. In Psalm 26,6 sagt David: »Ich wasche meine Hände in Unschuld«. Diese Äußerung wird von Pontius Pilatus wiederholt, als er Jesus verurteilt (Matthäus 27,24).

153 *Dort oben auf hohem Berge* […] *bis abends spat:* Das westfälische Volkslied »Das Mühlrad (Müllers Abschied)« (1804), vertont u. a. von Conradin Kreutzer, gibt es in vielen Versionen: »Dort droben auf jenem Berge, / da stehet ein goldenes Haus, / da schauen wohl alle frühmorgen / drei schöne Jungfräulein heraus. // Die eine, die heißt Elisabeth, / Die andre

Bernarda mein, / Die dritte die thu ich nicht nennen, / Die sollte mein eigen sein. // Da unten in dem Thale / Da treibet das Wasser ein Rad, / Mich aber treibet die Liebe / Von Morgen bis Abend spat.« (1.–3. Str.) In: Erk/Böhme II, Nr. 419, S. 236. ▪ *Ginster* […] *Wahnsinn:* Dass Ginster symbolisch mit Wahnsinn in Verbindung zu bringen ist, ließ sich nicht bestätigen.

161 *Halbseidene:* Frau von zweifelhaftem Ruf. ▪ *Jungfernstift:* (auch: Damen- oder Kanonissenstift) Gemeint sind nach klösterlichem Vorbild organisierte Gemeinschaften unverheirateter Frauen. Der Begriff wurde vor allem für die aus katholischen Klöstern hervorgegangenen lutherischen Stifte benutzt, etwa für das Johanneskloster vor Schleswig oder das Kloster Lindow in Brandenburg.

162 *Es gibt in der Besserungsanstalt Schwestern vom guten Hirten:* Durch die Einrichtung von »Rettungs«- oder »Mägdehäusern« wurden im 19. Jahrhundert zahlreiche Versuche unternommen, Frauen den Ausstieg aus der Prostitution zu erleichtern. Zu den bekanntesten gehörten die Häuser der Ordensgemeinschaft der Schwestern vom Guten Hirten. In dem 1862 in Köln eröffneten Haus Melaten lebten Ende des 19. Jahrhunderts rund 200 Frauen. Siehe Renate Wevering: »Prostitution in Köln im 19. Jahrhundert«, in: *Geschichte in Köln*, Bd. 39, H. 1 (1996), S. 11 u. 31.

165 *Direktor J.:* Historische Vorlage ist wohl der Kölner Komiker Hermann Josef Job (1872–nach 1942), der zusammen mit Peter Claßen das Theater Job-Claßen in Köln leitete. Dem *Neuen Theater-Almanach* (Berlin 1908) zufolge war dieses Ensemble im Reichshallentheater am Pantaleonswall Nr. 57 ansässig, gastierte aber auch in anderen großen deutschen Städten. Auf dem Programm standen hauptsächlich Operetten und Varietéstücke. Obwohl sich Hennings im *Theater-Almanach* nicht als Mitglied des Ensembles nachweisen lässt, war sie Manfred Georg zufolge dennoch dort engagiert. Siehe Manfred Georg: »Emmy Hennings«, in: *Berliner Volks-Zeitung*, 14. Juli 1927. ▪ *Haus in der Gertrudenstraße:* In der Gertrudenstraße Nr. 10 befand sich das Apollo-Theater, das sich ab 1911 Kleines Theater nannte. ▪ *den Grafen Keßler in der ›Schmetterlingsschlacht‹ gespielt:* In Hermann Sudermanns Komödie *Die Schmetterlingsschlacht* (UA 1895) ist der leichtlebige Richard Keßler kein Graf in Uniform, sondern Handlungsreisender

für den Fächerfabrikanten Winckelmann, der mit einer der drei Töchter einer Witwe eine Liebschaft hat.

165f. *Birnbaum, Provinz Posen:* Birnbaum (heute: Międzychód) gehörte von 1815 bis 1920 zu Posen in Ostpreußen. Hennings trat hier im Sommer 1906 mit einer Wandertheatertruppe in dem Stück *Die Schmetterlingsschlacht* auf und spielte die Rolle der jüngsten Tochter Rose.

166 *die »Berühmte Frau«:* Das Lustspiel *Die berühmte Frau* (UA 1889) von Franz von Schönthan und Hermann Kadelburg geht auf Friedrich Schillers gleichnamiges Gedicht (1788) zurück. Es handelt von einer schriftstellernden Ehefrau, die berühmt wird, aber ihre Familie vernachlässigt und vom klagenden Ehemann mit einer käuflichen Frau verglichen wird.

167 *Zugstücke:* Populäre Theaterstücke, die das Publikum anziehen. ▪ *Mädchen mit der Bremse:* Burleske mit unbekanntem Verfasser. Dieses Stück wurde vom Theater-Ensemble Job-Claßen im November 1908 während eines Gastspiels in Bremen gespielt. Siehe Dieter Pust: »Emmy Hennings in Flensburg. Eine Jugend im Kaiserreich«, in: HBA 24/2000, S. 177.

168 *Köln bei Nacht:* Das Lustspiel *Köln bei Nacht* war eine lokale Posse mit Gesang und Tanz in drei Akten. 1. Akt: Abenteuer auf dem Neumarkt. 2. Akt: Frisch, gesund und meschugge. 3. Akt: Der besiegte Drache. Angaben aus: *Kölner Tageblatt* vom 25. Juni 1907, zit. n. Pust: »Emmy Hennings in Flensburg«, S. 177. ▪ *Tennisrock:* Um 1900 reichten Tennisröcke bis unter die Knöchel und waren einfach geschnitten. ▪ *Lorgnon:* Einzelnes Brillenglas, das an einem Stiel vors Auge gehalten wird. ▪ *Caruso:* Der italienische Tenor Enrico Caruso (1873–1921) war ab 1903 ein Weltstar und hatte zwischen 1904 und 1910 häufige Auftritte in Deutschland, u. a. in Berlin, Wien, München und Frankfurt.

169 *Hundertfünfzig Mark im Monat:* Die Gage entspricht dem, was an kleinen und mittleren Bühnen für Vertreterinnen zweiter Fächer durchschnittlich gezahlt wurde. Siehe: Charlotte Engel-Reimers, *Die deutschen Bühnen und ihre Angehörigen* (Leipzig 1911), S. 412–424, und Tony Kellen, *Die Not unserer Schauspielerinnen* (Leipzig 1902), S. 82–117.

170 *Revue:* Ausstattungsstück, das aus einer Folge von Sketchen, Gesangs- und Tanznummern bestand, die von einem übergreifenden Thema zusammengehalten wurden, hier: »Köln bei Nacht«. Die zu Beginn des 20. Jahrhun-

derts entstehende Form der Theaterrevue zeichnete sich Reinhard Klooss und Thomas Reuter zufolge durch den »Luxus der Dekorationen und Körper, die Perfektion des schnellen Bühnenwechsels und der Tanznummern sowie den ›Rausch der Zahl‹, die Faszination, die das große Ensemble bewirkt« aus. In: dies., *Körperbilder* (Frankfurt/Main 1980), S. 38. ▪ *Buß- und Bettag:* Kirchlicher Feiertag, an dem es um die Reue über begangene Sünden, Gewissensprüfung und Hinwendung zu Gott geht. In Preußen wurde der Buß- und Bettag 1893 auf Mittwoch, elf Tage vor dem ersten Adventsonntag staatlich festgelegt.

172 *vergelstert:* Verwirrt, verängstigt. ▪ *Extempores:* (lat.) Aus dem Stegreif. Improvisierte Einlagen auf der Bühne. ▪ *Die »Grille« von der Birch-Pfeiffer gilt ja als Hexe:* Charlotte Birch-Pfeiffers Schauspiel *Die Grille* (UA 1856) ist eine Adaption des Romans *La Petite Fadette* (1849) von George Sand. Die zwei Frauenfiguren, das Mädchen Fadette und ihre leichtlebige Mutter, werden sowohl bei George Sand als auch in Birch-Pfeiffers Adaption als Hexen bezeichnet. ▪ *»Don Carlos« […] Page:* In Schillers Drama *Don Carlos* (UA 1787) tritt als Nebenrolle ein Page der Königin auf, der Don Carlos einen Brief und einen Schlüssel überbringt (2. Akt, 4. Auftritt). ▪ *Samtportieren:* Schwere Türvorhänge aus Samt.

173 *Geben Sie Gedankenfreiheit:* Mit dieser Forderung wirft sich der Marquis von Posa im 3. Akt von *Don Carlos* seinem König zu Füßen. Der Satz wurde im 19. Jahrhundert zu einem geflügelten Wort. ▪ *Penzig | Rauscha:* Die Dörfer Penzig (heute: Pieńsk) und Rauscha (heute: Ruszów) gehörten zur preußischen Provinz Schlesien und hatten nur wenige tausend Einwohner.

174 *Seumes »Spaziergang nach Syrakus«:* In *Das flüchtige Spiel* und in *Ruf und Echo* (1950) erwähnt Hennings, dass Johann Gottfried Seumes Reisebuch *Spaziergang nach Syrakus im Jahre 1802* (1803) zu den Lieblingsbüchern ihrer Jugend gehört hat. ▪ *Zinnen von Syrakus:* Aus Friedrich Schillers Ballade »Die Bürgschaft« (1799): »Da schimmern in Abendrots Strahlen, / von Ferne die Zinnen von Syrakus.« (15. Str.) In: *Schillers Werke. Nationalausgabe*, Bd. 1 (Weimar 1943), S. 424. ▪ *Wassersleben | Kupfermühle | Kollunder-Gehölz:* Die Orte Wassersleben und Kupfermühle befinden sich zwischen der Flensburger Förde und der dänischen Grenze. Das Waldgebiet Kollunder Holz liegt bereits in Dänemark. ▪ *Einige Stationen*

bin ich zu Fuß gegangen: Die Entfernung zwischen Gießen und Frankfurt am Main beträgt ungefähr 60 km. ▪ *Heute scheid' ich, morgen wandr' ich:* Das Gedicht »Soldatenabschied« oder »Des Landwehrmanns Abschied« (1776) von Friedrich Müller, vertont von Friedrich Ernst Fesca (1822): »Heute scheid' ich, heute wandr' ich, / keine Seele weint um mich! / Sind's nicht diese, sind's doch andre, / die da trauern, wenn ich wandere, / holder Schatz, ich denk an dich!« (1. Str.) In: Erk/Böhme III, Nr. 1376, S. 245.

175 *Spaziergang nach Sachsenhausen:* Im Frankfurter Stadtteil Sachsenhausen südlich der Altstadt am gegenüberliegenden Mainufer befanden sich zahlreiche Gastwirtschaften und Brauereien. ▪ *Kaiserstraße entlang und weiter hinauf über die Neue Zeil:* Die zwischen 1874 und 1888 als Prachtboulevard angelegte Kaiserstraße verbindet den Frankfurter Hauptbahnhof mit dem Roßmarkt. In der Neuen Zeil, die 1881 als Verlängerung der Prachtstraße Zeil zwischen Konstablerwache und Friedberger Anlage entstand, waren vor allem Geschäfts- und Warenhäuser angesiedelt.

176 *Zuerst suchte ich den Dom auf:* Der Kaiserdom St. Bartholomäus in Frankfurt (1250/1514). ▪ *Tabernakels:* Schrein zur Aufbewahrung der geweihten Hostien, die nach katholischem Glauben den Leib Christi darstellen. ▪ *Neue Zeil | Budapester Apollotheater:* Im Apollo-Theater an der Neuen Zeil Nr. 49 in Frankfurt wurden Stücke in jiddischer Sprache aufgeführt. Hennings war dort im Sommer 1909 engagiert. Ein »Budapester Apollotheater« gab es in Frankfurt nicht.

177 *Abklapune:* Das Kinderspiel »Verstecken« wird im Raum Flensburg, Angeln und Fehmarn Klapuner, Afklapp oder Klafunus genannt. Findet der Suchende ein Kind, so läuft er zurück an das vereinbarte Mal und ruft laut »afklapuner« und den Namen des Kindes. ▪ *Albusgasse:* In der Albusgasse (heute: Albusstraße) in der östlichen Altstadt von Frankfurt, die parallel zur Neuen Zeil verläuft, befanden sich zahlreiche Animierkneipen und Varietés. ▪ *resedafarbenes Tülltuch:* Halbdurchsichtiges Tuch in grüner Farbe. ▪ *Batistkleid, mit sechs Volants besetzt:* Feingewebtes leichtes Kleid mit aufgenähten und angekrausten Stoffstreifen. ▪ *Korsettschoner:* Der enganliegende Korsettschoner aus weißem Leinen oder Baumwolle

wurde über dem Korsett getragen, um die Kleidung vor Abrieb durch den Korsettverschluss zu schützen.

178 *englischen Strohhut:* Flacher Hut mit nicht zu breiter Krempe.

180 *auf Engagement reflektieren:* An einem Engagement interessiert sein. ▪ *Die Welt geht unter:* Der oberbayrische Bauernschwank *D' Welt geht unter* (UA 1907) in drei Akten von Wilhelm Jacoby und Hans-Werner Holzmann. ▪ *In der Zeitung stand, ein Komet habe sich gelockert, die letzte Lockerung war angezeigt:* Am 19. Mai 1910 durchquerte die Erde den Schweif des Halleyschen Kometen. Die relative Nähe zum Kometen schürte Weltuntergangs-Visionen. Die drohende, aber ausgebliebene Apokalypse wurde ein bekanntes literarisches Motiv.

181f. *Die wunderschöne Welt* [...] *hurra!* | *Der Planet hat* [...] *froh nach Haus:* Couplets aus *D' Welt geht unter.*

182 *Maskeradenatlas:* Atlasstoff aus Baumwolle anstatt aus Seide, der zu Theaterzwecken verwendet wird. Atlas ist ein schwerer und teurer Satinstoff mit hochglänzender Oberfläche. ▪ *Ich wandle wie im Traum einher, dem Paradiese schweb' ich zu:* Aus dem Schlager »Lieb mich und die Welt ist mein« (Love Me, and The World is Mine, 1906) von Ernest R. Ball: »Ich wandle wie im Traum einher, / Dem Paradiese streb' ich zu, / Dort thront ein Engel hoch und her, / Der, Liebchen, Liebchen, bist ja du.« In: Ernest R. Ball, *Lieb mich und die Welt ist mein,* übers. von Richard Rühle (Berlin 1907). ▪ *Twostephosen:* Über dem Knie abschließende Hosen, die für den amerikanischen »Two-Step«-Tanz getragen wurden.

184 *Frau Pollack:* Diese Witzfigur geht auf Rosa Pollak von Parnegg zurück, die mit einem geadelten und zum Katholizismus konvertierten Wiener Industriellen verheiratet war und zum Musterbeispiel einer neureichen Frau avancierte. ▪ *Herr Mikosch:* Die Erlebnisse der für ihren unfreiwilligen Humor bekannten Witzfigur Graf Mikosch wurden in der von Sigmar von der öden Burg herausgegebenen Anthologie *Baron Mikosch, der ungarische Witzbold* (Berlin 1889) erstmals publiziert.

186 *Die Anschauung Gottes ist Gottes Anschauung:* Nach 1. Johannes 4,12: »Niemand hat Gott jemals gesehen. So wir uns untereinander lieben, so bleibt Gott in uns, und seine Liebe ist völlig in uns.« Die »visio beatifica« (lat. beseligende Gottesschau), die erst nach dem Tode möglich

ist, bezieht sich auf das unmittelbare Schauen und Erkennen Gottes von Angesicht zu Angesicht, ohne Gleichnis und Spiegel. Die Anschauung Gottes geschieht durch die freie Selbstmitteilung Gottes an seine Kreatur. Theologisch gesprochen ist sie gleichbedeutend mit der Ewigen Seligkeit. ▪ *Beichtspiegel:* Sündenregister, das meist in Frageform abgefasst und nach den Zehn Geboten aufgebaut ist. Es dient der Gewissensbildung vor der Beichte.

187 *Wer mich verleugnet, den will auch ich verleugnen:* Matthäus 10,33: »Wer mich aber verleugnet vor den Menschen, den will ich auch verleugnen vor meinem himmlischen Vater.« ▪ *La Vie Parisienne:* Illustrierte französische Wochenzeitschrift (1863–1970), die neben Mode auch Kurzgeschichten und Börsenkurse enthielt und ab 1905 für ihre erotisch-frivolen Bilder bekannt wurde. ▪ *die Tanzeinlage zu »Vorsicht! Gift!«:* Vermutlich das Lustspiel *Er ist nicht eifersüchtig* (1859) von Alexander Elz (d. i. Adolf Friedrich Stein), ein Einakter, der auch als *Gift! Gift! Gift!* angekündigt wurde.

188 *Ich bin vielfältig:* Ähnlich lautet die erste Strophe des Gedichts »Traum II«: »Ich bin so vielfach in den Nächten. / Ich steige aus den dunklen Schächten. / Wie bunt entfaltet sich mein Anderssein.« In: Hennings, *Helle Nacht*, S. 45. ▪ *amerikanische Tänze:* Zu den amerikanischen Tänzen, die Anfang des 20. Jahrhunderts zusammen mit der Jazzmusik in Europa eingeführt wurden, gehörten vor allem der Twostep und der Charleston. ▪ *Ballettdivertissement:* Kurze Balletteinlage. ▪ *Budapester Judentheater in der Neuen Zeil:* Siehe die dritte Anm. zu S. 176. ▪ *Kann nicht dafür, daß ich so bin:* Ein ähnliches Lied wird auch in Hennings' Prosagedicht »Schwester« (*Verse und Prosa*, 1917) erwähnt: »Die Gleichgiltigkeit der Männer traf uns gleich einem Dolchstoss / Mitten ins Herz, / Wenn wir verhüllte Lieder sangen: Kann ich dafür, dass ich so bin? –«. Weiter im Text heißt es: »Es zieht mich stets zum Manne hin …«. In: EHD, S. 104. ▪ *Gürtlers Gedicht vom »Falschen Goldstück«:* Gemeint ist das Gedicht »Kindesliebe (Skizze)« des Kabarettisten, Sängers und Rezitators Danny Gürtler (d. i. Walter Emil Diller, 1875–1917). Das Gedicht handelt von einer jungen Frau, die sich verkauft, um ihrer kranken Mutter Medikamente kaufen zu können. Da es sich nur schwer nachweisen lässt, wird es hier vollständig wiedergegeben: »Die gute Mutter war so krank, / S'wollt' ihr nicht besser geh'n, / Der Arzt

kam täglich jetzt herauf, / Nach Mütterlein zu seh'n. // Die Tochter war besorgt um sie – / Sie liebt ihre Mutter sehr. / Sie wachte Tag und Nacht bei ihr – / Es fiel ihr nichts zu schwer. // War ihre Not auch noch so groß, / Sie näht' sich die Hände wund, / Den einen Wunsch nur hegte sie – / Wär' mein Mutterl doch gesund! // Sie näht mit unsagbarem Fleiß – / Zu beschaffen die Arz'nei – / Doch Mutter immer kränker ward – / Bald schien's mit ihr vorbei. // Der Arzt, er schüttelt selbst den Kopf – / Sinnt nach, was noch helfen könnt – / Verschreibt ihr als letzte Lind'rung / Ein teures Medikament. // Die Tochter sucht das Geld heraus, / Doch es war nicht genügend da – / Der Apotheker borgt nicht mehr, / Sie war der Verzweiflung nah. // Sie hört der Mutter Schmerzgestöhn – / Zur Rettung war's höchste Zeit – / Sie kämpfte lange mit sich selbst – / Dann war sie zum Ärgsten bereit! // Sie eilte auf die Straß hinab – / Die Kindeslieb' ließ sie nicht ruh'n – / An ihrer Ehre lag ihr nichts – / Für's Mutterl wollt' sie's ja tun! // Gab sich dem ersten besten hin! / Das Schicksal hat's so gewollt – / Der Kavalier erbarmte sich – / Und schenkt ihr zehn Mark in Gold. // Zur Apotheke lief sie schnell – / Zitternd erbebt ihr das Herz – / Nun hat sie ja Geld für Arzenei / Zu lindern der Mutter Schmerz. // O, Apotheker, schnell den Trank – / Der Mutter geht's ja so schlecht! / Er gab ihn – sie legt das Goldstück hin – / Er prüft's – das Gold war nicht echt!! – –« In: Danny Gürtler, *Hetärenlieder* (Mannheim 1907), S. 45 ff.

189 *Gott und die Bajadere:* Goethes Gedicht »Der Gott und die Bajadere (Indische Legende)« (1798) handelt von der Begegnung zwischen Gott und einer käuflichen Frau. Es wurde 1815 von Franz Schubert vertont. ▪ *Aber unerforschlich sind deine Wege:* Römer 11,33: »O welch eine Tiefe des Reichtums, beides, der Weisheit und Erkenntnis Gottes! Wie gar unbegreiflich sind seine Gerichte und unerforschlich seine Wege!«

190 *Ungebundenheit des Willens:* Die Vorstellung eines freien und ungebundenen menschlichen Willens gehört zu den Grundproblemen in Philosophie und Theologie. In theologischer Hinsicht bildet er die Voraussetzung des Menschseins. Er steht in Wechselwirkung zur göttlichen Gnade und ist nicht zu verwechseln mit der tatsächlich freien – und folglich sündhaften – Lösung vom Willen und den Geboten Gottes. Siehe: Franz Diekamp, *Katholische Dogmatik nach den Grundsätzen des heiligen Thomas*, Bd. 2

(Münster 1930), 2. Abschnitt: Die Wirksamkeit der Gnade und ihr Verhältnis zum freien Willen, bes. S. 456 ff. Hugo Ball kommt in seinen Büchern *Zur Kritik der deutschen Intelligenz* (1919) und *Die Flucht aus der Zeit* (1927) immer wieder auf die Willensfreiheit zu sprechen und betont ihre Notwendigkeit. ▪ *O dieses Chaos* [...] *noch nicht erschaffen:* 1. Mose 1,1: »Am Anfang schuf Gott Himmel und Erde. Und die Erde war wüst und leer, und es war finster auf der Tiefe; und der Geist Gottes schwebte auf dem Wasser.« ▪ *Wir haben so nichts, und haben auch so nichts:* Dieses Couplet wurde um 1908 vermutlich von Bernhard Posen verfasst. Die erste Strophe lautet: »Man hört doch an allen Orten von der grossen Geldnot schrein, / Der ganze Süden sowie Norden soll am chronischen Dalles leiden. / Ich kann das durchaus nicht finden es ist kein Spass ich merk nichts von / An Zahlung muss man sich nicht binden, denn man hat doch nichts davon / Sorgen machen sich ist Dummheit denn dabei kommt doch nichts raus / Denn solange es noch Kreide gibt, hält man es ganz gut aus / Darum hört auf meinen Rat, weil mein Mittel ist probat, / Naht sich Euch der Steuermann, seht ihn nicht etwa schief an, / Sondern freundlich, froh und frisch legt die Steuern auf den Tisch, / Seid Ihr dann los denn Kies, dann singt das Liedchen süss: ›Wir haben ja so nichts und haben auch so nichts, / Wir gehen kaporibus, wir gehen kapott, / Wir sind ja sowieso, wir sind ja sowieso, / Wir sind ja sowieso, sehr lange tot.‹« In: *Wir haben so nichts, und wir haben auch so nichts. Original-Couplet gesungen von der beliebten humoristischen Soubrette Ida Neuberty.* Loses Flugblatt [Berlin 1910]. ▪ *In der Nacht, wenn die Liebe erwacht:* Schlager aus der Operette *Die Kino-Königin* (UA 1913) von Jean Gilbert (Musik), Georg Okonkowski und Julien Freund (Text). ▪ *in jeder Seele gibt es eine Stelle, aus der du nie verschwinden kannst:* Die Vorstellung, dass Gott an einem verborgenen Ort der menschlichen Seele (Seelengrund) wohnt und es dort zu einer Vereinigung zwischen Seele und Gott kommen kann, gehört zu den bekanntesten Topoi der christlichen Mystik und findet sich etwa bei Teresa von Ávila, Mechthild von Magdeburg oder Meister Eckhart. Siehe Kurt Ruh, *Geschichte der abendländischen Mystik*, Bd. III (München 1996), bes. S. 509.

191 *Die ewige Lust zum ewigen Leben sei dir geweiht:* Von der nach Ewigkeit strebenden Lust spricht Zarathustra im »Nachtwandler-Lied«, dessen letzte

Zeilen lauten: »*Weh spricht: Vergeh! / Doch alle Lust will Ewigkeit – / – will tiefe, tiefe Ewigkeit!*« In: Friedrich Nietzsche, *Also sprach Zarathustra. Kritische Gesamtausgabe*, Bd. 6/1, S. 400. ▪ *Johannes der Täufer* [...] *Heuschrecken und wilder Honig:* Johannes der Täufer lebte zunächst als Asket in der Wüste: »Er aber, Johannes, hatte ein Kleid von Kamelhaaren und einen ledernen Gürtel um seine Lenden; seine Speise aber war Heuschrecken und wilder Honig.« (Matthäus 3,4) ▪ *nach der Melodie Valse brune: / »Nur Liebe ist Leben,* [...] *Nur Liebe soll sein«:* Die Melodie des Chansons »La Valse Brune« (1909) stammt von Georges Krier, der französische Text von Georges Villard ist nicht mit dem hier zitierten identisch. Die hier wiedergegebene deutsche Nachdichtung konnte nicht nachgewiesen werden. In ihren Erinnerungen *Das flüchtige Spiel* und *Ruf und Echo* erwähnt Hennings, dass sie dieses Lied in der Münchner Künstlerkneipe Simplicissimus häufig vorgetragen hat.

192 *Apachenlied:* Kleinkriminelle aus der Pariser Banlieue nannten sich um 1900 Apachen. Der Begriff war auch in Bohème-Kreisen gebräuchlich und wirkte stilbildend. Neben zweideutigen Apachenliedern gab es eine Apachenmode, einen aufreizenden Apachentanz und eine Apachensprache. Siehe: Klaus Schüle, *Paris* (Opladen 2003), S. 63. Hennings wurde in einer zeitgenössischen Rezension über ihren Auftritt im Berliner Lindencabaret als »Apachenmädel von Montmartre« bezeichnet (*B. Z. am Mittag*, 13. August 1913). Ihre Gedichte »Apachenlied«, »Mädchen am Kai«, »Aufhängen« und »Kleine Gasse am Abend« stellte sie zu dem Zyklus »Apachenlieder« (*Verse und Prosa*, 1917) zusammen. ▪ *Wir haben unseren Ursprung im Worte Gottes:* Johannes 1,1: »Im Anfang war das Wort, und das Wort war bei Gott, und Gott war das Wort.«

193 *die Spuren der bösen Intelligenz:* Gemeint ist die Intelligenz des Teufels.

194 *Belladonnafläschchen:* Homöopathisches Mittel gegen Grippe und Menstruationsbeschwerden. Da es die Pupillen erweitert, wurde es zu Schönheitszwecken gern verwendet. Im 19. Jahrhundert wurde Belladonna in Verbindung mit Chinin, Opium und Morphium auch als Mittel gegen Neuralgien eingenommen. ▪ *die Erde, den Schemel Gottes:* Matthäus 5,34–35: »Ich aber sage euch, daß ihr überhaupt nicht schwören sollt, weder bei dem Himmel, denn er ist Gottes Stuhl, noch bei der Erde, denn sie ist

seiner Füße Schemel, noch bei Jerusalem, denn sie ist des großen Königs Stadt.«

194 f. *'s ist alles scheinbar, […] Zum Schluß nur Schein:* Aus dem Schlager »Aisha. Indian Intermezzo« oder »S' ist alles scheinbar« (1912), Text von Paul Heinz Bendix, Melodie von John Lindsay (d. i. Johannes Theimer).

195 *Der Tänzer Unserer Lieben Frau:* Diese französische Marienlegende eines unbekannten Verfassers wurde im deutschen Sprachraum erstmals durch Wilhelm Hertz' *Spielmannsbuch* (1886) bekannt. Anatole France verarbeitete den Stoff zur Novelle »Le Jongleur de Notre-Dame« (1892), die Franziska von Reventlow unter dem Titel »Der Gaukler unserer Lieben Frau« (1901) ins Deutsche übertragen hat. Die Legende ist häufig für die Bühne dramatisiert worden. Die Choreografin Mary Wigman nahm sie in ihre *Ekstatischen Tänze* auf, die sie zum ersten Mal 1917 in Zürich aufführte. ▪ *Schlachthausgasse:* Die kurze und schmale Schlachthausgasse, deren Häuser 1926 sämtlich abgerissen wurden, verband den Frankfurter Kaiserdom mit dem Mainufer. ▪ *heiligen Antonius:* Antonius von Padua gilt als der Schutzheilige von Frauen und Kindern, Liebenden und Notleidenden, Pferden und Eseln; er wird angerufen zum Wiederfinden von verlorenen Gegenständen. Siehe auch die sechste Anm. zu S. 92.

196 *Mainbrücke:* Wohl die Alte Brücke in der Nähe des Kaiserdoms. ▪ *Einkauf bei Hirsch und Kompagnie:* Gemeint sein könnte das bekannte belgische Modehaus Hirsch & Cie., das u. a. Filialen in Köln, aber nicht in Frankfurt hatte. In Frage käme auch die 1909 eröffnete »Musikbibliothek Paul Hirsch«, in der Notenausgaben und Partituren ausgeliehen werden konnten. Gründer war der Sohn der in Frankfurt ansässigen Roheisenfirma Hirsch & Co. ▪ *Café Orpheum:* Das Frankfurter Café Orpheum war ein Varieté und befand sich seit 1892 an der Konstablerwache (Neue Zeil Nr. 80–82). Nach 1900 galt es als »Treffpunkt gewisser Halbweltkreise«. In: Paul Arnsberg, *Bilder aus dem jüdischen Leben im alten Frankfurt* (Frankfurt/Main 1970), S. 186. ▪ *Rolle Maltschi:* Die Rolle ist nicht eindeutig nachzuweisen. Maltschi (Wienerisch) ist die Koseform für den Namen Amalie.

197 *In der Folterkammer der Burg zu Nürnberg […] »Ich bin die Quintessenz der Bosheit«:* Im Fünfeckturm der Nürnberger Burg befand sich von 1878 bis 1945 die als Folterkammer bekannte »Kriminalistisch-kulturhistorische

Sammlung«. Hier wurden Folterwerkzeuge wie die »Eiserne Jungfrau« oder eine Ledermaske für die Giftmischerin Christiane Ruthardt ausgestellt. Der *Führer durch die Kriminalistisch-kulturhistorische Sammlung* (Nürnberg 1934) von Kurt Pilz verzeichnet kein ausgestelltes Bild mit der hier erwähnten Unterschrift.

198 *Anatomie:* Historische Vorlage ist wohl das Anatomische Institut in Frankfurt. Hier errichtete der Arzt und Naturforscher Johann Christian Senckenberg 1768–1770 das Anatomische Theater, aus dem sich die Dr. Senckenbergische Anatomie entwickelte.

200 *Bar Riche:* Konnte für Frankfurt nicht ermittelt werden. In Hannover gab es das Weinrestaurant »Göbert's Englisches Buffet mit Restaurant und Bar Riche« in der Schillerstraße Nr. 20/Ecke Georgenstraße (Inhaber: Wilhelm Göbert). Eine Bar Riche gab es auch in Berlin (Unter den Linden Nr. 27, später: Nachtfalter) und in München.

201 *Lenzburger Konfitüre:* Die in Lenzburg (Schweiz) angesiedelte Firma Hero stellte ab 1910 unter großem Werbeaufwand die Lenzburger Konfitüre her.

202 *Im Kabarett habe ich nichts geerbt:* In Hennings' Aufzeichnungen über ihre Zeit in Köln 1908 wird der Ausdruck nicht im Sinne einer Gage, sondern in Bezug auf sexuelle Dienstleistungen verwendet: »später kam ein junger Mensch, der mich mit in den Perlenpfuhl nahm. Das ist ein schlechtes Absteigequartier. 5 M. habe ich geerbt. Wenn das Zimmer nicht zu bezahlen gewesen wäre, hätte ich 8 oder 9 M. bekommen.« (TB Hennings 1902/1913) ▪ *Soubrette:* (franz.) Zofe oder Dienerin. Im Gegensatz zur Primadonna übernimmt die Soubrette in Opern und im Sprechtheater die naiv-heiteren Partien und häufig die Rolle der Kammerzofe. ▪ *Moselstraße:* Liegt noch heute im Rotlichtviertel Frankfurts.

204 *Kirchenkantate »Mein gläubiges Herze«:* Text von Christiane Mariana von Ziegler, vertont von Johann Sebastian Bach in seiner Kantate zum zweiten Pfingsttag »Also hat Gott die Welt geliebt«: »Mein gläubiges Herze / Frohlocke, sing scherze / Dein Jesus ist da! / Weg Jammer, weg Klagen / Ich will euch nur sagen: / Mein Jesus ist nah.« In: BWV 68. ▪ *Bei der Auferstehung wird St. Antonius genug zu tun haben, die zerstreuten Glieder zusammenzusuchen:* Zu den Legenden um Antonius von Padua gehört, dass ein junger Mann, ergriffen von Antonius' Rede, sich zur Buße das Bein abtrennte.

Dieses wurde von Antonius wieder angefügt. Zu den Attributen in Darstellungen des Antonius gehören daher auch vom Körper abgetrennte Hände und Füße oder verstümmelte Menschen ohne Gliedmaßen.

208 *Hannover, Moulin Rouge:* Das von Heinrich Langwost gegründete Kabarett Max und Moritz wurde 1897 in die Schillerstraße Nr. 40 verlegt und 1908 umgebaut und vergrößert zum »Modernen Tanz- und Unterhaltungspalast Moulin Rouge«.Das Moulin Rouge war »das erste großzügige Unternehmen dieser Art in Deutschland« und gehörte zu jenen Nachtlokalen in Hannover, deren Besuch für Soldaten des Königlich-Preußischen Regiments offiziell untersagt war. Zu Beginn des Ersten Weltkriegs wurde es »Rote Mühle« genannt. Siehe: Klaus Mlynek und Dirk Böttcher (Hg.), *Stadtlexikon Hannover* (Hannover 2009), S. 527. Zusammen mit dem Englischen Büfett wird das Moulin Rouge auch in Hennings' unveröffentlichter Prosaskizze »Charmette« (ca. 1913) erwähnt. In: TB Hennings 1902/1913.

211 *Bei jedem neuen Kavalier fällt mir ein: »frischer Tod auf Urlaub«:* In *Die Flucht aus der Zeit* notiert Hugo Ball in einem auf den 19. Februar 1919 datierten Eintrag: »Wie oft man wohl stirbt, ohne es zu wissen? Manch einen hält man für einen Menschen, und er ist nur ein Gespenst, ein Toter auf Urlaub.« In: Flucht, S. 229. ▪ *Komm, komm, Held meiner Träume:* Der Walzer »Komm, komm, Held meiner Träume (Lied der Nadina)« aus der Wiener Operette *Der tapfere Soldat* (UA 1908) von Oscar Straus, Libretto von Leopold Jacobson und Oscar Bernauer: »Ich bin verlobt mit einem Manne, / Wie's keinen schönern zweiten gibt, / Er hält mich fest in seinem Banne, / Ich bin verlobt, ich bin verliebt! / Er hat zur Braut mich auserkoren, / Bald stehen wir vorm Traualtar. / Die Treue hab' ich ihm geschworen / Und will sie halten immerdar! / Komm, komm, Held meiner Träume, / Mir ist so bang! / Komm, komm, Liebster, und säume, / Säume nicht lang! / Komm, komm, lass' dich umfangen, / Stille mein Sehnen, still' mein Verlangen, / Mann meiner Wahl! / Komm, komm, Held meiner Träume, / Mein Ideal! / Vor deiner Größe / Will ich mich neigen / Und deiner würdig / Will ich mich zeigen, / Will an dich glauben, / Will an dich denken, / Will in dein Bild mich / Innig versenken. / Du hast zur Braut mich auserkoren, / Bald stehen wir vorm Traualtar. / Komm, komm, Held meiner Träume.« In: Oscar Straus, Rudolf Bernauer, Leopold Jacobson, *Der tapfere Soldat* (Leip-

zig/Wien 1908), S. 15 f. Das Stück verwendet Motive aus Georg Bernard Shaws Komödie *Helden* (UA 1894).

213 *Schwindsüchtige:* Schwindsucht ist Lungentuberkulose. Von dieser zu Beginn des 20. Jahrhunderts noch weit verbreiteten Infektionskrankheit wurde vermutet, dass sie zu einer allmählichen Auszehrung des Körpers führte. ▪ *Kirchhofsrosen:* (auch: Totenflecken) Rosettenartige Verfärbungen der Haut auf Wangen und hinter den Ohren, die den erlahmenden Blutkreislauf vor dem Sterben anzeigen. ▪ *Kleid mit Jette besetzt:* Jettbesatz hieß der um die Jahrhundertwende häufig verwendete aufgestickte Besatz von schwarzen Glassteinchen auf eleganter Abendkleidung.

214 *Dielenschwamm:* (auch: Holzschwamm) In Holzböden wuchernder Faulpilz. ▪ *Ich glaube an die Auferstehung des Fleisches:* Wörtliche Übersetzung der lateinischen Fassung des Apostolischen Glaubensbekenntnisses, wo es bis heute heißt: »credo … in carnis resurrectionem«. Heute wird diese Zeile meist mit »Ich glaube an die Auferstehung der Toten« übersetzt. ▪ *O ihr alle, ihr Tempel Gottes!:* 1. Korinther 3,16: »Wisset ihr nicht, daß ihr Gottes Tempel seid und der Geist Gottes in euch wohnt?«. In 1. Korinther 6,18–19 wird die Auffassung vom Menschen als Tempel des Göttlichen begleitet von einer Warnung gegen »Hurerei«: »Fliehet die Hurerei! Alle Sünden, die der Mensch tut, sind außer seinem Leibe; wer aber hurt, der sündigt an seinem eigenen Leibe. Oder wisset ihr nicht, daß euer Leib ein Tempel des heiligen Geistes ist, der in euch ist, welchen ihr habt von Gott, und seid nicht euer selbst?« ▪ *Kindern Brot schneiden:* Erinnert an die Szene aus Goethes *Die Leiden des jungen Werther* (1774), in der Lotte den sie umringenden Kindern Brot abschneidet und es unter ihnen verteilt. Wilhelm von Kaulbach gestaltete diese Szene in seinem Stahlstich *Lotte, Brot schneidend* (1862).

215 *Mehlgasse 2:* Die Mehlstraße liegt im Zentrum von Hannover in der Nähe der Schillerstraße, in der sich das Moulin Rouge und das Englische Büfett befanden. ▪ *O ihr Schwestern aller Gassen:* Zeile aus dem Gedicht »Im Krankenhause«: »An die Mädchen denk ich wieder / Die, wie ich die Liebe machen. / Wenn wir sangen Heimatlieder, / Unter Weinen, unter Lachen / Und jetzt lieg ich ganz verlassen / In dem stillen, weissen Raum, / O ihr Schwestern von den Gassen / Kommt zu mir des Nachts im Traum.« (Z. 13–20) In: Emmy Hennings, *Die letzte Freude* (Leipzig 1913), S. 12.

216 *Gemeinschaft des Heiligen Geistes:* 2. Korinther 13,13: »Die Gnade unsers Herrn Jesu Christi und die Liebe Gottes und die Gemeinschaft des heiligen Geistes sei mit euch allen! Amen.« ▪ *das erste Gelübde: aus der reinen Freude die Freude der Menschheit zu werden:* Dies könnte sich auf die Evangelischen Räte (consilia evangelica) beziehen, zu denen Keuschheit, Armut und Gehorsam zählen. Wer ein gottzugewandtes Leben im Dienst der Kirche führen möchte, verpflichtet sich in seinen Gelübden, diesen Weisungen zu folgen.

218 *leuchte aus jedem Angesichte, damit aus jedem Auge deine göttliche Liebe schimmere:* Anlehnung an den Aaronitischen Segen, der zum Abschluss des Gottesdienstes erteilt wird: »Der Herr lasse sein Angesicht leuchten über dir und sei dir gnädig / Der Herr hebe sein Angesicht auf dich und gebe dir seinen Frieden.« ▪ *daß du nach deinem Bilde uns schufst:* 1. Mose 1,27: »Und Gott schuf den Menschen ihm zum Bilde, zum Bilde Gottes schuf er ihn [...].« ▪ *Gruße des Wanderers, der von dir kommt, um zu dir zu wandern:* Anspielung auf das in Süddeutschland übliche »Grüß Gott«. ▪ *Unerreichbar wie die Sterne:* Arie aus der romantischen Oper *Preziosa* (UA 1821) von Carl Maria von Weber, Libretto von Pius Alexander Wolff, die als Volkslied populär wurde. Am Ende des zweiten Akts singt die vermeintliche Zigeunerin Preziosa in einer einsamen Mondnacht zur Zither: »Unerreichbar wie die Sterne, / Wonneblinkend wie ihr Glanz, / Bist Du nah', doch ach so ferne, / Füllest mir die Seele ganz.« In: *Als der Großvater die Großmutter nahm*, hg. von Gustav Wustmann (Leipzig 1887), S. 535. ▪ *es waren die Sterne selbst, die in den Hof meines Vaters fielen:* Anklänge an die zweite Strophe des Gedichts »Kindheit« (*Die Ähre*, 25. Februar 1916): »Die Berge Jütlands und blaue Heide / Und in Vaters Hof fielen manchmal die Sterne. / Da erzählte der Seemann von einer Taverne / Und bunten Mädchen in leuchtender Seide.« In: Hennings, *Helle Nacht*, S. 12.

219 *Allerseelentag:* Katholischer Gedenktag für die Seelen der Verstorbenen. Wird am 2. November mit Fürbitten, Gebeten und der Segnung von Gräbern begangen. ▪ *im englischen Büfett vertanzt:* Historische Vorlage war wohl »Göbert's Englisches Bufett mit Restaurant und Bar Riche« (Schillerstraße Nr. 20/Ecke Georgenstraße) in Hannover. Zusammen mit dem

Moulin Rouge wird es auch in Hennings' unveröffentlichter Prosaskizze »Charmette« (1913) erwähnt. Auch in Berlin (Unter den Linden Nr. 23) und anderen Städten gab es Englische Buffets. ▪ *Mephisto: »Brauch oder nicht, es gibt sich auch«:* In *Faust I* (UA 1808) weist Margarete den zudringlichen Mephisto, der ihr Faust als Liebhaber vermitteln will, mit den Worten ab: »Das ist des Landes nicht der Brauch«, worauf Mephisto erwidert: »Brauch oder nicht! Es gibt sich auch.« (Szene: Der Nachbarin Haus) In: Johann Wolfgang von Goethe, *Sämtliche Werke*, I. Abteilung, Bd. 7/1 (Frankfurt/Main 1994), S. 126.

220 *Velvethutes:* Samthut. ▪ *Melodie aus dem »Walzertraum«:* Die Operette *Ein Walzertraum* (UA 1907) von Oscar Straus, Libretto von Felix Dörmann und Leopold Jacobson. Vorlage ist die Novelle »Nux der Prinzgemahl« (1905) von Hans Müller. ▪ *Aufopferung des göttlichen Leibes | Wandlung | heilige Hostie:* In diesen drei Schritten wird die katholische Eucharistiefeier vollzogen: Opferung (Bereitung der Hostie als Opfergabe), Wandlung (von Brot und Wein zu Leib und Blut Christi), Kommunion (sakramentaler Empfang des Leibes und Blutes Christi). ▪ *Durch meine Schuld:* Mit diesen Worten beginnt das Schuldbekenntnis (Confiteor) in der katholischen Messe. Der Betende schlägt sich bei den Worten »Durch meine Schuld, durch meine Schuld, durch meine große Schuld« drei Mal auf die Brust, um sich als Sünder zu bekennen und Gott um Vergebung zu bitten.

221 *Monstranz:* Liturgisches Gefäß mit einem Fensterbereich, in dem eine Hostie zur Anbetung ausgestellt wird. ▪ *die vielen Heiligenstatuen, die über Lebensgröße hinaus an den Steinpfeilern überwintern:* Historische Vorlage ist vermutlich die Propsteikirche St. Clemens (1712), die bis zur Errichtung der St. Marienkirche im Jahr 1890 im Norden der Stadt die einzige katholische Kirche in Hannover gewesen ist und in Fußnähe zum Englischen Büfett lag. In den Nischen des Innenraums und zu beiden Seiten des Hochaltars befanden sich überlebensgroße Holzstatuen von zehn der zwölf Apostel, auf dem Altar selbst die Statuen des Hl. Clemens und des Hl. Nepomuk sowie drei vergoldete Engelfiguren. ▪ *Der heilige Aloysius war auch dabei:* Aloysius befand sich nicht unter den Statuen der St. Clemens-Kirche. Zu Aloysius siehe auch die erste Anm. zu S. 12.

222 *Altar der Mutter Gottes von der immerwährenden Hilfe:* Dieser Typ Marienikone war im 19. Jahrhundert sehr verbreitet und wurde als Gnadenbild in vielen Kirchen aufgestellt. Obwohl nirgends verzeichnet, könnte sich ein solcher Altar also in der St. Clemens-Kirche befunden haben.

223 *Du mystische Rose, / Du reinste Mutter, / Bitt für uns:* Aus der Lauretanischen Litanei (um 1531), einem katholischen Bittgebet und einer Lobpreisung der Jungfrau Maria, die sich durch eine besonders bildhafte und poetische Sprache auszeichnet. Die Rose gehört zu den Mariensymbolen und steht für die Vereinigung von Jesus Christus und Maria. In der Lauretanischen Litanei wird Maria als Mystische Rose angerufen. ▪ *Budapest im Mai:* Hennings veröffentlichte im Oktober 1913 ein Gedicht mit dem Titel »In Budapest am 1. Mai« in der Zeitschrift *Die neue Kunst* und war vermutlich im Mai 1910 und nachweislich im Mai 1913 am Royal Orfeum in Budapest engagiert.

224 *Voilegardinen:* Voile (franz. Schleier) ist ein fein gewebter, durchsichtiger Stoff.

225 *Trappistenkloster:* Der Orden der Trappisten, dem sowohl Männer als auch Frauen angehören können, entstand im 17. Jahrhundert als Reformzweig zum Orden der Zisterzienser. Er ist für strenge Klausur, asketische Buß- und Gebetsregeln und ein durchgängiges Schweigegebot bekannt. ▪ *Royal Orpheum:* Das Cabaret Royal Orfeum am Elisabethring (Erzsebet körút Nr. 31) in Budapest beschreibt Hennings als »riesenhafte[s] Vergnügungslokal, das wie ein Irrgarten angelegt war. Es gab hier Parkanlagen, Bäder, Hotels, und dies alles gehörte zum ›Royal Orpheum‹. Mehrere hundert Künstler traten hier auf, eine große singende und tanzende Negergesellschaft, dazu einige bedeutende Varieténummern für die Abendvorstellungen, während eine Anzahl Damen, unter denen sich hervorragende Künstlerinnen befanden, bis zur Morgenstunde zu singen und zu tanzen hatten.« Ball-Hennings, *Das flüchtige Spiel*, S. 203 f. ▪ *Vera Violetta:* Die Operette *Vera Violetta* (UA 1908), ein Einakter von Edmund Eysler (Musik) und Leo Stein (Libretto), wurde in Varietés in ganz Europa und in den USA gezeigt. In den Anzeigen des Royal Orfeum in der Tageszeitung *Pester Lloyd* wurde *Vera Violetta* vom 8. bis zum 18. Mai 1913 täglich angekündigt. Die Handlung spielt in Paris bei Nacht. Die Frau eines Professors

flirtet mit dem Ehemann der alten Flamme ihres Gatten. Vera Violetta ist der Name ihres unwiderstehlichen Parfums, nach dem auch ein Walzer benannt ist. ▪ *Patschuli:* Parfum mit holzig-süßem, schwülem Duft, das als Aphrodisiakum gilt, seiner antiseptischen Wirkung wegen aber auch gegen Schädlinge wie Kleidermotten eingesetzt wird. ▪ *Negergesellschaft:* In den Anzeigen des Royal Orfeum werden im Mai 1913 die international bekannten afroamerikanischen Cakewalk-Tänzer Dora Dean (d. i. Dora Dean Babbige, 1871–1949) und Charles E. Johnson (ca. 1865–1950) »und noch 4 colored Gentlemen« als »Ragtime Sextett« angekündigt. In: *Pester Lloyd*, Jg. 60, Nr. 112, Morgenblatt vom 13. Mai 1913, S. 13. ▪ *Schlotterkönigin:* Schlotterig einhergehen bedeutet, zwar in feiner Kleidung, aber dennoch nachlässig und unordentlich zu erscheinen. Historische Vorlage dieser Szene ist ein Auftritt von Dora Dean im Royal Orfeum im Mai 1913. Dean und ihr Partner Charles Johnson waren dafür bekannt, in eleganter Abendkleidung auf der Bühne zu erscheinen. Siehe: *Vaudeville, Old and New*, hg. von Frank Cullen, Florence Hackman und Donald MacNeilly, Bd. 1 (New York/London 2007), S. 570 f.

226 *Ihr grelles »It the go«:* Gemeint ist wohl das englische »It's a go« (engl. so geht es, oder: es ist einen Versuch wert). ▪ *Mein Zimmer* [...] *kostet hundert Kronen monatlich, die mir von der Gage abgezogen werden. Rest zweihundert Kronen:* Die hier angegebene Gage von 300 Kronen entsprach um 1912 der Gagenhöhe für Vertreterinnen kleiner und mittlerer Fächer. Siehe die Anm. zu S. 169. ▪ *Wiener Impresario:* Ein Impresario (heute: Intendant) ist Leiter eines Theaterunternehmens. In den Anzeigen des Royal Orfeum im *Pester Lloyd* wurde Hennings am 4., 5. und 6. Mai 1913 als Mitglied eines »Wiener Gastspiel-Ensembles« angekündigt. ▪ *Offenbarung Johannes* [...] *Trompeten-Pièce:* In der Offenbarung des Johannes treten sieben Engel mit Posaunen auf, welche die Apokalypse einleiten.

227 *Habitués:* Stammgäste. ▪ *Schwemme:* Einfaches Bierlokal mit großem Saal, in dem Bier in großen Mengen ausgeschenkt wird. ▪ *durch die Andrassy-Allee gefahren. Es gibt in Budapest viel Flieder:* Die 1872 prächtig angelegte Andrassy-Straße (Andrássy út) in Budapest führte von der Innenstadt bis zum Heldenplatz. In Hennings' Gedicht »Budapest III« (*Verse und Prosa*, 1917) heißt es: »Oh wie wir im Auto beben! / Die Allee

voll Fliederduft. / Blondes Haar weht in der Luft / Und so trinke ich das Leben.« In: EHD, S. 79.

228 *Bel-Etage:* Insbesondere in Häusern der Gründerzeit Bezeichnung für das erste Obergeschoss mit den repräsentativsten Räumen.

229 *Separé:* Das *Separée* (auch: *chambre separée*) ist ein abgeteilter, sichtgeschützter Bereich in einem Lokal oder Restaurant, der häufig für erotische Zwecke genutzt wird. Dem Schriftsteller Árpád Pásztor zufolge befanden sie sich im Untergeschoss des Royal Orfeum und waren nur durch den »Artistenklub« zugänglich: »[R]ückwärts führt eine schmale Treppe in den Keller, zu den chambres séparées. An der Wand Abbildungen, den Tanz rosiger Amoretten darstellend, um die Tische sitzt die Bohème Budapests herum: Artisten, Theaterschülerinnen, Polizeireporter und Mädchen, die teils unter polizeilicher Aufsicht stehen, teils Kabarettkünstlerinnen sind.« In: Árpád Pásztor, *Verkaufte Ungarmädchen* (Leipzig 1921), o. S.

231 *Fallsucht:* Epilepsie, eine Krankheit, die sich in plötzlich einsetzenden starken Krämpfen und kurzer Bewusstlosigkeit äußert. ▪ *Situationslager:* Nicht ermittelt.

232 *Carne Vale. O vale Carissima:* Das »Carne Vale« (lat. Fleisch, lebe wohl) leitet seit dem Mittelalter das Ende des Karnevals und die beginnende Fastenzeit ein. »Vale Carissima« (ital. Lebe wohl, Teuerste) lautet jeweils der vierte Vers jeder Strophe des Liedes »Ich bin der Mönch Waltramus« von Karl Stieler (*Hochland-Lieder,* 1879). ▪ *daß ich blutperlend in Gethsemane vergehe:* Im Garten Gethsemane betet Jesus in der letzten Nacht vor seinem Tod: »Und es kam, daß er mit dem Tode rang und betete heftiger. Es ward aber sein Schweiß wie Blutstropfen, die fielen auf die Erde.« (Lukas 22,44) In Büchners Drama *Dantons Tod* (1835/UA 1902), das Hennings im Herbst 1917 gelesen hat, sagt Robespierre im ersten Akt zu sich selbst: »Wahrlich des Menschensohn wird in uns Allen gekreuzigt, wir ringen Alle im Gethsemanegarten im blutigen Schweiß, aber es erlöst Keiner den Andern mit seinen Wunden.« In: Georg Büchner, *Sämtliche Werke,* Bd. 1 (Frankfurt/Main 1992), S. 37. Der von Hugo Ball intensiv rezipierte Léon Bloy macht die Beschreibung vom Blutschweiß Christi nach Lukas zum Ausgangspunkt seines Buches *Sueur de Sang* (1893).

233 *»Die Welt als Selbstzweck« heißt der neueste Veitstanz:* Anspielung auf die materialistische Anschauung der Welt als Selbstzweck, die Causa sui, die keine weitere Bestimmung außer sich selbst hat.

234 *Zwang und Zweifel beengen mich:* Freud zufolge wird das Seelenleben des Zwangsneurotikers von »Zwang und Zweifel« bestimmt. Vgl. Sigmund Freud: »Bemerkungen über einen Fall von Zwangsneurose [Der Rattenmann]« [1909], in: ders., *Gesammelte Werke*, Bd. VII (Frankfurt/Main 1976), S. 379–463.

236 *Meine Beichte besteht darin* [...] *obszön in allen Tonarten:* In Hennings' Tagebuch findet sich zwischen den Einträgen vom 27. Dezember 1919 und dem 14. Januar 1920 ein Entwurf für diese Passage (TB Hennings 1919/1920).

237 *Der Rest ist Schweigen:* In Shakespeares *Hamlet* (UA 1602) sind dies Hamlets letzte Worte vor seinem gewaltsamen Tod (5. Aufzug, 2. Szene). ▪ *der Welt mein Kompliment machen, sei es auch nur vermittels einer Lichtreklame:* In der Prosaskizze »Offener Brief« (*Verse und Prosa*, 1917) imaginiert sich die Erzählerin beim Anblick einer leuchtenden Lichtreklame als elektrische Funkenschrift, um die Vorübergehenden zur »Anerkennung des Menschen« zu verführen. In: EHD, S. 106–107. ▪ *Es gibt keine Freiheit. Auch Gott ist ein Gefängnis:* In einem Tagebucheintrag vom 19. Dezember 1919 schreibt Hennings: »Ich will will mich stellen. Will mich verhaften lassen Frei will ich mich in das Gefängnis Gottes begeben.« (TB Hennings 1919/1920) In einem weiteren Eintrag vom 14. Januar 1920 wird die Überlegung von Gott als Gefängnis in Form eines Dialogs zwischen Hennings und Hugo Ball erneut kurz aufgegriffen. In Hennings' stark bearbeitetem Briefwechsel mit Hugo Ball, der 1929 erschienen ist, findet sich in einem auf die erste Hälfte des Jahres 1919 zu datierenden Brief »von Emmy« allerdings eine gegenteilige Behauptung: »Es gibt nur die Freiheit in Gott. [...] Gewußt habe ich, daß dieses Leben ein Gefängnis ist und daß es nur eine Freiheit gibt ... in Gott ...« Emmy Ball-Hennings, *Hugo Ball. Sein Leben in Briefen und Gedichten*, S. 105. ▪ *Vorliebe für den Anatomieprofessor* [...] *Grabe der hoffenden Liebe:* In Hennings' Tagebuch findet sich zwischen den Einträgen vom 27. Dezember 1919 und 14. Januar 1920 ein Entwurf zu dieser Passage (TB Hennings 1919/1920).

240 *Klimafieber:* Anpassungsstörungen des Organismus bei Reisen aus nördlichen Gegenden in die Tropen. ▪ *Bilder, die ich mir auf dem Jahrmarkt einmal kaufte:* Diese Kindheitserinnerung schildert Hennings noch mehrfach in ihren späteren Büchern: im Kapitel »Die Himmelskönigin ohne Krone« in *Der Gang zur Liebe* (1926), in *Das flüchtige Spiel* und in *Ruf und Echo.*

241 *Irgendwo in der Ferne* [...] *verwirrt mich die Unendlichkeit:* Die letzten vier Zeilen aus Hennings' Gedicht »Schon zweimal wurde ich geboren«, das vollständig lautet: »Schon zweimal wurde ich geboren, / Und damals sang ich auch für Geld, / Doch sonniger schien mir die Welt, / Und meine Munterkeit hab ich verloren. / Irgendwo in der Ferne vergeht die Zeit, / In meinem Arme fühl ich sie entrinnen. / Ich denke an mein erstes Beginnen. / Wie tief verwirrt mich die Unendlichkeit!« In: Hennings, *Die letzte Freude*, S. 14.

242 *Christ Cyrie:* (griech.) Christus, der Herr. Mit den Worten »Christ Kyrie« beginnt auch der Refrain des Kirchenlieds »Wie mit grimmigem Unverstand« (1816) von Johannes Daniel Falk, vertont u. a. von Johannes Dürrner. Seeleute rufen darin Gott an, dass er sie sicher durch den Sturm geleite. ▪ *Laß die Sonne scheinen, / Sonst wird das Kindlein weinen:* Nicht ermittelter Kinderreim, der auch in Hennings' Jugenderinnerungen *Blume und Flamme* (1938) erwähnt wird. ▪ *Lacrimae Christi:* (lat.) Tränen Christi. Lacrimae Christi ist ein traditionsreicher neapolitanischer Wein. ▪ *Da fliegen die geschminkten Mädchen in Schleppkleidern an mir vorüber. Von allen Gassen kommen sie zu mir:* In Hennings' Gedicht »Im Krankenhause« (*Die letzte Freude*, 1913) werden »Schwestern von den Gassen« erwähnt, denen das lyrische Ich nachts im Traum begegnet. Siehe die zweite Anm. zu S. 215.

244 *Es regnet auf der Brücke* [...] *Schirm behütet sein:* Den Kinderreim »Es regnet auf der Brücke« gibt es in zahlreichen Varianten. Erk und Böhme geben ihn unter dem Titel »Ringeltanz« (mündlich aus Sachsen, 1871) wie folgt wieder: »Es regnet auf der Brücke, / und ich ward naß. / Ich hab etwas vergessen und weiß nicht was. / Schönste Jungfer, hübsch und fein, / komm zu mir zum Tanz herein! / Laßt uns einmal tanzen und lustig sein.« In: Erk/Böhme III, Nr. 1877, S. 605. Die hier wiedergegebene Fassung findet sich auch in *Blume und Flamme.*

249 *Geburt des Unnennbaren:* Siehe die Anm. zu S. 9 *(Brandmal).* ▪ *Im Anfang war das Wort:* Johannes 1,1: »Im Anfang war das Wort, und das Wort war bei Gott, und Gott war das Wort.« ▪ *Ich hab etwas vergessen, und weiß nicht was:* Aus dem Kinderlied »Es regnet auf der Brücke«, siehe die Anm. zu S. 244 *(Brandmal).*

250 *fremden Zärtlichkeiten:* Die zweite Strophe in Hennings' Gedicht »Fremde Zärtlichkeit« lautet: »Ich trage soviel fremdes Leid / Und wein' für andre viele Tränen. / Ich fühle unbekanntes Sehnen / Und gebe fremde Zärtlichkeit.« In: Hennings, *Helle Nacht,* S. 13. ▪ *Wie viele Namen ich getragen habe, um meine Vielfachheiten zu erproben:* Das Wort »Vielfachheiten« verwendet Hennings auch in ihrem Gedicht »Traum II« (*Helle Nacht,* S. 45). Sowohl das »vielfache Ich« als auch der häufige Namenswechsel sind in Hennings' Gedichten und Prosatexten immer wieder Thema, siehe hierzu Christa Baumberger: »›Ich bin gewiss nicht unschuldig.‹ Emmy Hennings und das Gefängnis (Nachwort)«, in: HWB 1, bes. S. 552–556.

251 *Ich weiß, daß ich nichts weiß:* Nach der Apologie des Sokrates: »Ich scheine also um dieses wenige doch weiser zu sein als er, daß ich, was ich nicht weiß, auch nicht glaube zu wissen.« In: Platon, *Sämtliche Werke,* Bd. 1 (Reinbek/Hamburg 1957), S. 13. ▪ *Vinzenzius-Krankenhause:* Historische Vorlage könnte das Hôpital Saint-Vincent-de-Paul in Paris sein. Als Hennings im August 1910 auf einer Reise durch Frankreich schwer erkrankte, wurde sie möglicherweise zunächst in dieses Krankenhaus eingeliefert. Die Vinzentinerinnen, die der Hl. Vincent de Paul als Krankenpflegeorden gegründet hat, waren weltweit verbreitet. Im Krankenhaus Schwabing, in das Hennings von Paris aus überführt und in dem Typhus festgestellt wurde, befand sich die Anstaltskirche »Heilig Kreuz« der Kongregation.

252 *Zeige dich mir ohne Hülle:* Anspielung auf das Kirchenlied »Zeige dich uns ohne Hülle« (1769) von Friedrich Gottlieb Klopstock, das nach der Melodie des Chorals »Schmücke dich, oh liebe Seele« von Johann Sebastian Bach (BWV 654) gesungen wird: »Zeige dich uns ohne Hülle, / Ström auf uns der Gnaden Fülle, / Daß an diesem Gottestage / Unser Herz der Welt entsage.« In: *Evangelisch-lutherisches Gesangbuch* (Elberfeld 1861), S. 139.

▪ *Eine Welt, eine Bühne, auf der soviel sich abgespielt:* Mögliche Anlehnung an Shakespeares Komödie *Wie es euch gefällt* (1623): »Die ganze Welt ist Bühne, / Und alle Frau'n und Männer bloße Spieler.« (2. Aufzug, 7. Szene) In: SW 1, S. 673.

255 *Alle Herbste gehn an mir vorüber:* So lautet die erste Zeile des Gedichts »Im Krankenhause«, in: Hennings, *Die letzte Freude*, S. 12. ▪ *Kreuzeserhöhung:* In der katholischen Kirche wird am Karfreitag die »Kreuzerhöhung« liturgisch begangen. Das Kreuz Christi wird hoch erhoben gezeigt, und dabei wird zur Kreuzesverehrung eingeladen. Auch das am 14. September gefeierte katholische Fest der Kreuzerhöhung könnte gemeint sein, das die Wiederauffindung des Kreuzes Christi durch Kaiserin Helena feiert.

256 *Schwester Mirjam sieht mich* [...] *Binsenkörbchen, in dem ich liege:* Als das Kind Moses in einem Binsenkörbchen ausgesetzt wird, bleibt seine Schwester in seiner Nähe. Nachdem die Tochter des Pharaos ihn findet, schlägt sie vor, eine Amme für Moses zu beschaffen, und ermöglicht auf diese Weise Moses' wirklicher Mutter, ihr Kind zu nähren (2. Mose 2,2–10). Diese namentlich nicht genannte Schwester wird mit »Mirjam, die Prophetin« identifiziert, die Moses nach der Durchquerung des Schilfmeeres mit Gesang und Tanz empfängt (2. Mose 15,20–21). Siehe Volker Osteneck: »Mirjam«, in: LCI, Bd. 3, S. 270 f. sowie die Anm. zu S. 265. ▪ *Sie will mich konstatieren:* Jemanden diagnostizieren.

257 *Selig sind, die nicht sehen und doch glauben:* Johannes 20,29. Dies sagt Jesus zum ungläubigen Jünger Thomas, der die Auferstehung Jesu nicht glauben will.

258 *Schwester ist Hirtin und umweidet mich auf einer Wiese:* Nach Psalm 23: »Der Herr ist mein Hirte; mir wird nichts mangeln. Er weidet mich auf grüner Aue und führet mich zum frischen Wasser.«

259 *Da stand die Jungfrau* [...] *auf den nackten Füßen:* Dargestellt wird hier eine sogenannte Lourdes-Madonna, wie sie der Beschreibung entspricht, die Bernadette Soubirous von ihren Visionen in der Grotte von Massabielle bei Lourdes gegeben hat: Eine »Dame« in weißem Kleid und blauem Gürtel sei ihr erschienen, auf deren bloßen Füßen sich goldene Rosen befanden. Siehe: Monique Scheer, *Rosenkranz und Kriegsvisionen* (Tübingen 2006), S. 293 ff.

261 *Tränenmadonna:* Madonnenstatuen, denen nachgesagt wird, dass sie Tränen vergießen, finden sich vor allem in Italien in vielen katholischen Kirchen.

262 *Durch die Gassen muß ich streifen, und die fremden Blicke kränken mich:* Diese Erinnerungen formuliert Hennings sehr ähnlich in zwei ihrer Gedichte: »Im Krankenhause« (*Die letzte Freude*, S. 12), wo es heißt: »O, ihr Schwestern von den Gassen, / Kommt zu mir des Nachts im Traum!«, und in »Liebeslied«, dessen vorletzte Zeile lautet: »Die fremden Blicke kränken mich tief.« (*Helle Nacht*, S. 23)

263 *Funkenstation:* Turm, von dem aus elektrische Hochfrequenzströme übermittelt und auf Telefondrähte umgeleitet wurden. ▪ *Vielleicht, wenn man nicht sucht, findet man:* Anlehnung an Matthäus 7,7: »Bittet, so wird euch gegeben; suchet, so werdet ihr finden; klopfet an, so wird euch aufgetan.« ▪ *Immer im »Vielleicht« gehen, und suchen:* Anklang an das Gedicht »Ich lebe im Vielleicht«, in: Hennings, *Helle Nacht*, S. 15.

264 *Bin so allein und ganz verlassen* [...] *Ruhe in dir:* Unter dem Titel »Bin so allein« und mit leichten Varianten veröffentlichte Hennings dieses Gedicht in *Helle Nacht* (S. 68).

265 *Vierzig Jahre hütete Moses die Schafe des Jethro:* 2. Mose 3,1. ▪ *daß Ihr Bruder sein Land nicht erreicht hat. Moses stirbt, die Arme verlangend ausgebreitet:* Moses erreicht das gelobte Land selbst nicht, darf es aber vor seinem Tod von der Höhe des Berges Nebo aus betrachten (5. Mose 34,1–4).

266 *Eine Zelle ist mein Leib:* In Platons Dialogen wird der Leib als »Grab der Seele« (soma sema) beschrieben.

268 *sing mich zur Ruh:* Aus dem Lied »Mutter, o sing mich zur Ruh« (1860) von Ferdinand Freiligrath, eine Übersetzung des Gedichts »Mother, O! Sing Me to Rest« (1830) von Felicia Hemans; häufig vertont, u. a. von Robert Franz.

269 *Sie schlafen ein in einem vergessenen Kämmerchen:* Anklang an die zweite Strophe von Matthias Claudius' »Abendlied« (1779): »Wie ist die Welt so stille, / Und in der Dämmrung Hülle / So traulich und so hold! / Als eine stille Kammer, / Wo ihr des Tages Jammer / Verschlafen und vergessen sollt.« Matthias Claudius, *Sämtliche Werke* (München 1984), S. 217 f. ▪ *Reinige meine Zunge mit einer glühenden Kohle, damit mein Mund beredt dein Wort verkünde:* Jesaja 6,6–7: »Da flog der Seraphim einer zu mir und hatte

eine glühende Kohle in der Hand, die er mit der Zange vom Altar nahm, und rührte meinen Mund an und sprach: Siehe, hiemit sind deine Lippen gerührt, daß deine Missetat von dir genommen werde und deine Sünde versöhnt sei.«

270 *Uhr | Mont de Piété:* Französische Bezeichnung für ein Pfand- oder Leihhaus, bis diese 1918 in städtische Leihämter umgewandelt wurden. Im Innenhof des Mont de Piété von Paris (Rue des Francs Bourgeois Nr. 55) befindet sich bis heute über einem Fenster im zweiten Stock eine Uhr. ▪ *eine scheinbar tagessichere Bahn gab es, der ich entglitten bin:* In Hennings' Nachlass findet sich ein undatiertes Typoskript mit dem Gedicht »Vielleicht blühn Wiesen irgendwo«, dessen vierte Zeile lautet: »Wir glitten ab von des tagessicheren Bahnen.«

271 *Genezareth sind seine Augen:* Am Ufer des See Genezareth heilt Jesus Blinde, Stumme und Lahme (Matthäus 15,29–31). ▪ *Was ihr wollt, will ich spielen:* In Shakespeares Lustspiel *Was ihr wollt* (UA 1601/02) besteht die Komik zum Teil darin, dass die Figuren die Identität ihres Gegenübers verkennen und es zu Verwechslungen kommt.

271–273 *Die Möven kreisen um ein Schiff* [...] *irre an der Liebe sein:* Ein Entwurf zu diesem Abschnitt findet sich in Hennings' Tagebuch, Eintrag vor dem 7. April 1921 (TB Hennings 1921).

272 *Ophelia bin ich, und wahnsinnig vor Glauben:* Nachdem Hamlet sich von ihr abzuwenden scheint und versehentlich ihren Vater Polonius tötet, fällt seine Geliebte Ophelia im 4. Aufzug des *Hamlet* durch ihre irre Rede auf und findet kurz danach den Tod in einem nahen Bach. Shakespeare lässt offen, ob sie im Wahnsinn oder bewusst aus dem Leben geht. Die tote Ophelia wurde im Anschluss an Rimbauds Gedicht »Ophélie« ein bekanntes literarisches Motiv. Ophelia wird auch in *Gefängnis* kurz erwähnt (HWB 1, S. 87), und in ihrem Essay »Die Lyrik der letzten Jahrzehnte« (1926) setzt sich Hennings mit der Ophelia-Figur in Georg Heyms Gedichten auseinander. ▪ *Ich könnte in einer Nußschale eingesperrt sein, und mich für einen König von unermeßlichen Gebieten halten:* Dies sagt Hamlet im 2. Aufzug (2. Szene) und fügt hinzu: »wenn nur meine bösen Träume nicht wären.« In: SW 4, S. 303. ▪ *Ach, so unerwähnt bleiben die Laubengänge meines Vaters:* Hennings notiert kurz nach dem 11. April 1921 in ihr Tagebuch: »Ich leide

an Ideenflucht Wohin soll ich sonst laufen? Aber meine Gedankenwelt ist kein schützender Laubengang. Mein Gedanken sind wahnsinnig, alle haben die Fallsucht.« (TB Hennings 1921) ▪ *Strohblumen winde ich in mein Haar, das weinend im Teiche hängen wird:* Shakespeares Regieanweisung gemäß tritt Ophelia im 4. Aufzug (5. Szene) mit Stroh und Blumen geschmückt auf. ▪ *Das unbetränt zu Grab muß gehn im Liebesregen:* Im 4. Aufzug, 5. Szene, singt Ophelia: »Geziert mit Blumensegen, / Das unbeträänt zum Grab mußt gehen / Von Liebesregen.« In: SW 4, S. 351.

273 *Komm, meine Kutsche | Gute Nacht, Damen, gute Nacht, süße Damen:* Ophelias letzte Worte vor ihrem Tod lauten: »Kommt, meine Kutsche! Gute Nacht, Damen! gute Nacht, süße Damen! gute Nacht! gute Nacht!« (4. Aufzug, 5. Szene) In: SW 4, S. 352. ▪ *Unter Wasserrosen wird es flüstern:* Bei Shakespeare kommen Wasserrosen nicht vor, aber in Rimbauds »Ophélie« (1891) heißt es ähnlich: »Im Schlummer einer Erle weckt sie hin und wieder / ein Nest, aus dem ein kleines Flügelflattern schlägt. / Die Wasserrosen seufzen, wenn sie sie bewegt. / Ein Weiheklang fällt von den goldnen Sternen nieder.« (4. Str.) In: Arthur Rimbaud, *Leben und Dichtung,* übers. von Karl Klammer (Leipzig 1907), S. 138. ▪ *Mich hängende weiße Fahne wird Laertes finden:* Bei Shakespeare findet Laertes seine Schwester Ophelia nicht selbst, sondern erfährt durch Hamlets Mutter, Königin Gertrud, von ihrem Tod.

273f. *Was ist Wahrheit? | Mach meine Frage verstummen: Was ist Wahrheit?:* Hier wird auf Johannes 18,38 (Verhör vor Pilatus) angespielt: »›Was ist Wahrheit?‹ Und da er das gesagt, ging er wieder hinaus zu den Juden und spricht zu ihnen: ›Ich finde keine Schuld an ihm.‹« (Johannes 18,37) In *Das graue Haus* sagt die Erzählerin von sich, sie sei »dürstender nach Wahrheit, als Pilatus in seiner skeptischen Stunde.« In: HWB 1, S. 143.

274 *Wahrheit! Über den drei Zeiten wird sie schweben, die unsichtbare Taube:* Die Taube ist das Symbol des Heiligen Geistes (spiritus sanctus), der auch »spiritus veritatis« genannt wird. Der Pneumatologie des Irenäus von Lyon zufolge ist der Heilige Geist in Vergangenheit, Gegenwart und Zukunft zugleich zugegen. Siehe: Gerhard Richter, *Oikonomia* (Berlin 2005), S. 120. ▪ *Ich kann nicht weiter wallen, der Weg ist mir verschneit:* Aus dem Volkslied »Verschneit« (1467): »Es ist ein Schnee gefallen / Und es ist doch nit Zeit. / Man wirft mich mit den Ballen, / Der Weg ist mir verschneit. // Mein Haus

hat keinen Giebel, / Es ist mir worden alt. / Zerbrochen sind die Riegel / Mein Stüblein ist mir kalt. // Ach, Lieb, laß dich erbarmen, / Daß ich so elend bin, / Und schleuß mich in dein Arme! / So fährt der Winter dahin.« (1. Str.) In: Erk/Böhme II, Nr. 423, S. 240.

275 *am Kleiderständer aufhängen:* Ein halbherziger Selbstmordversuch an einem Kleiderhaken kommt auch in Hennings' Prosaskizze »Dagny IV.« (*Verse und Prosa*, 1917) vor. ▪ *Du bist das Kind der Tränen, und die Liebe des Leides, so spricht die Wahrheit:* In den *Confessiones* von Augustinus wird dessen an dem ausschweifenden Leben ihres Sohnes verzweifelnde Mutter von einem Priester mit den Worten getröstet: »Gehe, denn so wahr du lebst, es ist nicht möglich, daß ein Sohn solcher Thränen verloren gehe.« (3. Buch, 12. Kapitel) In: *Die Bekenntnisse des heiligen Augustinus*, übers. von Otto F. Lachmann (Leipzig 1888), S. 77. Vgl. auch das Lied »Trost im Aufblick«, die Variante (mit unbekanntem Verfasser) des Liedes »Sternhelle Nacht« (1825) von August Mahlmann: »Seine Liebe spricht den Segen, / Daß auf ihren ew'gen Wegen / Nie sein Auge sie vergißt. / Und der Mensch, das Kind der Thränen, / Gottes Kinder sollten wähnen, / Daß Er ihre Noth nicht mißt?« (5. Str.). In: *Pädagogische Blätter* (Einsiedeln), Jg. 8, Nr. 18 vom 15. 9. 1901, S. 1.

275f. *Heute, nur heute bin ich so schön:* Aus dem »Lied des Harfenmädchens« in Theodor Storms Novelle »Immensee« (1851): »Heute, nur heute / Bin ich so schön; / Morgen, ach morgen / Muß alles vergehn! // Nur diese Stunde / Bist du noch mein; / Sterben, ach sterben / Soll ich allein.« (1. Str.) In: *Deutsche Mädchenlieder aus alter und neuer Zeit*, hg. von Mimi und Otto Zoff (München [1918]), S. 223.

276 *Die rote Mühle steht still:* Auf dem Dach des Varieté Moulin Rouge, das 1889 im Pariser Stadtteil Montmartre eröffnet wurde, befindet sich bis heute eine rote Windmühle. Eine Singspielhalle Moulin Rouge gab es auch in Hannover, siehe erste Anm. zu S. 215 (*Brandmal*). ▪ *Larven:* Masken. ▪ *O, alle Ätherwellen habe ich durchdrungen:* Äther (griech.) galt in der Antike als Weltseele und Urstoff allen Lebens und steht in der griechischen Mythologie für die oberen Regionen des Himmels. In diesem Zusammenhang scheint eher auf die 1886 entdeckten elektrischen Funk- und Radiowellen angespielt zu werden, die »Ätherwellen« genannt

wurden. Auch der seit 1846 chemisch hergestellte Äther könnte gemeint sein, der gegen Ende des 19. Jahrhunderts zunehmend als gasförmiges Narkosemittel angewandt wurde und, als Rauschmittel verwendet, stark euphorisierend wirkte. Hennings war 1912 äthersüchtig. ▪ *Mit einem Male singt es im Schlehendorn:* Siehe dritte Anm. zu S. 45 *(Brandmal).* ▪ *Seraphim:* Himmlische Wesen mit sechs Flügeln, deren Erscheinen die Gegenwart Gottes anzeigt. Im Buch Henoch, das Hennings zwischen 1922 und 1924 intensiv gelesen hat, werden sie als Engelwesen dargestellt. Bei Dionysius Areopagita nehmen die Seraphim die erste und oberste der neun göttlichen Hierarchien ein. Dionysius bezeichnet sie als »Entflammer« oder »Erglüher«. Siehe: Dionysius Areopagita, *Angebliche Schriften über die Beiden Hierarchien,* übers. von Josef Stiglmayr (Kempten/München 1911), S. 34. Mit der dionysischen Engelslehre beschäftigt sich Hugo Ball ausführlich in seinem Buch *Byzantinisches Christentum* (1923), das zeitgleich zu *Das Ewige Lied* entstanden ist. ▪ *Ziehe deine Schuhe aus:* In 2. Mose 3,5 sagt Gott aus dem brennenden Dornbusch zu Moses: »Tritt nicht herzu, zieh deine Schuhe aus von deinen Füßen; denn der Ort, darauf du stehst, ist ein heilig Land.« (Berufung Mose) ▪ *Es geht durch alle Lande:* Das Wiegenlied »Des Kindes Engel« von Karl Ludwig Theodor Lieth (1824), vertont von Karl Gotthelf Gläser, beginnt mit den Zeilen: »Es geht durch alle Lande / ein Engel still umher; / kein Auge kann ihn sehen, / doch alles siehet er. / Der Himmel ist sein Vaterland, / vom lieben Gott ist er gesandt.« In: Böhme, Nr. 625, S. 468.

278 *Liebesseil:* In der Heraldik die Darstellung eines kunstvoll in sich verschlungenen und geflochtenen Seils.

279 *So unauffällig ist mein Nachbar zur Wolke geworden* […] *Uns trennt nur eine dünne Wand:* In einem Tagebucheintrag vom 5. Mai 1921 (Himmelfahrtstag) beschreibt Hennings mit diesen Worten ausführlich den Tod des Dorfpfarrers von Agnuzzo. Der Satz »Nur eine dünne Wand trennte mich von ihm« wird im Tagebuch noch mehrfach erwähnt (TB Hennings 1921). ▪ *Genosse der Verwunschenheit:* In der dritten Strophe des Gedichts »Idyll« heißt es: »O du Genosse der Verwunschenheit, / Komm zu mir in den fernsten Traum, / Und uns umblüht der Märchenbaum, / Die Blume aus der Ewigkeit.« In: Hennings, *Helle Nacht,* S. 41.

280 *deine Freude am siebenten Tage:* Gott schuf die Erde in sechs Tagen, am siebten Tag ruhte er und besah sich sein Werk (1. Mose 2,2–3). ▪ *Umflossen bist du von Licht:* Hinweis auf Mechthild von Magdeburgs *Das fließende Licht der Gottheit* (1343–1345), von der Hennings bereits 1917 in der Galerie Dada Texte vorgetragen hatte und mit der sie sich ab November 1921 erneut intensiv beschäftigte. In der Autorbibliothek Hennings im Nachlass (SLA) befindet sich die Auswahlausgabe Mechtild von Magdeburg, *Das fließende Licht der Gottheit*, übers. von Wilhelm Oehl (Kempten/München [1911]).

281f. *Es ist ein Lächeln […] geliebte Nacht:* Aus dem »Lied zur Nacht« (*National-Zeitung*, 9. April 1922), das zu den am häufigsten veröffentlichten Gedichten von Hennings gehört.

282 *Meine sterbenden Augen senden Grüße:* Die Schlusszeilen von Hennings' Gedicht »Betrunken taumeln alle Litfaßsäulen« (*Die Ähre*, 25. Februar 1916) lauten: »Und über die tiefen Wasser senden / Meine sterbenden Augen Grüße – –« In: EHD, S. 41. ▪ *Die Wandlung senkt sich, wie der Tau vom Himmel:* So wie Christus einst Mensch geworden ist – nämlich wie ein Tau vom Himmel –, so wird in der Wandlung die Hostie zum Leib Christi. Das Motiv des »himmlischen Taus« erscheint häufig in Liedern, die auf den Introitus (Eingangsgesang) des vierten Adventssonntags zurückgehen. So heißt es etwa in »O Heiland, reiß die Himmel auf!« von Friedrich Spee: »O Gott, den Tau vom Himmel gieß! / Im Tau herab, o Heiland, fließ! / Ihr Wolken, brecht und regnet aus / Den König über Jakobs Haus.« (2. Str.) In: *Alte deutsche Marien- und Weihnachtslieder*, hg. von Otto Zoff (Weimar 1913), S. 2. Dieser Band befindet sich in der Autorbibliothek im Nachlass Hennings (SLA).

283 *Nach jedem äußeren Gesicht schließen sich unwillkürlich meine Augen, und innen sehe ich viel deutlicher:* Hinweis auf Hennings' Kenntnis der Schriften von Emanuel Swedenborg, den sie auch in ihrem Tagebuch von 1921 erwähnt. In seinen *Arcana Coelestia* (1747–1758), einer mehrbändigen Exegese des 1. und 2. Buch Mose, unterscheidet Swedenborg das äußere Gesicht – das Sehen mit den Augen – von einem inneren Gesicht des Menschen, das Phantasiebilder und Visionen wahrnehmen kann: »Das innere Gesicht kann sehen, was das äußere Gesicht (sieht); das äußere Gesicht aber durchaus nicht, was das innere (sieht).« Siehe Emanuel Swedenborg, *Himmlische Geheimnisse, die in der Heiligen Schrift, dem Worte des Herrn,*

enthalten und nun enthüllt sind. 1. Bd. (Zürich 1966), S. 294. ▪ *»Nachfolge Christi«:* Das wohl mit Recht Thomas von Kempen zugeschriebene Buch *De imitatione Christi* (Das Buch von der Nachfolge Christi, 1414–1425) gilt als eines der bekanntesten christlichen Erbauungsbücher. Siehe auch die erste Anm. zu S. 55 *(Brandmal).*

284 *Was suchst du Ruhe, da du zur Unruhe geboren bist?:* Dieser Satz aus von Kempens *Nachfolge Christi* (»Cum quaeris quietem; cum natus sis ad laborem?«) wird gewöhnlich übersetzt mit: »Warum suchst du Ruhe, da du zur Arbeit geboren bist?« (2. Buch, 10. Kap.) In: Thomas von Kempen, *De imitatione Christi. Nachfolge Christi und vier andere Schriften,* übers. von Friedrich Eichler (München 1966), S. 162 u. 163. Die hier gewählte Übersetzung verwendete auch Franz Jung für den Titel des von ihm herausgegebenen ersten Heftes der anarchistischen Zeitschrift *Die freie Straße* (Berlin 1915). ▪ *Ich weiß nicht, was wir vor uns haben, […] mit Sinnen gedenken:* Aus der *Nachfolge Christi:* »Ich weiß nicht, was es ist, welcher Geist uns treibt und was wir wollen, die wir doch als geistliche Männer gelten, daß wir so viel Mühe und noch größere Sorgfalt für vergängliche und unwichtige Dinge aufwenden, aber an unseren inneren Zustand nur selten einmal mit ganz gesammelten Sinnen denken.« (3. Buch, 31. Kap.) In: Kempen, *De imitatione Christi,* S. 293. ▪ *Wo ist deine Freiheit in Gott?:* Der menschlichen Unfreiheit auf Erden steht nach christlicher Vorstellung die Freiheit des Menschen in Gott als absolute Freiheit und Freiheit von sich selbst entgegen. Die Behauptung der Willensfreiheit war für Ball ein wichtiges Argument in seiner *Kritik der deutschen Intelligenz* und wird in *Die Flucht aus der Zeit* nochmals wiederholt. Aus ihrem Tagebuch und aus der in *Hugo Ball. Sein Leben in Briefen und Gedichten* (1929) wiedergegebenen Diskussion zur deutschen Kriegsschuldfrage, die Ball und Hennings Anfang 1919 führten, wird deutlich, dass sich auch Hennings mit dieser Frage beschäftigte, sie aber eher Zweifel an der Existenz eines freien oder ungebundenen Willens hatte. Siehe auch die dritte Anm. zu S. 237 *(Brandmal).* ▪ *Darum, mein Allerliebster, […] keinen Tag sicher bist?:* Aus dem 1. Buch (23. Kap.) der *Nachfolge Christi:* »Siehe doch, lieber Bruder, faß es doch zu Herzen, wie groß die Gefahr, wie peinlich die Furcht ist, von der dich nur die sorgsame, stete Vorbereitung zum Tode freimachen kann! /

So lerne jetzt leben und so leben, daß dir die Todesstunde lieblich wird und mehr Freude als Schrecken für dich bringt. […] O du Tor! was schmeichelst du dir mit der Hoffnung, lang zu leben, da du auch nicht auf einen Tag sichere Rechnung machen kannst?« In: Kempen, *De imitatione Christi*, S. 91 f.

285 *Meine Ungerechtigkeit klage* […] *mich daniederwirft und betrübt:* Aus der *Nachfolge Christi:* »Bekennen will ich wider mich meine Ungerechtigkeit, ich will dir, Herr, meine Schwäche bekennen. Oft ist es nur eine Kleinigkeit, die mich umwirft und traurig macht.« (3. Buch, 20. Kap.) In: Kempen, *De imitatione Christi*, S. 248 u. 250. ▪ *Stundenglas:* Sanduhr. ▪ *Nimm und lies:* In seinen *Confessiones* (Bekenntnisse, 397–401) berichtet Augustinus, dass ihm diese Worte von einer Kinderstimme in einem Garten in Mailand zugerufen wurden (lat.: tolle, lege). Er deutet sie als Befehl Gottes, schlägt aufs Geratewohl die Bibel auf und liest die Paulusbriefe (Römer 13,13–14). Dieses Erlebnis leitet seine Konversion ein. ▪ *Blumenhaus:* Historische Vorlage könnte das 1902 in München eröffnete Varieté Blumensäle in der Blumenstraße Nr. 29 sein, ein Tanzpalast, der 1921 in Münchner Theater umbenannt wurde. ▪ *Wir sind wehende Fahnen:* Anklang an die Schlusszeilen des Gedichts »Traum II«, in: Hennings, *Helle Nacht*, S. 45.

286 *Leben ist mehr leben:* In seinem Buch *Lebensanschauung. Vier metaphysische Kapitel* (1918) definiert Georg Simmel: »Leben ist ›Mehr-Leben‹« und meint damit »jene ewige Unruhe, die kein Ziel und kein Ende kennt; es ist gleichsam die formfreie Materie des Lebens, das völlig Andere der Form, der blinde Wille Schopenhauers.« In: Georg Simmel, *Gesamtausgabe*, Bd. 16 (Frankfurt/Main 1999), S. 229.

288 *Im Süden rauscht das Wasser Seide:* Erste Zeile des Gedichts »Gefängnis II«, in: Hennings, *Helle Nacht*, S. 19.

289 *Wir sahen das Gesicht im Wasser:* In *Ruf und Echo* berichtet Hennings, dass sie und Hugo Ball auf einer Fußwanderung durch das Maggia- und Bedrettotal einen Bergsee passiert haben: »Wir sahen hinab, und es zeigte sich unser Gesicht im Spiegel. Wir beschlossen, der See könne wohl das Auge des lieben Gottes heißen, um seiner stillen, durchsichtigen Klarheit willen. Wir sahen unser Bild und waren wie aufgehoben, vielleicht, als wären wir nie gewesen. Man war ja hier auf dem Berge wie über der Ebene jeder Zeit.« (*Ruf und Echo*, S. 153 f.) Es handelt sich um den Lago del Sambuco,

den Ball in *Die Flucht aus der Zeit* als »smaragdene[n] Traum« und als »durchsichtig in seiner Eisestiefe« beschreibt. In: Flucht, S. 252. Obwohl Hennings diese Wanderung auf September 1922 datiert, dürfte sie eher im Sommer 1919 stattgefunden haben. ▪ *Was betrübt dich, meine Seele?:* Psalm 42 u. 43: »Was betrübst du dich, meine Seele, und bist so unruhig in mir? Harre auf Gott! denn ich werde ihm noch danken, daß er meines Angesichts Hilfe und mein Gott ist.« ▪ *Ich weine, weil ich sterben muß, sterben muß:* Aus dem Volkslied »Die Anna saß am Breitenstein«, das in vielen Varianten Verbreitung gefunden hat: »Die Anna saß am Breitenstein. / Und kämmte sich ihr gold'nes Haar. / Und als sie damit fertig war, / Da fing sie an zu weinen. / Da kam der Bruder aus dem Wald: / Ach, Anna, warum weinest du? / Ich weine, weil ich sterben muß. / Da kam der Jäger aus dem Wald / Und stach die Anna in das Herz.« In: *Macht auf das Tor!*, hg. von Maria Kühn (Königstein im Taunus/Leipzig 1921), S. 227.

292 *O, an das Unsichtbare* [...] *tiefer sehn:* Von diesem Gedicht befindet sich weder ein Typoskript im Nachlass, noch konnte eine Veröffentlichung nachgewiesen werden.

293 *Mein Leib schmerzt irgendwo in einem fremden Land:* Erste Zeile des Gedichts »Hypnose«, in: Hennings, *Die letzte Freude*, S. 10.

294 *sag mir das Wort:* Mit den Worten »Sag mir das Wort, dem so gern ich gelauscht« beginnt auch das Lied »Lang, lang ist's her«, siehe zweite Anm. zu S. 55 *(Brandmal)*. ▪ *Hast du ihn nicht geschaffen als Du zu deinem Ich?:* 1. Mose 1,27: »Und Gott schuf den Menschen ihm zum Bilde, zum Bilde Gottes schuf er ihn.«

296 *Es weiche von ihr der böse Feind* [...] *Amen:* Freie und verkürzende Paraphrase der im *Rituale Romanum* enthaltenen Fürbittgebete für Sterbende (Ordo commendationis animae). Eine ähnliche deutsche Fassung wie die hier verwendete findet sich in: Marcus Adam Nickel, *Laien-Brevier für Katholiken* (Augsburg/Luzern/Wien 1842), S. 425 f.

297 *»Das Auge Gottes«, hörte ich eine leise Stimme sagen. Die war wie ein schwacher Windhauch:* Der Prophet Elia begegnet Gott in einem sanften Windhauch (1. Könige 19). Die Allwissenheit und Allgegenwart Gottes wird in der christlichen Ikonografie als ein von einem Strahlenkranz umgebenes Auge dargestellt. Es wird von einem Dreieck umschlossen, das auf

die göttliche Dreifaltigkeit verweist. Dem Auge Gottes wird kreative und schöpferische Kraft zugesprochen; vor allem Meister Eckhart und Jakob Böhme entwickelten eine Theorie von der Entstehung allen Seins aus dem göttlichen Blick. Siehe: Gudrun Schleusener-Eichholz, *Das Auge im Mittelalter*, Bd. II (München 1985), S. 1100.

299 *Passionstuch:* (auch: Fastentuch) Wird während der Passionszeit zur Verhüllung des Hochaltars verwendet.

300 *Das Agnus Dei liegt auf meiner Brust:* Gemeint ist ein geweihtes Medaillon aus Wachs. ▪ *Fronleichnamstag:* Fronleichnam, das »Fest des heiligsten Leibes Christi«, gehört zu den Hochfesten der katholischen Kirche. Es wird 60 Tage nach Ostern gefeiert, fällt also auf einen Donnerstag in die Zeit zwischen dem 21. Mai und dem 24. Juni.

300f. *Wie soll ich dich empfangen und begegn' ich dir? | O aller Welt Verlangen:* Die erste Strophe des Chorals »Wie soll ich dich empfangen« (1653) von Paul Gerhardt, vertont von Johann Crüger (1653) und Johann Sebastian Bach (BWV 248): »Wie soll ich dich empfangen? / und wie begegn' ich dir, / O aller Welt Verlangen, / o meiner Seelen Zier! / O Jesu, Jesu, zünde / mir selbst die Fackel an, / damit ich recht ergründe, / was dir gefallen kann.« In: *Der evangelische Liederschatz*, hg. von Karl Seeger (Offenbach [1857]), Nr. 19 (Adventslied), S. 20.

301 *Wolke der Verklärung auf dem Berge Tabor:* Auf dem Berg Tabor soll die Verklärung (Transfiguration) Christi stattgefunden haben. Gott erscheint den Jüngern Petrus, Jakobus und Johannes in eine Wolke gehüllt und spricht zu ihnen (Matthäus 17,1–13). ▪ *In ein Lichtgrab legten die Jünger das Kreuz, bedeckten es mit frühen Zionszweigen:* Hier könnte an den liturgischen Brauch des »Heiligen Grabes« gedacht sein, das am Gründonnerstag in vielen Kirchen aufgestellt wird und mit zahlreichen, oft farbigen Lichtern und grünen Zweigen geschmückt wird. Meist wird am Karfreitag in dieses Grab ein »Grabchristus« gelegt, manchmal jedoch auch ein Kreuz. Vgl. *Heilige Gräber in Tirol*, hg. von Reinhard Rampold (Innsbruck/Wien 2009). ▪ *O, ihr Heiligen mit den kostbaren Namen:* Erste Zeile des Gedichts »O ihr Heiligen«: »O ihr Heiligen mit den kostbaren Namen, / Die alle über den Kreuzweg kamen, / Ich vergaß meine Wege, / Ging still durchs Dornengehege / Schmerzlichster Abtötung.« In: Hennings, *Helle Nacht*, S. 21. ▪ *Einen heim-*

lichen Garten baue ich: Die folgende Schilderung erinnert an das Motiv des »Hortus conclusus« (lat. verschlossener Garten), das auf das Hohelied zurückgeht und in der Bildenden Kunst häufig dargestellt worden ist. Der »Hortus conclusus« mit seiner reichen Pflanzensymbolik versinnbildlicht die Jungfräulichkeit Marias. ▪ *Agatha ist eine Hecke blasser Buschwindröschen:* Agatha von Catania (um 220–250) war eine frühchristliche Heilige und Märtyrerin. Weil sie die Werbung des Statthalters Quintianus zurückwies, wurde sie qualvoll an den Brüsten gefoltert und nackt über Scherben und glühende Kohlen gewälzt. Sie blieb bis zu ihrem Tod standhaft und keusch und starb im Kerker. Siehe Jacobus de Voragine: »Die heilige Jungfrau Agatha«, in: ders., *Legenda Aurea,* übers. von Rainer Nickel (Stuttgart 1988), S. 168–177. Die dornenlosen Buschwindröschen sind ein Mariensymbol und stehen hier für Agathas Reinheit und Unschuld. ▪ *Sankt Franziskus:* Franz von Assisi (ca. 1181/1182–1226) zeichnet sich durch sein unbedingtes Bekenntnis zu Armut, hilfreicher Tat und Askese aus. ▪ *Sankt Aloysius trägt ein Buch in Lilienhänden:* Siehe die erste Anm. zu S. 12 *(Brandmal).* Aloysius wird oft mit einer weißen Lilie dargestellt, als Symbol seiner Reinheit und Keuschheit. ▪ *Sankt Dominikus:* Dominikus (ca. 1170–1221), Gründer des Dominikanerordens, ist Schutzpatron der Astronomen, der Wissenschaftler und der fälschlich Angeklagten. ▪ *Benedetto:* Benedikt von Nursia (ca. 480–574) gründete den Benediktinerorden und gilt als Begründer des westeuropäischen Mönchtums. ▪ *Sehet und verkostet, wie süß der Herr ist:* Psalm 34,9: »Schmecket und sehet, wie freundlich der Herr ist. Wohl dem, der auf ihn traut!« In diesem Psalm, der zu den Dankliedern gehört, erscheinen Engel als Beschützer der Gläubigen. ▪ *Mater divinae gratiae ist der Brunnen der Mitte:* »Mater divinae gratiae« (Mutter der göttlichen Gnade) lautet eine der Anrufungen der Lauretanischen Litanei. Der Brunnen gehört zu den Mariensymbolen und ist Sinnbild der Jungfräulichkeit Marias, kann sich jedoch auch auf Christus beziehen. Im Zusammenhang mit dem Motiv des »Hortus conclusus« erscheint regelmäßig ein versiegelter Brunnen (Fons signatus): »Meine Schwester, liebe Braut, du bist ein verschlossener Garten, eine verschlossene Quelle, ein versiegelter Born.« (Hohelied 4,12)

302 *Überlicht:* In der neuplatonischen Emanationslehre ist Gott Urlicht und unzugängliches Überlicht, das Dionysius Areopagita als »göttliche Finsternis«

bezeichnet. Aus dem Überlicht geht Jesus Christus als das »Licht der göttlichen Wahrheit« hervor. Die Heiligen sind Abbilder Christi. Siehe: Dionysius Areopagita, *Angebliche Schriften über die beiden Hierarchien*, übers. von Josef Stiglmayr (München 1911), S. 35. ▪ *Stigmata der Barmherzigkeit:* (griech.) Wund- oder Brandmale. Die Wundmale des gekreuzigten Christus sind Zeichen des Leidens und der Barmherzigkeit Christi. ▪ *Und das Wort ist Fleisch geworden und hat unter uns gewohnt:* Johannes 1,14: »Und das Wort ward Fleisch und wohnte unter uns, und wir sahen seine Herrlichkeit, eine Herrlichkeit als des eingeborenen Sohnes vom Vater, voller Gnade und Wahrheit.« ▪ *Ich hänge am Wort, und meine uneingestandene Liebe hängt am Kreuz:* Nach dem Passionslied »Meine Liebe hängt am Kreuz« (1676) von Adam Tribbechow: »Meine Liebe hängt am Kreuz, Ich will ihn daselbst umfassen und nicht lassen, daß er durch sein theures Blut mache mich gerecht und gut.« (1. Str.) In: *Der evangelische Liederschatz*, hg. von Karl Seeger [1957], Nr. 99, S. 90. Die erste Zeile wird auch in den nachfolgenden Strophen wiederholt. Auf die erste Seite ihres Tagebuchs notierte sich Hennings den Satz: »Weihnacht 1919 / † / Meine uneingestandene Liebe hängt an einem Kreuz.« (TB Hennings 1919/1920)

303 *Geh in den Kreis, o du mein letzter, allerletzter Trost:* Die erste Strophe des aus Schleswig stammenden Kinderliedes »Tritt in den Kreis«: »Tritt in den Kreis, meine Rosa / Tritt in den Kreis, meine Flora / Tritt in den Kreis, mein Allerletzter / Allerletzter, getrost.« In: *Was die deutschen Kinder singen*, hg. von Heinrich Martens (Mainz [1914]), S. 85.

304 *Mutter, sag, bin ich* […] *Will ins Endlose wehen:* Von diesem Gedicht befindet sich weder ein Typoskript im Nachlass, noch konnte eine Veröffentlichung nachgewiesen werden.

305 *Singe das Jubilate auf die Stille!:* Ein Entwurf für diese Passage findet sich in einem Tagebucheintrag vom 22. April 1921 (TB Hennings 1921). ▪ *Meine Seele* […] *erhebe dich, breite deine Schwingen. Fliege:* Anlehnung an Eichendorffs Gedicht »Mondnacht« (1837), vertont von Robert Schumann (*Liederkreis*, 1842): »Und meine Seele spannte / weit ihre Flügel aus, / flog durch die stillen Lande, / als flöge sie nach Haus.« In: Joseph von Eichendorff, *Sämtliche Werke*, Bd. 1.1 (Stuttgart/Berlin/Köln 1993), S. 327 f.

Das Brandmal. Ein Tagebuch von Emmy Hennings. Umfang: 21 Bogen. (Reiß, Berl.). Geheftet 28.-, gebunden 35.-
Die Lebensbeschreibung einer Einsamen auf dem Asphalt der Städte. Einer Hungernden im Brotbetrieb. Einer Leidenden in der Haft glitzernder Vergnügungen und einer, die nicht versteht, warum sie leiden muß, und die darum den Dingen und Gefühlen immer wieder unterliegt. Ein Freudenmädchen erzählt von seinen Schicksalen, denen seiner Sphäre und von der gespenstischen Fremdheit der Stadtmenschen untereinander. Das Bild unseres Lebens kann nicht klarer gesehen werden, als durch das Auge eines Geschöpfes, das unter dieses Leben geschleudert wurde. Denn Tatkraft und Lebensfähigkeit wachsen auf Kosten der Erkenntnisfähigkeit. Übrigens ist »Das Brandmal« die einzige aufrichtige und klare Selbstbiographie, die eine Frau unserer Zeit geschrieben hat.

[ANONYM]

Die Bücherpost. Neuerscheinungen des deutschen Buchhandels (Frankfurt/Main), Jg. 2, Nr. 37 vom 15. November 1920, S. 204

»Das Brandmal« nennt *Emmy Hennings* ihr soeben im Verlag Erich Reiß erschienenes *Tagebuch* eines »Freudenmädchens«, das arm an Freuden, reich an Qualen, aber an innerer Reinheit und Glückseligkeit eine Schwesterseele Emanual Quints sein mag. Auch sie eine »Närrin in Christo«. Nicht Hure, nicht Betschwester, sondern ein »gefallener Engel«, ein ruhelos wanderndes »Gotteskind«, das immer und überall, ob es hungert und friert, in Kabarett und Bordell, bei Tag und bei Nacht schamloser Schändung preisgegeben, von göttlicher Liebe träumt. Durch geschminkte Not und übertünchtes Elend führt sie ihr Leidensweg, ein Lustobjekt herzloser Männergier, ein Opfer sozialer Heuchelei und Niedertracht. Aufrührender als eine tendenziöse Anklageschrift wirkt diese weniger verstandesmäßig als vielmehr von der Einfalt eines reinen Herzens diktierte Lebensbeichte, eines Herzens, das immer freudig zu allen Menschen »Ja« sagen möchte, an dessen Gefälligkeit für das Gute und Schöne aber selten jemand appellierte. Sie meint die Tränen und empfindet das Grauen der Schwestern aller Gassen. Wie in ihrem Buch »Gefängnis«, hat Emmy Hennings auch im »Brandmal« den grauen Vorhang vor einem ergreifenden Stück Welt in brennender Scham weggerissen. Ihr Menschentum und ihre Künstlerschaft reichen sich zu gutem Werk die Hände.

E. B.

Nicht nachweisbarer Druckbeleg im Nachlass, datiert auf »Berlin, 23.11.20«

»Die Flamme« und »das Brandmal« sind zwei gut geschriebene Prosawerke, die als Romane oder besser genannt: Tagebücher mit gesunder Spannung, die nur hier und da das Kinohafte streift, angesehen werden können. Beide Bände sind hübsch gebunden im Verlag Erich Reiß, Berlin, erschienen. Während sich Willi *Handls* »Flamme« begnügt, die Erotik an sich lodern zu lassen, sucht Emmi *Hennings* in ihrem Bekenntnisbuch »Das Brandmal« wegweisend zu wirken und neue sittliche Werte zu prägen.

[ANONYM]

Königsberger-Hartungsche Zeitung, Nr. 567, Morgenausgabe vom 3. Dezember 1920, 2. Blatt [Rubrik: Von neuen Büchern. Für den Weihnachtsbüchertisch]

»Das Brandmal«

Vor etwas mehr als einem Jahr hat *Emmy Hennings* mit ihrem lesenswerten Buch »*Gefängnis*« erfolgreich debütiert. Nun gibt sie gleichfalls in der Gestalt einer Autobiographie und auch wieder im Verlage von Erich Reiß, Berlin, einen neuen, ziemlich umfangreichen Band »*Das Brandmal*« heraus. Die Form ist dieselbe geblieben, nur das Thema hat gewechselt. Emmy Hennings gleitet etliche Stufen tiefer hinab. Waren es damals die scharf herausgearbeiteten Gedanken und blutwarmen Beobachtungen eines in die Enge der Gefängniszelle gebannten Mädchens, so handelt es sich jetzt – im schärfsten Kontraste hierzu – um die Erlebnisse und Reflexionen einer frei herumvagabondierenden Gelegenheitsdirne. Einer kleinen Schauspielerin, Schmierenkomödiantin, die – ohne Engagement, durch den Hunger getrieben – eine Zeitlang das Metier eines öffentlichen Mädchens ausübt.

Natürlich ist diese dreiundzwanzigjährige Schauspielerin, Kabarettdame und Venuspriesterin nicht gewöhnlichen Schlages. Ansonsten würde sie sich kaum dazu gedrängt fühlen, ein so ausführliches Tagebuch zu führen, in das sie, Gefühle zerlegend und Gedanken bannend, ausführlich ihr Halbjahr Dirnentum einträgt. Mit der gleichen, unbarmherzig scharfen, keine Schminke auflegenden Beobachtungsgabe, wie sie das »Das Gefängnis« auszeichnet. Die Genossinnen der Straße, der Nachtkaffees und der Bordelle werden bis in die winzigsten Details, bis in die verborgensten Seelenfältchen geschildert. Aber es gibt in diesem Tagebuch weder Hebungen noch Senkungen. Der Ton wechselt nicht, es fehlt das Kolorit, das jedem Werke, sei es Schauspiel, Roman oder – wie in diesem Falle – Tagebuch, erst Leben und Glut verleiht.

Darum läßt das Buch kalt, es ist undramatisch bis zur Langeweile. Auch Psychologie und Biographie müssen dramatischen Fluß haben. Emmy Hennings hat – im Gegensatz zu ihrem ersten Buch – über ihrem Sinnieren das Gefühl vernachlässigt, das sie, gleich einem Aschenbrödel, in die Ecke gestellt. Die Objektivität ist so passiv, daß das Subjekt in den Hintergrund tritt, der Persönlichkeitsreiz beeinträchtigt wird und zum Teil ganz verloren geht. Und so befriedigt dieses Tagebuch nicht, trotz der Menge eingestreuter, guter Gedanken und feiner Bemerkungen. Ein einziges Kapitel hebt sich vorteilhaft aus der Grau-in-Grau-Malerei des Buches ab, die prachtvolle Schilderung eines Dirnenfestes, bei dem es so anständig und gemütvoll zugeht, wie bei dem Stiftungsfeste eines Jungfrauenvereins.

JULIUS KNOPF

Berliner Börsen-Zeitung, Jg. 66, Nr. 533, Morgenausgabe vom 7. Dezember 1920, S. 2 [Rubrik: Büchertisch]

JULIUS KNOPF (Pseud. Kater Murr) (1963 Driesen/Neumark – 1935 Berlin). Schriftsteller und Theaterkritiker. Verfasser von Romanen, Humoresken und Lustspielen. Beiträge u. a. für die Zeitschrift *Das Theater* unter der Schriftleitung Herwarth Waldens. Langjähriger Feuilletonredakteur und Theaterkritiker der nationalkonservativen *Berliner Börsen-Zeitung*. Beiträge für die Zeitschriften *Bühne und Brettl*, die konservative *Bühne und Welt* und den *Berliner Börsen-Courier*.

Emmy Hennings: Das Brandmal. Ein Tagebuch. Preis 28 M. Verlag von Erich Reiß, Berlin, W. 62.

Die Tragödie einer stellenlosen Schauspielerin, der die Kraft zum Aufbau eines gefestigten Lebensprogramms fehlt und die von Stufe zu Stufe sinkt, um schließlich als vereinsamtes Freudenmädchen an der steinernen Kälte der Welt zu zerschellen. In Tagebuchblättern von erschütternder Art gestaltet.

F. D. [FRIEDRICH DROOP]

Nicht nachweisbarer Druckbeleg im Nachlass, datiert auf »Mannheimer Tageblatt 8-12-1920«

FRIEDRICH WILHELM (Fritz) Droop (1875 Minden – 1938 Kronberg). Schriftsteller und Journalist. Dozent für neue Literatur und Musikästhetik am Westpreußischen Konservatorium in Danzig. Ab 1914 Feuilletonredakteur und Theaterkritiker für das *Mannheimer Tageblatt.* Veröffentlichte pädagogische Abhandlungen wie *Kind, Schule, Kunst* (1906) und *Die sexuelle Aufklärung der Jugend* (1907), die Anthologie *Arbeiterdichtung* (1919) und schrieb über die Dramen von Otto Julius Bierbaum, Ernst Toller, Wilhelm Schmidtbonn und Wilhelm Scholz.

Das Brandmal

Zwischen den erstarrten Formen des Daseins schwankt die Seele einher; innen ist wund das Leben, außen bedrängen es brutal die geheiligten Zweckmäßigkeiten. Heilig aber ist scheues Erkennen; die schmerzliche Verwunderung über das mystisch gestörte Gleichgewicht; die Urlaute, bangem Herzen entringend, die »Gott«, das unbeugsame Symbol, suchen. Wir sind auf der Flucht. Ein Fluch jagt uns durchs Leben; männliches Bewußtsein spielt herrisch mit letzten Dingen, das Weib aber fühlt ewig und unendlich das kranke »Wozu«. Und jeder Gedanke über die Psyche des Weibes muß mit einer Banalität beginnen. Ihr selbst, der weiblichen Psyche, ist die Welt problematisch; sie fühlt nach außen und stößt sich an den großen und kleinen Dingen des Alltags wund. Die Dichterin (psycho-ästhetisches Phänomen!) muß gegen die eigene Plastizität ankämpfen; verwebt mit dem All, am Ursprung sitzend, muß sie erst das große Hindernis des eigenen Nichterlebens bezwingen, ehe sie Welt und Weltbild gestalten kann.

... Ich will vom Buche einer ganz großen Dichterin sprechen, von Emmy *Hennings*, und ihren Tagebuchaufzeichnungen »*Das Brandmal*« (soeben bei Erich Reiß, Berlin, erschienen). Wer reinen Herzens ist, lese dieses Buch; der Zweifelnde lasse die Hand von ihm. Denn hier ist das Erlebnis der weiblichen Psyche so elementar gestaltet, daß hinter der letzten Hülle nur mehr das ewige Geheimnis des Menschen verborgen bleibt. Pedanten werden die Dichterin Emmy Hennings hemmungslos nennen; sie sind nicht pedantisch genug: denn das Weib darf, will es Weib sein und nur Weib, keine »Hemmungen« haben. Kultur, Ethos, Moral sind männliche Angelegenheiten, die sich schließlich zur Konvention erniedrigt haben. Elementar aber bleibt der Trieb, Gott, die kindlich erfaßte Welt, die Todesangst des Lebens, das unendliche Weib. Das Weibliche, an dem der Mann und sein Weltbild problematisch werden muß.

... »Das Brandmal« ist kein Roman, denn es hat keine »äußere« Handlung. Es ist eine lange Anrufung Gottes, aus dem Munde seines verlorensten Geschöpfes; ein an die Ewigkeit gerichtetes Tagebuch eines jungen Mädchens, das in die sogenannte Tiefe gestürzt ist. Und in dieser Tiefe den letzten Entscheidungen so nahe kommt, daß die Worte, an Gott und seine Heiligen gerichtet, zu glühen scheinen vor Inbrunst, mit der hier das treulose Leben geliebt wird. Der Philister spricht von »Verlorenen«; dieser Gefundenen aber ist das Dasein ein unendlicher Anlaß zur Güte und Menschlichkeit. Das Schicksal ist brutal; es zerfetzt unbekümmert die Kleider und Herzen seiner Kinder; aber an die Reinheit der Seele kommt es nicht heran, denn die Seele ist ein Hauch Gottes.

... Es ist nicht gut, dieses Buch, neben dem die einst sensationellen Geständnisse jener Elsie Lindner zu nichts zerfallen, literarisch zu determinieren. Man fühlt plötzlich große, ergreifende Zusammenhänge mit den großen, ergreifenden Konfessionen der Weltliteratur; man denkt an Augustinus und Jean Jacques ...; aber diese Bekenntnisse einer Frau sind blutiger, weltabgewandter und ganz in jenen Kindergott verstrickt, mit dem man allein ist in Schmerz und Liebe.

Emmy Hennings gestaltet nicht, sie lebt. Ihr Buch ist wohl das erschütterndste Literaturerlebnis für jeden Mann, der sich ehrlich seiner Schuld bewußt bleibt. Es weht der süße Duft körperloser Liebe durch die Zeilen; er steigt aus den verrauchten Animierkneipen, aus den tragischen Straßenecken der Nacht, aus den Herzen der letzten Kinder Gottes, der Mädchen des Nachtcafés und der Straße. Aber dieses Buch berauscht sich auch mit jener echten Sentimentalität der Seele, die von sentiment abgeleitet wird, vom Gefühl. Und Emmy Hennings ist auf der Bühne des deutschen Schrifttums die heroische Sentimentale; neben der Else Lasker-Schüler jetzt die größte Dichterin in deutschem Wort und Gefühl.

PAUL HATVANI

Die Wage. Wirtschaft, Kunst, Wissen. Eine Wiener Wochenschrift, Neue Folge 1, Nr. 11 vom 11. Dezember 1920, S. 137 f. [Rubrik: Notizbuch]

PAUL HATVANI (d. i. Paul Hirsch) (1892 Wien – 1975 Kew bei Melbourne). Schriftsteller, Chemiker und Übersetzer aus dem Ungarischen. Befreundet mit Karl Kraus, Hermann Broch und Albert Ehrenstein. Seit den 1910er-Jahren Mitarbeiter diverser Zeitschriften wie *Der Sturm*, *Der Brenner* und *Die Aktion*. 1917 erschien sein »Versuch über den Expressionismus« in *Die Aktion*. Nach Ende des Ersten Weltkriegs in der Textilindustrie beschäftigt.

Emmy Hennings, Brandmale. Erich Reiß Verlag, Berlin 1920.

Dieses Buch wird Aufsehen erregen. Nicht deshalb, weil es das Leben einer Prostituierten zeichnet. Es gibt genug »Tagebücher einer Verlorenen« oder anderen krabbelnden Schund, die die Neugierde und Schamlosigkeit geiler Leser besser befriedigen. Wer immer die »Brandmale« in die Hand nimmt, den werden sie ergreifen und tief zu seinem Herzen sprechen: »Jede Krankheit, gleichviel welcher Art, kommt aus einem einzigen Grunde: weil Herz nicht geliebt hat oder nicht geliebt wurde.«

Wer ist diese fabelhafte *Frau*, die ohne Wimperzucken sich entkleidet und die letzten Regungen ihrer Seele zeigt, die ein so ehrliches Bekenntnis aus so reinem Herzen ablegt, wie noch keine Frau unserer Literatur den Mut besessen hat? Widerspruchsvoll und unberechenbar wie nur eine Frau sein kann, läßt Emmy Hennings die Art ihrer Wesenheit nicht anders als durch deren Wurzel bestimmen. Das ist das Religiöse: Gott. Wer aber die »Rettung« einer sentimentalen Hure erwartet, wird gleichermaßen enttäuscht. Ihre große Sehnsucht hat das Mädchen tief in das Leben getrieben, das sie nun er–lebt. »Jeder Anlaß war mir ein Abgrund, ich bin nicht erst heute gefallen. Erst heute merke ich, daß ich immer gefallen bin.« Aber alle ihre Taten und Verfehlungen wurzeln in Gott: »Glaubt, daß Gott es nur zuläßt, wenn wir das Gleichgewicht verlieren, damit wir desto inniger auf seine Seite fallen. Fürchtet Euch nicht, es gibt keine Hölle! Gott ist ja mächtiger als der Teufel, denn Güte ist Allmacht.« Güte und Sehnsucht treibt sie in die Hände der Menschen: »Nicht von den Menschen bin ich krank geworden, die sind ja alle hell wie die Sonne … Ich suche und suche ….« »Anbetung lag in mir und immer tastendes Suchen.« So landet sie wiederum in Gott: »Es gibt keine Freiheit. Auch Gott ist ein Gefängnis, in das ich eingehen muß, denn wo sollte ich sonst hin? Entfliehen kann niemand. Weder auf der Erde noch im Himmel.« Trotzdem sind ihre Tage nicht schwärmerisch, phantastisch, rauschvoll, sondern nur Anlässe zu klaren wundersamen Reflexionen, die zu den herrlichsten Stellen des Buches gehören.

Was soll ich von dem Stofflichen verraten? Wie sie als stellenlose Schauspielerin im Hotel Abendbrot bestellt und sich dann richtig der rettende (bezahlende) Engel einfindet! Wie sie mit »Ozongeruch« hausiert? Wie sie halb unbewußt, halb bewußt ihre Verschwendung durch Animierkneipe, »Mädchen«-Pensionat, Kaffee und Kabarett trägt? Ich könnte doch keinen Begriff von dieser innigen Kleinzeichnung geben.

Auch der Stil ist etwas keck und widerspenstig. Nicht ganz ohne Eitelkeit. Und er hat einen großen Vorzug (wie das ganze Buch), er ist Schöpfung eines nicht-literarischen Menschen.

H.

Freie Presse. Sozialdemokratisches Volksblatt (Leipzig), Jg. 4, Nr. 287 vom 11. Dezember 1920, Beilage »Literarische Rundschau« [Rubrik: Zeitgeschichte und Literatur]

Deutsche Erzähler

[…] Was nottut, ist vor allem Distanz zu den Bewegungen der Gegenwart; manche müssen noch warten, manche versuchen, in Fragmenten dem Erlebnis beizukommen wie Emmy *Hennings*, die ein Tagebuch *»Das Brandmal«* (Erich Reiß Verlag, Berlin) veröffentlicht. Sie gibt Spannungen und Entspannungen einer Frau, die sich gegen ihren Willen verliert und ihr Leben damit verbringt sich immer wiederzufinden, während Catherina Godwin in ihrer *»Frau im Keller«* (Hyperionverlag, München) spielerisch die Wandlungen provoziert, um sich zu entfliehen – mit demselben Resultat. […]

LUDWIG WINDER

Sammelrezension in *Deutsche Zeitung Bohemia* (Prag), Jg. 93, Nr. 289 vom 12. Dezember 1920, 2. Beiblatt

Ludwig Winder (1889 Schaffa/Mähren – 1946 Baldock/London). Schriftsteller und Literaturkritiker. Journalist in Wien, Teplitz und Pilsen. Von 1914 bis 1938 Feuilletonleiter der deutschsprachigen Prager Zeitung *Bohemia*. Gehörte ab 1924 zum engeren »Prager Kreis« um Felix Weltsch, Oskar Baum und Max Brod. Zu seinen bekannteren Werken gehören der Roman *Die jüdische Orgel* (1922) und die Erzählung *Hugo. Tragödie eines Knaben* (1924), die Antisemitismus und jüdische Identitätsproblematik thematisieren.

Das Brandmal. Ein Tagebuch von Emmy *Hennings*. Erich Reiß Verlag, Berlin.

Eine Gestalt in weißem Kleide schreitet unversehrt durch Meere von Schmutz. Eine Frauenseele tönt stark, rein, ganz erhaben über das Geflüster und Gewisper der Dirnengassen, über das Gerülpse und Gegröhl der Kuppelwirtschaften, über das Geschwirr und Getue intellektuell angeräucherter Kaffeehausnischen, über das Patschuligeplätscher marktkundiger Kokottenökonomie in rotbesamteten Wirtshausecken, über die verschleimte Krächzemelodie des Musikautomaten in der Animierkneipe. Nicht, daß sich so viel göttliche Reinheit von Dampf und Dunst klebrigen Morastes abhebt, macht das Buch erst rein; rein ist es aus seiner tiefsten Innerlichkeit heraus, aus dem Geheimnis eines jungfräulichen Dirnentums. Hier ist das Keuscheste und Gottangerührte der virgo maculata immaculabilis aufgeschlagen und strömt wie Duft in einer unerschütterlichen Religiosität Gott zu, an den das Kind Emmy Hennings und an den ihre Fraulichkeit gleich stark glauben. Was bleibt nach dem Sieg reinen Gottsehnens, reinen Strebens nach der Heimat, nach dieser von Not und Schicksalsergebenheit immer wieder beschwerten und verzögerten Flucht aus den Liebesmärkten zu der letzten und befreienden Behütetheit in sonniger, kindhafter Erlöstheit? Was bleibt von den drohenden Kulissen dieses Weges, was von den sozialen Gebresten, die verzerrt und mit dem gelben Leichengesicht der Kultur am Wege stehen, übrig? Sie versinken vor der aufrechten Erhabenheit einer ihre äußerste Frauenhaftigkeit gebenden Seele.

In diesem Buch ist die Enträtselung des Fraulichsten; es führt an die Horizonte des Begreifens, wo die allerletzten Schleier des Frauenhaft-Seelischen nebeln, die zu durchdringen die Fühler männlichen Verstehens nicht mehr reichen. Um der Liebe willen dankt man für diese Wahrung des letzten Geheimnisvollen. Und liebt dieses Buch wie man kaum glücklich, leidenschaftlich, andächtig je eine Frau lieben könnte. Liebt das Buch um seiner zarten Musik in derben Nächten, um seines Pfirsichtones in roten Dünsten willen, um der lichten Engelhaftigkeit seiner Dichterin. Wer sich mit Liebe beschenken will, vermähle sich diesem Buch! Es ist Märchen und Glück, ist Schönheit, Atem, Stimme, es ist mehr als ein Buch, ist Musik, tönend aus der Harfe Gottes.

-LS. [MAX PRELS]

Die bunte Stadt. Eine Zeit Schrift (Berlin), hg. von Max Prels, Jg. 1, H. 8/9 vom 15. Dezember 1920, S. 26 [Rubrik: Das Buchfenster]

MAX PRELS (d. i. Franz Lambert) (1878 Wien – 1926 Berlin). Journalist und Schriftsteller. Um 1906 Redakteur beim Ullstein Verlag. Von 1906 bis 1910 mit der späteren Erfolgsschriftstellerin Vicki Baum verheiratet. 1920 Herausgeber der Literaturzeitschrift *Die bunte Stadt*; von 1920 bis 1923 Redakteur der Zeitschrift *Das neue Europa*. Prels publizierte u. a. den Filmführer *Kino* (1919), die Romane *Das Narrenhaus* (1921), *Die winkende Gasse* (1921) und eine Biografie über Katharina Fröhlich: *Grillparzers ewige Braut* (1922).

Eine Erholung: »*Das Brandmal*« von *Emmy Hennings* (Erich Reiß Verlag, Berlin). Ein Tagebuch. Also in der Nacht geschrieben, vermute ich. Ein unsentimentales, ehrliches, rücksichtsloses, herbes Tagebuch einer vom Leben unsanft Zerknautschten. Oft von einer Tiefe, die in Hamsun mündet. Oft von einer traurigen Komik, die aus Hamsun kommt. Unschwül und maßvoll und klug. Sprachlich von vollendeter Reife, mitunter sogar wortfetischistisch. Köln bei Nacht und das Leben (überhaupt) bei Nacht – das ist etwa der Grundakkord. Oder: Das Dasein ist dazu da, daß man es verläßt. Oder: Das Leben ist eine Schmiere. Nach Haut und warmem Blut riecht das Buch. Es ist erfrischend unliterarisch. Aber es ist ein schwerer Wein, der ins Blut geht; süß beim ersten Schluck, sauer beim zweiten, von undefinierbarem Reiz beim dritten, aber stets mit gallebitterem Nachgeschmack. Oder, als Blume gedacht: eine Herbstzeitlose. Ein Buch für solche, die den Rinnstein und das Elend nicht nur als literarisches Thema in Kauf zu nehmen gewillt sind. Junge Männer vor und reife Männer in der

Ehe mögen das Buch lesen. Es nützet im Verkehr mit Frau und Braut und Welt. […]

[ANONYM]

Sammelrezension in *Leipziger Tageblatt und Handels-Zeitung*, Jg. 114, Nr. 592 vom 19. Dezember 1920, Beilage »Das Buch als Weihnachtsgeschenk«

Ein neues Buch von Emmy Hennings

Es gibt Menschen, die bestimmen, und Menschen, die immer nur bestimmt werden. Die neue Prosadichtung der Emmy Hennings »*Das Brandmal*. Ein Tagebuch« (im Verlage von Erich Reiß, Berlin) erzählt ergreifend aus dem Schicksal einer Frau, die zu der zweiten, mir vertrauteren Art gehört. Diese unentrinnbare Schickung: Haltlosigkeit, die der »geordnete« Mensch nie versteht, verhängt über sie die Armeseelenstationen einer aufgelösten Existenz. Abenteuerin, dürftige Hausiererin mit zweifelhaftem Kram, Dirne, Animierkellnerin, Tingeltangelsoubrette: ist diese Frau, oder sie ist es eigentlich nie: sie läßt es über sich ergehen. Wundervoll gibt nämlich Emmy Hennings nicht nur das Tatsächliche dieser Zustände wieder, sondern der Schauer über allem Leben, das sichere Mehr, das jedes Dasein besitzt, das um die Dinge Lugende und Geisternde ist in die Darstellung gebannt. Mit einem Wort: das *Göttliche*.

Das empfinde ich als das Eigenste an diesem Bekenntnisbuch, daß es durchaus glaubhaft seine Welt, die außerhalb der »guten Gesellschaft« liegt, ans höhere Außerhalb alles Irdischen knüpfen kann, daß es die Zone der Puffs und Singspielhallen Gottgegenwärtig zu machen weiß. Und mag auch manches andere einen leisen Beigeschmack von literarischer Allüre, von Spielerei mit großen Stimmungen haben, – diese Frömmigkeit wirkt absolut ehrlich. In ihr kriegt der Roman den Bogen einer geschlossenen Entwicklung, von der Frage: »Ist wohl das Leben die Ablenkung von Gott?« bis zu der Ahnung: »Mir war, als seien meine bösen Ausschweifungen ein zwar nicht üblicher, aber doch kürzerer Weg zu Gott.« Innerhalb des Bogens liegen viele Erlebnisse, die sich aus der Melancholie dieses verlorenen Vegetierens lösen, das den besten Rat für alle Berufe: »Machen Sie sich unempfindlich!« eben aus Gründen der besonderen Blutartung nicht befolgen kann. Es hat diese Frau hier instinktiv erkannt, daß die Verzweiflung das einzig Wahre und Wirkliche ist und sie verachtet ganz für sich im stillen die Lust. Solche Menschen gelten den anderen als zynisch, weil sie »nicht Dingen einen Schimmer verleihen können, die keinen haben, durchaus keinen haben«, und bleiben ewig unbehaust, weil sie sich niemals einem System einfügen können. Das sind die unaufdringlichen, aber zuverlässigen Empörer, die nicht erst bei zunehmender Erkenntnis, sondern von Natur aus leiden unter dem Fluch, daß die Welt ihre Einfachheit verlor und nun alles Hingabe für Geld sein muß.

Und so ergibt das Buch, ohne das ausdrücklich thesenhaft zu propagieren, eine Anklageschrift auch, und diese Erweiterung fällt ihm nicht als geringste zu, daß es sich als ein Dokument gegen eine falsch eingerichtete Welt begreift, als Beichte einer Irrwegkreatur, die »mit einer ganzen Klasse einer Wahnidee nachlebte«.

MAX HERRMANN

Kölner Tageblatt vom 30. Dezember 1920

MAX HERRMANN (Pseud. Max Herrmann-Neiße) (1886 Neisse, heute: Nysa – 1941 London). Schriftsteller und Publizist. Studierte von 1905 bis 1909 Literatur- und Kunstgeschichte in München, lebte ab 1909 wieder als freier Schriftsteller in Neisse und publizierte ab 1911 Gedichte in *Die Aktion* und *Pan*. Ab 1917 in Berlin; enge Kontakte zu Franz Jung, George Grosz und Franz Pfemfert. Veröffentlichte neben journalistischen Arbeiten Gedichte (*Die Preisgabe*, 1919), Dramen (*Joseph der Sieger*, 1919) und einen autobiografischen Roman (*Cajetan Schaltermann*, 1920). In den 1920er-Jahren Auftritte in Kabaretts.

Lettres Allemandes

[…] Es ist immer lehrreich, thematisch ähnliche Werke aus Deutschland und Frankreich zu vergleichen, insbesondere, wenn sie aus der gleichen Zeit stammen. *Das Brandmal* von Emmy Hennings ist das Tagebuch eines »verlorenen Mädchens«. Eigentlich ein bereits zur Genüge durchgekautes Thema in Deutschland, das die Literatinnen jenseits des Rheins jedoch nachhaltig zu faszinieren scheint. Wenn es darum geht, zu moralisieren und zu predigen, scheinen sie in der Tat stets bereit zu sein, unmittelbar zur Feder zu greifen. *Das Brandmal* erschien ungefähr gleichzeitig wie *Une Enlisée* von Marcelle Vioux. Beide Romane präsentieren sich in der Form eines Tagebuchs ohne Datum. Beide bringen zur Sprache, wie die unglücklichen Protagonistinnen durch die Lebensumstände in die Prostitution gedrängt wurden und wie sie sich allmählich wieder aus dieser Misere befreiten. Aber welch exakter Sinn für die Gegebenheiten bei der französischen Autorin, welch tiefes Verständnis der Existenz und vor allem, gegen Ende, welch wunderbares Wachrufen der Nostalgien, die das freie Leben mit sich bringt! Die deutsche Autorin ist derweil bedeutend profaner. Nur dank mystisch-sozialer Meditationen gelingt es ihr, sich aus ihrem Milieu zu lösen – die Französin mit ihrem robusten und gesunden Geist beherrscht hingegen die Situationen und sieht das Schöne in ihnen.

Claire-Héloïse gerät ins Elend, weil ihr Liebhaber sie sitzen lässt. Dagny, die Deutsche, wird plötzlich mittellos, weil der Manager ihrer Theatertruppe das Handtuch wirft und die Tournee nicht fortgesetzt werden kann. Dagny findet sich also auf den Kölner Straßen wieder, wo sie auf den Strich geht, um sich zu ernähren. Sie mag niemanden und scheint unfähig, überhaupt jemanden lieben zu können. Hat sie Temperament? Als sie klein war, trank sie Essig, um ihre Gefühle in den Griff zu kriegen. Eigentlich sollte man also annehmen, dass sie nicht aus Stein ist. Trotzdem wurde sie von der Autorin so gestaltet und es ist wohl ebenfalls gewollt, dass sie sich bloß aufgrund ihrer Willensschwäche und wegen des Geldes den Männern wahllos hingibt. Wir erfahren nichts über ihren Körper, ihre Kleidung stammt vom Trödler. Weil einer der »Herren« abfällig auf die Bänder schaut, die der Befestigung ihrer Strümpfe dienen, entscheidet sie sich, Strumpfhalter zu kaufen. Sie liest allerdings *Schuld und Sühne* und bildet sich ein, sie sei wie Sonia. Wenn sie über sich selbst nachdenkt, spricht sie wie Maurice Maeterlinck.

In einem Café trifft Dagny jeweils ihre Freundinnen, die denselben Beruf ausüben wie sie. Sie sprechen ausschließlich über das Geschäft und über Probleme mit der Polizei. Als »Irma« ins offizielle Polizeiregister eingetragen wird, ist sie dermaßen stolz darauf, dass sie dieses Ereignis ausgiebig mit ihren Genossinnen feiert. Das erscheint ziemlich unwahrscheinlich, sogar in Deutschland, wo die polizeilichen Institutionen beinahe wie eine Religion verehrt werden. Beim Lesen dieser absurden Passagen fragt man sich, ob die Autorin überhaupt irgendeine vage Ahnung vom

Milieu hat, in dem sie ihre Protagonistin ansiedelt. Hat sie diesen Kontext etwa bloß gewählt, um eine negative Lebenseinstellung zum Ausdruck bringen zu können? Natürlich ist es ärgerlich für Dagny, dass sie niemanden findet, für den sie Zuneigung empfinden könnte – und dies ist auch nicht besonders schmeichelhaft für die Herren, die in dieser zwielichtigen Welt verkehren. Das ist jedoch kein Grund, sie bisweilen wie eine verknöcherte Professorin daherreden zu lassen. Man vermutet beinahe, dass Emmy Hennings in diesem »Tagebuch« Passagen aus verschiedenen Quellen vereint. Der Ton ändert sich von Kapitel zu Kapitel. Manchmal spricht tatsächlich eine Prostituierte, ein unglückliches Geschöpf, das seine ganze Verzweiflung in Worte kleidet; dann wiederum handelt es sich eher um die Bekenntnisse eines mystischen jungen Mädchens, das belesen ist, eine gute Erziehung genossen hat und Gefallen an der Natur findet. Die Spaziergänge durch die Vorstadt, nach einer Nacht getaner »Arbeit«, sind sehr schön beschrieben. Es kommen auch Kirchenbesuche vor und gar Heiligenbeschwörungen, die zwar durchaus überflüssig erscheinen, jedoch als gelungene Literatur durchgehen können.

Im zweiten Teil ihres Tagebuchs kehrt Dagny zum Theater zurück, oder besser gesagt, sie engagiert sich in einer bunt zusammengewürfelten Truppe von Bänkelsängerinnen, die nach ihrer Liederdarbietung den Herren im Saal Gesellschaft leisten. Sie tanzt ausgiebig, und es scheint so, als ob sie eine gewisse Sicherheit erlangt hätte. Gleichzeitig verschärft sich ihr Hang zur Mystik, und sie erleidet sogar einen Weinkrampf, weil die Trompeten des Orchesters sie an jene des Jüngsten Gerichts erinnern. Um zu genesen, kehrt sie schließlich zurück zu ihrer Mutter, die sie wohl niemals hätte verlassen dürfen. [...]

HENRI ALBERT

Sammelrezension in *Mercure de France* (Paris), hg. von Henri Albert, Bd. 145 vom 1. Januar 1921, S. 245–249, hier: S. 247 ff.
Übersetzt von Denise Hofer

HENRI ALBERT (d. i. Henri Albert Haug) (1869 Niederbronn – 1921 Straßburg). Französischer Germanist, Journalist und Übersetzer. Von 1891 bis zu seinem Tod Redakteur der »Lettres Allemandes« in der Zeitschrift *Mercure de France*. 1893 erschien seine französische Übersetzung von Friedrich Nietzsches *Also sprach Zarathustra*, und er machte mit zahlreichen weiteren Übersetzungen die Werke Nietzsches in Frankreich bekannt. Ab 1902 Korrespondent des *Journal des Débats* in Straßburg.

Zwei Bücher, die das gleiche Problem (die Prostitution und ihre furchtbare Einwirkung auf die Psyche der ihr Verfallenen) behandeln, liegen uns vor: »*Anny Rober*« von *Karl F. Kocmata* (Verlag der *Wiener Graphischen Werkstätte*) und »*Das Brandmal*« von *Emmy Hennings* (Verlag *Erich Reiß*, Berlin).

Das gleiche Problem – und doch bedeutet hier eine Parallele fast ein Paradox! Denn während Kocmata an diese schwierigste Materie in ziemlich oberflächlicher Manier herangeht und mit keinem Gedanken über deren sichtbare Außenseite hinauskommt, rollt das zweite, von einer *Frau* geschriebene Buch (und nur eine solche kann über dieses Thema Wahrheit geben) mit erschütternder Wucht den Golgathaweg einer weiblichen Seele vor uns auf, die bewußt alle Mißhandlung, allen Schmutz erduldet – weil sie zu schwach und vom Leben zu sehr zermürbt ist, um sich zu befreien – und die dennoch in wundersamer Intuition traumhaft die Zusammenhänge des Kosmos begreift.

[ANONYM]

Alarm. Organ für freien Sozialismus (Hamburg), Jg. 3, Nr. 1 vom 10. Januar 1921. [Rubrik: Buchbesprechung]

Glücklich in der Wahl seiner Publikationen ist der *Verlag Erich Reiß*, aus dem mir drei gute Bücher vorliegen. Zunächst will das neue Buch der *Emmy Hennings*, »*Das Brandmal*«, anmuten, als stammte es aus der Schule, die Margarete Böhme mit ihrem »Tagebuch einer Verlorenen« begründet hat. Aber schon nach wenigen Seiten ist man durch den höchst persönlichen Stil, durch einen oft erschütternden Galgenhumor über souveräne Lebensunklugheit so gefangen, daß man das Buch nicht aus der Hand legt, bis Dagny sich über alles ausgesprochen hat, was sie an dieser Welt sieht und nicht sieht. Bis zur letzten Zeile und noch nachher ist man überzeugt, daß dieses seltsame Buch irgendwie gelebt wurde.

FRANZ HEINRICH KARPEL

8 Uhr-Abendblatt. National-Zeitung (Berlin), Jg. 74, Nr. 9 vom 11. Januar 1921, Beiblatt [Rubrik: Neue Bücher]

Franz Heinrich Karpel (1899 Breslau – 1965 Haifa). Arzt und Literaturkritiker. Von 1919 bis 1922 Studium der Medizin, ab 1924 praktizierender Kinderarzt in Breslau; promovierte 1926. Ein Beitrag in der *Weltbühne* (Jg. 16, 1920), Kontakte zu Kurt Pinthus und Bertolt Brecht. 1938 Emigration über Prag zunächst in die Türkei und 1941 nach Israel.

Emmy Hennings, **Gefängnis**. Roman. *Erich Reiß, Berlin*. **Das Brandmal**. Ein Tagebuch. *Erich Reiß, Berlin*. – Emmy Hennings begann mit einem sehr schmalen Bändchen Gedichte, die bei Kurt Wolff erschienen. Sie schwieg dann und brachte darauf 1919 den autobiographischen Roman »*Gefängnis*« und nun das »Ein Tagebuch« betitelte »*Brandmal*«. Die diese Frau kennen – sie hielt sich viel in Paris auf –, sprechen mit Andacht von ihr. Und mit Andacht liest man ihre beiden Bücher: persönliche Bücher, wie sie nur aus Erlebnissen herauswachsen, Bücher, die keiner Mode angehören, einen eigenen Stil haben und eine eigne Welt aufbauen. Es ist die Welt der »Verlorenen«, wie die famose bürgerliche Gesellschaft sagt. Schon das »Gefängnis« hat eine gestalterische Sicherheit, die bei einer Frau, die, wie die Hennings, ganz in dem Schwingen der Gefühle hinlebt, bewundernswert ist. Das »Brandmal« ist ein reifes Buch. Ein Dirnenroman, den man jungen Menschen in die Hand geben kann: so aufgelöst ist alles Dunkle und Trübe in Geist und Beseeltheit. Eine echte Frau erzählt ein paar Monate ihres Lebens: wie sie gleitet, wie sie getrieben wird und wie sie rein bleibt trotz allem. Mit einer eignen, ganz persönlichen Sprache erzählt sie. Ohne jede Anmaßung. Ohne Probleme lösen zu wollen. In manchmal fast trocken-naiver Art berichtet sie; ohne Lyrik; und doch schwingt die Tiefe des Geschehens immer zwischen den Zeilen. Diese Frau, die sich verschenkt, die genommen wird, schaut immer das Ganze des Lebens, fühlt sich immer dem ganzen Dasein gegenüber mitverantwortlich. Die furchtbare Fraglichkeit dieser Angelegenheit, die wir »das Leben« nennen, und die dem Bürger zu einer albernen Uhrgewöhnung zwischen vier Mahlzeiten und acht Bureaustunden geworden ist, geht leise und mit unendlicher Traurigkeit und doch schreckhaft-intensiv von diesen Seiten aus. Diese Frau ruft sich immer wieder zu: bleibe aufrichtig, liebe inbrünstig die kalte Sachlichkeit! Sie haßt die Phrase und untersucht jede Regung des Herzens auf ihre sachliche Wahrhaftigkeit. Und da liegt wohl die Wurzel des Künstlertums dieser Frau: in der Gestuftheit ihres Bewußtseins, in der Fähigkeit, ihr Selbst zu spalten, sich selbst zuzusehen und zu analysieren. Manchmal muß man an die Rahel denken und ihre Art, sich zu perspektivieren. Emmy Hennings ist, in diesem Sinne, eine Romantikerin. Sie bemüht sich, »das große Lächeln zu lächeln« – diese schwerste aller menschlichen Künste zu lernen. Sie begreift ihre Ausschweifungen als einen »zwar nicht üblichen, aber doch kürzeren Weg zu Gott«. In einem wunderbaren Gebete findet diese Frau die Grundformel des menschlichen und vor allem des fraulichen Lebens: »Gott, laß mich doch direkt sein!« Ihre Bücher haben diese Direktheit dem Dasein gegenüber. Es gibt kein höheres Lob für einen Künstler und – eine Frau. Man muß sie lieben.

OEHA.

Anhalter Anzeiger. Dessauer Neueste Nachrichten. Amtsblatt der Stadt Dessau, Jg. 158, Nr. 88 vom 15. Februar 1921, S. 3 [Rubrik: Bücherwesen. Neu erschienene Bücher]

Von neuen Frauenbüchern

[…] Ein neues Tagebuch einer Verlorenen gibt uns *Emmy Hennings* in »*Das Brandmal*« (Erich Reiß, Berlin). Wer den Band mit den verschleierten Gelüsten nach Pikanterien in die Hand nimmt, kommt *nicht* auf seine Rechnung. Auch derjenige nicht, der sich in selbstgerechter Unversehrtheit hinsetzt: »Wie erfreulich einen Menschen zu Grunde gehen sehen, wenn man selbst gesund ist!«

Die »Verlorene« bejaht den von alters her umstrittenen Dualismus im Menschen. Ihre Seele lebt losgelöst vom Körper ihr inniges ernstes Leben in aufrichtigem Gottsuchen. Die Animierkellnerin – die Kabarettsängerin – die Schmierenkomödiantin – sie kann sinken, nicht *ver*sinken! Alles äußere Geschehen ist unwesentlich, das innere Erleben wird zum Ereignis. Mit künstlerischer Gestaltungskraft bringt uns die Dichterin ihre Heldin in glaubhafte Nähe. Wer soll das wertvolle, nachdenkliche Buch lesen? Alle, die nicht fragen: »Soll ich meines Bruders, meiner Schwester Hüter sein?« […]

M. T.

Sammelrezension in *National-Zeitung. Organ für Handel und Industrie* (Basel), Jg. 80, Nr. 151, Morgenblatt vom 2. April 1921

Das Brandmal

Es ist lange her, lange Jahre vor dem Kriege, da trat im Berliner Schwarzen Kater und im Münchener »Simplizissimus« eine Künstlerin auf, die sehr aus dem Rahmen der üblichen Kabarettgrößen herausfiel. Diese Künstlerin trug ein glattes, ganz hochgeschlossenes, schwarzes Sammetkleid, aus dem sich, umrahmt von einer goldblonden Pagenfrisur, ein schmales, zartes Gesicht erhob. Manchmal hatte dieses Gesicht einen unendlich leidenden, verwundeten Zug, manchmal sprühte es ein so haßerfülltes Feuer, daß den biederen Bürgern, die in diese Kabaretts kamen, lediglich, um sich einen Nervenkitzel zu verschaffen, eine Gänsehaut über den Rücken lief. Die Künstlerin trug mit einer spitzen, etwas nasalen Stimme Pariser Apachenlieder vor, die ihr Ferdinand Hardekopf eigens gedichtet hatte.

Nach den Vorstellungen schwärmte man dann durch Berlin, saß mit all den Leuten, die heute zum großen Teil ernsthafte und »seßhafte« Künstler sind, und damals wilde, gegen die Festungsmauern der Bourgeoisie wütende Bohémiens waren, im Café Größenwahn zusammen und raste gegen die bestehende Weltordnung bei einer Schale Kaffee, die der Oberkellner kreditieren mußte. – Diese Frau war Emmy *Hennings*, in dem Kreis um sie sah man die Münchener Kunstgewerblerin Lotte Pritzel, René Schickelé, Ferdinand Hardekopf, Erich Mühsam, den damals ultraanarchistischen Herausgeber der »Aktion«, Franz Pfemfert, den Maler Max Oppenheim, Rudolf Kurtz, Hanns Heinz Ewers, den Maler John Höxter und später den Dichter Johannes R. Becher.

Als dann der Krieg kam, ging ein Teil dieser Menschen in die Schweiz, hungerte sich durch, litt unter der Zeit, und aus der verglühenden Seelenasche entstanden dann einzelne Werke, die bewiesen, daß diese Künstler nicht nur Bohémiens waren, sondern wertvolle künstlerische Potenzen sind.

Emmy Hennings trat vor zwei Jahren mit einem kleinen Roman »Gefängnis« (Erich Reiß, Verlag) an die größere Öffentlichkeit. Das Buch zeichnet sich durch eine außerordentliche psychologische Feinheit aus. Es ist eine bittere Anklage gegen die Brutalität der Gerechtigkeit. Es ist ein gutes und dichterisches, wenn auch kein erfreuliches Buch, im bürgerlichen Sinne. Jetzt erscheint im gleichen Verlage ein neues Werk von ihr, »Das Brandmal« betitelt. Als *Mann* darüber zu schreiben ist schwer, denn man sieht und registriert wohl die Schwingungen einer von Sehnsüchten zerriebenen Frauenseele, wie sie dieses Buch darstellt, aber man erfaßt es nicht in seinen Wirklichkeiten. Wohl aber werden Frauen, die einsam einem gefesselten, frostigen Leben hinwelken müssen, sich der Verfasserin des Buches schwesterlich verbunden fühlen, in all den Sehnsüchten und dem Wunsche nach vergessenschaffendem Rausch, der dieses Buch durchbraust.

A. ZET.

Nicht nachweisbarer Druckbeleg im Nachlass aus der *Danziger Zeitung*, vermutlich Nr. 143 vom 5. April 1921

Emmy Hennings: Das Brandmal
Ein Tagebuch. Erich Reiß Verlag, Berlin.

Das Selbstgespräch eines jungen Mädels, das zwischen Theater, Weinkneipe und Freudenhaus taumelt. Kein sentimentales Tagebuch einer Verlorenen, auch kein Mirabeau'sches Tagebuch der Unzucht, sondern lautgewordene Gedankengänge eines hemmungslosen infantilen Wesens, das zuweilen schwachsinnig, zuweilen genial scheint. Ein junger verworrener und verwirrender Mensch im Nebel. Alles, was die Tagebuchschreiberin einträgt, ist nackter, instinktiver Einfall. Ein bloßgelegtes Gehirn. Ich finde die absolute, ungehemmte Triebhaftigkeit dieses Monologes tief erschütternd. Dies Buch grenzt an Dostojewsky.

[ANONYM]

Das Tage-Buch (Berlin), hg. von Stefan Großmann, Jg. 2, H. 14 vom 9. April 1921, S. 441 [Rubrik: Bücher]

»Das Brandmal«

Dieses Buch (»*Das Brandmal*«. Ein Tagebuch von Emmy *Hennings*. Erich Reiß-Verlag, Berlin) sollte in Vieler Händen sein. Bezwingend als menschliches Dokument, zeigt es künstlerisch die reinste und zarteste Prägung. Lebensnotdurft hat es geschweißt. Und obwohl die Dichterin eher fromm betend die Hände hebt als dröhnend am Strang erbarmungslos gehämmerter Glocken reißt, ist ihr »Tagebuch« unerbittlich geraten. Kein Schrei pöbelt aus dem Geschehen der Gosse; selbstherrlich bleibt das Erlebnis noch im kläglichen Animierlokal und *Café chantant*. Wer diese Blätter, in denen Erschütterung lautlos umgeht, liest, dem wird Nietzsches »schenkende Tugend« an einem Dirnendasein leibhaftig. Eine Asbestseele wahrt sich im Kampfe mit der gesellschaftlich gebrandmarkten Lebensform: keine Leibeigenschaft vermag Entscheidendes über den, der sich seeleneigen bleibt. An innerer Glut schmilzt im »Brandmal« stündlich ein fiebernder, jeder Emotion gleich Wachs williger Mensch; doch was ihn von außen her anrührt, entfacht ihm nur den blanken Stolz der Demut: »Die ganze Stadt habe ich zu säubern, das ist meine schwere Arbeit. Alle Sümpfe durchwaten.« Mag dieses Wort auch russisch erfühlt sein, so ist es doch auf Leidens Spur zugereift. Über den Schlamm ragt sie, »lebendiger Turm« ihrer Erlebnisse. Und wenn sich ihr das Haupt manchmal zu tief, allzu blond zu neigen scheint (»der Mensch erfüllt sich, indem er die Erde küßt, die er entweiht hat«), so wird sie dessen sogleich selber gewahr: »Wenn nur mein Hang zum Puritanischen nicht extra eitel ist« … Flagellantisch ist der Wahrheitsdrang dieses Buches; aber er hat nichts gemein mit der armseligen, im Wesensgrund unschöpferischen und darum nichtssagenden Wirklichkeitstreue, dank der manches »Tagebuch einer Verlorenen« zeitig in die Vergessenheit einging. Das Werk der Hennings verschmäht die Schminken und fahlen Puder und untermalt die Augen nicht dämonisch blau, um das Laster in Lebensgröße zu spiegeln. Was der Biedersinn gemeinhin so nennt, ist keine Angelegenheit greller Farbstifte noch einer wehleidig stümpernden Gelegenheitsliteratur. Im »Tagebuch« der Hennings findet eine genial veranlagte Natur voll seherischer Kraft und romantischer Gnade ihren Ausdruck. Vieles ist von einer erstmaligen und endgültigen Einfachheit des Begriffes und der Anschauung; alle Ehrenrettungen jener Verlorenen-Literatur werden daran zu schanden und sozusagen gegenstandslos. Ich habe lange kein Buch mehr erlebt, das an Unmittelbarkeit und innerem Zwang diesem gleichkäme. Aus dem Willen, »direkt zu sein« (wie Emmy Hennings es einmal ausdrückt), hob sich schon ihre Erstlingsschöpfung, *»Gefängnis«*, zu Bedeutung und Melodie; mit dem »Brandmal« aber ist dieser Wille weltbildhaft zur Vorstellung geweitet und formbildnerisch erfüllt.

Ehrfurcht und Ekstase des Schauens (das zunächst immer ein Staunen ist) vertragen sich durchaus mit minutiöser Beobachtung; gerade wer kein Ding und keine Kreatur unbeträchtlich findet, spürt überall auch das Gleichnis. Emmy Hennings' primitive und tiefsinnige Betrachtung eint und löst sich im Worte, das bei ihr oft verzückt und kindlich gläubig klingt, aber auch helle und spöttische Lust birgt. »Mein Wort sei der Offenbarungseid meiner Seele«, sagt sie einmal. Aber es ist eine überreich strömende Seele, die sich im Worte nicht ausgibt.

Nachtwandlerisch und wunschlos entkörpert in der Dämmerung der großen katholischen Dome, scheint diese Frau im leeren und verwegenen Betrieb nächtlicher Luststätten lichtscheu und sich selbst im Wege. »Alles nur Tanz um den Schatten«, seufzt ein dunkel verflatterter Falter; doch keine leise Lichtung im Schatten, die er nicht wahrnähme, keines Reigens flüchtigstes Regen, das ihm, zwischen Tod und Leben gaukelnd, entginge. Und zwischen allerlei ephemeren und törichten Liedern, die die »Kabarettistin« vorzutragen hat, lächelt's weltschmerzlich und fatalistisch wie aus einer Atempause: »Ich bemerke, daß es sich leichter singt, wenn man genau weiß, daß man einmal schweigen wird.« Den Operettenschlager schätzt sie sehr feuilletonistisch als »das Volkslied der Vergänglichkeit« ein.

So wird Schwermut immer wieder entfrachtet durch Grazie, Skepsis, Vergeistigung. Mit vibrierender Anteilnahme ist ein Straßenmädchen geschildert, das sich seine Ausstattung für die Heirat treuherzig »zusammenliebt«, aber darum mit rüden Reflexionen über Leben und Liebe nicht zurückhält. Das berüchtigte Kontrollbuch, der Dirnen Glück und Ende, findet eine euphemistische Charakteristik: »Dieses bedeutende Buch, das eine große Auflage hat« ... Ein langer Schauder mag hier der gespielten Laune nachzittern; doch keine soziale Lamentation wird laut.

Dabei ist die Solidarität der Hennings mit diesen Geschöpfen vollkommen. In Demutswollust erschiene es ihr wohl als Ehrentitel, *Prima inter ... Parias* zu heißen. Mit angestrengter und erbitterter Logik dem Trieb zur Erkenntnis zugeworfen, auf der schmalen Grenze von Scharfsinn und frommer Einfalt die abgegriffenen Werte und Worte nervös belauernd, denkt sie der Zeit und Ewigkeit nach. Eine Entwurzelte ertrachtet zäh und erregt den heimlichen Gipfel. Aus inniger seelischer Bereitschaft und leidenschaftlich gespannten Sinnen formt sich ihr ein sehr edles und starkes Werk der Kunst ...

Emmy Hennings, auf manchem Eintagspodium des weiten Vaterlandes (an dessen neuer Grenze, in Flensburg, sie geboren ist) nomadisch beheimatet, hat mit dem »Brandmal« sich im Bezirk der Dichtung fraglos und endgültig angesiedelt. Der Gefahr, daß bei ihr aus natürlicher Besonderheit Manier, aus Verzückung Augenaufschlag werden könnten, wird sie mit Klugheit zu begegnen wissen. Den heikelsten Distrikt menschlicher Beziehung und Satzung hat noch niemand mit keuscherem Adel und beredterer Zurückhaltung durchmessen als sie. Literarisch von hohem Stande, verleugnet die Hennings die nordische Grenznachbarschaft nicht. Von Hermann Bangs wehen Magien und zartem Lyrismus lebt manches in ihr, und Hamsun, den weltweiten, erdnahen Souverän unserer Schreibenden, trägt sie ehrfürchtig im Blute. (Den Hamsun des »Hungers« wie der »Mysterien«). Doch auch in der Nähe der großen Russen, denen sie gleichfalls wahlverwandt ist, bleibt sie sich selbst zugehörig und geschworen. Zum Ausgang des »Brandmals« sonderlich, da aus der landflüchtigen »*gueuse*« in der Heimat ohne großen Glockenlärm »*una poenitentium*« wird. Die sich nicht erst abzuschminken noch einen goldenen Schein aufs Haupt zu stecken braucht …

SIEGMUND BING

Frankfurter Zeitung, Jg. 65, Nr. 333, Erstes Morgenblatt vom 7. Mai 1921, S. 1
Die ersten vier Sätze wurden wiederabgedruckt in der Zeitschrift *Das literarische Echo. Halbmonatsschrift für Literaturfreunde*, Jg. 23, H. 18 vom 15. Juni 1921 [Rubrik: Echo der Zeitungen].

SIEGMUND BING (1878 Nürnberg – 1962 London). Journalist und Literaturkritiker. Studierte Jura, Nationalökonomie und Philosophie und promovierte 1905 an der Universität Würzburg. Ab 1915 Literaturkritiker bei der Frankfurter Zeitung; Beiträge für die Vossische Zeitung, das *Berliner Tageblatt*, die *Neue Zürcher Zeitung*, die *Frankfurter Tagespost* u. a. Befreundet mit Jakob Wassermann, dessen Biografie er 1928 schrieb; bekannt mit Max Brod, Oskar Maria Graf, Egon Erwin Kisch, Heinrich und Thomas Mann, u.v.a. 1939 Emigration nach England.

»Das Brandmal«, Roman von *Emmy Hennings*. Erich Reiß-Verlag, 1921. Berlin. – Ein bemerkenswertes Buch, in Tagebuchform, ohne absichtsvollen Stil, mit zärtlich entfallenden Satzschleiern und verweht geschrieben. Das Buch einer Frau, die vom Fraulichen schreibt, ist immer wohltuend zu lesen; sie wäre nicht Frau, schriebe sie nicht vom Menschlichen.

Aber die Nachzeichnung des Milieus, in dem sich ein Dirnenschicksal abrollt, mit seinen kleinen, dem Manne unauffälligen Lichtern und Farben, den koboldigen Formen, die die Seele faszinieren, sie bleibt hervorragend, wo das Erfassen des geistigen Gegenpols, der Gottfrage, die antipodisch immer wieder das Hetärenleben in den Schattenkegel dreht, mittelmäßig wird. Ist der Hindergrund des Heiligen, vor dem sich taumelnde Welt hingibt, geringsten Reizen widerstandslos, ist dieses Heilige nicht eine Ausgeburt verflüchtigster, verfeinerter Sinnlichkeit? Hoffen wir es. Sonst bliebe das Bußmotiv des Buches inmitten der Lebensnähe und Körperwärme dieses leidenden, aber doch so schönen Seelenkreises ein unorganischer höherer Literaturbehelf. Gott wird nur vom Sinnlichen her erlebt, nicht vom Geistigen – oder es ist dann ein anderer Gott, ein kalter, indifferenter, keineswegs Leiden schaffender, sondern angeschaut-schauender Gott. – Aus Pointen spricht das gottbegnadete warme Talent, wir freuen uns an einer über das Maß starken Autorin.

ROBERT MÜLLER

Prager Presse, Jg. 1, Nr. 96, Morgenausgabe vom 3. Juli 1921, S. 13

ROBERT MÜLLER (1887 Wien – 1924 Wien). Schriftsteller, Literaturkritiker, Verleger. Entdecker Georg Trakls. Befreundet mit Franz Blei, Alfred Polgar, Karl Otten und Leonhard Frank. 1919 Gründung der aktivistischen Geheimorganisation »Die Katakombe«, der auch Robert Musil beitrat. 1924 gründete er zusammen mit seinem Bruder die »Literarische Vertriebs- und Propagandagesellschaft m.b.H.« (später: Literaria) und den Atlantischen Verlag, der rasch Konkurs machte. Müller nahm sich im selben Jahr mit einem Lungenschuss das Leben.

Lebensbeichten

Vor einem Jahr etwa erschien in einem Berliner Verlag unter dem Titel »Gefängnis« ein Buch, worin eine junge Kabarettkünstlerin, *Emmy Hennings*, ihren Aufenthalt in der Strafgefangenenanstalt in Stadelheim bei München schilderte. Sie mußte wegen eines Eigentumvergehens dort einige Wochen abbüßen. Ein derart peinliches Erleben werden die meisten Menschen in tiefstes Schweigen hüllen – hier sprach jemand ganz offen und rücksichtslos davon, wie von einem Zufall oder Unglück, das ihn betroffen hat, und obwohl das Buch durchaus keine Anklageschrift war, etwa wie Hans Leuß' »Aus dem Zuchthause«, bot es doch geradezu erschütternde Einblicke in das Seelenleben der Gefangenen. Man fühlte, daß man hier einer ganz ungewöhnlichen Persönlichkeit, daneben auch einer starken und natürlichen Begabung gegenüberstand. Jetzt hat Emmy Hennings ein zweites Werk herausgegeben: *Das Brandmal*. Ein Tagebuch. (Berlin W 62, Erich Reiß Verlag. Preis 28 Mk.) Dieses, ihr neues Buch bringt den endgültigen Beweis, daß sie eine Dichterin ist.

Ja, man braucht durchaus nicht fürchten, der Übertreibung geziehen zu werden, wenn man rund heraus erklärt: hier ist ein weiblicher Knut Hamsun erstanden. Nicht als ob Emmy Hennings den Schöpfer des »Hunger« und des »Pan« irgendwie nachzuahmen suchte – vielleicht kennt sie ihn gar nicht –, sondern um dessentwillen, weil auch in ihrem Buch (man darf es wohl einen autobiographischen Roman nennen) ein unendlich tief veranlagter Mensch grenzenlos allein in einer Welt steht, die er und die ihn nicht begreift. Aber auch rein äußerlich erinnert die Heldin des »Brandmals« an den Erzähler des »Hungers«. Wie dieser hungernd und ohne Geld durch die Straßen von Christiania irrt, so fährt Emmy Hennings, nur wenige Pfennige in der Tasche, von Münster, wo sich die Schauspielertruppe aufgelöst hat, der sie angehörte, eines Abends nach Köln. Vergoldet in der Abendsonne ragen die Türme des Doms, und das junge Mädchen betritt die kühle Kirche. Hier kommt ihr das Grausame und Furchtbare ihrer Lage, allein und mittellos in einer fremden Stadt zu sein, grell zu Bewußtsein. Um ihren Hunger zu stillen, geht sie in ein Kaffee und wird hier beinahe zur Zechprellerin, hätte nicht ein zufällig erscheinender Berufskollege ihre kleine Rechnung bezahlt. Aber dieser Biedermann gibt ihr außer dem Gelde noch etwas sehr Übles, nämlich den Rat, in einem gewissen berüchtigten Lokal ihr Glück zu versuchen. Beinahe willenlos geht die Künstlerin auf den Vorschlag ein und findet dort bald einen »Kavalier«. Ohne Beschönigung, aber doch nur leise andeutend schildert sie das Grauen, das sie angesichts dieser Preisgabe empfindet. Sie bringt die nächsten Tage und Nächte hungernd im Freien zu, verkauft eines Tages ihre schönen blonden Haare, begeht in der Verzweiflung einen kleinen Mietschwindel und nimmt schließlich eine Stelle als Animierkellnerin in einer Weinkneipe an. Aber auch zu diesem Beruf fehlt ihr völlig das Talent, und so wird sie eine Art von Hausiererin von Ozonapparaten, einer zweifelhaften Erfindung, durch deren Vertrieb sie sich das zum Leben Notwendigste beschaffen kann. Dazwischen liest sie Dostojewskis »Raskolnikow« und findet im Schicksal der unglücklichen Sonja ihr eigenes wieder. Bald gleitet sie aber doch rettungslos in die Tiefe und wird schließlich Insassin eines sogenannten »Mädchenpensionats«. Da schreibt sie ins Tagebuch: »Ich glaubte schon, ich hätte das Schale, das Nichts der Welt erfaßt, und dachte: was kann mich beleidigen? Diese Schande ist leicht zu ertragen, denn wer Schande aufsucht, kann der gekränkt sein? So glitt alles an mir ab, und mir blieb nur in seltenen Stunden eine wehmütige Bitterkeit. Ich vertraute es nur sehr leise meinem Zimmer an, und war nur ein kleiner Seufzer: wie niedrig die Welt sein kann .... Auch seufzen werde ich bald nicht mehr, und vielleicht wird dann meine Seele tot sein. Dann bin ich nur noch eine wandelnde Leiche.«

Eines Tages entwindet sie sich aber auch diesem Leben »im dunkelsten Winkel« und findet in einer anderen Stadt wieder ein Engagement an einem Wandertheater. Spielt in Lübeck, in Münster, in Bremen die blöde Posse »Köln bei Nacht« (für 150 Mk. im Monat) und brennt zuletzt durch. Auch in Gießen hält sie es bei einer fahrenden Truppe nicht lange aus, und gerät schließlich in Frankfurt a. M. in ein Budapester Possen-Ensemble. Da gibt's ein lustiges Leben bei Sektgelagen in Tanzbars – trotzdem kommt sie eines Tages auf den merkwürdigen Einfall, der dortigen Anatomie ihren Körper zu verkaufen, um wenigstens für einige Zeit aus diesem »Freudenleben« sich herausretten zu können. Es wird aber nichts daraus, und weiter führt sie der Weg nach Hannover, wo sie im Moulin Rouge tanzt, und endlich nach Budapest ins »Royal Orpheum«. Hier erkrankt sie schwer und wird zu ihrer Mutter im Norden zurückgeschickt, wo sie sich langsam erholt.

Von dem wirklichen Inhalt des Buches gibt diese Inhaltsangabe nur ein sehr mangelhaftes Bild. Gewiß: wir hören eine Entgleiste erzählen, nach bürgerlichen Begriffen, eine *traviata*. Aber diese *traviata* ist zugleich auch eine Magdalena, und gewiß nicht in gewöhnlichem Sinn. »Ihr stoßt ins Leben uns hinein, und laßt den Armen schuldig werden ...« –, so wenig, wie wir Faust's Gretchen trotz ihrer Verfehlung verachten, so wenig können wir der vom Leben so unsanft geschüttelten Künstlerin unser Mitgefühl versagen. »*Que la trompette du dernier jugement sonne, quand elle voudra, je viendrai ce livre à la main me présenter. Être éternel, que chacun decouvre à son tour son coeur avec la même sincérité, et puis qu'un seul te dise, s'il ose: Je fus meilleur que cet homme là!*« Jene berühmten Worte auf der ersten Seite von Jean Jacques Rousseaus »Bekenntnissen« könnte auch Emmy Hennings für sich wiederholen. Ihre stilistische Künstlerschaft aber gibt Gewähr, daß sie auf ihrem Dichterweg noch reiche Früchte pflücken wird.

ADOLF DANNEGGER

Schlesische Zeitung (Breslau), Jg. 180, Nr. 321 vom 3. Juli 1921, Unterhaltungsbeilage, 3. Bogen

ADOLF DANNEGGER (1880 München – 1926 Breslau). Kritiker, Redakteur und Schriftsteller. Von 1902 bis 1905 zusammen mit Alexander von Bernus Mitherausgeber der Münchner Zeitschrift *Die Freistatt. Kritische Wochenschrift für Politik, Literatur und Kunst.* Beiträge für die Zeitschriften *Die Wage, Die Gesellschaft, Der Tag* und *Das literarische Echo.* Später Feuilletonredakteur bei der *Augsburger Abendzeitung* und Theaterkritiker bei der monarchistischen und deutschnationalen *Schlesischen Zeitung.*

Emmy Hennings: »Das Brandmal«

Ein Tagebuch.

(Erich Reiß Verlag, Berlin)

In einer Zeit, die das Interessante vom Uninteressanten zu unterscheiden wüßte, würde dieses Buch viel gelesen werden. Während der letzten Jahre aber ließen sich die Leser, die nicht wahllos alles verschlangen, von artistischen oder moralischen – in einem tieferen Sinne also noch stofflichen – Tendenzen gängeln und waren innerhalb des von ihnen bevorzugten Gebietes dennoch meist unwählerisch. Jetzt, da die Quellen jener Tendenzen versiegen, versiegt, zumal unter der wirtschaftlichen Atemnot, jedes Interesse an literarischen Werken von Wert, sofern sie nicht durch den Namen des Verfassers oder durch ihr Thema auffällig sind.

Wollte man das Buch von Emmy Hennings auffällig nennen, so wäre das ein Mißverständnis, es sei denn, man meinte nicht den Inhalt, sondern das besondere Licht darin, in einem menschlichen und künstlerischen Sinne. Es ist ein Abenteuerbuch, aber nicht durch das Äußere und die Folge und Verknüpfung seiner Ereignisse, obwohl diese merkwürdig sind. Das »Brandmal«, von dem eine Kabarettistin in ihrem Tagebuch erzählt, ist ihre käufliche Hingebung. Sie geschieht in einem gleichsam überwachten Seelenzustande: im Hunger wird die Welt sonderbar, erregend und gleichgültig zugleich, aus Überempfindlichkeit wird das Erleben zuweilen unempfindlich, der Wechsel der Geschehnisse entsteht aus einem sehnsüchtigen Getriebenwerden ebenso wie aus einem enttäuschten Sichtreibenlassen. Weil es ihr zweifelhaft scheint, ob der notvolle Mensch oder die Fülle des Daseins draußen das eigentlich Bewegte ist, weil die Aufmerksamkeit, der Gerechtigkeitsdrang und die Hilflosigkeit eines ewigen Bedürfnisses zu lieben sie in Atem hält, findet die Tagebuchschreiberin niemals ein Obdach von Dauer, sondern immer bloß eine unruhige Zuflucht. Sie singt und spielt auf Bühnen, um die ein Aroma von gutmütig brutaler, weicher, flitterhafter Verderbtheit ist, sie lebt als Pennschwester im Park, als Kellnerin in einer Animierkneipe, als Hausiererin mit Ozongeruchtabletten, als Pensionärin in einem zweifelhaften Mädchenhort, als Mieterin bei bäuerischen dummen fettbürgerlichen Wirtinnen, in Cafés, auf Eisenbahnen. Nicht die Summe dieser Situationen macht den Bericht zu einem Abenteuerbuch, sondern ihre Einheit in der Berichtenden. Wir sind von der Wahrheit überzeugt, wir haben nicht das Gefühl, es mit einem verschlagenen Menschen, mit einem Sonderfall zu tun zu haben. Aus ihrem Atmosphärischen werden die Erlebnisse begreiflich gemacht, empfangen sie Farben und Gedanken. Zwei traumhafte Worte begegnen der Verfasserin oft, die Worte »Warum ich?« Sie ist, wie sie einmal sagt, ihres inneren Zeichens Lastträgerin. Zu erfahren, zu leiden, sich selbst zu erkennen, auf eine verantwortliche Weise unverantwortlich zu sein, ist ihr Geschick. Wenn sie den Körper feilhält, so wird der Geist weit mehr mitgenommen als der Körper. Jede Anklage und Selbstanklage ist voll Süße, Erstaunen, Ernst und Anmut. Alle Leichtfertigkeit ist liebenswürdig, sie ist nur das Gegenteil von Schwerfälligkeit, die religiöse Innigkeit vogelschnell und vogelhold. Alles Paradoxe scheint wahr: Die Eitelkeit ist nichts weniger als eitel. Die Naivität wird erst im vollen Strahle des Bewußtseins naiv, eine leise Behutsamkeit des Selbst zeigt sich als offene Tapferkeit, die weibliche Gefühlsentscheidung äußert sich als Sicherheit und Präzision des Ausdrucks.

OSKAR LOERKE

Berliner Börsen-Courier, Jg. 53, Nr. 353 vom 31. Juli 1921, Sonntagsbeilage »Der Bücherkarren«

OSKAR LOERKE (1884 Schwetz – 1941 Berlin). Dichter des Expressionismus und des Magischen Realismus. Erhielt 1913 den Kleist-Preis. Von 1910 bis 1917 Mitglied der Berliner »Donnerstags-Gesellschaft«. Ab 1917 Lektor im S. Fischer Verlag. Von 1920 bis 1928 zahlreiche Rezensionen im *Berliner Börsen Courier*. 1929 bis 1932 Rezensionen für die Literaturzeitschrift *Die Kolonne*. Wurde 1933 aus der Preußischen Akademie der Dichtung ausgeschlossen und die meisten seiner Schriften wurden verboten. Unterschrieb im gleichen Jahr das »Gelöbnis treuester Gefolgschaft« zu Adolf Hitler.

Emmy Hennings. Das Brandmal. Ein Tagebuch als Roman einer Unglücklichen. Verlag Erich Reiß, Berlin. – Ungleich größer und in der kahlen Einförmigkeit dieses grausen Erlebens auch erschütternder, als Margarete Böhmes »Tagebuch einer Verlorenen«, weil unendlich wahrheitsgemäßer, ist *dieses* Buch, das hineinleuchtet in das öde Leben der Prostituierten. Emmy Hennings erscheint uns als die gegenwärtig bedeutendste Romanschriftstellerin Deutschlands, eines symbolischen Neunaturalismus, der mit den aufwühlenden Mitteln ungeschminkter Tatsächlichkeit, aber gerade deshalb grandios arbeitet. Wir glauben, daß es eine ähnliche, vibrierend geschriebene Lebensschilderung des gepeinigten und mißbrauchtesten Weibestypus in der Gesellschaft des männlichen Geschlechtsvorrechtes, also Unrechts, worin wir trotz Frauenstimmrecht noch leben, nicht gibt, wohl in keiner anderen Sprache auch nicht. Das Buch besitzt keinerlei Phantastik, aber unendlich viel Phantasie, Vorstellungsvermögen und Begriff für das weiblich allmenschliche Unglück. Man lebt es mit, das scheinbar Wirre und Unzusammenhängende, in ihm ist zitternder Schrei aus tiefstaufgewühltem Frauengemüt. »Das Brandmal« wird stets das bleibendste Wahrheitsdokument über das Lebensschicksal jener Unglücklichen sein, die zu den erniedrigtesten Sklavinnen des Geldes gemacht werden!

LANDAUER

Erkenntnis und Befreiung. Organ des herrschaftslosen Sozialismus (Wien), hg. von Pierre Ramus, Jg. 3, Nr. 36 vom

7.–13. August 1921, S. 3 [Rubrik: Vom Büchertisch]

Walter Landauer (1896 Mannheim – 1978 London). Biologe und Genforscher. Neffe des 1919 von Freikorps ermordeten Gustav Landauer und diesem eng verbunden. 1919 bis 1920 Mitarbeiter der *Freien Zeitung* in Bern mit Hugo Ball, von *Erkenntnis und Befreiung* (1920–1921) und der Basler Zeitschrift *Aufbau*. Promovierte 1922 in Heidelberg als Biologe; ging 1924 in die USA und lehrte Biologie und Genetik an der University of Connecticut.

Das Brandmal. Ein Tagebuch von Emmy *Hennings*. (Erich Reiß Verlag, Berlin W 62. Geh. 28 Mk.)

Dieses Buch der wenig gefühlsseligen, eher geistesscharfen Verfasserin, deren Tagebuch »Gefängnis« zu eindringlich war, als daß wir es vergessen hätten, ist nicht das »Tagebuch einer Verlorenen«: stellt den Jahresbericht eines Menschenkindes dar, das sich nicht verlieren kann; das, trotz Schmiere, Kabarett und Gosse, Schmutz der äußeren Lage, innerlich rein bleibt, mehr beobachtet und sinniert als erlebt, um, eigentlich unerwartet, Gottsucherin, Gottfinderin zu werden. – Auch dieses Buch ist eindringlich, bewußt dezent, gallig humorig, klug besinnlich, direkt im Ausdruck, aber nie frech; enthält geglückte »Pendants«, beweist Phantasie. Und doch ist die Wirkung gering: weil dieser Dualismus – Leben, Schmutz, Erleben, Gottsuchen – nicht glatt geglaubt wird, höchstens, als Einzelfall, Beachtung, vielleicht auch Mitleid verdient; weil man fühlt, daß es der Verfasserin zu sehr auf Besinnlichkeit ankam – auf Handlung lediglich ihr zuliebe; weil man auch ohnedies geneigt ist, an das Reine zu glauben! Daß ein so weltflüchtiger Mensch, geradezu nebenher, diesen realsten Beruf ausübt, empfindet man als Riß. Also schwingt unsere Seele kaum mit, nicht nach; ist die Lektüre ein harter Weg, das Ende des Buches Erlösung. Darin dürfte sein Wert liegen: daß wir hoffen, brav und bieder, daß die Heldin in Zukunft Leben und Erleben in Einklang zu bringen versteht; die Verfasserin weniger steinige Wege versuchen, die glattere Bahn des Romans beschreiten wird!

Dr. S. B. [Siegfried Berberich]

Weser-Zeitung (Bremen), Jg. 78, Literarische Beilage Nr. 101 vom 21. August 1921.
Wiederabdruck in: *Münchener Post für Kunst, Literatur und Volksbildung*, Bei-

lage »Aus Kultur und Geisteswelt«, Nr. 10, vom 14. Oktober 1921, S. 4 [Rubrik: Bücherbesprechung]

SIEGFRIED BERBERICH (1891 Hanau – vermtl. nach 1955). Chemiker, Schriftsteller und Kritiker, u. a. für *Prager Tagblatt*, *Das gelbe Blatt*, die Wochenschrift *März*, das Hamburger *Israelitische Familienblatt*, die Linzer *Tages-Post* und die expressionistischen Zeitschriften *Der Revolutionär* und *Der Einzige*. Veröffentlichte den Roman *Emil. Ein Epos* (1922). Von 1924 an Erster Schriftführer des Münchener Journalisten- und Schriftstellervereins. Besaß Ende der 1920er-Jahre einen eigenen Verlag. Emigrierte 1939 in die Schweiz.

Hennings Emmy. Das Brandmal.
Verlag von Emil Reiß, Berlin.

Schon manches Buch las ich mit atemloser Spannung, selten eins mit so steigender Freude. Ein Mensch steht vor Gott, der in die dunkelsten Kammern seiner Schöpfung taucht, von Karma getrieben. Und noch aus einer logischen Folge seines Menschlichen, Allzumenschlichen heraus, die weniger grausam sich auswirkte, wenn jeder mit einem Anrechte zum Leben auf die Welt käme, dem Rechte, das mit ihm geboren. Damit niemand gezwungen wäre, sein Erstgeburtsrecht, soll heißen den besten Teil seiner Seele, gegen ein Linsengericht zu vertauschen.

Ein Mensch steht vor Gott, in bitterster Leibes- und Seelennot. Und klagt ihn nicht an und nicht die andern. Ein vornehmer, gütiger Mensch mit Wahrheitsmut erlebt den Abgrund. Sieht das Elend der Elendesten und möchte helfen, weniger retten. Dazu ist Emmy Hennings zu wahrhaftig, weiß, daß die Rettung nur aus dem eigensten Wesen des Menschen kommen kann, aus innerer Wandlung.

Im Verlage von Erich Reiß ist schon manch ein Tagebuch erschienen, doch keines reicht in der Geschlossenheit und strengen Durchführung an dieses heran, das an Höhe der Weltauffassung sich mit dem edelsten messen kann. Eine kleine Schauspielerin, die sich wichtig nimmt, schreibt ihr Erleben nieder. Sie ist eine psychologische Erscheinung, besitzt Eigenart, kann selbständig denken und – hat eine Schwäche, die aus ihrer Güte resultiert, – sie kann nicht nein sagen, kann sich nicht wehren gegen Stärkeres. Trägt ihr Verhängnis im Tornister. Wer trüge es nicht? – Ihr Ensemble löst sich auf, sie steht mittellos in der fremden Stadt. Hat Lebensmut und Kaffeedurst, geht in ein Café, mit 42 Pfennig in der Tasche. Das Weitere findet sich, sie kann nicht nein sagen. Konsequenz.

Was das Buch so anziehend macht, ist nicht nur die seelisch vertiefte Art der Darstellung mit ihrer psychologischen Kleinmalerei, die uns verstehen lehrt, was selbst dem menschlich Fühlendsten unverständlich; die besonders auch dem Manne zeigt, wie er selber einen großen Teil, wo nicht den größten, zum Jammer der Menschheit beiträgt. Es ist der Mensch an sich, der nackt vor uns in der Sonne steht, – das Wunder. Der eigentliche Mensch ist ein Wunder und ein Maßstab für seine Zeit.

Was ist der vollendetste Kunstroman gegen das warm pulsierende Leben einer starken Persönlichkeit, die sich selbst gibt, auch da noch, wo sie dadaistisch stammelt. Kosmisches Wollen ist in dieser Dichterin, die die Welt verwandeln und umschaffen hilft mit Caritasliebe. Nicht von außen her, wie andere das auch mögen. Der wahre Schöpfer beginnt bei sich selbst und zwingt dadurch die andern in seinen Bann, die um ihn kreisen müssen, sie mögen wollen oder nicht. Er wirkt und schafft, indem er bewußt teilnimmt am Geschick des einzelnen, ja noch am Geschick der Verworfenen, wie die Heldin des Buches. Ohne sich endgültig damit zu verquicken. Sie löst sich ab, eine Besondere; bleibt sie selbst. Der Mensch an sich. Zuweilen kommt sie uns mystisch, nur dem Eingeweihten verständlich. Das gibt zu denken. Wie kommt eine so hochgeartete und hochgemute Seele zu diesem Lebenslauf? Ohne Zweifel, sie hatte und hat eine Aufgabe, die nur auf diesem Wege zu lösen war. Nur wer auf den untersten Stufen des Menschseins gestanden, wird die Kraft aufbringen, zu heilen, zu retten selbst das noch, was verloren schien.

HEGA DORNRODE

Die neue Generation. Publikationsorgan des Deutschen Bundes für Mutterschutz und der Internationalen Vereinigung für Mutterschutz und Sexualreform (Leipzig), hg. von Helene Stöcker, Jg. 17, Nr. 9 (September 1921), S. 274 f. [Rubrik: Literarische Berichte]

HEGA DORNRODE. Biografische Daten unbekannt. Weitere Artikel von Dornrode sind in der *Berliner Volkszeitung* (Jg. 69, 1921), der von Eugen Diederichs herausgegebenen *Die Tat. Monatsschrift für die Zukunft deutscher Kultur* (Jg. 18, 1927) und in *Die Uhrmacher-Woche* (Jg. 39, 1932) nachgewiesen.

Emmy Hennings. Das *Brandmal*, ein Tagebuch. Erich Reiß – Berlin.

Das Brandmal der Emmy Hennings ist das Schandmal vom Elend der Geistigen; ihr Leben als stellungslose, hungernde Schauspielerin, das sie nicht sentimental, aber mürbe macht. Trotzdem benutzt sie ihr Unglück und tragikomisches Pech nicht als pathetisches Plaidoyer gegen Schicksal oder schlechte Menschheit, sondern als gestaltungskräftige, gestaltenreiche Milieuschilderung. So wurde aus den hundert Geschichten der deutsche Roman einer Großstadtvagabundin. Ihr Tagebuch beginnt von der entlassenen Schauspielerin in einem Kölner Café und einer Zeche, deren Bezahlung sie von einem glücklichen Zufall erhofft. Dieser Zufall erscheint in Form eines früheren Kollegen, der ihr Geld gibt und einen Tip für jenen Weg, den man gemeinhin die schiefe Ebene nennt. Nachdem sie noch erst ihr letztes Jackett und ihr Haar versetzt hat, führt sie nacheinander das Dasein einer Animierkellnerin, Hausiererin mit Desinfektionsapparaten, Insassin eines »öffentlichen« Pensionats und einer Caféchantantkünstlerin. Die ganze Tragik löst sich in eine Folge peinigend lächerlicher Situationen auf. Alle diese Begebenheiten spielen wohl nur vor 1914 da der Krieg nicht erwähnt wird. An sich bleibt das nämlich unerkennbar, denn für diese Menschenklasse der ewig Mittellosen, die nicht in der – heute reichgewordenen – Kaschemmenwelt verkehrten, hat sich nichts geändert, weil es ein schlechter nicht gab. Emmy Hennings selbst, die Dänin, gehört der guten, produktiven Bohême an. Mit Huelsenbeck und ihrem jetzigen Gatten, dem Schriftsteller Hugo Ball, gründete sie in Zürich das berüchtigte und berühmte »Kabarett Voltaire«. Ihr Vortragstalent zeigte sie zu einer Zeit, als das Chansonsingen noch nicht Mode war, ihre schriftstellerische Begabung beweist sie in diesem Buche.

WALTER MEHRING

Berliner Tageblatt, Jg. 50, Nr. 416 vom 4. September 1921, 4. Beiblatt, Beilage »Literarische Rundschau«
Gekürzter Wiederabdruck (anonym) in: *Lodzer Freie Presse*, Jg. 4, Nr. 259 vom 13. Oktober 1921

WALTER MEHRING (1896 Berlin – 1981 Zürich). Dichter, Schriftsteller und Satiriker. Beteiligte sich 1918 an den Aktionen der Berliner Dada-Gruppe; wurde bekannt mit den Gedichtbänden *Das politische Cabaret. Chansons, Songs, Couplets* (1920) und *Das*

Ketzerbrevier (1921). Mitarbeiter von *Die Weltbühne, Das Tage-Buch, Der Sturm, Der blutige Ernst, Die Zukunft* u. a. Verfasste Chansons für die Kabarettbühnen von Max Reinhardt, Trude Hesterberg und Rosa Valetti. In den 1920er-Jahren einer der bekanntesten satirischen Autoren der Weimarer Republik. 1933 Emigration nach Paris.

»*Das Brandmal*« von Emmy *Hennings*, der Autorin des Tagebuches aus dem zerbrochenen Leben »Gefängnis« (Erich Reiß-Verlag, Berlin), das Pendant zu Hugo Balls »Flametti« (ebenda) ist traditionell: das vorige Geschlecht, Auf- und Niederstieg einer kulturell unübertreffbar dämonischen Kanaille, die ebenso korrekt in Palästen wie in Spelunken sich bewegt, jagt die Rapidität ihres eigenen Ichs ab. Stolz und ungeahnt, ungefühlt, bleibt sie diesem Weltall fern. [...]

SYLVIA VON HARDEN

Prager Presse, Jg. 1, Nr. 186, Morgenausgabe vom 2. Oktober 1921, S. 13 [Rubrik: Neue Bücher]

SYLVIA VON HARDEN (d. i. Silvia von Halle, verh. Lehr) (1894 Hamburg – 1963 Croxley Green/London). Journalistin, Lektorin und Dichterin. Ab 1916 Freundschaft mit Emmy Hennings. Von 1916 bis 1921 Sekretärin für den Max Rascher Verlag in Zürich. Veröffentlichte 1920 den Gedichtband *Verworrene Städte*. Von 1918 bis 1920 Kolumnistin für die Monatsschrift *Das junge Deutschland*; von 1919 bis 1923 Beiträge für *Die rote Erde*; ab 1923 Mitarbeiterin des *Berliner Tageblatt*, der *Frankfurter Zeitung* und der *Prager Presse*. Emigrierte 1933 nach England.

[...] Ganz anderer Art ist »*Das Brandmal*« von *Emmy Hennings*. (Verlag Reiß, Berlin.) Es enthält die Tagebuchblätter einer jungen Frau, die aus Armut und Unglück, vielleicht auch aus Suchen und Sehnen auf wenig bürgerliche Wege gerät, und darauf reinen Herzens wandelt, denn »es gibt keinen Menschen, der mich zugrunde richten kann. Es ist eine Ausrede manches unglücklichen Mädchens. So lange der Mensch lebt, geht er nicht zugrunde.« Dann und wann berührt sich die Grundstimmung dieses Buches mit dem neuen Werk von M. Marx, das weiter oben besprochen wird; was dort kraftvolles Suchen und Finden ist, bleibt hier in zartem Ahnen hängen. Ein Buch ohne Komposition und feste Linie, aber voll demütiger Hingabe an das Wunder Leben, voller Stimmungsfeinheiten! – [...]

[ANONYM]

Schweizer Frauenblatt. Organ für Fraueninteressen und Frauenaufgaben (Aarau), Jg. 3, Nr. 51 vom 17. Dezember 1921, Weihnachtsbeilage [Rubrik: Gute Unterhaltungslektüre]

Emmy Hennings: *Das Brandmal.* Ein Tagebuch. Verlag Erich Reiß, Berlin.

Jedes gedruckte, gesprochene, gedichtete Wort, überhaupt das *Wort* hat soziale Kraft. Es vermittelt von Mensch zu Mensch, mehr als das Geldstück. Und wenn heute das Geldstück große Wirtschaftsgesellschaften bildet, so hat das Wort zwar nicht heute, aber im Mittelalter große Geistesgesellschaften zu bilden vermocht, wovon in unsere Tage hinein Kirchen und Schulen das Zeugnis sind. Wenn man an diese Tatsache denkt, ist man enttäuscht, daß das Wort heute so wenig bindende Kraft hat. Diese Kraft schlummert. Aber in der Phantasie ist sie doch vorhanden. Soziale Kraft in Phantasie – das sind Romane.

Mag der besondere Wille eines Romanes sein, welcher er wolle – er kann nur unterhalten, oder unterrichten, oder aber bilden wollen – immer stellt sich ihm die Aufgabe dies im Hinblick auf einen Kreis, eine Familie, eine Gesellschaft, ein Volk von Menschen zu tun. Je größer er das Bild eines Kreises von Menschen fassen kann, desto mehr ist er Roman.

Emmy *Hennings* nennt ihren Roman nur ein »Tagebuch«. Das macht, sie konnte in den vielen und wenigen Menschen, mit denen ihr Buch zu tun hat, nicht die glückbringende Gesellschaft finden, welche ein nachdenklich verkümmerndes Einzeldasein in ein großes Menschendasein zusammengeschlossen hätte.

Es ist das Tagebuch eines Mädchens. Und es ist mit Schaudern zu lesen, wie diesem Mädchen erst die Bindungen des Elternhauses, dann die des Berufes (als Schauspielerin), dann die der Menschen überhaupt verloren gingen. Die Menschen, die ihm begegnen, haben keine Kraft der Freundschaft mehr, keine Liebe, nur noch zerstörerisches Genießenwollen. So ist eine Weile dies Mädchen überhaupt kein Ganzes mehr, es verliert sich, Leib und Seele trennen sich ihm (Erlebnis des zweiten Gesichts), und es geht oder träumt dann einen dunklen Gedankenpfad zur Liebe, zu Gott, zur Mutter zurück.

Unter den heutigen Romanen ist dies Tagebuch ein echtes aber grauenvolles Wort. Auch die katholische Mystik, in der es mangels jeder anderen Gemeinschaft, einen letzten umkreisenden Halt sucht, ist ja nur Hilfsmittel, nicht Rettung.

Die Leser der »Basler Nachrichten« haben Emmy Hennings' gedanklich plaudernde Erzählungsweise in einer hübschen Skizze »Aus dem Tessin«, wo Emmy Hennings lebte, im Sonntagsblatt vom 30. Oktober kennen gelernt.

U.

Basler Nachrichten, Jg. 77, Nr. 542, Mittagsausgabe vom 20. Dezember 1921 [Rubrik: Literatur]

Von anderer Art – absolut nicht als Jugendlektüre geeignet – aber mächtig und als Kunstwerk meisterlich in seinem wohl verzweifelten wahren Realismus ist *Emmy Hennings'* »Das Brandmal«, erschienen bei Erich Reiss, Berlin. Fast in jedem Land und jeder Epoche findet man Literatur, die das Thema »Tagebuch einer Dirne« belletristisch behandelt. Kaum entsinnt man sich an etwas *so* Ergreifendes wie dieses Werk, welches uns die junge Schauspielerin zeigt, die, als die Gesellschaft zerbricht, nachdem sie ihr Haar verkaufte und mit dem schlimmsten Humbug handeln musste, den keiner kaufen wollte und worüber sie sich selbst schämt, am Ende keinen Wert mehr hat außer – sich selbst. Wir zitieren ein Gespräch aus dem Buch, welches einen kurzen Einblick in die Art gibt. Es ist sie, die mit einem »Besucher« spricht: Worüber denken Sie nach:

– An Sie, dass Sie so leben. Sie gehen ja zu Grunde auf diese Weise!

– Hören Sie einfach auf an mich zu denken, es wird nichts nützen. Es ist übrigens seltsam, warum so manche Männer mir sagen, dass ich zu Grunde gehe! Aber das ist immer – danach. Warum beteiligt ihr euch dann alle an dieser Zerstörung.

– Es ist wahr.

– Ja, das soll kein Vorwurf sein, – ich glaube auch nicht, dass irgendein Mensch mich zugrunde bringen kann. Solange der Mensch lebt, geht er nicht zu Grunde. Das ist nur eine Ausrede vieler unglücklicher Mädchen. Ich habe bittere Tage und Nächte, aber die Hoffnung ist in mir, und den Bäumen bekommen Moor und Dünger ja auch gut.

– Was sind Sie denn für ein Baum?

– Vielleicht eine Trauerweide, deren Zweige sich weinend neigen über eine Welt, die ihre Einfachheit verlor. – –

KNUD F.

Aalborg Stiftsidende, Nr. 252 vom 28. Dezember 1921, S. 5 [Rubrik: Lidt udenlandsk Lekture. Tysk og italiensk] Übersetzt von Julia Swane

---

Dichtung und schöne Wissenschaft 1920/21

[…] Das zarte Talent der *Emmy Hennings* lässt dem Roman »*Gefängnis*« einen zweiten »*Brandmal*« (Erich Reiss) folgen. Mit ihrem geringen Gepäck an geistiger Kleidung zeigt diese Frau, dass sie eine ausgezeichnete Dichterin ist. Die alte Skala zwischen verkauftem Leib und der unverkäuflichen Seele spielt sie mit religiösem Ernst und zugleich unverrückbarem Geschmack. Einen ganz barocken Humor streut zuweilen das kölnische Milieu in ihre Darstellung – ohne doch je den wehen Duft der Bescheidung zu stören, der über den Linien der Worte träumt. […]

HEINRICH EDUARD JACOB

Sammelrezension in *Mosse Almanach 1922* (Berlin: Rudolf Mosse Verlag 1922), S. 111–124, hier: S. 118

HEINRICH EDUARD JACOB (1889 Berlin – 1967 Salzburg). Journalist, Schriftsteller und Übersetzer. Um 1909/1910 lose verbunden mit dem Neuen Club und dem Neopathetischen Cabaret. Ab 1912 Theaterkritiker, von 1916 bis 1918 in der Schweiz, ab 1921 wieder in Berlin. Beiträge für zahlreiche literarische Zeitschriften. Herausgeber der Literaturzeitschrift *Der Feuerreiter* (1922–1924) und der Anthologie *Verse der Lebenden. Deutsche Lyrik seit 1910* (1924). In den 1920er-Jahren ein bedeutender Theater- und Musikkritiker und erfolgreicher Schriftsteller.

Das Brandmal. Ein Tagebuch von Emmy Hennings. Berlin, Erich Reiß-Verlag. 327 Seiten.

Ein Bekenntnisbuch, ähnlich und stärker als das »Gefängnis« derselben Verfasserin. Schauspielerin, Dirne, Kabarettsängerin, Animierkellnerin, treibt sich diese Bekennerin durch ein buntes, schmerzliches Leben, das irgendwie an ihr hängen geblieben, zu dem sie irgendwie verurteilt ist, das sie zu verstehen, dem sie gerecht zu werden sucht, denn sie ist fromm, sie ist ein frommer, gesunder, kindlicher und guter Mensch. Die Singerei und Tanzerei färbt zwar ein wenig ab, auch auf das Tagebuch, und hie und da kommt ein leiser Hauch von Übersteigertem, von Theaterhaftem hinein. Dafür sind andre Seiten da, so schön wie nur etwa der »Hunger« von Hamsun. Philister aller Stände, leset dies Buch und schämet euch!

H. H. [HERMANN HESSE]

Vivos voco. Zeitschrift für neues Deutschtum (Leipzig), hg. von Hermann Hesse und Richard Woltereck, Jg. 2 (Januar 1922), S. 484

HERMANN HESSE (1877 Calw – 1962 Montagnola). Schriftsteller, Dichter und Maler. Ab ca. 1906 rege publizistische Tätigkeit, u. a. für *Die neue Rundschau*, *Jugend* und *Simplicissimus*. Von 1919 bis 1923 zusammen mit dem Zoologen Richard Woltereck Herausgeber der pazifistischen und lebensreformerischen Zeitschrift *Vivos Voco*. Seit 1919 und bis zu seinem Lebensende in Montagnola bei Lugano ansässig, dort ab 1921 lebenslange enge Freundschaft mit Emmy Hennings und Hugo Ball.

Emmy Hennings, ›Das Brandmal‹. Ein Tagebuch. Erich Reiß Verlag, Berlin W 62.

Werfel hat einmal den ›Gesang einer Frau‹ gedichtet, der die typische Unfähigkeit der modernen Frau zergliedert ihr Leben durch Willen oder Instinkt gerade zu führen. Daran erinnert dieses menschliche Dokument. Es soll natürlich kein Urteil ausgesprochen werden, wenn gesagt wird, diese Frau mit dem Brandmal ist Vagabund. Irgendwie dumpf gelockt, nicht nein, nicht ja, Getriebene, wehrlos Dingen und Menschen gegenüber, beileibe nicht schlecht, nur sehr bemitleidenswert, Dirne durch Zufall oder Zufälle. Keine Spur Leichtfertigkeit ist in dem Buch, sicher sogar viel Unschuld wie bei einem Kind, das während der Schlacht spielt.

[ANONYM]

Hochland. Monatsschrift für alle Gebiete des Wissens, der Literatur und Kunst (München), hg. von Carl Muth, Jg. 19, H. 4 (Januar 1922), S. 520 [Rubrik: Neues vom Büchertisch]

Das Brandmal. Ein Tagebuch von Emmy Hennings. Erich Reiß, Verlag Berlin. – An das, was man das Russische nennt bei uns, kann man nicht von außen heran. Und wenn man noch so viel abguckt. Denn es ist eine Sache der seelischen Konstitution. Es ist nicht zu viel gesagt: diese Autobiographie der Hennings, Prostituierte aus Not und Güte, Diebin aus Hunger, Tingeltangelmädchen ohne Talente, sie erzählt das so ganz ohne Umwege über Rührseligkeit und Wichtigtuerei, mit einer Unmittelbarkeit des Beichtens, mit einem Gleichmut der in Gott Gefalteten, daß man oft meint, Dostojewski zu lesen. O dieses wunderbare Heldenleben dieser reinsten Frau! –

[ANONYM]

Prager Presse, Jg. 2, Nr. 4, Morgenausgabe vom 4. Januar 1922, S. 7 [Rubrik: Der Tisch mit Büchern]

– Im Verlage von Erich Reiß in Berlin erschien vor einiger Zeit ein Buch, das bedeutendes Aufsehen erregt hat, nach dem Stoffe und nach der Behandlung dieses gewagten Stoffes: »*Das Brandmal, ein Tagebuch von Emmy Hennings*«. Das Brandmal ist das Brandmal der Sünde, das Tagebuch ist das Tagebuch einer gefallenen Frau. Vielleicht ist das Buch weniger ein sog. Bekenntnisbuch, als eine Konstruktion, so nach dem Vexbild von Raskolnikow, von »Schuld und Sühne«. Sei dem so oder anders, das Buch zwingt zum Nachdenken über die Schuld dieser Art, darüber, wie ein Mädchen, sozial, nach und nach, via Theater, in den Sumpf hineingerät und glaubt, nur den Körper, nicht aber auch die Seele zu verkaufen. Diese Philosophie – Theologie darf man diesen oft kindischen Dilettantismus nicht nennen – ist aber so verheddert, daß sie sehr wohl aus dem Gehirne eines dieser seelisch kompaßlosen Geschöpfe stammen könnte. Es steht in dem Buche, oft ganz deplaziert, sehr viel von Gott, dem hl. Geiste, der hl. Jungfrau, das sind Aufklänge, die wie mißbraucht erscheinen und in diesem Milieu oft der Blasphemie nahestehen. Doch nicht gewollt, das Buch ist in seiner Art decent und nie frech, das »Göttliche«, das immer und immer wieder ins Buch gebracht wird, ist in Wirklichkeit der Unterton der Sehnsucht nach dem Großen und Reinen in der Liebe, und darin liegt der Wert des Buches. Es steht sehr viel in dem Buche, das uns nachdenklich stimmen muß, es werden Abgründe des Lebens, aber auch der Seele aufgedeckt; die Zusammenhänge können nur in Gottes unbegrenzter Barmherzigkeit gefunden werden und in der Tatsache, daß das Gute im Menschen in vielen Seelen – und eine solche ist die Emmy Hennings – einen Titanenkampf gegen das Niedrige auskämpft. Wenn man ohne Frivolität, die ja im Buche enthüllt wird, an die Lektüre herangeht, wird man gerade das herausfinden, daß die Seele im Leibe wohl besudelt werden kann, daß sie so rasch aber nicht stirbt, sondern in nachdenklichen Stunden immer und immer wieder das Reine sucht. Man lese in dem Buche die wunderschöne Stelle vom Allerseelenmorgen in der kath. Liebfrauenkirche zu Hannover, wo die Mädchen, eben von der durchtollten Nacht herkommend, in ihrem Flitter frierend, auf den kalten Fließen der Kirche liegen und die Rosen der Nacht ins Muttergottes-Gitter stecken. – Insoweit ist das Buch allerdings ein Bekenntnisroman. Auch in dem letzten Wort der armen Gefallenen, die sich im Anblicke spielender Kinder wieder aufrichtet, in dem Wort: ... »Behütet sein« ... – Eltern zumal können hieraus die Nutzanwendung machen. Und sie werden das schutzlos Unbehütete nicht so rasch verdammen.

[ANONYM]

Vaterland. Konservatives Zentralorgan für die deutsche Schweiz. Tagesanzeiger für Luzern und die Mittelschweiz (Luzern), Jg. 89, Nr. 47 vom 22. Februar 1922, S. 1 f. [Rubrik: Büchertisch]

Hennings, Emmy: *Das Brandmal*. Ein Tagebuch. (327 SS. 30–40 M.) Vielleicht nennt ihr es die Beichte einer gefallenen Frau. Es ist mehr: das erschütternde Aufbegehren des Weibes gegen die Fessel unseligen Triebes. Ganz ursprünglich, ergreifend, unheimlich ehrlich.

[ANONYM]

Der Zwiebelfisch. Zeitschrift über Bücher, Kunst und Lebensstil (München), hg. von Hans von Webern, Jg. XIII, Heft 4/6 (März 1922), S. 51 [Rubrik: Schöne Literatur]

Bücher wie Schaeffers »Helianth« stehen einsam. Man kann ihnen nichts Gleichzeitiges vergleichen. Doch ist man beglückt, wenn man in dem eintönigen Konzert unserer Literatur überhaupt einmal wieder einen eigenen und neuen Ton hört. Es ist eine einfache, stille und doch eine unvergeßliche Weise, die *Emmy Hennings* in ihren beiden Büchern »*Gefängnis*« und »Ein Brandmal« (Erich Reiß Verlag) singt. Was sie mit Schaeffer – und so vielen echten Epikern – gemein hat, ist die lyrische Grundmelodie; aber es ist keine getragene und feierliche Hymne, sondern wie das Lied eines kleinen gefangenen Vogels, monoton, süß, traurig, aus ganzer Seele. Sie erzählt in den beiden Büchern eigentlich ganz realistische Erlebnisse, wie sie ins Gefängnis kommt und wie es dort zugeht, wie sie als Animierkellnerin und Hausiererin, als Chansonette und Freudenmädchen durchs Leben schlendert. Man hat etwas wie Anklage und Protest aus ihren Schilderungen herauslesen wollen, und ganz unbewußt mag das auch darin liegen. Aber die Wiedergabe der Wirklichkeit ist hier sehr gleichgültig und nebensächlich. »Die Seele ist es, die da singt.« Wie dieses Mädchen die Dinge erlebt, demütig-duldend, mit einem rührenden und erstaunten Lächeln, gütig-gelassen, im tiefsten Sinne weiblich, das ist das Wundervolle und Einzigartige an ihren Büchern.

Die Frau als Dichterin war bisher eigentlich immer Mann oder wollte es jedenfalls sein. Die Größten unter ihnen, wie die Lagerlöf oder Ricarda Huch, unterscheiden sich kaum wesentlich von den männlichen Dichtern, wenn auch natürlich weibliche Züge hervortreten. Nur eine Frau kann aber so fühlen, denken, schreiben wie Emmy Hennings. Sie gleicht darin der Malerin Paula Modersohn. Wie diese zum erstenmal einen Frauenleib sah ohne Sinnlichkeit, nur als Gefäß der Mutterschaft, so empfindet die Hennings die Liebe, nicht als Rausch der Leidenschaft, sondern als mütterliche Hingabe, als Verschenken, das zum Verkaufen erniedrigt wird. So kindlich, rein, naiv, gütig ist diese »Dirne«! Und sie erzählt in einem ganz primitiven Ton, den man bisher nur für komische Wirkungen – Thomas »Lausbuben-Geschichten«! – verwendete, der aber bei ihr ganz ernst klingt, in heller Anmut, dumpfer Trauer und fassungslosem Staunen. In diesen Büchern schlägt eine neue Welt ihre großen rätselvollen Augen auf, die Welt des Weibes, das auf dem Urgrund seiner Seele noch Kind ist und Tier, noch ganz instinktives, unbewußtes Wesen, ganz Gefühl, ganz passives Dulden, ein Wunder und ein Grauen zugleich …

[ANONYM]

Faust. Eine Monatsschrift für Kunst, Literatur und Musik. / Das Sammlerkabinett. Bücher, Kunst und Antiquitäten (Berlin: Erich Reiss), Jg. 1, H. 7 (1922), S. 33 [Rubrik: Bücher von heute und gestern]

Deutsche Frauenromane

[…] Unter den Gegenwartsromanen der letzten Zeit nehmen die Veröffentlichungen der deutschschreibenden Dänin Emmy Hennings einen besonderen Platz ein durch das schwesterliche Mitfühlen und die unbestechlich, fast naiv zu nennende Art der

Autorin, die grausamen gesetzlichen Zustände zu sehen. Der armen »Verlorenen« nimmt sie sich an. Nicht sentimental, nicht um erotischer Sensationsschilderungen willen. Unter leichtem Ton verbirgt sie mutiges Verstehenwollen. Das erste der Bücher, von denen ich rede, heißt »Das Brandmal« [Erich Reiß, Berlin]. Das zweite, »Gefängnis« [ebenda], bildet die erschütternde Fortsetzung. Es wird Leser geben, die den Roman »amüsant« finden und »kitschig«. Sie lassen sich von der Oberfläche täuschen, die vor strenger Kunstkritik nicht bestehen könnte. [...]

ANSELMA HEINE

Sammelrezension in *Das Deutsche Buch. Monatsschrift für die Neuerscheinungen deutscher Verleger*, Jg. 2, H. 8/9 (August/September 1922), S. 376 f.

ANSELMA HEINE (d. i. Selma Heine, weiteres Pseud. Feodor Helm) (1855 Bonn – 1930 Berlin). Ab 1896 freie Schriftstellerin und Journalistin in Berlin. Führte um 1905 einen literarischen Salon in Berlin; Kontakte zum Kabarett Überbrettl. Stand der deutschen Frauenbewegung nahe. Mitarbeiterin der Zeitschriften *Deutsche Rundschau, Die Gartenlaube, Das literarische Echo, Über Land und Meer, Das Tage-Buch, Vorwärts, Westermanns Illustrierte deutsche Monatshefte*, u. a. Zu ihren Werken gehört der Roman *Mütter* (1905) und eine Biografie über Maeterlinck (1905).

Zum Werke von Emmy Hennings

Es fiel zwar hin und wieder der Klang ihres Namens mir ins Ohr oder der traumhafte Schimmer eines ihrer kleinen Gedichte ins Gefühl; aber sie verloren sich mir wieder, still wie sie aufgetaucht. Das Buch erst, das Emmy Hennings dem Andenken ihres verstorbenen Gatten Hugo Ball gewidmet, das sie aus seinen Briefen und ihren Briefen an ihn, aus seinen und ihren Gedichten zusammengestellt hat, ließ mir die Dichterin Emmy Hennings deutlicher Gestalt werden.

Eine gleich zarte Menschlichkeit, in die jene vertrauten Briefe gebettet sind, von der hier jedes Wort gespiesen und jede Zeile durchtränkt ist, findet sich wieder in den wenigen schmalen Bänden, die das künstlerische Werk der Emmy Hennings ausmachen. Sie ist lesbar aus ihren lyrischen Gedichten, (»Helle Nacht«, »Das ewige Lied«, Erich Reiß, Verlag, Berlin), zeichnet sich deutlich ab hinter den leichten Verkleidungen der Prosaschriften (»Das Brandmal«, »Gefängnis«, Erich Reiß, Verlag, München, »Der

Gang zur Liebe«, Verlag Kösel und Pustet, München). Diese sind bezeichnenderweise in Ichform geschrieben und tragen tagebuchartigen Charakter.

Diese Menschlichkeit vereint die kindhaft erleuchtbaren und kindlich erschreckbaren Züge, die ein mir bekanntes Bild der Dichterin zeigt, mit dem Schmerzensantlitz einer spätern Aufnahme. Das Bekenntnis der eigenen Kindhaftigkeit findet sich im Werke von Emmy Hennings an vielen Stellen und in vielen Bezügen. Es erscheint manchmal in seiner ursprünglichen Bedeutung: in einer kleinen, kaum bemerkbaren Wendung, die mitten in die eigenen Kinderjahre hineinführt, in einem angstvollen oder vertrauenden Blick in die Gesichter liebender und geliebter Eltern. Als Kind fühlt sich Emmy Hennings vor dem geliebten Menschen, und diese Haltung weist wie alle wesentlichen Züge bei dieser Dichterin auch hinüber ins Religiöse. Die Heiligen sind für dieses Kind gute Helfer, die es tröstend an sich nehmen; die Mutter Gottes ist seine große Mutter, und Gott selbst, der immer wieder angerufene Vater. »Mein Vater ist lange tot. Aber ich berufe mich, wenn auch sehr zaghaft auf den Vater, der unser genannt wird. Als sein Kind möchte ich mich ausweisen.«

Diesem großen Kinde, das auf eine lange und ungewisse Reise als wichtigstes Gepäck und sichersten Trost seine Spieldose mitnimmt, sind alle anderen Kinder nah und vertraut. Es tanzt mit ihnen den Ringelreihen und nimmt gerne das einfache Lied von ihren Lippen. Zu seinesgleichen aber werden ihm auch alle Menschen, die arm und des liebenden Trostes bedürftig sind. In der Gefängniskirche knien nicht Sträflinge, die eine gerechte Strafe verbüßen; »es sind sehnsüchtige Waisenkinder, die alles verloren haben.«

In ihrem Roman »Das Brandmal« führt Emmy Hennings das aus dem Paradies verstoßene Menschenkind durch die Schrecken der großstädtischen Halbwelt, die es äußerlich mit den Zeichen der Entehrung stempelt. Aber vor dem Spiegel, wo es sich für halbe und verfälschte Freude schmücken soll, stellt es die grüblerische Frage: »Wozu?« Die unlösbaren Rätsel seines eigenen Daseins führen es hinüber zu den Fragen alles Lebens. Dem Kindergesicht entwächst unter dem Brandmal und in den Qualen des Gefängnisses das Antlitz der Liebenden, die von sich sprechen kann: »Da habe ich die Liebe, und die will zurückgegeben, weitergegeben werden. Wohin mit allem, womit sie mich überschwemmt und erfüllt? Ihr Lichtstrom fließe über alle Hoffnungslosen hinweg, damit es hell werde; damit sie erkennen: es gibt keine Hoffnungslosigkeit.«

Waren die ersten Schritte der Dichterin wie die schmerzlichen und suchenden Schritte zur vollen Liebesfähigkeit und endlichen Liebesbegnadung, so zeigt der letzte bisher erschienene Band, »Der Gang zur Liebe«, die stille Gewißheit einer im Glauben ruhenden Seele. Die Kulte und Heiligtümer der katholischen Kirche sind ihre Entzückungen, vor ihnen blüht im gereiften Antlitz der Kinderblick noch einmal auf.

Emmy Hennings' Werk besteht in einigen schmalen Bänden, die nur wenig bekannt sind. Unglaubhaft und beschämend bleibt mir die Tatsache, daß einzelne davon längst vergriffen und nicht wieder neu aufgelegt worden sind. So ist zum Beispiel »Das Brandmal«, das ich vielleicht das erschütterndste der mir bekannten Frauenbücher nennen möchte, im Buchhandel nicht mehr erhältlich. Wir sind aber nicht so reich an künstlerisch und menschlich belangvoller Frauenleistung, als daß wir ein so wesentliches Werk leicht verloren geben könnten. Es scheint mir darum Gebot, die Neuauflage zu mindest dieses einen Bandes ausdrücklich zu befürworten, so wie ich mit diesen Zeilen auch dahin wirken möchte, daß der Name einer Emmy Hennings künftig nicht auftauche und untergehe, sondern dauernd im Bewußtsein eines weiteren Kreises geborgen bleibe.

A. H. [ANNA HERZOG]

Schweizer Frauenblatt. Organ für Fraueninteressen und Frauenaufgaben (Aarau), Jg. 13, Nr. 3 vom 16. Januar 1931, S. 1

ANNA HERZOG-HUBER (1890 – 1984). Feuilletonredakteurin des *Schweizer Frauenblatt* von 1926 bis 1943 als Vorgängerin von Iris Meyer (später Iris von Roten). Reflexion über ihre Redaktionsarbeit unter dem Titel »Feuilletonredaktion im Sinne geistiger Wegbereitung« im Schweizerischen Frauenkalender (Jg. 25, 1935).

Eine Flamme erlischt

Geschrieben für Emmy Ball-Hennings, † am 10. August 1948

[…] Vor bald dreißig Jahren erschien das »Brandmal«. An einem Nachmittag, in der Kleinbasler Mansardenwohnung von Francisca *Stoecklin*, war es, daß ich bei der einen den Namen der anderen Dichterin, ihrer Freundin, vernahm. Ich erinnere mich genau der Gespräche und will einige Worte, weil sie die beiden, einander innig verbundenen Freundinnen gleicherweise charakterisieren, hierher setzen. Ging doch damals in vielen jungen Menschen eine tiefe Veränderung vor sich. Nicht mehr der heftige Schrei der Expressionisten, der eben noch zu hören gewesen war, die leiseste Stille einer neuen Gesammeltheit begann ihre langsamen Verwandlungen. »Kunst und Leben müßten doch eines sein, nur dann ist es Kunst«, hatte Francisca gesprochen und gleich hatte sie sich weiter erklärt: »Den Naturalismus in der Kunst haben wir glücklich überwunden, wann aber werden wir den Naturalismus des Lebens überwinden, wann einmal nicht mehr Kunst und Leben voneinander trennen?« Und wie wenn es die Freundin Emmy mitanginge, konnte Francisca dazu erzählen: »Ich habe schon als ganz junges Mädchen tief Verwirrendes erlebt, seltsame Menschen, – habe gesucht und gelitten, bis es eines Tages geschah, daß ich nicht mehr suchte, sondern hinnahm, und alles wunderhaft zu mir kam. Nun weiß ich, daß Leiden zum Leben notwendig ist.« So etwa gingen Gedanken Rilkes und Steffens damals durch junge Menschen, die ihre Stuben mit Blumen wie zu einem neuen Frommsein schmückten. Ich weiß noch, wie mir das Wort vor dem Bilde einer jungen »Gekreuzigten« verstummte. Sofort hatte sie es bemerkt, ihr Auge, das behender war als der Mund, senkte sich, bevor sie sprach: »Ja, das habe ich gemalt, es ist eine Magdalena. Selbst von der Straße weg gibt es den Weg zur *Heiligen*.« Dazu war Francisca aufgestanden, hatte mit den langsam feierlichen Schritten, die in ihren Gedichten lebendig geblieben sind, ein zackig rot wie mit Dornen dekoriertes Buch ergriffen: »*Jene* bewies es. Es stehen schreckliche Dinge in dem Buch. Vielleicht wollen Sie es lieber nicht lesen ...« Ich trug das »Brandmal« von Emmy Hennings nach Hause.

Wirklich Schreckliches bekommt erst an der Unschuld seinen gültigen Maßstab; aber diese zerbricht immer wieder daran. Wie ein heimatverlorenes Mädchen umherirrt, las ich. Von bitterer Not kann es sich nicht helfen, doch hat es zum Beispiel gehört, daß man, in der »Anatomie«, der »Wissenschaft« seinen eigenen Leichnam im voraus verkaufen könnte, seinen Leib ...

Diesen zartesten, so oft vom Schicksal erschütterten Leib, der nun unter dem stillen Kerzenschein tessinischer Kapellen begraben worden ist!

Nein, der Verkauf des eigenen Todes war schon damals nicht gelungen. Aber alles das war – ich lese es nicht mehr nach – in einer Sprache geschrieben, wie wenn eine aufflakkernde Kerze schräg verbrennt, der Unschlitt in Bildern tropfender Tränen dahinschmilzt, die Worte vor den Schrecknissen ihren Sinn verlieren, weil überall (überall: das ist das neue Entsetzen) schemenhafte Geburten aus Versprechen und Lüge hervorgespenstern. Der Atem stockt wie die weglosen Schritte. Wie im Traume geht der Faden verloren, der Sinn, der Satz zerbricht. Fast erstirbt das »Wort« …

Aber traten da nicht die *Dichterinnen* auf, die, wie Hermann Hesse schrieb, »an der Dichtung des letzten Menschenalters einen hervorragenden Anteil haben«? Weil sie das Wort, immer wieder anders überraschend, oft aus dem verzehrenden Anblick der kleinsten Dinge heraus, neu erschufen: Ricarda *Huch*, Regina *Ullmann*, Cécile *Lauber*, Emmy *Hennings*? Wer irgendwo eine von ihnen traf, spürte jedesmal die Transsubstantiation der erschütterten Liebe in ihren Worten. Aber bei Emmy Hennings, dem aus dem höchsten Norden Deutschlands, aus Flensburg, beinahe schon aus der natürlichen Märchenhaftigkeit Christian Andersens, aus der Niels Lyhne-Zartheit Jacobsens gekommenen Mädchen, war die Rettung des Wortes ohnehin nur in der Hülle der Liedform möglich, wenn die unbewußte Seele gleichsam trotzdem sang. Hesse zählte sie »zu den einzigartigsten und unvergeßlichsten Erscheinungen unter den Dichterinnen«. […]

WALTER UEBERWASSER

Basler Nachrichten, Jg. 104, Nr. 351 vom 19. August 1948, Beilage

WALTER UEBERWASSER (1898 Hamburg – 1972 Riehen/Basel). Kunsthistoriker, Schriftsteller und Lyriker. Studium der Kunstgeschichte in München und Basel; ab 1920 kunstkritische Beiträge für die *Basler Nachrichten*; zahlreiche Rezensionen v. a. zu den Werken von Hermann Hesse. Veröffentlichungen u. a.: *Reden mit einem Kinde* (1923), *Das Hirtenlied. Märchen und Gleichnisse* (1926), *Von Maß und Macht der alten Kunst* (1933) und *Ferdinand Hodler – Köpfe und Gestalten* (1947). Habilitation 1939; ab 1941 Direktor des Kupferstichkabinetts im Kunstmuseum Basel; lehrte ab 1947 am Kunsthistorischen Institut in Freiburg.

»Das Brandmal«, Emmy Hennings. Ein Tagebuch. Erich Reiß, Berlin.

Emmy Hennings erzählt – mit verhaltenem Tone und ein wenig schüchtern – ihre Erlebnisse in einer großen rheinischen Stadt: wie sie, nach mageren Versuchen zu ehrlichem Erwerb Dirne geworden ist, bis sie – nach manchen Erlebnissen, die aber an ihr abgeglitten zu sein scheinen – ins Kabarett zurückfindet. Freilich, auch das Kabarett ist – was wir ja schließlich alle wissen – zumeist nur ein Mittel des Gelegenheitmachens! In diesem Buche, das sich schlecht gibt, wird von allen Phrasen sozialer Anklage abgesehen. Die Verfasserin fühlt sich als eine Art entwurzelten Blümchens, das vom Wind dahin und dorthin getrieben wird. Sie zeigt, wenn Melancholie bei ihr auch oft die Grenze bewußter Maniriertheit erreicht, einen eigenen Ton bei ihren Bekenntnissen und erweist sich zweifellos als schriftstellerische Begabung. Immerhin will ich nicht verschweigen, daß mir derlei Bücher höchst unsympathisch sind.

R. R.

Nicht nachweisbarer Druckbeleg im Nachlass

»*Das Brandmal*« (Erich Reiß, Berlin) der *Emmy Hennings*, die sich, als noch lyrische Exaltationen und Wehmütigkeiten ihre Seele durchsangen, klein schrieb, ist Schein und Feuer aufgestiegen aus den Geheimnissen und Irrgärten des Lebens, des Fleisches und des Herzens. Als künstlerisch-dichterisches Dokument nicht ganz gerundet und voll, aber als menschliches unanfechtbar, stark, schmerzlich. Das Buch ist Frucht und Resultat eines unter furchtbaren Himmeln und Höllen gelebten Lebens, seine Kraft und sein Glanz zieht es aus den Wirklichkeiten und Erschütterungen, aus dem Schicksalhaften, wodurch das Weib Emmy Hennings ging, sich verbrannte, sich verglühte, sich heiligte und reinigte. Die Stationen des weiblichen Kreuzwegs sind Schmiere, Stadt, Cafés, Parknächte, Hunger, Armut, Verlassenheit, Preisgabe, Absteigquartier, Krankheit, Tränen, Not und Mutterherz. Was beiläufig ist, wird zum Riesenhaften, das Wichtige zum Unwichtigen, das Gesetz und die Notwendigkeit eines Schicksals wird bis ins letzte Weinen und Lächeln erfüllt. Hunger entladet sich über einem Körper wie eine Katastrophe. Fleisch wird preisgegeben als sei es Tand und Dreck. Armut blüht schwermütig über einem schmerzlich geneigten Haupt. Aber die Seele wird gerettet, die durch alles hindurch fliegt in den Glanzgarten des Göttlichen und der Liebe hinein. Dieses Buch – restlose Enthüllung, aphoristische Tagesnotiz, dann schweratmende Analyse, Seelenseismograph, seltsamer Weg, Hindurchgang, Kampf einer milden und unbeholfenen großen Menschlichkeit durch die bunte und harte Wildnis des Lebens –, Menschen, geht Euch an! Dieses Buch, Menschen, schreit Euch an! Dieses Buch brennt in das Blut wie ein Höllenstein. Hamsun schrieb im »Hunger« die Not des Mannes, Emmy Hennings hat im »Brandmal« das Gegenstück dazu geschrieben: die Not des Weibes.

ANTON SCHNACK

Neue Badische Landeszeitung, nicht nachweisbarer Druckbeleg im Nachlass [Rubrik: Gang durch den Bücherladen]

ANTON SCHNACK (1892 Rieneck – 1973 Kahl am Main). Dichter und Schriftsteller; jüngerer Bruder des Schriftstellers Friedrich Schnack. Von 1920 bis 1925 Feuilletonredakteur und Theaterkritiker bei der *Neuen Badischen Landeszeitung*. Danach Reisen durch Frankreich, Italien und Dalmatien. Unterzeichnete 1933 das »Gelöbnis treuester Gefolgschaft« zu Adolf Hitler.

Ein sehr schönes Buch ist »*Das Brandmal*« von Emmy *Hennings* (Erich Reiß, Berlin), das Tagebuch eines Freudenmädchens, hamsunisch einfach und groß, nicht den Spannungen bewußt gemachter Effekte unterworfen, sondern immer treibend zwischen Triebleben und einem Wollen: mit der Rechnung des Lebens ins Reine zu kommen.

Nicht nachweisbarer Druckbeleg im Nachlass, vermutlich *Neue Badische Landeszeitung*

Das ewige Lied

In den vier oder fünf Jahren, seitdem *Emmy Hennings* ihren Bekennerin- und Könnerin-Roman »Gefängnis« geschrieben, scheint sie eine seelische Umwälzung, eine radikale Wandlung erfahren zu haben, die sich vor allem stilistisch ausdrückt. Nach ihrem jüngst erschienenen Buche »*Das ewige Lied*« zu urteilen – ihrer Mutter gewidmet und gleichfalls vom Erich Reiß Verlag, Berlin, herausgebracht –, hat sie die Metamorphose aus einer scharf realistischen Beobachterin und Schriftstellerin zu einer sich in Lyrismen ausgebenden Dichterin erlebt.

Allerdings, so ganz unvermittelt hat sich diese Umstellung nicht vollzogen. Denn schon ihr autobiographisches »Gefängnis«-Buch ist durchsetzt mit Reflexionen über Gott, Welt, Mensch, Gnade, Gerechtigkeit.

Diese Gedanken zerfließen jetzt, ohne sich um eine, auch noch so winzig kristallisierte, Handlung zu gruppieren, in Phantasien, Visionen, Überschwenglichkeiten. Allerdings, in eine schöne und edle Sprache gegossen. Überreizte Romantik, in die sich eine Poetenseele einlullt, die zu einer katholischen Mystik neigt und in Antithesen redet.

So zum Beispiel: »Mein Wesen ist der Verlust meines Wesens. Mein Ziel ist, Opfer für das Ziellose sein. In der Armut wird aller Reichtum mein. Der Tod meldet sich an, wenn jemand geboren wird.«

Die religiöse Inbrunst, die schon Brunst ist, die Sehnsucht nach dem unendlichen Glück, das sich nie einfinden will und wird – das alles duftet schwül, wie ehemals die berühmte blaue Blume der Romantik und gemahnt an die gemütsexzentrischen Dichter jener Periode, an die Hölderlin, Novalis, Brentano, die einst Deutschlands romantisches Hospital beherbergte.

Und das Bett der Typhusfiebernden im Krankenhause ist es auch, von dem aus Emmy Hennings ihr schwermütiges Prosalied singt. Sie apostrophiert Wand – Tisch – Stühle und beschwört den Geist Marias und des Moses. In zarten, leichten Umrissen, von einem reinen Geist entworfen entwickeln sich diese Ideen und Stimmungen, die in dem Kardinalsatz gipfeln: »Es gibt nur eine Frage: Warum?«

Eine poetisch-philosophisch-religiöse Ekstase, nicht frömmelnd, sondern fromm. Die Ekstase einer Frau, die Gemüt besitzt, die Zentripetalkraft des Geisteslebens. Gemüt in jenem Sinne, wie es der allumfassende Goethe in »Wanderers Sturmlied« verewigt:

Innere Wärme,
Seelenwärme,
Mittelpunkt!
Glüh entgegen,
Phöb-Apollon,
Kalt wird sonst
Sein Fürstenblick
Über Dich vorübergleiten.

JULIUS KNOPF

Berliner Börsen-Zeitung, Jg. 68, Nr. 186, Morgenausgabe vom 22. April 1923, S. 6 [Rubrik: Büchertisch]

JULIUS KNOPF (siehe S. 378)

Hennings, Emmy: *Das ewige Lied.* (Erich Reiß-Verlag, Berlin. 86 SS.) Lyrische Prosa von melodischem Rhythmus. Fieberphantasien vom Typhus-Lager, dichterisch vertieft. Im Katarakt der Träume mancherlei Gallimathias zwischen packenden Impressionen. Schließlich doch nur ein armes krankes, zerrüttetes Leben, nun zugänglich den religiösen Symbolen.

[ANONYM]

Der Zwiebelfisch. Zeitschrift über Bücher, Kunst und Lebensstil (München), hg. von Hans von Webern und Kurt Martens, Jg. XVI, Heft 1/2 (Juli 1923), S. 42 f. [Rubrik: Von neuen Büchern. Schöne Literatur]

Fünf Erzähler

[…] Fern bleibt die Welt, ihre Probleme und Fragen. *Emmy Hennings »Das ewige Lied«* (Erich Reiß' Verlag) ist ein unsäglich zartes Seelengespinst – Träume, mystische Entzückungen und eine sanfte Verklärung im Hinschwinden einer Sterbenden. Ist die Unmöglichkeit, daß eine Typhuskranke solche Stimmungen fixieren, niederschreiben kann, als dichterische Freiheit zugegeben, so findet man manchen schönen Gedanken, ein tiefes Heimverlangen nach Gott in diesen Blättern. Rabindranath Tagores Einfluß ist nicht zu verkennen. Nicht zu verkennen auch das zeitlich gebundene solcher süßschwelgerischen religiösen Empfindungen, die in unseren rauhen, harten Tagen vielen jungen Seelen Trost geben. […]

GABRIELE REUTER

Sammelrezension in *Vossische Zeitung* (Berlin), Nr. 331, Sonntagsausgabe vom 15. Juli 1923 [Rubrik: Literarische Umschau]

Gabriele Reuter (1859 Alexandria/ Ägypten – 1941 Weimar). Schriftstellerin und Publizistin. Sehr bekannt durch ihren Roman *Aus guter Familie. Leidensgeschichte eines Mädchens* (1895). Befreundet mit Henrik Ibsen und John Henry Mackay. Thematisierte in Romanen wie *Ellen von der Weiden* (1900) und *Das Tränenhaus* (1908) den Gegensatz zwischen Mann und Frau und soziale Fragen wie uneheliche Mutterschaft. Während des Ersten Weltkriegs konservative, nationalistische Haltung, begrüßte jedoch die Revolution von 1918.

Emmy Hennings. Man entsinnt sich vielleicht, daß an dieser Stelle (Hochland, Jahrg. 1921/22, Heft 4) versucht wurde, ein merkwürdiges Buch, ›Das Brandmal‹ von Emmy Hennings zu kennzeichnen, worin eine arme Seele gezeigt wird, die hilflos und verkannt auf außerordentlich trüben Lebenswegen treibt, ohne selber übermäßig schmutzig zu werden. Vor diesem Buch war schon ein anderes erschienen, ›Gefängnis‹ (1919), und nach ihm sind noch zwei weitere gekommen: ›Helle Nacht‹ (Gedichte, 1922) und ›Das ewige Lied‹ (o. J.),* die es rechtfertigen, daß man das psychologische Problem Emmy Hennings noch einmal aufnimmt. Denn diese seltsame Erscheinung ist kein literarisches Problem, sondern ein menschliches, eine Romanfigur, keine Romanschreiberin. Ihre dichterischen Fähigkeiten können persönliche Erlebnisse des Menschen Hennings nicht objektivieren, sie hängen vielmehr mit ihnen unlöslich zusammen, sind Folge dieser Erlebnisse und stellen letzten Endes nichts anderes dar als verwunderte Seufzer über ein unbegreifliches Leben, das so hart, ach, und aufregend mit dem gutherzigen Menschenwesen Emmy umspringt. Sie weiß durchaus nicht, wie sie in alle diese schauerlichen Verhältnisse gekommen ist; weshalb sind die Menschen und das Geschick so bös mit ihr, die doch wirklich nichts Böses wollte und Böses auch gewiß nicht mit Willen getan hat? Es ist wie in einem Märchen: Ein Kind geht eines Tages, verlockt von irgendeinem fernen Glanz, von Hause fort, verläuft sich und irrt nun in Kälte und Finsternis umher, unter wilden Tieren und Gespenstern, nicht sehr ängstlich, sondern vielmehr gläubig: wer wird wohl mir kleinem unschuldigen Kind etwas tun? Ja, diese Emmy Hennings ist wirklich ein verlaufenes Kind, ein lebendig gewordenes Märchen oder Volkslied, süß und gruselig zugleich. Sie tut nie etwas, immer wird ihr etwas getan; sie wird geschoben, gestoßen, besudelt und wehrt sich nicht; ihr Wille ist irgendwie verloren gegangen oder war überhaupt nicht da. Indessen hat sie einen dumpfen Drang (fast möchte man sagen: Instinkt) zu irgend etwas Glänzendem hin, von dem sie vielleicht einmal geträumt hat; sie weiß durchaus nicht, was es ist, nur daß es sehr schön ist und alles undenkbar Warme, Strahlende und Süße in sich schließt. Und da sie keine Leidenschaften hat (die immer etwas Treibendes sind), wohnt sie in sich selber gleichsam wie in einer Muschelschale oder einem Schneckenhaus, macht sich ganz klein und denkt, daß das Meer oder der Brunnenstrahl sie wiegt, während es in Wirklichkeit eine stinkende Pfütze ist, die sie gierig überspült. Ich bin überzeugt, daß sie weder weiß, wie sie in die Animierkneipe, noch wie sie ins Gefängnis gekommen ist, das heißt, sie weiß es natürlich wohl, der äußere Mensch, die Schale weiß es, ihre Seele aber weiß sicher nichts davon, und vielleicht geschah dieser Seele das Wunder, daß sie rein blieb unter allem Schmutz. Das ist kein Verdienst, sondern Gnade. Denn diese Seele ist durchaus passiv, treibt nicht, sondern vegetiert, ist kein Motor, sondern eine Pflanze. Mit dem seltsamen Menschenwesen Emmy Hennings ist das Leben umgegangen wie mit einem wehrlosen Ball; der Ball kann niemals sagen: jetzt will ich mich festhalten, er gleitet und kugelt nur. Diese Passivität und Willenlosigkeit ist das Stigma der Verlorenen und Vagabunden, womit nicht etwa ein moralisches Urteil ausgesprochen sein soll. Solche Menschen leben unter besonderen Gesetzen und können im Innersten reiner und unberührter bleiben als viele äußerlich korrekte. Freilich hilft ihnen das nicht viel; eines Tages sind sie doch, samt ihrer erstaunten Seele, rettungslos in die Tiefe geglitten. Zuweilen aber geschieht es, daß Gottes Hand sie im Gleiten aufhält, so wie es mit dieser Emmy Hennings geschah. Die Konversion war dabei nicht wesentlich entscheidend. Sie geschah, weil der Mensch zufällig in ein warmes und beleuchtetes Eckchen gespült wurde, wo man vor einem bunten Altar wunderhübsch träumen konnte. Hinterher hätte man doch wieder das alte Leben gelebt, das, wie man sich immer wieder tröstend zuraunt, stärker ist als man selber. Der Wille hätte sich auch an Altarkerzen nicht entzündet. Nun aber griff Gott erbarmend ein, hielt das gleitende Wesen auf, während einer Krankheit, dicht am Rande des Todes, verpflanzte es in eine neue Erde, und gehorsam treibt die Pflanze Wurzeln. Wie es sich allen Menschen und Dingen hingegeben hat, so gibt es sich Gott hin, und vielleicht dämmert ihm die Erkenntnis, daß es eigentlich dumpf immer nur gewünscht hat, Gott möge es in seine Hand nehmen. Das verlaufene Kind ist zu Haus, das Märchen ist zu Ende. Was nun noch kommt, ist das mystisch-vegetative Ruhen in Gott.

Diese Entwicklung (besser: diese Zustände) beschreibt, singt, stammelt Emmy Hennings in ihren vier Büchern. Es hat, wie oben gesagt, keinen Sinn, sie literarisch zu nehmen. Vielleicht kann sie noch einmal das Lied der geborgenen und befreiten Seele singen, aber Gott behüte sie davor, eine Schriftstellerin zu werden! Die Fähigkeit und Kraft, sich in andere Menschen zu verwandeln, hat sie nicht; sie könnte nur immer wieder das persönlich Erlebte auftischen, und wehe, wenn die Routine über solche letzten Endes heiligen Dinge kommt!

* Verlag E. Reiß, Berlin.

FRANZ HERWIG

Hochland. Monatsschrift für alle Gebiete des Wissens, der Literatur und Kunst (München), hg. von Carl Muth, Jg. 21, Heft 2 (November 1923), S. 216 f. [Rubrik: Literatur]

FRANZ HERWIG (1880 Magdeburg – 1931 Weimar). Sozialkritischer katholischer Schriftsteller und Dramatiker. Von 1909 bis zu seinem Tod Literaturkritiker bei der katholischen Zeitschrift *Hochland*, für die er weit über 500 Buchbesprechungen verfasste. Gab im *Hochland*-Verlag von 1922 bis 1927 die *Hausschatzbücherei* und die belletristische Zeitschrift *Der bunte Garten* heraus, wo ein Vorabdruck von Hennings' *Der Gang zur Liebe* erschien. Zu seinen bekannten Werken gehören die Romane *Das Schlachtfeld* (1920), *Das märkische Herz* (1923) sowie die Romantrilogie *Die Eingeengten* (1926).

Hennings, Emmy, Das ewige Lied. 8°, 86 S., 3.–, hlwbd. 5.– E. M., Erich Reiß, Berlin.

Hier klingt der echte Ton der Dichterin, und diese Emmy Hennings hat gehalten, was sie vor Jahren mit ihrem ersten schmalen Buch versprach. Die Tiefe und Innigkeit dieser Prosa ergreift. Echt und klingend stieg sie aus schwerem Erleben heraus, das nun hier so sanft und versöhnt emporhallt. Ich bin sicher, oder ich hoffe wenigstens, daß viele Leser an diesem schmalen Büchlein ihre Freude haben mögen.

HANS CHRISTOPH ADE

Rundschau für Literatur und Kunst vom 15. Juli 1924, Jg. 3, Ausgabe A Heft 9, S. 1

HANS CHRISTOPH ADE (1888 Kempten/Allgäu – 1981 München). Schriftsteller und Lehrer. Studium der Germanistik in Heidelberg und München, wo er 1913 promovierte; ab 1920 Gymnasiallehrer. Verfasste mehrere Gedichtbände, Essays und Novellen, u. a. das Buch *Emin Pascha und Deutsch-Ostafrika* (1923). Von 1927 bis 1935 Schriftleiter der Zeitschrift *Die Säule. Monatshefte für geistige Lebensgestaltung.*

Weibliche Erzählungskunst

[...] Ein anderes Extrem, aber kein erfreulicheres, stellen Annette *Kolbs* »Spitzbögen« dar. Größte Subjektivität ohne den Hintergrund eines bedeutenden Subjekts, ohnmächtige Hingabe an jeden Eindruck, Durcheinanderwerfung der verschiedensten Lebenselemente gibt sich hier für Kunst aus. »Der Sucher nach dem Wesentlichen« von Dorothea *Hollatz* scheint nichts gefunden zu haben; das »ewige Lied« von Emmy *Hennings* enthält die Delirien einer Typhuskranken und mag im Isolierspital von Interesse sein. [...]

CHRISTINE TOUAILLON

Sammelrezension in *Die Literatur. Monatsschrift für Literaturfreunde* (Stuttgart und Berlin), hg. von Ernst Heilborn, Jg. 29, H. 10 (Juli 1927), S. 577–579, hier: S. 578

CHRISTINE TOUAILLON, GEB. AUSPITZ (1878 Iglau – 1928 Graz). Literaturhistorikerin. Zunächst Volksschullehrerin, studierte ab 1897 Literaturgeschichte. Mitherausgeberin der Zeitschrift *Neues Frauenleben*. Habilitation 1921 über *Der deutsche Frauenroman des 18. Jahrhunderts* an der Universität Wien. Danach Privatdozentin und Mitarbeiterin am *Reallexikon der deutschen Literaturgeschichte* (1926 ff.) und an der *Deutsch-Österreichischen Literaturgeschichte* (1930). Stand der österreichischen Frauenbewegung nahe. Vizepräsidentin der Internationalen Frauenliga für Frieden und Freiheit.

Emmy Hennings-Ball

[…] Emmy Hennings widmet »*Das ewige Lied*«, einen Band hymnischer Prosa, der 1921 bei Erich Reiß in Berlin erschienen ist, ihrer Mutter. Es sind die Gedanken einer Typhuskranken, die im Krankenhaus gepflegt wird von der Schwester Mirjam. Diese Schwester ist ein süßes Wunder an Liebe und Geduld. »Wie ergeben ist ihr geschlossener Mund. Das warme Rot der Lippen blüht still für sich. Die Augen mit dem blauen Schimmer in den Winkeln sind wie die Dämmerung in einer Dorfkapelle am Abend, wenn die Schatten weicher durch den veilchenfarbenen Vorhang fallen.« Die Fieberträume der Typhuskranken blühen in einer seltsam berauschten Sprache auf. Voller Gestalten ist dieses hymnische Buch und doch »ein Suchen nach der Gestaltlosigkeit«. Die Dichterin der Liebe will »sich an das Unsichtbare verschwenden« und kein Zufall, daß ihre Lieblingswendung darin lautet: »Ich habe mich in dich hineingeliebt.« Nicht die Steigerung von Welt zur reinen Form, auch nicht bloße romantische Verzücktheit, sondern lebenbejahendes Weltsein spricht aus diesen Zeilen. Die Gefühle entzünden sich nicht an Menschen und Dingen; vielmehr bezwingen sie diese, stärker als sie, durch ihre starke, magische Kraft. […]

DR. MAX DIETRICH

Der Gral. Katholische Monatsschrift des freien Gralbundes (München), Jg. 27, H. 1 vom Oktober 1932, S. 38–42, hier S. 40

MAXIMILIAN DIETRICH (1903 Ziemetshausen/Schwaben – 1989 Buxheim/Schwaben). Lektor und Verleger. In den 1920er-Jahren Mitarbeiter katholischer Zeitschriften wie *Der Gral*, *Hochland* und *Unitas*. Bis Ende der 1930er-Jahre Lektor im Anton-Pustet-Verlag in Salzburg, danach Lektor beim Erich Sicker Verlag in Berlin. Gründete 1946 den Maximilian Dietrich Verlag in Memmingen.

Die Straße schreiben: Emmy Hennings' *Das Brandmal* und *Das ewige Lied* Nachwort von Nicola Behrmann

Das 1920 erschienene Tagebuch *Das Brandmal*, die Aufzeichnungen einer durch die Städte vagabundierenden und dabei gottsuchenden Schauspielerin, und die drei Jahre später publizierte Erzählung *Das ewige Lied*, der Fiebermonolog einer Typhuskranken, sind zwei ebenso verstörende wie verstörte Texte, in denen sich mystische Rede, Bekenntnisse und wirre Träume miteinander verschränken. Diesen Büchern gerecht zu werden, von denen das erste wenigstens für kurze Zeit ein sensationeller Erfolg wurde und dann in Vergessenheit geriet, während das zweite von der Öffentlichkeit nahezu unbemerkt geblieben ist, bleibt eine Herausforderung. Dem Leser scheinen sie sich zu versperren – sie erzählen keine Geschichte, sind psychologisch nur ungenügend motiviert und stehen ganz im Zeichen jenes »dunklen« Lebens, das Emmy Hennings von 1908 bis 1910 als Schauspielerin an kleinen Revuetheatern und Varietés führte. Die Fieberfantasien der kranken Dagny am Ende des *Brandmals* werden im *Ewigen Lied* aufgenommen und in einen inneren Monolog ohne Anfang und Ende überführt, aus dem es keine Befreiung und Erlösung gibt. Fügen sich Dagnys Bekenntnisse in *Das Brandmal* zu einer selbstauferlegten Passionsgeschichte, so erinnert *Das ewige Lied* an einen am späten Strindberg geschulten Totentanz, der den allmählichen Untergang des erzählenden Ichs in seinem eigenen Redestrom inszeniert.

Die »unheimlich[e]« Ehrlichkeit (*Der Zwiebelfisch*, S. 413), mit der Hennings die gesellschaftlichen Ränder entlang wandert – Gefängnis, Obdachlosigkeit, Hunger, Prostitution, Krankheit –, rührt nicht zuletzt von der zurückhaltenden Erzählerin her, die auf der Suche nach sich selbst ist: »Ich komme … auf meine eigene Spur, indem ich die Spuren der andern spüre. Die Welt greift ineinander.« (Brandmal, S. 107) Intensiv und unzugänglich zugleich gibt Dagny extreme Nahaufnahmen ihrer Gedanken und Gefühle, ihrer täglichen Beobachtungen und nächtlichen Träume wieder. Melancholische

Introspektion, Kontingenz- und Ohnmachtserfahrungen gehen einher mit scharfsinnigen Beobachtungen ihrer Mitmenschen. Die »Miasmen« der Zeit werden zum einen in den Erzählungen der Mädchen von der Straße sichtbar, die freimütig und pragmatisch aus ihrem Leben berichten, zum anderen jedoch in Dagnys steten Anklagen und Vorwürfen gegen sich selbst und das Leben, das sie führt. Im Gegensatz zu den zahlreichen Prostitutionsromanen dieser Zeit, die, in der Nachfolge von Margarethe Böhmes angeblich authentischem *Tagebuch einer Verlorenen* (1905) oder Else Jerusalems Roman *Der heilige Skarabäus* (1909), die Prostitutionsdebatte mitbestimmten, ist Hennings nicht an einem moralischen Urteil über Prostitution interessiert. Ihre Tagebuchschreiberin versteht sich durchaus nicht als Opfer der gesellschaftlichen Verhältnisse. Vielmehr wendet Dagny ihr wachsendes Schuldbewusstsein in ein Selbstbewusstsein, das sie auf einen weiblichen Kreuzweg der Nachfolge Christi führt – auf den Spuren von Augustinus und Thomas von Kempen, von Dostojewskijs Raskolnikow und Shakespeares Ophelia. Nicht über die Straße, sondern *von* der Straße *her*, nicht über die Krankheit, sondern *als* Fieberkranke zu schreiben, ist Hennings' Anliegen. Kurz nach Einsetzen einer ersten Welle überschwänglicher Rezensionen zu *Das Brandmal* notiert sie im Frühjahr 1921 in ihr Tagebuch:

> […] mir ist, als habe ich mein Brandmal nicht für alle Welt geschrieben, sondern ich glaube, ich habe es für die halbe Welt geschrieben, das sind Zöllner und Sünder. ich wünschte, dass mir die Mädchen von der Straße die natürliche Ehre erweisen einmal die Augen aufzuschlagen, nicht um mich anzusehen, sondern um sich in mir zu sehen. Mein Buch ist ein treues Auge. Vielleicht manchmal ein wenig gefühlsüberwältigt gebrochen, aber es ist ein Unterschied, ob man über eine Frau schreibt, oder in sich hineinschreibt. Es ist auch ein Unterschied, ob jemand der nicht die Straße kennt über die Straße schreibt, oder die Straße geht und in der Straße schreibt. Ich gehe immer auf die Gasse und meine Bücher sind Gassenbücher. (TB Hennings 1921, o. D.)

Biografischer Hintergrund

Wer Hennings' Biografie kennt – ihr ausschweifendes, ephemeres Leben in den Kreisen der literarischen und künstlerischen Bohème der Vorkriegsjahre – und *Das Brandmal* in der Erwartung liest, biografische Details zu erfahren, wird enttäuscht: Über einen Großteil der abenteuerlichen Ereignisse ihres Lebens hat Hennings zeitlebens beharrlich Stillschweigen bewahrt. Nur wenige ihrer Briefe vor 1918 sind erhalten, und auch vor 1918 verfasste Tagebücher sind nicht überliefert. Ausnahme bildet eine von der dänischen Rilke-Übersetzerin Inga Junghanns angefertigte Abschrift früher Aufzeichnungen, die im Deutschen Literaturarchiv in Marbach aufbewahrt liegt. Sie enthält eine Zusammenstellung vermeintlicher Tagebucheinträge aus dem Jahr 1902, mehrere Prosaskizzen, die auf 1913 datiert sind, die Aufzeichnungen »Aus einem Tagebuch / der emmy hennings« und sämtliche der 1913 in dem Gedichtband *Die letzte Freude* veröffentlichten Gedichte.

Ein Vergleich der Darstellung in den Jugenderinnerungen *Das flüchtige Spiel* (die wiederum romanhafte Züge tragen) mit vereinzelten Hinweisen auf Jahreszeiten und Feiertage in *Das Brandmal* und den spärlichen biografischen Daten, die uns über Hennings aus der Zeit vor 1910 vorliegen, zeigt: Hennings hält sich in *Das Brandmal* relativ eng an die Chronik ihres eigenen Lebens. Die erzählte Zeit orientiert sich biografisch an einer relativ kurzen Zeitspanne von zwei Jahren. Der erste und zweite Teil bezieht sich auf die Monate Mai bis Oktober 1908, der dritte Teil orientiert sich an der Zeit zwischen Sommer 1909 und November 1910. Allerdings wird im Text eine ganze Reihe biografischer Details ausgelassen. Hennings' Verbindungen zur literarischen und künstlerischen Bohème in Berlin und München werden nahezu vollständig unterdrückt; die in Flensburg zurückgelassene Mutter und Tochter kommen nur am Rande vor; der langjährige Partner Ferdinand Hardekopf, mit dem Hennings wohl schon ab 1909 eine offene Beziehung führte und der mit ihr durch Frankreich reist, als sie im Sommer 1910 lebensgefährlich an Typhus erkrankt, wird mit keinem Wort erwähnt. Im Text bleibt Dagny auf nahezu unheimliche Weise allein und losgelöst von allen Beziehungen.

Die Handlung beginnt mit Dagnys Ankunft in Köln. Sie kommt aus Münster, wo ihre Theatergruppe den *Hüttenbesitzer* geprobt, sich aber nach einer »Pleite in der Festhalle« (Brandmal, S. 170) aufgelöst hat. Hennings' Aufenthalt in Köln dürfte auf Mai 1908 zu datieren sein. Ihre erste Ehe mit dem Schriftsetzer Joseph Hennings war zu dieser Zeit bereits zerbrochen und im Sommer 1907 rechtskräftig geschieden worden. Der einjährige Sohn Joseph, den das junge Ehepaar in der Obhut von Hennings' Mutter Anna Cordsen zurückgelassen hatte, um am Wandertheater auftreten zu können, war im November 1905 gestorben. Eine Tochter, Annemarie, aus der Verbindung mit dem Schauspieler Wilhelm Vio war im August 1906 geboren und von Hennings erneut zu ihrer Mutter nach Flensburg gebracht worden. Von »Wander- und Melodiensucht« besessen, wie es rückblickend in *Das flüchtige Spiel* heißt,[1] schließt sich Hennings einen Monat später einer weiteren Wandertheatergruppe an – diesmal dem Ensemble von Oskar Brönner aus Tondern –, mit der sie zwei weitere Jahre lang durch Schleswig-Holstein zieht. Der Flensburger Historiker Dieter Pust konnte fast sämtliche Theatervorstellungen, an die sich Dagny im *Brandmal* erinnert, in schleswig-holsteinischen Lokalzeitungen vom September 1906 bis April 1908 mit diesem Ensemble nachweisen. Am 12. April 1908 endete die Spielzeit in Tondern, und Oskar Brönner begann mit den Proben fürs Sommertheater in Bremen und Münster.[2] Zu dieser Zeit muss Hennings die Truppe verlassen haben und nach Köln gereist sein, wo sie sich über mehrere Monate hinweg auf der Straße durchschlägt – als Hausiererin, Animierkellnerin und Prostituierte.

Im *Brandmal* endet Dagnys Leben als Straßenmädchen in Köln, als sie ein Engagement bei einem »Direktor J.« annimmt, dessen historische Vorlage der Kölner Schauspieler und Regisseur Hermann Job sein dürfte (siehe Kommentar zu S. 165), bei dessen Ensemble Hennings

1 Emmy Ball-Hennings, Das flüchtige Spiel, S. 198.

2 Siehe Dieter Pust, Emmy Hennings in Flensburg, 1885–1905, in: HBA 24/2000, S. 220 f., sowie: Neuer Theater-Almanach 1908, S. 572.

nachweislich vom »Oktober 1908 bis in die ersten Monate des Jahres 1909« engagiert gewesen ist.[3] Dieses Ensemble gibt während eines vierwöchigen Gastspiels in Bremen im November 1908 das Lustspiel *Das Mädchen mit der Bremse*, das auch im *Brandmal* erwähnt wird. Sowohl im *Brandmal* als auch in der späten Autobiografie *Das flüchtige Spiel* steht ein Auftritt in diesem Stück in Zusammenhang mit dem Motiv der uneigennützigen Hilfe: Im *Brandmal* hilft Dagny während der Proben zu *Das Mädchen mit der Bremse* ihrer Kölner Freundin Henny aus der Prostitution auszusteigen: Sie erklärt sich bereit, deren Schulden von 300 Mark selbst auf der Straße zu verdienen. In *Das flüchtige Spiel* nimmt Helga Londelius an den Proben zu diesem Stück teil, reist dann aber nach Augsburg, um anstelle ihrer Freundin Finny eine Haftstrafe abzusitzen. Hennings selbst hat mehrfach behauptet, dass sie unschuldig und unter falschem Namen ins Gefängnis gegangen sei, ohne Details über die Umstände preiszugeben.[4] Führt man beide Darstellungen zusammen, ließe sich ein freiwilliger Gefängnisaufenthalt unter dem Namen einer Freundin im Oktober 1908 vermuten. Hinter Dagnys Hilfeleistung im *Brandmal* steht also ein abenteuerliches und komplexes Stück Biografie, das von Hennings selbst nie genau aufgeklärt wurde.

Auf die Episode mit Henny folgt im *Brandmal* eine weitere Aufführung mit dem Ensemble von »Direktor J.« (in dem Stück *Köln bei Nacht*), das Dagny dann am Buß- und Bettag verlässt, der im Jahr 1908 auf den 18. November fiel. Auftritte von Hennings in dieser Revue konnte Pust ebenfalls biografisch nachweisen – allerdings erst im Jahr 1909 und nicht mit dem Job-Claßen-Ensemble, sondern mit der Truppe von Karl Schmitz und dessen Partner Hans Prechtl, die am Metropol-Theater in Krefeld ganzjährig »Cölner Burlesken« spielte.

Im *Brandmal* zieht Dagny mit einer neuen Truppe um Pfingsten (Anfang Juni 1909) weiter nach Gießen und Marburg und tritt in den

3 Dieter Pust, Emmy Hennings in Flensburg, 1885–1905, in: HBA 25/2001, S. 115.

4 Siehe das Nachwort von Christa Baumberger, »Ich bin gewiß nicht unschuldig«, bes. S. 558 f.

Stücken *Die Grille* und *Don Carlos* auf. Vom Gießener Direktor entlassen (die Gründe erfahren wir nicht), geht sie noch im Juni nach Frankfurt, wo sie von »Sally Hirsch«, dem Direktor eines jiddischen Dialekttheaters von der Straße weg engagiert wird. Sie tritt in der Komödie *Die Welt geht unter* auf und hat diverse Engagements in Bars und Tingeltangels. Bei diesem jiddischen Dialekttheater dürfte es sich um das Frankfurter Apollotheater gehandelt haben, der Direktor Sally bzw. Salomon Hirsch ließ sich biografisch nicht nachweisen. In Hennings' Nachlass finden sich zwei Postkarten aus Frankfurt an ihre Mutter Anna Cordsen vom Sommer 1909, die sie als Schauspielerin zeigen (Abb. 13, S. 487). Hinweise im Text, wie der auf den »Geburtstag meiner Mutter« (Anna Cordsen hatte am 17. August Geburtstag) und auf die »Augusthitze«, in der Dagny zur Frankfurter Anatomie geht, lassen vermuten, dass sich Hennings noch bis Ende des Sommers 1909 in Frankfurt aufgehalten hat.

Nachdem ihr ein »englischer Tänzer« mit seinem Spazierstock ein Loch in den Kopf geschlagen hat (was wie nebenbei erwähnt wird), geht Dagny von Frankfurt nach Hannover. Hier verkehrt sie in Nachtclubs, in denen »nur getanzt und getrunken« wird (Brandmal, S. 210). Einen Hinweis auf die zeitliche Einordnung des Aufenthalts in Hannover gibt die Szene, in der Dagny mit ihrer Freundin Liane am »Allerseelentag« – also am 2. November – eine katholische Messe besucht. Hannover ist auch der Schauplatz von Hennings' Prosaskizze »Charmette« (1913), die in Junghanns' Tagebuch-Abschrift überliefert ist: Wie Dagny im *Brandmal* verkehrt auch das Mädchen Charmette im Nachtclub Moulin Rouge und im Englischen Büffet. Sie bestiehlt einen Mann, der sie mit zu sich nach Hause nimmt, um achtzig Mark, nachdem dieser sich weigert, ihr Geld zu geben. Mit dem gestohlenen Geld will sie nach Berlin, wo der »Geliebte« wohnt, der sich »seidene Hemden« wünscht und mit dem sie »in den Cafés sitzen« will (TB Hennings 1902/1913).

Diesen abenteuerlichen Diebstahl in Hannover erwähnt auch Erich Mühsam in seinem Tagebuch, allerdings erst im August 1914, als Hennings längst festen Wohnsitz in München genommen hatte:

»Emmy sitzt wegen eines Diebstahls, begangen in Hannover an einem nächtlichen Besucher, in Untersuchungshaft am Neudeck.« (TB Mühsam 3, S. 146, 6. 8. 1914) Im *Brandmal* wird dieser Diebstahl konsequent ausgespart, und auch einen Liebhaber in Berlin gibt es hier nicht (erwähnt wird nur ein Freund »T.«, bei dem Dagny ab und zu übernachtet). Dass Hennings bereits von Hannover aus – also im Herbst 1909 – Verbindungen nach Berlin gehabt hat, bestätigt wiederum der Journalist Manfred Georg in einem biografischen Porträt aus dem Jahr 1927:

> In Hannover erfolgt plötzlich der Umschlag ihres Lebens. Sie sieht auf dem Tisch des Malers Höxter […] Briefe der Frau v. Stein an Goethe liegen. Ausdruck und Form sprechen sie an, der Inhalt lockt ein bisher ungekanntes Interesse in ihr hervor. Sie gleitet von der Bühne ab in die Kreise der Literatur, kommt nach Berlin und ist ein heller Fleck zwischen den dunklen Köpfen der Neopathetiker.[5]

Einen solchen Wendepunkt ihres Lebens sucht man im *Brandmal* allerdings vergebens. Hennings' Verbindungen zu der literarischen und künstlerischen Szene Berlins – zu John Höxter und Erich ühsam, aber auch zu Georg Heym, Jakob van Hoddis, Erich Unger und Wilhelm Simon Guttmann, die im Dezember 1908 den Neuen Club gründeten und ab Juni 1910 das Neopathetische Cabaret initiierten – sind nur sehr versteckt in *Das Brandmal* eingegangen. Ein Hinweis darauf, dass das Berliner Café des Westens historische Vorlage für eine der Szenen im Café gewesen sein könnte, ergibt sich aus der Gestalt einer alternden Prostituierten, die im *Brandmal* nur »Wasserleiche« genannt und von ihrer jüngeren Freundin brutal ausgenutzt wird. In dem Roman *Vae Victis* (1917) der italienisch-britischen Autorin Annie Vivanti Chartres werden diese zwei Frauen ebenfalls beschrieben – als Stammgäste im Café des Westens in Berlin. In den Erinnerungen von Ernst Pauly an das alte Café des Westens findet sich eine

5 Manfred Georg, Emmy Hennings, in: Berliner Volks-Zeitung, 14. Juli 1927.

Zeichnung von Robert L. Leonhard, auf der ebenfalls eine Frau zu sehen ist, die den Spitznamen »Wasserleiche« trägt (Abb. 14, S. 488; siehe Kommentar zu S. 143). Sie könnte entweder mit der von Vivanti Chartres oder der im *Brandmal* beschriebenen identisch sein, oder aber die mit Hennings befreundete Puppenkünstlerin Spela Albrecht darstellen, die diesen Spitznamen ebenfalls trug. Das schwarze Frieskleid, das Dagny in Frankfurt trägt und das mit seinem schneeweißen Mullkragen an ein Nonnenkleid erinnert, ähnelt dem Kostüm, das sich Hennings 1912 für ihren Auftritt im Berliner Lindencabaret machen ließ (Abb. 15, S. 489). Der Anatomieprofessor in Frankfurt, für den Dagny eine »Vorliebe« empfindet, könnte wiederum eine versteckte Anspielung auf den von Hennings zeitlebens bewunderten Gottfried Benn sein, der um 1912 ebenfalls im Café des Westens verkehrte und ab Oktober 1912 als Pathologe in einem Berliner Krankenhaus tätig war. Ebenfalls sehr verdeckt ist die Bohème-Szene Schwabings in *Das Brandmal* eingegangen: So könnte es sich bei dem »Herrn, der ein künstliches Bein hatte aus Holz« (Brandmal, S. 146) und der sich nur länger mit ihr unterhalten möchte, um den Dichter und Kabarettisten Ludwig Scharf handeln, der zum engeren Kreis um Hennings in der Künstlerkneipe Simplicissimus gehörte und ein Holzbein trug (siehe Kommentar zu S. 146). Die im *Brandmal* »Matrosen-Ida« genannte Bekannte aus einem Café in Köln, die als »verhutzelt« bezeichnet wird, könnte die Näherin Ida Weber aus dem Kreis der anarchistischen Gruppe Tat in München zur Vorlage gehabt haben, der auch Hennings lose verbunden war. In seinem Tagebuch erwähnt Erich Mühsam »die kleine, verhutzelte, proletarische, kränkliche, unsagbar häßliche Ida Weber«, die mit ihm und Hennings im Mai 1911 ein Münchner Varieté besucht (TB Mühsam 1, S. 126 f., 22. 5. 1911).

Auch Dagnys nächtliche Selbstbegegnung im Spiegel, in dem sie »[d]urch einen seltsamen Zackenhut hindurch« (Brandmal, S. 104) ein Schreckbild ihrer selbst erblickt und davon eine Zeichnung anfertigt, hat eine biografische Vorlage aus späteren Jahren: Auf eine Anfrage von Hans Arp, der für eine geplante Dada-Ausstellung um Materialien aus der Zeit in Zürich bittet, schickt ihm Ball im November

1926 »jene visionäre Zeichnung meiner Frau« mit der Bemerkung, es handle sich um eine – offenbar 1916 oder 1917 entstandene – Vorlage für jene Szene im *Brandmal* (Ball Briefe II, S. 376; siehe Kommentar zu S. 103). Im Nachlass von Hans Richter findet sich ferner eine von Hennings signierte undatierte Bleistiftzeichnung, die der im *Brandmal* beschriebenen erstaunlich nahe kommt. Auch hier wird eine weibliche Gestalt aus einer Art Zackenhut heraus skizziert. Diese Zeichnung, die zusammen mit einem von Richter angefertigten Bleistiftporträt von Hennings auf einem Blatt Papier zusammengefügt wurde (Abb. 16, S. 490), könnte mit der von Ball erwähnten identisch sein. Richter, der eng befreundet mit Álvarez del Vayo und Ferdinand Hardekopf gewesen ist, gehörte ebenfalls zu dem Kreis um Hennings in Zürich. In seinen Erinnerungen bekannte er seine Unsicherheit gegenüber diesem »liebes-gewohnten, mystisch-verzahnten, gespenstischen Mädchen« Emmy, das er für »halb Hysterikerin, halb Mystikerin« hielt und das ihm zeitlebens unheimlich blieb.[6] Dennoch schuf er 1917 nicht nur eine Serie von Zeichnungen zu »Emmy Hennings im Gefängnis«, sondern auch das Gemälde »Visionäres Porträt: Emmy Hennings«. Mit diesen Bildern trug auch Richter zu dem Bild einer kindlichen Märtyrerin bei, die den Eindrücken der Zeit hilflos ausgeliefert ist. Auf eine solche Interpretation ihrer Erzählfigur verzichtet Hennings jedoch: Dagny empfindet sich weder als unschuldiges Opfer gesellschaftlicher Verhältnisse, noch wird sie zu einer rebellischen Ikone der Revolution. Zutiefst in sich selbst verstrickt und losgelöst von jeder Gemeinschaft bleibt Dagny ihrer Stigmatisierung unterworfen, ein Zeichen der Zeit und ein Schuldsiegel zugleich.

Nach einer nicht näher erläuterten »langen Lethargie« (Brandmal, S. 223) in Hannover geht Dagny im dritten Teil von *Das Brandmal* ans Cabaret »Royal Orpheum« in Budapest, damals eines der bekanntesten Varietés Europas, das im Oktober 1908 eröffnet wurde. In *Das flüchtige Spiel* wird Hennings später behaupten, sie sei hier zweimal engagiert gewesen. Möglich und in Übereinstimmung mit

6 Hans Richter, Begegnungen von Dada bis heute, S. 80.

der Chronologie im *Brandmal* wäre ein erstes Engagement im Mai 1910, kurz vor ihrer Typhuserkrankung im Sommer dieses Jahres.[7] Allerdings taucht Hennings' Name zu diesem Zeitpunkt in den Anzeigen des Royal Orfeum noch nicht auf – erst im Mai 1913 wird sie im *Pester Lloyd* unter den Mitgliedern eines »Wiener Gastspiel-Ensembles« angekündigt, dem auch der Komiker Paul Morgan angehörte, der damals im Theater in der Josefstadt engagiert war und sich hinter dem »Wiener Humorist« (Brandmal, S. 199) verbergen könnte. Hennings wird unter »Kunstkräfte« aufgeführt, die »40 sensationelle Tanz- und Gesangattraktionen« geben.[8] Auch die im *Brandmal* erwähnte Operette *Vera Violetta* wurde im Mai 1913 gegeben, und die international bekannten afro-amerikanischen Cakewalk-Tänzer Dora Dean und Charles Johnson traten ebenfalls in diesem Monat mit ihrer Gruppe im Royal Orfeum auf. Im *Brandmal* wird die stets in prachtvollen Kleidern der weißen Oberschicht auftretende Dora Dean als »grandiose, bunte Schlotterkönigin« beschrieben, und aus ihrem vierköpfigen Ensemble wird eine dreißig- bis vierzigköpfige »Negergesellschaft« (Brandmal, S. 225). Sogar Dagnys Fiebertraum im Hotelzimmer des Royal Orfeum, in dem von »Schnee- und Glitzerberg« und »Älpler[n]« (Brandmal, S. 233) die Rede ist, die an den Gardinen hochklettern, scheint von einem Varietéstück aus dem Royal Orfeum inspiriert worden zu sein: Die dort im Mai 1913 aufgeführte Operette *Rosenstock und Edelweiss* (1910) von Franz Lehár und Julius Bauer spielt »in einer Sennhütte im Gebirge«.[9]

Dagnys Erkrankung am Ende des *Brandmals* und die Heimkehr zu ihrer Mutter in den Norden hat ebenfalls eine biografische Vorlage, die auf das Jahr 1910 zurückgeht: Im Juli und August 1910 – also kurz nach ihrem mutmaßlichen ersten Engagement am Royal Orfeum – reist Hennings mit Ferdinand Hardekopf durch Frankreich. Sie hat zu dieser Zeit bereits Kontakte mit dem *Sturm*-Kreis geknüpft, ist

7 Ball-Hennings, Das flüchtige Spiel, S. 203 f.

8 Anzeige des Pester Lloyd, Jg. 60, Nr. 112, Morgenblatt vom 13. 5. 1913, S. 13.

9 Ebd.

mit Karl Kraus, Erich Mühsam und John Höxter bekannt und hatte aufgrund einer kurzen Affäre mit Herwarth Walden den Groll Else Lasker-Schülers auf sich gezogen. In Marseille infiziert sie sich mit Typhus, wird von Hardekopf über Paris zurück nach München gebracht und liegt bis Ende Oktober in einem Krankenhaus in Schwabing (TB Mühsam 1, S. 22, 28. 8. 1910). Hennings überlebt die Krankheit und reist kurz nach dem 3. November 1910 – allein – nach Flensburg zu ihrer Mutter. Mit Dagnys Heimkehr zu ihrer Mutter im Norden endet auch *Das Brandmal*. Im März 1911 zieht Hennings nach München, wo sie ein Repertoire als Kabarettistin zusammenstellt, als Vortragssängerin im Simplicissimus auftritt und sich in den Kreisen der Schwabinger Bohème bewegt. Im Juli 1912 konvertiert sie in München zum Katholizismus. Im August 1912 erscheint ihr erstes Gedicht (»Äther«) in der von Franz Pfemfert herausgegebenen Wochenschrift *Die Aktion*.

Zur Entstehung von *Das Brandmal*

Zu Beginn des Jahres 1913 wird Franz Werfel auf Hennings aufmerksam, der zu dieser Zeit Lektor beim Kurt Wolff Verlag ist und sie einlädt, in der expressionistischen Buchreihe »Der jüngste Tag« zu publizieren. Der Gedichtband *Die letzte Freude* erscheint im April 1913. Bereits zu dieser Zeit scheint Hennings mit einer literarischen Verarbeitung ihres Lebens begonnen zu haben. Spuren davon finden sich in den auf 1913 datierten Prosaskizzen, die in der Tagebuchabschrift von Inga Junghanns überliefert sind. Auch der Verleger Kurt Wolff erwähnt im April 1913 in einem Brief an Werfel:

> ich weiß, daß Emmy Hennings an einem größeren umfassenderen Prosabuch arbeitet, in das hinein irgendwie ihre Selbstbiographie verwoben sein wird. Und dieses Buch will ich dann später auch verlegen [...]. Man sollte sie ermutigen, ihr Prosabuch zu Ende zu schreiben.[10]

10 Kurt Wolff, Briefwechsel eines Verlegers 1911–1963, S. 102.

Sieben Jahre wird die Ausarbeitung dieser »Selbstbiographie« dauern. Dazwischen liegt Hennings' Bekanntschaft mit Hugo Ball, die gemeinsame Emigration in die Schweiz im Mai 1915, die Gründung des Cabaret Voltaire im Februar 1916, die Teilnahme an den Soiréen der Galerie Dada im Frühjahr 1917, vor allem aber die Entstehung des von Kollegen und Rezensenten vielbeachteten Buches *Gefängnis* (1919). Im Herbst 1917 tritt Hennings wieder mit kleinen Kabarettgruppen in Zürich und Umgebung auf. Sie sucht aktiv nach einem Verleger für *Gefängnis* und wird dabei unterstützt von Freunden wie Leonhard Frank, Albert Ehrenstein und Hans Richter, die beeindruckt von dem Manuskript sind.[11] In dieser Zeit lernt sie – über Richter oder Hardekopf – den Journalisten Julio Álvarez del Vayo kennen, den späteren Außenminister der Zweiten Spanischen Republik. Er gehört in Zürich zu jener Gruppe spanischer Revolutionäre, die sich im Kreis um Lenin und die Zimmerwalder Linke bewegten, aber auch zur Dada-Gruppe Kontakte knüpften. Vayo und Hennings beginnen eine Liebesaffäre, die zu Jahresende von Ball mit einem Brief an Vayo unterbunden wird:

> Ich hoffe, Sie werden mit mir einer Meinung sein, dass Frau Hennings der wichtigste Mensch ist, den wir alle kennen. Und so bitte ich Sie, zu verstehen und den Gedanken an diese Frau, die zu *mir* gehört, aufzugeben. (Ball Briefe I, S. 224)

Obwohl sich Álvarez del Vayo und Hennings nach 1917 vermutlich nicht mehr wiedergesehen haben, finden sich in seinem autobiografischen Roman *La Senda Roja* (Der rote Weg, 1928) einige bemerkenswerte biografische Details über Hennings, die teilweise auch im *Brandmal* beschrieben werden, teilweise dort fehlen oder abweichend geschildert werden. Da diese Passagen nicht nur Auskunft über Hennings' Aufenthalt in Köln geben, sondern auf eine

11 Siehe hierzu Baumberger, »Ich bin gewiß nicht unschuldig«, S. 521 ff.

verloren gegangene Vorstufe des *Brandmal*-Manuskripts hinweisen könnten, seien sie im Folgenden ungekürzt wiedergegeben:

Jeder fand in ihr die Wahrheit, die er suchte. Und seit ihrer frühen Jugend hatte sie ständig »nach etwas ohne festen Grund« gejagt – wie sie in einem ihrer besten Gedichte sagte, und sich die Leiden, Enttäuschungen und Laster anderer zu eigen gemacht.

Dass man so einfach allein die Straße entlang spazieren konnte, auch wenn einem der Arm angeboten wurde, Stunde um Stunde, ohne dass es im Grunde irgend einem etwas bedeutete, wo doch unsereins alles so wichtig nimmt, was man an Sinnhaftem in allem, was anders ist, zu erkennen meint – ruft sie in einem ihrer Romane, *Das Brandmal*, aus.

Sie hatte Blumen am Ausgang der Theater verkauft, trat als show-girl oder als Zirkusartistin unter den heruntergekommensten Mitgliedern der Wanderbühnen auf, nahm sich Komplizenschaft heraus in waghalsigen Unternehmungen gegen das Gesetz und war stets die erste, der Gefahr entgegenzutreten und die letzte, sich der Verantwortung zu entziehen. Sie war Meisterin in der Kunst des Bettelns und gefürchtet in den Pfandhäusern großer und kleiner Städte, denn selbst die hebräische Habgier der Angestellten erbleichte wie Wachs, wenn sie nach ein paar mehr Mark fragte, fast immer für die Freunde und Kameraden. Sie selbst hatte wenig zu tragen. Seit jener Zeit in Köln, als man ihr zwei Mark für eine kleine blaue Jacke gab, die sie verkaufen wollte, und verlangte, dass sie in einem sehr schmutzigen Buch eine Erklärung unterschreiben musste, dass diese Jacke ihr gehörte, seit jener Zeit vermied sie es, so gut sie konnte, die Zahl der Dinge zu vermehren, die sie besaß.

Jene Tage waren von einer unvergesslichen Unsicherheit geprägt – so hatte sie selbst es Oroz berichtet. Sie war ganz allein in Köln angekommen, mit ein paar Pfennigen in ihrer Handtasche, weil ihre Theatergesellschaft soeben Bankrott gegangen war. Auf einmal erinnerte sie sich daran, dass heute ihr

Geburtstag war, an diesem Tag wurde sie sechzehn Jahre alt. Sie sagte sich, es sei nur gerecht, sich selber auf einen Kaffee einzuladen. Bereits beim Eintritt in das Lokal wurde sie übermannt von einem seltsamen Gefühl. Es war nicht nur der Hunger, an den sie sich gewöhnt hatte. Es war beinahe wie der Eindruck eines nahenden Verschwindens. Sie verlangte ein Sandwich und noch ein weiteres, und nach einem Likör. Jedes Mal, wenn der Kellner in ihre Nähe kam, hatte er für sie ein freundliches Wort. Dies war es, was sie am schnellsten wieder ins Leben rief – eine kleine Geste der Freundschaft. Sofort kam sie wieder zu sich und merkte, dass sie ihn nicht betrügen konnte. Sie durchsuchte ihr Gepäck. Nichts, für das man ihr mehr als eine Mark geben würde. Vielleicht der Band von Dostojewskijs *Schuld und Sühne*, ihr einziges Buch; doch wie konnte sie dieses verkaufen! Wenn sie wenigstens vorsorglich ihre Lieblingspassagen in ein Notizbuch übertragen hätte! Schließlich entschied sie sich für ihre kleine Jacke. Sie tat so, als würde sie in Ohnmacht fallen, um auf die Straße zu gelangen. Sie versuchte dem Kellner ihren Hut als Pfand dazulassen. Mit einem väterlichen Lächeln wies er das Angebot zurück und kam ihr erneut entgegen. Ihre Freude über diese Kleinigkeit endete in Tränen, als sie beim Betreten des Pfandhauses herausfand, dass das kapitalistische Regime darauf bestand, dass sie ihre Papiere vorzeigte, sogar in einer so kleinen Angelegenheit. Am Ende gab man ihr die zwei Mark, und sie konnte ihre Rechnung zahlen.

Der April sandte ihr am Tage seine besten Sonnenstrahlen. Doch später, in den Wartesälen Dritter Klasse, Asyl für jene ohne eigenes Zuhause, träumte sie die ganze Nacht von ihrer kleinen Jacke.

Keine Leidenschaft war ihr fremd und in der verworfensten Umgebung verstand sie, ihre innere Unschuld zu bewahren. Was immer einem durch die Hände ging, es würde vorbei gehen, und wo andere in einen leidenschaftlichen und chaotischen Zustand herabgesunken wären, wurde ihr inneres Sein kaum berührt.

Widerliche Brutalität und abartige Sinnlichkeit brachte all jene zu Fall, die glaubten, sie sei eine leichte Beute. Früher oder später wurde ihnen jenes Undefinierbare bewusst, das in ihr war und das keine äußerliche Form des Ausdrucks nötig hatte. Wenn vielleicht ein Blick, einige Worte mit leiser Stimme sie auf eine Ebene höherer Gefühle erhob, wo die guten Instinkte über das Böse triumphierten. Eine ihr inne wohnende Unfähigkeit, vor Bittgesuchen zurückzuweichen, die an ihr großzügiges Wesen gerichtet waren, hatte sie seit ihrer Kindheit an den Rand der etablierten Moralvorstellungen gebracht. Später, als sie sich der Literatur zuwandte, fand sie in den Kreisen der künstlerischen Bohème jene enthusiastische Aufnahme, die denjenigen vorbehalten blieb, welche nicht nur ein ungewöhnliches Talent vorweisen konnten, sondern auch ein Stück jenes Lebens, das die Bohemiens so glorifizierten. Aber sie plünderten sie in dem Maße, in dem sie versuchten, ihre attraktive Authentizität zu verklären.[12]

Bereits das eingangs erwähnte »Zitat« aus dem *Brandmal* – das sich nicht einmal annähernd in der Druckfassung wiederfinden lässt –, lässt aufhorchen. Vayo hatte Ende 1920, als das Buch erschien, die Schweiz und Deutschland bereits wieder verlassen; gut möglich also, dass er das Buch selbst nie zu Gesicht bekam. Hatte er Kenntnis über eine frühe Entwurfsfassung des Romans, die verloren gegangen ist, oder bezieht er sich hier auf mündliche Äußerungen von Hennings, die im Herbst 1917 damit begonnen haben muss, das Material für ihre »Selbstbiographie« zusammenzustellen? Dies zu entscheiden bleibt angesichts fehlender weiterführender Hinweise unmöglich. Dennoch zeichnet Vayo ein anschauliches und leidenschaftliches biografisches Porträt, das sich in einer Reihe von Einzelheiten mit der Darstellung in *Das Brandmal* deckt.

12 Julio Álvarez del Vayo, La Senda Roja, S. 100–103. Übersetzung aus dem Spanischen von Camille Lathbury und Nicola Behrmann.

Vayo legt den Akzent auf Hennings' Ungebundenheit und innere »Unschuld«. Er beschreibt ihren Mut, ihre Güte und ihren Kameradschaftsgeist, durch den sie immer wieder leidendes Opfer des kapitalistischen Systems wird. Was er hier betont, ist etwas, das Hennings in der endgültigen Druckfassung getilgt hat: Dagny als eine revolutionäre Persönlichkeit zu zeichnen, die durch ihren unbedingten Willen zur Freiheit und Solidarität wegweisend sein würde.

Im Frühjahr 1918, die Beziehung mit Vayo ist beendet, ein Verleger für *Gefängnis* noch nicht gefunden, arbeitet Hennings in Ascona an einer ganzen Reihe von Prosaskizzen und Entwürfen, die sich bereits auf den Stoff von *Das Brandmal* beziehen: »ich habe soviele Einfälle«, schreibt sie im April 1918 an Ball, »aber es ist ein Durcheinander, heut wirds ein Drama, morgen ein Apachenbuch, übermorgen eine Revolution.« Sie fürchtet ein Ende dieser produktiven Phase, fürchtet auch Balls »abfällige Kritik« und prophezeit dennoch selbstbewusst: »ich werde wol noch das bedeutendste Buch schreiben, die Frauen haben bisher nichts sonderliches geschrieben.«[13] In einem weiteren Brief kündigt sie an:

> die Lasker, die Studer, die Kolb, die Dohm, alle haben sie nicht das, was ich zu vergeben hab. Alle nicht! So dumm bin ich nicht, um das nicht zu wissen. […] ich schreibe schon die Bedingungen für eine neue Welt. Sich nicht bedienen lassen! Und selbst nicht dienen Ehre weg! Ehrgeiz weg! Anonym bleiben! Honorare weg! Alles selbst machen! Und sich verschenken, anstatt zu verkaufen. Voila![14]

13 Brief an Hugo Ball, o. D. [ca. 5. April 1918], NL Hennings/Ball, D-01-B-02-HENN-01/33.

14 Brief an Hugo Ball, o. D. [Mitte April 1918], NL Hennings/Ball, D-01-B-02-HENN-01/44. Gemeint sind Else Lasker-Schüler, Claire (Studer) Goll, Annette Kolb und Hedwig Dohm.

Aus einem weiteren Brief an Ball geht hervor, dass Hennings zumindest in Vorstufen an Passagen arbeitet, die später in *Das Brandmal* eingehen werden. Ihr Manuskript scheint sich in diesen frühen Fassungen allerdings noch um einiges leichter oder beschwingter gelesen zu haben:

In meinem Halbweltbuch gehts folgendermaßen zu: die Hure zieht dem heiligen Aloysius den Rock aus u. geht damit spazieren, und es ist die anmutige Verbindung der Religion mit der Erotik, kurz ich hab einen Betrieb. ich denk ein bischen, das muß ich alles fertig haben, eh der Hugo kommt und mir was dreinredt und womöglich »Stopp« sagt, was wir nicht gern wollen; denn uns ist so, als wären wir über alle Geleenäpfe in einer Speisekammer her, so etwa fühlen wir uns dabei.[15]

Im August 1918 zieht Hennings nach Bern, wo Ball Mitarbeiter der republikanischen *Freien Zeitung* und seit August 1918 deren literarischer Verlagsleiter ist; ihre Tochter Annemarie wird bei einer befreundeten Familie untergebracht. Im Januar 1919 erkrankt Hennings an der Spanischen Grippe und wird mit einer doppelten Lungenentzündung ins Sanatorium Lindenhof in Bern eingewiesen. Nach ihrer Typhuserkrankung im Sommer 1910 ist dies eine zweite lebensgefährliche Erkrankung, die nicht unwesentlich dazu beigetragen haben dürfte, die Entstehung des *Brandmals* wie auch des *Ewigen Lieds* zu motivieren.

Nach ihrer Genesung im Frühjahr 1919 beginnt die eigentliche Abfassung des *Brandmals*. Es ist eine stille Zeit. Briefe von Hennings aus diesen Monaten gibt es kaum, Tagebuchaufzeichnungen keine. Hennings liest viel und beschäftigt sich intensiv mit Texten der abendländischen Mystik. Thomas von Kempens *Buch von der Nachfolge Christi* (um 1418) und die Schriften Jakob Böhmes kannte sie eigenen Aus-

15 Brief an Hugo Ball, o. D. [ca. 10. Mai 1918], NL Hennings/Ball, D-01-B-02-HENN-01/41.

sagen zufolge bereits aus ihrer Zeit am Wandertheater in Schlesien.[16] Während der Dada-Zeit hatte sie mit Begeisterung Büchners *Dantons Tod* (1835), Cervantes' *Don Quixote* (1605/1615) und Bettina von Arnims *Goethes Briefwechsel mit einem Kinde* (1835) gelesen. Ihre intensive Lektüre von Dostojewskijs *Schuld und Sühne* geht auf den Aufenthalt in Budapest im Jahr 1910 oder 1913 zurück. An ihre Freundin Sonja Burkhard schreibt Hennings in einem undatierten Brief vom Frühjahr 1947, sie habe das Buch »schon als ganz junge Frau gelesen, unsagbar oft. Besonders einmal in Budapest und da dachte ich manchmal, wenn ich doch mal eine Freundin hätte, die auch Sonja heisst.«[17]

Nun, Anfang Februar 1919, liest sie Thomas a Celanos *Leben des heiligen Franziskus von Assisi* (1228–1247) und das von Brentano aufgezeichnete *Bittere Leiden unseres Herrn Jesus Christi* (1833) von Anna Katharina Emmerich. Sie hat häufigen Umgang mit Ernst Bloch und dessen Frau Else von Stritzki und (bis Mai 1919) mit Walter Benjamin und Dora Kellner, die mit ihrem einjährigen Sohn ebenfalls sehr zurückgezogen in der Marzilistraße leben. Benjamin, der Hennings häufiger besucht und sich sehr für die religiösen Bilder der neunjährigen Annemarie interessiert, berichtet Gershom Scholem, dass Mutter und Tochter »von extremer katholischer Frömmigkeit« gewesen sein sollen.[18] Im Juni 1919 erhält auch Hardekopf einen (nicht überlieferten) Brief von Hennings, »dessen Ton mich ziemlich beän[g]stigte, so viel innere Qual und Mysterium ist drin.«[19] Eine Woche später vermutet er, »dass sie jetzt an ihrem neuen Buch arbeitet, in das wohl viel aus ihrem Leben hineingepackt werden

16 Vgl. Ball-Hennings, Das flüchtige Spiel, S. 133–139.

17 NL Hennings/Ball, B-01-BURK/30.

18 Gershom Scholem, Walter Benjamin. Geschichte einer Freundschaft, S. 101 f. Zum Verhältnis von Ball und Hennings zu Benjamin vgl. meinen Aufsatz: Words at War. Hugo Ball and Walter Benjamin on Language and History, S. 153 f.

19 Brief an Olly Jacques, Mannenbach, 26. 6. 1919, in: Richard Sheppard, Ferdinand Hardekopf und Dada, S. 153.

soll.«[20] In einem auf den 11. Juni 1919 datierten Eintrag in *Die Flucht aus der Zeit* kündigt auch Ball dieses neue Buch an:

> Emmy bereitet ein neues Buch vor. Die ersten sechzig Seiten sind bereits da und ich habe sie durchgelesen. Auch dieses Buch wird ein Zeichen der Zeit sein. Der Beginn, wo eine kleine Schauspielertruppe sich auflöst und in alle vier Winde auseinanderstiebt; das fruchtlose Gebet im Dom, der Hunger, die Entehrung: was ist das alles, wenn nicht die Verlassenheit? Dann aber: der Himmel zerteilt sich und zärtlich gehen die Sterne auf. Ein Vogel singt im Frühreif ... es pfeift so weiß. Ein Kind geht durch die Nacht und weint ... Ein Lichtfall über das Kind! Ein Lächeln über das singende Kind! Die Seele will aufstehen aus Moder und Weh ... (Flucht, S. 237)

Der Ton, in dem Ball das ihm vorliegende Manuskript zusammenfasst – offenbar weiterhin eine Vorstufe –, unterscheidet sich bereits deutlich von Hennings' heiterem Bericht über »die anmutigste Verbindung der Religion mit der Erotik« im Jahr zuvor. Doch auch diese Darstellung scheint sich noch nicht auf eine endgültige Fassung zu beziehen. In der Druckfassung werden auch die hier angedeuteten Momente des Trostes fehlen: Keine Sterne gehen über dem Mädchen Dagny auf, kein Licht fällt auf ihren Tränensturz. Im Laufe der folgenden Monate schreibt Hennings ihre Protagonistin Dagny tiefer und tiefer in eine verzweifelte und düstere Passionsgeschichte hinein. Als Ball ihr zu Weihnachten 1919 ein Tagebuch schenkt, notiert er auf dessen erster Seite einen Satz nach der Johannes-Offenbarung: »Und sie sahe einen Engel vom Himmel fahren, der hatte den Schlüssel zum Abgrund.« (TB Hennings 1919/1920) Hennings beendet *Das Brandmal* im Januar 1920. Die – vermutlich von Ball – angefertigte Abschrift liegt am 21. Februar vor, dem Tag ihrer standesamtlichen Trauung in Bern (siehe Flucht, S. 258). Mit dem Ende der Arbeit an diesem Buch

20 Brief an Olly Jacques, 4. 7. 1919, DLA:71.1473/23.

sollte offenbar auch ein Lebensabschnitt einen Abschluss finden. Anfang März reist Ball nach Berlin und übergibt das Manuskript persönlich dem Verleger Erich Reiss. Im November 1920 erscheint das Buch im Druck.

Zur Rezeption von *Das Brandmal*

Wie bereits *Gefängnis* erregte auch *Das Brandmal* großes Aufsehen in der zeitgenössischen Literaturkritik. Hennings galt als »gegenwärtig bedeutendste Romanschriftstellerin Deutschlands« (*Erkenntnis und Befreiung*, S. 402) und war »neben der Else Lasker-Schüler jetzt die größte Dichterin in deutschem Wort und Gefühl« (*Die Wage*, S. 381). Nicht nur die großen überregionalen Tageszeitungen wie *Frankfurter Zeitung*, *Berliner Tageblatt* oder *Prager Presse* (die das Buch gleich dreimal rezensierte), sondern auch eine Reihe wichtiger Literaturzeitschriften wie *Das Tage-Buch*, *Die Schaubühne* oder der französische *Mercure de France* melden sich zu Wort.

Das *Leipziger Tageblatt* hielt *Das Brandmal* für »[s]prachlich von vollendeter Reife« (S. 384). Hier finde, so die *Frankfurter Zeitung*, »eine genial veranlagte Natur voll seherischer Kraft und romantischer Gnade ihren Ausdruck« (S. 394) und »ein sehr edles und starkes Werk der Kunst« (S. 395) entfalte sich. *Die neue Generation*, Sprachrohr des Deutschen Bundes für Mutterschutz, die bereits 1914 den Tatsachenbericht einer Prostituierten in einer Fortsetzungsreihe veröffentlicht hatte, lobte die »Geschlossenheit und strenge[] Durchführung« und befand, in der »Höhe der Weltauffassung« könne sich dieser Text »mit dem edelsten messen« (S. 404).

Tief beeindruckt von dem Buch zeigen sich vor allem Schriftstellerkollegen wie Ludwig Winder, Max Herrmann-Neiße, Robert Müller, Oskar Loerke, Walter Mehring, Sylvia von Harden oder Heinrich Eduard Jacob. Rainer Maria Rilkes Reaktion übermittelt Ferdinand Hardekopf: »Er findet Dein Buch unendlich herzbewegend und wundervoll. Das hat mir jemand gesagt, der es von Rilke selbst gehört hat.«[21]

21 Postkarte an Emmy Hennings, 7. 2. 1921, NL Hennings/Ball, B-02-HARDE.

Als »sehr sonderbar tröstend und gewissenhaft ehrlich« empfand Friedrich Glauser die Lektüre.[22] Und noch 1948 schildert der Kunsthistoriker Walter Ueberwasser mit großer Detailtreue die enthusiastische Reaktion der Dichterin Francisca Stoecklin (siehe S. 417 ff.).

Während *Gefängnis* vor allem als ein erschütterndes und zutiefst subjektives Zeugnis einer Gefangenen Eindruck gemacht hatte, finden sich nun durchaus differenziertere, allerdings auch ambivalentere Besprechungen. So stellt eine Reihe von Rezensenten in Frage, ob diese Bekenntnisse überhaupt literarisch zu verstehen sind. Zwar sei das Buch »Frucht und Resultat eines unter furchtbaren Himmeln und Höllen gelebten Lebens«, schreibt Anton Schnack in der *Neuen Badischen Landeszeitung*, und als menschliches Dokument »unanfechtbar, stark, schmerzlich«, stilistisch allerdings hält er es für »nicht ganz gerundet und voll« (S. 420). Hermann Hesse tadelt den »leise[n] Hauch von Übersteigertem, von Theaterhaftem« (S. 411), und das konservative Luzerner *Vaterland* moniert einen »oft kindischen Dilettantismus«, der »so verheddert« sei, dass er »oft der Blasphemie« nahe stünde (S. 412). Dieses durchaus ambivalente literarische Urteil, das sich in einer Reihe von Rezensionen ausdrückte, findet 1923 seine Zuspitzung in einer längeren Besprechung des Schriftstellers Franz Herwig in der katholischen Zeitschrift *Hochland*. Herwig beschäftigt sich ausdrücklich nicht mit der Autorin, sondern dem »psychologische[n] Problem Emmy Hennings«. Er spricht ihr »[d]ie Fähigkeit und Kraft, sich in andere Menschen zu verwandeln« (S. 426) ab und hält sie für unfähig, ihre persönlichen Erlebnisse zu objektivieren; diese »stellen letzten Endes nichts anderes dar als verwunderte Seufzer über ein unbegreifliches Leben, das so hart, ach, und aufregend mit dem gutherzigen Menschenwesen Emmy umspringt.« (S. 424) Das Märchen- und Grauenhafte in ihren Büchern hält Herwig für eine »Gnade«, über die sich die Autorin selbst nicht bewusst gewesen sei: »[D]iese Seele

22 Brief an Bruno Goetz, [Baden, Januar 1921], in: Friedrich Glauser, »Man kann sehr schön mit Dir schweigen«, S. 126.

ist durchaus passiv, treibt nicht, sondern vegetiert, ist kein Motor, sondern eine Pflanze.« (S. 425) Mit anderen Worten: Hennings fehlt angeblich die (literarische) Technik. Sie kann »nur immer wieder das persönlich Erlebte auftischen, und wehe, wenn die Routine über solche letzten Endes heiligen Dinge kommt!« (S. 426) In seinem 1926 erschienenen Roman *Die Eingeengten*, der einen sozialkritischen, aber schablonenhaften Realismus vertritt, versammelt Herwig eine Reihe unterschiedlicher Charaktere, die symptomatisch für die orientierungslose, zwischen Sehnsucht und Selbstverlust hin und her taumelnde Nachkriegsgeneration stehen. Unter ihnen ist das Mädchen Agnes-Liane, eine Prostituierte, die gespalten ist zwischen ihrer Sehnsucht nach Reinheit und einer inneren Wildheit und Zügellosigkeit. Sie verliebt sich leidenschaftlich in einen Musiker, den sie schwärmerisch anbetet, und verhilft ihm zu einer Stellung in einer Musikkapelle. Als sie erkennt, dass sie dem Künstler nie etwas bedeutet hat, nimmt sie sich das Leben. Herwig gestaltet hier sein kritisches Urteil über das »psychologische Problem« Emmy Hennings zu einer literarischen Figur: Agnes-Liane, jener zum Klischee erstarrte Prototyp der »heiligen Hure«, ist in demselben Zwiespalt befangen, in dem Herwig auch die Autorin Hennings wähnt. Während Herwig sich weigert, Hennings als Autorin ernst zu nehmen, stehen andere Rezensenten dem geheimnisvollen Phänomen einer »Literatur von Frauen« durchaus positiv gegenüber. So spricht ein Kritiker der Zeitschrift *Faust* von der »Welt des Weibes«, die in Hennings' Büchern »ihre großen rätselvollen Augen auf[schlage]«. Mehr Kind und Tier sei diese Frau, »noch ganz instinktives, unbewußtes Wesen, ganz Gefühl, ganz passives Dulden, ein Wunder und ein Grauen zugleich ...« (S. 414) Doch die allegorische Rede von der »Welt des Weibes« verkennt das radikal Neue an Hennings' Prosa: Ihre Erzählfiguren stellen den Versuch dar, ein unaufgelöstes und ambivalentes, mit dem Brandmal persönlicher Schuld und sozialer Deklassierung versehenes Leben zur Verantwortung zu ziehen. Das angeblich kindliche Sprechen ihrer Erzählerinnen sollte nicht über den performativen Charakter von Hennings' Erzählweise hinwegtäuschen, in der jede zwischenmenschliche Kommunikation geprägt ist von Missverständnissen und Maskeraden. Hennings' angeblich »instinktives« und »passives« Als-Frau-Sprechen entwirft *écriture féminine* – im Sinne eines radikalen Scheiterns an sich selbst und zugleich eines Sprechens, das sich jeglicher Indienstnahme verweigert. Damit arbeitet sie *avant la lettre* an den von Theoretikerinnen wie Luce Irigaray und Hélène Cixous entwickelten Versuchen mit, die verobjektivierende Rede über die Frau zu dekonstruieren.

Die Rezeption Hugo Balls

Eine differenziertere, wenngleich unzusammenhängende Rezeption von *Das Brandmal* findet sich in den Briefen und Tagebüchern Hugo Balls: »Emmys ›Brandmal‹ ist erschienen«, notiert er am 21. November 1920. »Hier ist nicht mehr Debatte. Hier ist die Zeit, am Körper erlebt und erlitten.« (Flucht, S. 277)

Ball, der seit den Hungermonaten im Sommer 1915 in Zürich – in denen Hennings ihre gemeinsame Existenz zeitweise durch Prostitution sicherte – untrennbar mit ihr verbunden war, wandelte sich im Laufe der Jahre von einem wohlwollenden Lektor hin zu einem bedingungslosen Verehrer ihrer Kunst. Im März 1923 notiert er in sein Tagebuch: »Mein Ehrgeiz und das Ziel meiner privaten Anstrengungen: Emmys Sekretär und Beichtvater zu sein.« (TB Ball, 5. 3. 1923) Und in einem Brief an Friedrich Fuchs und Ruth Schaumann vom Oktober 1923 nennt er Hennings den »Menschen, den ich lieb habe und der mir als Dichter weit überlegen ist.« (Ball Briefe II, S. 81) Anfang 1924 erwähnt Ball in einem Brief an Hennings, er plane, einen zusammenhängenden Aufsatz über sie in der *Neuen Rundschau* zu veröffentlichen – einer der wichtigsten Kulturzeitschriften der Weimarer Republik (Ball Briefe II, S. 12, 3. 1. 1924). Diesen Aufsatz, in dem er sie als eine Stimme porträtiert hätte, die den Wirren der Zeit standzuhalten vermag, jener »Zeitkrankheit«, die ihn selbst so sehr beschäftigte, hat Ball jedoch nie geschrieben. Zu eng mag sein Leben zu diesem Zeitpunkt bereits mit dem ihren verbunden gewesen sein.

Während Hennings' großer persönlicher Einfluss auf Ball lange zu den unbequemen Gemeinplätzen der Ball-Forschung gehörte, ist der literarische Einfluss, den sie auf Ball ausübte, bislang noch nirgends genauer analysiert worden. Er wäre eine eingehendere Untersuchung wert. Balls großes Interesse an dem katholischen Polemiker Léon Bloy etwa dürfte nicht zuletzt dadurch zu erklären sein, dass er in dessen Schriften nach einer Möglichkeit suchte, sein Verhältnis zu Hennings zu reflektieren. Ball war fasziniert von Bloys unbedingter Parteinahme für die Ausgestoßenen und Verachteten und von dessen Heiligsprechung der ›Hure‹. In *Die Flucht aus der Zeit* zitiert er zustimmend einen Aufsatz von Friedrich Glauser über Bloy, in dem es heißt: »Dirnen werden zu Heiligen, nur im Volk findet man wahre Größe. Man muß mit jenen leben, die nur ein Kleid haben, das verwaschen ist von unzähligen Regengüssen, steif ist von jahrelangem Schmutz, um Menschen zu finden.« (Flucht, S. 142, 6.11.1917) Wohlgemerkt ging es Bloy nicht um die Forderung, Armut und Prostitution aus der Welt zu schaffen, sondern darum, die »wahre Größe« eines Volkes in den Verachteten und Unterdrückten auszumachen.[23] Anders als Álvarez del Vayo, der den politischen Aspekt an Hennings' Leben und ihrer Literatur betont – ihre Solidarität mit den Außenseitern und ihren unerschütterlichen Sinn für Gerechtigkeit –, geht es Ball um eine religiöse Neuformulierung des Motivs der ›heiligen Hure‹. Dass sich Ball selbst zu Bloy nirgends zusammenhängend geäußert hat und auch jener Theorie der Prostitution, die Bloy in Aussicht stellt, nicht nachgegangen ist, mag wiederum an Hennings gelegen haben, die auf die Lektüre von Bloy alles andere als begeistert reagierte. Als ihr Ball im Dezember 1922 aus Bloys *Belluaires et Porchers* (Gladiatoren und Schweinehirten, 1905) übersetzt, vernimmt sie, so Ball in seinem Tagebuch, »nur den ›unglaublich erregten‹ Ton« und »erkennt nach drei Worten die Rage des Rebellen. Er kann von nun an sagen was er will – es ermüdet sie.« Stattdessen, so Ball, verweist sie »auf die Kritik der Rhetorik und die Anweisungen über den Gebrauch der Schönheit in der Kirche bei Augustin. Sie hat

23 Vgl. Caroline Mary, Zwillingskristall aus Diamant und Kot, bes. S. 170–208.

eine Abneigung gegen Bloy und glaubt nicht an reine ›Liebe‹.« (TB Ball, 16.12.1922)

Für Ball war Hennings das Gegenmittel zum »Dichter-Dandy« und dem eitlen Betrieb der Berliner Literaturszene. Auf Herwigs Kritik reagiert er daher mit gemischten Gefühlen. So befindet er zunächst, Herwig habe »sehr einsichtig und schön über Emmy das Kind geschrieben« (TB Ball, 20.11.1923), nur unterschätze er ihre Kunst. Im Oktober 1924 hingegen erinnert er sich »an jene ungerechte und demütigende Rezension Herwigs«.[24] Gerade die Passivität und Kindlichkeit, mit der Hennings' Erzählfiguren den Ereignissen ihres Lebens gegenüberstehen und die Herwig scharf kritisiert hatte, hält er für ihr größtes literarisches Verdienst:

> [...] es ist ein ausserordentlich begabtes, ein sehr ungewöhnliches Kind, dessen Wege nicht von ungefähr sind und das die Einsicht in das Wesen der Dinge mit sich trägt. Seine Spiele sind voller Kunst und Figur, seine Hilflosigkeit, seine Passivität sind das Stigma der Zeit. Man wird noch eines Tages anders über das Kindlein schreiben müssen. Man ahnt es, aber man hats noch nicht gefunden. (TB Ball, 20.[11.1923])

Für Ball sind die Willenlosigkeit und Selbstaufgabe der Erzählerstimme ein Zeichen der Zeit und die Formlosigkeit des Stils hochnotwendiges Mittel gegen den modernen Schriftsteller, der dem Chaos seiner Zeit hilflos ausgeliefert ist. Eine Kunst, die unter dem Eindruck der Zeit geschrieben und ihr hilflos ausgeliefert ist, hatten Ball und Hennings 1916 und 1917 auf den Bühnen des Cabaret Voltaire und der Galerie Dada in Zürich erprobt. Symptomatisch für die Konfrontation mit der Zeit – und ganz im Zeichen von Dada stehend – ist Dagnys Traum von der Zeit im ersten Teil des *Brandmals*,

24 TB Ball, 18.10.1923. Siehe auch Balls Brief an Friedrich Fuchs und Ruth Schaumann, Rom, 18.10.1923, in: Ball Briefe II, S. 81.

die stapelweise verpackt und registriert wird. Er hat Anklänge an Balls Kapitel »Der Verwesungsdirigent« in seinem Roman *Tenderenda der Phantast*, der zeitgleich zu Hennings' *Brandmal* im Frühjahr 1919 entstand. Bei Ball wird »eine drückend empfundene Finsternis in Kisten verpackt.«[25] In Dagnys Traum wird die Zeit selbst gewogen: »Jeder gab sein Paket Zeit ab. Der Name wurde drauf geschrieben und eine Quittung wurde ausgestellt.« (Brandmal, S. 37) Das Wiegen und Einordnen der Zeit ist in Dagnys Traum die Aufgabe von »Beamten«, in Balls Skizze übernimmt ein »gleichfalls überlebender Dichtklub« das Registrieren der Finsternis (ebenfalls eine Anspielung auf ›die Zeit‹), der »eifrig damit beschäftigt« ist, »die Verwesung zu registrieren und die phantastische Wirklichkeit abzuschwächen.«[26]

Auch Hennings' Verknüpfung der »Sünde« mit der »Sehnsucht« und ihre Darstellung eines radikal verworfenen, aufgegebenen Subjekts wird offenbar zeitgleich von Ball reflektiert. In einem auf den 24. Juni 1919 datierten Eintrag schreibt er in *Die Flucht aus der Zeit*:

> Es gibt Menschen, die wurden mit Schlamm und Blut übergossen und die Verwesung drang ihnen bis in die Seele. Wer dürfte es wagen, zu ihnen zu sprechen? Wer würde die leisen Worte finden, die zierlichsten und die zärtlichsten Worte, die noch bis zu diesen zu dringen vermöchten? Wer könnte sich ihnen als Zeichen und Fähnlein verständlich machen, daß sie das Aufhorchen noch einer Mühe für wert und den Tränensturz noch für die Folge aus einer Berührung hielten? Vielleicht wird Gott selber sie aufsuchen, tief in der Nacht; wenn nur die Diebe und tollen Verliebten noch unterwegs sind; im Traume, in einem Lächeln, in einer vagen Erinnerung. (Flucht, S. 246)

25 Hugo Ball, Tenderenda der Phantast, S. 45.

26 Ebd.

Ein ähnliches Bild eines Menschen im sozialen Abseits zeichnet auch Hennings im *Brandmal* – in Gestalt des Mädchens Jette im Viertel hinter der Mauer, die »tief versunken« lebt und für viele nur noch »ein Tier« ist, eine Hoffnungslose, von der sich Dagny stigmatisiert fühlt: »[D]iese Sterbende läßt mich leben, so leben. Wenn ich an sie denke, bin ich nur flammender Mensch. Und ihr fehlt das Bewußtsein, sie kann mich nicht mehr verstehen. Weiß nicht mehr, was ich von ihr will.« (Brandmal, S. 108)

Aus der Erfahrung der Verworfenheit heraus entsteht ein fragiles Narrativ und eine sich selbst problematisch werdende Erzählstimme. Diese Stimme des Aufgegebenen und Verworfenen in Hennings' Texten vor 1926, ihr Schreiben von der Straße, versucht Ball – unter Einfluss von Bloy und, wie sich herausstellen wird, erfolglos – in eine politisch-theologische Utopie umzuschreiben. Jenen Dämon der Zeit, den Ball mit seinem *Byzantinischen Christentum* (1923) und *Die Flucht aus der Zeit* (1927) in einen theologischen Rahmen zu bannen versuchte, beschwört und entlässt Hennings in unerbittlicher Introspektion in ihrer frühen Prosa.

Hennings' eigenes Urteil über *Das Brandmal*

Die Glaubwürdigkeit dieses »Bekenntnisbuches«, das mit den Bekenntnissen von Augustinus und Jean-Jacques Rousseau verglichen wurde, ist nicht nur für die Kritiker wichtiges Kriterium gewesen, nach dem sie ihr Urteil ausrichteten. Die Möglichkeit einer radikal ehrlichen Lebensbeschreibung hat vor allem Hennings selbst beschäftigt. In ihrem Tagebuch findet sich eine Reihe von Einträgen, die zeigen, wie deutlich sie selbst das Empfinden gehabt haben muss, ihr Buch sei gescheitert. Als sie im Juli 1920 die Druckfahne zugeschickt bekommt, reagiert sie entsetzt: »Wie widerlich, sein eigenes Buch zu lesen, so widerlich, wie seinen eigenen Geruch zu riechen … Alles erscheint mir grässlich sinnlich … kaum verträglich.« (TB Hennings 1919/1920, [ca. 30. 6. 1920]) Einige Monate später, kurz vor Erscheinen des *Brandmals*, richtet sie erneut eine wütende Anklage gegen sich selbst – weniger als »Sünderin«, sondern als »eitle Schriftstellerin«, die glaubt, schreibend ihre Vergangenheit überwinden, ihren Fall aufhalten zu können:

> ich glaube mich in meinen Büchern genügend blamirt zu haben, um alles wagen zu können; denn ich habe mich als dummdreist und bisweilen gottesfürchtig gebürtig erkannt. […] Es gibt flüchtige Augenblicke, in denen mein besseres Ich […] es in dieser stinkenden Kloake der Eitelkeit nicht mehr aushält. […] Ich habe nach seligen Gestaden geschielt. Mein Gott ist ein Satan, als die Hoffnung auf ihn ein Spott ist. Wer kann wieder die klarste Erkenntnis hoffen! […] Verworren in der unendlichen Haltlosigkeit des Seins und Nichtseins bin ich Taumelnder. Luzifer fiel nicht in die Hölle, er fiel tiefer, immer tiefer, in Grundlosigkeiten immer fallend. Gesetzlose Fallsucht. (TB Hennings 1919/1920, zw. 28.8. und 7.9.1920)

Hennings war sich darüber im Klaren, dass sie sich mit ihrer Erzählfigur Dagny, die ebenso willenlos wie bewusst in die Prostitution abgleitet, auch als Autorin exponieren würde. Gerade weil Dagnys unerbittliche Selbstreflexionen von denen ihrer Autorin nicht zu trennen sind, sieht sich die Autorin dem Vorwurf der Unglaubwürdigkeit ausgesetzt. »Daß ein so weltflüchtiger Mensch, geradezu nebenher, diesen realsten Beruf ausübt, empfindet man als Riß«, bemerkt etwa Siegfried Berberich in einer ansonsten durchaus wohlwollenden Rezension (S. 403). So wird der persönliche innere Konflikt zu einem literarischen Makel. Hennings scheint diesen Vorwurf uneingeschränkt übernommen zu haben, wenn sie nach Erscheinen des *Brandmals* in ihr Tagebuch notiert:

> die Frau, die in die Verlegenheit geraten konnte, dieses Buch zu schreiben, ist mir nicht sympatisch. Mitleid wäre bei diesen großen Anlagen zur Stärke, deplaziert Wie kann sie in die Situation kommen, derart ihre Gefühle belauern zu müssen? Alles

entsteht nur aus dem Einen, vielmehr aus der Dreieinigkeit Schuld, Unschuld, Liebe. Sie gibt am Schlusse vor Überwinderin zu sein. das Kind täuscht sich. Wer so in das Leben verstrickt ist, kann nicht überwinden. Wer liebt, muß sterben.

Die Stärke liegt wol in der Unberechenbarkeit. Das Leid hat sich in ein bedenkliches Problem geflüchtet, Prostitution, es ist Weltschmerz (TB Hennings 1921, o. D.)

Zur Entstehung von *Das ewige Lied*

Der Beginn der Niederschrift von *Das ewige Lied* lässt sich sehr viel genauer bestimmen. In einem auf den 15. April 1921 datierten Eintrag notiert Ball in *Die Flucht aus der Zeit*:

Heute hat mir Emmy den Anfang eines neuen Buches vorgelesen. Dieses Buch beginnt folgendermaßen: »Gelobt seien alle Namen, die das Leben bergen. Jedes Nennen, das nach der Geburt des Unnennbaren trachtet, sei gepriesen.

In jedem Worte, das Wortlosigkeit ersehnt, wohne die Erfüllung …« (Flucht, S. 283)

Hennings und Ball leben seit Sommer 1920 in dem Tessiner Dorf Agnuzzo. Ball hat sich mittlerweile entschieden von der politischen Publizistik abgewandt und arbeitet – ohne Auftrag – an seinem Buch *Byzantinisches Christentum*, mit dem er sich von den negativen und »protestantischen« Tendenzen seiner 1919 erschienenen *Kritik der deutschen Intelligenz* zu befreien suchte.[27] In *Ruf und Echo* erinnert sich Hennings lebhaft an beider Faszination beim Studium der Heiligenviten der *Acta Sanctorum* zu dieser Zeit. Mit großer Anteilnahme liest sie das *Geistliche Tagebuch (1870–1908)* der französischen Mystikerin Mathilde Boutle (1844–1908), das erstmals 1912 unter dem Pseudonym Lucie Christine veröffentlicht und 1921 von Romano

27 Vgl. das Nachwort von Bernd Wacker zu Hugo Ball, Byzantinisches Christentum, S. 507-520.

Guardini ins Deutsche übersetzt wurde.[28] Zu ihrer weiteren Lektüre in Agnuzzo zählen Hermann Bangs *Das weiße Haus* (1898), Émile Zolas Roman *Lourdes* (1894), die Schriften von Heinrich Seuse und Theresa von Ávila sowie Joseph Görres' vierbändige *Christliche Mystik* (1836–1842). Mit Mechthild von Magdeburg hatte Hennings sich bereits 1917 beschäftigt und in der Galerie Dada Werke von ihr vorgetragen. Ball zufolge hat sie *Das fließende Licht der Gottheit* im Herbst 1921 erneut intensiv gelesen (siehe TB Ball, 4.12.1921). Auch Strindbergs autobiografische Legendensammlung *Inferno* (1897) und die visionären Schriften Emanuel Swedenborgs – vermutlich eine Auswahlausgabe der *Arcana Coelestia* (Himmlische Geheimnisse, 1749–1756) – liest Hennings in diesen Monaten.

Im Januar 1921 stirbt die von Hennings verehrte Else von Stritzki, die Frau von Ernst Bloch. Sehr bewegt schreibt Hennings an Bloch:

> Ach, lieber, lieber Bloch, könnten doch auch Sie immer sagen jenes Wort, dem so viel Schweres vorhergegangen sein mag, was man fühlen, aber nicht zu fassen vermag: ... und dann ist alles gut ... Wieviel Leid ist überwunden, der bittere Tod. Wer dieses Wort als letztes sagt, der bejaht Zukunft und Ewigkeit, und ist auferstanden und verklärt. Der Tod ist die Geburt.[29]

Dies ist einer der wenigen Briefe, die von Hennings während ihrer Arbeit am *Ewigen Lied* überliefert sind. Das hier anklingende Thema der Auferstehung von einem Leben, das nur als Leiden und Sterben zu Lebzeiten erfahren werden kann, wird Leitmotiv ihres Buches werden.

In vieler Hinsicht ist *Das ewige Lied*, das zunächst noch den Titel »Der Traum vom Grunde« trägt, eine Fortsetzung der Darstellung

28 Dies geht aus einem Brief von Hugo Ball an Joseph Englert vom 1. August 1922 hervor, in: Ball Briefe I, S. 375.

29 Das Original ist verschollen, der Brief ist abgedruckt in Ernst Blochs *Gedenkbuch für Else Bloch-von-Stritzki*, in: ders., Tendenz – Latenz – Utopie, S. 33.

der inneren Konflikte in *Das Brandmal*, das mit den Fieberträumen der schwer kranken Dagny in Budapest endet. Biografischer Hintergrund ist Hennings' Typhuserkrankung vom Sommer 1910, die für sie einen Wendepunkt in ihrem Leben einleitete. Im April notiert Ball die Reaktion von »Emmys Beichtvater in München, als sie ihm von ihrem Typhus erzählt: ›Welch ein Glück!‹ (Es war in der Zeit ihrer Konversion.)« Und fügt hinzu: »In ihrem neuen Buche öffnet ein Fieber die oberen Räume.« (Flucht, S. 286, 23. IV. 1921) Erinnerungen an die Vergangenheit und der Komplex des »Zwang und Zweifel« (Brandmal, S. 234) durchziehen den gesamten Text, dessen äußere Handlung auf ein Minimum reduziert ist. Im Juni schreibt Hennings an Hermann Hesse: »Ich schlag mich noch mit einigen leidigen Erinnerungen herum, aber ich krieg sie wohl mit der Zeit herunter.«[30]

An Stoff scheint es zunächst nicht zu fehlen: Im Juli hat sie bereits 120 Seiten Typoskript geschrieben – die großzügig gesetzte Druckfassung von *Das ewige Lied* wird ganze dreißig Seiten weniger enthalten.[31] Doch die Arbeit wird unterbrochen, als sich Hennings und Ball gezwungen sehen, ihren Aufenthalt im Tessin abzubrechen und nach München überzusiedeln. Sie stehen am Ende des Sommers nahezu ohne finanzielle Mittel da – die Honorare für Hennings' *Gefängnis* und Balls *Kritik der deutschen Intelligenz* sind längst verbraucht, und beide sind dringend auf Kontakte zu Verlegern und Herausgebern angewiesen, wenn sie von ihrer literarischen Arbeit leben wollen. Obwohl Hennings als eine gefeierte Autorin nach Deutschland zurückkehrt, gerät sie während des München-Aufenthalts in eine schwere psychische Krise, von der ihre und Balls Briefe an Hermann Hesse sprechendes Zeugnis ablegen. Sie leidet an »Erschöpfungszustände[n], die mit heftigen Rückenschmerzen beginnen und mit einer

30 Brief an Hermann Hesse, Agnuzzo, [Juni 1921], in: Hermann Hesse, Briefwechsel mit Hugo Ball und Emmy Ball-Hennings, S. 74.

31 Vgl. Brief Emmy Hennings an Annemarie Hennings, [vor 12. 7. 1921], in: Ball Briefe III, S. 317.

völligen Apathie enden«,[32] und an Depressionen: »Die Stadt schlägt auf mich ein, alle Begebenheiten sehe ich doppelt, und in der Nacht sehe ich alles, zeigt sich in aufdringlicher Deutlichkeit.«[33] Ihr Arzt in München, der Parapsychologe Albert von Schrenck-Notzing, »erklärt, nachdem er Emmy wiedergesehen hat: ich stehe vor einem Rätsel. Sie verzehren sich.« (TB Ball, 4.12.1921)

Am 17. November gibt Hennings eine Aufsehen erregende Lesung im vollbesetzten Lesesaal der Schwabinger Buchhandlung Steinecke (Adalbertstraße 15). »Emmy«, notiert sich Ball in sein Tagebuch, »sah wunderschön aus und der ganze Saal war mäuschenstill, als sie las. Man wagte nicht einmal zu husten.« (TB Ball, 17.11.1921) Sie liest aus *Gefängnis*, aus *Das Brandmal*, »aus dem Manuskript den Anfang eines neuen Romans und Verse«.[34] Ihr Romanmanuskript heißt nun: »Oktaven«. In den *Münchner Neuesten Nachrichten* ist nach dem Abend zu lesen, dass »Emmy Hennings zu den besten deutschen Erzählerinnen der Gegenwart gehört«. Gelobt wird ihre »vor allem für Frauen ungewöhnliche Leidenschaft der Dialektik«, aber auch »die große Feinfühligkeit und Biegsamkeit der Sprache« und »die unendliche Melodie des Fragens, die das epische Geschehen durchsetzt, jede Szene aus der Begrenztheit des Eindrucks, des Zufälligen ins Raumlose, Schwankende, Ironische erhebt«.[35]

32 Brief Hugo Ball an Joseph Englert, München, 27.10.1921, in: Ball Briefe I, S. 354.

33 Brief Emmy Hennings an Hermann Hesse, München, 3.12.1921, in: Hesse, Briefwechsel, S. 100. Zu einer ausführlichen Darstellung der Entstehung von *Das ewige Lied* und dem Gedichtband *Helle Nacht* siehe Behrmann: Verschwindungssucht. Zu zwei vergessenen Büchern von Emmy Hennings.

34 Herbert Saekel, Münchener Winter 1921, in: Krefelder Zeitung, 23. Dezember 1921. Zeitungsausschnitt im NL Hennings/Ball, C-03-01.

35 Münchner Neueste Nachrichten, 18. November 1921 (Abendblatt), zit. n. Ball Briefe III, S. 327.

Im März 1922 ist die Arbeit an dem neuen Buch beendet. An Hesse hatte Hennings bereits im Januar geschrieben, dass sie von ihrem Manuskript »nichts, und buchstäblich nichts« mehr begreife:

[…] jeder andere Mensch könnte es eher durcharbeiten, wie gerade ich. Weiß nicht, ob fertig, oder noch nicht begonnen, absolut nichts. Lieber Herr Hesse, das ist mir so unheimlich, diese radikale Begriffslosigkeit. Ich komm mir ganz ausgehakt vor. Seien Sie nicht ungehalten, daß ich Ihnen diese schreckliche Not sage. Ob das vorüber geht? (Hesse, Briefwechsel, S. 117 f., [Januar 1922])

Was Herwig ihr ein Jahr später vorhalten wird, scheint Hennings nach Beendigung dieses Manuskripts selbst empfunden zu haben: Sie gestaltet nicht und schreibt nicht aus sich heraus, sondern in sich hinein. So wie sich Dagny im *Brandmal* in die Straße hineingeschrieben und auf den objektiven Blick von Außen verzichtet hat, so geht auch diese todkranke Erzählerin in ihrem eigenen »Ewigen Lied« unter. »Mein Buch ist beendet, auch heute«, berichtet sie am 21. März an Hesse:

Ich weiß nicht, und zweifle sehr daran, daß es für den Druck geeignet ist. Es ist eine Agonie, und mir ist, als habe ich nicht im geringsten versucht, und nicht gekonnt, zu gestalten. Dennoch möchte ich Ihnen so gern eine Abschrift senden. Und möchte es in Ihren Händen wissen, wenn Sie es mir erlauben. (Hesse, Briefwechsel, S. 122)

Der Titel änderte sich während der Abfassung mehrmals. Ende 1921 lautete er noch »Oktaven«, im März 1922 »Agonie« (Ball Briefe I, S. 364), und nach Fertigstellung der wohl von Hugo Ball angefertigten Abschrift im Mai 1922 in München sollte das Buch heißen: »Der Traum vom Grunde« (TB Ball, 11. 5. 1922). Ende Mai ändert Hennings den Titel erneut um in »Das ewige Lied« mit dem Untertitel »Hymnische Prosa«, der in der Buchausgabe dann wegfallen wird. Ball schreibt an Hesse: »Emmy ist so ängstlich damit, dass sie Ihnen kaum zu schreiben wagt. Sie quälte sich lange Zeit mit der Frage, ob sie es überhaupt publizieren solle.« Und fügt hinzu: »Sind Sie nicht auch der Meinung, lieber Herr Hesse, dass es gut sein wird, dieses Buch, wenn überhaupt, so in aller Stille bei Reiss noch herauszubringen?« (Ball Briefe I, S. 366, 29. 5. 1922) Am 2. Juni 1922 schickt Hennings das Manuskript an Erich Reiss mit der Bitte, das Buch möglichst rasch zu bearbeiten, damit es »rechtzeitig zu Weihnachten erscheint. Sie werden ja bei der Lektüre sehen, dass es sich um eine sehr konzentrierte Arbeit handelt, an der mir besonders gelegen ist.«[36]

Deutlich ist aus Hennings' und Balls Briefen beider Ambivalenz gegenüber dem schmalen Band zu spüren, ihre Unsicherheit, ob er sich überhaupt für den Druck eignet, und das Empfinden, dass er besser bei Erich Reiss untergebracht ist, von dem sich Hennings bereits zu diesem Zeitpunkt zu lösen versucht.

Reiss nimmt *Das ewige Lied* im Sommer 1922 an. Im September lesen Hennings und Ball gemeinsam die Korrekturen. Doch nicht zu Weihnachten, sondern erst im Juni 1923 – nach Erscheinen ihres zweiten Gedichtbandes *Helle Nacht* – erscheint das Buch im Handel. Als sich Ball im Sommer 1923 für kurze Zeit in Berlin aufhält, lässt er sich von Reiss »Emmys ›Ewiges Lied‹ zeigen, das sehr lieblos nichtssagend gebunden ist und«, Ball schreibt dies auf dem Höhepunkt der Inflation in Deutschland, »150000 Mark kosten soll.« (TB Ball, 30. 7. 1923)

Das Verschwinden von *Das ewige Lied* und *Das Brandmal*

In Antwort auf die Frage des Herausgebers der Zeitschrift *Ostwart*, Viktor Kubczak, ob es heute noch eine christliche Dichtung gebe, verweist Ball im März 1926 auf *Das ewige Lied* mit der Bemerkung: »Niemand hat dieses Buch meines Wissens beachtet; selbst der Verlag hüllt sich gegenüber der Autorin in perfektes Schweigen.« (zit. n.

36 Brief an Erich Reiss, München, 2. 6. 1922, NL Hennings/Ball, B-04-b-04/5.

TB Ball, 15.3.1926) Da sich in keiner der Druckbelegsammlungen in Hennings' Nachlass eine Besprechung nachweisen lässt, ist es gut möglich, dass auch die wenigen nachgewiesenen Rezensionen – eine stammt immerhin von Gabriele Reuter – Hennings nicht bekannt gewesen sind. Nach der großen öffentlichen Aufmerksamkeit, die zwei Jahre zuvor *Das Brandmal* erfahren hatte, ist das nahezu vollständige Übersehen von *Das ewige Lied* dennoch erstaunlich. Was war geschehen?

Die Gründe für dieses rasche Verschwinden sind vielschichtig. Ein wichtiger Faktor dürfte die schwankende Situation des Buchmarkts gewesen sein. Nachdem sich der Buchhandel kurz nach Kriegsende zunächst erheblich belebte, kam es im Winter 1920 und im Sommer 1921 zu extremen Verteuerungen und die Preise stiegen im folgenden Jahr »erneut um das Sieben- und Achtfache.«[37] Im Sommer 1922 begann die Hyperinflation, der erst Ende des folgenden Jahres durch die Währungsreform Einhalt geboten werden konnte. In dieser Zeit erscheinen gleich zwei Bücher von Hennings: Ende Mai 1922 ihr zweiter Gedichtband *Helle Nacht* und im Juni 1923 *Das ewige Lied*.

Dennoch kann die Inflationszeit nicht allein für die Erfolglosigkeit dieses Buches verantwortlich gemacht werden. Auch wenn der Buchabsatz weit hinter den Zahlen vor dem Weltkrieg zurückblieb, überstand der Buchhandel die Konjunkturkrise sogar vergleichsweise gut.[38] Anders war es um die wirtschaftlichen Situation der Schriftsteller bestellt. Von der eigenen Arbeit konnte in diesen Jahren kaum ein Autor leben. Im Juni 1920 schreibt Kurt Tucholsky in der *Weltbühne*: »Die Lage der deutschen Schriftsteller ist haltlos. Wenn er nicht Glück oder sehr viel Marktgeschick hat oder einen guten Nebenberuf, kann er verhungern.«[39] Hermann Hesse konstatiert im Oktober 1922:

37 Thorsten Grieser, Buchhandel und Verlag in der Inflation, S. 6.

38 Ebd., S. 21.

39 Kurt Tucholsky, Schriftsteller, zit. n. Berthold Brohm, Das Buch in der Krise, S. 210.

Emmy Hennings ist in Deutschland nahezu »berühmt«, und wenn sie halb so bedeutend und erfolgreich in der Schuhbranche oder im Bankfach wäre wie in der Literatur, so wäre sie Millionärin, aber für geistige Werte ist heute keine Geltung da, wenigstens keine Marktgeltung.[40]

Der Druck dieser »Marktgeltung« hing nicht zuletzt mit der drastischen Veränderung des Lese- und Kaufverhaltens zu Beginn der 1920er-Jahre zusammen. Bereits kurz nach dem Krieg – nicht zuletzt ausgelöst durch die neuen Medien Film und Radio, aber auch durch neue Hobbys wie Autos und Sport – entwickelten sich ganz neue Käuferschichten, die »sich fast nur noch für neue Werke zu interessieren« scheinen.[41] Da sich ein Buch prinzipiell erst ab der zweiten Auflage rentierte, wurden Erstauflagen häufig kleiner gehalten, um das Verlustrisiko zu verringern. Neuauflagen wurden durch dieses Kaufverhalten deutlich erschwert. Dies mag ein weiterer Grund dafür gewesen sein, weshalb *Das Brandmal* über eine zweite Auflage nicht hinausgekommen ist und *Das ewige Lied* nicht einmal diese erlebte. Obwohl Verleger wie Samuel Fischer und Kurt Wolff die »Novitätensucht« der Leser beklagten, stimmten sie ihre verlegerischen Entscheidungen dennoch darauf ab. Fischer, in den 1920er-Jahren der wohl größte deutsche Verleger, hatte sich im Frühjahr 1918 für Hennings' *Gefängnis* interessiert, war aber zu spät gekommen: Hennings hatte nur zwei Stunden zuvor Erich Reiss ihre Zusage gegeben.[42] Als

40 Brief an Helene Welti, Oktober 1922, in: Hesse, Gesammelte Briefe 2, S. 40 f.

41 Brohm, Buch in der Krise, S. 280 f.

42 So stellt es Hennings in einem undatierten Brief an Walter Gurian dar, der vermutlich aus dem Jahr 1928 stammt: »Mich beschäftigt bereits jetzt, wie es mit meinem nächsten Buch wird. S. Fischer will es gerne lesen und ich habe einmal einen prachtvollen Vertrag auf mein ›Gefängnisbuch‹ von ihm gehabt und dieser Vertrag kam an, nachdem ich zwei Stunden vorher mit Reiss abgeschlossen hatte. Sowas soll sein!« In: Waldemar Gurian / Emmy Hennings, Correspondence, Library of Congress, Washington DC.

sie ihm 1924 ihre Erzählung *Das graue Haus* anbietet, lehnt Fischer jedoch ab mit der Begründung, dass der »Zauber einer vegetativen Seelenhaftigkeit und de[r] hohe[] artistische[] Reiz« von Hennings' Büchern »in einer so abweisenden und belasteten Zeit wie der jetzigen« nicht mehr genügen. Es brauche heute »eine grössere Fülle und Mannigfaltigkeit« des Stoffes.[43]

Hennings selbst konzentrierte sich ab 1924 und in Konsequenz aus dieser Entwicklung auf Veröffentlichungen im Feuilleton der deutschen und Schweizer Tagespresse, in das neben Kritiken und Rezensionen zunehmend Reflexionen und Betrachtungen zu Themen des modernen Lebens Eingang fanden, wie Sport, Ehe und Familie, Lebensalltag oder kulturelle Gepflogenheiten. Ein Großteil dieser Beiträge sind Reisereportagen aus Italien, die sie 1926 unter dem Titel *Der Gang zur Liebe. Ein Buch von Städten und Heiligen* im katholischen Verlag Kösel und Pustet publizierte. Für die autobiografischen Introspektionen ihrer frühen Prosa schien es im Deutschland der Weimarer Republik jedoch keinen Absatzmarkt zu geben. Selbst Hennings' zwei weitere Gefängnis-Erzählungen *Das graue Haus* und *Das Haus im Schatten*, die vermutlich beide mit der Absicht verfasst worden waren, das Gefängnis-Thema einer breiteren Öffentlichkeit zugänglicher zu machen, fanden trotz jahrelanger Bemühungen keinen Verleger.[44]

Die wenigen Rezensenten von *Das ewige Lied* reagieren durchaus positiv: »Die Tiefe und Innigkeit dieser Prosa ergreift«, befindet Hans Christoph Ade (S. 426). Max Dietrich betont die »seltsam berauschte[] Sprache« dieser Fieberträume: »Die Gefühle entzünden sich nicht an Menschen und Dingen; vielmehr bezwingen sie diese, stärker als sie, durch ihre starke, magische Kraft.« (S. 428) Selbst

43 Brief Samuel Fischer an Emmy Hennings, 18. 9. 1924, NL Hennings / Ball, B-04-b-02. Der Brief ist abgedruckt in Baumberger, »Ich bin gewiß nicht unschuldig«, S. 541.

44 Vgl. hierzu ausführlicher Baumberger, »Ich bin gewiss nicht unschuldig«, bes. S. 536 ff.

Gabriele Reuter findet »manchen schönen Gedanken« in dem Text und vermutet den Einfluss von Rabindranath Tagore. *Der Zwiebelfisch* entdeckt manchen »Gallimathias zwischen packenden Impressionen« (S. 423). Julius Knopf, der Hennings' Entwicklung aufmerksam verfolgte und bereits *Gefängnis* und *Das Brandmal* besprochen hatte, glaubt bei der Lektüre dieses neuen Buches »die Metamorphose aus einer scharf realistischen Beobachterin und Schriftstellerin zu einer sich in Lyrismen ausgebenden Dichterin« (S. 422) zu erleben.

Doch über diese Rezensionen hinaus ist neben den Tagebuchnotizen von Hugo Ball nur die Reaktion Hermann Hesses bekannt, der etwa zeitgleich seine Erzählung *Siddhartha* beendet. Hesse schreibt ihr nach der Lektüre: »Das Manuskript ist oft so traurig, dass es auch mich traurig macht, aber es ist keine böse Trauer, sondern eine gute, sanfte, und in der Dunkelheit stehen überall Blumen und glühen und sprechen und duften.« (Hesse, Briefwechsel, S. 138, 2. 6. 1922) Einige Wochen später kommt er nahezu tröstend erneut auf das Manuskript zu sprechen. Es stehe »viel Feines darin, z.B. von den Heiligen, die im Sarg die Augen auftun um über den Tod zu lächeln!« Und fügt hinzu: »Leben Sie wohl, liebe Frau Ball, und gehen Sie von der Agonie weg täglich neuem Leben entgegen! Nach jedem Tod wird das Leben zarter und feiner. / Herzlich grüßt Sie Ihr H. Hesse« (Hesse, Briefwechsel, S. 144, 5. 7. 1922). Eine Reaktion auf den literarischen Gehalt und die Bedeutung des Textes bleibt ebenso aus wie ein kritisches Urteil.

Ein weiterer Grund dafür, dass Hennings' Prosabücher so rasch in Vergessenheit gerieten, war das nach Erscheinen des *Ewigen Lieds* zunehmend distanzierte Verhältnis zu ihrem Verleger Erich Reiss. Auch hierfür sind die Gründe vielschichtig. Reiss hatte bereits im Juli 1922, nach dem großen Erfolg der Erstauflage, »eine neue Ausgabe von ›Brandmal‹ noch für diesen Herbst« vorgeschlagen, wie Ball aus München an Hesse schreibt, »und scheint sich, dem Tempo seiner Korrespondenz nach zu urteilen, wieder mehr zu regen.« (Ball Briefe I, S. 370, 13. 7. 1922) In den folgenden Jahren bemüht sich Hennings offenbar intensiv um eine solche Neuausgabe, wohl nicht zuletzt in dem Versuch, für die Darstellung ihres konfliktreichen Lebens einen Erzählstil zu finden, der diese Konflikte weder leugnet noch verschärft. Bereits während der Arbeit am *Ewigen Lied* plant sie »ein umfangreicheres und ansprechenderes neues Buch« und hofft, »damit eventuell einen weniger zurückgezogenen Verleger zu finden«.[45] Anfang Juni notiert Ball in sein Tagebuch:

> Von Emmy ist ein Buch zu erwarten, dass alle Verzweiflung, Ohnmacht und Apathie dieser Zeit untersucht und auflöst. Der unüberbrückbar gewordene Zwiespalt zwischen dem Innern eines Menschen und den äusseren Verhältnissen, denen er verfällt. – (TB Ball, 16.11.1922)

Im November 1925 wendet sich Hennings erneut an Reiss wegen der Neuausgaben von *Das Brandmal* und *Gefängnis* und bietet ihm zwei weitere Prosabücher an: die Erzählung *Das graue Haus* und einen weiteren »grossen modernen Roman […], der demnaechst fertig wird (Umfang wie das ›Brandmal‹). Dieser Roman wuerde sich vorzueglich in die Serie der Buecher bringen, die Sie bereits von mir brachten.«[46] Von diesem – nie veröffentlichten – Romantyposkript, das im April 1923 den Titel »Stella« trägt, finden sich im Nachlass nur noch Spuren. Erhalten hat sich ein längeres Prosafragment sowie eine ausführliche Inhaltsangabe in Balls Tagebüchern. Hennings hat diese Arbeit vermutlich nie beendet, zumindest finden sich in ihren Briefen keine Hinweise darauf, dass sie diesen Text einem weiteren Verleger angeboten hätte – im Gegensatz zu *Das graue Haus*. Eine Antwort von Reiss blieb entweder aus oder aber war negativ. Auch eine Neuauflage von *Das Brandmal* kam für ihn zu dieser Zeit offenbar nicht mehr ernsthaft in Betracht.

Erschwerend kommt hinzu, dass der Erich Reiss-Verlag im Sommer 1926 aufgrund der betrügerischen Handlungsweisen eines Prokuristen

45 Brief Hugo Ball an Hermann Hesse, 29.5.1922, in: Ball Briefe I, S. 366.

46 Brief an Reiss, Albori, 3. November 1925, B-01-REI/01.

kurz vor dem Bankrott stand. Der Belletristik war zu diesem Zeitpunkt ohnehin nur noch ein relativ schmales Kontingent eingeräumt. Zu den lukrativsten Autoren des Verlags gehörten Karin Michaelis und Egon Erwin Kisch, dessen Essaysammlung *Der rasende Reporter* (1924) im Jahr 1930 bereits die 15. Auflage erlebte. Angesichts der *material girls* und Sensationsreporter, die den Typus des nationalistischen Kleinbürgers oder des berechnenden Emporkömmlings in der Literatur 1920er-Jahre ausleuchteten, wirkten Hennings' Protagonistinnen aus dem *Brandmal*, dem *Ewigen Lied* oder dem *Grauen Haus*, die im Schreiben und Erinnern allmählich verschwinden, ebenso veraltet wie die Welt der kleinen Varietés und Operettenensembles, der diese Protagonistinnen angehören und die nach dem Ersten Weltkrieg endgültig vom Kino verdrängt worden waren. Ein stilistischer Balanceakt zwischen krassem Naturalismus und romantischer Empfindsamkeit, wie ihn *Das Brandmal* unternahm, deckte sich nicht mit dem Reportagestil und der nüchternen Betrachtung gesellschaftlicher Zustände, wie sie die Neue Sachlichkeit empfahl. In einem Brief an Ball zieht Hennings eine bittere Bilanz: »Im Grunde wollen uns die Menschen nicht. Weil sie spüren, daß wir etwas hinter uns erlebt haben, das ihnen nicht sympathisch ist.«[47]

Ende November 1926 fährt sie nach Berlin, auf der Suche nach einem neuen Verleger. Am 17. Dezember erhält sie das Verfügungsrecht über ihre bei Reiss erschienenen Bücher zurück. Doch die Verlagssuche verläuft ergebnislos: Im Dezember kehrt Hennings vorzeitig ins Tessin zurück, nachdem ihre Tochter schwer an Typhus erkrankt ist. Annemarie schwebt monatelang in Lebensgefahr.

Im Frühjahr 1927 reist Hennings – über Konnersreuth, Wunsiedel und Dresden – erneut nach Berlin. Ball erinnert sie an seinen Vorschlag einer dreibändigen Werkausgabe: Der erste Band sollte *Gefängnis* und *Das graue Haus* enthalten, der zweite Band sollte *Das ewige Lied* und

47 Der Brief ist abgedruckt in: Emmy Ball-Hennings, Hugo Ball. Sein Leben in Briefen und Gedichten, S. 212. Der Originalbrief ließ sich im Nachlass nicht nachweisen.

sämtliche Gedichte enthalten und der dritte Band *Das Brandmal.* Er rät ihr nicht nur bei Reiss zur Vorsicht, sondern auch bei Paul Steegemann, in dessen Buchreihe »Die Silbergäule« viele von Hennings' Dada-Kollegen – etwa Hans Arp, Klabund, Richard Huelsenbeck und Walter Serner – publizierten, und dessen Programm Hennings aufmerksam verfolgte. Ball spricht sich stattdessen für den christlichen Verleger Jakob Hegner aus, der seit 1912 die Werke Paul Claudels in deutscher Übersetzung herausgab. Leonhard Frank hingegen rät ihr offenbar von Hegner ab und schlägt Ernst Rowohlt vor.[48]

Doch wieder muss Hennings ihren Aufenthalt vorzeitig abbrechen, als bei Hugo Ball Magenkrebs in einem fortgeschrittenen Stadium festgestellt wird. Er stirbt am 14. September 1927. Sein Tod löst eine tiefe seelische Krise bei Hennings aus; sie konzentriert sich in den folgenden Jahren auf die Verbreitung und Wiederveröffentlichung seiner Werke und arbeitet an gleich mehreren Biografien zu Ball. Im Dezember 1927 fährt sie erneut nach Berlin und wird zu Jahresende Samuel Fischer persönlich vorgestellt, der »sehr nett war, nach unseren Büchern fragte. ich muß nur ein neues schreiben. Dann nähme er das Brandmal mit.« (TB Hennings, 31.12.1927)

Im Juni 1929 schickt sie Fischer ihre sämtlichen bei Reiss publizierten Werke: *Gefängnis, Das Brandmal, Das ewige Lied,* den Gedichtband *Helle Nacht* und zwei weitere Buchmanuskripte – *Das graue Haus* und *Rebellen und Bekenner* – sowie weitere Aufsätze und Gedichte. Fischer zögert eine Entscheidung jedoch weiter und weiter hinaus und wird letzten Endes keines dieser Bücher verlegen. Nur das Briefbuch *Hugo Ball. Sein Leben in Briefen und Gedichten* erscheint im Dezember 1929 im Fischer Verlag. Hennings verwendet von nun an den Autorennamen »Emmy Ball-Hennings«. Ihre frühe Prosa gerät – trotz Bemühungen von Hesse, der sich für eine Wiederauflage von *Gefängnis* und *Das Brandmal* öffentlich einsetzt – nach 1929 in Vergessenheit. Ende 1931 will Reiss den Restbestand beider

48 Siehe Brief Hugo Ball an Emmy Hennings, in: Ball Briefe II, S. 472, Agnuzzo, [22.6.1927].

Auflagen verramschen. Die Bücher selbst entgegenzunehmen und das Porto zu zahlen, so Hennings in einem Brief an Hesse, kann sie sich schlicht nicht leisten (Abb. 18, S. 492).

Fotografisches Schreiben in *Das Brandmal*

Das Brandmal hat wenig von dem sozialen Reportagestil, der in den 1920er-Jahren den ›Menschen am Abgrund‹ zu einem literarischen Motiv machte. Als Varietékünstlerin changiert Dagny zwischen den sozialen Schichten und lebt in einer ›Halbwelt‹, in der sich die Klassengesellschaft scheinbar auflöst, um sich »nachher« nur umso krasser zu konsolidieren. Von ihren Kavalieren wird sie häufig nicht einmal angeschaut, manche warnen sie vor ihrem schlechten Lebenswandel, andere behandeln sie übertrieben respektvoll als Dame. Krasses soziales Elend bleibt in diesem Milieu, in dem alles Theater geworden ist, seltsam verborgen. Dennoch beobachtet Dagny diese Gesellschaft aufmerksam – junge Frauen, die den gleichen bürgerlichen Träumen nachgehen wie die ›anständigen Mädchen‹, Kellner, die Kuppelgebühren kassieren, Zuhälter, die sich als Sonnenkönige feiern, und Schauspieler, die sich aushalten lassen. Gerade die Frauen, denen Dagny begegnet, sind erstaunlich selbständig, pragmatisch und geschäftstüchtig. Häufig verrät nur die lupenhafte, nahezu sezierende Beschreibung der äußeren Aufmachung oder der Wohnungseinrichtung dieser Mädchen den lockeren Boden unter ihren Füßen – etwa die mit Nippes überladene Stube von Nelly, der selbstgebastelte Seidenhut des Mädchens auf dem Postamt oder die betont saubere und adrette Kleidung von Dagnys Freundin Djemma. Dabei sind es gerade diese pragmatischen Mädchen, deren Geschichten eine präzise und oft beunruhigende Analyse ihrer Zeit vermitteln. Ihnen hört Dagny geduldig zu, lässt sie zu Wort kommen, ohne sich jemals ganz einverstanden zu erklären. Den beständigen Versuchen ihrer Umgebung, sich die Welt zu ihren Gunsten und im Einverständnis mit dem Gesetzgeber zurechtzulegen, steht sie skeptisch gegenüber. Man denke an den Verkauf der gesundheitsschädlichen Desinfektionstafeln, die Dagny mit dem

Spruch »Wer sich daran gewöhnt, läßt ungern davon« (Brandmal, S. 59 u. 67) überall in Köln anpreist, bis sie das Lügen nicht mehr erträgt. Oder man denke an die seltsame Feier zu Ehren Irmas, die von der Sittenpolizei aufgegriffen worden ist und nun ein Kontrollbuch mit sich führen muss. Gefeiert wird die polizeiliche Registrierung als Prostituierte, und angestoßen wird dabei – eine ironische Referenz auf den Vitalismus der Jahrhundertwende – auf »die immerwährende Gesundheit« (Brandmal, S. 136). Dagny verzeichnet die Alltagswelt dieser bizarren Subkultur ebenso minutiös wie ihre eigenen surrealen Träume, ihre Kindheitserinnerungen, Legenden, Lied- oder Gedichtzeilen, die ihr im Ohr haften bleiben und abgelöst werden von ihren zunehmend dringlicher werdenden Gebeten an Gott. So wird der Außenraum der Straße zu einem Innenraum, aus dem es kein Entkommen gibt.

Von den vielen Berufen, die Hennings in ihrem Leben ausgeübt hat, dürfte die Anstellung in einem Flensburger Fotolabor für ihr späteres Erzählverfahren entscheidend geworden sein. Bereits in der Prosaskizze »Herr Terpen«, die sie 1917 im *Berliner Tageblatt* publizierte, wird auf humorvoll-ironische Weise erwachendes sexuelles Begehren mit der Herstellung eines Fotos verknüpft: Ein allmählich auf der fotografischen Platte entstehendes Bild eines Bischofs bringt den Fotografen Herrn Terpen auf die Idee, seiner Assistentin Dagny in der Dunkelkammer einen Heiratsantrag zu machen. Im *Brandmal* ist die Fotografie – und damit Reproduktion, Künstlichkeit und Wiederholung – untrennbar verbunden mit den Möglichkeiten und Grenzen des Erzählens selbst. So wird der Weg in die Prostitution mittels einer Reihe von *close-ups* beschrieben – extreme, erzählerische Nahaufnahmen, die Begegnungen und Szenen in einzelnen Bildern oder *stand stills* festhalten, denen der Zusammenhang und der Kontext verloren geht. Das, woran sich die Tagebuchschreiberin nicht erinnern kann, ist so gut wie nicht geschehen, und entsprechend wird das Vergangene in aufblitzenden Momentaufnahmen wieder ans Licht gebracht. In der Erinnerung wird Vergangenheit nicht nur vergegenwärtigt, sondern die Vergangenheit überwältigt beständig die Gegenwart, so dass unklar bleibt, von welcher gegenwärtigen Position aus Dagny sich erinnert.

Hennings' Erzählerinnen schreiben unter Einfluss nicht nur des Kinos, sondern einer ganzen Reihe weiterer Illusions- und Reproduktionstechniken: Als »ein gewissenhafter Kodak wider Willen« (Brandmal, S. 82), selbst technisch geworden und fremdbestimmt in einer Automatenwelt, in der sich Menschen wie Marionetten bewegen und sich zugleich auf dem festen Boden der Tatsachen wähnen. Dagnys Vagabondage bleibt ziellose Suche nach dem Grund – weder einen Wendepunkt noch eine Auflösung, geschweige denn ein Happy End hält dieses Tagebuch bereit.

Bereits Stefanie Rinke hat die Verbindung von biografisch erlebtem Trauma und dem Medium Fotografie in *Das Brandmal* aufgezeigt: Hennings' Protagonistin, so Rinke, »kann den ›Fall‹ ihres prostituierten Körpers dadurch beschreiben, dass sie sich als Aufnahmeapparat entdeckt.« Rinke bezeichnet dieses Verfahren als eine »weiblich codierte Aneignungspraktik, bei der besonders die Medialität des Körpers und die Einbindung neuer technischer Medien eine wesentliche Rolle spielen.«[49] Die Erzählerin kann sich nur noch als Apparat wahrnehmen, der das einfängt und auf die Platte brennt, was sich ihm darbietet. So wie im Fotolabor das Bild durch die chemische Zauberhand des Entwicklers entsteht, werden die bedrückenden Erinnerungsbilder auch im Tagebuch evoziert: Sie entwickeln sich, werden schärfer und schließlich zum »Brandmal«, das sich unerbittlich dem Gedächtnis einbrennt. Hierbei ist die Analogie zwischen Bild/Papier und Text/Papier nicht zu unterschätzen: Im Schreiben entwickeln sich die Erinnerungen, was zur Folge hat, dass Vergangenheit sich nicht in einem abgeschlossenen Gedächtnisraum

49 Stefanie Rinke, Körper und Medien. Spuren des Traumas bei Emmy Hennings und Irmgard Keun, S. 284. Vgl. auch meinen Aufsatz »… ein gewissenhafter Kodak wider Willen«. Zur Relation von Text, Körper und Medium bei Emmy Hennings, bes. S. 110.

abspielt, sondern in der Gegenwart stattfindet, einem unerbittlichen Wiederholungszwang unterworfen. Die merkwürdige Suggestibilität der Erzählerin und die Verknüpfung ihrer Erzählperspektive mit medialen Techniken – wie Automaten, Illusionstechniken und Fotografie – nimmt jedoch auch Bezug auf um 1900 entdeckte Psychotechniken wie Hypnose und Autosuggestion, die der Behandlung der Hysterie dienten.

Nicht nur für die Medienwissenschaft, auch für die Ethnografie stellt *Das Brandmal* eine Fundgrube und Herausforderung zugleich dar. Das, was die Stadtforschung unter dem Begriff des Imaginären in einer Stadt zu fassen versucht hat, konfiguriert Hennings radikal neu: *Das Brandmal* führt uns ein in die Welt der billigen und schnellen Vergnügungen um die Jahrhundertwende – Varietés, Nachtclubs, Animierkneipen und Operettentheater. Um die Jahrhundertwende sind diese Orte von der Avantgarde entdeckt und bald wieder aufgegeben worden, als sich um 1910 die Kinematographentheater durchsetzten. Im *Brandmal* wird die Topografie einer Stadt nicht aus der Perspektive des Literaten oder expressionistischen Dichters erfahren, der die Nischen der Sexarbeit in einer prüden Gesellschaft als ästhetischen Schock erlebt und genießt, weil auf diese Weise die Doppelmoral der Zeit unverhüllt exponiert und in Bewegung gebracht wird. Varieté und Singspielhalle, Passage und Automatenrestaurant werden auch nicht aus der Perspektive eines sozialkritischen Realismus oder einer sich der Objektivität verpflichtet fühlenden Neuen Sachlichkeit dargestellt. Was Hennings' Aufzeichnungen so eindringlich macht – als unbeabsichtigte Anklageschrift wurde *Das Brandmal* von Rezensenten empfunden –, ist gerade der subjektive Blick, mit dem Prekariat und Kleinbürgertum erfasst werden, und die Art und Weise, in der sich im *Brandmal* die Mädchen im öffentlichen Raum bewegen. In *Gefängnis* ist die enge Zelle Schauplatz der Handlung, die nur extreme Nahaufnahmen erlaubte. Nur kurz blitzt in diesem Text ein Draußen auf. Im *Brandmal* hingegen wird der öffentliche Raum selbst – die Straßen, Ladenpassagen, Cafés, Varietés und Stundenhotels – zum Gefängnis. Die Subkultur der großen Städte wird als unter einer Glasglocke stehend erfahren: Dagny muss sich das Erlebte erst mühsam in der nachträglichen Aufzeichnung ins Gedächtnis zurückrufen. Stets fehlt es ihr dabei an Distanz. Sie nimmt nur das wahr, was ihr unmittelbar in die Augen fällt: das aufflammende Streichholz eines Kavaliers, die Auslage in einer Passage, den Kalender mit den Namenstagen der Heiligen in einem Bordell. Flanerie, die Kunst, den Raum der Straße abzumessen und in ihr subjektiv-genießerisch verloren zu gehen, gelingt ihr ebenso wenig, wie sie die Erinnerungen, die sie beim Schreiben zu überwältigen drohen, in einen Gedächtnisraum zu überführen vermag. Solange Dagny die Vergangenheit nicht hinter sich lassen kann, bleibt auch die Gegenwart von Vergangenem besetzt und das Schreiben wird zu einer unablässigen, auf die Zukunft gerichteten ›Sehnsuche‹. Dies erschwert die Lektüre – eine eigentliche Handlung kann sich nicht entwickeln, sowohl *Das Brandmal* als auch *Das ewige Lied* scheinen in einem endlosen Wiederholungszwang befangen zu sein, aus dem es kein Entkommen gibt. Erlösung bleibt in dieser Passionsgeschichte aus; Kirche, Hotelzimmer und Automatenrestaurant bieten nur vorübergehenden Schutz, und am Ende des Romans zieht Dagny die bittere Bilanz: »Es gibt keine Freiheit. Auch Gott ist ein Gefängnis, in das ich eingehen muss. Denn wo sollte ich sonst hin?« (Brandmal, S. 237)

Intertext und mystische Rede in *Das ewige Lied*

Ende 1921 notiert Ball in sein Tagebuch einen Passus, den er mit »Über Emmy« betitelt: »Niemand hat kompliziertere Dinge einfacher und anspruchsloser, ausgesprochen. Auch in der gnostischen Literatur nicht. Das ist stupend. Niemand vermag das heute zu sehen. Nur ganz wenige empfinden es.« (TB Ball, 4.12.1921) Diese Bemerkung trifft nicht nur auf das zu dieser Zeit bereits erschienene *Brandmal* zu. Auch in *Das ewige Lied* macht sich ein ähnliches Erzählverfahren bemerkbar: Auf intensive, höchst subjektive und suggestible Weise werden hier leidvolle Erfahrungen zu philosophischen Erkenntnissen, die mit den Schriften der christlichen Mystiker korrespondieren, ohne sie zu imitieren. Dabei ist der Weg, den die Gedankengänge und Reflexionen von Hennings' Erzählerinnen nehmen, stets ein Weg über Sprache und Dialektik. Vor allem *Das ewige Lied* ist eine Textcollage, in die Bilder aus der Vergangenheit und Lektüren anderer Texte auf geradezu musikalische Weise einströmen. Reflexionen entwickeln sich nur dialektisch und in Respons auf einen vorangehenden Gedanken. Ein Beispiel:

> Wer kann etwas behaupten? Wer setzte sich selbst das Haupt? Kopf über Kopf, mir ist, als läge etwas Enthauptetes da. Wo ist mein Kopf, da ich mich enthauptet empfinde? Sollte ich mich selbst enthauptet haben? Nach meinem Kopfe versuche ich zu greifen, und fasse ins Leere. Meinen Kopf kann ich nicht finden, und doch bin ich besonnener denn je. Denke ich wohl mit dem Herzen? Bin ich es? Warum fragen? Ich weiß, daß ich nichts weiß. Die Logik aller Dinge wird über mir sein. (Das ewige Lied, S. 251)

In *Das ewige Lied* – Hugo Ball nannte den Text »eine seltsam verstiegene Skala«[50] – schwingen sich die Gedanken von einem Bild, Klang oder Satz zum nächsten – eine nicht enden wollende ewige Klage über ein empfindsames und zerbrechliches Dasein, getragen von einer Fülle unterschiedlicher Melodien und Gedichte. Die Todesphantasien der Erzählerin scheinen in jene ewige Wiederkehr, jenes Samsara verstrickt, dem Hesse in seiner Erzählung *Siddhartha* zu entkommen versucht. Doch der Ausbruch aus dem Samsara, der Siddhartha am Ende gelingt, bleibt im *Ewigen Lied* aus. Hennings' namenlose Typhuskranke bleibt unerlöst, ihre Rede kennt keinen Anfang und kein Ende, sondern ist gefangen in einem qualvollen Wiederholungszwang, einer ewigen Wiederkehr des Gleichen. Nicht Hesse, sondern Ball hat auf die Bezüge zwischen beiden Texten aufmerksam gemacht. In seinem Tagebuch erwähnt er ein im Dezember 1922 geführtes Gespräch zwischen Hesse, Hennings und ihm

50 Brief an August Hofmann, Agnuzzo, 4.1.1924, in: Ball Briefe II, S. 14.

selbst, in dem es um den Begriff der Persönlichkeit ging. Hesse soll in diesem Gespräch darauf hingewiesen haben, dass der Begriff der Persönlichkeit

> auf die /Gesichts/Maske der griechischen Tragödie zurückgeht, durch deren Mund ein Sprachrohr ging. Die Maske wird vom Klang der Schauspielerstimme »durchtönt«, personiert. Eine Persönlichkeit ist demnach Jemand, der durch eine Maske oder durch Masken spricht, selbst aber proteische Gestalt hat. (TB Ball, 16.12.1922)

Diese Passage hat Ball auch in *Die Flucht aus der Zeit* aufgenommen, hier bleibt allerdings der Bezug auf Hennings und Hesse unerwähnt. In seinem unveröffentlichten Tagebuch prophezeit Ball im Anschluss an diese Überlegungen ein »Zeitalter des Anonymen«, in dem der um seine widersprüchliche Person besorgte Schriftsteller von heute untergehen müsse. *Siddhartha* und *Das ewige Lied* sind für Ball Vorboten dieser Entwicklung:

> Der Tod trennt das Profane vom Heiligen, den Priester von der Masse. Die Auflösung der Menschengesichter in »Siddhartha«, und im »Ewigen Lied«. Dort bleibt eine Landschaft hier ein Tränenfall. Wollust? Es kommt darauf an, was unsere Wollust ist? Eine Wollust der Erinnerung, des Sterbens, des Wiederdaseins, des Nochdaseins? Darauf kommt es an. Ein transzendentes Leben führen und aufstellen. (TB Ball, 16.12.1922)

In diesen wenigen Bemerkungen zeichnet sich nicht nur eine mögliche, wenn auch bislang nirgends vertiefte Rezeption des *Ewigen Lieds* ab. Sichtbar wird auch der große Einfluss, den Hennings' Werk auf Hugo Ball ausübte. Ihr *Ewiges Lied* scheint poetisch das einzulösen, worum sich Ball seit der Arbeit am *Byzantinischen Christentum* theoretisch mühte: Die Persönlichkeitsproblematik des modernen Schriftstellers aufzulösen in einer Sprache und Philosophie der Armut. Das von Ball vorgeschlagene Postulat einer Aufhebung der Persönlichkeit in einem rein transzendenten Leben, abgewandt von den Debatten der Zeit hat Hennings im *Ewigen Lied* allerdings nicht realisiert. Anders als Hesses Siddhartha gelingt Hennings' fieberkranker Erzählerin eine Befreiung aus dem Kreislauf der ewigen Wiederkehr des Gleichen nur in ihren Todesfantasien – ob der Text mit dem Tod der Erzählerin endet oder nicht, bleibt offen. Während Hesses indische Dichtung in Siddharthas Erleuchtung und Erkenntnis ausklingt, scheint sich die Erzählerin in *Das ewige Lied* in ihrer mystischen Rede selbst zu verzehren. *Das ewige Lied* entfaltet eine ungeschaffene, unproduktive Rede, die sich in den zahlreichen Zitaten – von Shakespeare über Jakob Böhme und Thomas von Kempen bis hin zu Schiller, von Volksliedern und Schlagern bis zu eigenen Gedichten – nicht findet, sondern verliert. Damit stellt *Das ewige Lied* – ganz anders als Hesses *Siddhartha* und radikaler noch als Hugo Balls Dada-Roman *Tenderenda* – auch die Möglichkeit des Erzählens selbst in Frage.

Bereits in *Das Brandmal* wurde das Erzählen beständig von Gesehenem überwältigt, von Gehörtem übertönt und von Gelesenem überschrieben. Die Erzählerin kämpft hier gegen ein chaotisches Durcheinander aus Tönen, Zitaten und Bildern. Angefangen mit der scheppernden Musik aus dem automatischen Klavier, über die intensive Lektüre von Dostojewskijs *Schuld und Sühne* bis hin zum apokalyptischen Trompeten-Getön im Cabaret: Das »Tagebuch von Emmy Hennings« wird konsequent fremdbestimmt von äußeren Eindrücken, und die einzige Möglichkeit, diesen Eindrücken zu widerstehen, sind dialektische Sprachspiele und Sinnverdrehungen. Das Gehörte, dem sich Dagny nicht entziehen kann, nimmt sie wörtlich. Auch *Das ewige Lied*, ein Text, in dem sich Hennings um eine Überwindung oder Auflösung der im *Brandmal* aufgezeigten Konflikte bemühte, ist getragen von Intertexten, die das Erzählen zugleich unterbrechen, ablenken und letzthin verunmöglichen. Es ist eine gebrochene mystische Rede, nah an der Grenze zum Wahnsinn, die in ihrer intensiven Intertextualität mehr fremd- als selbstbestimmt erscheint und sich abwechselnd an Gott und an der Jungfrau

Maria als möglichen Bezugspunkten orientiert. Dabei durchziehen, ja durchströmen Erinnerungsbilder, Gedichte und Melodien den Text, und die fiebernde Erzählerin scheint vom Sog dissoziativer Bilder, Lieder, Gedanken gleichsam getragen zu sein. Auch dies ist letzten Endes großes Kino – das die leidenschaftliche Kinogängerin Hennings einmal mit einer »riesige[n] Heiligennische« verglichen hat (TB Hennings, 26.12.1927). Nur im Kino und in der Kirche dürfen wir uns, intensiv und ohne Konsequenz, für eine Weile selbst aus den Augen verlieren.

Am Ende von *Gefängnis* blitzt eine weiße Schneelandschaft vor der eben Entlassenen als ambivalentes Bild eines möglichen Neuanfangs auf. *Das Brandmal* endet mit dem Kinderreim von der Jungfrau, die ein im Regen stehendes Mädchen unter ihren Schirm aufnimmt. Dieses Mädchen hat »etwas vergessen, ich weiß nicht was« (Brandmal, S. 244). *Das ewige Lied* schließt mit einer Todesfantasie, in der die einzige Möglichkeit von Befreiung liegt: »Fliege der Region ohne Schatten zu.« (Das ewige Lied, S. 305) Immer geht es Hennings um Befreiung aus einem Gebundensein. Aber sie entwickelt aus dieser Situation heraus keine narrative Programmatik im Sinne einer Libertinage oder Emanzipation – etwa die Überwindung von gesellschaftlichen Vorurteilen – oder einer positiv gewendeten »Flucht aus der Zeit«. In ihren Texten geht es vielmehr um eine unmöglich gewordene Heimkehr, um die Suche nach dem verlorenen Grund und um eine Annäherung an ein Sein jenseits der Identifikationen. Solchermaßen ortlos, verträumt und verworren – ohne festen Bestimmungsort und auf der Suche nach einem Adressaten – vagabundieren ihre Texte durch die Literatur der Moderne.

№ 237, 21. Oktober 1920. Künftig erscheinende Bücher. Börsenblatt f. d. Dtschn. Buchhandel. 11653

Ⓩ In den nächsten Tagen erscheint:

Das Brandmal

Ein Tagebuch

von

Emmy Hennings

Umfang: 21 Bogen

Geheftet Mark 28.—, gebunden Mark 35.—
bar Mark 18.20, resp. Mark 22.75 ✦ Partie 9|8

Mit auffälliger vielfarbiger Einbandzeichnung

Die Lebensbeschreibung einer Einsamen auf dem Asphalt der Städte. Einer Hungernden im Brotbetrieb. Einer Leidenden in der Hast glitzernder Vergnügungen und einer, die nicht versteht, warum sie leiden muß, und die darum den Dingen und Gefühlen immer wieder unterliegt. Ein Freudenmädchen erzählt von seinen Schicksalen, denen seiner Sphäre und von der gespenstischen Fremdheit der Stadtmenschen untereinander. Das Bild unseres Lebens kann nicht klarer gesehen werden, als durch das Auge eines Geschöpfes, das unter dieses Leben geschleudert wurde. Denn Tatkraft und Lebensfähigkeit wachsen auf Kosten der Erkenntnisfähigkeit. Übrigens ist „Das Brandmal“ die einzige aufrichtige und klare Selbstbiographie, die eine Frau unserer Zeit geschrieben hat.

Erich Reiß Verlag / Berlin W 62

Abb. 5: Ganzseitige Verlagsanzeige für *Das Brandmal* im *Börsenblatt für den deutschen Buchhandel*, Nr. 237 vom 21. Oktober 1921.

Das Brandmal

Ein Tagebuch von

EMMY HENNINGS

Preis brochiert Mk. 28.–, gebunden Mk. 35.–

Die „National-Zeitung", Basel, schreibt über das Buch:

Ein neues Tagebuch einer Verlorenen gibt uns Emmy Hennings in „Das Brandmal".

Wer den Band mit den verschleierten Gelüsten nach Pikanterien in die Hand nimmt, kommt nicht auf seine Rechnung. Auch derjenige nicht, der sich in selbstgerechter Unversehrtheit hinsetzt: „Wie erfreulich, einen Menschen zu Grunde gehen sehen, wenn man selbst gesund ist!"

Die „Verlorene" bejaht den von alters her umstrittenen Dualismus im Menschen. Ihre Seele lebt losgelöst vom Körper ihr inniges, ernstes Leben in aufrichtigem Gottsuchen. Die Animierkellnerin — die Kabarettsängerin — die Schmierenkomödiantin — sie kann sinken, nicht versinken! Alles äußere Geschehen ist unwesentlich, das innere Erlebnis wird zum Ereignis. Mit künstlerischer Gestaltungskraft bringt uns die Dichterin ihre Heldin in glaubhafte Nähe. Wer soll das wertvolle, nachdenkliche Buch lesen? Alle die nicht fragen: „Soll ich meines Bruders, meiner Schwester Hüter sein?

Das Werk ist durch jede gute Buchhandlung oder direkt vom Verlag zu beziehen.

ERICH REISS VERLAG / BERLIN W 62

Abb. 6: Ganzseitige Verlagsanzeige für *Das Brandmal* in der Zeitschrift *Das Tage-Buch*, Jg. 2, H. 20 vom 21. Mai 1921.

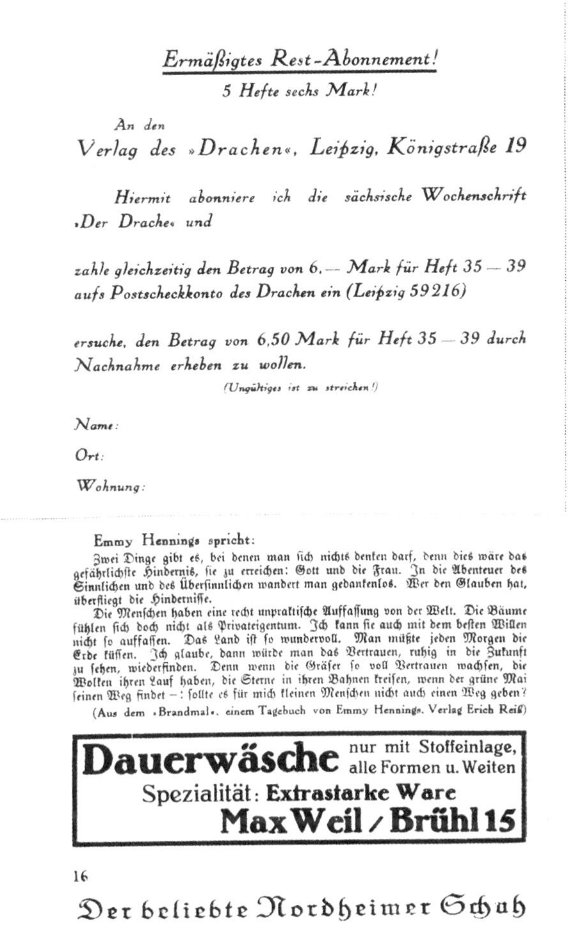

Ermäßigtes Rest-Abonnement!

5 Hefte sechs Mark!

An den

Verlag des »Drachen«, Leipzig, Königstraße 19

Hiermit abonniere ich die sächsische Wochenschrift »Der Drache« und

zahle gleichzeitig den Betrag von 6.— Mark für Heft 35 — 39 aufs Postscheckkonto des Drachen ein (Leipzig 59216)

ersuche, den Betrag von 6,50 Mark für Heft 35 — 39 durch Nachnahme erheben zu wollen.

(Ungültiges ist zu streichen!)

Name:

Ort:

Wohnung:

Emmy Hennings spricht:

Zwei Dinge gibt es, bei denen man sich nichts denken darf, denn dies wäre das gefährlichste Hindernis, sie zu erreichen: Gott und die Frau. In die Abenteuer des Sinnlichen und des Übersinnlichen wandert man gedankenlos. Wer den Glauben hat, überfliegt die Hindernisse.

Die Menschen haben eine recht unpraktische Auffassung von der Welt. Die Bäume fühlen sich doch nicht als Privateigentum. Ich kann sie auch mit dem besten Willen nicht so auffassen. Das Land ist so wundervoll. Man müßte jeden Morgen die Erde küssen. Ich glaube, dann würde man das Vertrauen, ruhig in die Zukunft zu sehen, wiederfinden. Denn wenn die Gräser so voll Vertrauen wachsen, die Wolken ihren Lauf haben, die Sterne in ihren Bahnen kreisen, wenn der grüne Mai seinen Weg findet —: sollte es für mich kleinen Menschen nicht auch einen Weg geben?

(Aus dem »Brandmal«, einem Tagebuch von Emmy Hennings. Verlag Erich Reiß)

Dauerwäsche nur mit Stoffeinlage, alle Formen u. Weiten

Spezialität: **Extrastarke Ware**

Max Weil / Brühl 15

16

Der beliebte Nordheimer Schuh

Abb. 7: Auszug aus *Das Brandmal* in der von Hans Reimann herausgegebenen Zeitschrift *Der Drache. Eine ungemütliche sächsische Wochenschrift* (Leipzig), Jg. 2, H. 34 vom 25. Mai 1921.

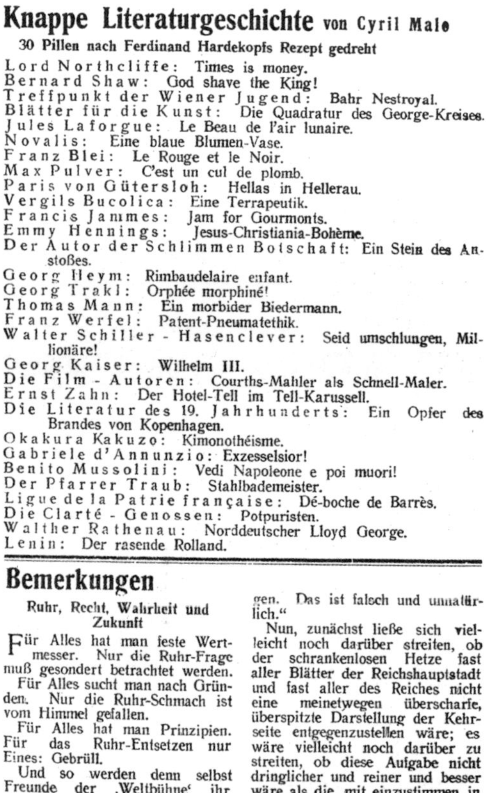

Knappe Literaturgeschichte von Cyril Male

30 Pillen nach Ferdinand Hardekopfs Rezept gedreht

Lord Northcliffe: Times is money.
Bernard Shaw: God shave the King!
Treffpunkt der Wiener Jugend: Bahr Nestroyal.
Blätter für die Kunst: Die Quadratur des George-Kreises.
Jules Laforgue: Le Beau de l'air lunaire.
Novalis: Eine blaue Blumen-Vase.
Franz Blei: Le Rouge et le Noir.
Max Pulver: C'est un cul de plomb.
Paris von Gütersloh: Hellas in Hellerau.
Vergils Bucolica: Eine Terrapeutik.
Francis Jammes: Jam for Gourmonts.
Emmy Hennings: Jesus-Christiania-Bohème.
Der Autor der Schlimmen Botschaft: Ein Stein des Anstoßes.
Georg Heym: Rimbaudelaire enfant.
Georg Trakl: Orphée morphiné!
Thomas Mann: Ein morbider Biedermann.
Franz Werfel: Patent-Pneumatethik.
Walter Schiller - Hasenclever: Seid umschlungen, Millionäre!
Georg Kaiser: Wilhelm III.
Die Film - Autoren: Courths-Mahler als Schnell-Maler.
Ernst Zahn: Der Hotel-Tell im Tell-Karussell.
Die Literatur des 19. Jahrhunderts: Ein Opfer des Brandes von Kopenhagen.
Okakura Kakuzo: Kimonothéisme.
Gabriele d'Annunzio: Exzesselsior!
Benito Mussolini: Vedi Napoleone e poi muori!
Der Pfarrer Traub: Stahlbademeister.
Ligue de la Patrie française: Dé-boche de Barrès.
Die Clarté - Genossen: Potpuristen.
Walther Rathenau: Norddeutscher Lloyd George.
Lenin: Der rasende Rolland.

Bemerkungen

Ruhr, Recht, Wahrheit und Zukunft

Für Alles hat man feste Wertmesser. Nur die Ruhr-Frage muß gesondert betrachtet werden.

Für Alles sucht man nach Gründen. Nur die Ruhr-Schmach ist vom Himmel gefallen.

Für Alles hat man Prinzipien. Für das Ruhr-Entsetzen nur Eines: Gebrüll.

Und so werden denn selbst Freunde der ‚Weltbühne' ihr fremd, verlieren das Zutrauen zu ihr, wenn nicht zu ihrem lautern Wollen, so doch zu ihrem klaren Blick.

„Man muß nicht immer suchen, auf alle Fälle sich zu beschuldigen. Das ist falsch und unnatürlich."

Nun, zunächst ließe sich vielleicht noch darüber streiten, ob der schrankenlosen Hetze fast aller Blätter der Reichshauptstadt und fast aller des Reiches nicht eine meinetwegen überscharfe, überspitzte Darstellung der Kehrseite entgegenzustellen wäre; es wäre vielleicht noch darüber zu streiten, ob diese Aufgabe nicht dringlicher und reiner und besser wäre als die, mit einzustimmen in den Taumelchor unbesonnener Erregtheit und Erregung. Es wäre noch darüber zu streiten.

Aber wir wollen darüber nicht streiten. Denn es handelt sich nicht darum.

463

Abb. 8: »Knappe Literaturgeschichte« von Cyril Male in *Die Weltbühne*, Jg. 19, Nr. 16 vom 19. April 1923.

№ 104, 5. Mai 1923. Fertige und künftig erscheinende Bücher. Börsenblatt f. d. Dtschn. Buchhandel. 3547

EMMY HENNINGS

[Z]

Soeben erscheint:

Das ewige Lied

Preis: Grundzahl geh. 3.– ord., 1.95 bar
geb. 5.– ord., 3.25 bar

Ein „Ich"-Buch. Man nimmt es dann und wann zur Hand, schlägt es irgendwo auf, liest und man wird seltsam davon ergriffen. Ein Buch für Menschen, die die Zwischentöne des Lebens begreifen, die mit verfeinerten Nerven das Überzarte, das rührend Aufgelöste eines vergeistigten und schon fast körperlosen Wesens erfassen.

Von Emmy Hennings **sind ausserdem in unserem Verlage erschienen:**

Das Brandmal

Ein Tagebuch

Zweite Auflage

Preis: Grundzahl geheftet 2.50 ord., 1.65 bar
gebunden 5.– ord., 3.25 bar

Gefängnis

Zweite Auflage

Preis: Grundzahl geheftet 1.50 ord., 1.– bar
gebunden 3.– ord., 1.95 bar

Helle Nacht

Gedichte

Preis: Grundzahl geheftet 1.20 ord., 0.80 bar

KRITIKEN:

Die „Neue Badische Landeszeitung" über „Das Brandmal":

... Dieses Buch, Menschen, schreit Euch an! Dieses Buch brennt in das Blut wie ein Höllenstein. Hamsun schrieb im „Hunger" die Not des Mannes, Emmy Hennings hat im „Brandmal" das Gegenstück dazu geschrieben: die Not des Weibes.

„Nord und Süd" über „Gefängnis":

Reichtum tiefer Gedanken, feinste Psychologie, alle Nuancen einer verletzten stolzen Seele umspielen ihr Erleben. Doch eine rührende, eine immer wieder ausbrechende Heiterkeit und Unschuld unterströmen das Buch.

Schlüsselzahl bis 10. Mai: 2000

ERICH REISS VERLAG / BERLIN W 62

Auslieferung: Leipzig, Talstrasse 3 — Wien, Sterngasse 11 (Literaria)

Abb. 9: Ganzseitige Verlagsanzeige für *Das ewige Lied* im *Börsenblatt für den deutschen Buchhandel*, Nr. 104 vom 5. Mai 1923.

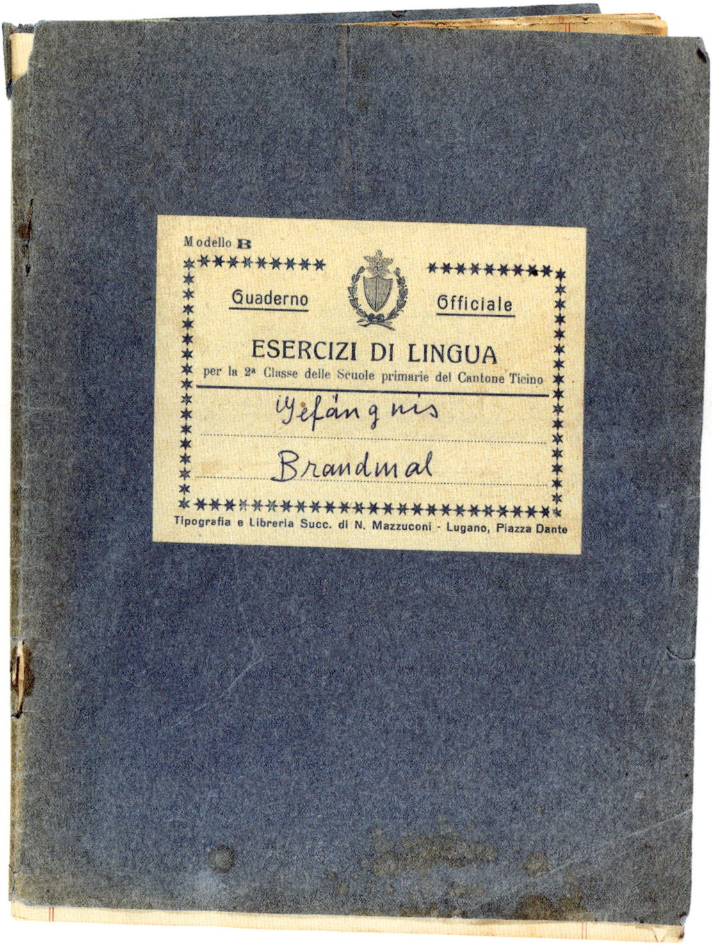

Abb. 10: Von Hennings angelegte Rezensionssammlung zu *Gefängnis* und *Das Brandmal*. NL Hennings/Ball, D-04-a-01.

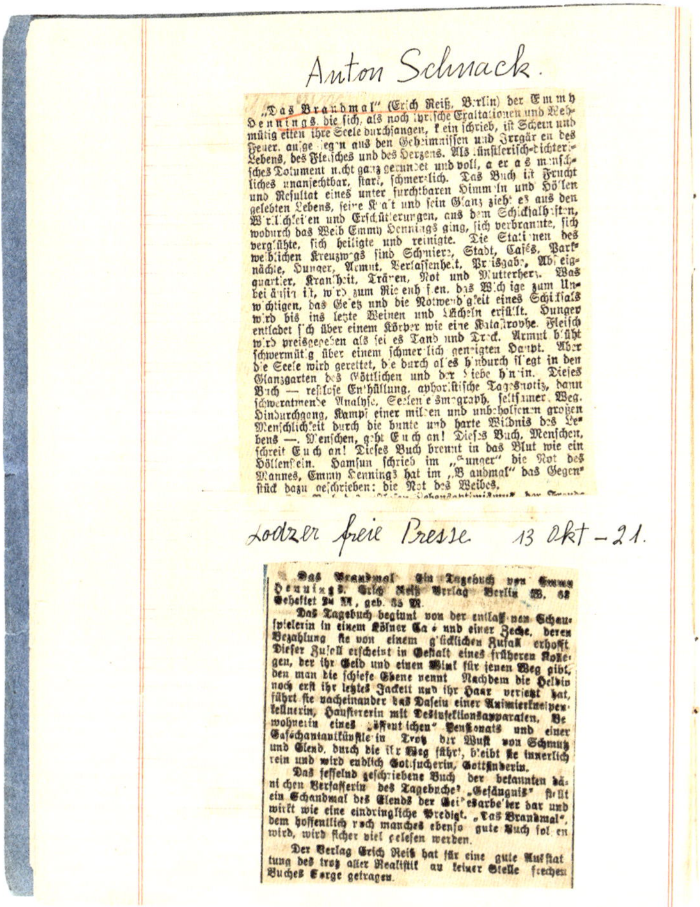

Anton Schnack.

„Das Brandmal" (Erich Reiß, Berlin) der Emmy Hennings, die sich, als noch lyrische Exaltationen und Wehmütigkeiten ihre Seele durchsangen, klein schrieb, ist Schein und Feuer, aufgestiegen aus den Geheimnissen und Irrgärten des Lebens, des Fleisches und des Herzens. Als künstlerisch-dichterisches Dokument nicht ganz gerundet und voll, aber als menschliches unanfechtbar, stark, schmerzlich. Das Buch ist Frucht und Resultat eines unter furchtbaren Himmeln und Höllen gelebten Lebens, seine Kraft und sein Glanz zieht es aus den Wirklichkeiten und Erschütterungen, aus dem Schicksalhaften, wodurch das Weib Emmy Hennings ging, sich verbrannte, sich verglühte, sich heiligte und reinigte. Die Stationen des weiblichen Kreuzwegs sind Schmiere, Stadt, Cafés, Parknächte, Hunger, Armut, Verlassenheit, Preisgabe, Absteigquartier, Krankheit, Tränen, Not und Mutterherz. Was bei [illegible] ist, wird zum Riesenhaften, das Wichtige zum Unwichtigen, das Gesetz und die Notwendigkeit eines Schicksals wird bis ins letzte Weinen und Lächeln erfüllt. Hunger entladet sich über einem Körper wie eine Katastrophe. Fleisch wird preisgegeben als sei es Tand und Dreck. Armut blüht schwermütig über einem schmerzlich geneigten Haupt. Aber die Seele wird gerettet, die durch alles hindurch fliegt in den Glanzgarten des Göttlichen und der Liebe hinein. Dieses Buch — restlose Enthüllung, aphoristische Tagesnotiz, dann schweratmende Analyse, Seelenseismograph, seltsamer Weg, Hindurchgang, Kampf einer milden und unbeholfenen großen Menschlichkeit durch die bunte und harte Wildnis des Lebens —. Menschen, geht Euch an! Dieses Buch, Menschen, schreit Euch an! Dieses Buch brennt in das Blut wie ein Höllenstein. Hamsun schrieb im „Hunger" die Not des Mannes, Emmy Hennings hat im „Brandmal" das Gegenstück dazu geschrieben: die Not des Weibes.

Lodzer freie Presse 13 Okt – 21.

Das Brandmal. Ein Tagebuch von Emmy Hennings. Erich Reiß Verlag Berlin W. 62. Geheftet 24 M., geb. 35 M.

Das Tagebuch beginnt von der entlassenen Schauspielerin in einem Kölner Café und einer Zeche, deren Bezahlung sie von einem glücklichen Zufall erhofft. Dieser Zufall erscheint in Gestalt eines früheren Kollegen, der ihr Geld und einen Wink für jenen Weg gibt, den man die schiefe Ebene nennt. Nachdem die Heldin noch erst ihr letztes Jackett und ihr Haar verkauft hat, führt sie nacheinander das Dasein einer Animierkneipenkellnerin, Hausiererin mit Desinfektionsapparaten, Bewohnerin eines „öffentlichen" Pensionats und einer Caféchantantkünstlerin. Trotz der Wust von Schmutz und Elend, durch die ihr Weg führt, bleibt sie innerlich rein und wird endlich Gottsucherin, Gottfinderin.

Das fesselnd geschriebene Buch der bekannten dänischen Verfasserin des Tagebuches „Gefängnis" stellt ein Schandmal des Elends der Geistesarbeiter dar und wirkt wie eine eindringliche Predigt. „Das Brandmal", dem hoffentlich noch manches ebenso gute Buch folgen wird, wird sicher viel gelesen werden.

Der Verlag Erich Reiß hat für eine gute Ausstattung des trotz aller Realistik an keiner Stelle frechen Buches Sorge getragen.

Abb. 11: Rezensionen von Anton Schnack in der *Neuen Badischen Landeszeitung* (siehe S. 420–421) und von Walter Mehring in der *Lodzer Freien Presse* (siehe S. 406). NL Hennings/Ball, D-04-a-01.

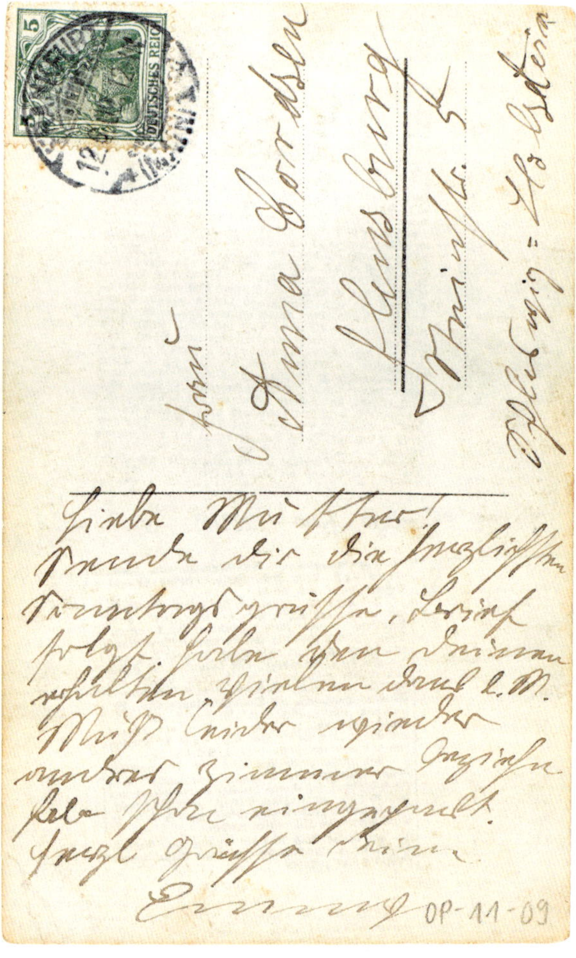

Abb. 12: Postkarte von Hennings aus Frankfurt/Main, 5. Juni 1909: »Liebe Mutter! Sende dir die herzlichsten Sonntagsgrüsse, Brief folgt. Habe den deinen erhalten. Vielen Dank l. M. Muß leider wieder andres Zimmer beziehn. Hab schon eingepackt. Herzl Grüsse deine Emmy«.

Abb. 13: Die Vorderseite der Postkarte, die Hennings ihrer Mutter Anna Cordsen nach Flensburg schickte, zeigt sie als Schauspielerin in Frankfurt/Main. NL Hennings/Ball, C-04-b-OP-11-09.

Die „Wasserleiche"
gez. von Leonard

zu Tisch wandert er. Er grüsst sie, er plaudert mit ihnen, er scherzt und flirtet . . . . . ja, er flirtet sogar, wenn's erlaubt ist. Die Frauen sind seine »Barchantinnen«, die er mit unsichtbarem Thyrsosstab durch die Caféhaussaturnalien führt – – – –

Ehret die Frauen im Café des Westens!

Der Schönheit unsern Gruss und der Grazie! Und dem Talent und Virtuosenkönnen unsere Kniebeuge!

Sie sitzen in wundersamen Kleidern von Seide und Sammet, in »Eigenkleidern« manche, komponiert nach geistreichen Entwürfen strebsamer Ateliergenossen. Oder wiederum in »Créationen«, die Paris gesandt, in fliessenden sanften Toiletten, in berauschenden Blusen, in seltsam gerafften Röcken. Und verwegene Hüte, Kappen und Schuten decken die Köpfchen, verbergen schelmisch das Gesicht oder beschatten die neugierigen Augen.
47 Neugierige kleine Weibchen sitzen an den Tischen. Mit

Abb. 14: Robert L. Leonhard: »Die ›Wasserleiche‹«. Illustration für das Kapitel »Die Frauen« in: Ernst Pauly, *20 Jahre Café des Westens* (Berlin 1913/1914), S. 47.

Abb. 15: Porträt von Emmy Hennings, das der Beschreibung von Dagnys Kabarettkostüm in *Das Brandmal* (S. 191) nahe kommt. Photoatelier Veritas (München), 1912. NL Hennings/Ball, C-04-b-OP-12-34.

Abb. 16: Links oben: Hans Richter, »Emmy Hennings«, ca. 1916/1917. Rechts unten: Emmy Hennings, Zeichnung, ca. 1916/1917. Zusammengestellt von unbekannter Hand. Reproduktion im Nachlass Hans Richter.

Abb. 17: Emmy Hennings und Hugo Ball auf der Treppe ihres Hauses in Agnuzzo im Sommer 1921, während der Abfassung von *Das ewige Lied*. NL Hennings/Ball, C-04-C-OP-16-02.

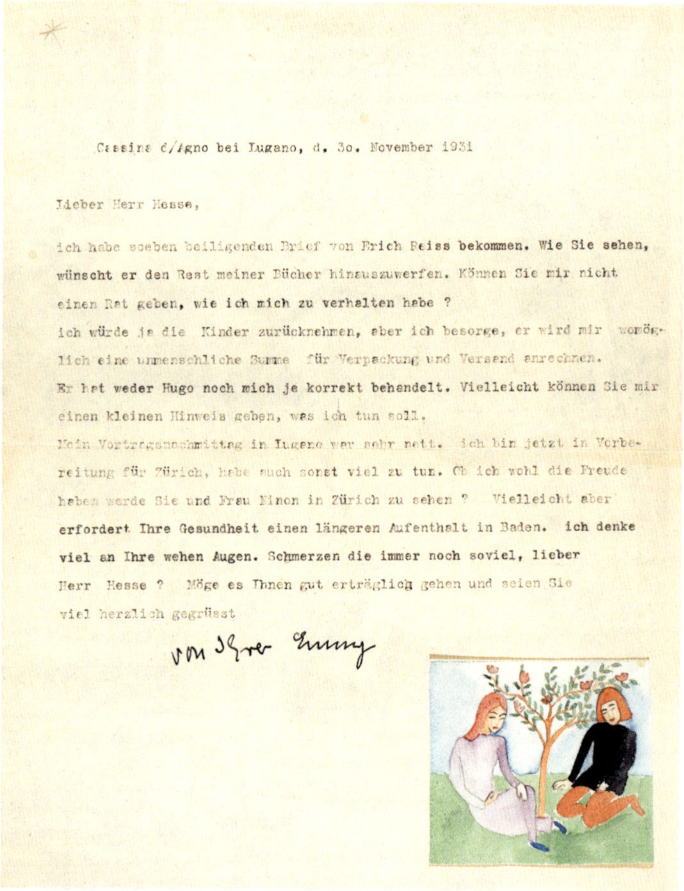

Cassina d'Agno bei Lugano, d. 30. November 1931

Lieber Herr Hesse,

ich habe soeben beiligenden Brief von Erich Reiss bekommen. Wie Sie sehen, wünscht er den Rest meiner Bücher hinauszuwerfen. Können Sie mir nicht einen Rat geben, wie ich mich zu verhalten habe ?
ich würde ja die Kinder zurücknehmen, aber ich besorge, er wird mir womöglich eine unmenschliche Summe für Verpackung und Versand anrechnen.
Er hat weder Hugo noch mich je korrekt behandelt. Vielleicht können Sie mir einen kleinen Hinweis geben, was ich tun soll.
Mein Vortragsnachmittag in Lugano war sehr nett. ich bin jetzt in Vorbereitung für Zürich, habe auch sonst viel zu tun. Ob ich wohl die Freude haben werde Sie und Frau Ninon in Zürich zu sehen ? Vielleicht aber erfordert Ihre Gesundheit einen längeren Aufenthalt in Baden. ich denke viel an Ihre wehen Augen. Schmerzen die immer noch soviel, lieber Herr Hesse ? Möge es Ihnen gut erträglich gehen und seien Sie viel herzlich gegrüsst

von Ihrer Emmy

Abb. 18: Brief von Emmy Hennings an Hermann Hesse, Cassina, 30. November 1931. NL Hennings/Ball, B-01-HESSE-02/84. Der hier erwähnte Brief von Erich Reiss ist nicht erhalten.

Literaturverzeichnis

Verwendete Werke von Emmy Hennings

Werkausgabe

Werke und Briefe. Kommentierte Studienausgabe. Bd. 1: Gefängnis – Das graue Haus – Das Haus im Schatten. Hg. von Christa Baumberger und Nicola Behrmann. Mit einem Nachwort von Christa Baumberger. Göttingen, Wallstein 2016 (2. Aufl.).

Ausgaben in Buchform

(Emmy Hennings)

Die letzte Freude. Leipzig, Kurt Wolff 1913 (Der jüngste Tag, Bd. 5).
Gefängnis. Berlin, Erich Reiss 1919.
Das Brandmal. Ein Tagebuch von Emmy Hennings. Berlin, Erich Reiss 1920.
Helle Nacht. Gedichte. Berlin, Erich Reiss 1922.
Das ewige Lied. Berlin, Erich Reiss 1923.
Der Gang zur Liebe. Ein Buch von Städten, Kirchen und Heiligen. München, Verlag Josef Kösel und Friedrich Pustet 1926.

(Emmy Ball-Hennings)

Hugo Ball. Sein Leben in Briefen und Gedichten. Mit einem Vorwort von Hermann Hesse. Berlin, S. Fischer 1929.
Blume und Flamme. Geschichte einer Jugend. Mit Illustrationen von Gunter Böhmer. Einsiedeln/Köln, Benziger 1938.
Das flüchtige Spiel. Wege und Umwege einer Frau. Mit Illustrationen von Gunter Böhmer. Einsiedeln/Köln, Benziger 1940.
Ruf und Echo. Mein Leben mit Hugo Ball. Einsiedeln/Zürich/Köln, Benziger 1953.

Einzelveröffentlichungen (Gedichte, Kurzprosa)

(Emmy Hennings)

An Siurlai. In: Die Bücherei Maiandros. Hg. von Heinrich Lautensack, Alfred Richard Meyer und Anselm Ruest, IV.–V. Buch: Der Mistral. Eine lyrische Anthologie, 1. Mai 1913, S. 22.

Vor der Premiere. In: Die Schaubühne (Berlin), Nr. 9, Mai 1913, S. 393.
In Budapest am 1. Mai. In: Die neue Kunst (München), Jg. 1, H. 1 (Oktober 1913), S. 75.
Die Kellnerin. In: Die neue Kunst (München), Jg. 1, H. 3 (März 1914), S. 274–276.
Apachenlied. In: Die Aktion (Berlin), Jg. 5, H. 39/40, 25. September 1915, Sp. 488.
Herr Terpen. In: Berliner Tageblatt, Jg. 46, Nr. 1, Morgenausgabe, 2. Januar 1917, Beilage »Der Zeitgeist«, Nr. 1.
An die Nacht (später »Lied zur Nacht«). In: National-Zeitung (Basel), Jg. 3, Nr. 14, 9. April 1922, Sonntagsbeilage »Der Basilisk«.
Die Lyrik der letzten Jahrzehnte. In: Hochland (München), Jg. 24, Bd. 1 (Oktober/November 1926), S. 581–588.

Unveröffentlichte oder postum herausgegebene Texte

Briefe Emmy Hennings an Hugo Ball. Schweizerisches Literaturarchiv, Bern, NL Hennings/Ball, HEN-D-01-B-02-HENN.
Briefe Emmy Hennings an Waldemar Gurian. Correspondence, Box 4, Waldemar Gurian Papers, Manuscript Division, Library of Congress, Washington, DC.
Rebellen und Bekenner. Aus dem Leben Hugo Balls. Typoskript. 1929. NL Hennings/Ball, HEN-A-04-c. Erstdruck des gesamten Typoskripts in einzelnen Teilen in: HBA 8/1984, S. 103–131; 15/1991, S. 51–119; 16/1992, S. 1–38; 17/1993, S. 1–58; 18/1994, S. 63–103; 19/1995, S. 1–63.
Tagebuch Emmy Hennings 1902/1913. NL Rilke, Deutsches Literaturarchiv Marbach, A:Rilke, HS. 1999.0097.00006.
Tagebücher Emmy Hennings. NL Hennings/Ball, Schweizerisches Literaturarchiv, Bern. 24. Dezember 1919 bis 18. Juli 1928. NL Hennings/Ball, HEN-C-03-01 bis HEN-C-03-11.
Verse und Prosa [1917]. Typoskript. NL Hennings/Ball, HEN-A-03-b-01. Erstdruck in: Emmy Hennings Dada. Hg. von Christa Baumberger und Nicola Behrmann. Zürich, Scheidegger & Spiess 2015, S. 73–107.
Vielleicht blühn Wiesen irgendwo (Gedicht). Undatiertes Typoskript [ca. 1929]. NL Hennings/Ball, HEN-A-01-c-02-111.

Verwendete Literatur

Álvarez del Vayo, Julio. La Senda Roja. Madrid, Espasa Calpe, S. A. 1928.

Anonym. Berliner Karneval. In: Die Zukunft (Berlin). Hg. von Maximilian Harden. Bd. 18. Berlin, Verlag der Zukunft 1897, S. 335–336.

Anonym. Trost im Aufblick. In: Pädagogische Blätter (Einsiedeln), Jg. 8, Nr. 18 vom 15. September 1901, S. 1.

Anonym. Der Verlag Erich Reiß. In: Das Kuckucksei. Ein kleines Blatt für Bücherfreunde und solche, die es werden sollen, Jg. 3, H. 1/2 (Januar–Februar 1926), S. 9–11.

Anzeige Royal Orfeum. In: Pester Lloyd, Jg. 60, Nr. 112, Morgenblatt vom 13. Mai 1913.

Arnsberg, Paul. Bilder aus dem jüdischen Leben im alten Frankfurt. Frankfurt/Main, W. Kramer 1970.

Asenijeff, Elsa. Dem einen ins Ohr. In: Die Bücherei Maiandros. Hg. von Heinrich Lautensack, Alfred Richard Meyer und Anselm Ruest, IV.–V. Buch: Der Mistral. Eine lyrische Anthologie, 1. Mai 1913, S. 2.

Augustinus, Aurelius. Die Bekenntnisse des heiligen Augustinus. Übers. von Otto F. Lachmann. Leipzig, Reclam 1888.

Bach-Werke-Verzeichnis. Thematisch-systematisches Verzeichnis der musikalischen Werke von Johann Sebastian Bach. Hg. von Wolfgang Schmieder. Wiesbaden, Breitkopf & Härtel 1990 (2. überarbeitete und erweiterte Ausgabe).

Ball, Ernest R. Lieb mich und die Welt ist mein. Berlin, Apollo-Verlag 1907.

Ball, Hugo. Die Flucht aus der Zeit [1927]. Hg. von Bernhard Echte. Zürich, Limmat 1992.

Ball, Hugo. Tenderenda der Phantast. Hg. von Raimund Meyer und Julian Schütt. Innsbruck, Haymon 1999.

Ball, Hugo. Briefe 1904–1927. 3 Bde. Hg. von Gerhard Schaub und Ernst Teubner. Göttingen, Wallstein 2003 (Hugo Ball. Sämtliche Werke und Briefe. Hg. von der Hugo-Ball-Gesellschaft, Pirmasens. Bd. 10.1–3).

Ball, Hugo. Die Folgen der Reformation. Zur Kritik der deutschen Intelligenz. Hg. von Hans Dieter Zimmermann. Göttingen, Wallstein 2005, S. 135–391 (Hugo Ball. Sämtliche Werke und Briefe. Hg. von der Hugo-Ball-Gesellschaft, Pirmasens. Bd. 5).

Ball, Hugo. Byzantinisches Christentum. Drei Heiligenleben. Hg. und kommentiert von Bernd Wacker. Göttingen, Wallstein 2011 (Hugo Ball. Sämtliche Werke und Briefe. Hg. von der Hugo-Ball-Gesellschaft, Pirmasens. Bd. 7).

Baumberger, Christa und Nicola Behrmann (Hg.). Emmy Hennings Dada. Zürich, Scheidegger & Spiess 2015.

Baumberger, Christa: »Ich bin gewiss nicht unschuldig«. Emmy Hennings und das Gefängnis. In: Emmy Hennings. Gefängnis – Das graue Haus – Das Haus im Schatten. Hg. von Christa Baumberger und Nicola Behrmann. Göttingen, Wallstein 2016, S. 512–560 (Emmy Hennings. Werke und Briefe. Kommentierte Studienausgabe. Bd. 1).

Becher, Johannes Robert. Verfall und Triumph. Erster Teil: Gedichte. Berlin, Hyperionverlag 1914.

Becher, Johannes Robert. Verbrüderung. Leipzig, Kurt Wolff 1916.

Behrmann, Nicola. »… ein gewissenhafter Kodak wider Willen.« Zur Relation von Text, Körper und Medium in Emmy Hennings' ›Autographie‹. In: Kulturen des Bildes. Hg. von Birgit Mersmann und Martin Schulz. München, Wilhelm Fink 2006, S. 101–118.

Behrmann, Nicola. Words at War. Hugo Ball and Walter Benjamin on Language and History. In: Nexus. Essays in German Jewish Studies. Bd. 1. Hg. von William C. Donahue und Martha B. Helfer. Rochester, Camden House 2011, S. 153–170.

Behrmann, Nicola. Verschwindungssucht. Zu zwei verschollenen Texten von Emmy Hennings. In: Emmy Hennings. Muse, Diseuse, Dichterin. Hg. von Eva Zimmermann, Regina Bucher und Bernhard Echte. Wädenswil, Nimbus 2015, S. 36–56 (2. Aufl.).

Die Bibel oder die ganze Heilige Schrift des Alten und Neuen Testaments nach der deutschen Übersetzung Martin Luthers. Neu durchgesehen nach dem vom Deutschen Evangelischen Kirchenausschuss genehmigten Text. Stuttgart, Württembergische Bibelanstalt 1912.

Birch-Pfeiffer, Charlotte. Die Waise aus Lowood. Schauspiel in zwei Abteilungen und zwei Aufzügen. Mit freier Benutzung des Romans »Currer Bell«. Leipzig, Reclam [1899].

Birch-Pfeiffer, Charlotte. Die Grille. Ländliches Charakterbild in fünf Aufzügen. Mit teilweiser Benutzung einer Erzählung von G. Sand. Leipzig, Reclam [1899].

Bizet, Georges, Henri Meilhac und Ludovic Halevy. Carmen. Oper in vier Akten. Köln/Leipzig, Albert Ahn [1900].
Bloch, Ernst. Tendenz – Latenz – Utopie. Ergänzungsband zur Gesamtausgabe. Frankfurt/Main, Suhrkamp 1978.
Bloy, Léon. Sueur de Sang. Paris, Crès 1914.
Böhme, Franz Magnus (Hg.). Volksthümliche Lieder der Deutschen im 18. und 19. Jahrhundert. Leipzig, Breitkopf & Härtel 1895.
Böhme, Jakob. Theosophische Sendbriefe. 2 Bde. Frankfurt/Main, Insel 1996.
Brohm, Berthold. Das Buch in der Krise. Studien zur Buchhandelsgeschichte der Weimarer Republik. In: Archiv für Geschichte des Buchwesens, Jg. 51 (1999), S. 189–332.
Büchner, Georg. Sämtliche Werke, Briefe und Dokumente in zwei Bänden. Hg. von Henri Poschmann unter Mitarbeit von Rosemarie Poschmann. Frankfurt/Main, Deutscher Klassiker Verlag 1992.
Bürger, Christa. Gitter, Gosse und Ginster. Zum Tagebuch von Emmy Hennings. In: »Diese Hoffnung eines Tages nicht mehr allein zu denken.« Lebensentwürfe von Frauen aus vier Jahrhunderten. Hg. von Christa Bürger. Stuttgart/Weimar, Metzler 1996, S. 144–155.
Burg, Sigmar von der öden (Hg.). Baron Mikosch, der ungarische Witzbold: Lustige Anekdoten aus seinem Leben. Berlin, H. Frankl 1889.
Claudius, Matthias. Sämtliche Werke. Nach dem Text der Erstausgabe. Hg. von Jost Perfahl u. a. München, Winkler 1984 (5. Aufl.).
Cullen, Frank, Florence Hackman und Donald MacNeilly. Vaudeville, Old and New. An Encyclopedia of Variety Performances in America. Bd. 1. New York/London, Routledge 2007.
Diekamp, Franz. Katholische Dogmatik nach den Grundsätzen des heiligen Thomas. Münster, Verlag der Aschendorffschen Verlagsbuchhandlung 1930 (6. verb. Aufl.).
Dionysius Areopagita. Angebliche Schriften über die beiden Hierarchien. Hg. und übers. von Josef Stiglmayr. Kempten/München, Kösel-Verlag 1911 (Bibliothek der Kirchenväter. Bd. I/2).
Dionysius Areopagita. Angebliche Schriften über »Göttliche Namen«. Hg. und übers. von Josef Stiglmayr. München, Verlag Josef Kösel und Friedrich Pustet 1933 (Bibliothek der Kirchenväter. Bd. II/2).

Dostojewski, Fjodor Michailowitsch. Rodion Raskolnikoff (Schuld und Sühne). Roman in zwei Teilen. Übers. von E. K. Rahsin. München/Leipzig, R. Piper & Co. 1908.
Eichendorff, Joseph von. Sämtliche Werke. Hg. von Hermann Kunisch und Helmut Koopmann. Stuttgart/Berlin/Köln, Kohlhammer 1993.
Elz, Alexander. Er ist nicht eifersüchtig. Lustspiel in einem Akt. In neuer Bühnen-Einrichtung von Martin Böhm. Berlin, Böhm 1908.
Engel-Reimers, Charlotte. Die deutschen Bühnen und ihre Angehörigen. Eine Untersuchung über ihre wirtschaftliche Lage. Leipzig, Duncker & Humblot 1911.
Epple, Angelika. Das Unternehmen Stollwerck. Eine Mikrogeschichte der Globalisierung. Frankfurt/Main, Campus 2010.
Erk, Ludwig und Franz Magnus Böhme (Hg.). Deutscher Liederhort. Auswahl der vorzüglicheren Deutschen Volkslieder nach Wort und Weise aus der Vorzeit und Gegenwart. 3 Bde. Leipzig, Breitkopf & Härtel 1893–1894. Nachdruck: Hildesheim, Georg Olms 1963.
Evangelisch-lutherisches Gesangbuch. Elberfeld, Druck und Verlag von Wilhelm Hassel 1861.
Eysler, Edmund und Leo Walther Stein. Vera Violetta. Vaudeville-Operette in einem Akt. Leipzig, Musikalien- und Bühnenverlag Weinberger [1910].
France, Anatole. Der Gaukler unserer Lieben Frau. Übers. von Franziska von Reventlow. München, Albert Langen 1901.
Friederici, Angelika. Castan's Panopticum. Ein Medium wird besichtigt. Monografie in Themenheften. Berlin, Verlag Karl-Robert Schütze 2008 ff., Heft 25 (D10): Optische Erscheinungen und technische Illusionen.
Freud, Sigmund. Bemerkungen über einen Fall von Zwangsneurose [Der Rattenmann]. In: ders. Gesammelte Werke, Bd. VII. Hg. von Alexander Mitscherlich, Angela Richards u. James Strachey. Frankfurt/Main, S. Fischer 1994, S. 379–463 (6. Aufl.).
Georg, Manfred. Emmy Hennings. In: Berliner Volks-Zeitung, Jg. 75, Nr. 329, Abendausgabe vom 14. Juli 1927, [S. 2].
Gilbert, Jean, Georg Okonkowski und Julien Freund. Die Kino-Königin. Operette in drei Akten. Großes Potpourri mit überlegtem Text. Berlin, Ahn & Simrock 1913.

Glauser, Friedrich. »Man kann sehr schön mit Dir schweigen«. Briefe an Elisabeth von Ruckteschell und die Asconeser Freunde 1919–1932. Hg. von Bernhard Echte. Wädenswil, Nimbus 2008.

Goethe, Johann Wolfgang von. Sämtliche Werke. Hg. von Albrecht Schöne. Frankfurt/Main, Deutscher Klassiker Verlag 1985–1998.

Grieser, Thorsten. Buchhandel und Verlag in der Inflation. Studien zu wirtschaftlichen Entwicklungstendenzen des deutschen Buchhandels in der Inflation nach dem Ersten Weltkrieg. In: Archiv für Geschichte des Buchwesens, Jg. 51 (1999), S. 1–188.

Grimm, Jacob und Wilhelm. Deutsche Sagen. Berlin, Nicolaische Buchhandlung 1816.

Großstadt im Aufbruch. Köln 1888. Hg. vom Historischen Archiv der Stadt Köln. Köln [1988].

Gürtler, Danny. Hetärenlieder. Mannheim, Stern-Ellreich & Co. 1907.

Handwörterbuch des deutschen Aberglaubens. 10 Bde. Hg. vom Verband deutscher Vereine für Volkskunde unter Mitwirkung von E. Hoffmann-Krayer und Hanns Bächtold Stäubli. Berlin/Leipzig, Walter de Gruyter 1927.

Die Heilige Schrift. Aus dem Urtext übersetzt. Elberfeld, Brockhaus 1905.

Hertz, Wilhelm. Spielmannsbuch. Novellen in Versen aus dem 12. und 13. Jahrhundert. Stuttgart, Kröner 1886.

Hesse, Hermann. Gesammelte Briefe. 4 Bde. Hg. von Ursula und Volker Michels. Frankfurt/Main, Suhrkamp 1973–1986.

Hesse, Hermann, Hugo Ball und Emmy Ball-Hennings. Briefwechsel 1921–1927. Hg. von Bärbel Reetz. Frankfurt/Main, Suhrkamp 2003.

Jacoby, Wilhelm und Hans-Werner Holzmann. D'Welt geht unter. Bauernschwank in 3 Akten. Berlin, s. n. 1907.

Jackson, Richard (Hg.). Popular Songs of Nineteenth-Century America: Complete Original Sheet Music for 64 Songs. New York, Dover 1976.

Kaufmann, Otto (Hg.). Wanderlust. Handwerkslieder, Wanderlieder. Berlin, Otto Kaufmann [1912] (4. Aufl.).

Kellen, Tony. Die Not unserer Schauspielerinnen. Studien über die wirtschaftliche Lage und die moralische Stellung der Bühnenkünstlerinnen, zugleich Mahnwort und Wegweiser für junge Damen, die sich der Bühne widmen wollen. Leipzig, Otto Wigand 1902.

Kempen, Thomas von. Das Buch von der Nachfolge Christi. Übers. von Johann Michael Sailer. Freiburg im Breisgau, Herder 1916.

Kempen, Thomas von. De Imitatione Christi. Nachfolge Christi und vier andere Schriften. Lateinisch und deutsch. Hg. und übers. von Friedrich Eichler. München, Kösel-Verlag 1966.

Klooss, Reinhard und Thomas Reuter. Körperbilder. Menschenornamente in Revuetheater und Revuefilm. Frankfurt/Main, Syndikat 1980.

Krafft, Sibylle. Zucht und Unzucht. Prostitution und Sittenpolizei im München der Jahrhundertwende. München, Hugendubel 1996.

Kühn, Maria (Hg.). Macht auf das Tor! Alte deutsche Kinderlieder. Königstein im Taunus/Leipzig, Karl Robert Langewiesche 1921.

Lange-Kirchheim, Astrid. Nachrichten vom italienischen Hungerkünstler Giovanni Succi. Neue Materialien zu Kafkas ›Hungerkünstler‹. In: Freiburger literaturpsychologische Gespräche. Jahrbuch für Literatur und Psychoanalyse. Bd. 18: Größenphantasien. Hg. von Johannes Cremerius u. a. Würzburg, Königshausen & Neumann 1999, S. 315–340.

Leimbach, Berthold (Hg.). Dokumente der Tonkunst und ihre Interpreten 1898–1945. Göttingen, Hubert & Co. 1991.

Lexikon der christlichen Ikonographie. Hg. von Engelbert Kirschbaum in Zusammenarbeit mit Günter Bandmann u. a. 8 Bde. Rom/Freiburg im Breisgau/Basel/Wien, Herder 1968–1976.

Magdeburg, Mechthild von. Das fließende Licht der Gottheit. Übers. von Wilhelm Oehl. Kempten/München, Kösel-Verlag [1911].

Martens, Heinrich (Hg.). Was die deutschen Kinder singen. Eine Blütenlese der heimatlichen Kinderlieder zusammengestellt von einer deutschen Mutter. Für Klavier gesetzt von Lothar Windspergel. Mainz, Schott 1914.

Mary, Caroline. Zwillingskristall aus Diamant und Kot. Léon Bloy in Deutschland. Berlin, Matthes & Seitz 2009.

Meyrink, Gustav. Walpurgisnacht. Phantastischer Roman. München, Kurt Wolff 1917.

Mlynek, Klaus und Dirk Böttcher (Hg.). Stadtlexikon Hannover. Von den Anfängen bis in die Gegenwart. Hannover, Schlütersche Verlagsgesellschaft 2009.

Mühsam, Erich. Tagebücher. Hg. von Chris Hirte und Conrad Piens. Berlin, Verbrecher Verlag 2011–2012.
Müllenhoff, Karl. Sagen, Märchen und Lieder der Herzogthümer Schleswig-Holstein und Lauenburg. Kiel, Schwersche Buchhandlung 1845.
Neuberty, Ida. Wir haben so nichts, und wir haben auch so nichts. Original-Couplet gesungen von der beliebten humoristischen Soubrette Ida Neuberty. Loses Gesangsblatt, s. n. [Berlin 1910].
Neuer Theater-Almanach 1908. Theatergeschichtliches Jahr- und Adressenbuch. Hg. von der Genossenschaft deutscher Bühnen-Angehöriger. Jg. 20. Berlin, Druck- und Kommissionsverlag F. U. Günther & Sohn 1908.
Nickel, Marcus Adam. Laien-Brevier für Katholiken. Augsburg/Luzern/Wien, Druck und Verlag der S. Aulinger'schen Buchhandlung 1842.
Nietzsche, Friedrich. Also sprach Zarathustra. In: ders. Kritische Gesamtausgabe. Bd. 6/1. Hg. von Giorgio Colli und Mazzino Montinari. Berlin/New York, de Gruyter 1968.
Ohnet, Georges. Der Hüttenbesitzer. Schauspiel in vier Aufzügen. Übers. von R. Schelcher. Einzige autorisierte Ausgabe mit Dekorationsplänen und dem vollständigem Scenarium, Regie- und Soufflierbuch. Leipzig, Philipp Reclam [1888].
Ostwald, Hans. Rinnsteinsprache. Lexikon der Gauner-, Dirnen und Landstreichersprache. Berlin, Harmonie Verlagsgesellschaft für Literatur und Kunst [1906].
Pásztor, Árpád. Verkaufte Ungarmädchen (Ungarmädchen in Rußland). Ein Beitrag zum Mädchenhandel. Übers. von Armin Schwarz. Budapest/Wien/Leipzig, Metropol 1921.
Pauly, Ernst (Hg.). 20 Jahre Café des Westens. Erinnerungen vom Kurfürstendamm. Berlin 1913/1914. Reprint mit einem Nachwort von Franz-Josef Weber. Hannover, Postskriptum 1988 (Vergessene Autoren der Moderne. Bd. 13).
Pilz, Kurt. Führer durch die Kriminalistisch-kulturhistorische Sammlung im Fünfeckigen Turm der Burg zu Nürnberg. Nürnberg, J. L. Schrag 1934.
Platon. Sämtliche Werke. Übers. von Friedrich Schleiermacher. Reinbek bei Hamburg, Rowohlt 1957.
Pollads, Fritz. Das Unwesen der Kellnerinnenwirthschaften in Preußen unter besonderer Berücksichtigung der Verhältnisse in Köln. Köln, Carl Schütz 1891 (2. Aufl.).

Pust, Dieter. Emmy Hennings in Flensburg, 1885–1905. Eine Jugend im Kaiserreich. In: Hugo Ball Almanach, 24. Folge (2000), S. 113–228.
Pust, Dieter. Emmy Hennings in Flensburg, 1885–1905. Eine Jugend im Kaiserreich. In: Hugo Ball Almanach, 25. Folge (2001), S. 93–223.
Raabe, Paul. Die Autoren und Bücher des literarischen Expressionismus: Ein bibliographisches Handbuch. In Zusammenarbeit mit Ingrid Hannisch-Bode. Stuttgart, Metzler 1985.
Rampold, Reinhard (Hg.). Heilige Gräber in Tirol. Innsbruck/Wien, Tyrolia-Verlag 2009.
Rauchenecker, Georg. Sieben Lieder von Julius Stinde. Barmen, Heidsieck und Gottwald 1899.
Reetz, Bärbel. Emmy Ball-Hennings: Leben im Vielleicht. Eine Biographie. Frankfurt/Main, Suhrkamp 2001.
Richter, Gerhard. Oikonomia. Der Gebrauch des Wortes Oikonomia im Neuen Testament, bei den Kirchenvätern und in der theologischen Literatur bis ins 20. Jahrhundert. Berlin, New York, de Gruyter 2005 (Arbeiten zur Kirchengeschichte. Bd. 90).
Richter, Hans. Begegnungen von Dada bis heute. Briefe. Dokumente, Erinnerungen. Köln, DuMont Schauberg 1973.
Rimbaud, Arthur. Leben und Dichtung. Übers. von K. L. Ammer, eingeleitet von Stefan Zweig. Leipzig, Insel 1907.
Rinke, Stefanie: Körper und Medien. Spuren des Traumas bei Emmy Hennings und Irmgard Keun. In: Stadt und Trauma. City and Trauma. Annäherungen – Konzepte – Analysen. Hg. von Bettina Fraisl und Monika Stromberger. Würzburg, Königshausen & Neumann 2004, S. 281–296.
Ruh, Kurt. Geschichte der abendländischen Mystik. Bd. III: Die Mystik des deutschen Predigerordens und ihre Grundlegung durch die Hochscholastik. München, C. H. Beck 1996.
Saekel, Herbert. Münchener Winter 1921. In: Krefelder Zeitung, 23. Dezember 1921. Zeitungsausschnitt im NL Hennings/Ball, C-03-01.
Schäfer, Wilhelm. Rheinsagen. München, Georg Müller 1914 (2. Aufl.).
Scheer, Monique. Rosenkranz und Kriegsvisionen. Marienerscheinungskulte im 20. Jahrhundert. Tübingen, Tübinger Vereinigung für Volkskunde 2006.

Schiller, Friedrich. Nationalausgabe. Begründet von Julius Petersen; fortgeführt von Liselotte Blumenthal u. a. Hg. von Norbert Oellers im Auftrag des Goethe- und Schiller-Archivs, des Schiller-Nationalmuseums und der Deutschen Akademie. Weimar, Hermann Böhlaus Nachfolger 1943 ff.

Schleswig-Holsteinisches Wörterbuch (Volksausgabe). 5 Bde. Hg. von Otto Mensing. Neumünster, Karl Wachholtz 1925–1931.

Schleusener-Eichholz, Gudrun. Das Auge im Mittelalter. München, Wilhelm Fink 1985 (Münsterische Mittelalter-Schriften. Bd. 35).

Schneider, Camillo K. Die Prostituierte und die Gesellschaft. Eine soziologisch-ethische Studie. Mit einem Geleitwort von Alfred Blaschko. Leipzig, Johann Ambrosius Barth 1908.

Schönthan, Franz von und Hermann Kadelburg. Die berühmte Frau. Lustspiel in 3 Akten In: dies. Dramatische Werke. Bd. 2. Berlin, Bloch 1899.

Scholem, Gershom. Walter Benjamin. Die Geschichte einer Freundschaft. Frankfurt/Main, Suhrkamp 1975.

Schopenhauer, Arthur. Die Welt als Wille und Vorstellung. 2. Bd. Schopenhauers Werke II. Hg. von Ludwig Berndl. München, Georg Müller 1913 (Bibliothek der Philosophen. Bd. 3).

Schüle, Klaus. Paris. Die kulturelle Konstruktion der französischen Metropole. Opladen, Leske + Budrich 2003.

Schulte, Regina. Sperrbezirke. Tugendhaftigkeit und Prostitution in der bürgerlichen Welt. Frankfurt/Main, Syndikat 1979.

Seeger, Karl (Hg.). Der evangelische Liederschatz. Eine reiche Auswahl ein- und mehrstimmiger religiöser Gesänge mit Clavier- oder Orgelbegleitung. Offenbach, Johann André [1857].

Seume, Johann Gottfried. Spaziergang nach Syrakus im Jahre 1802. Braunschweig/Leipzig, Vieweg 1803.

Shakespeare, William. Sämtliche Werke in vier Bänden. Hg. von Anselm Schlösser. Berlin/Weimar, Aufbau 1989.

Sheppard, Richard. Ferdinand Hardekopf und Dada. In: Jahrbuch der deutschen Schillergesellschaft, Jg. 20 (1976), S. 132–161.

Simmel, Georg. Lebensanschauung. Vier metaphysische Kapitel. In: ders. Gesamtausgabe. Bd. 16. Hg. von Gregor Fitzi und Otthein Rammstedt. Frankfurt/Main, Suhrkamp 1999, S. 209–425.

Sorge, Wolfgang. Geschichte der Prostitution. Berlin, Verlag Dr. Potthof & Co. 1919.
Stieler, Karl. Hochland-Lieder. Stuttgart, Meyer & Zeller 1879.
Stinde, Julius. Der Liedermacher. Berlin, Freund & Jeckel 1893.
Straus, Oscar, Felix Dörmann und Leopold Jacobson. Ein Walzertraum. Operette in drei Akten. Mit Benützung einer Novelle aus Hans Müllers »Buch der Abenteuer«. Leipzig/Wien, Ludwig Doblinger 1907.
Straus, Oscar, Rudolf Bernauer und Leopold Jacobson. Der tapfere Soldat. Operette in drei Akten. Soufflierbuch mit sämtlichen Regiebemerkungen. Leipzig/Wien, Ludwig Doblinger 1908.
Sudermann, Hermann. Das Glück im Winkel. Schauspiel in drei Akten. Berlin, J. G. Cotta'sche Verlagsbuchhandlung 1896.
Sudermann, Hermann. Die Schmetterlingsschlacht. Komödie in vier Akten. Stuttgart/Berlin, J. G. Cotta'sche Verlagsbuchhandlung 1904.
Swedenborg, Emanuel. Himmlische Geheimnisse, die in der Heiligen Schrift, dem Worte des Herrn, enthalten und nun enthüllt sind. Zürich, Swedenborg-Verlag 1966–1975.
Voraigne, Jacobus de. Legenda Aurea. Übers. von Rainer Nickel. Stuttgart, Reclam 1988.
Vivanti Chartres, Annie. Vae Victis. London, Edward Arnold 1917 (2. Aufl.).
Wacker, Bernd. Nachwort. In: Hugo Ball. Byzantinisches Christentum: drei Heiligenbilder. Göttingen, Wallstein 2011, S. 499–579 (Hugo Ball. Sämtliche Werke und Briefe. Hg. von der Hugo-Ball-Gesellschaft, Pirmasens. Bd. 7).
Weber, Carl Maria von. Preziosa. Musik zum Schauspiel in vier Aufzügen von Pius Alexander. In: ders. Sämtliche Werke. Bd. 6. Hg. von Frank Ziegler. Mainz, Schott 2005.
Wevering, Renate. Prostitution in Köln im 19. Jahrhundert. In: Geschichte in Köln, Bd. 39, H. 1 (1996), S. 5–33.
Wolff, Kurt. Briefwechsel eines Verlegers 1911–1963. Hg. von Bernhard Zeller und Ellen Otten. Frankfurt/Main/Wien/Zürich, Büchergilde Gutenberg 1966.
Wustmann, Gustav (Hg.). Als der Großvater die Großmutter nahm. Ein Liederbuch für altmodische Leute. Leipzig, Fr. Wilhelm Grunow 1887 (2. vermehrte Aufl.).

Zoff, Otto (Hg.). Alte deutsche Marien- und Weihnachtslieder. Weimar, Gustav Kiepenheuer 1913.

Zoff, Mimi und Otto Zoff (Hg.). Deutsche Mädchenlieder aus alter und neuer Zeit. München, Georg Müller [1918].

Dank

Ganz besonders danken möchten wir Francesca Hauswirth und Klaus Schütt, den Enkeln von Emmy Hennings, die diese Edition mit großem Interesse begleitet und deren Realisierung überhaupt erst ermöglicht haben. Ein Dank gilt auch dem Schweizerischen Literaturarchiv und dem Verein zur Förderung des Schweizerischen Literaturarchivs.

Dieser Band wäre nicht zustande gekommen ohne eine ganze Reihe von Personen, die unsere jahrelange Arbeit mit großem Engagement unterstützt haben: Christian Hecht (Weimar) und Bernd Wacker (Köln) danken wir für wertvolle theologische und kunsthistorische Hinweise zum Stellenkommentar, Hans-Joachim Heerde (Berlin) für Recherchen zur Wirkungsgeschichte und Simone Sumpf (Basel) für ihre zuverlässige und detailgenaue Mitarbeit. Für ihre geduldigen Lektüren und weiterführenden Hinweise danken wir herzlich Axel Behrmann (Hamburg), Carolin Behrmann (Florenz), Bettina Braun (Zürich), Livia Càrdenas (Basel/Berlin), Doug Chayka (Highland Park), Eckhard Faul (Pirmasens), Bernhard Echte (Wädenswil), Angelica Friederici (Berlin), Jörg Hüssy (Zürich), Godehard Janzing (Paris), Rahel Lämmler (Zürich), Marcel Lepper (Marbach), Martin Mittelmeier (Köln), Bärbel Reetz (Berlin), Irina Schubert (Bern), Anja Schwanhäußer (Berlin), Julia Weber (Berlin) und Andrés Zervigón (New York). Der editorische Beirat – Rüdiger Nutt-Kofoth (Wuppertal), Roger Sidler (Bern) und Hubert Thüring (Basel) – hat zusammen mit Franziska Kolp (Bern), Thomas Richter (Zürich) und Irmgard Wirtz Eybl (Bern) die Entstehung des Bandes engagiert begleitet. Die Editionsarbeit konnte anlässlich der 6. Sommerakademie Schweizer Literatur »Literatur und Religion« am Centre Dürrenmatt Neuchâtel präsentiert werden. Den Teilnehmern sowie den Organisatoren, Andreas Mauz und Ulrich Weber, sei für ihre Diskussionsbereitschaft und zahlreichen Anregungen gedankt.

Für seine vorbehaltlose Unterstützung und sein Interesse an dieser Studienausgabe danken wir ganz besonders unserem Verleger Thedel von Wallmoden. Ferner sei Stefan Diezmann (Wallstein Verlag) für sein umsichtiges und geduldiges Lektorat und die gute Zusammenarbeit gedankt, Cornelia Feyll und Friedrich Forssman für die einzigartige Buchgestaltung sowie Fabian Scherler und Alena Wenger (Fotoatelier Schweizerische Nationalbibliothek) für die Bildvorlagen. Marion von Hofacker danken wir für die Abdruckerlaubnis der Zeichnung aus dem Nachlass Hans Richter und dem Suhrkamp Verlag für eine erste elektronische Textvorlage von *Das Brandmal.*

Danken möchten wir außerdem den zahlreichen Mitarbeitern in folgenden Archiven und Bibliotheken: Aargauer Kantonsbibliothek (Aarau), Universitätsbibliothek Basel, Kunstbibliothek (Berlin), Staatsbibliothek zu Berlin, Zentrale Landesbibliothek Berlin, Robert Walser-Archiv (Bern), Schweizerisches Literaturarchiv (Bern), Schweizerische Nationalbibliothek (Bern), Staats- und Universitätsbibliothek Bremen, Stiftsbibliothek Einsiedeln, Deutsches Exilarchiv der Deutschen Nationalbibliothek (Frankfurt am Main), Universitätsbibliothek Freiburg, Staatsarchiv Hamburg, Schleswig-Holsteinische Landesbibliothek (Kiel), Deutsches Literaturarchiv Marbach, Bayerische Staatsbibliothek (München), Kantonsbibliothek Appenzell Ausserrhoden (Trogen), Library of Congress (Washington) und Zentralbibliothek Zürich. Namentlich gedankt sei ferner Dagmar-Ulrike Bär (Deutsche Nationalbibliothek, Leipzig), Flemming Hagensen (Statsbiblioteket, Aarhus), Sabine Käser (Archiv zur Geschichte der schweizerischen Frauenbewegung der Gosteli-Stiftung, Worblaufen bei Bern) und Mirjam Sachse (Archiv der deutschen Frauenbewegung, Kassel).

Für die Übersetzungen der Texte aus dem Französischen, Spanischen und Dänischen sei Denise Hofer (Bern), Manuel Clemens (New Brunswick), Stefan Klinker (Berlin), Camille Lathbury (New Brunswick) und Julia Swane (Hamburg) herzlich gedankt.

Die Arbeit von Christa Baumberger an diesem Band wurde durch ein Atelierstipendium (Berlin) der Landis & Gyr Stiftung und ein Postdoktorandenstipendium des Deutschen Literaturarchivs Marbach gefördert. Die Arbeit von Nicola Behrmann wurde durch zwei Stipendien des Deutschen Literaturarchivs Marbach gefördert.